中國史新論

New Perspectives
on
Chinese History

總策劃◎王汎森

各分冊主編

古代文明的形成	黃銘崇
基層社會	黃寬重
生活與文化	邱仲麟
思想史	陳弱水
美術考古	顏娟英
法律史	柳立言
醫療史	生命醫療史研究室
宗教史	林富士
性別史	李貞德
科技與中國社會	祝平一

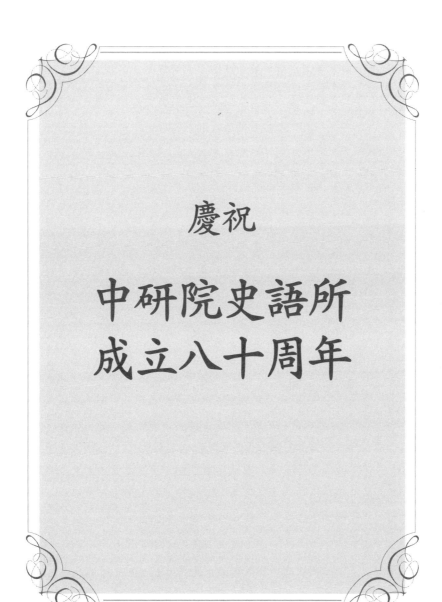

慶祝

中研院史語所
成立八十周年

中國史新論──古代文明的形成分冊

黃銘崇◎主編

《中國史新論》總序

　　幾年前，史語所同仁注意到2008年10月22日是史語所創所八十周年，希望做一點事情來慶祝這個有意義的日子，幾經商議，我們決定編纂幾種書作為慶賀，其中之一便是《中國史新論》。

　　過去一、二十年來，史學思潮有重大的變化，史語所同仁在開展新課題、新領域、新方向方面，也做了許多努力。為了反映這些新的發展，我們覺得應該結合史學界的同道，做一點「集眾式」（傅斯年語）的工作，將這方面的成績呈現給比較廣大的讀者。

　　我們以每一種專史為一本分冊的方式展開，然後在各個歷史時期中選擇比較重要的問題撰寫論文。當然對問題的選擇往往帶有很大的主觀性，而且總是牽就執筆人的興趣，這是不能不先作說明的。

　　「集眾式」的工作並不容易做。隨著整個計畫的進行，我們面臨了許多困難：內容未必符合原初的構想、集稿屢有拖延，不過這多少是原先料想得到的。朱子曾說「寬著期限，緊著課程」，我們正抱著這樣的心情，期待這套叢書的完成。

　　最後，我要在此感謝各冊主編、參與撰稿的海內外學者，以及中研院出版委員會、聯經出版公司的鼎力支持。

王汎森　謹誌

2008年10月22日

史語所八十周年所慶日

目次

黃銘崇

黃銘崇

陳芳妹

導言
古代文明的形成——內容、結構與前景

黃銘崇

　　《中國史新論》的其他分冊均為特定研究領域(如法律史、醫療史、宗教史等)，或是特定課題(如基層社會、生活與文化)，基本上都是跨時性且相當聚焦的「專史」，只有本冊將範圍集中在先秦，比較像是一個「斷代史」。容我在此解釋「古代文明的形成」作為一個中國史新論的分冊以及內容安排的理由。以下編者會針對性質相似的主要書籍，進行回顧，透過這些回顧，讓有心要進入此一領域的學生，或對於此一領域有興趣的讀者，可以比較快速的了解中國上古史這個領域過去近50年的發展，以及重要的著作。當然，也能藉由此一回顧，了解「古代文明的形成」要從哪裡開始？應該或可以包含什麼樣的內容？以及在結構上如何有系統地串起這些內容，當然包括尚未有合適內容的領域，未來可能進行更多的研究[1]。

1　這篇導論基本上是一個「領域現狀」(state of the field)，不過由於此一領域從舊石器時代晚期一直到秦帝國的出現，涵蓋的時間非常長，筆者比較專精的其實只是其中青銅時代的部分。所以，這個領域現狀的討論，主要局限在比較重要的書籍，會以筆者認為對於領域的整體理解有助益的論文補充之，其中限於個人的認識或有遺珠，請同人見諒。本文以下會以《中國上古史待定稿》為核心，檢視近50年來相關書籍，這些書籍，在重點討論以外的地方，會以簡稱表示。這些書籍的章目會翻譯成中文，並以表格列出。有些內容在表格出現以前就討論過，會在表上以淡灰色的

　　歷史語言研究所上回以集體的力量來撰寫中國上古史，要推到45年以前(1969)，由李濟(1896-1979)主編，他過世以後由高去尋(1909-1991)接手的《中國上古史待定稿》（簡稱《待定稿》，中央研究院歷史語言研究所，1972-1985)。這套書分成四本，分別是：「史前部分」、「殷商編」、「兩周編之一：史實與演變」、「兩周編之二：思想與文化」，原定一百個子題，是個宏偉的計劃。「史前部分」在1972年出版，稱為《中國上古史待定稿・第一本・史前部分》，後又經過十幾年，共完成了六十七篇(66+1)，由於撰寫的時間很長，期間有不少新的資料出現，編輯委員原本考慮請作者增補，但是鑑於有些作者已經過世，最後決定以原貌問世，整體稱為《中國上古史待定稿》[2]。

　　這套書撰寫者主要是本所研究人員以及重要華人學者，或許是因為名為《待定稿》，且僅由本所發行並未由出版公司印行，這套書一直以來並未獲得應有的注意。其中因為四十幾年來的考古新發現，以及相關研究的進展，史前與殷商兩本幾乎可以進行全面改寫，而兩周部分仍然有重要參考價值，但新出土資料也很可觀，新的看法與詮釋也不少。

　　從結構的角度看，《待定稿》雖然號稱「上古史」，其實不是傳統的上古史。依據李濟的說法，傳統的上古史著重在政治史且完全依賴傳世文獻[3]，**《待定稿》則具有以跨學科的視野──包括古環境、考古、歷史、文學、思想等──重新改寫中國上古史的宏觀氣魄**[4]。而且放棄《史記・五帝本紀》與〈夏本紀〉中具有「神話」性質的諸種記載，**以考古重建的「史前史」來替代**。《待定稿》的信史開始於商代(晚商)，商代以前則使用考古資料，這是一個比傅斯年還要激進的態度，可謂新大陸考古學的精神。在李濟的

　　　背景標示。

2　中國上古史編輯委員會，〈序〉，《中國上古史待定稿・第二本殷商編》(臺北：中央研究院歷史語言研究所，1985)，頁i。

3　中國上古史編輯委員會，〈「中國上古史」編輯計劃的緣起及其進行的過程〉，《中國上古史待定稿・第一本史前部分》(臺北：中央研究院歷史語言研究所，1972)，頁i-iii。

4　本文會以黑體標出重點，以便利讀者閱讀。

上古史的構想裡，還認為**需要跨出現在中國的框架**，涵蓋東北亞(包括西伯利亞)、東南亞與中亞，徹底地了解不同史前文化的現象與關聯[5]，這與「中國中心」的傳統中國史——局限在中國的地理空間之內，其登場上演的舞台是巨大又孤立的——有所不同[6]。這幾點即使是現在也不易做到。

從「目標」上整體評估，《待定稿》所有的文章還處於描述與分析階段，可能描述還多於分析，很少有框架性與理論性的思考，這是李濟這一個世代未能做到的事，當然這樣的要求，對於開始起步進行科學考古的世代而言，是過度要求了。李濟的學生張光直則很有意識地將中國古代文明的形成放在世界古代文明框架來考察，或者提出新的理論，或者用在其他地區形成的理論討論古代中國，進行對話，並修正既有的理論[7]。所以持續張光直的路線，**進一步跨出描述與分析的局限，深化理論性與框架性思考，和其他古文明、古文化研究進行對話**，是我輩應當努力的目標。

中國傳統的古史觀以《史記》為例，在商代之前不僅有夏代，還加上了連司馬遷本人都質疑的〈五帝本紀〉，將歷史延長了將近1,500年。進入20世紀以後，一方面有顧頡剛等倡議的古史辨，提出古史的「層累地造成說」，指出古史成立的時代愈晚，古史所涵蓋的時間範圍愈長，藉此將早期不可信的部分徹底斬除。同時也有如徐旭生《中國古史的傳說時代》引進了「神話」、「傳說」等概念，提出「神話(或傳說)時代」，於是出現「黃帝集團」、「苗蠻集團」、「東夷集團」等概念[8]。他從歷史地理的分析認為豫西的伊、洛、潁水，以及晉南的汾、澮、涑水與夏族的關係密切，因而展開「夏墟」

5　李濟，〈中國上古史之重建工作及其問題〉，《李濟考古學論文選集》(北京：文物出版社，1990)，頁81-87。原刊於《民主評論》5.4(1954)。李濟，〈再論中國上古史的重建問題〉，《李濟考古學論文選集》，頁88-97。原刊於《中央研究院歷史語言研究所集刊》33(1962)。

6　張光直，〈考古學和中國歷史學〉，《中國考古學論文集》(臺北：聯經出版公司，1995)，頁9-24。張光直，〈對中國先秦史新結構的一個建議〉，《中國考古學論文集》，頁25-35。

7　張光直，〈連續與破裂：一個文明起源新說的草稿〉，《中國青銅時代‧第二集》(臺北：聯經出版公司，1990)，頁131-143。

8　徐旭生，《中國古史的傳說時代》(北京：科學出版社，1961)。

的踏察，發現了河南偃師二里頭等遺址，導引了二里頭、王城崗、東下馮
甚至陶寺遺址的發掘[9]。他的貢獻為學術界所肯定，但是他將「神話傳說」
與考古的概念結合，對於下幾代的學者而言，卻逐漸變成一種觀念上的障
礙，無法讓考古學發揮應有的功能。比方，陶寺文化與二里頭文化在他的
概念引導下，兩者都與「夏族」有關，然而從考古資料看來兩者的主要陶
器類型截然不同，在方法學上很難想像同一個「族」，在前後相連的兩段時
間使用截然不同的器物群。陶寺的發掘者或許因為在時代與考古內涵上無
法聯結夏（或二里頭文化）而改以「陶唐氏」（帝堯）來與「歷史」連結，基本
上是走徐旭生的路線，不過無法證實或證偽，就無科學性可言。陶寺文化
的內涵與其本體之意義，反而被掩蓋在與陶唐氏的連結之下。

表1　神話性與歷史性的區別

性　質	文　類	結　構	表達手段
神話性	神話	人物事件（神話時間，重複，旋轉）	口傳oral 圖畫pictorial
	薩滿式宇宙觀	自然元素＋人間元素＋神鬼界元素 （相對空間分布，上、中、下層宇宙 可穿越）	
歷史性	歷史	人＋事＋時＋地＋物 （線性時間，有先後、因果）	文字書寫writing 圖示illustration
	地理	自然元素＋人文元素 （絕對的空間，有距離、高度）	

　　為什麼要區分神話與歷史呢？筆者認為神話與歷史是兩種不同的思維
結構的產物，神話與薩滿式宇宙觀基本上是口傳時代的東西，與之相對應
的是歷史與地理，是文字書寫系統發明後的產物（表1）。中國古代文獻保留
了一些口傳時代的內容，有些屬於神話，更多則屬於薩滿式宇宙觀[10]，但兩

9　黃石林，〈徐旭生先生傳略〉，《中國古史的傳說時代》（北京：文物出版社，1985），
　　頁1-8。

10　比方《山海經》就是幾個不同時代的薩滿式宇宙觀被編輯在一起，並且扁平化的作

者皆可歸屬於「神話性」的範疇。神話性與歷史性最關鍵的差別是它們的時間觀完全不同，神話時間是循環的，所以神話人物所處的究竟是什麼時代，這是無法確定的。歷史時間則是線性的，有先後之別，有因果關係。薩滿式宇宙觀也不是地理，地理有絕對的方向與距離，而且都是實存的東西，但是薩滿式宇宙觀的空間是相對的，而且其元素包含實存的自然與人間元素，也包含超自然的鬼、神界事物共存於一個界面[11]。所以筆者認為古代文明的形成如果要利用文獻材料，必須有「解構炎黃神話」的一章，其主要目的是要把神話與薩滿式宇宙觀的內容，和歷史與地理進行切割。考古學所建構的古史（史前史＋歷史）連結的是歷史而非神話，其依賴的連結主要是文字材料。**但無論如何考古學絕對不是只為傳世文獻所建構的歷史提供註解，更不應將神話與考古學牽扯在一起。**

　　《待定稿》的史前部分（標題見表2），是最早出版的，幾乎完全依賴考古材料，因為有太多新出土的材料，它的被取代性最高，但卻可以讓我們看出古代文明研究的重要課題之形成與發展。史前部分李濟寫了三篇，阮維周寫了一篇，多與智人以前的猿人的討論有關，其餘九篇都是張光直寫的，涵蓋從舊石器時代晚期狩獵採集，到農耕社會的出現，進入文明門檻，以及中原文化的擴張等，因為具有跨文明比較的視野，讓他對於中國早期文化的發展具有穿透性的洞悉力。這部分更企圖涵蓋不同的區域，從草原文化到東北與南方，而非中原中心。以當時的條件，能寫出這些文章，並不容易。他所負責的部分，後來經過不斷的修正而逐漸穩定下來，形成了第四版*Archaeology of Ancient China*的主要內容，本文會在以下說明。

（續）

　　品。

11　黃銘崇，〈東亞早期神話性題材圖文關係研究〉，《新世紀神話研究之反思國際研討會論文集》（臺中：中興大學中文系，2012），頁147-208。

表2　《中國上古史待定稿》第一本　史前部分

章	標　　題	作　　者
1	東亞大陸第四紀自然環境的衍變與人類演化	阮維周（1912-1998）
2	「北京人」的發現與研究及其所引起的問題	李濟
3	紅色土時代的周口店文化	李濟
4	中國境內黃土期以前的人類文化	張光直（1931-2001）
5	黃土期中國高級舊石器文化與現代人類的出現	張光直
6	中國冰後期的中石器時代漁獵文化	張光直
7	華北農業村落生活的確立與中原文化的黎明	張光直
8	新石器時代中原文化的擴張	張光直
9	考古學上所見漢代以前的西北	張光直
10	考古學上所見漢代以前的北疆草原地帶	張光直
11	東北的史前文化	張光直
12	中國南部的史前文化	張光直
13	踏入文明的過程——中國史前文化鳥瞰	李濟

　　從《待定稿》開篇為環境議題，我們知道當時學者已經意識到環境變遷對古代人類的文化與文明可能產生很大的影響，但是對於環境與人的關係還在摸索階段，兩者的連結並未真正建立。阮維周的研究止於更新世（2,588,000-11,700 BP），並未延伸到新石器時代甚至青銅時代的環境變化，殊為可惜。Robert Orr Whyte在《起源》（詳下）中有〈中國環境的演化〉一文，也有相同的問題。環境變化與人的關係近來逐漸受到重視，《中國考古》（詳下）有環境與生態一章，對於環境與生態，有比較好的整理，不過可增補的內容仍多。一個有系統的古代文明的形成，亟需要一篇比較全面的環境、氣候變遷與古代文明之研究。一方面交代更新世晚期環境的狀況，特別是距今四萬年到更新世結束的這段期間，因為這很可能是智人出現在東亞地區的時代。這段期間東亞地區很重要的特徵是末次冰期將大量的水分鎖在地球的兩極，以致海洋水面下降，最多達130公尺以上，東亞大陸邊緣的陸棚多成為陸地的一部分，連結到島弧地帶的日本、臺灣、菲律賓，東南亞的島嶼群形成巽它大陸，與中南半島連在一起，但仍與澳洲、新幾內亞、

塔斯馬尼亞島連結成的另一個薩虎爾大陸隔海峽分離。白令海峽陸橋也讓
美洲與亞洲連結在一起。更新世結束，進入全新世以後，先是暖化，然後
出現一個小冰期，接著再回暖，此一變化，研究西亞地區農業起源的學者
認為可能是農業起源的重要外在因素，這對東亞農業起源而言，也可能是
重要因素。再緊接著是全新世大暖期，使得草原減縮，森林增長，人口也
快速成長。大暖期結束使得資源緊縮，造成劇烈的競爭，此與所謂「文明」
的出現有極密切的關係。總之，溫度與乾燥度的長期性的起落，造成人類
利用的資源的多寡，也一直牽引著人類使用不同類型資源群體的上下，甚
至造成人類社會結構性的變化。其次，地景元素的變化，也牽動著人類文
化的發展，比方華北地區最重要的元素之一是黃河，黃河以及其他河流、
湖泊在不同時期的狀況，及其變遷，都會對鄰近地區造成很大影響。因此
**環境、氣候變遷與古代文明之研究的關鍵是氣候與環境變遷如何影響到古
代人群。**

其次，如何處理猿人與舊石器時代的問題。由於當時國際上關於人類
起源的理論尚未成熟，所以即便這是李濟本人的專業，在當時亦無解。主
要在於要不要把「北京人」與現代的中國人聯繫起來？李濟一方面強調民
族主要是依賴文化來界定，但是另一方面還是說：「講中國上古史，由北京
人說起，我們確有很好的理由。」[12] 當時主要是依賴古代人骨的形態學比
對，但是我們知道形態學的基礎是需要有很大的基礎樣本，但是古代猿人
的化石是相當有限的，不可能有太多樣本，也就不可能讓人信服。所以形
態學在基因研究出現後，就被完全地取代了。李濟在〈史前文化的鳥瞰〉
中論「史前史從何說起？」同樣討論的是在東亞地區發現的各種猿人的化
石，然後從猿人跳躍到智人[13]，究竟是在地的猿人演化成在地的智人，或有

---

12 李濟，〈北京人的發現與研究及其所引起的問題〉，《中國上古史待定稿‧第一本史前
部分》（臺北：中央研究院歷史語言研究所，1972），頁76。

13 李濟，〈踏入文明的過程——中國史前文化的鳥瞰〉，《中國上古史待定稿‧第一本史
前部分》，頁456-466。

其他的可能性？這個問題在當時無法解決。W.W. Howells在《起源》中〈中國人的起源：近出證據的解釋〉則有不同看法，他與當時學術界的主流看法認為從頭骨的相似性看來，現代人（智人）都是源自同一祖先，而其祖先的年代當晚於北京人，雖然他支持此種看法，但仍採兩案並陳的方式交代。

過去二十幾年間古代人類的研究因為DNA的測序以及古DNA檢測，而起了很大的變化，母系遺傳的粒線體DNA以及父系遺傳Y-染色體單倍群的時空分析，使得智人（*Homo sapiens*）跨出非洲（out of Africa）的理論與來自人類化石的證據逐漸重合。依據現在的看法，智人大約在20萬年前在非洲出現，現在世界上所有的現代人的祖妣，大約是六萬年前跨出非洲，然後散布全球[14]。此一改變對於「史前史」的概念有何影響？Colin Renfrew在*Prehistory: the Making of the Human Mind*（Modern Library, 2008）一書中，重新檢視史前史的概念，他提出「思維方式的史前史」（the prehistory of mind）的概念，將智人出現以前的當作自然史，從宏大的理論角度來剝開智人思維方式演變的洋蔥[15]。據此，**東亞的史前史，就應該從具有現代人的思維模式的人類到臨，也就是舊石器時代晚期開始討論**。北京人、尼安德塔人或其他人類，則基本上是演化中的失敗者，最終滅絕。不過，有些與智人相近的人類，比方尼安德塔人，確定與智人有基因滲入。有趣的是，尼安德塔人的發現地點多在歐洲附近，但現代的東亞人比歐洲人反而有更高比例的尼安德塔人基因滲入[16]。總之，與古DNA有關課題的觀點還在快速轉變當中，上古史研究者需要持續地關注。

關於更新世到全新世早期間的狩獵採集者，《中國考古》（詳下）中〈更

14　比較晚近出版的人類起源或史前史的書即可找到相關資訊，例如：Chris Scarre, editor, *The Human Past: World Prehistory & the Development of Human Societies,* second edition（New York: Thames & Hudson, 2005）.

15　Collin Renfrew, *Prehistory: the Making of the Human Mind*（New York: Modern Library, 2007）.

16　Anna T. Duggan and Mark Stoneking, "Recent Development in the Genetic History of East Asia and Oceania," *Current Opinion in Genetics & Development* 29（2014）: 9-14.

新世－全新世轉變下的狩獵採集者〉，根據考古資料作了不錯的綜合，比較
重視幾個已經發掘的遺址的個別內涵的描述，及其分布的整體意義。不過，
從現在的觀點還可以寫一篇「智人到臨：東亞地區舊石器時代晚期的狩獵
採集群隊及其生活」，此一題目要討論的是所謂peopling，即智人在一個地
區的出現以及散布的狀況。當人類跨出非洲時是狩獵採集者，而且可能的
社會組織方式為「群隊」（band），他們的分布與生活如何？如何擴散？此一
問題現在有不同於早年的思維、方法與工具。一方面我們可以用地理資訊
系統整合東亞各地的舊石器時代晚期資料，以了解這些遺址的時空分布。
其次，針對早期的人骨進行古DNA的分析，並且與舊石器時代晚期的遺址
資料進行交叉比對。第三個步驟則可以針對不同地區的現代人進行系統性
的DNA的分析，如果此種資料夠細，比方以縣為單位，有些古代曾經在此
地生活者的後代就可以顯示出來。這三種資料互相參照，應可以逐漸模擬
出早期人類群體分布的狀況。

　　目前古DNA特別是Y-染色體做出的不多，但未來十、二十年**應有突破
性的進展**。此一進展，經過適當的消化，**可能會成為改寫東亞古代文明的
關鍵材料**。我想以目前已經做出的幾批材料略作說明。一是上海復旦大學
在幾個古遺址不同的文化層取樣所做，主要都在長江流域，只有陶寺在山
西臨汾盆地。從此一還很有限的材料，我們可以看出華南，主要有兩種Y-
染色體單被群：O-M119與O-M95，但O-M119只在華南的東邊，O-M95在華
南西邊，它在東邊出現時間較晚。O-M122、O-M7、O-M134則在華中（包括
四川），都是O-M122衍生的。從近來語系和染色體關聯的研究，我們知道目
前使用南亞語系的族群有高比例的O-M95（高於50%）[17]，華中使用漢語系的族

17　Vikrant Kumar, Arimanda NS Reddy, Jagedeesh P Babu, Tipirisetti N Rao, Babrida T
　　Langstieh, Kumarasamy Thangaraj, Alla G Reddy, Lalji Dingh, Battini M Reddy,
　　"Y-chromosome Evidence Suggests a Common Paternal Heritage of Austro-Asiatic
　　Populations," *BMC Evolutionary Biology* 7.47（2007）: 1-14.

群有高比例的O-M122(高於50%)[18]，臺灣使用南島語系的族群有高比例的O-M119(77.5%)[19]。下表的分布似乎為早期的漢語系、南島語系和南亞語系在華中、華南的分布露出冰山一角，而且此表也顯示，此種分布是隨著時間略有變動，但是上海馬橋與隔壁的金匯進行了現代人的Y-染色體檢測，發現仍有約35-39%的當地人有O-M119，上海與浙江則也仍有高達近27%的人具有這種Y-染色體，可見「凡走過必留下痕跡」，上海古代的「原住民」的烙印也反映在現在居住者身上[20]。

古DNA Y-染色體單倍群（華中、華南）

遺址	文化	樣本數	O-M119	O-M95	O-M122	O-M7	O-M134	無法辨識	遺失
馬橋	良渚文化	6	4					2	
	馬橋文化	2	1	1					
	歷史時期	3	2					1	
新地里	良渚文化	9	5					3	1
	歷史時期	4	3						1
大溪	大溪文化	20		1	1	5		9	4
	歷史時期	5			2			3	
吳城	吳城文化	4		2	1				1
陶寺	陶寺文化	5			3		1		1
資料來源[21]									

18 柯越海、宿兵等，〈Y染色體單倍型在漢族人群中的多態性分布與中國人群的起源與遷移〉，《中國科學・C輯》30.6(2000)：3-12。

19 Shu-Juo Chen *et al.*, "Recent Anthropological Genetic Study of Taiwan Indigenous Populations," *Proceedings of the International Symposium of Anthropological Studies* (Shanghai: Fudan University Modern Anthropological Research Center, 2002), pp. 52-60. 網路搜尋自http://www.docin.com/p-55570270.html

20 楊俊、李輝、金建中、金力、盧大儒，〈上海原住民的染色體遺傳分析〉，《中央民族大學學報》13.1(2004)：60-69。

21 Hui Li, Ying Huang, Laura F. Mustavich, Fan Zhang, Jing-Ze Tan, Ling-E Wang, Ji Qian, Meng-He Gao, Li Jin, "Y chromosomes of Prehistoric People along the Yangtze River," *Hum Genet* 122(2007): 383-388.

　　另外兩批一是針對內蒙古一帶的紅山、龍山、小河沿、夏家店下層、遊牧等文化。進行了古Y-染色體檢測，結果顯示內蒙古在早期其Y-染色體與華中、華南一點關係都沒有[22]。一是針對山西絳縣橫北村的倗國墓地的人骨進行的，還特別區分貴族、平民與奴隸[23]。由於倗國的統治階層是媿姓，根據文獻分析媿姓與鬼方畜牧族群有密切的關係，所以也呈現了複雜性。而染色體單被群似乎也有階級上的差異。總之，古DNA研究未來應有很大的開展空間，不過，在Y-染色體與mtDNA之間，我是認為Y-染色體在空間分布的模式上會比較容易看出，最主要的因素是人類社會在狩獵採集時代的社會結構是群隊(band)，此種結構下，所有已知的例子都是「從父居」(patrilocal)，也就是父母生小孩，男的留下跟著原本的群隊，女的則出到其他群隊。因此Y-染色體會固著。mtDNA則必須等到有巨量資料累積以後，才比較容易看出端倪，現在研究大都「顯示多樣性」，也就是無結果。

　　殷商編(表3)由李濟領銜，本所考古、歷史與文字學組的成員分別撰寫[24]。這部殷商編有兩個主要問題，首先是當時無人撰寫鄭州二里崗文化(1952年發現)以及偃師二里頭文化(1959年發現)，以及後來學者提出的中商文化，所以從史前直接跨入殷商有著很嚴重的缺環。《殷商編》本身的最大問題是結構鬆散，雖然文章個別而言，都還有參考價值，但是整體看來，很

22　Yinqiu Cui, Hongjie Li, Ye Zhang, Lu Chen, Xin Zhao, Erika Hagelberg and Hui Zhou "Y chromosomes Analysis of Prehistoric Human Populations in the West Liao River Valley, Northeast China," *BMC Evolutionary Biology* 13: 216(2013): 1-10.

23　Yong-bin Zhao, Ye Zhang, Hong-jie Li, Ying-qiu Cui, Hong Zhu, and Hui Zhou "Ancient DNA Evidence Reveals thet the Y-Chromosome Haplogroup Q1a1 Admixed into Han Chinese 3,000 Years Ago" *American Journal of Human Biology* 26(2014): 813-821.

24　李濟的 *Anyang: a Chronicle of the Discovery, Excavation, and Reconstruction of the Ancient Capital of the Shang Dynasty* 前半為安陽殷墟發掘的摘要，從甲骨文的發現，到史語所的發掘，方法，發現等，後半段則是總結，包括建築、經濟、裝飾藝術、世系與貞人、祖先崇拜、以及體質人類學筆記等，可以說是《殷商編》的簡版。此不贅述。見Li, Chi, *Anyang: a Chronicle of the Discovery, Excavation, and Reconstruction of the Ancient Capital of the Shang Dynasty* (Seattle: University of Washington Press, 1977).

難看出不同內容之間的有機關係與內部邏輯。

表3　《中國上古史待定稿》第二本　殷商編

章	標　　題	作　者
1	安陽發掘與中國古史問題	李濟
2	甲骨文的發現與骨卜習慣的考證	張秉權
3	史記殷本紀及其他記錄所載殷商時代的史事	屈萬里(1907-1979)
4	中國文字的原始與演變(上)	李孝定(1918-1997)
5	中國文字的原始與演變(下)	李孝定
6	殷代的農業與氣象	張秉權
7	卜辭中所見殷商政治統一的力量及其達到的範圍	張秉權
8	殷曆鳥瞰	董作賓(1895-1963)
9	殷代的祭祀與巫術	張秉權
10	殷代的夯土、版築、與一般建築技術	石璋如(1902-2004)
11	殷墟出土青銅禮器之總檢討	李濟
12	殷墟出土的工業成績三例	李濟
13	河南安陽殷墟墓葬中人體骨骼的整理和研究	楊希枚(1916-1993)
14	由殷墟發掘所見的商代青銅工業	萬家保(1907-1979)

　　關於結構的問題，我想以Bruce G. Trigger的 *Understanding Early Civilizations*（簡稱《比較》，劍橋大學出版社，2003)作為對照，Trigger以(a)**社會／政治組織**、(b)**經濟**、(c)**認知與象徵面向**三大部分來比較不同的古文明，每一個面向在分別有支屬的內容，比方社會／政治組織方面討論的內容包括：(1)王權、(2)國家：城市國家與領域國家、(3)都市化、(4)等級制度與社會流動性(social mobility)、(5)家庭組織與性別角色、(6)行政、(7)法律、(8)軍隊組織。經濟面向包括：(1)糧食生產、(2)土地所有、(3)貿易與工藝專業化、(4)財富的分配。認知與象徵面向就包括：(1)對於超自然的概念、(2)宇宙觀與宇宙生成論、(3)祭儀、(4)僧侶、祭典以及超自然界的政治、(5)個人與世界、(6)菁英分子的藝術與建築、(7)識字與專業知識、(8)價值與個人的渴望、(9)文化的常與變。凡屬宗教的、藝術的、

知識的都涵蓋於其中，且彼此呼應，形成一個有機的整體。其框架有其普世性，基本上社會／政治組織處理的是人與人的關係。經濟面向，從現代的觀念看，應該是經濟／生態面向，處理的是人與環境間的關係。認知與象徵面向或意識形態／宗教面向，則處理的是人的內省及內省之展現。筆者此處以前後相距三十年以上的書本互相比較，未見公允。但是很明顯的可以看出，史語所第一代的前輩，當時還浸淫在大量考古資料的整理當中，尚未有機會思考古代文明的框架與內涵的意義問題。有很多章節，比方卜骨習慣、殷曆、人骨分析、建築等，應該是附屬在某一個層次更高的課題下討論，而非單獨成篇。

張光直撰寫的*Shang Civilization*（簡稱《商文明》，耶魯大學出版社，1980），是中國古代文明系列之一，主要內容分為兩部分：安陽的商社會與安陽以外的商歷史。第一部分包括王都安陽、自然與經濟資源、商王朝的統治機構、以及商的經濟與政治秩序。第二部分則包括鄭州、鄭州之外的主要遺址、與商文明的一些問題。《商文明》中的〈導言：商的五個門徑〉，講材料與方法，包含傳世歷史文獻、青銅器（銘文、類型、紋飾、鑄造）、甲骨文、考古與理論模型[25]。筆者認為「材料與方法」也是古代文明形成書中必要的一章，近來由於技術上的演進，有更多新的材料與方法，比方各種科學考古的成果，基因材料作為歷史研究的工具，地理資訊系統的利用，新的理論架構等也必須入列。

當時另外一本與商文明有關的書籍是張光直主編的*Studies of Shang Archaeology*（簡稱《商考古》，耶魯大學出版社，1986）共收錄11篇論文（表4），由於當時正值殷墟婦好墓出土未久，有4篇都與這座墓有關。我認為婦好墓雖然是重要的發現，但是如果要有一個平衡地討論到商代考古的論文集，這座墓的討論應該放在某一個脈絡下談，而不是單獨地談。其餘則討論二里頭文化、鄭州商城、商的墓葬系統、族徽、玉器。這些文章的寬窄範圍

25　Kwang-Chih Chang, *Shang Civilization* (New Haven: Yale University Press, 1980).

各不相同，並不是在同一個觀念層次上。二里頭文化當然是得放在文明出現的位置上討論，鄭州商城也是必要的章次，不過，兩篇內容都已過時。最後兩篇文章，一是林澐討論北方系青銅器，一是高至喜討論南方的大鐃都很重要[26]，北方的雙合石範鑄銅技術是陶寺－二里頭鑄造技術的源頭，此種技術一直與中原地區有接觸。南方的大鐃則是南方族群與中原接觸以後才出現的，對於南方文化有深遠影響，兩者皆有重要的意義。

表4　*Studies of Shang Archaeology* 商代考古研究

章	標　　　題	作　　者
1	二里頭文化再檢討	殷瑋璋
2	鄭州商城與相關問題	安金槐
3	商代墓葬系統	楊錫璋
4	殷墟五號墓與殷墟考古中的盤庚、小辛、小乙時期	張光直
5	婦好墓出土帶有司兔母銘文的青銅器	鄭振香
6	婦子(婦好)簡論	張正烺
7	婦好相關甲骨文簡論	張秉權
8	商代族氏銘文研究的新取向	Noel Barnard
9	商代玉器的分類、名稱與用途	夏鼐
10	商文化與北方地區青銅器的再檢討	林澐
11	中國南方出土商周時期的青銅鏡	高至喜

在《商考古》中林澐討論北方系青銅器這篇文章是一經典之作，他將這群北方系青銅器的類型與殷墟的青銅器進行對比，論述兩者間互相的影響，並且討論與卡拉蘇克文化(Karasuk culture)以及其他歐亞草原文化間的關係[27]。在北方系青銅器的研究方面史語所的高去尋與杜正勝也一直在關注，

---

26 Kwang-Chih Chang, editor, *Studies of Shang Archaeology* (New Haven: Yale University Press, 1986).

27 這篇文章的中文版見林澐，〈商文化青銅器與北方系青銅器關係之再研究〉，《林澐學術文集》(北京：中國大百科全書出版社，1998)，頁262-288。高去尋，〈殷代的一面銅鏡及其相關之問題〉，《中央研究院歷史語言研究所集刊》29(1958)：685-720。

並且將觀念系統化[28]。在《劍橋》（詳下）中，Nicola Di Cosmo〈帝國以前的中國北方邊疆〉將西元前第二千紀到秦帝國建立以前，做了分期與概述。他的 *Ancient China and its Enemies: the Rise of Nomadic Power in East Asian History*，對於北方地區草原族群的發展以及與中原農業王朝間的關係，進行了更深入的討論[29]。筆者的〈畜牧者與農耕者之間──早期鄂爾多斯文化群與商文明〉則從環境變遷切入，說明這種文化跨歐亞草原的特性，以及草原文化進入東亞地區的時間。更有系統地討論北方系青銅器的風格、鑄造技術，並論及他們的墓葬與居住遺址，從這些特徵討論他們的社會組織與生活方式，並且藉由殷墟商貴族的墓中出土的北方系與北方式青銅器，討論商王朝與北方畜牧者間的互動[30]。是在林澐以及其他學者研究的基礎上，進一步地把以北方系青銅為表徵的畜牧者文化與農耕者的文化進行區分，並且將其脈絡進一步釐清。**一個全面性的東亞早期文明形成應該更有系統的檢視草原文化對於東亞早期農業文明的影響與貢獻，這方面的研究未來還有很大的空間。**

中國社會科學院甲骨學殷商史研究中心最近出版了11卷本的《商代史》（簡稱《多卷本》，中國社會科學出版社，2010-2011），平均每卷約有500頁以上，卷帙浩繁（表5）。這是該研究中心集結三代成員幾十年心血總結，其貢獻學術界自有公評，也富重要參考價值。不過，參與成員的訓練基本相同（甲骨學），觀念太過一致，且略嫌陳舊[31]。其次，《多卷本》的內容主要依賴甲骨

---

28 高去尋，〈殷代的一面銅鏡及其相關之問題〉，頁685-720。高去尋，〈刀斧葬中的銅刀〉，《中央研究院歷史語言研究所集刊》37（1967）：355-381，Plates 1-7。杜正勝，〈歐亞草原動物文飾與中國古代北方民族之考察〉，《中央研究院歷史語言研究所集刊》64.2（1993）：231-408。

29 Nicola Di Cosmo, *Ancient China and its Enemies: the Rise of Nomadic Power in East Asian History*（Cambridge: Cambridge University Press, 2002）.

30 黃銘崇，〈畜牧者與農耕者之間──早期鄂爾多斯文化群與商文明〉，《「周邊」與「中心」：殷墟時期安陽及安陽以外地區的考古發現與研究》（臺北：中央研究院歷史語言研究所，2015），頁23-98。

31 舉例而言，關於商代的政體的空間模型，《多卷本》所採取的架構基本上是傳統方格

文、金文與傳世文獻，考古材料的成分不大。這對於商文明的理解，是有局限的。簡單舉例，有學者認為饕餮紋是商代宗教史上的一個重要問題，卻不見於甲骨文，可見只用甲骨文討論商史會有極大的盲點。前述商代政體的空間模型，如果加上大量考古出土材料，也會有不同的解釋。

表5　商代史・多卷本每卷內容

卷	標　　　　　題	作　　　者
1	商代史論綱	宋鎮豪
2	《殷本紀》訂補與商史人物徵	韓江蘇
3	商族起源與先商社會變遷	王震中
4	商代國家與社會	王宇信
5	商代都邑	王震中
6	商代經濟與科技	楊升南
7	商代社會生活與禮俗	宋鎮豪
8	商代宗教祭祀	常玉芝
9	商代戰爭與軍制	羅琨
10	商代地理與方國	孫亞冰
11	殷遺與殷鑑	宮為長

　　多卷本中《商代國家與社會》、《商代都邑》、《商代戰爭與軍制》、《商代地理與方國》四卷，重複的內容相當多，可以歸於政治／社會項下。《商代生活禮俗》與《商代宗教祭祀》，也許應當包含「商代工藝與藝術」，則可以歸於認知與象徵面項下。《商代經濟與科技》當然是經濟項下，不過筆者認為所謂經濟應當放在一個更寬廣的架構下考慮，也就是考慮人與環境

（續）————————————————

中之方格的變異，一方面未考慮其他學者所提出的種種不同模型，另一方面未考慮考古出土巨量的個個層級商遺址的存在，以及他們的空間分布所形成的意義。黃銘崇，〈晚商政體的研究——空間模型的考察〉，《新史學》22.3（2011）：161-207。關於巨量的晚商遺址的分布與其意義，可以參考黃銘崇、林農堯、黃一凡、劉彥彬，林昆翰，〈晚商文化的分布及其意義——以山東地區為例的初步探討〉，《東亞考古學的再思——張光直先生逝世十週年紀念論文集》（臺北：中央研究院歷史語言研究所，2013），頁257-337。

的關係，則可以用「生態與經濟」一項來涵蓋。總之，筆者認為在「商史」或「商文明」的架構下可以重新整編，也許可以**依據Trigger《比較》的架構為基礎加以調整，並且適當地利用考古材料、傳世文獻與出土文獻進行**綜合，相信可以寫出**內容間的有機鏈結清楚**，也更容易理解與閱讀的**《商文明》，材料是充分的**。

在《史記》的框架下，商王朝以前是夏王朝。由於二里頭文化(2100-1600 BCE)與由傳世文獻所記載的夏王朝年代以及傳說中的地名所涵蓋的範圍大致相同，並且考慮商文化在物質文化方面與東海岸的大汶口、龍山文化間的相似性，包括張光直、鄒衡等學者認為二里頭文化就是夏文化[32]，還有更多的學者也直呼二里頭文化為夏文化。不過，目前考古學界主流是回避二里頭文化是否為傳世文獻中「夏王朝」的問題，筆者贊同此種處理方式，即將此一問題以現象學式地「括號」(bracket)起來，暫時跳過此一問題，直接討論二里頭文化本身的現象與內涵，直到我們找到文字書寫的證據證明二里頭文化是或不是夏為止。

傳世文獻稱夏、商、周為三代，並且認定三代與後世朝代一樣，是單線的替代關係。張光直對於「三代」提出了幾個很重要的看法：他認為傳統古史的「三代」有兩個元素是被考古材料所推翻的，一是對三代的直線的繼承關係的強調，二是將三代一脈相承的文明發展看作在中國古代野蠻社會裡的一個文明孤島上的一件孤立的發展。他的「三代」新概念有兩個重點，首先，傳世文獻的夏、商、周是一直存在的政體，分別從豫西、豫東、陝西的龍山文化發展起來的，同時還有其他政體或群體存在。所謂朝代只是在某個時段最強大者。其次，這些強大的政體，在傳世文獻記載的

32　張光直就是這個意思，只是比較隱晦。鄒衡就直接稱二里頭文化為夏文化。張光直，〈從夏商周三代考古論三代關係與中國古代國家的形成〉，《中國青銅時代》（臺北：聯經出版公司，1983），頁31-63。張光直，〈殷商文明起源研究上的一個關鍵問題〉，《中國青銅時代》，頁65-90。鄒衡，〈試論夏文化〉，《夏商周考古學論文集》（北京：文物出版社，1980），頁95-182。

「都城」，往往不時移動，他認為與追尋鑄造青銅器的銅、錫礦有關[33]。此點近來針對不同地區早期青銅礦的調查與研究，以及早期銅礦開採與冶煉技術可以驗證(或否定)此一理論，可惜目前公布的資料有限。

關於二里頭與商、周文化的源流，張光直認為分別源自河南、山東與陝西龍山文化，此一概念受到新的材料與認識的挑戰。二里頭文化當然不是孤立的文化，暫且不論二里頭文化西邊的關中地區，關中以東與二里頭文化同時存在的東有山東到豫東的岳石文化，北邊的東下馮文化(或稱二里頭文化東下馮類型)在山西南部，包括臨汾盆地到中條山南北一帶。東北的輝衛文化則是現代河南省的黃河以北到鶴壁一帶，輝衛文化以北有下七垣文化，從安陽一帶往北，沿太行山麓都屬之[34]，輝衛、下七垣、南關外、二里崗等文化，雖有小異但屬大同，筆者且籠統地稱為「商系文化」[35]。早期商系文化就是鄒衡所說的「先商文化」，是一個十分純粹的使「用鬲文化」。商系文化看來是從陝西的客省莊文化(2600-2000 BCE)開始使用鬲的文化之一支，是從北方穿越森林草原邊緣地帶，或經由山西穿越太行山，來到太行山東麓，再沿太行山往南取代當地已然因為環境變遷而弱化的土著。到二里頭文化晚期進到鄭州一帶，壓迫岳石文化往東退，而形成了二里崗文化，到了二里頭文化的晚期建立的鄭州商城與二里頭文化在滎陽附近對峙[36]。最後，二里崗文化進入洛陽盆地，徹底的擊敗二里頭文化。屬於另一

33 張光直，〈從夏商周三代考古論三代關係與中國古代國家的形成〉，《中國青銅時代》，頁31-63。張光直，〈夏商周三代都制與三代文化異同〉，《中國青銅時代‧第二集》，頁17-40。

34 袁廣闊，〈二里頭文化與周邊考古學文化的關係〉，《二里頭文化研究》(北京：線裝書局，2013)，頁157-176。這是一個針對二里頭文化還不錯的描述性著作，內容包括時空分布、內涵、再分期、來源、與週邊文化之關係、社會性質與狀況等章節，但是並沒有比較俱有理論層次的論述。

35 筆者認為目前區分輝衛文化、下七垣文化等太過瑣碎，筆者將會以「商系文化」來概括與商王朝或建立王朝以前的與商可能有關的文化為「商系文化」，建立王朝以前稱「早期商系文化」。

36 鄒衡，〈論成湯都亳及其前後的遷徙〉，《夏商周考古學論文集》(北京：文物出版社，1980)，頁183-219。鄒衡，〈鄭州商城即湯都亳說〉，《文物》1978.2：69-71。袁廣闊，

面的二里頭文化與岳石文化本質上是張光直所謂「龍山化文化」，是用鼎的
文化，與東海岸的龍山文化、良渚文化等有較密切的關係。在環境變冷、
變乾燥的趨勢下，以旱作為主，用鬲的商文化擊敗了食用穀類多元，包含
稻作，用鼎的二里頭文化，開啟了稱霸黃淮流域五百年的霸業，**兩者之關
係，可以視為鼎與鬲的競爭，其間的時空消長，是上古的一件大事**[37]**。煮食
用具背後代表的可能是所食穀類或其他主食的差異，是否也代表著族群甚
至語言上的差異？這是未來需要解決的問題**。總之，討論古代文明的形成，
二里頭文化與同時代文化間的競爭會是焦點之一。從此一角度出發，不同
於以往從王權、政治上來考量的夏、商之爭或「夷夏之爭」的概念。筆者
認為可以從兩者的經濟形態，文化內涵與思維模式進行總體的比較。

關於二里頭文化與二里崗文化的部分，經常會在「國家形成」的框架
下討論，劉莉與陳星燦的*State Formation in Early China*（Duckworth, 2003）對二
里頭文化與二里崗文化的聚落／政治體系進行了分析，也以例子很清楚地
論證二里頭以外的某些帶有城牆的聚落，可能是二里頭政權直接伸出權力
之手，攫取資源而設置，因此稱兩者的生產方式為「納貢的生產方式」
（tributary mode of production）[38]。此書相當重要，但筆者不完全同意劉莉與陳
星燦的分析，因為根據他們的分析二里頭與二里崗文化本質上無別。從一
些很基本的現象，比方兩者的核心遺址二里頭與鄭州商城的面積，分別為
300萬與2,500萬平方公尺，我們知道鄭州商城所能動員的人數為二里頭的八
倍以上，後者的控制幅員當比前者大得多。其次是兩者的第二與第一大聚
落的尺度比例分別為0.5（望京樓／二里頭）以及0.08（偃師商城／鄭州商城），我
們知道二里崗文化有「首大」的現象，說明其聚落的安排應根據中地理論
（central place theory）的「行政原則」（administrative principle）而非「經濟原則」

（續）─────────────

〈先商文化新探〉，《中原文物》2002.2：34-41。

37 過去學者往往「鼎鬲」並用，認為這是中國文化的特色，但是最近宮本一夫與許宏
分別開始注意到「用鬲」與「非用鬲」的問題。

38 Li Liu & Xingcan Chen, *State Formation in Early China* (London: Duckworth, 2003).

(economic principle)或「交通原則」(transportation principle)所控制。也就是說，二里崗文化的政權有意識地控制聚落尺度，以利行政管理，但二里頭文化的政權則沒有此種控制，而讓經濟原則來形塑聚落形態，故二里頭與二里崗文化的聚落模式有很關鍵的差異。如果二里頭文化是比較符合中地理論的經濟原則，則我們應該進一步地問，稀有原料的取得與高級工藝品的輸出間，究竟是一種強迫的機制？或是互惠的關係？亦即究竟是納貢或貿易？有哪些重要的現象？要以何種方法分析？這些問題都需要更多討論與研究。貿易(trade)在西亞古代文明中占有重要的地位，但在東亞古代文明研究卻完全未被討論，筆者認為**從貿易或交換(exchange)的觀點來討論二里頭文化時期的貴重物品交換與流動，未來會有很大的空間，可能必須從貿易或交換的相關理論起手，進行系統性的分析。**

關於二里頭文化，系統性的著作還有岡村秀典的《夏王朝：王權誕生の考古學》(講談社，2003，簡稱《夏王朝》)以及許宏的《最早的中國》(科學出版社，2009，簡稱《最早中國》)。《夏王朝》有兩章交代傳世文獻的「傳說時代」與夏王朝，接著進入考古學的探索，然後以二里頭為例，以儀禮用的玉器、飲酒儀禮、青銅禮器出現、與社會複雜化等談王權的誕生。接著討論二里頭文化的生活包括環境與生業，以及日用陶器。然後藉著貴重物品的分布談「中國」的世界之形成[39]。《最早中國》有系統地介紹了二里頭遺址與二里頭文化，包括：發現與研究史、與文獻對應的混戰、文化板塊型塑的「地理王國」、聚落布局、大型建築、祭器與兵器、社會組成、紋飾所見的思想世界、青銅與玉器工藝、經濟生活面向等，雖然不夠深入，但涵蓋面廣。不過，書中許多術語如「多元一體」、「滿天星斗」、「邦國、王國、帝國」等，類似套語在現今中國考古學論著中俯拾皆是，它們是前輩學者因中國長期封閉，開放以後為了面對外來的理論壓力，而自行創造的「理論」。其名詞的定義模糊，也沒有「演化論」或其他理論上的支撐，也

39　岡村秀典，《夏王朝：王權誕生の考古學》(東京：講談社，2003)。

沒有廣泛的人類社會之調查為基礎。對於現在年輕的學者而言，並非標竿，反而是緊箍咒[40]。《最早中國》作者未能突破十分可惜。

比較起來許宏的新著《何以中國：公元前2000年的中原圖景》是思慮更成熟的作品，在體例上也更符合學術規範。書中有系統地介紹了陶寺文化的不同面向，而且以遺址中所見的暴力遺跡與墓葬被刻意盜掘等現象，提出陶寺遺址崩解以前的「平民革命」。其次討論了嵩山地區的登封王城崗、禹州瓦店、新密古城寨等規模較大的聚落。其中，他注意到「兩大集團」，即位居東南使用陶鼎的集團與位居西北使用陶鬲的集團在中原地帶板塊交會，他認為二里頭文化兼有鼎、深腹罐、鬲，二里崗文化則鼎鬲並存，並以兩大版塊融合來詮釋二里崗文化（見前面討論）。接著討論二里頭文化的前身新砦文化（或新砦期），藉以鋪陳下一階段的「大邑二里頭」，由於從考古學家的角度，二里頭出土的陶器似乎來源不一，所以他有所謂「二里頭人從何而來？」之問，答案似乎指向東方或東南。最後討論中原與中國，他以二里頭文化前後的玉璋與東周青銅短劍的分布對比，認為在二里頭文化時代，或許最早的「中國」的雛形已經形成。許宏以「海納百川」來形容二里頭與東南與北方草原的交流，以「強勢輻射」來詮釋二里頭相關器物的遠距移動。由於沒有證據顯示二里頭政權對於這麼大一片地域有控制，所以他以「軟實力」來解釋玉璋在廣大範圍的分布[41]。

40　許宏的「邦國、王國、帝國」三大台階，是蘇秉琦「古國－方國－帝國」三部曲的修正版。見蘇秉琦，《中國文明起源新探》（香港：香港商務印書館，1997）。這三部曲或三台階是為了對抗西來的「隊群（或譯為遊團）、部落、酋邦、國家」，國家又有「城邦、領域國家、帝國」等區別，這種社會／政治組織的演化進程相關的名詞，其實是西方學者從不同實地社會的觀察所得之社會科學的通則。見Elman R. Service, *Primitive Social Organization: An Evolutionary Perspective* (New York: Random House, 1962), pp. 59-109. 雖然這些名詞在西方學術界也面臨批判，但卻也形成跨文化比較的溝通平台的一部分。利用「邦、王、帝國」而不加以嚴格的定義，只會造成溝通困難。關於這些通則的批判，例如Adam T. Smith, *The Political Landscape: Constellations of Authority in Early Complex Polities* (Berkeley: University of California Press, 2003), pp. 30-111.

41　許宏，《何以中國：公元前2000年的中原圖景》（北京：生活・讀書・新知三聯書店，

　　許宏的思維模式是明顯的中原(中國)中心論,洛陽盆地的位置如果如此
重要,應該更早以前即已出線,進入文明社會。顯然,其他因素如環境變
遷、技術門檻與意識形態等因素,都在左右著洛陽盆地的競爭力,欲對此
一問題有突破,必須放下中原中心的思考模式,考量更多因素。其次,二
里頭文化基本上是用鼎的文化,鬲是外來的,而且數量不多。鼎與鬲之間
的關係是競爭,而非融合。從二里頭遺址的聚落尺度不夠大,與二里頭遺
址到目前為止出土的兵器極少等現象觀察,二里頭似乎沒有學者所說的那
麼強勢。

　　由於新的考古發現與長期發掘,在2000 BCE前後,二里頭遺址已經不
是唯一的焦點,陶寺遺址位於山西襄汾陶寺村附近,最盛時其規模與二里
頭遺址相當(400萬平方米),而且有城牆包圍,也有大型墓葬,隨葬品豐富,
有玉器、漆器與彩繪陶器等。並有觀測日照位置的建築遺址,同時出土了
銅鈴、齒輪形璧、銅環、銅兔形牌飾以及可能為容器的銅片,看起來陶寺
的工匠已經掌握鑄銅技術。陶寺遺址還出土殘陶器上有朱書的符號,這些
符號與商代甲骨文之間的關係密切。陶寺文化遺址分布於晉南中條山以
北,從遺址的分布看來,聚落分布服膺中地理論的經濟或交通原則。看來
陶寺似乎是一個有相當規模的城邦,此一城邦的富庶,有一個很重要的資
源為中條山北麓的解池鹽,顯然也開始掌握一些冶金的技術。

　　近幾年在陝西神木石峁也發現了規模達420萬平方公尺的石牆城址,同
樣有兩重城牆,城門的結構複雜,內城中還有面積達8萬平方公尺包石牆的
台基。其時代可能也與陶寺遺址相當,此遺址早先出土過大量玉器,近年
也出土過齒輪形銅環,與玉凸邊璧串結,出於人的下臂骨上。屬於同一時
期鄰近的寨峁梁遺址,是當時的村落遺址,附近類似的村落可能不少,不
過需要進行更仔細的區域調查。陶寺遺址、神木石峁石城遺址、良渚古城
遺址、日照兩城鎮－丹土城遺址、天門石家河遺址在各自的區域都是超大

(續)————————————————
　　2014)。

聚落，它們的尺度也都彼此相當，但由於個處於不同的地理環境與氣候條件，其聚落結構各不相同。我們需要有一個新的理論模型，來描述這些大型聚落的興起，以及更重要的它們的覆亡。總而言之，過去那種單線的中原文明一脈相承的模式，需要很大的修正。

二里崗文化(1500-1300 BCE)相對地是經常被忽視的，Kyle Steinke等編輯的*Art and Archaeology of the Erligang Civilization*（普林斯頓大學出版社，2014）是第一本以二里崗文明為焦點的論文集。此書的推手是Robert Bagley，他在該文集的〈二里崗銅器與二里崗文化的發現〉一文，認為二里崗文化(ca. 1600-1400 BC)是中國青銅時代的開端，也是東亞最早的文明，它值得學術界更多關注的眼神。Bagley認為從殷墟文字的程度推斷，二里崗文化應該有完整的文字書寫系統，不過，可能因為書寫於容易毀壞的有機材質[42]，所以，到目前為止二里崗文化出土的古文字材料很少，與傳世文獻其實也難以對應。他（一貫地）認為，二里崗文化應從銅器以及考古發掘來考察，不需要考慮文獻的對應。筆者贊同Bagley的此一立場，但也必須指出Bagley所謂二里崗文化（或商考古，見《劍橋》）純粹從銅器的角度出發，有一定的局限性。王海城的〈中國最早的帝國(？)：詮釋二里崗擴張的物質記錄〉企圖透過跨文化的比較解釋二里崗文化的擴張，將出現二里崗文化銅器與陶器的遺址分布套疊，大體上描繪出此一早期「帝國」的範圍。他的分析並沒有辦法得到一個明確的答案，最主要的原因是二里崗文化銅器，只有鄭州商城、偃師商城、東下馮、盤龍城、荊南寺等出自比較清楚的脈絡（墓葬），要依賴這麼少的資料，建構一個帝國的想像並不容易。本卷〈晚商王朝的政治地景〉筆者之所以從殷墟文化入手，準備未來以殷墟文化所得結果為參考往更早的時段推進，最主要是殷墟文化出土銅器有清楚脈絡者為二里崗文化時期的數十倍，加上此一時期，銅器上有「族徽」、「親屬稱謂」

---

42 Robert Bagley, "Anyang Writing and Origin of Chinese Writing System," *The First Writing: Script Invention as History and Process*, edited by Stephen D. Houston （Cambridge: Cambridge University Press, 2004）, pp. 190-249.

等文字資訊，使得我們進行空間與社會分析的籌碼更多，筆者在本卷給晚商國家的標籤為「雛形帝國」，可與王海城文相對照[43]。張昌平〈二里崗：一個從盤龍城的觀點〉討論了盤龍城遺址墓葬中出土銅器的類型[44]，與筆者〈政治地景〉中晚商政體的「爵位」制度相比較，我們可以推測此種制度，可能在二里崗文化時期即存在，表現最明顯的就是盤龍城墓葬出土的銅器組合。

　　介於二里崗文化與殷墟文化(1300-1046 BCE)之間，大約有百年左右的缺環，現在考古學界多接受「中商文化」的概念[45]。如果與《史記》和《竹書紀年》的記載綜合比較，這段時間正是所謂「九世之亂」，大約有百年期間，商王朝早期的繼承制度崩潰，王所在的居邑也數度遷徙。考古學家相信鄭州小雙橋遺址與安陽的洹北商城應當曾經是王的居邑，但他們都如文獻所記載，在很短暫的期間就放棄了，當然所形成的文化堆積也都有限。早商政體的崩潰與青銅文化的擴散與多樣性的出現似乎有著不可分割的關係，也就是說原本在二里崗時期十分一致的銅器風格，從二里崗文化崩解以後，就先後出現城洋青銅器、早期周系(先周)青銅器、三星堆文化、新贛大洋洲墓葬(包括清江吳城)、以及南方系的大鐃等，一方面明顯可以看到受到二里崗銅器的影響，另一方面則分別有不同的在地因素。Robert Thorp則針對即中商時期青銅器的製造體系，提出網絡模式(network model)，指出在這段期間，青銅器並非單一都會區生產的，而是分散於廣大的區域之中，有幾個地方的重要節點生產銅器，彼此間互相有聯繫，故節點之間共享的性

---

43 過去學者從陶器與銅器的分布來討論「二里崗」的擴張，筆者認為是言過其實，二里崗的銅器雖然出現在距鄭州相當遠的地方，但是如正文所言，出自墓葬且脈絡清楚者不多。而其陶器分布，也未能亦步亦趨，與銅器分布相符。而且黃河以北的許多「用鬲文化」，在政治上也未必隸屬二里崗王朝。

44 Changping Zhang, "Erligang: A Perspective from Panlongcheng," *Art and Archaeology of the Erligang Civilization*, edited by Kyle Steinke and Dora C. Y. Ching（Princeton: Princeton University Press, 2014）, pp. 51-66. 參見表2，頁60。

45 唐際根，〈中商文化研究〉，《考古學報》1999.4：393-420。王震中，〈「中商文化」概念的意義及其相關問題〉，《考古與文物》2006.1：44-49。

格多於差異性[46]。陳芳妹也指出三星堆祭祀坑、新贛大墓與殷墟墓葬(以婦好墓為代表)顯示三種不同的使用文化，當然也暗示有三個各不相同生產中心[47]。還有更早以前Virginia Kane提出南方有「地方風格」(provincial style)相對於安陽與鄭州的所謂「都會風格」(metropolitan style)[48]。從現在所的證據看來，在原本二里崗文化區域的陶鬲文化並沒有太大的變化，但是在有些同時具有商系陶器與非商陶器的地方出現比較接近商系的青銅器，例如城洋、新贛等；而在有些地方則陶器幾乎完全屬於非商系統，青銅器則可明顯地看出商系與非商系，例如三星堆。**說明中商時期人群的離散(disperse)有不同的類型，其中牽涉到貴族、眾人以及鑄銅工匠的移動，以及與原住民間的複雜關係**，或許可以人群與鑄銅技術的離散為題，進行系統性論述。

　　文字的出現是古代文明的關鍵元素，《殷商編》以兩章的篇幅來處理文字書寫系統，主要是處理漢字的起源與演變問題。這兩篇後來收入李孝定的《漢字的起源與演變論叢》(聯經，1986)，這本書是針對此一問題最有系統的研究，除了起源與演變以外，還討論了從六書觀念看甲骨文、從金文的圖畫文字看漢字文字化過程、與漢字起源的一元與二元說等主題，即使已經將近三十年了，現在還是有相當高的價值[49]。《起源》(詳下)一書列入張光裕的〈關於漢字起源的新證據〉，他就是與《殷商編》李孝定文相同，將史前陶文視為早期文字的新證據[50]。陳昭容曾經寫過一篇〈從陶文探索漢字起源問題的總檢討〉，將當時已經出土的陶文資料進行了地毯式的搜索，可

46　Robert L. Thorp " The Growth of Early Shang Civilization: New Data from Ritual Vessels," *Harvard Journal of Asiatic Studies* 45.1(1985): 5-75.

47　陳芳妹，〈「商代多元青銅藝術系統」研究的新線索——藝術、技術、用銅概念與用器行為〉，《故宮學術季刊》23.4(2005)：21-82。

48　Virginia C. Kane, "The Independent Bronze Industries in the South of China Contemporary with the Shang and Western Zhou Dynasties," *Archives of Asian Art* 28(1974-75): 77-105.

49　李孝定，《漢字的起源與演變論叢》(臺北：聯經出版公司，1986)。

50　Kwong-yue Cheung(張光裕), "Recent Archaeological Evidence Relating to the Origin of Chinese Characters," *The Origin of Chinese Civilization*, edited by David N. Keightley (Berkeley: University of California Press, 1983), pp. 323-391.

算是李孝定討論陶文的補篇,但也已經看到這條路是死胡同了,只能等待突破性的材料出土[51]。

　　東方學者在不同區域找尋陶文符號,企圖與商代文字連結時,都忽略一個前提,就是兩個不同的文化,其人群使用的語言必須屬於同一語系,使用同一書寫系統時,才不會有轉譯的問題,比如漢藏語系使用的漢字轉到不屬於漢藏語系的韓、日語時產生的問題,最終出現音節性的符號,以解決語言與文字間的無法完全對應的問題。商到西周間的文字轉換,最重要的基礎就是兩者使用同一語系,其間的差異類似近代的「方言」。相對地,如果二里頭文化與商文化使用的不是同樣的語言,那麼他們的陶器上所見的符號,意義是否相同就是一個很重大的問題,筆者認為二里頭文化與二里崗或殷墟文化貴族的古DNA比較研究,為此一問題未來的解決綻出一道曙光[52]。

　　西方學者的取徑與東方學者不盡相同,他們重視語言與文字的關係,以及識字律等不同類型的問題,包括文字如何被使用?被哪些人使用?以及如何學習書寫等問題[53]。《起源》一書中Pulleyblank的〈史前與歷史時期早期的中國人及其鄰居〉則是以文字方面的證據,說明非漢藏語系在中原與鄰近地區存在的可能性。在*Cambridge History of Ancient China*(詳下)中,William Boltz的〈語言與文字〉承襲了Pulleyblank的方法,指出了在先秦時期南亞語系在南方,南島語系在東海岸地區,以及印歐語系在北方草原一帶活躍。他們的語言不同,記錄於漢字時留下了不同的痕跡,比方人名、地名與詞序上的差異,勉強可以從漢籍文獻中看出。雖然這類的關注有重

51　陳昭容,〈從陶文探索漢字起源問題的總檢討〉,《中央研究院歷史語言研究所集刊》57.4(1986):699-762。

52　Ming-chorng Hwang, "Rethinking the Origin of Chinese Writing: Gene, Language Families and Writing Systems," presented in The Chinese Writing System and Its Dialogue with Sumerian, Egyptian, and Mesoamerican Writing Systems Conference, Rutgers University May 29-31, 2015.

53　Feng Li & David Prager Branner, editors, *Writing & Literacy in Early China: Studies from the Columbia Early China Seminar* (Seattle: University of Washington Press, 2011).

大意義，但這方面的研究在資料收集的強度與研究方法上，都還有很大的空間。

金屬器的出現顯然也是東亞古代文明形成很關鍵的一環，在《殷商編》中有李濟的〈殷墟出土青銅禮器之總檢討〉與萬家保的〈由殷墟發掘所見的商代青銅工業〉，這兩篇文章依現在的標準是過時了。原來本書會有李永迪的〈物質與權力──奢侈品的生產與製造〉，將青銅器放在奢侈品的範疇討論，最終並未寫出。關於商代青銅器的鑄造Ursula Martius Franklin在《起源》中有一篇〈關於早期中國的青銅與其他金屬〉，她主要是從理論與跨文化比較的觀點來看早期中國的青銅鑄造，她將冶金區分為小規模金屬工作（metal working）與大規模的金屬生產（metal production）。她強調金屬生產在金屬的獲取（metal winning）與金屬製造（metal fabrication）上，都會顯出社會的階層化、分工專業化以及固定的生產中心。大規模的金屬生產不論在金屬獲取或金屬製造上都必須有相當巨大的社會動員能力。雷德侯（Lothar Ledderhose）*Ten Thousand Things*一書中的"Casting Bronze the Complicated Way"以「模矩」（module，或作模組）的角度來看商代青銅器的鑄造、紋飾與器形甚至工匠與社會組織等各方面，認為殷墟的工匠有層級性的組織以及分工，而非單一工匠完成所有的工作[54]。

與青銅器有關的課題，除了鑄造工藝、工匠組織以外，還有中國青銅鑄造技術的起源問題。此問題有一度傾向「西來說」，後來由於中國青銅鑄造是使用十分特殊的「塊範法」，使得有些學者傾向「本土說」，在《起源》一書中，Noel Barnard〈古代中國冶金起源本土說的更多證據〉就是此種看法的代表。筆者的〈邁向重器時代──鑄銅技術的輸入與中國青銅技術的形成〉可以視為一種「新西來說」，指出在新石器時代階段，東亞地區所見的零星的冶金成功現象並未流傳，也未對其社會帶來影響。但在環境變遷

---

54 Lothar Ledderhose, "Casting Bronze the Complicated Way," in *Ten Thousand Things: Module and Mass Production in Chinese Art*（Princeton: Princeton University Press, 2000）, pp. 25-45.

下，東亞草原出現，歐亞草原之路開通，屬於草原的雙合石範技術，以及中亞都市文明的打擊銅器技術，可能都傳入東亞地區，並且在新石器時代晚期較有規模的聚落中被以陶器模仿或嘗試進行冶金的實驗，形成一種競爭。目前的證據看來東亞冶金的技術是從草原的雙合範被中原地區的陶匠集團學習以後快速演進而來的，陶寺文化與二里頭文化的銅鈴以及二里頭文化的爵的橄欖核形斷面，就是模仿草原以刮削製作有銎器最好的證據。東亞地區原本存在技藝高超的陶器工匠學習到這種工藝，並且利用原本的專業將銅器鑄造的範鑄技術徹底轉化，成為獨樹一幟的塊範法[55]。筆者撰文時已經承編輯之便閱讀過本卷梅建軍的〈中國的早期銅器及其區域特徵〉一文，筆者撰〈重器時代〉目的之一是與梅文互補。梅文注重的是冶金的部分，筆者專注的則是與陶範的製作在青銅器製造上的重要性。這兩篇論文可以搭配《中國考古》中的〈西元前第二千紀早期北方邊界地區的青銅文化〉，可以對於畜牧者為主的草原地帶的文化，從夏家店下層文化、朱開溝文化、齊家文化、新疆東部文化、四壩文化等有一個概括的認識。

　　商代另一個重要的面向為其宗教與意識形態，張光直的〈商代的巫與巫術〉，繼承陳夢家以文字為核心寫成的〈商代的神話與巫術〉，有系統地討論商代巫的重要性與其職務與技術[56]。以及〈說殷代的「亞形」〉則承襲高去尋〈殷代大墓的木室及其涵義之推測〉，講商代亞形的四方宇宙觀[57]。鍾柏生的〈殷代卜辭所見殷人宇宙觀初探〉討論商代的宇宙觀，他所謂宇宙觀指的是商貴族對於宇宙間的神、鬼、人的概念與其結構[58]。David Keightley的*The Ancestral Landscape: Time, Space, and Community in Late Shang China(ca. 1200-1045 BC)*（加州大學東亞研究所，2000），延續了西方學

55　黃銘崇，〈邁向重器時代——鑄銅技術的輸入與中國青銅技術的形成〉，《中央研究院歷史語言研究所集刊》85.4(2014)：575-678。簡稱〈重器時代〉。

56　張光直，〈商代的巫與巫術〉，《中國青銅時代・第二集》，頁41-65。

57　張光直，〈說殷代的「亞形」〉，《中國青銅時代・第二集》，頁81-89。

58　鍾柏生，〈殷代卜辭所見殷人宇宙觀初探〉，《第三屆國際漢學會議論文集：古文字與商周文明》（臺北：中央研究院歷史語言研究所，2002），頁35-106。

者一直以來對於中國的祖先祭祀與崇拜的高度興趣，從甲骨文資料討論商代的氣候、農業、時間、曆法、中心與邊緣、宇宙與四方等，是企圖比較有系統地討論商代的宗教。常玉芝《商代周祭制度》（中國社會科學出版社，1987）討論商代晚期的「周祭制度」，周祭制度是指晚商晚期商王朝祭祀已經過世的王與其配偶時，改採按順序的「輪值表」的概念，祭祀一輪大約一年，所以稱一年為一祀。周祭卜辭有許多學者研究，常玉芝是在《甲骨文合集》出版以後進行研究，材料上比較完整，是典型的找尋甲骨文字間的「內在邏輯」（intrinsic logic）的歸納法。《多卷本》中有常玉芝撰寫《商代宗教祭祀》，此書的「宗教」部分由於缺乏理論的架構支撐而相當薄弱，她所關照的主要是各種「祭祀」，面向比較狹窄。筆者〈「饕餮紋」的再思考：一個方法的省思〉一文，探討饕餮紋的形態變異、裝飾風格與內容的來源、與傳世文獻的連結、名稱的問題、可能的意義、以及與商人政治權威間的密切關係等。饕餮紋是商代興起以後大量出現的紋飾，從青銅器、玉器、骨器、建築上都使用，是商人宗教－意識形態上的重要面向[59]。以上不同學者的文章，討論了商貴族的宗教－意識形態的不同片段，筆者認為需要一個結構與系統性更強的綜合論述，可以套用Trigger的結構稱為〈商代的認知與象徵面向〉，或者如筆者所謂「宗教地景」，包含：1.神聖的族群與祖先祭祀；2.占卜與商王的宗教權威；3.從帝的信仰到帝的子孫；4.饕餮紋的世界——巫術與底層信仰的利用；5.亞形的宇宙觀——我者與它者的區別；以及6.結論：政治、宗教與經濟：商王朝權力結構中政治的主導性[60]。筆者的架構或許沒有Trigger的結構來得寬廣，卻是依據目前可得材料量身打造的，而且是以了解晚商的宗教信仰對政治的影響為核心。

關於經濟方面，《多卷本》中楊升南等撰寫的《商代經濟與科技》，其

---

59 黃銘崇，〈「饕餮紋」的再思考：一個方法的省思〉，《美術史研究集刊》32(2012)：1-102。

60 筆者計劃將本卷「晚商王朝的政治地景」擴大為一本書，書名相同，會涵蓋更完整的：經濟／生態地景、社會地景、與宗教（意識形態）地景三個部分。

實僅最後一章天文曆法與科技有關，其餘包括自然環境、土地制度、農業、畜牧業、漁獵活動、手工業、商業、財政與方國經濟等，是一個完整的商代經濟史。不過，全書除了手工業依賴考古材料以外，其餘大多依賴甲骨文與傳世文獻的分析，而且其指導思想為教條式的馬列主義，且由於甲骨文資料並不是均勻分布，有些細節過多，十分繁雜，有些章節則匆匆掠過。張光直〈古代貿易是經濟學還是生態學〉同樣是講經濟，寫法完全不同，主要是針對當時美國考古學界強調史前文化的「生態系統研究」（eco-systematic），生態系統研究經常以文化適應的生態分析來處理生態區域、人群結構、與其文化特徵之間的關係，但是人群結構經常被當作「想當然耳」而被忽略。張光直的觀點是史前與古代貿易必須在進行貿易的社會單位間的環境加以研究，沒有人群結構就沒有生態區域與文化特徵的接觸點。所以，他認為貿易只有在材料或加工過的自然資源在一個社會框架裡分配的整體環境之內才能加以研究。以各種形式出現的自然資源的分布等考古資料，僅能揭出問題。解決之起點是從考古學上釐清以下諸點：1.有關的各種社會單位的層級關係。2.資源在單位間流動的互惠性（平衡與否）。3.交換的方式，即流動是否雙面？是否為再分配式的？流動的方向與性質是自願性還是強迫性的？他認為只有在非武力強制下進行的群體間貨物的平衡性、互惠性的流動才屬於貿易。在理清思路以後，才將商代狀況放入考量。他認為商代貿易的考慮僅限於商國與國外之間，以及國內各地統治階級之間與各個專業工匠之間的資源在空間上的交換，基本上以貴重物品為主。生活必需品的流動則是內部的，極不平衡的與強制性的。貿易所得的項目在商代社會扮演讓內部經濟更不平衡的角色[61]。由於這篇文章原本是用英文寫的，重在論證，所以缺乏引經據典以及相關證據。近來商周時期鹽業考古的開展，使我們有機會針對此種生產有區域性限制的生活必需品進行分析，我們發現商王朝以國家力量直接派遣貴族與工人遠赴渤海

61　張光直，〈古代貿易是經濟學還是生態學？〉，《中國青銅時代》，頁141-154。

灣製鹽，其管理的貴族有層層階級，生產以後一步步往安陽運送[62]。其機制可能如後代的鹽権，的確是有不平衡性與強制性。筆者在本卷〈晚商王朝的政治地景〉中討論實質環境及其限制、聚落分布、聚落尺度的意義、晚商軍力與軍隊的評估、以至於殷墟的消費量能與資源掠奪等項目，由於是「政治地景」的一部分，不是完整的經濟／生態內容，商代經濟／生態方面還有很大研究空間。

表6　《中國上古史待定稿》第三本　兩周編之一：史實與演變

章	標　　　題	作　　者
1	周人的興起及周文化的基礎	許倬雲
2	西周史事概述	屈萬里
3	周代封建的建立：封建與宗法(上篇)	杜正勝
4	周代封建制度社會結構：封建與宗法(下篇)	杜正勝
5	周東遷始末	許倬雲
6	列國簡考	陳槃(1905-1999)
7	春秋列國的兼并遷徙與民族混同和落後地區的開發	陳槃
8	春秋時代的教育(重定本)	陳槃
9	史官制度－附論對傳統的尊重	李宗侗(1895-1974)
10	春秋列國的交通	陳槃
11	戰國七雄及其他小國	勞榦
12	封建的解體	李宗侗
13	春秋封建社會的崩解和戰國社會的轉變	許倬雲
14	戰國的統治機構和治術	許倬雲
15	戰國時代的戰爭	勞榦(1907-2003)
16	周代都市的發展與商業的發達	許倬雲
17	秦的統一與其覆亡	勞榦

　　《待定稿》兩周編之一：史實與演變(《兩周史實》表6)大體而言，有西

---

[62] 黃銘崇、林農堯、黃一凡、劉彥彬、林昆翰，〈晚商文化的分布及其意義──以山東地區為例的初步探討〉，《東亞考古學的再思──張光直先生逝世十週年紀念論文集》(臺北：中央研究院歷史語言研究所，2013)，頁257-337。

周五篇(1-5)、春秋五篇(6-10)、戰國五篇(11, 14-17)，另外有兩篇講春秋戰
國間的社會／政治變化。西周部分整體而言，涵蓋了周文化的基礎、傳世
文獻記載的姬姓先世，伐紂開國，周初的大封建，西周諸王大事，到周王
室東遷等重要歷史事件，另涵蓋西周年代與西周社會／政治制度等內容，
其實也蠻完整的。缺點是由不同人撰寫，體例差別頗大。

　　西周史相對於其他上古史的階段，在過去四十幾年間有不少重要著
作，比方許倬雲《西周史》(聯經出版公司，1990)與楊寬《西周史》(臺灣商
務印書館，1999)，李峰寫了兩本重要的書，*Landscape and Power in Early
China: the Crisis and Fall of the Western Zhou*(簡稱《西周的滅亡》，劍橋大學出
版社，2006)[63]，以及*Bureaucracy and the State in Early China: Governing the
Western Zhou*(簡稱《西周官僚》，劍橋大學出版社，2008)[64]。楊寬的《西周史》
編次包括一、西周開國史，二、西周時代的土地制度、農業生產和手工業
生產，三、西周王朝的政權機構、社會結構和重要制度，四、西周王朝的
軍政大事，五、西周時代的楚國和曾國，六、西周時代的文化教育和禮制，
七、西周王朝的衰亡和東遷中原。其中的一、四、七編主要是西周的史事，
二、三、六分別是經濟、政治／社會組織和認知與象徵面。至於第五編事
實上不應單獨成一編，應當放入第三編中。每一編中都有二到十二章，有
相當多內容其實是「主題性」的，原本可能是單獨的論文被編入書中，整
體而言細節太多，總結性的歸納太少。許倬雲的《西周史》則包括：一、
由新石器時代到商代，二、周的起源，三、克商與天命，四、華夏國家的
形成，五、封建制度，六、西周中期的發展，七、西周政府組織，八、西
周物質文化，九、西周的衰亡與東遷。同樣的重史事與社會／政治組織，

63　Feng Li, *Landscape and Power in Early China: the Crisis and Fall of the Western Zhou*
　　(Cambridge: Cambridge University Press, 2006). 中譯本《西周的滅亡：中國早期國家
　　的地理和政治危機》(北京：三聯書店，2007)。

64　Feng Li, *Bureaucracy and the State in Early China: Governing the Western Zhou*
　　(Cambridge: Cambridge University Press, 2008). 中譯本《西周的政體：中國早期的官
　　僚制度和國家》(北京：三聯書店，2010)。

少經濟與認知與象徵面。兩相比較，許倬雲重宏觀的視野，楊寬論述則重細節，兩者之間可互補。不過，兩者的共同特點是主要為「描述性」的內容，較少理論性的詮釋。許倬雲對於西周的覆滅，試圖以環境變遷來解釋，但是僅寥寥數語，並未深究。

李峰是目前西周史研究之執牛耳者，不缺讚譽，此處只講筆者在書中所看到的問題。《西周的滅亡》一書其實包含兩種內容，一是與其標題中的 landscape 有關，指的是地理空間、政治板塊與其相互聯繫的問題。此部分包含第一章〈西周國家的基礎：建構政治空間〉與附錄一〈週邊地區：西周王朝的最大地理範圍〉，這部分可以獨立成書，進行更細的區分，更有效地運用考古材料，且聚焦於空間／政治議題上。另外一部分，包含其他章節，處理西周政體崩解的內在的結構性問題、外在的敵方壓迫、與偶發因素，其間不同因素的彼此糾結，因果的邏輯關係，可以再緊密。以上兩個部分在《西周的滅亡》中彼此關係並不清楚，完全可以切為兩本書。不論是地理與政治板塊或政體崩解，筆者認為至少有兩個關鍵因素未被考慮，首先，**氣候變冷、變乾所產生的農業生產力下降與畜牧者往南逼近的問題，這才是「門前的敵人」出現與昭王南征的背景。其次是族群問題，周王朝建立以後最棘手的問題就是如何處理有行政、巫術、戰鬥能力且人數眾多的商貴族**，周王朝費了一百年以上，才解決此一問題，筆者在本卷〈「殷周革命」新論——邁向「人文的」國家〉中有所論述。

《西周官僚》以社會科學對於「官僚」的理解為基礎，重新研讀西周時期的金文，從政府結構的發展、中央政府的行政程序、王畿的地方社會與行政、官員進入政府途徑與仕途發展、地方封國與地方行政等方面完整地探討西周的官僚體制，並且對西周國家進行概念性的重構，他稱為「權利代理的親族邑制國家」（delegatory kin-ordered settlement state）。筆者認為這本書相當重要，超越了傳統的「官制研究」及「封建」與「宗法」的論述模式，與吉德煒討論商代國家的研究可相輝映。不過，周王朝之所以走向「官僚」體系，也就是任命官員時以「能力」而非「出身」為核心考量，

讓有能力的商貴族得以依據其能力為新的王朝效力，應該與它費心處理族群問題有密切關係。所以，**不了解商代，未看到商周間的反差，就不易看出西周國家構造的實相**。

《兩周史實》中與春秋時代有關的論文涵蓋了列國領域變化、政治變遷、教育、歷史、交通以及社會變動，如果把它們集結起來，也是一個相當「傳統」而且完整的《春秋史》，到目前為止，不論是早年童書業的《春秋史》，或比較晚近由顧德融等編寫，如流水帳般的《春秋史》，都無法與之媲美。然而，過去幾十年考古出土的東周列國材料相當可觀，其中有許多內容，足以改變我們對於春秋時代的認識，這是《兩周史實》春秋部分的缺憾。

《兩周史實》與《兩周文化》的戰國部分（包括），涵蓋了列國的領域變化、統治機構與治術、戰爭、文學、思想與科技。唯一可以相比的是楊寬的《戰國史──一個異色時代的完整圖像》（臺灣商務印書館增訂版，1997），此書先論經濟，從農、商與手工業，到經濟的制度面。次論政治，包括政治上的最重大的變革──中央集權，接著論同時存在的政體間的戰爭與合縱連橫。最終是秦國的統一。最後則是思想、科學與文化。總體而言，是一個結構性很強的斷代史，勝過氏著之《西周史》。

李學勤的《東周與秦代文明》（文物出版社，1984）是應張光直邀請而寫的中國古代文明的一本書的中文本。此書分成兩大部分，第一部分分述列國或區域，第二部分則分門別類地寫各種器物與古文字[65]。李學勤擅長寫短而深入的論文，但是他不擅長綜合，也缺乏新的觀念來統整材料。此書各部分之間主要還是依賴傳世文獻來建構，考古的材料是用來證明或補充傳世文獻，沒有針對考古材料的系統分析，各部分之間缺乏有機聯繫，與中原以外世界似乎無太大的關聯，也無理論可言[66]。李學勤的問題其實是中國

---

65 李學勤，《東周與秦代文明》（北京：文物出版公司，1984）。Xueqin Li, translated by K.C. Chang, *Eastern Zhou and Qin Civilizations* (New Haven: Yale University Press, 1985).

66 舉例而言，該書中有一章「錢幣」，李學勤僅描述各種不同的錢幣，基本上停留在「金

古史學界普遍的問題，因為幾乎所有中國古史學者都是王國維之「二重證據法」的信徒，二重證據法有個很重要的前提，就是它第一重證據——傳世文獻，所以，事實上並無法跳脫傳世文獻的桎梏，以一個全新的角度考察東周文明[67]。

如何以一個「考古學」的角度來檢視東周文明？羅泰（Lothar von Falkenhausen）在《劍橋》的〈青銅時代的尾聲：物質文化與社會發展，770-481 B.C.〉一章，也許限於體例與篇幅，並未有太大的發揮，但他的 *Chinese Society in the Age of Confucius (1000-250 BC): the Archaeological Evidence*（Cotsen Institute of Archaeology, UCLA，2006）卻對於如何利用考古材料來改寫春秋史，做了很好的示範，他利用大量的墓葬資料討論社區、人口結構、等級制度等問題，並且從銘文內容、葬俗、隨葬品等討論貴族群體的差異。他企圖利用考古材料的整理與分析證明有些改革從考古材料觀察，現象相當明顯，但卻是傳世文獻所未見的。

在西亞的文明起源中，「都市」或「城市」的出現與文明的起源經常是互為表裡，在古代文明的形成中有重要的位置。相對地，對於早期都市的研究，在東亞文明中較晚被注意到。在《兩周史實》中許倬雲〈周代都市的發展與商業的發達〉一文可算是早期的嘗試，他討論了人口推估、宏觀的「聚落形態」、交通路線、春秋都邑、戰國商業與城市等。主要是爬梳傳

（續）————————————
　　石學」的框架與做法。見 Xueqin Li, *Eastern Zhou and Qin Civilizations*, pp. 371-398. 但是如果能夠從錢幣的時空分布看當時的經濟或政治，就會有完全不同的活力。

67　羅泰曾針對中國考古學界提出警示，他認為中國考古學其實是金石學與現代考古學的雜亂的混合體，而且金石學才是其知識的主體，考古學則實質上被擠到邊緣。他認為在現今中國的專業領域與一般大眾中迅速地興起一種「新復古主義」（New Antiquarianism）——一種不顧遺物遺跡的文化歷史脈絡，將「過去」商品化，把文物的價值窄化至收藏家的賞玩品味，有意無意地誤解考古證據，讓它變成一種國族主義的政治論題。對於過去採取的此種非學術的立場，寄生於考古領域，此種趨勢有可能毀滅近一個世紀嚴肅的考古工作成果。Lothar von Falkenhausen, "Antiquarianism in China and Europe: Reflections on Momigliano," *Cross-cultural Studies: China and the World: A Festschrift in Honor of Professor Zhang Longxi* (Leiden: Brill, 2015), pp. 127-151. 李學勤的研究取徑，就是其代表。

世文獻，加上金文資料與出土材料寫成。不過，這篇文章並沒有觸及中國城市與文明起源的問題。張光直〈關於中國初期「城市」這個概念〉，從V. Gordon Childe的「城市革命」說講起，企圖與其他早期文明的都市化現象相連結。他指出殷墟與二里崗反應的古代城市包括：「1. 夯土城牆、戰車、兵器。2. 宮殿、宗廟與陵寢。3. 祭祀法器(包括青銅器)與祭祀遺跡。4. 手工業作坊。5. 聚落布局在定向與規劃上的規則性。」從此一內容，他認為中國初期城市，不是經濟起飛的產物，而是政治領域中的工具。他從傳世文獻中夏、商、周三代都城屢遷的記載，認為這種遷徙是為了找尋製作青銅器所需的礦源，以青銅禮器支持象徵面向，以青銅兵器為其實力的後盾[68]。

杜正勝的〈周秦城市的發展與特質〉(簡稱〈周秦城市〉)有系統地使用考古材料，也有更強的理論化的特色。他將中國古代城市的發展分為「四個階段：一是祭、政與軍鎮一體的城邦，約從西元前兩千年到春秋中晚葉；二是統一帝國行政基礎的縣城，從戰國開始蘊育，秦漢成熟；三是坊制破壞、商業與行政並重的城市，唐宋之際至明清；最後是現代都市，城牆逐漸拆毀，沒有城牆的城市不斷形成，現在仍然處於這個階段中。」這篇論文討論了第一到第二階段中的變化，涵蓋了早期城邑的整體特質，春秋時代城邑之拓殖，以考古材料討論從城到郭的現象，再回到文獻討論市場與作坊，特別是跨時的變化。最後論縣城的根源[69]。我們知道杜正勝認為中國從二里頭文化起到戰國之際縣城系統出現以前的政治體系為「城邦」，他的整體看法見於《周代城邦》(聯經出版，1981)等著作，《周代城邦》是一個經

68　張光直，〈關於中國初期「城市」這個概念〉，《中國青銅時代‧第二集》，頁1-16。原載於《文物》1978.2。其實，三代都城屢遷其實是個假議題，以商為例，前期在亳約兩百年，後期在殷，也超過兩百五十年，其年代超過往後的王朝，不動如山。中間的遷徙，根據《史記‧殷本紀》的記載為所謂「九世之亂」，因為繼承有問題而引起的動亂，大約有九十年的時間，所謂都城遷徙數次，每次長短不同，最長四十幾年，最短僅一年。這樣的聚落，能夠形成的地層堆積相當有限，其中有兩個地點隞都與相，可能就是鄭州小雙橋與洹北商城。

69　杜正勝，〈周秦城市的發展與特質〉，《中央研究院歷史語言研究所集刊》51.4(1980)：615-747。

典之作。不過，筆者認為從西周晚期開始到春秋時代的各國，看起來像「城邦」，其實是一個特殊歷史脈絡下的結果，而非從二里頭到春秋的一貫現象。這裡面有環境因素也有族群因素，由於環境的變化，從二里頭時期到晚商，基本上是溫暖濕潤，人口持續成長，但是西周到春秋，轉變為寒冷乾燥，使得聚落數量與人口大量減少[70]。由二里頭到殷墟時期，人口自然成長，政治權力也逐漸集中，筆者認為早商至晚商已經可以稱為「雛形帝國」。不過，晚商時期周方逐漸結合各方反商王朝的勢力，最終擊潰了商王朝，西周時期政治權力，比起晚商是相對鬆弛。由於西周早期領土拓張的需要，周系貴族結合商系貴族與眾人，向原本僅有原住民的領域拓展，所以，在西周與春秋的城邦中所見類似城邦中市民具有政治權力的現象，其實是西周早期不同勢力（例如：商人的亳社與周人的周社）結合的遺產。其次，〈周秦城市〉有些歸納係根據考古材料，比方從城到郭，現在看鄭州商代早期城址，已經是有城有郭，大約同時的盤龍城，早期並未發現外城，但是近年的考古工作已經發現了沿著地形興建的外城。更早的陶寺遺址，最終也是有城有郭。相對地，二里頭遺址，有一個所謂「宮城」的牆，但是周圍並沒有城圈，殷墟到目前為止未發現宮城，也沒有郭。城郭的出現其實往往與當時的社會／政治狀況有關，不一定能套入一個簡單演化進程中。

羅泰在〈帝制中國以前「城市」的發展階段〉中認為西方以美索布達米亞為中心的文明起源與城市有密切的關係，但不能直接套用在東亞古代文明。從字源考察中文中相當於city的「城市」（以下括號的「城市」＝city）

---

70 黃銘崇等以地理資訊系統，利用考古文物普查的巨量資料，考察現在邯鄲地級市範圍內從新石器時代到漢代的聚落分布。從聚落分布的跨時變化，筆者看出從新石器時代到晚商，聚落的數量穩定成長，到商代為高點，可是進入西周與春秋，聚落卻大幅下降，到了戰國時期才又回到甚至超過晚商的聚落數量規模。以聚落的數量的變化曲線和氣溫變化曲線比較，可以看出早期聚落的數量與分布與環境的變遷，主要是平均溫度的升降與濕潤度的上下，以及環境的限制有非常清楚的關係。見黃銘崇、林農堯、黃一凡、劉彥彬、柯維盈，〈從邯鄲地區漢代以前遺址的跨時分布看環境／社會變遷與聚落發展〉，《金玉交輝──商周考古、藝術與文化論集》（臺北：中央研究院歷史語言研究所，2013），頁601-689。

的「城」指的是城牆包圍的聚落,所以,中國考古學家一直把找到城牆的聚落作為「城市」發現的表徵。他認為「城市」與城牆包圍的聚落應當區分,在中國城市與文明的關係也應當重新考慮。完整與複雜的國家層級組織在道地的城市出現以前許多世紀就已經存在了(比方晚商),不過,中國缺乏其他地方所見都市化的關鍵要素。**道地的「城市」——也就是城市與鄉村的對比——出現於戰國時代——秦帝國出現以前的轉折期。**他劃分中國的「城市」發展的階段包括:(1)雛形期(ca. 2500-2000 BCE)、(2)形成期(ca. 2000-600 BCE)、與(3)進展期(ca. 600-221 BCE)。他指出在雛形期的晚期山東日照地區的丹土城是一個有城牆與壕溝的城,規模不大,但就在近旁的兩城鎮遺址的規模卻相當大。他提出有否可能丹土城是貴族居住場所,而兩城鎮則是一般人居住與進行交易等其他功能的場所[71]?這就是張光直在論聚落考古時指出的,聚落模式不能只停留在抽象的空間分析,還應該從社區活動、經濟網絡、政治網絡與宗教網絡等[72]。

關於經濟面向的研究,由於春秋戰國時期確定的貨幣出現了,學者可以展開完全不同的分析,在這方面江村治樹《春秋戰國時代青銅貨幣の生成と開展》可以說是一個經典之作[73],他的研究與中國金石學傳統的錢幣研究[74],或與歷史地理學合流的錢幣研究有很大的區別[75]。江村治樹針對春秋戰國時代不同類型的錢幣,特別是考古出土的樣本,進行前所未有的詳細收集。且更重要的是他針對這些材料的特性,設計複雜的分析方法,建立

---

71 Lothar von Falkenhausen, "Stages in the Development of 'Cities' in Pre-Imperial China," in Joyce Marcus and Jeremy A. Sabloff eds., *The Ancient City: New Perspectives on Urbanism in the Old and New World* (Santa Fe: School for Advanced Research Press, 2008), pp. 209-228.

72 K.C. Chang, "Settlement Patterns in Archaeology," *Addison-Wesley Module in Anthropology* 24 (1972): 1-26.

73 江村治樹,《春秋戰國時代青銅貨幣の生成と開展》(東京:汲古書院,2011)。

74 傳統作為金石學分支的錢幣學研究例如:黃錫全,《先秦貨幣研究》(北京:中華書局,2001)。

75 陳隆文,《春秋戰國貨幣地理研究》(北京:人民出版社,2006)。

錢幣作為史料的學術論述，並且展現了考古出土的錢幣比起傳統的錢幣收藏有無可比擬的學術價值。所以，即使有時候他的意見與傳統的錢幣學相同，但是論證卻更為堅實且具有說服力。雖然江村治樹認為他的主要考量為錢幣的形式與文化角色，以及其政治背景，而非錢幣的經濟史[76]，但也讓我們看到更多經貿與政治文化間的有機聯繫。當然也表示春秋戰國的錢幣與經濟間的關係，也還有很大的研究空間。

《待定稿》的「兩周編之二：思想與文化」（以下簡稱《兩周思想文化編》表7），其中饒宗頤的〈天神觀與道德思想〉、〈神道思想與理性主義〉可與《中國史新論‧思想史分冊》中余英時、陳來的論文並觀（詳下），現在仍有可觀之處。余英時有〈中國古代知識階層的興起與發展〉一文，以此文為基礎往晚期鋪陳的《中國知識階層史論》是吾輩學生時代必讀的書，已成思想史的經典。《兩周思想文化編》還包含的四篇儒家、墨、法、道、名與陰陽五行星曆占筮各一，主要是依賴傳世文獻寫的，撰寫者都是當世名家，即使到現在還有相當的參考價值。雖然在近出的金文或周原甲骨文中也有一些西周思想的內容，加上近年出土或被盜出的楚簡、秦簡與漢簡中有一些新的資料；不過，從宏觀的角度看，要真正突破這些前輩學者所設下的「標竿」並不容易。不過，這些華裔的漢學家在中文環境下撰寫，不免會回到中文寫作時特殊習慣，比方人物之考證、某家的著作提要等相對枯燥的內容，在行文時旁徵博引，這些對於研究者的參考價值很高，但對一般人就過於沉重。相對地，在《劍橋》中有兩篇與先秦思想有關的文章，一是David Shepherd Nivison的〈古典哲學書寫〉，將幾乎所有先秦諸子中重要人物與哲學觀念，在一段段很簡短的文字中描述並作出他的解釋。其次為Donald Harper的〈戰國的自然哲學與感應思想〉則處理天文、曆法、巫術、宗教、感應、數術等，這方面就有不少出土文獻與文物，比方〈楚帛書〉、曾侯乙墓出土的青龍白虎二十八宿漆箱、式盤、日書、〈辟兵圖〉等，則可以很快

76　此點筆者完全同意羅泰的意見，見Lothar von Falkenhausen, "Review: Shunju Sengoku Jidai Seido Kanhei no Seisei to Tenkai by Emura Haruki," a manuscript.

地認識先秦思想與宗教。

表7　《中國上古史待定稿》第四本 兩周編之二：思想與文化

章	標　題	作　者
1	天神觀與道德思想	饒宗頤
2	神道思想與理性主義	饒宗頤
3	中國古代知識階層的興起與發展	余英時
4	兩周文學：《詩經》部分	何佑森(1931-2008)
5	戰國文學	饒宗頤
6	孔子學說	梅貽寶(1900-1997)
7	初期儒家	陳榮捷(1901-1994)
8	孔子的生平及弟子	何佑森
9	戰國時代的儒家思想及其發展	成中英
10	墨家	梅貽寶
11	戰國道家	陳榮捷(1901-1994)
12	法家述要	陳啟天(1893-1984)
13	戰國時代的名家	王夢鷗(1907-2002)
14	陰陽五行及星歷與占筮	王夢鷗
15	周代的衣、食、住、行	許倬雲
16	兩周的農業技術(附：中國古代農業施肥商榷)	許倬雲
17	兩周的物理、天文與工藝	許倬雲
18	先秦數學發展及其影響	陳良佐
19	古代的金屬工藝	陳良佐
20	荊楚文化	饒宗頤
21	吳越文化	饒宗頤
22	西南文化	饒宗頤

　　從一個「古代文明的形成」的角度而言，《待定稿》先秦諸子各家分別敘述過於繁瑣；東周時期的思想總結在《中國史新論・思想史分冊》中余英時的〈論天人之際：中國古代思想起源試探〉，及同名書《論天人之際：中國古代思想起源試探》，討論中國在西元前第一千紀在思想史上的巨大變

化，中國與幾個軸心文明與西方、印度等古代文明皆有「軸心突破」（axial breakthrough）的現象，他並且提出中國儒、墨、道家在西周的基礎上有「內向超越」（inward transcendence）[77]。余英時論中國古代的軸心突破是無可置疑的存在，在學術上也是關鍵性的創獲。他指出此一突破與「前突破」間有連續與超越。不過，吾輩對於「前突破」的時代有著不同的認識，雖然不影響他關於軸心突破的相關論述，但是卻也不得不提醒讀者注意。比方，春秋時代的「禮崩樂壞」是傳世文獻給我們的印象，但是從考古所見的春秋時代的禮器制度，卻與西周晚期是連續的，此點讀者可以閱讀前引羅泰的書。其次，對於余英時而言，周公是一位文化的創造者，這也是傳統的觀點。但從現在能掌握有關周公的資料研判，周公極可能是一位思慮縝密，更重要的是務實的政治家，但「制禮作樂」絕非他的專長。筆者〈從考古發現看西周墓葬的「分器」現象與西周時代禮器制度的類型與階段〉中利用考古出土資料，指出西周早期的禮器類型、造型與紋飾等，皆為商代的延續，周王朝僅作了若干的規定與限制，讓禮器制度成為王朝穩定的基礎，真正的「周禮」應當是在「禮制改革」以後的事，絕非周公的業績[78]。筆者在本卷〈「殷周革命」新論──邁向「人文的」國家〉也將西周早期思想變化的歷史原因作了解釋，讀者可以參考。

《兩周思想文化編》這個兩周思想與文化的表單，顯示對於「思想」，特別青睞幾家，「文化」部分不多。文學兩篇，何佑森講兩周文學，專注於《詩經》，重在早期歷史的鋪陳。關於《詩經》的部分，雖然有歷代學者解釋、研究，現代學者仍有相當多的突破，非關本文旨趣，此不贅言。饒宗頤講「戰國文學」的一篇是很有創意的文章，他以正面的態度來看七國的分歧。我認為他這條不同取徑的研究之路，是可以再進一步發揚的。

《兩周思想與文化編》中還有饒宗頤撰寫的「荊楚文化」、「吳越文化」

---

77 余英時，《論天人之際：中國古代思想起源試探》（臺北：聯經出版公司，2014）。

78 黃銘崇，〈從考古發現看西周墓葬的「分器」現象與西周時代禮器制度的類型與階段〉，《中央研究院歷史語言研究所集刊》83.4（2012）：607-670，84.1（2013）：1-82。

與「西南文化」三篇，其實並不屬於思想與文化主題，而是地域文化。顯示出南方在中國文明形成中屬於被列為「南蠻」之他者，難以整合於「中原中心」的架構中討論，只能以分離方式處理。饒宗頤主要利用傳世文獻，並且加入當時已知的考古材料，進行了綜合論述，雖然考古材料過時，但是文獻分析的部分，如果搭配羅香林《百越源流與文化》一起閱讀，仍大有可觀[79]。在《起源》中William Meacham的〈越海岸新石器文化的起源與發展：微觀的東亞大陸文化變革〉則是從偏重考古的角度處理同一問題，他有意識地將傳世文獻的「越」，包括越南、兩粵、春秋時代的越國等連結在一起，並且結合沿兩廣與越南地區從舊石器時代以來的考古一併考察。雖然當時考古材料不足，今日看來Meacham與饒宗頤的研究一起閱讀卻格外有意義。過去30年這方面的考古材料增加不少，對於長江以南從舊石器時代晚期到青銅時代結束這段時期的文化變遷有了更好的理解，惟思維模式與年代框架仍停滯在中原中心的模式，亟需新的思考模型、研究方法、引進新的技術與資料以綜合這些材料。

在歷史語言研究所第一代學者相繼凋零以後，並沒有讓這套書成為「定稿」，也沒有對學術界形成太大的影響。雖然，這部書的許多內容已經過時，但是從學術史或思考「上古史」的整體框架，甚至部分更細緻內容的研究，這部書都還有重要參考價值。

《待定稿》出版以後不久，西方學術界也出版 *The Origins of Chinese Civilization*（以下簡稱《起源》，加州大學出版社，1983），由吉德煒（David N. Keightley）主編，張光直寫結語。這本書大分為「環境與農業」、「文化與人群」、「語言與文字」、「族氏與國家」，代表當時西方學術界的青壯派，企圖針對中國史前史與早期歷史研究進行一個跨學科、綜合性的整理，從章節安排可見其端。

---

79 羅香林，《百越源流與文化》（增補再版。臺北：國立編譯館中華叢書編審委員會，1977）。我們不妨把羅香林、饒宗頤稱為「古史的嶺南學派」。

表8　*The Origins of Chinese Civilization*[80]

章	標題	作者
1	中國環境的演化	Robert Orr Whyte
2	中國植物的馴化：生態學的考量	李惠林
3	穀類與食用豆類的早期文化與起源	張德慈（1927-2006）
4	臺灣原住民小米的火耕與中國粟的馴化的文化類比	Wayne H. Fogg
5	青蓮岡文化與中國新石器時代	Richard Pearson, Shyh-Charng Lo
6	越海岸新石器文化的起源與發展：微觀的東亞大陸文化變革	William Meacham
7	彩陶與龍山文化的關係	Louisa G. Fitzgerald Huber
8	中國文明的起源：蘇聯觀點	Karl Jettmar
9	古代中國冶金起源本土說的更多證據	Noel Barnard
10	關於早期中國的青銅與其他金屬	Ursula Martius Franklin
11	中國人的起源：近出證據的解釋	W. W. Howells
12	關於漢字起源的新證據	張光裕
13	古漢語	李方桂
14	史前與歷史時期早期的中國人及其鄰居	E. G. Pulleyblank
15	中國早期的族氏到國家或國家到族氏	Morton H. Fried
16	三代考古與中國早期國家的形成：中國文明起源的過程面向	張光直
17	晚商國家：何時、何地與如何	David N. Keightley
	結語	張光直

　　植物的馴化與農業起源問題在這本書有較多著墨，李惠林〈中國植物的馴化：生態學的考量〉從生態環境區塊與自然植被為起點，討論不同種類的栽培作物，提供了進一步一個討論的基礎。張德慈的〈穀類與食用豆類的早期文化與起源〉則聚焦於各種穀類與豆類（主要是大豆），分析了傳世文獻與當時已經出土的資料。〈臺灣原住民小米的火耕與中國粟的馴化的文

80　以下各表中，背景為灰色者表示在前面段落已討論或將在後面段落中討論，此段從略。

化類比〉可以說是民族考古學的運用。以上研究因為早期材料有限，現在
面臨從理論上與資料上都必須重寫的命運。植物與動物的馴化，顯然是古
代文明形成的一個重要課題，目前關於東亞地區植物與動物的馴化的研究
與討論，一般而言，討論都比較零碎。張光直在《人類學視野》中的開篇
為〈東亞的農業起源〉，企圖從一個比較全面的角度來考量整個東亞的農業
起源，由於當時考古的材料不足，這篇文章從很多側面的材料，企圖提供
東亞農業起源的一個框架。劉莉與陳星燦的《中國考古》的〈植物與動物
的馴化〉則進一步利用晚近的考古資料與研究提供了一個最新的整合。

　　宮本一夫在《中國の歴史01・神話から歴史へ・神話時代、夏王朝》
中以三章的篇幅討論與生業和農耕相關的問題，採取比較宏觀的視野，根
據目前資料進行總結。〈農耕の出現〉中指出在狩獵採集時代末期陶製的煮
食器就出現了，比植物馴化要早。北邊的黍、稷馴化與南邊的稻米馴化因
環境變化因素而形成，逐漸地在東亞形成了華北以黍、稷，華中以稻作，
資源相對豐富的俄羅斯極東低區及華南地區以狩獵採集三種定居模式[81]。在
〈非農耕地帶と農耕地帶の擴散〉討論東北亞與中國西南地區(如四川盆地)
與南方沿海原本為狩獵採集重要地區逐漸變成農耕地帶的過程[82]。〈牧畜型
農耕社會の出現〉則從不同地區遺址出土的豬、狗、黃牛、羊、鹿及其他
獸骨的骨量比例差異來考察黃河中下游與長城地帶的差異。指向3000 BC以
後出現冷涼乾燥化現象，導致原本已經形成的農耕社會與狩獵採集社會的
邊緣，出現所謂「牧畜型農耕社會」最終走向遊牧社會。其相關的考古學
現象包括長城地帶青銅文化帶、十分特殊的「鬲社會」、與由西方傳入的小
麥等之出現。這些現象都非常重要也十分關鍵，但是宮本一夫在此章反趨
於保守，並未更大膽地解釋這些現象的形成與其意義[83]。大體而言，宮本一

81　宮本一夫，《中國の歴史01・神話から歴史へ・神話時代、夏王朝》(東京：講談社，
　　2005)，頁65-97。

82　同上，頁178-208。

83　同上，頁209-232。

夫的取徑具有整體觀，與西方考古學家的差異在於西方考古學家往往聚焦於單一或多種植物的馴化，或動物的馴化與相關的現象。相對地，宮本則將這些現象與環境背景、出土器物等進行整體性的解釋。

《起源》中Louisa G. Fitzgerald Huber是以「形式分析」（formal analysis）為核心的藝術考古學派，她的〈彩陶與龍山文化的關係〉是一篇很重要的文章，批判過去以為龍山文化是從仰韶文化成長出來的誤謬，以細緻的陶器形式分析指出龍山與中原仰韶是兩個不同地域的傳統。最後，還進一步指出在二里頭文化前後，有些器類是既不屬於龍山文化系統，也不屬於中原仰韶系統的打擊金屬器，此種打擊金屬器很可能來自中亞的都會文明，經由齊家文化傳入中國。Louisa G. Fitzgerald Huber後來又在一篇〈齊家與二里頭：與遠方文化接觸的問題〉進一步地闡釋了她的看法，指出二里頭文化的爵與觚等器類都在中亞的「大夏」（Bactria）地區古代文明有其原型[84]。

關於商代的國家，吉德煒（David Keightley）寫過〈甲骨文所見商代國家〉[85]，與《起源》的〈晚商國家：何時、何地與如何〉為姐妹篇，一方面可以看出吉德煒的研究方法，先依據社會科學的定義與框架了解某一課題，比方「國家」。接著在甲骨文中找尋與「國家」的定義有關的資料，然後將資料加以分析與排比，如此，則商代國家的內容呼之欲出。吉德煒代表一種純粹從甲骨文分析來討論晚商國家，他認為晚商國家的模型是「洞洞乳酪」，也就是說商僅僅控制著片狀與節點，在其間還有很多他者，也就是洞洞。筆者曾針對此一問題寫過研究討論，可以看到不同取徑學者間的差異[86]。吉德煒的分析從考古的證據上看來頗有問題，因為商文化的確是沿著河流分布，但是河流以外的地區並非他者，而是森林、沼澤，也就是大自然的領

---

84 Fitzgerald-Huber, Louisa, "Qiajia and Erlitou: the Question of Contacts with Distant Cultures," *Early China* 20(1995): 17-67. 筆者就是根據她的看法加以引申，寫成〈重器時代〉。

85 Keightley, David N. "The Shang State as Seen in the Oracle Bone Inscriptions," *Early China* 5(1980), pp. 25-34.

86 黃銘崇，〈晚商政體的研究──空間模型的考察〉，《新史學》22.3(2011)：161-207。

域，成為商王田獵的場地。商王朝的對手都在數百公里以外的區域，在此以內都是商王朝所分封的族氏，都遵守商王朝的制度與規則（詳本卷〈晚商王朝的政治地景〉）。《中國考古》有一篇〈晚商王朝與其四鄰〉，與本卷〈晚商王朝的政治地景〉比較，對於商王朝本身的結構的認識而言，本書的文章比較清楚，在四鄰部分前者描述較多。在四鄰之中，筆者〈畜牧者與農耕者之間——早期鄂爾多斯文化群與商文明〉還曾經專就商代的北方有更清楚的討論。

以上兩書出版不久後，張光直的*The Archaeology of Ancient China*第四版問世（簡稱《第四版》，耶魯大學出版社，1986，表9），差不多在同時中國社會科學院考古研究所出版了《新中國的考古發現和研究》（簡稱《新中國》，文物出版社，1984）。兩者比較可以看出，《新中國》基本上還停留在資料整理的層次，主要的焦點在於區分考古學文化的地域與時代。相對地，*The Archaeology of Ancient China*已經將新石器時代區分為「早期農耕者」，主要是像裴李岡－磁山文化這個階段的考古學文化，仰韶階段則南北皆有，較為複雜，所以分為南北兩區，龍山階段則以「交互作用圈」來解釋此一時代不同區域文化間的共性。當時中原地區文化已經在文明門檻，接著進入三代，從二里頭文化、二里崗文化、殷墟文化到西周時期，這樣的區分變成後來古代中國考古學的基本框架。後來的《形成》（詳下）也是使用同一框架。《新中國》的進階版－多卷本的《中國考古學》包括《中國考古學‧新石器時代卷》（中國社會科學出版社，2010）、《中國考古學‧夏商卷》（2003）《中國考古學‧兩周卷》（2004）、《中國考古學‧秦漢卷》（2010），基本上就是在張光直的框架上，依照時代再進一步以區域來描述。不過，《多卷本》仍維持原本以描述為主，未作理論探討。這與中國考古學在過去幾十年重視時空框架的建立，但是沒有理論的探討有關，主要的原因是中國考古與歷史學界過度的「內視」，而未在整體人類文明的視野考慮「中國」古代文明，以致不易有理論性的高度。多卷本《中國考古學》雖有缺乏理論的缺點，但卻是快速進入某一領域考古發掘直至出版以前為止的現狀重要之工

具書。另外，Ann Underhill主編的*A Companion to Chinese Archaeology* (Wiley-Blackwell, 2013)以區域來編纂中國考古學研究，其作者群基本上是中生代的考古學者，其安排的方式是區域加上時代與課題，也是迅速了解區域或課題的工具書。

表9　*The Archaeology of Ancient China*, 4th and enlarged edition

章	標題	作者
導論	地理、傳世文獻與金石學、現代考古學	張光直
1	舊石器時代的基礎	
2	早期農耕者	
3	新石器時代中國北方的區域發展	
4	新石器時代中國南方的區域發展	
5	中國交互作用圈與文明的基礎	
6	最早的文明(複數)：三代	
7	最早的文明(複數)：三代以外	
結論		
跋	早期中國與其人類學上的重要性	

　　關於「早期農耕者」階段(ca. 7000-5000 BCE)，近年劉莉與陳星燦在《中國考古》中的〈新石器時代化：新石器時代早期的定居與食物生產7000-5000 BC〉一章由於農業考古的新進展，而採取了更保守的看法，他們認為此一時期並未真正到達「農業」的階段，從狩獵採集到農業之間還有所謂「低水平食物生產」(low-level food production)，也就是一個人的卡路里攝取量中的30%以下是食物生產的糧食，主要者仍為狩獵採集的業績。此一階段的考古學文化包括興隆窪(內蒙古)、磁山－北福地(河北)、後李(山東)、裴李崗(河南)、白家－大地灣(陝甘)、彭頭山－皂市下(兩湖)、小黃山－跨湖橋(浙江)、廣西北部洞穴(廣西)、頂獅山(廣西)等文化，大體上出現陶釜、陶支腳、磨盤，磨棒、石鐮刀、石鏟等，食物生產、加工與煮食的用具。從這些文化的遺址與當時櫟的孢粉分布地圖重疊，我們可以推論除了穀類作物以外像

栓皮櫟、栗子這類種子，也是這些文化食物的澱粉重要來源之一，當時的生計方式，可謂廣譜生計(broad-spectrum subsistence)與低水平食物生產，採集野生資源同時也養殖動物與生產糧食以形成。在居住模式方面，有完全定居，也有採季節性營地居住等方式。他們把此一階段的變化稱為「新石器時代化」。

新石器時代的中期，或者以前所稱的仰韶文化階段是一個不易處理的段落，不論是張光直或《中國考古》的〈社會不平等的出現：新石器時代的中期5000-3000 BC〉也都還在材料整理階段，尚未有令人滿意的體系或框架。有一些基本現象：比方此一時期是相對的溫暖濕潤，因此毫無疑問的農耕社會形成、人口大量成長、聚落尺度增加、社會組織更形複雜、社會精英透過儀式展現權威，區域意識形態系統形成，應該是大家都可以觀察到的。然而，可能是由於過去考古學在進行文化區分的時候有太強的區域主義，使得所有學者都以放大鏡在看陶器的差異，以至於忘記「區分」應該要具備「有意義的差別」(meaningful differences)。宮本一夫的系統，或許可以提供參考。依據宮本的系統，燕山與東北地區，甚至到俄國的東海岸，可能因為生態環境較佳，仍然是以狩獵採集為主要生計方式，陶器系統、玉器文化與紀念性建築的構築方式與內涵也明顯與其他地區不同。東海岸地區包括北辛、大汶口、河姆渡、馬家濱、崧澤、凌家灘、北陰陽營、薛家崗等文化，也許在此一階段正逐漸走向稻作為主的農業，其陶器類型、玉器文化與紀念性建築也有他們的特色，當然內部也有差異。仰韶文化或西北區的文化，可能就是逐漸邁向旱作為主要生計的文化區，陶器類型比較簡單，也沒有發達的玉器文化。至於東南海岸的殼丘頭、咸頭嶺、頂獅山IV與臺灣的大坌坑文化，很可能就是另一個因為環境較佳而繼續維持狩獵採集的文化區域。不論如何，我們需要有一個新的觀點，來歸納此一時期的異同。

張光直在《第四版》以前討論龍山時期是採取「龍山化文化」(Longshanoid cultures)的看法，來化約龍山時代各不同區域間文化的同化現象，指出華南

與其他地區在進入此一階段以後，都開始出現鼎與豆兩種器形，這是「龍山化」的表徵。但是後來他改以「交互作用圈」來解釋各地考古學文化因為彼此接觸產生的趨同現象[87]。筆者以為從現在既有的資料觀察，「龍山化文化」是一個比「交互作用圈」還有前景的看法，因為現在看來大汶口文化與龍山文化應該是一個連續的發展，而且必須注意，它所處的時代山東地區的氣候比起現在要暖且濕潤，而龍山化文化並未往四方輻射，比方山西與陝西就是龍山化文化所未及，所以用山西龍山文化或陝西龍山文化來稱山西或陝西的龍山時期文化並不恰當。大汶口－龍山文化一方面與東海岸的長江、錢塘江考的古文化並肩成長，而物質文化影響的方向則是往黃河以南及長江中游展開。筆者認為龍山化文化的北界大致在黃河（注意黃河河道是擺動的），可能因為其主食（稻米）的生長環境有其局限，而且主食的內容也可能與主要的烹飪器——鼎之間有關聯。龍山化文化就是David Keightley在*Archaeology and Mentality: the Making of China*中所謂「東海岸文化群」，相對的則是「西北文化群」。他從器物的類型、形制與紋飾去推測東海岸文化群的思維模式十分複雜，當然也意味著他他們的社會組織較為複雜，進而推測中國古代文明的形成應當往東海岸文化群去看[88]。筆者曾經比喻核心東海岸文化，包括龍山文化、良渚文化等在新石器時代最晚期為當時社會複雜化的「一軍」，但是它們最終因為某些因素而進入相對衰退時代，接續的分別為岳石文化與馬橋文化。而屬於「龍山化文化」的二里頭文化，原本可謂「二軍」，卻最早跨入文明的門檻。二里頭文化無疑是最早將草原的雙合範青銅技術轉化成中國獨門的「塊範法」，並且開啟了特殊的青銅文化。不過，承接二里頭文化的青銅鑄造文化的反而不屬於龍山化文化系統發展出來的「商系文化」。由此看來，「龍山化文化」對於東亞古代文明的形成

87　陳星燦，〈從「龍山形成期」到「相互作用圈」——張光直先生對中國文明起源研究的認識和貢獻〉，《東亞考古學的再思——張光直先生逝世十週年紀念論文集》（臺北：中央研究院歷史語言研究所，2013），頁219-228。

88　David Keightley, "Archaeology and Mentality: the Making of China," *Representation* 18(1987): 91-128.

有關鍵的地位，但是最終是被取代的。龍山化文化發展的過程如何？以及「龍山化文化」的背後究竟只是物質文化，還是人群？值得我們再思考。

張光直的*Art, Myth, and Ritual: The Path to Political Authority in Ancient China*（簡稱《政治權威》，哈佛大學出版社，1983）這是給哈佛大學大學部的「核心課程」的內容，非常精簡，也沒有繁複的附註，卻將許多複雜的資料消化、反芻、綜合，讓大學部沒有相關背景的學生可以很快消化。《政治權威》這本書與其他講古史的書的絕大差異在於它是主題式的，針對「政治權威」的形成與發展，先講氏、聚落與整體的政治地景，接著是道德權威與裹脅的力量，然後是這些力量表現的手段，包括薩滿主義、藝術、與文字書寫，最後則是政治權威的取得與興起[89]。所有人類社會都有經濟、政治與宗教三個面向，東亞古代文明中政治面的優先性與西亞古代文明中經濟面的優先性是很關鍵的差異，在商代就表現得十分明顯。

與《起源》同屬西方學術界的集體之作為*Cambridge History of Ancient China*（以下簡稱《劍橋》，劍橋大學出版社，1999，表10），由魯唯一（Michael Loewe）與夏含夷（Edward L. Shaughnessy）主編。這部書的作者基本上依據一定的框架寫作，一方面要有通論性質，又或多或少將自己獨特的觀點挹注在篇幅不短的文章中，多值得一讀。不過，通觀此書中的篇章，往往企圖涵蓋太多課題，以致缺乏重點。特別是依賴傳世文獻寫的內容，不見得比《待定稿》同樣內容要好。此書與劍橋其他的「歷史」系列一樣，並未真正地延伸到「史前史」，史前部分，僅有張光直一章〈中國的歷史時期前夕〉交代從史前過渡到歷史的橋梁部分。在認知與象徵面向方面，建築與藝術很少被放到「上古史」的檯面上討論，雖然藝術史的研究者在上古史的研究占有種要地位，但往往被放在考古學的位置上，比方《劍橋》中Bagley與Rawson就分別撰寫〈商考古〉與〈西周考古〉，兩位雖然都很博學，但是他們學問的核心是藝術史的而非考古的，所以，這兩篇「考古」都偏重當時的青銅器的內涵。

89　KC Chang, *Art, Myth, and Ritual: the Path to Political Authority in Ancient China*（Cambridge: Harvard University Press, 1983）.

表10　*Cambridge History of Ancient China*

章	標題	作者
1	中國的歷史時期前夕	張光直
2	語言與文字	William Boltz
3	商考古	Robert Bagley
4	商：中國的第一個歷史王朝	David N. Keightley
5	西周史	Edward L. Shaughnessy
6	西周考古	Jessica Rawson
7	青銅時代的尾聲：物質文化與社會發展，770-481 B.C.	Lothar von Falkenhausen
8	春秋時代	許倬雲
9	戰國時代政治史	Mark Edward Lewis
10	戰國時代的藝術與建築	巫鴻
11	古典哲學書寫	David Shepherd Nivison
12	戰國的自然哲學與感應思想	Donald Harper
13	帝國以前的中國北方邊疆	Nicola Di Cosmo
14	給帝國的遺產	Michael Loewe

　　日本的主要出版社經常有系統地邀請重要學者撰寫世界史，提供一般讀者閱讀，本文不擬對所有這類的書籍進行回顧[90]。此處僅討論宮本一夫的《中國の歷史01・神話から歷史へ・神話時代、夏王朝》（講談社，2005，表11），這本書比較全面地回顧其他學者(主要是日本與中國學者)的研究工作，並且做了相當平衡的綜合工作[91]。他並沒有像劉莉與陳星燦的《中國考古》一樣，依照時代順序安排，再將每個時代的重要課題放入副標題，比方：「新石器時代化：新石器時代早期的定居與食物生產7000-5000 BC」。相反地，

90　其實臺灣學術界有必要對於日本的「早期中國史」研究以及相關讀物進行有系統的研究討論。

91　宮本一夫，《中國の歷史01・神話から歷史へ・神話時代、夏王朝》。這套書的第二本由平勢隆郎撰寫的《中國の歷史02・都市國家から中華へ・殷周、春秋戰國》風格完全不同，基本上完全根據傳世文獻在回顧殷周時代，而且有比較濃厚的個人解釋的色彩，雖然也在「上古史」的範疇，但不建議作為一般性閱讀，換言之，這本書的讀者必須有相當的背景知識，可以對於平勢隆郎個人的解釋進行評估。

宮本一夫採取了以課題為主的安排，比方「地域文化的展開」、「社會之組織化與階層化」、「地域間交流與社會之統合」、「犧牲與宗教祭祀」等不同的面向分別討論，其實各種發展其實也有時間的先後。這兩種方式，都有其合理性。一方面提供了整體框架，另一方面作者也加入了很多自己獨特的看法，並且提出論證或證據。

表11　中國の歴史01・神話から歴史へ・神話時代、夏王朝

章	標題	作者
1	神話與考古學	宮本一夫
2	中國考古發掘史物語	
3	農耕之出現	
4	地域文化之展開	
5	社會之組織化與階層化	
6	非農耕地帶與農耕之擴散	
7	畜牧型農耕社會之出現	
8	地域間交流與社會之統合	
9	犧牲與宗教祭祀	
10	朝向初期國家之曙光	

　　劉莉與陳星燦的近著*The Archaeology of China: from the Late Paleolithic to the Early Bronze Age*(簡稱《中國考古》，劍橋大學出版社，2012，表12)，提供了一個參考指標。這本書可以取代張光直的《第四版》成為中國古代考古學的教科書。其架構大體以其他古文明的形成為參考架構，涵蓋了許多古代文明形成的關鍵課題，也收集了最新的資料，進行綜合性的整理，帶有通論性質，也企圖將一些作者個人觀點融入，寫得很平穩均衡，是相當不錯的一本通論性書籍[92]。

92　劉莉，〈中國新石器時代的產生與早期特徵問題初探〉，《東亞考古學的再思——張光直先生逝世十週年紀念論文集》，頁181-205。

表12　*The Archaeology of China: from the Late Paleolithic to the Early Bronze Age*

章	標題	作者
1	中國考古學的現在過去與未來	劉莉、陳星燦
2	環境與生態	
3	更新世—全新世轉變下的狩獵採集者	
4	植物與動物的馴化	
5	新石器時代化：新石器時代早期的定居與食物生產7,000-5,000 BC	
6	社會不平等的出現：新石器時代的中期5,000-3,000 BC	
7	早期複雜社會的興起與衰落：新石器時代晚期3,000-2,000 BC	
8	中原早期國家的形成：二里頭與二里崗（1,9/1,800-1,250 BC）	
9	西元前第二千紀早期北方邊界地區的青銅文化	
10	晚商王朝與其四鄰（1,250-1,046 BC）	
11	比較視野下的中國文明	

　　在〈早期複雜社會的興起與衰落〉中點出一個重要問題，就是新石器時代晚期從黃河到長江流域一帶，都有十分發達的文化，其社會的複雜程度，與後來的二里頭文化相去不遠，它們的核心聚落的尺度也與二里頭相當（3-4百萬平方公尺），包括龍山文化（核心聚落：兩城鎮）、良渚文化（良渚古城）、陶寺文化（前期：陶寺、後期：絳縣周家莊）、石峁文化（石峁古城）、石家河文化（蕭家屋脊古城）等。但是，這些處於文明門檻的文化，卻都在2000BC左右相繼崩解。我認為這些文化到達高峰以後，並無法跨越門檻，進入學術界一般認定的「文明」，它們的「崩解」本身可能是新石器時代末期最重要的課題。順著「崩解」的課題，可以挑戰過去那種單線文明起源的模式——原來看似單線的文明起源，其實是由許多斷裂的短線所構成，而且，它們似乎個別地發展到了高峰以後，變得平緩，直到崩解。崩解的原因也是一個重大課題，學者針對個別文化，提出一些解釋。許倬雲利用Karl Wittefogel的理論，認為良渚文化的興起可能與人工改良水系有關，因為治平水土須有超越單一村落社區的合作，得以組織為複雜的政體。至於其崩解，則用

Joseph Tainter的理論，認為統治者過度使用權力，建造紀念性建築、製造大量玉器，或許出現腐化現象，使得原本賦予統治者權力的社區的「報酬遞減」，加上新出現青銅文化的挑戰，使得良渚文化的政體瓦解[93]。王青則認為山東龍山文化的崩解是由於2000 BC左右黃河的一次大改道所致[94]。當然，還有很多因素是目前考古技術尚未能解決的，比方傳染病等。總之，以往認為單線文明起源，今日看來，這條看似單一曲線的文明形成的路線，事實上是由很多斷裂的線，大致往一個方向進行所構成。斷裂的原因，或許才是此一時期最重要的問題。

中國史新論・古代文明的形成

章	標題	作者
導論	古代文明的形成——內容、結構與前景	黃銘崇
1	從考古材料論複雜社會的興起與國家形成	李永迪
2	原題：中國金屬器的起源 中國的早期銅器及其區域特徵	梅建軍
3	商文明形成的環境基礎	陳光祖
4	原題：書寫文字的力量 早期漢字文化圈形成的探索	陳昭容
5	物質與權力——奢侈品的生產與製造	李永迪
6	晚商王朝的政治地景	黃銘崇
7	「殷周革命」新論——邁向「人文的」國家	黃銘崇
8	原題：青銅藝術與華夏認同——論商周青銅藝術特質的形成 青銅器「風格」的社會性使用與典型殷墟風格的成立	陳芳妹
9	英雄祖先與華夏的形成	王明珂
10	秦與楚的「競爭」——政治力與文化說服力	袁國華
11	從封國到帝國——秦文化的形成與發展	滕銘予

《中國史新論・古代文明的形成》原來預定有11篇文章，雖然無法涵蓋

---

93 許倬雲，〈良渚文化哪裡去了？〉，《新史學》8.1（1997）：135-159。

94 王青，〈試論史前黃河下游的改道與古文化的發展〉，《中原文物》1993.4：63-72。

所有古代文明的形成，但還差強人意。最終出版的有6篇文章（背景灰色部分），每一篇在其本身的領域都是一時之選，視野也多比較寬廣。

梅建軍的〈中國的早期銅器及其區域特徵〉是到目前為止關於中國早期銅器研究最有系統最完整的論文，從他所謂「區域特徵」，可以看出中國早期銅器都出現在草原或森林草原地帶，其中並沒有容器，而多是工具、兵器與裝身具（如戒指、手環、胸頸飾、耳環等），是草原畜牧族群的物品。與歐亞草原同遠多於異。雖然他比較謹慎，沒有斬釘截鐵地說，但「新西來說」已經呼之欲出，現在在第一線進行研究的專家應該都同意他這樣的見解。

陳昭容的〈早期漢字文化圈形成〉放下無解的新石器時代陶文，聚焦在早商以來在不同材質的書寫載體上的文字，包括在甲骨、陶器與銅器的的文字，明顯與後來殷墟的文字有連結，當時漢字已經形成應無疑問。更重要的她以青銅器銘文的時空分布進行分析，解釋早期漢字如何一步一步擴展領域，成為中國的共同書寫系統。這篇文章，無疑也是到目前為止，此一領域最持平、最重要的論文。

關於〈晚商王朝的政治地景〉一文，筆者必須向讀者道歉，因為寫了一篇過長的文章。最主要的因素是希望寫一篇整合性較強的文章，但是限於文采及能力，又沒有辦法在更短、更精簡的篇幅下完成。之所以堅持完整的表達，最主要是因為上古史這個範疇有許多精彩的短文，針對特定課題。這類的文章，即使對於從事教學研究專業的本行讀者而言，雖然偶爾會有於我心有戚戚焉的快感，但是要想像古史的整體面貌，與彼此的關連，對於專業的讀者而言即有如瞎子摸象。專業者尚且如此，遑論一般讀者。打個比方說，這一篇文章的內容未曾發表的部分，依照一般寫作論文的習慣，我會把它拆分成幾篇文章，例如，〈商貴族的族氏與族氏政治〉、〈晚商的軍隊──從考古發現與甲骨文材料的綜合考察〉、〈殷代的身分等級制度〉、〈殷墟的消費力與商王朝資源的掠奪〉、〈晚商文化的分布及其意義〉等。但是，這樣的文章即使有10篇、20篇，仍然難以讓人了解晚商的政治。我從進入研究領域以後自詡的本事是「整合能力」，替數量眾多的材料建構

簡單的架構，把特定的內涵放入框架，變成一個內涵複雜，但是容易理解的東西。所以，從一開始寫作，筆者的希望就是把這些課題彼此之間的關聯性彰顯出來；也就是說身分、軍力、消費、資源掠奪、族群文化、時空地理限制，甚至在本文中未能寫的意識形態，其實是一個有機的整體，整體的看也許可以激發讀者想像晚商王朝如何利用族群對立、階級制度、宗教圖像、經濟誘惑等力量控制王朝下的族氏，讓他們回到安陽朝聖。當他面臨牧野之戰，他如何因為分權式的族氏組織，不易整合軍隊力量而導致兵敗如山倒的命運。

在〈「殷周革命」新論——邁向「人文的」國家〉一文，筆者採取了一個不同的寫作風格來面對此一課題，主要的因素是正如前面所述，西周史已經有很多好的、有系統的著作，更遑論有許多針對特定議題的佳作。這篇文章是利用了許多學者的研究，重新將西周早期的歷史，以最符合邏輯推理的方式，進行了一個新的敘述。這裡面有許多課題，在學術界都是有不同看法的，筆者並不認為在這篇文章裡所有的選擇都是「正確的」，但認為這些選擇從整體看來是最符合「常識」的。本文的意圖是重新界定「殷周革命」，把這場文化的革命，視為一個規模小且文化落後的族群在強大的「帝國」的壓力下，處心積慮的經營，逐漸擴張，意外地在一場大決戰中擊敗一個龐大的「帝國」。為了要穩定政治情勢而在政治與文化戰略上，王朝的決策者採取了部分激進，部分保守的彈性策略，努力經營，終於在超過百年以後，屬於周的新文化內涵成形而一舉改變禮制，完成「殷周革命」。同時，也企圖解釋西周意識形態中的「人文的」特質必須從周族群如何在邊緣地帶結合異文化的「朋友」，建構西土聯盟，接受「天命」傳統，目睹意外的勝仗，面臨崩解的危機，置死地而後生，與眼前的敵人結盟而跨入異域面對未知的敵人，最終化敵為友，建構了八百年的王朝。如果把西周王朝看作一個人，或是一群人，那麼他或他們的經歷就像是一個「魔戒」般的故事。這些經歷塑造了他的人文的特質，而人文的觀念也建構了一個以「人」而非以「物質」來進行文化傳播的新模式。總的來說，我認為「殷

周革命」其實才是中國歷史中最偉大的變革，其重要性遠遠超過秦始皇統一中國。

陳芳妹的〈青銅器「風格」的社會性使用與典型殷墟風格的成立〉論文討論到「社會性使用」(social use)在其他學者的論述中雖然也有涉及，但並未清楚地界定。在此一論文中將社會性使用做了比較完整的論述，這是很重要的貢獻。不過，筆者認為這個題目從「古代文明的形成」的框架而言，顯得太細，太微觀。如果能夠就社會性使用、儀式性使用與功能性使用等面向，進行框架更宏大的討論，再回到商周社會的差異上，更能彰顯社會性使用作為一種切入分析角度之利。

滕銘予的〈從封國到帝國〉大體上是從她的同名書《秦文化──從封國到帝國的考古學觀察》大幅地節略來的，但是也增加了「秦文化社會基本組織成員構成的變化」和「秦文化統治集團成員構成的變化」。從考古學的角度出發，我們基本上是反對使用「秦文化」這樣的標籤，更反對這種標籤直接運用到特定族群例如「嬴秦」上。因為，考古學上所謂「秦文化」是由陶器的形態以及墓葬的形制，也就是某些得以存留下來的文化內容來界定的。這些文化內涵其實是秦統治下的庶民文化，而非貴族文化。而且「秦文化」並非不辯自明的名詞，而是必須經過論證的，王朝建立以前的秦文化更需要仔細的辯證。關於此點，在本論文集內部討論時，即有同人提出，不過，編者並未要求作者修正，只在本導論中提醒讀者注意。不過，近幾年由於《清華簡・繫年》描述武王克商以後的情況：「武王既克殷，乃設三監于殷。武王陟，商邑興反，殺三監而立彔子耿。成王屎伐商邑，殺彔子耿，飛廉東逃于商盍氏。成王伐商盍，殺飛廉，西遷商盍之民于朱圉，以御奴虘之戎，是秦先人，世做周屛。」其中提到秦在來到甘肅地區以前被稱為「商盍之民」，戰敗後被遷徙到「朱圉」。在甘肅天水甘谷縣距離毛家坪遺址不遠處有朱圉車站，鄰近朱圉山，考古學家根據陶器分析追到的早期「秦文化」的甘谷毛家坪遺址，距離朱圉山不過10公里。看來，中國考古學「摸陶片」的功夫還是不可忽視的。

　　王明珂原來預定寫〈英雄祖先與華夏的形成〉，本冊並未收錄他的文章，因為他在規劃時文稿就已經寫好了，不久就已經刊在他的《英雄祖先與弟兄民族：根基歷史的文本與情境》（允晨文化，2006）一書中，此書的前後關聯，論證完整，有更好的整體脈絡，可以完整地了解王明珂的思維。不過，必須注意的是王明珂的「歷史」與筆者的歷史比較起來，範圍更為寬鬆。他所謂「根基歷史」（primordial history）以及「歷史心性」必須費心方能理解，歷史心性是一種心理構圖（schema），「弟兄祖先歷史心性」、「英雄祖先歷史心性」是兩個類型的心理構圖。「弟兄祖先歷史心性」有三種隱喻：合作、區分、對抗，對應的是多元族群對等的社會。「英雄祖先歷史心性」對應的則是集中化、層級化的社會。從編者的角度看，「歷史心性」其實是特定時代對於更早期歷史的整理時的心理構圖，而不是早期的歷史。「根基歷史」從筆者的角度看，往往並沒有歷史線性的時間特徵，有許多或者更合適歸為神話。

表13　《中國史新論》與古代文明有關的論文

分冊	主編	標題	作者
基層社會	黃寬重	從出土資料看前漢聚落形態和鄉里行政	邢義田
法律史	柳立言	論法文化在先秦時期的孕育	張有智、李亞峰
性別史	李貞德	性別、身分與財富──從商周青銅器與墓葬遺物所作的觀察	陳昭容
宗教史	林富士	中國古代的信仰與日常生活	蒲慕州
		中國古代巫覡的社會形象與社會地位	林富士
生活與文化	邱仲麟	中國古代平民生活──食物、居住、衣著、歲時行事及生命禮儀	許倬雲
思想史	陳弱水	天人之際──中國古代思想的起源試探	余英時
		西周春秋時代的宗教觀念與倫理意識	陳來
科技與中國社會	祝平一	天文考古學與上古宇宙觀	馮時
		天事恆象──殷周至漢初天文占卜體系的發展與演變	張嘉鳳

　　作為《中國史新論》最後交稿的編者，感到十分愧疚，筆者絕非一個
稱職的編者。不過，最後一名偶爾也有一些好處，在此讓我占最後編輯出
冊的小便宜，將整個《中國史新論》的各個分冊中與古代文明有密切關係
的論文列出，便於讀者閱讀，同時簡單討論其中的一些論文(見表13)。

　　本卷的作者之一陳昭容的〈性別、身分與財富——從商周青銅器與墓
葬遺物所作的觀察〉，在《性別史分冊》中(頁19-86)，她撰寫過一系列與西
周女性有關的論文，其內容涵蓋貴族間的婚姻關係、媵嫁觀念、身分、角
色、姓名規律、女性在祭祀中的地位等，她這方面的著作值得整體地閱讀，
本篇可視為一個綜觀[95]。近年來，在中國考古領域開始出現性別研究，林嘉
琳、孫岩編輯的《性別研究與中國考古學》(科學出版社，2006)即是一例，
不過，這方面的研究尚有進一步開展的空間。

　　《科技與中國社會分冊》中有馮時的〈天文考古學與上古宇宙觀〉，與
張嘉鳳〈天事恆象——殷周至漢初天文占卜體系的發展與演變〉兩篇講上
古的天文，如果我們把班大為(David Pankenier)的《中國上古史實揭秘：天
文考古學研究》(上海古籍，2008)並觀，可以看到一個有趣的現象，三者大
體屬於同一領域，但三人對於古代天文材料的運用與研究方式皆不相同。
馮時使用考古材料，特別是圖像材料，加上傳世文獻以及很多他個人的解
釋，有很多解釋是無法驗證的。張嘉鳳討論殷商至漢初天文發展，則全部
依賴二手研究與傳世文獻，早期的東西很少，主要內容是東周以下。她的

95　陳昭容，〈從古文字材料談古代的盥洗用具及相關問題——自淅川下寺春秋楚墓的青
　　銅水器自名說起〉，《中央研究院歷史語言研究所集刊》71.4(2000)：857-932
　　+949-954。陳昭容，〈周代婦女在祭祀中的地位——青銅器銘文中的性別、身份與角
　　色研究(一)〉，《清華學報》31.4(2001)：395-440。陳昭容，〈從青銅器銘文看兩周淮
　　漢地區諸國婚姻關係〉，《中央研究院歷史語言研究所集刊》75.4(2004)：635-697。
　　陳昭容，〈兩周婚姻關係中的「媵」與「媵器」——青銅器銘文中的性別、身份與角
　　色研究〉，《中央研究院歷史語言研究所集刊》77.2(2006)：193-278。陳昭容，〈從青
　　銅器銘文看兩周王室婚姻關係〉，《古文字與古代史·第一輯》(臺北：中央研究院歷
　　史語言研究所，2007)，頁253-292。陳昭容，〈「矢姬」與「散姬」——從女性稱名
　　規律談矢國族姓及其相關問題〉，《古文字與古代史·第三輯》(臺北：中央研究院歷
　　史語言研究所，2007)，頁253-292。

研究中把天文與占卜等宗教內涵結合是一個正確的取向，因為古代人看天文並非視為天文學而是占星學。班大為則引入了天文計算復原，與傳世文獻記載的星象進行對應。有趣的是這三種不同的研究取向像三道平行線，彼此之間沒有交集是蠻特殊的現象。此一領域，彼此間也許需要更多的對話。

《宗教史分冊》中蒲慕州的〈中國古代的信仰與日常生活〉，其中包含簡短的史前時代之宗教、商周時代之宗教、春秋戰國的鬼神信仰等章節。同冊有林富士的〈中國古代巫覡的社會形象與社會地位〉，是到目前為止針對古代巫覡社會形象與社會地位變化最完整的總結。

以上「領域現狀」可能從不少學者的視角看來是偏頗的；但是，讀者應該很容易看出筆者是「張光直學派」，這倒不是說張光直說什麼都對，而是常會提醒自己，如果張光直看到這樣的證據，他會怎麼想？畢竟，我想學習的是一個偉大學者的思考方式，而不是將自己局限在他所處的時代的證據上。還有在這篇導論中，筆者對中國學術界有不少批判，一方面是讓臺灣的學子了解坐擁資料並不是擁有一切，能夠大量吸收資料、加以消化、進行綜合還是有很寬廣的空間。另一方面是一種期待，希望中國的學術界可以真正地敞開心胸，接受這種期待，把民族主義、現代國家的疆域擺在一旁，那麼一個空間無限廣闊的「東亞古代文明的形成」正等著大家共同去開拓。

中國的早期銅器及其區域特徵

梅建軍[*]

　　金屬是人類文明發展的物質基礎，金屬技術的發生和演進在早期文明史上是具有劃時代意義的重大事件。金屬的初現及應用，對人類文明進程而言，其意義並不僅限於技術、生產和經濟上，也同樣表現在政治、宗教和禮儀等精神文化方面。簡言之，金屬技術的發展與人類物質和精神文明的演進密切相關。

　　人類最早使用的金屬是天然銅。土耳其東南部的卡育努(Çayönü Tepesi)遺址出土的50餘件天然銅製品是迄今考古發現的最早的金屬實物，據碳十四測定其年代約在公元前7000年左右。人類最早從礦石中冶煉獲取的金屬是鉛而不是銅。在安納托利亞的卡塔爾‧休玉克(Çatal Hüyük)遺址出土了13粒鉛珠，在美索不達米亞北部的亞瑞姆(Yarim)遺址還發現了1件鉛手鐲，年代均在公元前第六千紀早期，是迄今所知最古老的人工冶煉的金屬製品。到公元前第五千紀，人工冶煉的銅製品開始在西亞的兩河流域和伊朗高原出現，在歐洲東南部和南亞地區也開始發現坩堝和開採銅礦的證據，標誌

---

*　Fellow of Churchill College, Research Fellow, McDonald Institute for Archaeological Research, Cambridge University, and Director, Needham Research Institute.

著冶銅術已經誕生,由此才真正掀開人類冶金史多姿多彩的篇章[1]。

　　金屬何時在中國開始出現?冶金術是中國本土起源的還是從西方傳入的?中國冶金術的早期發展有著怎樣的軌跡或特點?是否受到過來自西方的影響?這些問題自1920年代現代考古學引入中國以來,就一直為中外學者所關注。在各個不同的時期,均有學者依據當時已有的考古資料,就這些問題提出自己的觀察、見解或假說。從1940和1950年代流行西方傳入說,到1970和1980年代本土起源說漸占上風,再到1990年代中期以後西方傳入說的捲土重來,可以看出,中國冶金術的起源和早期發展一直是中國考古學和冶金史研究的一個熱點。不僅如此,各個時期所流行的考古學理論思潮,對這一學術課題的探究方向顯然也有著深刻的影響[2]。

　　本文依據近年來的考古發現和科學分析資料,旨在圍繞中國早期銅器發現和區域特徵進行一些初步的探討[3]。首先,本文將簡要回顧過去半個多世紀裡有關中國冶金術起源研究的歷程,通過梳理各個時期的一些重要的研究文獻,以闡明今日研究的學術背景和基礎;其次,本文將著重介紹中國西北地方的早期銅器新發現及其科學分析的結果,討論這些新發現和科學分析結果的意義,尤其是探討該地區早期青銅文化與歐亞草原文化的接

1　James D. Muhly, "The Beginnings of Metallurgy in the Old World," in Robert Maddin (ed.), *The Beginning of the Use of Metals and Alloys* (Cambridge: The MIT Press, 1988), pp. 4-12. 英國冶金史家泰利科特(R.F. Tylecote)認為,最早的人工煉銅製品出自伊朗的葉海亞(Tepe Yahya)遺址,年代約為西元前3800年,見R.F. Tylecote, *A History of Metallurgy* (London: The Institute of Materials, 1992, 2nd Edition), pp. 7-8.

2　中國冶金起源與中國文明的起源密切相關,關於中國文明發展進程與歐亞草原文化的關係,學術界一直存在爭議,普明(Michael Puett)對此有精彩的評述,參見氏著 "China in Early Eurasian History: A Brief Review of Recent Scholarship on the Issue," in Victor H. Mair (ed.), *The Bronze Age and Early Iron Age Peoples of Eastern Central Asia* (Washington D.C.: Institute for the Study of Man Inc., 1998), pp. 699-715.

3　本文所謂「早期」的概念大體上是指新石器時代晚期至青銅時代初期(約當3000-1500BC),就中原地區而言,習慣上指商代以前的銅器;而本文所謂「銅器」一詞當取其廣義,包括紅銅及各種銅合金如砷銅和錫青銅。參見白雲翔,〈中國的早期銅器與青銅器的起源〉,《東南文化》2002.7:26。

觸和聯繫問題；接下來，本文將以西北地方的早期銅器作為一個參考系，來檢視中原和北方地區的早期銅器的發現及其所表現出的區域特徵；最後，本文將集中探討西北、中原和北方這三個地區之間的文化聯繫或互動，並展望下一步的研究取向。本文認為，從現有的考古證據來看，與其在西方傳入／本土起源這樣的簡單二元論中作匆忙抉擇，不如採取更切合考古發現實際的思路，把研究重心放在西北、中原和北方各區域的冶金術演進特徵和相互關聯上；當各區域早期冶金術的演進特徵及其社會文化背景變得清晰以後，再從整體上闡明中國冶金術的起源和早期發展也就有了堅實的基礎。本文即循此思路，作出初步的嘗試。文中難免有不妥和疏漏之處，敬請方家批評指正。

一、研究歷程的回顧

在1940年代前後，冶金術自西方傳入中國的觀點在歐美學術界甚為流行。例如，研究中國青銅器的著名學者羅越(Max Loehr)就認為，商代發達的青銅冶金出現得很突然，看不出存在一個初始的演進階段，因此冶金術看來是從外面傳入中國的[4]。畢肖普(Carl Bishop)在《遠東文明的起源》一書中也指出，中國在約西元前2000年之前對金屬看來是一無所知，只是在約半個千紀後，一個已經高度發達的青銅時代文明佔據了黃河流域，並具有了1000年前或更早時期近東文明所知的大部分要素(雖然不是全部)，因此，其在中國北部的出現一定是在西元前第二千紀的上半葉[5]。

到1960和1970年代，中國的考古新發現已經積累了充足的證據，尤其

---

4 Max Loehr, "Weapons and Tools from Anyang and Siberian Analogies," *American Journal of Archaeology* 53(1949): 126-144.
5 Carl W. Bishop, *Origin of the Far Eastern Civilizations. A Brief Handbook* (Washington D.C.: Smithsonian Institute, 1942), p. 14.

是數十件銅器在甘肅武威皇娘娘台齊家文化遺址的發現[6]，顯示銅和青銅在中國的出現遠在安陽時期之前，商代發達的青銅冶鑄技術並非突然地出現，而是存在一個演進的過程。海外研究中國考古學的學者鄭德坤(Cheng Te-K'un)[7]、何炳棣(Ho Ping-ti)[8]和巴納(Noel Barnard)[9]等相繼提出並宣導冶金術在中國本土起源的觀點，在學術界引起關注和爭議。美國金屬史家斯密司(Cyril S. Smith)堅持認為冶金術的發明絕非易事；中國獨立發明青銅冶金所以令人生疑，是因為在那裡不存在一個與近東可比的冶金探索階段；而且，只是因為缺乏中國與近東之間地區的考古證據，才使中國青銅冶金獨立發明的見解得到有力的支援。他還認為，相對獨立發明而言，技術資訊或觀念由旅行者傳遞要容易得多；問題的關鍵是，一般而言，傳播過程很少會留下任何記錄[10]。

到1980年代，中國大陸學者開始加入關於中國冶金起源問題的討論，從而將獨立起源和西方傳入的學術爭議推向了一個高潮[11]。這一時期最重要的學術成果，是孫淑雲和韓汝玢1981年發表在《考古學報》上的有關中國

---

6 甘肅省博物館，〈武威皇娘娘台遺址發掘報告〉，《考古學報》1960.2：59-60。

7 Cheng Te-K'un, "Metallurgy in Shang China," *T'oung Pao* 60.4/5(1974): 209-229.

8 Ho Ping-ti, *The Cradle of the East: An Inquiry into the Indigenous Origins of Techniques and Ideas of Neolithic and Early Historic China, 5000-1000 B.C.* (Hong Kong: Chinese University of Hong Kong Press, 1975), pp. 177-221.

9 Noel Barnard & Sato Tamotsu, *Metallurgical Remains of Ancient China* (Tokyo: Nichiosha, 1975), pp. 1-75; 並參見Noel Barnard, "Further Evidence to Support the Hypothesis of Indigenous Origins of Metallurgy in Ancient China," in David N. Keightley (ed.), *The Origins of Chinese Civilization* (Berkeley, Los Angeles: University of California Press, 1983), pp. 237-277.

10 Cyril S. Smith, "Bronze Technology in the East," in Mikuláš Teich and Robert Young (eds.), *Changing Perspectives in the History of Science: Essays in Honour of Joseph Needham* (London: Heinemann, 1973), pp. 21-32; 參見氏著 "Review of Barnard & Sato 1975 and Ho Ping-ti 1975," *Technology and Culture* 18.1(1977): 80-86.

11 1980-90年代，在中國大陸發表的有關中國早期銅器或冶金起源的主要論文已被譯成英文，並收入Katheryn M. Linduff, Han Rubin & Sun Shuyun (eds.), *The Beginnings of Metallurgy in China* (Lewiston: The Edwin Mellen Press, 2000).

早期銅器的研究論文。該文不僅系統收集、整理並報告了近300件中國各地出土的早商以前的銅器，而且提供了30件早期銅器的科學分析結果，其中包括年代最早的兩件銅器，即甘肅東鄉林家馬家窯遺址出土的銅刀和甘肅永登蔣家坪馬廠文化遺址出土的殘銅刀，從而揭示出中國在西元前第三千紀已開始出現青銅器物。該文還指出甘肅和青海齊家文化遺址出土的銅器中，是紅銅、錫青銅和鉛青銅器物同時存在；並報告了用銅鋅共生礦冶煉黃銅的模擬實驗，從技術角度肯定了早期在中原地區出現黃銅的可能性[12]。在同一期《考古學報》上還發表了安志敏的一篇重要論文。該文在系統考察了當時所知的中國早期銅器的發現之後，指出青銅器時代的商文化是在龍山文化的基礎上發展起來的，中國銅器的起源應在中原地區的龍山文化中探求；而齊家文化的年代晚於中原的龍山文化，下限有晚到商代的可能性，因而，齊家文化出現青銅器可能與先進的商文化有一定的聯繫。該文還對早期黃銅出現的可能性表示了懷疑[13]。這兩篇文章均以探索商代青銅技術的起源為要旨，雖未明言之，但字裡行間均暗示出中國冶金的起源應在中國本土追溯。只是孫淑雲和韓汝玢似更矚目於甘肅地區的早期銅器發現，認為黃河上游地區先進的冶銅技術會向中原地區傳播，而安志敏則把追溯的目光集中在中原地區的龍山文化之上。也有學者認為陝西臨潼姜寨仰韶文化遺址出土的黃銅器是可信的，將其視作中國迄今考古發現的年代最早的金屬器，並主張仰韶文化晚期已知道煉銅，且已進入早期銅石並用時代[14]。還有學者明確指出，錫青銅在中國的出現和發展在西元前第三千紀，與兩河流域相當，而早於東南亞；而且，中國早期沒有如西方那樣出現砷銅和含鎳銅合金，這些都顯示中國青銅技術是獨立發展起來的[15]。儘管

12 北京鋼鐵學院冶金史組，〈中國早期銅器的初步研究〉，《考古學報》1981.3：287-301。

13 安志敏，〈中國早期銅器的幾個問題〉，《考古學報》1981.3：269-284。

14 嚴文明，〈論中國的銅石並用時代〉，《史前研究》1984.1：36-44；華泉(張忠培)，〈中國早期銅器的發現與研究〉，《史學集刊》1985.3，收入氏著《中國北方考古文集》(北京：文物出版社，1990)，頁231-239。

15 柯俊，〈冶金史〉，收入北京鋼鐵學院編，《中國冶金史論文集》(北京：《北京鋼

中國學者們在一些具體考古證據的認定上意見不一，但就整體而言，可以說冶金術在中國本土起源的觀點已得到了廣泛的認同。直到1990年代初，這一觀點仍是學術界的主流見解。不僅如此，還有學者提出中國的冶金術不僅是本土產生的，而且可能有多個起源[16]。不過，也有一些西方學者對此持有不同看法，如齊思(W.T. Chase)認為甘肅出土的早期銅器展示了金屬由西方引入中國的一個階段[17]；而華生(W. Watson)、牟利(J.D. Muhly)等則認為甘肅齊家文化銅器的發現並沒有肯定冶金在中國的獨立發明，只是說明中國冶金的開始跟世界其他地區相比，沒有顯示出有多大的不同[18]。

　　1993年，安志敏在《考古》雜誌上撰文就中國早期銅器的出現提出了全新的看法。他指出：「目前的考古發現表明中國早期銅器的出現比較晚，大抵從四千年以前的龍山文化，才開始出現銅器，嗣後經過一系列的發展，終於在二里頭文化的基礎上形成以中原地區為中心、獨具特色的商周文明。至於早期銅器是如何起源的？還是一個未解之謎。不過銅器的起源，很可能是通過史前時期的『絲綢之路』進入中國的，例如偏處在西北地方的齊家文化，早期銅器的發展便遠盛於中原地區，可能是首先接觸到銅器的使用，並影響及龍山文化。」[19]較之於他1981年的論文，可以看出有三點

（續）————————————————

鐵學院學報》編輯部，1986），頁1-11；另見Tsun Ko,"The Development of Metal Technology in Ancient China," in Cheng-Yih Chen (ed.), *Science and Technology in Ancient Civilization* (Singapore: World Scientific Publishing Co., 1987), pp. 225-243.

16 華覺明，〈論中國冶金術的起源〉，《自然科學史研究》1991.4：364-369。

17 W.T. Chase, "Bronze Casting in China: A Short Technical History," in George Kuwayama (ed.), *The Great Bronze Age of China: A Symposium* (Los Angeles County Museum of Art, 1983), pp. 106-107.

18 William Watson,"An Interpenetration of Opposites? Pre-Han Bronze Metallurgy in West China," *Proceedings of the British Academy* 70(1984): 327-358. 1986年，在中國鄭州舉行的第二屆國際冶金史大會(BUMA II)上，關於中國冶金起源的問題曾引起過熱烈的討論和爭議，並涉及到東南亞地區的早期冶金起源問題，請參見James D. Muhly, "The Beginnings of Metallurgy in the Old World," pp. 13-16. 關於中國古代青銅技術起源的學術爭議，華道安(Donald B. Wagner)有精彩的評述，參見氏著*Iron and Steel in Ancient China* (Leiden: E.J. Brill, 1993), pp. 28-33.

19 安志敏，〈試論中國的早期銅器〉，《考古》1993.12：1110-1119。

顯著的轉變：一是不再認為齊家文化出現青銅器與中原的商文化有聯繫；二是首次提出齊家文化的銅器可能影響到龍山文化；三是首次提出早期銅器可能通過史前時期的「絲綢之路」進入中國。這篇論文儘管沒有給出任何考古實證來支持後兩個新提出的觀點，但卻標誌著冶金術「西來說」的捲土重來，只不過這一次其被提出的考古學背景，與半個世紀前相比已有了天壤之別。

1995年，《早期中國》(*Early China*)雜誌發表了美國學者菲茲吉羅德－胡博(Louisa G. Fitzgerald-Huber)的一篇長文，是最早用考古實證來探討中國早期銅器與境外文化聯繫的論文。該文認為齊家文化受到了塞伊瑪－圖比諾文化的影響，證據是齊家文化的一些銅器在形制上與塞伊瑪－圖比諾的同類器物有諸多相似之處[20]。戴蔻琳(C. Debaine-Francfort)則注意到齊家文化的豎銎斧與歐亞草原文化的銅斧相似，尤其是其雙耳的設置跟塞伊瑪墓地所出的豎銎斧非常相近，只是其表面沒有典型的塞伊瑪斧所具有的幾何紋飾罷了[21]。這些研究展示出了敏銳的觀察力，儘管還是非常初步的，但畢竟開闢出了一個新的研究方向，那就是中國西北與歐亞草原的早期文化聯繫。

1996年，梅維恒(Victor H. Mair)在美國賓西法尼亞大學組織召開了題為「中亞東部青銅時代和早期鐵器時代的居民」的國際學術討論會，這是國際學術界首次聚焦中國新疆的考古新發現[22]。在這次會議上，不僅有數篇有關新疆和中國北方早期金屬技術的論文發表[23]，而且還專就青銅時代的冶金

20　Louisa G. Fitzgerald-Huber, "Qijia and Erlitou: the Question of Contacts with Distant Cultures," *Early China* 20(1995): 40-52.

21　C. Debaine-Francfort, *Du Néolithique à l'Âge du Bronze en Chine du Nord-Ouest: La culture de Qijia et ses Connexions* (Paris: Éditions Recherche sur les Civilisations, 1995), pp. 324-326.

22　這次會議的論文集已經出版，參見Victor H. Mair (ed.), *The Bronze Age and Early Iron Age Peoples of Eastern Central Asia* (Washington D.C.: Institute for the Study of Man Inc., 1998).

23　有關金屬技術的論文共計4篇，均已收入Victor H. Mair (ed.), *The Bronze Age and Early Iron Age Peoples of Eastern Central Asia*. 它們分別是：Ke Peng, "The Andronovo Bronze

組織了一場「圓桌」討論會，內容涉及到礦石來源、砷銅分布、技術傳播和土著傳統等問題。儘管中外學者對新疆的關注從1980年代後期就開始了，而且已有數篇頗有分量的論文發表[24]，但從考古學、語言學、人類學、傳播學、冶金術和紡織技術等多學科角度來探討新疆史前文化及其與周鄰地區的聯繫和交流，這次會議還是第一次。

自1990年代中期到現在，對中國冶金術起源和早期發展的研究在走向深入的同時，也在探索新的思路或「範式」。西方傳入和本土起源的爭議雖然仍在繼續，但已經不是學者們所關注的唯一焦點了。一批新的學術課題已經進入了學者們的研究視野，包括早期銅器的區域特徵、不同區域間的聯繫與互動、青銅技術的傳播途徑和模式、區域技術創新及其社會文化背景，等等。跟1980年代相比，1990年代中期以來有關中國早期銅器和冶金術的研究可謂「眾說紛紜」，成果累累，大致集中在如下四個方面：一是有關甘肅出土早期銅器的分析和研究，如孫淑雲[25]、李水城和水濤[26]等人

（續）

Artifacts Discovered in Toquztara County in Ili, Xinjiang," pp. 573-580; Jianjun Mei and Colin Shell, "Copper and Bronze Metallurgy in Late Prehistoric Xinjiang," pp. 581-603; Emma C. Bunker, "Cultural Diversity in the Tarim Basin Vicinity and Its Impact on Ancient Chinese Culture," pp. 604-618; Katheryn M. Linduff, "The Emergence and Demise of Bronze-Producing Cultures Outside the Central Plain of China," pp. 619-643.

24 1990年代中期以前，有關新疆史前文化的綜合性研究，參閱以下論著：Corinne Debaine-Francfort, "Archeologie du Xinjiang des Origines aux Han: Premiere Partie," *Paleorient* 14.1（1988）: 5-29; "II eme Partie," *Paleorient* 15.1（1989）: 183-213; 陳戈，〈關於新疆地區的青銅時代和早期鐵器時代文化〉，《考古》1990.4：366-374；水濤，〈新疆青銅時代諸文化的比較研究〉，《國學研究》第一卷（北京：北京大學出版社，1993），頁447-490；K.T. Chen（陳光祖）& F.T. Hiebert, "The Late Prehistory of Xinjiang in Relation to Its Neighbors," *Journal of World Prehistory* 9.2（1995）: 243-300.

25 孫淑雲、韓汝玢，〈甘肅早期銅器的發現與冶煉、製造技術的研究〉，《文物》1997.7：75-84；孫淑雲，〈東灰山遺址四壩文化銅器的鑒定及研究〉，收入甘肅文物考古研究所等《民樂東灰山考古——四壩文化墓地的揭示與研究》（北京：科學出版社，1998），頁191-195；孫淑雲、潛偉和王輝，〈火燒溝四壩文化銅器成分分析及製作技術的研究〉，《文物》2003.8：86-96。

26 李水城、水濤，〈四壩文化銅器研究〉，《文物》2000.3：36-43。

的工作；二是有關新疆早期銅和青銅冶金的系統研究，如潛偉等人的論著[27]和拙著[28]；三是有關中原和中國北方地區早期金屬技術的研究，如金正耀[29]、李延祥[30]和林澐[31]等人發表的論文；四是對早期冶銅業區域性特徵以及區域間相互作用的分析，代表性的論著包括林嘉琳(Katheryn M. Linduff)[32]、白雲翔[33]、李水城[34]、劉學堂和李文瑛[35]等人的論著以及拙著[36]。

　　總的看來，過去十多年的研究工作為我們提供了大量新的實證性資料，這些資料正從根本上改變我們對中國冶金術起源和早期發展的認識。在以下兩節中，本文將以近十年來的考古發現和研究成果為基礎，圍繞中國早期銅器的發現和區域特徵展開討論，將先從西北地方的早期銅器新發現和科學分析入手，然後再論及中原和北方地區。

27　北京科技大學冶金與材料史研究所，〈新疆哈密天山北路墓地出土銅器的初步研究〉，《文物》2001.6：79-89；潛偉，《新疆哈密史前時期青銅器及其與周邊文化的關係》(北京：知識產權出版社，2006)。

28　Jianjun Mei, *Copper and Bronze Metallurgy in Late Prehistoric Xinjiang* (BAR International Series 865, Oxford: Archaeopress, 2000).

29　金正耀，〈二里頭青銅器的自然科學研究與夏文明探索〉，《文物》2000.1：56-64。

30　李延祥、賈海新和朱延平，〈大甸子墓地出土銅器初步研究〉，《文物》2003.7：78-84。

31　林澐，〈夏代的中國北方系青銅器〉，《邊疆考古研究》第1輯(北京：科學出版社，2002)，頁1-12。

32　Katheryn M. Linduff, "The Emergence and Demise of Bronze-Producing Cultures Outside the Central Plain of China," in Victor H. Mair (ed.), *The Bronze Age and Early Iron Age Peoples of Eastern Central Asia*, pp. 619-643.

33　白雲翔，〈中國的早期銅器與青銅器的起源〉，頁25-37。

34　李水城，〈從考古發現看西元前二千紀東西方文化的碰撞與交流〉，《新疆文物》1999.1：53-65；李水城，〈西北及中原早期冶銅業的區域特徵及交互作用〉，《考古學報》2005.3：239-277。

35　劉學堂、李文瑛，〈中國早期青銅文化的起源及其相關問題新探〉，《藏學學刊》第3輯(成都：四川大學出版社，2007)，頁1-63。

36　Jianjun Mei, "Cultural Interaction between China and Central Asia during the Bronze Age," *Proceedings of the British Academy* 121(2003): 1-39; Jianjun Mei, "Qijia and Seima-Turbino: The Question of Early Contacts between Northwest China and the Eurasian Steppe," *Bulletin of the Museum of Far Eastern Antiquities* 75(2003): 31-54.

二、中國西北地方的早期銅器新發現及其科學分析

根據近十年來的研究成果，相對中國其他地區而言，關於中國西北地方出土的早期銅器，大致可以歸納出這樣三個顯著特徵：一是發現數量多，分布地域廣；二是既有純銅和錫青銅，也有相當比例的砷銅；三是與歐亞草原地區的青銅文化有明顯的聯繫跡象。下面將從考古發現、科學分析和文化聯繫這三個方面分別進行討論：

(一)中國西北地方早期銅器的考古發現

從現有的考古發現資料看，中國西北地方出土的早期銅器主要集中在甘肅、青海和新疆三個省區，總數在1500件以上；涉及到的考古學文化有馬家窯文化(3300-2650 BC)、半山－馬廠文化(2650-2000 BC)、齊家文化(2200-1800 BC)和四壩文化(1950-1550 BC)，考古遺址主要是新疆境內的天山北路墓地(2000-1500 BC)、古墓溝墓地(2000-1800 BC)和小河墓地(ca 2000 BC)。銅器的種類主要有小型工具(如刀、鐮、錐、斧和鑿等)和裝飾品(如耳環、指環、牌、泡、扣、管、珠和鏡等)，也有少量的武器(如矛和短劍等)，但不見容器[37]。

迄今為止，中國西北地方出土的年代最早的銅器是馬家窯文化的銅刀(圖1：1)。該刀出自甘肅東鄉林家遺址，年代約在西元前2800年左右[38]。其次是馬廠文化(ca 2300-2000 BC)的銅器，目前已發現三件：一件殘銅刀(圖1：2)出自永登蔣家坪，一件銅塊和一件銅錐分別出自酒泉高苜宿地和照壁灘[39]。

37　李水城，〈西北及中原早期冶銅業的區域特徵及交互作用〉，頁240-251。

38　甘肅省文物工作隊等，〈甘肅東鄉林家遺址發掘報告〉，《考古學集刊(4)》(北京：中國社會科學出版社，1984)，頁111-161。

39　李水城，〈西北及中原早期冶銅業的區域特徵及交互作用〉，頁240；參見李水城、水濤，〈酒泉縣豐樂鄉照壁灘遺址和高苜宿地遺址〉，《中國考古學年鑑(1987)》(北京：文物出版社，1988)，頁272。

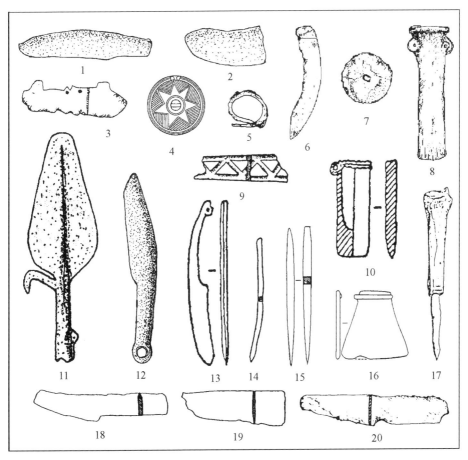

圖1　馬家窯、馬廠和齊家文化諸遺址出土的銅器

1：馬家窯文化林家遺址出土的銅刀；2：馬廠文化蔣家坪遺址出土的殘銅刀；3-20：齊家文化諸遺址出土的銅器。

1-3、6、12、13、18-20：刀；4、7：鏡；5：環；8、10：斧；9：刀柄；11：矛頭；14、15：錐；16：斧形器；17：骨柄銅錐

（1、2據孫淑雲、韓汝玢，〈甘肅早期銅器的發現與冶煉、製造技術的研究〉，《文物》1997.7：76，圖一和圖三照片改繪；3-10、13-20據C. Debaine-Francfort, *Du Neolithique a l'Âge du Bronze en Chine du Nord-Ouest: La culture de Qijia et ses connexions.* 〔Paris: Éditions Recherche sur les Civilisations, 1995〕一書中頁86圖49、頁104圖61和頁119圖71改繪；11、12據照片繪製。臨潭磨溝出土品不包含於本圖。又本圖各件縮尺不一，請讀者注意。）

青海同德縣宗日文化遺址出土的3件銅環和1件銅飾，年代也可早到西元前第三千紀[40]。

在甘肅和青海地區，銅器數量和種類的顯著增加始自齊家文化，並延續至四壩文化。根據李水城所作的不完全統計，迄今所知的齊家文化的銅器總數已在130件以上，這些銅器主要出自以下遺址：甘肅武威皇娘娘台(30件)、青海貴南尕馬台(49件)、甘肅積石山縣新莊坪(12件)、甘肅武威海藏寺(12件)、甘肅永靖秦魏家(8件)、青海互助總寨(4件)、甘肅廣河齊家坪(3件)[41]和甘肅臨潭磨溝等[42]。銅器的種類包括耳環、臂釧、手環、半月形項飾、泡、牌飾、管、刀、斧、錐、環、矛和鏡等(圖1)，其中最引人注目的是青海西寧沈那遺址出土的長達61釐米的矛(圖1：11)[43]、貴南尕馬台遺址出土的背飾「七角星」紋的銅鏡(圖1：4)和甘肅岷縣杏林出土的斧和刀(圖1：10、13)[44]。不過，貴南尕馬台、武威海藏寺和西寧沈那等齊家文化關鍵遺址的發掘資料至今尚未正式公布。

到四壩文化時期，銅器的使用更加普及。在已經調查、發掘的四壩文化遺址中，均出土有銅器，總數已近300件。這些遺址分布在甘肅河西走廊西側，主要包括玉門火燒溝墓地(200餘件)、酒泉幹骨崖墓地(48件)、民樂東灰山墓地(16件)和安西鷹窩樹墓地(7件)。銅器的種類有刀、斧、錐、矛、環、管、鐲、扣、泡、牌、權杖頭和鏃等(圖2)，較之齊家文化顯得更為豐

---

40 青海省文物管理處、海南州民族博物館，〈青海同德縣宗日遺址發掘簡報〉，《考古》1998.5：1-35。

41 李水城，〈西北及中原早期冶銅業的區域特徵及交互作用〉，頁243。

42 錢耀鵬、周靜、毛瑞林、謝炎，〈甘肅臨潭磨溝齊家文化墓地發掘的收獲與意義〉，《西北大學學報(哲、社)》39.5(2009)：5-10。謝炎、毛瑞林、錢耀鵬，〈甘肅臨潭陳旗磨溝齊家、寺注文化墓葬發掘〉，《2008中國重要考古發現》(北京：文物出版社，2009)，頁42-45。毛瑞林、錢耀鵬、謝炎、朱芸芸、周靜，〈甘肅臨潭磨溝齊家文化墓地發掘簡報〉，《文物》2009.10：4-24。錢耀鵬、王玥、毛瑞林、謝炎，〈甘肅臨潭磨溝墓地齊家文化墓葬2009年發掘〉，《文物》2014.6：4-23。

43 中國文物精華編輯委員會(編)，《中國文物精華》(北京：文物出版社，1997)，圖版38。

44 甘肅岷縣文化館，〈甘肅岷縣杏林齊家文化遺址調查〉，《考古》1985.11：977-979。

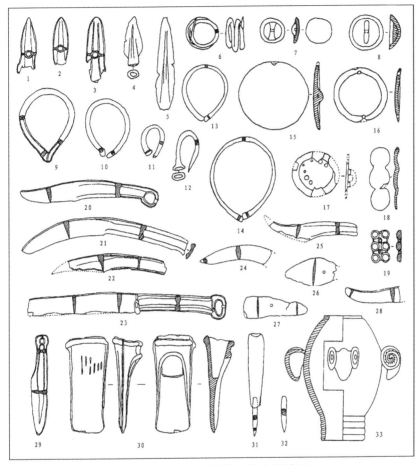

圖2　四壩文化諸遺址出土的銅器

1-5：箭鏃；6：指環；7-8、17：扣飾；9-13：耳環；14：手鐲；15-16：泡；18-19：連
珠形飾；20-29、刀；30、穿銎斧；31-32、錐；33、權杖頭
（據白雲翔，〈中國的早期銅器與青銅器的起源〉，《東南文化》2002.7：29，圖三改繪。
又本圖各件縮尺不一，請讀者注意。）

富，尤其是消耗性兵器——銅鏃的普遍出現以及鑄造石範的發現，顯示金屬
製作業的發展已經到了一個相當成熟的階段[45]。近年來，在張掖西城驛又發

45　李水城、水濤，〈四壩文化銅器研究〉，頁36-38。

現一處四壩文化遺址，不僅出土了20多件青銅器，還出土了鑄造青銅權杖首和鏡的石範，以及爐渣、礦石、爐壁、鼓風管等大量冶金遺物[46]。不過，四壩文化最重要的遺存火燒溝墓地的發掘資料正在整理之中，尚待正式發表。

　　總的看來，從馬家窯文化到馬廠文化，再到齊家和四壩文化，甘青地區的早期銅器發現大致呈現出一種連貫性。相對說來，馬家窯文化的青銅刀尚為孤證，因而有學者對其可靠性還有所疑慮[47]。而到馬廠文化階段，銅器的出現雖然數量依然有限，但基本上是確定無疑了。再到齊家文化和四壩文化時期，銅器的數量和種類均顯著地增加，地域分布也更為廣闊，這些都清楚地顯示，此時金屬技術在甘青地區已經紮根並生長起來了。

　　相比之下，在甘青地區以西的新疆地區，早期銅器的發現還顯示不出一種連貫性。在那裡，目前出土有早期銅器的最著名的三處遺址分別是：位於東部哈密市的天山北路墓地、位於塔里木盆地東緣的古墓溝墓地和小河墓地。關於這三處墓地，目前僅有部分資料公布發表。根據這些資料初步判斷，天山北路墓地的年代大致落在西元前第二千紀的前半葉，而小河和古墓溝墓地的年代相對要早一些，年代上限可能早到西元前第三千紀的後期[48]。

　　古墓溝墓地1979年發掘，有42座墓葬，其中6座墓葬的地表有七圈環列木椿，呈現成所謂的「太陽」造型。在該墓地僅發現1件小銅卷和2件銅飾物，分別出自3座不同的墓葬[49]。小河墓地於2002-2005年進行了全面發掘，

46　陳國科、王輝、李延祥、張良仁、楊月光，〈甘肅張掖市西城驛遺址〉，《考古》
　　2014.7：3-17。

47　安志敏，〈試論中國的早期銅器〉，頁1111。

48　呂恩國、常喜恩和王炳華，〈新疆青銅時代考古文化淺論〉，收入宿白（主編），《蘇
　　秉琦與當代中國考古學》（北京：科學出版社，2001），頁172-193；王炳華，〈孔雀
　　河古墓溝發掘及其初步研究〉，《新疆社會科學》1983.1：117-127；新疆文物考古
　　研究所，〈2002年小河墓地考古調查與發掘報告〉，《新疆文物》2003.2：8-46。

49　王炳華，〈孔雀河古墓溝發掘及其初步研究〉，頁118-122。

共發掘167座墓葬。據部分公布的資料，該墓地出土有相當多的小銅片，多嵌在具有象徵意義的器物如木柱上；此外，還出土有銅耳環和金耳環，在一座大型墓葬中，甚至還出土了1件銅質鏡形器[50]。天山北路墓地於1988-1997年被全面發掘，共發掘墓葬700餘座，墓葬隨葬品以銅器數量最多，總數可能在千件以上。銅器種類異常豐富，有刀、錐、鐮、錛、鑿、矛、鏡、耳環、手鐲、扣、泡、珠、管、和牌等（圖3）。此外，還有少量金、銀飾物。這處墓地的年代與甘肅的四壩文化相當，但其金屬器的數量和種類已經遠遠超過了四壩文化中出土銅器最多的火燒溝墓地[51]。由古墓溝、小河和天山北路墓地可以清楚看到，大致在西元前2000年前後，銅器已經在新疆東部和羅布泊地區出現並開始得到廣泛的使用。作為迄今中國境內所發現的早期銅器最豐富的遺存，天山北路墓地對認識整個中國西北地方早期金屬技術的發展有著標誌性的意義。該墓地的資料尚在整理之中，我們期待著這批重要的考古資料早日面世。

在論及新疆出土的早期銅器時，有不少學者把帕米爾高原疏附縣烏帕爾蘇勒塘巴額遺址採集到的一批小銅件（如銅珠、銅塊等），視作新疆目前發現的最早的銅器，理由是原調查者將這批銅器材料的年代估計為西元前第三千紀[52]。然而，這批銅器材料畢竟是地面採集物，其與遺址上其他遺物如細石器的關係是不清楚的，故其年代也很難確定。類似的遺存也見於疏附縣阿克塔拉遺址，在該遺址上也曾採集到小銅刀和殘銅塊，其他採集物包括粗砂陶片和磨製石刀等。從石刀的形制看，其年代估計應在西元前1000年前後。由此看來，將蘇勒塘巴額遺址採集的銅件視作新疆最早的銅器是

---

50 新疆文物考古研究所，〈2002年小河墓地考古調查與發掘報告〉，頁21，45；新疆文物考古研究所小河考古隊，〈羅布泊小河墓地考古發掘的重要收穫〉，《吐魯番學研究》2005.1：114-119。

51 呂恩國、常喜恩和王炳華，〈新疆青銅時代考古文化淺論〉，頁172-193；劉學堂、李文瑛，〈中國早期青銅文化的起源及其相關問題新探〉，頁19-20。

52 李水城，〈西北及中原早期冶銅業的區域特徵及交互作用〉，頁249；劉學堂、李文瑛，〈中國早期青銅文化的起源及其相關問題新探〉，頁16。

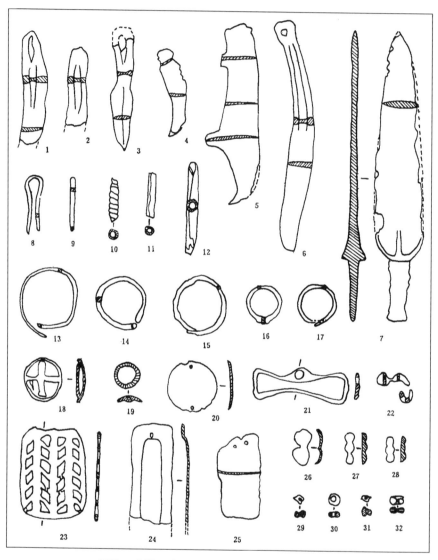

圖3　新疆哈密天山北路墓地出土銅器

1-6：刀；7：短劍；8：別針；9：錐；10-12：管；13-17：環或耳環；18-20：扣或扣形飾；21-23、26-32：牌飾或其他裝飾品；24：刀柄；25：殘片

（據北京科技大學冶金與材料史研究所，〈新疆哈密天山北路墓地出土銅器的初步研究〉，《文物》2001.6：82，圖一。又本圖各件縮尺不一，請讀者注意。）

暫可存疑的，在獲得確實可信的年代證據之前，對這類形制不明的採集品應以採取謹慎的態度為宜[53]。

　　研究新疆出土的早期銅器，準噶爾盆地周緣地區（包括西北部的伊犁和塔城地區和北部的阿爾泰地區）值得特別關注。這一地區曾出土不少青銅時代的銅器，主要是各類工具和兵器，如伊犁鞏留縣阿尕爾森出土的橫銎斧、鐮和鑿等13件青銅工具、以及在塔城地區採集或徵集的一批銅器（包括有段斧、鐮、矛和鏈等）[54]。最近在溫泉縣阿敦喬魯遺址與墓地出土銅錐與喇叭形包金銅耳環，屬於安德羅諾沃（Andronovo）文化早期（西元前19-17世紀）[55]。從類型學上考察，這些銅器明顯與歐亞草原地帶廣為分布的安德羅諾沃文化有聯繫，由此可大致判定這些銅器的年代為西元前第二千紀[56]。但究竟是西元前第二千紀的上半葉還是下半葉需個別判定。因此，要全面認識和把握新疆北部和西北部地區的早期青銅文化，還有待更多的考古發現和深入研究。

(二)中國西北地方早期銅器的科學分析

　　研究中國西北地方的早期銅器，科學分析方法的引入和應用起著很重

53　An zhimin, "The Bronze Age in Eastern Parts of Central Asia," in A.H. Dani & V.M. Masson（eds.）, *History of Civilizations of Central Asia. Vol.1: The Dawn Of Civilization: Earliest Times to 700 BC*（Paris: UNESCO Publishing, 1992）, pp. 319-336; Jianjun Mei, *Copper and Bronze Metallurgy in Late Prehistoric Xinjiang*, pp. 9-10. 1999年12月，戴蔻琳（C. Debaine-Francfort）教授根據她自己在帕米爾高原調研的觀察和體會，曾向筆者指出，帕米爾高原的一些遺存與中亞的楚斯特（Chust）文化關係密切，對蘇勒塘巴額遺址採集銅件的年代宜取謹慎態度。對此，筆者謹致謝忱。

54　王博、成振國，〈新疆鞏留出土一批銅器〉，《文物》1989.8：95-96；李肖、黨彤，〈準噶爾盆地周緣地區出土銅器初探〉，《新疆文物》1995.1：40-51。

55　叢德新，〈新疆溫泉阿敦喬魯早期青銅時代遺址與墓地〉，《2012中國重要考古發現》（北京：文物出版社，2013），頁78-82。叢德新、賈笑冰、郭物、尚國軍、葛雨，〈新疆溫泉縣阿敦喬魯遺址與墓地〉，《考古》2013.7：25-32。

56　Ke Peng, "The Andronovo Bronze Artifacts Discovered in Toquztara County in Ili, Xinjiang," pp. 573-580; Jianjun Mei & Colin Shell, "The Existence of Andronovo Cultural Influence in Xinjiang during the Second Millennium BC," *Antiquity* 73.281（1999）: 570-578.

要的作用，尤其是在揭示銅器的技術特徵方面。1980年代初，孫淑雲和韓汝玢最早對甘青地區出土的早期銅器進行了系統的分析，發現不僅甘肅東鄉林家遺址出土的馬家窯文化的銅刀為錫青銅製成，永登蔣家坪遺址出土的殘銅刀也是；而對齊家和四壩文化的數十件銅器的檢測結果則顯示，其材質或為紅銅或為青銅（錫青銅、鉛青銅或鉛錫青銅）[57]。這一結果曾被有的學者引為中國冶金獨立起源的證據，因為這些早期銅器中沒有發現砷銅的存在，而砷銅在西亞地區是最早為人類所使用的一種銅合金[58]。

　　然而，隨後展開的進一步研究顯示，砷銅在中國西北地方的早期銅器中不僅存在，而且相當流行。孫淑雲等人首先在四壩文化的銅器中鑑定出砷銅：民樂東灰山遺址出土銅器15件，經鑑定，其中有12件為砷銅，2件為錫砷青銅，1件為錫砷鉛青銅；酒泉乾骨崖遺址出土銅器48件，46件經過鑑定，其中有10件砷銅，22件錫青銅，5件錫砷青銅，餘為其他；這些砷銅和含砷青銅的砷含量均在2%至6%的範圍內[59]。以前在火燒溝遺址出土銅器中沒有發現砷銅，但近期對該遺址出土的26件銅器樣品所作的定量分析顯示，其中有6件為砷青銅，2件為錫砷青銅[60]。這樣四壩文化的三處主要遺址均有使用砷銅的現象，唯有安西鷹窩樹遺址例外，其所出的7件銅器經檢驗均為錫青銅。李水城和水濤注意到，砷銅在遺址中所占比例似隨時代演進而減少，如時代偏早的東灰山遺址，所出銅器基本為砷銅；而在時代偏晚的乾骨崖，所出銅器主要是錫青銅，其次才是砷銅；到了時代最晚的鷹窩樹，所出則全為錫青銅[61]。

57　北京鋼鐵學院冶金史組，〈中國早期銅器的初步研究〉，頁296-300。

58　柯俊，〈冶金史〉，頁1-2。

59　孫淑雲，〈東灰山遺址四壩文化銅器的鑒定及研究〉，頁191-195；孫淑雲、韓汝玢，〈甘肅早期銅器的發現與冶煉、製造技術的研究〉，頁81。

60　孫淑雲、潛偉和王輝，〈火燒溝四壩文化銅器成分分析及製作技術的研究〉，頁86。在最初的報告中，提到在37件火燒溝銅器樣品中，有13件含砷量超過2%。參見潛偉、孫淑雲和韓汝玢，〈古代砷銅研究綜述〉，《文物保護與考古科學》12.2(2000)：43-50。

61　李水城、水濤，〈四壩文化銅器研究〉，頁43。

　　值得注意的是，砷銅的發現可能並不僅限於四壩文化，齊家文化的銅
器也有可能存在砷銅。近期在甘肅廣河齊家坪發現了一批銅器，被認為屬
於齊家文化。對其中的8件器物（刀、鏡、鐲、泡和錐）進行了檢測，發現1件
鐲和2件泡為砷銅所製，而2件刀含有少量的砷[62]。儘管被檢測的銅器是採集
品，而非發掘品，但這一結果仍具有啟發意義。考慮到齊家文化與四壩文
化在西元前第二千紀初期曾有一段平行發展的時期，未來在出土的齊家文
化晚期銅器中檢測出砷銅當不是一件令人意外的事。

　　近年來，對新疆地區出土早期銅器的科學分析也取得了一系列重大的
突破。早期對準噶爾盆地周緣地區出土銅器的分析，發現塔城地區出土的
安德羅諾沃文化風格的銅器均為錫青銅製成，而且含錫量也與典型的安德
羅諾沃銅器相同，為2%至10%[63]。這一結果為進一步研究錫青銅在新疆的出
現提供了重要的背景資料。接下來，對新疆東部地區出土銅器的分析，揭
示出天山北路墓地所出銅器以錫青銅為主，19件被測樣品中有15件錫青
銅，其餘4件分別為紅銅以及含少量鉛或砷的錫青銅；而五堡墓地出土的2
件銅器則為砷銅，含砷在3%至4%，是在新疆東部首次發現砷銅[64]。潛偉等
人對天山北路墓地出土銅器作了更深入的研究，在89件被測樣品中，檢測
出61件錫青銅、11件紅銅、9件砷銅、4件銅錫砷合金和4件其他的三元銅合
金。這項研究結果意義重大，不僅肯定了錫青銅在新疆東部的主導地位，
也確立了砷銅占有相當的比例，是不容忽視的重要的銅合金[65]。值得注意的
是，在南灣和焉不拉克（包括五堡）等更晚一些的遺址所出土的銅器中，也檢

62　馬清林、胡之德和李最雄，〈中國古代鍍錫青銅器（五）〉，《故宮文物月刊》217（2001）：
　　111-112。

63　Mei Jianjun, Colin Shell, Li Xiao & Wang Bo, "A Metallurgical Study of Early Copper and
　　Bronze Artefacts from Xinjiang, China," *Bulletin of the Metals Museum* 30（1998-II）: 1-22.
　　中譯文載《新疆文物》1999.3/4：150-165。

64　Jianjun Mei, *Copper and Bronze Metallurgy in Late Prehistoric Xinjiang*, pp. 38-41.

65　北京科技大學冶金與材料史研究所，《新疆哈密天山北路墓地出土銅器的初步研
　　究》，頁79-89。

測出了砷銅[66]，顯示砷銅在新疆東部的存在和使用一直持續到西元前第一千紀。新疆東部地區的早期文化與甘青地區的緊密聯繫，早有學者從彩陶的角度論證過[67]。砷銅的發現為這種聯繫的存在提供了進一步的證據。

最近，筆者領導的研究小組對小河墓地出土的3件小銅片進行了檢測分析，結果顯示，這3件銅片的材質各不相同，分別為錫青銅、含少量砷的錫青銅、以及含少量砷和錫的鉛青銅[68]。這種材質上的差異，實際反映出其來源可能也各不相同，這對認識小河墓地與周邊文化的聯繫是有幫助的。以前對古墓溝墓地出土的小銅件作過分析，發現是紅銅[69]。曾有學者將此作為古墓溝墓地與南西伯利亞阿凡納謝沃（Afanasievo）文化存在聯繫的一種證據，因為該文化就是以使用紅銅器為特徵的[70]。小河墓地與古墓溝墓地不僅在地理位置上很接近，其出土遺物的文化面貌也相去不遠，雖然還沒有進行詳盡的比較研究，但一般認為這兩處墓地大體上屬於同類性質的文化、年代上也相去不遠[71]。現在小河墓地出土的銅片被鑑定出來是青銅而不是紅銅，顯示這一地區早期金屬技術的特徵，可能比我們所認識到的情形要複雜得多。顯然，把金屬製品的材質作為一種證據，去尋求與阿凡納謝沃文化的關聯，是一個需要重新考慮的問題。

值得指出的是，關於烏帕爾蘇勒塘巴額遺址上採集到的一批小銅件，1980年代中期曾對其中的1件銅塊樣品作過光譜半定量分析，結果顯示主元素為銅（約79%），餘為矽、鈣、鐵和鉛等。原報告認為分析檢測出的較多的

---

66 潛偉、孫淑雲和韓汝玢，〈古代砷銅研究綜述〉，頁48。

67 水濤，〈新疆青銅時代諸文化的比較研究〉，頁465-469。

68 陳坤龍、凌勇、梅建軍和伊第利斯，〈小河墓地出土三件銅片的初步分析〉，《新疆文物》2007.2：125-128。

69 王炳華，〈孔雀河古墓溝發掘及其初步研究〉，頁122。

70 E.E. Kuzmina, "Cultural Connections of the Tarim Basin People and Pastoralists of the Asian Steppes in the Bronze Age," in Victor H. Mair (ed.), *The Bronze Age and Early Iron Age Peoples of Eastern Central Asia*, pp. 68-70.

71 新疆文物考古研究所小河考古隊，〈羅布泊小河墓地考古發掘的重要收穫〉，《吐魯番學研究》2005.1：114-119。

矽和鈣（約3-5%）均為夾雜，故將銅塊認定為紅銅[72]。其實，矽和鈣顯然是銅塊表面附著的外來物如土壤所致，而非銅器本身的夾雜成分；這件銅塊中含有鉛，只是含量不明，故需要作進一步的分析才能完全確定其材質。後來，又有2件蘇勒塘巴額遺址的銅件被取樣進行了分析，結果顯示一為紅銅，一為錫青銅[73]。然而，在最近的一篇論著中，有學者把蘇勒塘巴額遺址上採集到的銅件都視作紅銅器[74]，這顯然是沒有注意到已經發表的分析結果而造成的失誤。

　　總的看來，通過科學檢測和分析，我們對中國西北地方出土的早期銅器大致可有如下三點認識：第一，年代最早的銅器出自甘肅境內的馬家窯文化和馬廠文化：馬家窯文化的銅刀是錫青銅，含錫量估計約在6%至10%，是中國目前所知最早的青銅器，年代約為西元前2800年；馬廠文化（約2300-2000BC）的銅器共計3件：永登蔣家坪遺址所出的殘銅刀為錫青銅，而酒泉高苜宿地遺址和照壁灘遺址所出的銅塊和銅錐則為紅銅[75]。第二，新疆境內目前所知年代最早的銅器出自古墓溝和小河墓地的小銅片，這些銅片多為青銅所製，可能也有少量的紅銅，年代大致在西元前2000-1800年。烏帕爾蘇勒塘巴額遺址上所出的小銅件既有紅銅，也有錫青銅，但因出土的考古背景不明，其年代其實難以確認，故不宜視為新疆發現的年代最早的銅器。第三，銅器的大量出現和使用最早見於甘青地區的齊家文化，以紅銅和錫青銅為主要特徵，但不排除少量砷銅的存在；其次是河西走廊西側的四壩文化和新疆東部的天山北路墓地（圖4），以錫青銅和砷銅為主要特徵，個別遺址也使用紅銅器，年代大致在西元前第二千紀上半葉或更早一點。第四，新疆西北部地區出土的具有安德羅諾沃文化特徵的銅器均為錫青銅所製，其年代大致估計在西元前第二千紀中後期，可能比天山北路墓地要晚一些。

72　王博，〈新疆近十年發現的一些銅器〉，《新疆文物》1987.1：45-51。

73　Jianjun Mei, *Copper and Bronze Metallurgy in Late Prehistoric Xinjiang*, pp. 68-70.

74　李水城，〈西北及中原早期冶銅業的區域特徵及交互作用〉，頁249。

75　孫淑雲、韓汝玢，〈甘肅早期銅器的發現與冶煉、製造技術的研究〉，頁75-77。

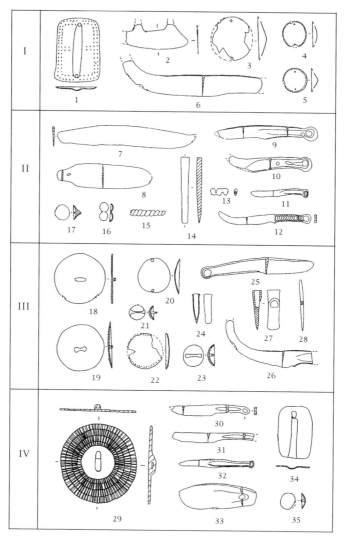

圖4　新疆哈密天山北路墓地出土銅器

1、34：牌飾；2、6-12、25-26、30-33：刀；3-5、13、16-17、20-23、35：扣、泡或扣
形飾；14、28：錐；15：管；18-19、29：鏡或鏡形飾；24、27：斧
（據呂恩國、常喜恩和王炳華，〈新疆青銅時代考古文化淺論〉，載宿白（主編），《蘇
秉琦與當代中國考古學》〔北京：科學出版社，2001年〕，頁172-193，圖15-圖18改繪。
又本圖各件縮尺不一，請讀者注意。）

　　有學者以為在馬家窯文化中出現銅的冶煉尚可能，但出現青銅合金的冶煉則略嫌過早，因為後來的齊家文化的銅器仍是以紅銅為主，故推定馬家窯文化青銅刀的出現只是一種「偶然的合成」[76]。近期的研究也認為該刀「有可能由銅錫共生礦冶煉製成」[77]。這些探討對揭示馬家窯青銅刀的科學價值無疑都是有益的。但應當看到，銅錫共生礦一般很少見，甘青地區是否有這類礦藏目前尚無資料說明；另外考慮到馬廠、齊家和四壩諸文化中均有錫青銅的存在，故在得到進一步的證據之前，似不宜過早排除馬家窯文化階段出現青銅冶金的可能性。

　　還有學者注意到早期的齊家文化遺址出紅銅，而晚期的出青銅，因而認為在齊家文化期間，中國冶金術走過了由紅銅發展成青銅的全過程[78]；也有學者通過對四壩文化的分期研究，推斷其冶金工藝的發展大致經歷了一個由紅銅到砷銅再到錫青銅的演變過程[79]。這些觀察和見解對把握早期冶金在中國西北地方的演進特徵顯然是有積極意義的。但如果認為這就是冶金術在中國西北地方獨立發生的證據，那就有些過早下結論了。這是因為，即使齊家文化早期使用紅銅，晚期使用錫青銅，其意義可能並不肯定是冶煉技術上的獨立演進，而可能只是金屬或礦料來源的某種改變，如貿易物件或管道的改變。如果考慮到已有證據顯示，甘青地區在齊家文化時期已與歐亞草原地區存在某種聯繫的話，那麼，過於強調齊家文化獨立走過了由紅銅到青銅的演進過程其實是存在一定風險的，畢竟到目前為止，有關齊家文化銅器的考古和科學分析的證據依舊是很不充足的，而且已有一些跡象顯示，齊家文化遺址出土的銅器中也有可能存在砷銅[80]。

76　王韓鋼、侯寧彬，〈試論中國古代青銅器的起源〉，《考古與文物》1991.2：74。

77　孫淑雲、韓汝玢，〈甘肅早期銅器的發現與冶煉、製造技術的研究〉，頁82。

78　張忠培，〈齊家文化研究（下）〉，《考古學報》1987.2：173-174。

79　李水城、水濤，〈四壩文化銅器研究〉，頁41。

80　馬清林、胡之德、李最雄，〈中國古代鍍錫青銅器（五）〉，《故宮文物月刊》90.1(2001)：111-112。

(三)中國西北地方與歐亞草原地帶的早期文化聯繫

前已述及，關於中國西北地方出土的早期銅器可能受到境外青銅文化影響的問題，最早是由安志敏於1993年在〈試論中國的早期銅器〉一文中提出來的。其實，在此之前的1980年代，西方已有不少學者提出了類似的觀察或見解，只不過在中國大陸因鮮為人知，而沒有引起反響而已。例如齊思就曾指出甘肅的早期銅器發現令人想起了中亞草原的窖藏品和隨葬品，尤其是權杖頭非常接近南俄和高加索所出的石質權杖頭，提示了其與中亞的聯繫[81]；耶特瑪律(K. Jettmar)也認為在甘肅存在「西方類型的冶金中心」(metallurgical centers of Western type)[82]。但這些看法均屬泛泛之論，並無具體的論證。直到1995年，胡博發表〈齊家與二里頭：與遠距離文化接觸的問題〉的長篇論文，中國西北與歐亞草原早期聯繫的問題才真正引起學術界的重視，並逐漸成為一個學術研究的熱點。

胡博提出的主要觀點是齊家文化與歐亞草原地帶的塞伊瑪－圖比諾文化存在某種聯繫，其依據主要是齊家文化的一些銅器在形制上與塞伊瑪－圖比諾的銅器有相似之處，這包括甘肅岷縣杏林遺址出土的一件單耳豎銎斧和一把有柄弓背刀(圖1：10、13)、武威皇娘娘台遺址出土的一件殘刀柄(圖1：9)、以及青海互助總寨遺址出土的骨柄銅刀和骨柄銅錐(圖1：17)[83]。這一觀點如要成立，有一個重要的前提，那就是塞伊瑪－圖比諾文化的年代應當與齊家文化相當。然而，按照俄國權威學者的看法，塞伊瑪－圖比諾文化的年代通常定在西元前16-前15世紀[84]，顯然要晚於齊家文化，如何能討

---

81 W.T. Chase, "Bronze Casting in China: A Short Technical History," pp. 106-107.

82 Karl Jettmar, "Cultures and Ethnic Groups West of China in the Second and First Millennia B.C.," *Asian Perspective*, 24.2(1981): 154-155.

83 Louisa G. Fitzgerald-Huber, "Qijia and Erlitou: the question of contacts with distant cultures," pp. 40-49.

84 E.N. Chernykh: *Ancient Metallurgy in the USSR: The Early Metal Age* (Translated from the Russian by Sarah Wright. Cambridge: Cambridge University Press, 1992), pp. 218-233.

論兩者間的聯繫呢？為解決這一矛盾，胡博注意到位於歐亞草原西部的新塔西塔－彼特洛夫卡遺址（Sintashta-Petrovka）的最新碳14年代為西元前2000年左右，而該遺址與塞伊瑪－圖比諾文化關係密切，故推斷塞伊瑪－圖比諾文化發展的早期階段也可提早到西元前第二千紀初期，從而與齊家文化的年代有了一個重疊期[85]。

胡博在文中還初步探討了齊家與塞伊瑪－圖比諾之間聯繫的途徑與性質問題。關於聯繫的途徑，她提出了兩種可能：一是由阿爾泰山向南抵達天山北麓，再沿天山向東進入河西走廊；二是沿阿爾泰山東側南下由蒙古直接進入河西走廊。關於聯繫的性質，她認為可能存在一個較為持續的接觸過程（a more persistent form of contact），而不會是一些偶然的相遇事件（more than isolated encounters），或許涉及人群由北向南的遷徙[86]。由於缺乏具體的中間環節證據，胡博的這些看法不可避免地帶有很強的推測性，但對後來的研究也不乏啟示意義。

1990年代中期以後，有關中國西北與歐亞草原聯繫的討論開始引起愈來愈多的學者關注，對此起到了顯著推動作用的是青海西寧沈那遺址出土的一件大銅矛和新疆地區的早期銅器發現與研究。沈那的銅矛形制碩大，長達61釐米，銎上左右兩側各附一倒鉤和小耳（圖1：11；圖5：1）[87]。日本學者高濱秀[88]最早注意到這件銅矛，並將其與西伯利亞的同類發現聯繫起來。

85　Louisa G. Fitzgerald-Huber, "Qijia and Erlitou: the question of contacts with distant cultures," pp. 49-50. 另據德國考古學家帕爾青格（H. Parzinger）教授告知，近年來在西伯利亞的考古發掘已揭示出塞伊瑪－圖比諾銅器跟奧庫列夫陶器共存的現象，顯示將塞伊馬－圖比諾文化的年代改定在西元前第二千紀前半葉有了更多的支持證據。

86　Louisa G. Fitzgerald-Huber, "Qijia and Erlitou: the question of contacts with distant cultures," pp. 51-52.

87　中國文物精華編輯委員會（編），《中國文物精華》，圖版38，闊葉倒鉤銅矛，年代定為齊家至卡約文化。

88　高濱秀，〈關於西元前兩千紀前半頁歐亞大陸中央地區的若干銅器〉，《金屬與文明》（奈良，2000），頁111-123（日文）。2001年，本文作者在東京國立博物館作博士後研究期間，承高濱先生贈示本文，而得識沈那銅矛及其意義。

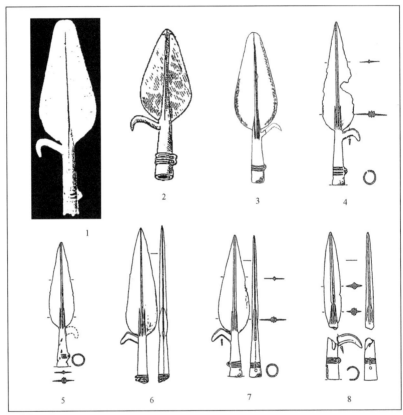

圖5　中國和南西伯利亞地區出土的有銎銅矛

1：青海西寧沈那遺址出土；2：陝西省博物館藏品(吉謝列夫早年報導)；3：山西省博物館藏品；4-8：南西伯利亞地區出土品
(3據照片繪製，餘據高濱秀〈關於西元前兩千紀前半頁歐亞大陸中央地區的若干銅器〉，《金屬與文明》〔奈良，2000〕，頁122圖3改繪。又本圖各件縮尺不一，請讀者注意。)

根據他的研究，這類造型獨特的銅矛有4件出自位於西伯利亞鄂木斯克附近的茹思托夫卡(Rostovka)墓地[89]（圖5：4-7），另有一件出自阿爾泰山一帶（圖5：

89　茹思托夫卡墓地是塞伊瑪－圖比諾文化的一處極為重要的遺址，不僅出有銅器，還出有鑄造刀、斧和其他工具的石範，顯示茹思托夫卡很可能是當時銅器製作的一處中心。參見E.N. Chernykh, *Ancient Metallurgy in the USSR: The Early Metal Age*, pp.

8），而在歐亞草原其他地區卻罕有發現。茹思托夫卡的銅矛在形制上跟沈那所出基本相似，但也存在一些明顯的差別。比如茹思托夫卡銅矛長度均小於40釐米，矛身窄且尖，倒鉤與小耳均置於矛銎的同一側，銎與矛身交接處可見三道突起的棱；而沈那的銅矛尖部圓鈍，尺寸碩大，明顯是一件禮儀性用器而非實用器。高濱認為沈那銅矛的形制可能是從茹思托夫卡的銅矛演變而來的。考慮到茹思托夫卡墓地是塞伊瑪－圖比諾文化的一處極為重要的遺址，可以說，沈那銅矛的發現為胡博的觀點提供了強有力的支援[90]。

前已述及，有關新疆地區出土早期銅器的研究自1980年代初即已開始，但真正取得顯著進展是1990年代中期以後，以哈密天山北路墓地銅器的發現與研究最為突出。天山北路墓地內涵豐富，出土的陶器和青銅器達數千件之多，其形制不僅顯示出與河西走廊四壩文化的聯繫，而且顯示出與新疆北部阿爾泰地區早期青銅文化存在接觸[91]；尤其是在銅器中鑑定出砷銅和錫青銅的存在，更是有力的證據，顯示其與周鄰文化存在密切的聯繫[92]。

(續)──────────────

90　梅建軍，〈關於中國冶金起源及早期銅器研究的幾個問題〉，《吐魯番學研究》2001.2：60。

91　早在1993年，水濤就已指出：在距今約4000年前後的阿凡納謝沃文化晚期階段到安德羅諾沃文化早期階段，北來的歐洲人群體及其文化因素已到達北疆北部地方，並由該地繼續東進，到達新疆東部地區。見水濤，〈新疆青銅時代諸文化的比較研究〉，《國學研究》第一卷(1993)，頁481。李水城將新疆哈密林雅墓地(也稱天山北路墓地)出土的陶器可以分為兩組，認為其中一組可能是受到新疆北部阿爾泰地草原青銅文化影響的產物，並由此推斷生活在南西伯利亞及周邊地區的高加索人經阿爾泰草原，南下進入了新疆東部。見李水城，〈從考古發現看西元前二千年東西文化的碰撞和交流〉，《新疆文物》1999.1：58-62。林梅村也認為：「哈密盆地的天山北路文化是四壩文化向西發展的一個地方類型，融合了奧庫涅夫文化、辛塔什塔－彼德羅夫斯卡文化、克爾木齊文化等多種外來文化因素，是印歐人與羌人交流與融合的最早見證。」見林梅村，〈吐火羅人的起源於遷徙〉，《新疆文物》2002.3/4：77-79。另外參見：呂恩國、常喜恩和王炳華，〈新疆青銅時代考古文化淺論〉，頁179-184；劉學堂、李文瑛，〈中國早期青銅文化的起源及其相關問題新探〉，頁20-21。

92　北京科技大學冶金與材料史研究所，〈新疆哈密天山北路墓地出土銅器的初步研究〉，頁79-89；Jianjun Mei, *Copper and Bronze Metallurgy in Late Prehistoric Xinjiang*, pp. 38-39.

如此一來，由新疆北部到新疆東部再到河西走廊，正好形成了一個聯繫的「通道」，這對胡博的觀點來說，又提供了新的支援。正如2001年發表的拙文所指出的那樣，四壩文化遺址和天山北路墓地所出土的銅器，都表現出與歐亞草原地帶存在某種聯繫，或許正是齊家與塞伊瑪－圖比諾之間聯繫的仲介[93]。

　　如果的確存在這樣一個聯繫的「通道」的話，那麼聯繫的模式與機制又是怎樣的呢？是否如胡博所言，存在人群的遷徙？或存在持續的接觸呢？為什麼齊家與塞伊瑪－圖比諾的銅器既有相似之處，又有顯著不同呢？對這些問題，拙文〈塞伊瑪－圖比諾現象和中國西北地方的早期青銅文化〉進行了初步的探討，指出：「歐亞草原文化同中國西北地方早期青銅文化的接觸和聯繫看來是在不同時期通過多種途徑進行的，是一種間接的非連續的過程，所以中國西北地方的早期銅器所展示的是多種草原文化因素共存的複雜現象，而非某一種文化單獨影響或整體輸入所導致的簡單情形。從環首弓背刀、有銎矛、骨柄銅刀、短劍和豎銎斧等可以看到塞伊瑪－圖比諾文化的影響，從骨柄銅錐、銅環和『短劍式』銅刀可以看到奧庫列夫文化因素的存在，從一端作喇叭口造型的耳環、錐、鐮刀、平板斧和穿銎斧則可看到安德羅諾沃文化的由西向東的滲透。正因為草原文化的影響是多源的、間接的和不連貫的，並涉及到很多中間環節，所以在中國西北地方的早期銅器中，既可看到一些明顯的草原文化因素的存在，又可看到一些典型的草原銅器類型的缺失，比如帶幾何紋飾的豎銎斧、帶動物雕像的弓背刀(塞伊瑪－圖比諾)和橫銎斧(安德羅諾沃文化)等。」該文還強調，既要注意中國西北出土早期銅器與歐亞草原銅器之間的相似或聯繫，也要看到銅鏡、帶援銅刀、鏤空牌飾和蝶形牌飾等獨特造型器物的存在，因為這提示著中國西北地方早期銅器發展的某種獨特性[94]。對此，王振在其

93　梅建軍，〈關於中國冶金起源及早期銅器研究的幾個問題〉，頁59-60。

94　梅建軍、高濱秀，〈塞伊瑪－圖比諾現象和中國西北地方的早期青銅文化〉，《新疆文物》2003.1：53-56。林梅村認為奧庫涅夫文化興起以及辛塔什塔－彼德羅夫斯

碩士論文〈從齊家文化銅器分析看中國早期銅器的起源與發展〉(2006)中也表達了類似的看法，指出：「在本地早期的銅器中未發現這類銅器的祖型，在歐亞草原銅器文化中這類器型同樣也很少見。這批銅器到底是中國西北地方早期銅器土生土長的還是受歐亞草原青銅文化影響的結果目前還不能確定，這個問題的解決將對探討西北地方與歐亞草原文化的關係起著至關重要的作用。」[95]

可以看出，由於新疆的考古新發現，尤其是哈密天山北路墓地銅器的大量發現，我們對中國西北與歐亞草原聯繫的認識也在發生深刻的改變，已經不再局限於探討齊家與塞伊瑪－圖比諾的關係，而是有了更全面的視角，歐亞草原地帶其他早期青銅文化，如阿凡納謝沃文化、奧庫列夫文化和安德羅諾沃文化，也都納入了考察和研究的視野。更為重要的是，中國西北地方早期銅器發展的獨特性問題開始得到關注，從而推動了有關中國西北早期冶銅業區域特徵、區域互動和當地技術創新等問題的研究[96]。

2005年，李水城在〈西北與中原早期冶銅業的區域特徵及交互作用〉一文中探討了中國西北地方冶銅業發展的區域特徵，認為中國西北地方早期冶銅業的發達是與中亞地區保持文化互動為前提的；他根據銅器材質演進上的差異，提出劃分東西兩大冶金文化區，東區以龍山－二里頭文化、齊家文化為代表，由紅銅直接發展到錫青銅，西區以四壩文化和天山北路文化為代表，由紅銅到砷銅再發展到錫青銅[97]。對此，劉學堂、李文瑛表達了不同看法，認為齊家與四壩銅器應該同屬於他們新提出的「西北青銅文

（續）────────────

卡文化的擴張，迫使一部分克爾木齊人南下樓蘭，形成小河－古墓溝文化；並對天山北路文化產生了影響。見林梅村，〈吐火羅人的起源於遷徙〉，頁79-80。

95　王振，〈從齊家文化銅器分析看中國早期銅器的起源與發展〉(吉林大學碩士學位論文，2006)，頁21-23。

96　Jianjun Mei, "Qijia and Seima-Turbino: The Question of Early Contacts between Northwest China and the Eurasian Steppe", pp. 42-44.

97　李水城，〈西北及中原早期冶銅業的區域特徵及交互作用〉，頁264-272。

化圈」，而不應以砷銅有無，將它們分屬於兩個文化區[98]。所謂「西北青銅
文化圈」是相對「中原青銅文化圈」和「中國北方地區青銅文化圈」而言
的，同時也與劃入「歐亞草原青銅文化圈」的新疆西北部區別開來。這種
劃分令人想起法國學者戴蔻琳在論述新疆的早期文化時，曾提出的「彩陶」
和「草原冶金」(steppe metallurgy)兩個傳統。在她看來，「彩陶」傳統源自
東方(中國)，而「冶金」傳統則源自歐亞草原冶金區(Eurasian Metallurgical
Province)[99]。拙著也曾指出，在青銅時代早期沿史前「絲綢之路」(河西走廊)
存在一個文化因素雙向傳播的過程，即彩陶西進和青銅技術東傳[100]。可以看
出，從「彩陶」和「冶金」這兩個主要特徵去考察，提出「西北青銅文化
圈」的概念是較為適當的，因為這的確有助於從總體上把握西北地方早期
冶銅業的區域特徵，無論是齊家還是四壩或天山北路，儘管其銅器與「歐
亞草原冶金區」有著千絲萬縷的聯繫，但這些文化有一個共同的基本特徵，
那就是使用彩陶容器，也擁有一些獨特的銅器類型，提示著區域性技術創
新的存在。這樣一種「既聯繫又區別」的觀點，對下一節認識和討論早期
青銅冶金在中國其他地區的發展具有重要的啟示意義。

---

98 劉學堂、李文瑛，〈中國早期青銅文化的起源及其相關問題新探〉，頁37-39。

99 "While northern Xinjiang belongs to the steppe, the distribution of the painted pottery
horizons corresponds with that of the oasis cultures, where several distinctive traditions
locally coexist and superimpose: on the one hand, painted ceramics of an eastern (Chinese)
origin and, on the other, what we can broadly call 'steppe metallurgy' belonging to 'the
Eurasian Metallurgical Province'." 見C. Debaine-Francfort, "Xinjiang and Northwestern
China around 1000 BC: Cultural contacts and transmissions," in Ricardo Eichmann &
Hermann Parzinger (eds.), *Migration und Kulturtransfer*. (Bonn: Dr. Rudolf Habelt
GmbH, 2001). pp. 57-70.

100 Jianjun Mei, "Cultural Interaction between China and Central Asia during the Bronze
Age," pp. 24-25.

三、由西北看中原和北方地區早期銅器及其區域特徵

　　以上我們考察了中國西北地方早期銅器的發現及其特徵，歸納起來有這樣兩點基本認識：一是西北地方的銅器發現不僅數量多、種類豐富，而且材質多樣，包括紅銅、砷銅和錫青銅；二是西北地方的早期銅器與歐亞草原地帶的青銅文化關係密切，但也展示出一些自己獨有的特徵。這兩點認識對研究中國中原和北方地區早期銅器及其區域特徵有什麼樣的啟發呢？這正是本節將要探討的問題。

　　由西北向東看，早期銅器和冶鑄遺物的發現大致分布在中原、海岱和北方三個地區。這裡，中原地區主要指位於黃河中游的陝西東部、山西南部和河南西部；海岱地區指山東和河南東部；北方地區主要包括內蒙古中南部、燕山南北和遼寧西部[101]。這三個地區中，海岱地區發現的早期銅器數量最少，總數不過二十餘件，出自龍山文化和岳石文化的一些遺址，如膠縣三里河、牟平照格莊和泗水尹家城等；它們多為一些小件器物，如錐、手鐲、刀、片(條)和鏃等，材質以青銅為主，也有少量紅銅及個別黃銅[102]。總體上看，這一地區出土的早期銅器量少體小，其重要性遠不能與中原和北方地區的早期銅器發現相提並論，故下文將只論中原和北方地區，而不再論及海岱地區。

(一)中原地區早期銅器的發現與研究

　　從已經發表的考古資料看，中原地區出土的早期銅器分屬於三個時期，即仰韶文化、龍山文化和二里頭文化。仰韶文化時期的銅器有3例，即

---

101 白雲翔，〈中國的早期銅器與青銅器的起源〉，頁28-31。
102 北京鋼鐵學院冶金史組，〈中國早期銅器的初步研究〉，頁291；中國社會科學院考古研究所山東隊，〈山東牟平照格莊遺址〉，《考古學報》1986.4：472；山東大學歷史系考古專業教研室，《泗水尹家城》(北京：文物出版社，1990)，頁202-204。

陝西臨潼姜寨遺址出土的銅片和管狀物各1件，以及陝西渭南北劉遺址出土的1件銅笄，經鑑定均為黃銅製成[103]，與西北地方形成鮮明對照。不過，正是因其年代可早至西元前第五或第四千紀，而材質又如此特異，所以也引起了一些學者的質疑[104]。

龍山文化時期的銅器也僅有數例，包括河南登封王城崗遺址出土的1件殘銅片[105]、杞縣鹿台崗遺址出土的1件疑為小刀的殘片[106]、以及山西襄汾陶寺遺址出土的銅鈴和齒輪形器等[107]；另外，還在河南淮陽平糧台、臨汝煤山和鄭州牛砦等遺址發現一些與冶銅有關的遺物，如銅渣、坩堝和爐壁等。這些銅器和冶銅遺物的年代多屬於龍山文化晚期(2190-1900 BC)。王城崗的銅片經分析檢測為鉛錫青銅[108]，陶寺的銅鈴為紅銅，而齒輪形器則為砷銅[109]。總體上看，這一時期的銅器和冶銅遺物的發現不僅數量少，出土地點也很分散，說明銅器製作業尚處於初始階段。不過，值得特別注意的是，已經出現了冶銅遺物，而陶寺遺址所出的銅鈴和齒輪形器，無論是形制還是成分，均顯示出某種特異的跡象，似預示著一個發達的青銅技術階段的到來。

二里頭文化時期出現了顯著變化：首先是銅器的數量大增，據梁宏剛和孫淑雲[110]統計，截至2002年，僅河南偃師二里頭遺址出土的銅器總數約有

---

103 韓汝玢、柯俊，〈姜寨第一期文化出土黃銅製品的鑒定報告〉，載半坡博物館等，《姜寨》(北京：文物出版社，1981)，頁544-548；孫淑雲、韓汝玢，〈甘肅早期銅器的發現與冶煉、製造技術的研究〉，頁81。

104 安志敏，〈中國早期銅器的幾個問題〉，頁269-272；〈試論中國的早期銅器〉，頁1110-1111。

105 河南文物研究所、中國歷史博物館考古部，《登封王城崗與陽城》(北京：文物出版社，1992)，頁99。

106 鄭州大學考古專業等，〈河南杞縣鹿台崗遺址發掘簡報〉，《考古》1994.8：677。

107 中國社會科學院考古研究所山西工作隊、臨汾地區文化局，〈山西襄汾陶寺遺址首次發現銅器〉，《考古》1984.12：1068-1071；梁星彭、嚴志斌，〈襄汾陶寺新石器時代遺址〉，《中國考古學年鑑‧2002》(北京：文物出版社，2003)，頁138。

108 孫淑雲，〈登封王城崗龍山文化四期出土的銅器WT196H617：14殘片檢驗報告〉，載《登封王城崗與陽城》，頁327-328。

109 梁星彭、嚴志斌，〈襄汾陶寺新石器時代遺址〉，頁138。

110 梁宏剛、孫淑雲，〈二里頭遺址出土銅器研究綜述〉，《中原文物》2004.1：35。

200件，公開發表的有117件，其中銅禮器近20件；其次是銅器種類變得異常豐富，小件工具有刀、錐、削、錛、鑿、鑽、鋸和魚鉤，兵器有戈、戚、鉞和鏃，樂器有鈴，容器有爵、斝、盉和鼎，裝飾品有泡和鑲嵌綠松石的銅牌(圖6)；再次是發現了鑄銅遺跡，出土了陶範、石範、坩堝和煉渣等遺物。這些變化中，最具標誌意義的當屬容器和組合陶範的出現，因為它們宣告了一個全新的青銅技術體系的誕生。

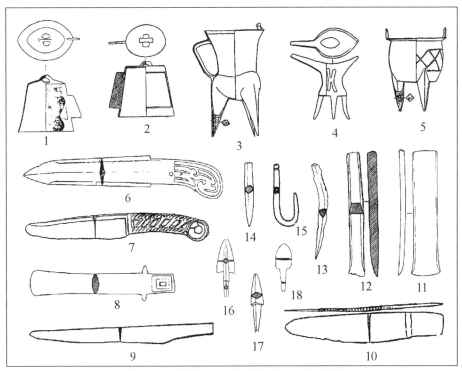

圖6　二里頭文化諸遺址出土的銅器

1-2：鈴；3：斝；4：爵；5：鼎；6：戈；7、9-10：刀；8：鉞(斧？)；11：錛；12：鑿；13-14：錐；15：魚鉤；16-18：鏃

(據白雲翔，〈中國的早期銅器與青銅器的起源〉，《東南文化》2002.7，頁33圖七、頁34圖八、頁35圖九、頁36圖十一改繪。又本圖各件縮尺不一，請讀者注意。)

　　關於二里頭文化的絕對年代,方燕明[111]對二里頭遺址一至四期的18個碳十四資料進行了擬合,結果在西元前1780-前1529年之間。這顯示二里頭文化的年代比過去所認為的年代要晚一些,與西北地方的青銅文化相比,明顯要晚於齊家文化,跟四壩文化相比或相當或稍晚一點。

　　二里頭文化的分布中心在豫西和晉南,主要遺址包括偃師二里頭、登封王城崗、洛陽東乾溝、駐馬店楊莊、密縣新砦和山西夏縣東下馮等。銅器和冶銅遺物主要出自偃師二里頭遺址,其他遺址僅有少量的發現。李水城注意到二里頭文化時期冶銅業存在明顯的空間差異,如東下馮遺址僅出土少量的小件工具或武器,不見容器,而出土的石範也顯示其與二里頭的鑄銅工藝存在顯著差異,故推斷在當時鑄銅業或已被國家(王權)所壟斷[112]。從時間上看,銅器的出現從早到晚,也呈現出一個演進的過程。白雲翔指出,在二里頭遺址,一期銅器少,僅見刀等小件工具;二期出現了鈴和牌飾等;三期器類顯著增加,如新出現了環首刀、錛、鑿、鋸、魚鉤、紡輪、鏃、戈、鉞和爵等;四期新出現了斝、鼎、盉等容器;在東下馮遺址,銅器是從二里頭文化三期才開始出現的[113]。由此可見,二里頭文化第三期是一個重大的轉變時期,其間最值得注意的是範鑄容器爵的出現,其鑄造工藝明顯粗糙,正顯出範鑄技術起始階段的特徵。

　　與西北地方迄今發現的早期銅器相比,二里頭遺址的銅器展現出一些值得注意的差異:一是出現了容器,這是一個全新的現象;二是裝飾品以鑲嵌綠松石的銅牌最為顯著,而在西北流行的耳環、指環、珠、管和扣等飾件器在中原則很少見。李水城認為造成這種反差的原因在於兩地的經濟形態不同:中原地區以農業經濟為主,而西北地方則多為半農半牧或全牧經濟[114]。

---

111 方燕明,〈早期夏文化研究中的幾個問題〉,《中原文物》2001.4:46-50。

112 李水城,〈西北及中原早期冶銅業的區域特徵及交互作用〉,頁256-259。

113 白雲翔,〈中國的早期銅器與青銅器的起源〉,頁31-32。

114 李水城,〈西北及中原早期冶銅業的區域特徵及交互作用〉,頁261-262。

　　對二里頭銅器的科學分析研究近年來也有顯著進展。曲長芝和張日清採用X射線螢光分析對32件銅器和1件銅渣樣品進行了檢測，結果顯示，一期樣品2件，銅刀為銅鉛合金，銅渣為紅銅渣；二期樣品僅1件銅刀，為銅錫合金；三期樣品11件，多為刀、鏟一類的小件工具，其中有鉛片1件（含少量銅、錫），紅銅1件，類青銅1件，銅錫合金1件，銅鉛合金2件，其中1件含鉛達41%，餘下5件均為銅錫鉛三元合金；四期樣品19件，多為鏃、刀、錐等小件兵器和工具，其中檢出紅銅1件，銅錫合金3件，銅鉛合金6件，其中2件含鉛在30%以上，餘下9件均為銅鉛錫三元合金，其中有1件刀含鉛達60%[115]。這一分析結果有一點值得特別注意，就是銅鉛合金在一期已出現，在三期出現了鉛片，而三、四期的銅器中，有的含鉛量相當高，在30%以上，有1件甚至達到60%，這說明從第三期開始，熔煉含鉛的銅合金已漸成常規。金正耀對13件二里頭文化的銅器作了成分分析，也有類似的發現：在屬於第二期的4件銅器中，有2件錫青銅、1件紅銅和1件砷銅；屬於第三期的銅器有2件，1件錫青銅，1件類青銅；屬於第四期的銅器有7件，1件紅銅，1件類青銅，1件錫青銅，餘下4件均為鉛錫青銅，且均為容器[116]。這一結果進一步顯示，錫青銅和鉛錫青銅的冶鑄技術在二里頭時期已相當成熟，尤其是高鉛（20%）的鉛錫青銅多用於鑄造容器具有標誌性的意義，可視為二里頭青銅冶鑄的一項重要的技術特徵。另外，在二里頭銅器中首次檢測出砷銅也很有意義，似暗示中原與西北地方可能存在某種技術上的聯繫，因為就目前所知，在與二里頭文化同一時期，砷銅的大量使用僅見於西北地方的四壩文化。

　　總的看來，根據已有的考古發現和研究，關於中原地區的早期銅器可

---

115 曲長芝、張日清，〈二里頭遺址出土銅器X射線螢光分析〉，載中國社會科學院考古研究所（編著），《偃師二里頭》（北京：中國大百科全書出版社，1999），頁399。

116 金正耀，〈二里頭青銅器的自然科學研究與夏文明探索〉，頁56-58。這裡所謂「類青銅」是指鉛錫總含量在2%以上的銅合金。在本文中，取其寬泛的意義，把合金元素總含量在2%以上的銅合金均稱作「類青銅」。

以形成以下兩點認識：(1)龍山文化晚期(西元前21世紀至前19世紀)，雖然在很多地點有銅器發現，但沒有一處像某些齊家文化遺址那樣集中出土較多的銅器；儘管銅器數量不多，但從技術的角度看，已經展現出相當的複雜性，出現了包括砷銅在內的多種銅合金及冶銅遺物，尤其是陶寺銅鈴的出現，或許可視為組合範鑄技術的濫觴；(2)二里頭文化時期(西元前18世紀至前16世紀)，在二里頭遺址始見早期銅器大量、集中地出現，銅容器及其組合陶範鑄造工藝在第三期的出現和逐漸流行，是具有劃時代意義的技術演進，有著深刻的社會文化背景。組合陶範鑄造工藝隨即成為中原地區銅器製作最重要的特徵之一，並由此演變出與西北地方完全不同的金屬技術發展軌跡。

(二)北方地區早期銅器的發現與研究

迄今為止，北方地區最早的銅器或冶鑄遺物可能出自紅山文化時期，但為數很少，主要發現包括內蒙古敖漢旗西台遺址出土1組陶範、遼寧朝陽牛河梁遺址出土的1件銅環飾和1處冶銅坩堝殘片堆積[117]。但這些發現的考古學背景尚不十分明確，尤其是牛河梁冶銅坩堝殘片(或稱爐壁殘片)的年代仍存爭議[118]，故在此不予詳論。

早期銅器在北方地區的顯著出現主要見於夏家店下層文化、大坨頭文化和朱開溝文化。夏家店下層文化主要分布在內蒙古和遼寧地區，其年代總體上看比西北地方的齊家文化和四壩文化要晚，一般認為其時代相當於夏代中晚期到商代早期[119]；出土銅器的遺址點有十餘處，如內蒙古敖漢旗大甸子、遼寧興城仙靈寺、錦縣水手營子和阜新平頂山等[120]；出土銅器總數約

---

117 郭大順，〈赤峰地區早期冶銅考古隨想〉，載李逸友、魏堅(主編)，《內蒙古文物考古文集》(北京：中國大百科全書出版社，1994)，頁281。

118 李延祥、韓汝玢等，〈牛河梁冶銅爐壁殘片研究〉，《文物》1999.12：44-51。

119 李伯謙，〈論夏家店下層文化〉，北京大學考古系(編)，《北京大學考古專業三十周年論文集》(北京：文物出版社，1990)，頁165。

120 林澐，〈夏代的中國北方系青銅器〉，頁2-3。

有100件，其中57件出自大甸子墓地；銅器種類主要以指環、耳環為主，其次是小件工具和兵器，如刀、錐、鏃和杖首等[121]。以大甸子墓地為例，在出土的57件銅器中，有耳環26件、指環25件、柄帽2件、柄鐏1件、釘2件、杖首1件；另外，該墓地還出土有金耳環1件、鉛杖首和鉛幣各1件（圖7）[122]。李延祥等人對該墓地出土的41件銅器進行了檢測分析，發現均為銅錫合金或銅錫鉛三元合金製成，沒有發現紅銅；在29件器物中檢出了鉛，但含量都在6%以下，多數低於3%；相比之下，錫含量大多都在8%以上，有12件含錫在18%以上；最有意思的發現是，耳環基本上都是熱鍛加工製成，而指環則為鑄造製成，前者平均含錫量在10%左右，而後者平均含錫則在18%左右。這種在加工工藝、成分上的顯著差別顯示，製作這批銅器的工匠已能有意識地選擇合適的青銅材料及其加工工藝。大甸子墓地的碳十四年代為西元前1735-前1460年，分早晚兩期，大部分銅器均出自早期的墓葬[123]。因此，上述分析結果反映的正是夏家店下層文化早期階段的情形。

大坨頭文化主要分布在河北和京津地區，是從夏家店下層文化中分出來的，其年代與夏家店下層文化大體相同。該文化的銅器主要出自河北大廠大坨頭、唐山小官莊、大城山、天津薊縣張家園、北京房山琉璃河、昌平雪山等遺址[124]；種類有刀、鏃、耳環和指環等，但數量不多，經過科學鑑定的就更少了。河北唐山大城山出土的2件銅牌經鑑定為紅銅，而唐山小官莊出土的1件銅耳環則為錫青銅[125]。

121 白雲翔，〈中國的早期銅器與青銅器的起源〉，頁30。
122 中國社會科學院考古研究所（編著），《大甸子——夏家店下層文化遺址與墓地發掘報告》（北京：科學出版社，1996），頁188-191。
123 李延祥、賈海新、朱延平，〈大甸子墓地出土銅器初步研究〉，《文物》2003.7：78-84。
124 林澐，〈夏代的中國北方系青銅器〉，頁3；北京鋼鐵學院冶金史組，〈中國早期銅器的初步研究〉，頁295。
125 安志敏，〈中國早期銅的幾個問題〉，頁274-275。

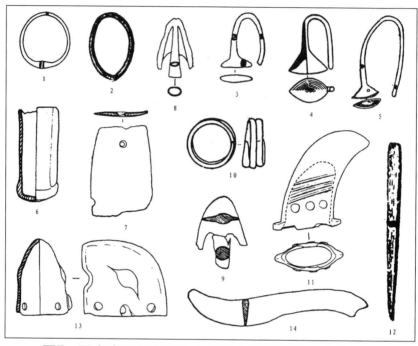

圖7 夏家店下層文化和大坨頭文化諸遺址出土的銅器

1、10：指環；2-5：耳飾；6：鐓；7：穿孔垂飾；8-9：鏃；11：杖首；12：錐；13：冒；14：刀

（採自白雲翔，〈中國的早期銅器與青銅器的起源〉，《東南文化》2002.7：31，圖五。又本圖各件縮尺不一，請讀者注意。）

　　朱開溝文化是以內蒙古中南部伊克昭盟伊金霍洛旗的朱開溝遺址命名的。該遺址被劃分為五段，一至四段相當於龍山晚期至夏代早、中、晚期，五段相當於早商時期；第四段的碳十四樹輪校正年代大約為西元前1700-前1550年。第三段開始出現銅器，為小件工具和裝飾品，包括1件針、1件鑿、9件臂釧、2件指環和1件耳環，共計14件（圖8）；屬於第四段的銅器有9件，包括5件耳環（採集）、2件指環、1件錐和1件鏃，仍為小件物品[126]。李秀輝和

---

126 內蒙古自治區文物考古研究所、鄂爾多斯博物館，《朱開溝——青銅時代早期遺址

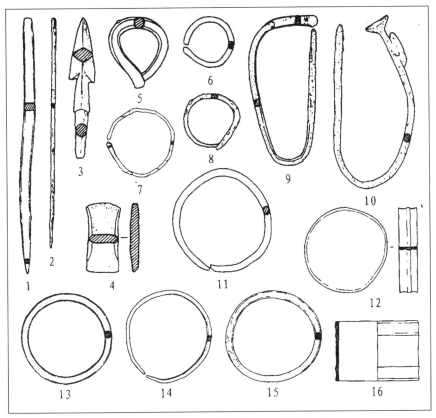

圖8　朱開溝文化（第三、四期）銅器

1：錐；2：針；3：鏃；4：鑿；5-6、8：指環；7、12-16：臂釧；9-11：環或環形器
（採自白雲翔，〈中國的早期銅器與青銅器的起源〉，《東南文化》2002.7：30，圖四。
又本圖各件縮尺不一，請讀者注意。）

韓汝玢對其中13件銅器（鑿、針、錐、鏃、臂釧2件、指環2件、耳環5件）進行了
檢測分析，發現錐、2件指環和2件臂釧為紅銅製成，其中錐含少量鉛和砷（約
2-3%），當屬類青銅；其餘銅器（鑿、針、鏃、耳環5件）則為銅錫合金或銅錫鉛
三元合金製成，錫含量多在8%至10%之間，鉛含量均不超過3%；對11件銅

（續）————————————————
　　發掘報告》（北京：文物出版社，2000），頁81-82，122-123，232-235，274-277，280-286。

器的金相鑑定則顯示，鑿、錐、臂釧和鏃為鑄造製成，而針、指環和5件耳環則經熱加工或熱、冷加工[127]。由此看來，朱開溝文化的早期銅器為數不多，主要是小件裝飾品和工具，與夏家店下層文化的銅器發現比較相似；尤其值得注意的是，一端呈喇叭口造型的耳環在兩個文化的遺址中均有發現，說明兩者在年代上應相去不遠。從技術層面看，兩者也有可比之處，比如朱開溝和大甸子所出鉛錫青銅中的鉛含量都不高，多在3%以下；耳環製作都採用熱鍛工藝。不過，也存在一些差別，比如朱開溝有紅銅器物，其青銅合金的錫含量一般較低(8%-10%之間)；而大甸子的銅器均為錫青銅或錫鉛青銅，其中有一部分平均含錫量在18%左右。這種差別或許說明夏家店下層文化的錫料來源更為充足一些。

總的看來，與西北和中原地區相比，中國北方地區出土的早期銅器有這樣幾個特徵：(1)年代偏晚：迄今所知的紅山文化時期的銅器或冶鑄遺物僅有數例，且存有爭議，故西元前1800年以前的情形基本不明；現今有關北方地區早期銅器的認識主要基於大甸子和朱開溝的發現，其年代均晚於西元前1800年；(2)數量和種類偏少：大甸子和朱開溝兩處遺址的發現加起來僅有80件，全是小件裝飾品和工具，不見大型兵器和容器。從其他遺址的零星發現看，大型兵器連柄戈存在於錦縣水手營子[128]，而有學者也認為夏家店下層文化應有青銅容器存在，目前不見只是因為考古發掘工作的不足而已[129]；(3)個人裝飾品意義顯著：大甸子和朱開溝所出的銅器均以耳環、指環和臂釧為大宗，而大坨子文化遺址也多出小件裝飾品，如北京平谷出土的銅鐲，顯示個人裝飾品在北方地區早期青銅文化中得到推崇和流行，當具有自己的價值含義或文化淵源。相對而言，這一特徵更接近西北地方的裝飾品傳統，而與中原地區有顯著差別；(4)冶金工藝已有相當程度的發

---

127 李秀輝、韓汝玢，〈朱開溝遺址出土銅器的金相學研究〉，載《朱開溝——青銅時代早期遺址發掘報告》，頁422-446。

128 林澐，〈夏代的中國北方系青銅器〉，頁2-3。

129 郭大順，〈赤峰地區早期冶銅考古隨想〉，頁279-281。

展：最突出的是錫青銅和錫鉛青銅已得到普遍使用，在加工工藝上，已能依據合金的性能選擇相應的加工成型工藝。

四、西北、中原和北方之間的聯繫或互動

　　以上我們考察了中原和北方地區的早期銅器發現和區域特徵。可以看出，至少是在二里頭文化第三期之前，西北地方的早期銅器發現要遠盛於中原和北方地區，這不僅體現在銅器發現的數量和種類上，也體現在其分布的地域範圍上。接下來，需要探討的問題是，西北地方的早期銅器和冶金術發展是否影響到中原和北方地區？或者說，就早期冶金的發展而言，西北、中原和北方這三個區域之間是否存在聯繫或互動？

　　前已述及，安志敏在1990年代就已指出，齊家文化的銅器發展遠盛於中原地區，可能首先接觸到銅器的使用，並影響及龍山文化[130]。他的這一推測到今天是否有一些實證依據了呢？山西陶寺遺址出土的銅鈴和齒輪形器似乎提供了某種程度的支援。在劉學堂、李文瑛看來，陶寺銅鈴和齒輪形器正是西來的青銅文化向東傳播的跡象。不過，他們所指的「西來的青銅文化」並非齊家文化，而是位於新疆東部哈密地區的史前遺存[131]。陶寺所出的這兩件器物從形制上看，的確給人一種「突兀」之感，而齒輪形器為砷銅所製也的確令人聯想到西北地方的砷銅發現，但就現有的考古證據來說，缺環實在太多，要論證新疆東部的銅器發現影響到了陶寺文化，實際是很困難的，而要認定銅鈴和齒輪形器與早期薩滿教有關，也同樣缺乏充足的依據。因此，就齊家文化影響到龍山文化這一學術命題而言，迄今為止的研究可謂進展不大。

　　現在再來看一下齊家文化與二里頭文化的關係。胡博曾指出，二里頭

---

130 安志敏，〈試論中國的早期銅器〉，頁1117。
131 劉學堂、李文瑛，〈中國早期青銅文化的起源及其相關問題新探〉，頁59-60。

遺址第三期所出鏤空圓牌上的十字紋，以及齊家文化尕馬台遺址所出銅鏡上的七角星紋，均能在中亞巴克特利亞的早期文化遺物中找到對應的圖案；另外，她還注意到伊朗西南部沙赫德（Shahdad）遺址出土的帶流銅容器與二里頭遺址出土的帶流爵也頗有相似之處，因而認為二里頭文化受到了中亞早期文化的影響[132]。這一看法無疑帶有很強的衝擊性，自然引起了一些關注和批評[133]。不過現在看，胡博的看法還是推測的成分居多，不足以令人信服。

把注意力集中在相鄰區域間的文化聯繫上應是更有意義的工作。張天恩注意到甘肅天水出土的1件鑲嵌綠松石的銅牌飾與二里頭遺址所出非常相似，還發現甘肅莊浪劉家堡遺址所出的2件屬於齊家文化的陶盉與二里頭文化的陶盉也頗接近，從而斷定：「齊家文化確與二里頭文化存在過相互影響的關係，而且年代可以早到二里頭文化二期。對齊家文化而言，當是其發展的晚期階段。」[134] 李水城也認為，二里頭文化特有的鑲嵌綠松石獸面銅牌現身於甘肅天水（圖9），顯示二里頭文化向西擴展並接觸到齊家文化，在這一過程中，「不排除有冶金術方面的資訊交流和技術層面的溝通」[135]。關於這一問題，劉學堂和李文瑛的看法則頗為不同。他們將二里頭遺址出土的鑲嵌綠松石的獸面牌飾與新疆東部林雅文化（天山北路墓地）的銅牌聯繫起來，認為二里頭遺址出土方形和圓形銅牌都具有明顯的西北青銅文化圈風格，是源自西北青銅文化的因素[136]。換言之，從他們的視角看，天水出土的銅牌所反映的不是二里頭文化對齊家文化的影響，而是正好相反。這的確

132 Louisa G. Fitzgerald-Huber, "Qijia and Erlitou: the question of contacts with distant cultures," pp. 52-65.

133 李學勤，〈談伊朗沙赫達德出土的紅銅爵、觚形器〉，《歐亞學刊》（北京：中華書局，1999年），頁118-121；金正耀，〈二里頭青銅器的自然科學研究與夏文明探索〉，頁62-63。

134 張天恩，〈天水出土地獸面銅牌飾及有關問題〉，《中原文物》2002.1：43-46。

135 李水城，〈西北及中原早期冶銅業的區域特徵及交互作用〉，頁266。

136 劉學堂、李文瑛，〈中國早期青銅文化的起源及其相關問題新探〉，頁60。

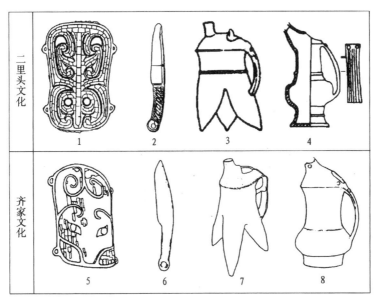

圖9　齊家文化與二里頭文化遺物比較

1：銅牌(二里頭M4：5)；2：銅刀(二里頭IIIM2)；3：袋足封口陶盉(選自北京大學《商周考古》)；4：假圈足封口陶盉(河南伊川南寨T85M26：2)；5：銅牌(甘肅天水市博物館藏)；6：銅刀(甘肅康樂商罐地出土)；7：袋足封口陶盉(甘肅廣河出土)；8：假圈足封口陶盉(甘肅廣河齊家坪K5427)

(採自李水城，〈西北及中原早期冶銅業的區域特徵及交互作用〉，《考古學報》2005.3：266，圖十七。又本圖各件縮尺不一，請讀者注意)

是一個頗有新意的觀點，但要論證它成立，現有的考古證據還是不夠的。一方面，就已經發表的資料看，天山北路墓地出土的銅牌與二里頭的銅牌相比差距還比較大，尤其是二里頭銅牌上用鑲嵌綠松石構成的各種「獸面」圖案，似與「西北青銅文化圈」沒有明顯的淵源關係；另一方面，即使天山北路墓地出土的銅牌中，的確與二里頭銅牌非常接近，仍需要有來自河西走廊這一中間環節的證據。

　　關於二里頭文化與西北地方青銅文化的聯繫還有另外一個觀察視角，那就是「透」過北方系青銅器。關於北方與中原的早期文化聯繫，林澐作了大量的研究。早在1980年代，他就指出北方系青銅器在二里頭文化晚期

即已存在，二里頭遺址第三期所出的環首刀和戚(圖6：7、8)具有北方系青銅器的特徵，其在二里頭遺址的存在反映了北方系青銅器對二里頭文化的影響[137]。反過來，中原文化對北方地區也產生了強烈影響，夏家店下層文化遺址所出的連柄銅戈和仿二里頭文化的陶禮器爵和鬶即是例證[138]。但到目前為止，在北方地區還沒有見到年代早到與二里頭文化相當的環首刀，而在西北地方的齊家和四壩文化中卻有發現。那麼，西北地方的早期銅器是否可能先影響到北方地區，而後再經北方影響到中原呢？如果注意到西北與北方明顯有著更密切的聯繫，那麼這種可能性是不容低估的。

最能說明西北與北方聯繫的證據是一端呈喇叭口造型的金屬耳環。林澐早就注意到這種耳環在夏家店下層文化遺址中存在，並指出它是米奴辛斯克盆地安德羅諾沃文化的典型器物，時代與二里頭文化時期相當[139]。隨後，新發布的四壩文化和朱開溝文化的銅器資料顯示，這種耳環在朱開溝遺址和火燒溝遺址均有存在，使學術界意識到，從中國北方經甘肅河西走廊到中亞地區，存在一條聯繫的通道[140]。不僅如此，朱開溝遺址出土一些陶器也顯示出與西北地方齊家文化的聯繫[141]。林澐在2002年發表的〈夏代的中國北方系青銅器〉一文中，指出四壩文化的一些銅器對中國北方地區產生了影響，如一端作喇叭口造型的耳環、「套管式」銅錛(即穿鑾斧)、一端呈扁平狀的耳環和兩端呈扁平狀的手鐲；並認為四壩文化的耳環可以視為該

137 Lin Yun, "A reexamination of the relationship between bronzes of the Shang culture and of the Northern Zone", in K.C. Chang (ed.), *Studies of Shang Archaeology* (New Haven and London: Yale University, 1986), p. 250.

138 林澐，〈夏代的中國北方系青銅器〉，頁4。

139 林澐，〈早期北方系青銅器的幾個年代問題〉，載李逸友、魏堅(主編)，《內蒙古文物考古文集》(北京：中國大百科全書出版社，1994)，頁291-292。

140 E.C. Bunker, "Cultural diversity in the Tarim basin vicinity and its impact on ancient Chinese culture," in V.H. Mair (ed.), *The Bronze Age and Early Iron Age Peoples of Eastern Central Asia*, p. 611; Jianjun Mei, "Cultural Interaction between China and Central Asia during the Bronze Age," p. 13.

141 Katheryn M. Linduff, "Zhukaigou, steppe culture and the rise of Chinese civilization," *Antiquity* 69: 133-45.

類器物由西向東傳布的中繼站，從而把中國北方的朱開溝文化、夏家店下層文化和大坨頭文化與西方的安德羅諾沃文化聯繫起來[142]。最近在甘肅陳旗磨溝發現一處齊家文化時期的大型墓地，其出土銅器中也有帶喇叭口的耳環[143]。需要注意的是，從耳環形制上所表現出來的西北與北方的聯繫可能有著更廣闊的文化背景。這兩個區域都與北邊的歐亞草原東部相鄰，如耳環一類的小件器物的傳入中國北方其實並不一定需要經過西北，直接經北邊的蒙古草原傳入也未嘗不可，只不過現在還沒有蒙古草原的考古證據而已。不過，到西元前第二千紀的後半葉，情形大為改觀，其標誌就是大量北方系青銅器在中國北方邊境地區的出現，以及馬車被引入中原地區，這一重大變化很可能與穿過草原直接溝通中國北方與南西伯利亞的「草原之路」的開通有關[144]。

因此，就西元前第二千紀的前半葉而言，無論是直接來自西北，還是透過北方，外來文化的影響在中原的確是存在的。在二里頭銅器中發現的個別砷銅器物[145]，以及在陝西和山西兩地出土的形制與齊家文化銅矛類似的帶倒鉤的銅矛[146]，也都可以視作來自西北的文化因素。與此同時，也有證據顯示，中原的二里頭文化對西北和北方產生了一些影響。因此，我們看到的是一幅多區域文化互動的圖景[147]。不過，必須承認，這還是一幅非常模糊

---

142 林澐，〈夏代的中國北方系青銅器〉，頁1-12。

143 承甘肅文物考古研究所王輝博士相告，謹致謝忱。

144 Jianjun Mei, "Cultural Interaction between China and Central Asia during the Bronze Age," pp. 28-32.

145 金正耀，〈二里頭青銅器的自然科學研究與夏文明探索〉，頁56-58。

146 梅建軍，〈關於中國冶金起源及早期銅器研究的幾個問題〉，頁60。

147 李水城給出了如下觀察：「西元前2000年前後，從中原大地到廣袤的大西北形成了三個金屬冶煉中心，它們之間存在著密切的互動關係，具體表現形式為，中原地區與齊家文化作直接的接觸，齊家文化與四壩文化發生直接聯繫，四壩文化與哈密地區進行直接的互動，哈密地區與伊犁河－準噶爾盆地周邊及天山中段的青銅文化保持直接的聯繫，而新疆西北部則又與中亞和南西伯利亞一帶的青銅文化發生直接的聯繫。而地理位置相互間隔的文化之間則表現為間接的互動關係。」見氏著，〈西北及中原早期冶銅業的區域特徵及交互作用〉，頁266-267。

的圖景，有很多細節尚不清楚，其中最令人感興趣的，是二里頭文化第三期所出現的以範鑄容器為特徵的新發展，其背景如何、其動力何在仍為待解之謎。二里頭文化第三期是中原地區青銅冶金急速發展並形成特色的關鍵時期，可以肯定，其間受到了來自中國北方和西北方的影響，但影響的途徑、過程、機制和程度如何尚缺乏足夠的考古證據予以闡明，這將是下一步研究的一個重要課題。

五、結語

　　通過以上的論述，關於中國的早期銅器及其區域特徵，可以得出以下幾點認識：(1)就現有的考古證據而言，西北地方的早期銅器發現要遠盛於中原和北方，顯示西北地方無疑是中國早期冶金發展最重要的地區之一。與歐亞草原早期青銅文化的密切聯繫，應是西北地方早期銅器興盛背後的關鍵因素，另一個重要的但尚未得到充分重視的因素，則是基於西北本地社會文化需求的區域技術創新，它構成了西北地方早期銅器興盛的基礎。(2)中國北方是另一個早期銅器發展的重要地區，其早期發展階段肯定與西北地方有關。中國北方與歐亞草原之間的聯繫或互動，是西元前第二千紀後半葉才顯著出現的，在上半葉有無聯繫目前尚乏證據予以說明。(3)中原地區早期銅器的發展大致可分出兩個階段：龍山文化階段和二里頭文化階段。龍山文化階段的發現仍很零散，但陶寺銅器的發現顯示，青銅技術在這個階段可能已出現長足的發展。到二里頭文化階段，出現了劃時代的發展，這就是以銅容器及其組合陶範鑄造技術為特徵的技術體系的形成，它奠定了中原地區青銅冶鑄技術的特色和未來發展的基礎。(4)已有一些證據顯示，區域間的文化聯繫和互動在各地區銅器初現和早期發展中起到了重要的作用。就中原地區而言，至少在二里頭文化階段，明顯受到了來自西北和北方地區的影響，儘管要真正揭示這種影響的性質、內涵和作用機制，還需進行更深入的研究。

　　上述認識對研究冶金術在中國的起源和早期發展有什麼樣的啟示意義呢？首先，現有的考古證據尚不足以就起源問題給出明晰的回答。有學者認為中國青銅器是獨立起源的，而且是分別起源於以甘青為中心的西北地方和以山西東部、河南中西部為中心的中原地區[148]；也有學者把中原地區龍山文化和二里頭文化早期階段的銅器發展均視作西來文化影響的結果[149]。由本文的討論可以看出，這兩種看法都是急於在本土起源／西方傳入這樣的簡單二元論中作出選擇，依據是不充足的。尤其是要確立青銅技術的獨立起源，除了有早期銅器的發現作為證據，還應有技術演進的證據，有礦石資源以至冶鑄生產方面的證據；而這些證據迄今僅在西北和北方地區略有發現，在中原地區仍幾近於無。在今後的研究中，應努力尋找生產性遺址（採礦、冶金和鑄造），並重視其科學內涵的揭示和社會背景的研究。唯有如此，討論獨立起源的問題才可能有一個較為堅實的基礎。

　　其次，區域互動與技術創新是理解中國早期銅器區域特徵的兩把鑰匙。因為有區域互動，所以會出現不同區域間某些文化因素的相似，如喇叭口耳環的在西北和北方地區的流行；因為有技術創新，所以在某些區域的某些階段會出現一些新的文化因素，如銅鈴或組合範鑄技術在中原地區的初現。正如李水城所指出的：「中國西北地方對來自中亞及以遠地區的冶金術並非全盤被動地接受，而是主動加以改造和利用，並不斷形成自身的特色。從新疆西北部到河湟地區，早期銅器在器形和種類上一直在潛移默化地變幻，就充分印證了這一點。這種外來的影響力對於中原地區而言，經過一站站的中轉、篩選和改造而不斷地被弱化，而中原地區冶金術的真正崛起並形成獨立的華夏風格，則是二里頭文化晚期才最終實現。」[150]在這裡，「主動加以改造和利用，並不斷形成自身的特色」就是技術創新的過程，也正是這樣的過程才導致中原地區「華夏風格」冶金術的崛起。因此，

148 白雲翔，〈中國的早期銅器與青銅器的起源〉，頁36。
149 劉學堂、李文瑛，〈中國早期青銅文化的起源及其相關問題新探〉，頁59-60。
150 李水城，〈西北及中原早期冶銅業的區域特徵及交互作用〉，頁272。

圍繞區域互動與技術創新展開更深入的探究也應成為下一步研究的一個主導性方向。

最後，早期冶金技術演進的背後有著深刻的社會文化背景。對中國早期銅器區域特徵的研究，已經揭示出生產和生活方式的差異、宗教和禮儀活動的不同，影響並制約著銅器及其製作技術的選擇和發展。早期銅鏡在西北地方的流行，或許與當時社會的某種宗教或禮儀習俗有關；而銅鈴、鑲嵌綠松石銅牌和禮儀性青銅容器在中原地區的興起，也同樣有著自身特定的社會文化背景，尤其是禮儀制度的傳統。在某一地區，技術出現某種創新性發展，原因可能不僅僅是技術本身的循序漸進，在其背後，社會需求的刺激或許是更大也更為持久的推動力量。由此觀之，作為一項劃時代的技術演進或創新，青銅範鑄技術在中原地區的誕生必定有其深刻的社會、文化和禮儀制度背景[151]。因此，關於早期冶金術的研究僅僅著眼於技術層面顯然是不夠的，還必須結合當時的社會文化背景進行綜合性探討，這樣的探討迄今為止還不多見，期待著今後的研究能給予重視和加強。

2009年3月22日完稿、英國劍橋家中

【致謝】

首先，我要感謝中央研究院歷史語言研究所的黃銘崇先生和陳光祖先生，能成為《中國史新論——古代文明的形成分冊》的撰稿人之一，我感到非常榮幸。為商議本書的寫作，我曾應史語所的邀請於2007年7月訪問臺北，得到了很多先生的關

---

151 Jianjun Mei, "Early metallurgy and socio-cultural complexity: A view based on archaeological discoveries in eastern Central Asia," in Bryan Hanks and Kathy Linduff （eds.）, *Monuments, Metals and Mobility: Trajectories of Social Complexity in the Late Prehistoric Eurasian Steppe*（Cambridge: Cambridge University Press, 2009）, pp. 215-232.

照和盛情款待，在此，我要特別感謝黃銘崇、陳昭容、李永迪、陳光祖、袁國華、陳芳妹和滕銘予先生，與他們的交談和談論，使我受益至今。

本文寫作是在英國劍橋李約瑟研究所進行的。我要感謝古克禮(Christopher Cullen)教授、莫菲特(John Moffett)先生和蘇珊(Susan Bennett)女士對我的幫助和支持，使我能夠充分利用研究所的辦公設施和圖書資料。我還要感謝沈璐幫我掃描本文所用的部分插圖。

本文的研究工作得到了國家科技支撐計畫專案「中華文明探源工程(二)」的資助(課題編號：2006BAK21B03)，也得到了國家留學基金的資助，謹此致謝。

2009年3月24日

早期漢字文化圈形成的探索

陳昭容[*]

　　中國文字起源的問題，經過多年反復的辯論，目前尚未有一令人完全滿意的結論[1]。但是如果將焦點集中於從二里頭文化晚期開始，連接上商文化的文字資料，倒是能夠看出信而有徵的漢字發展軌跡。

　　時序進入商代之後，政治勢力從中原地區逐步向外擴展，漢字也隨著主流文化分布到較廣闊的地區。入周之後，以中原文化為主的族群對周邊族群的融合，或周邊族群對主流文化認同而「華夏化」，或透過婚姻的往來，不論被動或主動方式的文化融合，漢字的使用都是其中無可忽視的具體表徵。

　　由於時間、空間的跨度都很大，本文擬採取舉例方式，著重在商代早中期漢字成熟前的演進、晚商及西周時期使用漢字區域的擴大，並以「邊緣族群」文化融合過程中使用文字的狀況作具體事證，說明漢字形成系統、從中原地區向外擴展、漸次形成早期漢字文化圈，直至秦漢帝國建立，完

---

[*]　中央研究院歷史語言研究所研究員。
[1]　相關討論見李孝定，《漢字的起源與演變論叢》（臺北：聯經出版公司，1986）。陳昭容，〈從陶文探索漢字起源問題的總檢討〉，《中央研究院歷史語言研究所集刊》57.4（1986）：699-762。

成境內「書同文字」的過程。秦漢以降,漢字文化圈擴展至越南、韓國與
日本則不在本文討論之列。

一、前言

「文字」是文明的指標之一,探討中國文明的起源,漢字起源研究總
是學界關心的課題。光緒二十五年(1899)王懿榮首先認識了甲骨上所刻是古
代文字,本所1920年代殷墟發掘出土大量甲骨,對於甲骨文的深入研究,也
帶動了中國文字起源的探討,例如董作賓由「甲骨是成熟的文字體系」上推
漢字應有距今4800年的歷史[2];唐蘭認為「諸夏文字,其起于炎黃時」,後
又根據甘肅辛店期的陶器彩繪,認為「中國文字的起源總在六七千年前」[3]。
陳夢家根據武丁時期卜辭的定型與完善,認為「在他之前至少還有五百年
發展的歷史,也就是說大約在紀元前20世紀已經開始或已經有了文字」[4]。

隨著考古資料的日益增多,仰韶、龍山時期陶器上往往出現有刻畫符
號,引起學者的注意,從1970年代開始,陶器刻畫符號成為探索漢字起源
最重要的線索,相關論述非常豐富,研究者將陶器上的刻畫符號與甲骨金
文對比,肯定陶符是漢字的早期形態[5]。但疑者直指這些陶符無法「與記錄
語言的文字」直接對應。經過長時間的論證,信者恒信,疑者恒疑,雙方
似乎沒有達成共同滿意的結論,一時也未見有決定性的新材料出現,漢字
起源的討論,在1980年代的後半,似乎沉寂了一段時間。

直到1991年,山東鄒平丁公遺址出土龍山晚期的「刻字」陶片正式發
表,又掀起一陣熱潮,學者為了這片刻有「5行11個字」的陶片能將「漢字

---

2 董作賓,〈中國文字的起源〉,《大陸雜誌》5.10(1952):28-38。
3 唐蘭,《古文字學導論》(濟南:齊魯書社,1981),頁394-406。
4 陳夢家,《殷墟卜辭綜述》(北京:中華書局,1956),頁644。
5 李孝定,〈從幾種史前和有史早期陶文的觀察蠡測中國文字的起源〉,《南洋大學
  學報》3(1969):1-28。李孝定,〈再論史前陶文和漢字起源問題〉,《中央研究院
  歷史語言研究所集刊》50.3(1979):431-483。

出現的時間推前八、九百年」而熱烈議論[6]。1993年另有江蘇地區高郵附近的龍虯莊遺址，出土帶有「2行8字」刻畫記號的陶片[7]，又引起許多推測，學者認為龍虯莊陶文與稍早山東地區的丁公陶文，同為新石器時代龍山文化晚期的東夷文字[8]。遺憾的是這兩筆資料都不是在嚴格的考古環境中出土，因此其真偽備受爭議。

| 鄒平丁公陶文 | 龍虯莊陶文 | 龍虯莊陶文摹寫 |

山西襄汾陶寺遺址H3403出土的陶扁壺上有朱書「字符」，在2000年公布之後[9]，引起學術界極大的關注。扁壺的兩面各有一個字，其中一字釋為「文」，學者多數同意；第二個字的釋讀，歧異較大，或釋為「堯」，認為陶寺是唐堯之都[10]；或釋為「邑」，「文邑」為夏禹之都[11]。扁壺出土於陶寺晚期的灰坑中，時代約為西元前2000年前後。結合陶寺遺址有城垣、

6 〈專家筆談丁公遺址出土陶文〉，《考古》1993.4：344-354，375。

7 龍虯莊遺址考古隊，《龍虯莊——江淮東部新石器時代遺址發掘報告》（北京：科學出版社，1999），頁204-206。

8 俞偉超，〈丁公陶文是已亡佚的東夷文字〉，《古史的考古學探索》（北京：文物出版社，2002），頁108-113。

9 李健民，〈陶寺遺址出土的朱書「文」字扁壺〉，《中國書法》2000.10：18-21。

10 何駑，〈陶寺遺址扁壺朱書「文字」新探〉，《襄汾陶寺遺址研究》（北京：科學出版社，2007）。

11 馮時，〈文字起源與夷夏東西〉，《中國社會科學院古代文明研究中心通訊》3(2002)；馮時，〈「文邑」考〉，《考古學報》2008.3：273-290。

有大面積的宮室、陪葬品多寡不均顯現階級差異，還有銅鈴及銅器殘片出現，整體來看，學者認為這時已進入初始的文明階段。陶寺遺址出土的陶壺上有朱書，僅此一件，雖然樣品太少，但已引起學界的重視。

就已有的考古發現，是否已經解決中國文字起源問題？看來似乎還欠缺一些未能接續的環節[12]。不過，如果將關注聚焦在二里頭文化晚期（約1600BC）開始出現的陶器刻畫符號，連接鄭州二里崗遺址為代表的早商文化（約1600-1400BC）文字資料，早於商代晚期殷墟甲骨文的漢字面貌，確實有了比較清晰的輪廓。

二、從早商到中商——書寫載體多樣呈現

古本《竹書紀年》記載禹「居陽城」，關於陽城的具體位置以及夏的主要活動地區，一說是在山西襄汾一帶，一說是在河南嵩山附近（約今登封告城鎮一帶），並無定論。在龍山文化的晚期，河南嵩山東南部出現許多大小不等的聚落，嵩山西北部的洛陽盆地隨後也出現超大型聚落，引起高度的重視。偃師二里頭遺址位在洛陽平原的東部，南望嵩山，1959年徐旭生調查「傳說中的『夏墟』」，發現了偃師二里頭遺址，引起學界注視。偃師二里頭考古工作經過多年的努力，發掘出大量精美陶器、玉器及鑄銅用的陶範、銅渣和多種器類青銅器，大規模宮殿基址的發現，說明該遺址不再是個村落，而是已經進入青銅時期頗具規模的都邑。遺址的年代約從西元前19世紀到16世紀，其中二里頭一至三期正在夏的積年當中，可能就是夏文化；四期與二里崗下層文化年代相近，應屬於早商文化[13]。二里頭遺址三、四期陶器上發現刻畫符號多種，主要集中在大口尊的內口沿上[14]。由於

---

12 張敏，〈龍虯莊陶文的發現與殷商甲骨文之源〉，《故宮文物月刊》15.5(1997)：102-114。

13 杜金鵬、許宏主編，《偃師二里頭研究》(北京：科學出版社，2005)。

14 中國社會科學院考古研究所編，《偃師二里頭——1959-1978年考古發掘報告》(北

這些記號數量較多，且刻畫器類集中、刻畫位置固定，顯然不是無意的動作，因而引起相當關注。

二里頭四期與二里崗下層文化年代相近，兩者存在明顯的承襲關係，時序已進入早商階段。但是二里頭三、四期陶器上的刻畫符號仍然都是單個出現，筆劃簡單，和仰韶、龍山時期各地出現的陶器刻畫符號無異，且二里頭銅器上並未出現銘文，使得早商階段的文字資料顯得薄弱。截至目前為止，沒有充足的證據支持「早商已有成系統的文字足以記錄語言」的論點，許多論述強調夏代已經存在文字系統，其實仍然處於推論的階段，同時也陷入學界對新石器時代陶器刻畫符號的辯論中，「是符號還是文字」仍然是辯論糾結的重點。

考古資料顯示，偃師商城早期宮殿的年代，標誌著二里頭四期晚段，夏商王朝已經完成更替，商王朝始年的估定，約為1600BC[15]。與偃師商城並存的有鄭州商城，鄭州地區二里崗文化從早商延續到中商，文字資料顯得較為豐富多樣。鄭州商城二里崗文化層出土的陶大口尊口沿內側，往往刻有記號，特別是上文化層出現的象形網文、龜文、鳥文、目文最受重視[16]，目文的線條流暢簡潔，與殷墟甲骨毫無差別。鄭州商城出現許多卜骨，其中僅少數刻有文字，從字的結構看，確實是人為有意識的刻畫，有可能是習刻[17]，其中尤以1953年在鄭州商城東南二里崗遺址發現的獸骨上刻有十個

(續)

　　京：中國大百科全書出版社，1999)，頁203圖128，頁304圖201。

15　關於商王朝編年，參考唐際根，〈商王朝考古學編年的建立〉，《中原文物》2002.6：50-59；中國社會科學院考古研究所，《中國考古學・夏商卷》(北京：中國社會科學出版社，2003)。

16　河南省文物考古研究所編著，《鄭州商城》(北京：文物出版社，2001)，頁658-659圖449-450，頁766-768圖518-520。

17　裴明相，〈略談鄭州商代前期的骨刻文字〉，收入胡厚宣主編，《全國商史學術討論會論文集》(鄭州：殷都學刊編輯部出版，1985)，頁251-253。宋國定，〈1985-1992年鄭州商城考古發現綜述〉，收入河南省文物研究所編，《鄭州商城考古新發現與研究1985-1992》(鄭州：中州古籍出版社，1993)，頁48-59，圖版陸・6, 7。

字，最引人注意[18]。多數學者認為其內容與社祭有關，也與鄭州商城作為都邑的性質相合[19]。

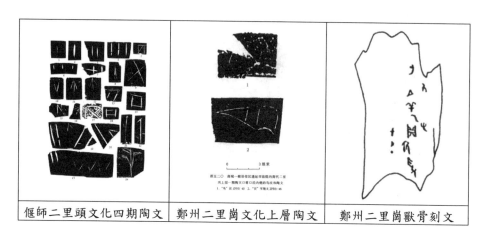

| 偃師二里頭文化四期陶文 | 鄭州二里崗文化上層陶文 | 鄭州二里崗獸骨刻文 |

在鄭州商城遺址西北約20公里處發現的小雙橋遺址，由於其遺存包含宮殿基址、祭祀坑群、鑄銅遺跡等，還有種類眾多的銅器、陶器等，十分豐富，備受注目。小雙橋遺址時代約為商代中期的較早階段，發現有以朱砂為顏料書寫的文字，共18件，都出現在陶缸(或大口尊)的口沿內外或器表腹部，有兩件是三個字成組，其字形結構多為單體，與商代晚期的甲骨金文無異[20]。小雙橋遺址放射性碳測定擬合年代約在1435-1412BCE[21]，這一批朱書陶文線條流暢，無疑在漢字發展史上有重要意義。

鄭州商代早期到中期出土青銅器甚多，製作精美，但都沒有發現銘文。

---

18 楊育彬，《河南考古》(鄭州：中州古籍出版社，1985)，頁106圖版二四。

19 劉一曼，〈甲骨文的考古發掘〉，《中國書法全集1甲骨文》(北京：榮寶齋出版社，2009)，頁21-35。

20 河南省文物考古研究所，〈1995年鄭州小雙橋遺址的發掘〉，《華夏考古》1996.3：1-23；宋國定，〈鄭州小雙橋遺址出土陶器上的朱書〉，《文物》2003.5：35-44；曹建敦，〈鄭州小雙橋遺址出土陶器上的朱書文字略探〉，《中原文物》2006.4：35-38。

21 夏商周斷代工程專家組編寫，《夏商周斷代工程1996-2000年階段成果報告簡本》(北京：世界圖書出版公司，2000)，頁70表18。

唯人民公園遺址出土的一件青銅戈內部鑄有「🔲」[22]，象城郭四方有亭之形，此字在早期金文中多見，應可確定為氏族標誌無疑[23]，但這件器物時代已經到了商代後期了[24]。

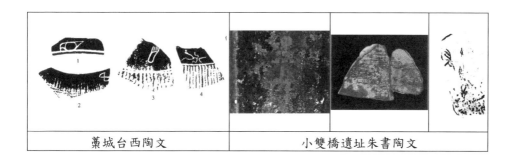

| 藁城台西陶文 | 小雙橋遺址朱書陶文 |

從早商開始，離開商代都邑中心，又屬商文化影響範圍區內，也都陸續出現有重要的陶器刻畫記號，其中以河北藁城台西和江西清江吳城的陶器刻畫記號最受矚目。藁城台西早晚兩期居址出土刻有記號的陶器共79件，包含器類多種，多數刻在器物肩部、腹部、口沿和圈足上[25]。藁城台西青銅器多數沒有銘文，僅一爵的鋬內鑄有陽文「中」[26]，陶文的形體多樣，與商代晚期甲骨文和青銅器上的銘文聯繫十分明顯。台西早期遺存的年代約和二里崗上層相當，晚期約和殷墟文化早期相當。台西陶文代表的應是中商階段，是早於殷墟卜辭階段的文字記錄。

江西清江吳城遺址位於江西省北部鄱陽湖南方，是長江以南十分重要的青銅文化遺址，與中原地區商文化有極密切的關係，又帶有鮮明地方特

22　《鄭州商城》，頁946圖632，書中認為是裝飾紋樣。

23　唐蘭，〈從河南鄭州出土的商代前期青銅器談起〉，《文物》1973.7：5-14。

24　《鄭州商城》，頁951。中國社會科學院考古研究所編，《殷周金文集成》（北京：中華書局，1984-1994），10745。

25　河北省文物考古研究所編，《藁城台西商代遺址》（北京：文物出版社，1985），頁91-92圖57，58；頁93-97表一。

26　《藁城台西商代遺址》，頁129。

色。吳城遺址的年代約從商代中期直到殷墟晚期,出土的青銅器都沒有銘文,但在石器、陶器及原始瓷器上發現有刻畫或戳印記號共120件,均勻分布於從一期到三期的遺物中,記號的結構布局,許多與甲骨文和金文相同[27],其中尤以第一期器物上刻畫的陶文,有四字、七字、十字組合成句,最受重視。這樣多字組合而成的文字,很可能已經具備了記事的功能,這在早於殷墟的其他中原文化遺存中是少有的。李伯謙指出,吳城文化至遲在商代早期偏晚,已經和中原商文化有密切接觸,不僅青銅容器、工具、武器和商文化十分相像,陶器和建築、墓葬、文字也都和商文化有相同相近之處,吳城文化無疑是在吸收商文化的基礎上出現的。吳城文化分布地區在贛江、鄱陽湖流域,西周、春秋時為古越族的居住地,有可能就是先越文化的一支[28]。距離吳城遺址約20公里的新贛縣大洋洲發掘一商代大墓,出土器物兼有典型殷商式風格和南方民族地域色彩,其中原始瓷罐、甕和大口陶尊上也出現多種刻畫記號,大部分記號與吳城相同[29]。新淦大墓的年代與吳城二期相當,約在中商時代。

論者或許懷疑陶器非一般書寫載體,對於陶器上的刻畫記號性質不完全瞭解;商代中期甲骨上的契刻文字也因出土太少而存著疑慮,那麼,從商代中期開始出現的青銅器銘文,無疑是漢字逐漸擴大應用的標誌。大家都很熟習,商代在武丁時期,有銘青銅器數量很多,內容也從簡單的族氏標記或祖先標記逐漸豐富多樣。中商時期(從二里崗上層到殷墟I期)與上述陶器記號和罕見的甲骨刻辭同時期的銅器銘文,會是甚麼狀況,自然是備受關注。根據最新的資料並經過嚴密的甄別,研究者指出中商時期有銘青銅器共19件,銘文特點是陽文銘常見、多數為一器一字、銘文象形性很強,

---

27　江西省文物考古研究所、樟樹市博物館編著,《吳城:1973-2002年考古發掘報告》(北京:科學出版社,2005),頁375-390圖225-248,頁465-485附表12。

28　李伯謙,〈試論吳城文化〉,《文物集刊·3》(北京:文物出版社,1981),頁133-143。

29　李學勤,〈新淦大洋洲商墓的若干問題〉,《文物》1991.10;江西省文物考古研究所、江西省博物館、新贛縣博物館編,《新贛商代大墓》(北京:文物出版社,1997),頁170圖87,頁175圖90。

也有一些抽象性符號[30]。其中可以確定出土地點的有：

〈龜鼎〉（01130）　北京市平谷縣劉家河商代墓葬出土（中商）
〈宁䪅甗〉（00792）　1981內蒙古昭烏達盟翁牛特旗敖包村（中商）
〈天鼎〉（00992）　陝西綏德縣墕頭村（中商）
〈無終戈〉（10881）　1965陝西綏德縣墕頭村（中商）
〈✦甗〉（00786）　山西長子縣北郊（中商）1976從廢銅中揀選
〈✦戈〉（10774）　1977湖北隨州淅河（中商）
〈臣戈〉（10667）　1972陝西岐山京當窖藏（中商）
〈臣戈〉（10666）　1978河南中牟縣大莊村墓葬（中商）

　　另11件出土地不詳。這些器物除了〈臣戈〉（10666）出土於鄭州附近的中牟縣之外，出土地都遠離商中期的政治中心，這個現象值得再研究。近年洹北商城大規模宮殿遺址的發掘，如果有文字資料出現，正可填補商代中期到商晚武丁期之前，商代政治中心文字資料的空白。

　　總的來說，商代中期可以說是文字資料較為豐富的時期，陶器上的刻畫不再總是一器一字的出現，少數成組成句，文字的書寫方式也多樣化，包括以硬物在未乾的陶器泥坯上刻畫、以軟筆和顏料在已燒製完成的陶器上書寫、以銳利的刀在甲骨上契刻，還有銘文陰鑄或陽鑄在青銅器上。雖然能夠確定為中商時期的資料，數量上遠不及晚商時期；從出土地點來看也相當分散，但是這些文字記號多數與商晚期文字體系成熟之後的個別文字，可以有很好的對應，聯繫十分明顯。如果說，各地的文明有自己的特色，不宜太誇大強調中原文化影響力，那麼，江西清江地區的人與河北藁城台西的人，各自使用自己的記事符號；內蒙古昭烏達盟的「宁䪅」族與陝

30　石蝶，〈商代中期有銘青銅器探討〉，《故宮博物院院刊》2006.4：30-43；嚴志斌，〈商代青銅器銘文研究〉（北京：中國社會科學院研究生院博士論文，2006），頁52-55，73-75。

西綏德縣墕頭村的「無終」族也各自用自己的符號記事，漢字是這些各地
記號的總和。如果考慮到中原商代青銅文明與各地方青銅文明實際上有良
好的互動，那麼，說這些帶有地方色彩的的文化在大範圍上與中原青銅文
明共同使用同一套記事符號，似也可以說得過去。

以〈宁𣄿瓿〉(00792)為例來說，出土地內蒙古昭烏達盟翁牛特旗位於
西遼河流域上游，是夏家店下層文化分布區域。夏家店下層文化從西元前
20世紀到14世紀，都有銅器發現，早期有銅刀、銅耳環、銅牌、銅鏃等小
件物品，技術到達一定的水準，為製造大型青銅器提供有利的基礎。經過
漫長時間的技術發展，夏家店下層文化晚期已從製作小型器物，發展到有
了製造大型青銅器的能力，〈宁𣄿瓿〉及其同出的饕餮紋鼎、弦紋鼎都是通
高超過50公分的大型青銅器，三件器物製作工藝一致(例如內外範以圓柱狀物
定位，澆鑄後在器壁上留下孔洞，再以補鑄方式填滿)，這種方式也出現在夏家
店下文化層其他遺址中，與中原地區早期青銅文明的大型青銅器鑄造方式
不一樣，這就排除了這幾件大型器物外來的可能性。學者指出夏家店下層
文化是和黃河流域商代青銅文明同時並存的北方青銅文明[31]，在繼承本地區
紅山文化以來的文化傳統和吸收周鄰地區先進文明因素的基礎上，與中原
地區大體同步，較早地進入了國家文明社會[32]。

〈宁𣄿瓿〉器腹壁內側鑄有陽文兩字，與商晚期到西周時期甲骨金文寫
法全同，而且前面已經說明，〈宁𣄿瓿〉是本地的產物，銘文也需排除外來
的可能性，𣄿字在甲骨文裡後接「侯」字，所指應是地名或族氏名。夏家
店下層文化帶著濃厚的北方草原民族色彩，其族屬應是北方狄人的一支。
上述北京市平谷縣劉家河商代墓葬出土的龜鼎(01130)，也是同一文化的產
物，銘文為一龜字象形，在器底，陽文。

---

31 蘇赫，〈從昭盟發現的大型青銅器試論北方的早期青銅文明〉，《內蒙古文物考古》
  1982.2：1-5。

32 田廣林，〈夏家店下層文化時期西遼河地區的社會發展形態〉，《考古》2006.3：
  45-52。

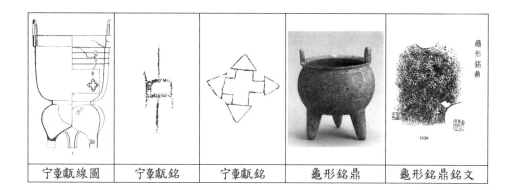

| 宁章甂線圖 | 宁章甂銘 | 宁章甂銘 | 龜形銘鼎 | 龜形銘鼎銘文 |

再看〈無終戈〉(10881)的例子。〈無終戈〉發現於1965陝西綏德縣墕頭村，同坑出有鼎、簋、瓿、壺、爵、觚、獸頭刀、戈、鉞等共23件青銅器，其中有銘文的青銅器有四件，其中一件爵有銘，鏽蝕不可辨識[33]。同坑出土的器物或有早晚，鼎、觚的年代約為殷墟I期，〈無終戈〉的年代可能稍早，〈鄉鉞〉或許稍晚。

〈無終戈〉銘文 𝓸 和〈天鼎〉、〈鄉鉞〉的銘文，一般都認為是族氏標記，應該沒有問題。「天」象人形，與後來甲金文一般寫法無異；「鄉」象兩人相向對坐於食器前共食，唯 𝓸 究竟是是甚麼字，一直無法釋讀。1990年裘錫圭始釋出為「無終」二字，該字由兩個單位組成，下半為刀之象形，小圓圈為指示符號，指明刀刃之所在，是「鋒芒」之「芒」的原始表意字，「亡」即「鋒芒」之「芒」的本字。該字上半為「冬」，與甲骨文屢見的「終」字寫法一致。𝓸 應釋為「無終」，即史籍中指為「山戎之國」的「無終」[34]。鑄有「無終」族徽的青銅器約有九器[35]，時代直到商晚期，可惜除綏德出的戈之外，都不詳出土地[36]。

---

33 陝西省考古研究所等編，《陝西出土商周青銅器‧一》（北京：文物出版社，1979），器號79-92。其中有一爵鋬內有銘，鏽蝕不可辨識。

34 裘錫圭，〈釋「無終」〉，1990年太倉第八屆古文字學會議論文，收入《裘錫圭學術文化隨筆》（北京：中國青年出版社，1999），頁64-73。

35 《集成》01450-52、06418、07023-24、07611-12、10881。

36 〈無終鼎〉，01450、01452傳出安陽。標示「𝓸」記號的器物或許是由安陽製造。

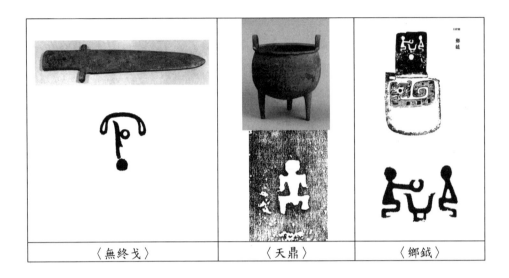

| 〈無終戈〉 | 〈天鼎〉 | 〈鄉鉞〉 |

　　學者根據石樓－綏德地區出土青銅器研究，指出石樓－綏德文化所代表的族群基本上是處於與商王敵對的狀態，這些器物可能有部分是掠奪而來[37]。根據《漢書‧地理志》，無終故城在河北省薊縣，那麼〈無終戈〉原來的器主應不是綏德瑪頭村銅器坑的主人。文獻記載無終族為北狄的一支，《左傳》昭公元年，「晉中行穆子敗無終及群狄于大原」[38]，長期都在晉陝北方草原區域活動，從綏德出土的〈無終戈〉可知，該族很可能在商代中期已經於陝北活動。《左傳》襄公四年，無終首領派人向晉司馬魏絳「納虎豹之皮，以請和諸戎」，晉侯曾批其「戎狄無親而貪，不如伐之」，無終族被視為文化落後的「禽獸」[39]，長期為華夏族所輕視。除了上述的八件標明族徽的器物之外，沒有見到其他的文字資料，但是從標示族徽的青銅器看來，該族製造青銅器有一定的水準，例如〈無終鼎〉（01451）紋飾器

37　李伯謙，〈從靈石旌介商墓的發現看晉陝高原青銅文化的歸屬〉，《北京大學學報》1988.2，又收入氏著《中國青銅文化結構體系研究》（北京：科學出版社，1998），頁167-184。

38　《春秋左傳正義》（1815年阮元刻本）卷41，昭公元年，頁704。

39　同上，卷39，襄公四年，頁506。

形都受到中原青銅文明的影響，〈無終戈〉銘文說明，在商代中期開始，這個北狄族群以🕊為族氏標誌，文獻或許就是據此以漢字記錄其國族名「無終」。

　　內蒙昭烏達盟夏家店文化下層出土的〈宁壹龘〉和陝西綏德墹頭村出土的〈無終戈〉的例子，對於思考漢字的傳播或是使用區域，或許有些幫助。至少在商代中期，書寫的工具和質材都較為豐富多樣，這時存在實用的文字體系，應該是可以接受的。如果江西清江地區陶器刻畫符號可以視為地區性的記事符號，北方和南方的非商族群是否在商文明大面積的傳播下，採用與中原文明相同的記事符號，很值得思考。

三、晚商四土——中原和周邊

　　商晚期王室基本上以安陽地區為中心，王畿四周還有商人的家族領地，再外圍還有商族封國或大小方國部落。武丁時期的卜辭常記錄商王對四土的重視，關心四土是否年成豐收，也有許多與異族方國交戰的記錄。從考古材料來看，學者一般認為商文化的範圍，大約東到山東半島，北到內蒙古，西到陝西關中，南到長江流域。商代有銘青銅器的分布地點，也大略可以支持這個說法。從數量上來看，政治中心安陽地區出土的有銘銅器，約六百多件，占總數的將近一半，其他有銘銅器則散布在商的四土，其中尤以山東地區為大宗。

　　商晚期，尤其進入武丁期之後，文字資料大量出現，在卜辭方面，大家都很熟悉的小屯村甲骨、花園莊東地甲骨、小屯南地甲骨，三批大宗甲骨的時間涵蓋了武丁早期直到商的末年帝乙帝辛時期，這些材料是殷王及王室成員最重要的生活記錄。武丁期之後，青銅器也大量製作，不論器形、花紋都到達前所未有的頂峰，銘文也從單字族氏標記、族氏標記加上祖先稱謂，直到帝乙帝辛時期有超過四十字的長銘文出現。

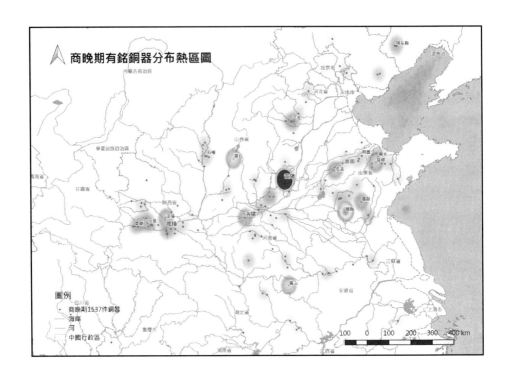

　　小屯時期還發現八十多件陶器上有刻畫記號,其形體與甲骨文、金文能夠完全對應。這些事實說明在殷王室生活的地區,已經有完整的文字體系,並足以記錄日用生活及典重場合所需。

　　商文明所及的四土及周邊方國,青銅器上都帶有明顯的商文化風格,或者是在商風格之外加上一些地方色彩。某些墓葬出土遺物,地域色彩濃厚,其中的禮器與殷商風格一致,但生活用具或工具帶地方特色。所以,我們可以說,中原地區的青銅文明向四方擴散,而周邊文化在吸取商文化的同時,也保留地方特色,形成多元的區域文化。但是從「文字」上來看,這個晚商殷文化所及的廣袤土地上,卻只有一種文字系統──如果我們就稱他為「漢字」也是可以的,因為殷商時期的文字與後來三千年的中國文字,是一脈相承的,我們完全可以分析每個字的淵源,細說他的流傳。

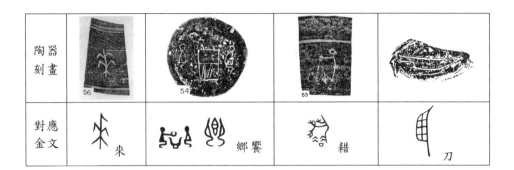

陶器刻畫				
對應金文	來	鄉饗	耤	刀

　　青銅器是一種可以流動的貴重器物，如果只是零散的出土在某個地點，或是同一出土地所出的器物銘文看不出成群成組的關係，很難說明該出土地點與有銘銅器的具體關聯。所以，以下的討論的根據主要是出土地點相近並成群組的有銘銅器。

　　從商晚期有銘青銅器熱區地圖的顯示中，可以看出安陽地區是一個各氏族匯聚的政治中心，同時也是超級大的銅器製作中心，從安陽到輝縣到洛陽，許多有銘銅器出土在這一條線上。這本來就是商人活動的地區，出土商器自在預料之中。有銘銅器出土東邊到達齊魯地區，在山東有幾處重要的文字出土紀錄，最東以青州及壽光地區為主，濟南地區長清及大辛莊、魯西南以滕州地區為主。北土以山西靈石旌介出土器物為主，西邊到達關中平原的東部，南部達河南省羅山縣蟒張地區。

　　以下我們舉距離安陽王畿周邊較遠的文字資料為例，對商晚期文字的「活動」範圍畫出概略的區域圖。

（一）晚商東土

　　商文化的勢力及於山東半島，這是大家都很熟悉的。2003年濟南大辛莊出土的甲骨文就是很好的見證。大辛莊出土五百片左右占卜用的無字甲骨，七片甲骨有字，其中四片可綴合成一較完整的龜版，包含有三十幾個文字。根據出土層位元分析，其時代上限為殷墟II期，下限不晚於殷墟III

期，與武丁到康丁五位商王基本上是對應的[40]。多數學者都認為大辛莊甲骨雖然存在一些自身的特點[41]，但不論是甲骨整治、鑽鑿形態、字形、語法各方面都與安陽甲骨相同或相近，與安陽殷墟卜辭可以歸為同一個系統。大辛莊甲骨出土可以看出，當地這個家族與商王室有著共同的語言文字，還有同樣的宗教信仰和祭祀禮儀，很可能是商王室的同族分支，與商王朝之間有密切的關係[42]。商王室向山東地區拓展，在文獻上也有記載，大辛莊出現大型聚落，不論是在地的商朝非王貴族，或是商化夷人，這都是商朝長期經營的一段記錄，在離開安陽王都三百公里處出現與殷墟同一系統的甲骨卜辭，不是偶然[43]。該遺址出現的有銘青銅爵兩件[44]，銘文從辛從又，辛字寫法有早期的特點，該字也見於西周金文。從濟南再往東約一百公里的淄博市附近有桓台縣史家遺址及唐山遺址，也出有商代晚期的卜甲共五片[45]。

　　青州市益都蘇埠屯自清代即陸續出有青銅器，其上多有「亞醜」族氏銘文[46]，1936年中央研究院歷史語言研究所即進行調查[47]，後又於1965年、1986年進行發掘。「亞醜」銘文銅器超過一百件，除少數幾件「傳出安陽」

---

40 方輝，〈大辛莊遺址的考古發現與研究〉，《山東大學學報》2004.1：7-12。

41 李學勤，〈大辛莊甲骨卜辭的初步考察〉，《文史哲》2003.4：7-8。Ken-ichi Takashima, "Literacy to the South and the East of Anyang in Shang China: Zhengzhou and Daxinzhuang," in *Writing & literacy in early China: studies from the Columbia Early China Seminar*, ed. Li Feng and David Prager Branner (Seattle : University of Washington Press, 2011), 141-172.

42 王恩田從部分陶器、銅器上並存商人、夷人色彩，認為擁有大辛莊甲骨的貴族是「商化」的夷人，見王恩田，〈大辛莊甲骨文與夷人商化〉，《文史哲》2003.4：11-12。

43 李伯謙，〈大辛莊甲骨文與商王朝對東方的經營〉，《文史哲》2003.4：12-14。

44 鍾柏生、陳昭容、黃銘崇、袁國華，《新收殷周青銅器銘文暨器影彙編》（臺北：藝文印書館，2006），1150、1151。

45 桓台還有兩件羊卜骨，據考證為距今3500年的岳石文化晚期之物，上有燒灼及刻文，但無法辨識。商代卜甲上有鑽鑿及燒灼痕，其上有刻記，暫時不易辨識。見張光明等，〈桓台史家遺址發掘獲重大考古發現〉，《中國文物報》1997.5.18；張光明，〈山東桓台史家遺址發掘收穫的再認識〉，《夏商周文明研究》（北京：中國文聯出版社，1999），頁1-14。

46 「醜」字各家釋文不一，暫用較為通行的「醜」字。

47 祁延霈，〈山東益都蘇埠屯出土銅器調查記〉，《中國考古學報》2(1947)：167-178。

之外，大都出自蘇埠屯。蘇埠屯M1是一座四墓道的亞字形大墓，共有殉人48個[48]。M7出土精美觚、爵有銘文「亞醜」、M8出有「融」字銘文青銅器13件、「冊融」銘文2件[49]，墓葬群的年代約在殷墟III-IV期之間。學者認為蘇埠屯為亞醜國族墓地，而「冊融」可能是亞醜族的史官。從墓葬形制、出土銅器和陶器特徵及器物組合來看，都與殷墟文化有著密切的聯繫。有學者指出亞醜族為文獻上的東夷「薄姑」[50]，「融」族為「祝融」之後，也是東夷人的一支[51]。從「亞醜」族銘文出現「親稱加日干」的內容，與商族一樣，看來比較可能是與商王朝有密切關係的一個分支。至於「融」族是否為東夷族而入亞醜族為作冊之官，尚待深入研究。但蘇埠屯的居民與中原文明往來關係極為密切，使用的文字也和中原文字同一系統，則是可以肯定的。

| 新收1057〈融卣〉 | 11743〈亞醜鉞〉 | 05097〈亞醜杞婦卣〉 | 09818〈者姤罍〉 |

從青銅器銘文中也可以發現亞醜族與「杞」有婚姻往來（〈亞醜杞婦卣〉(05097)），杞為夏之後裔，姒姓；亞醜也與「者」氏通婚[52]，銘文「者姤」（或

48　山東省博物館，〈山東益都蘇埠屯第一號奴隸殉葬墓〉，《文物》1972.8：17-30。

49　山東省文物考古研究所、青州市博物館，〈青州市蘇埠屯商代墓發掘報告〉，《海岱考古》1：254-273。

50　殷之彝，〈山東益都蘇埠屯墓地和「亞醜」銅器〉，《考古學報》1977.2：23-36。

51　王迅，《東夷文化與淮夷文化》（北京：北京大學出版社，1994），頁133-135。

52　亞醜者姤器共7件（00917、05935-36、09294-95、09818-19）。

「者女」)為者氏之女，是亞醜族君長之配[53]，「者氏」或即「諸氏」[54]，在今諸城縣[55]，與青州益都距離約110公里。

　　魯南滕州前掌大遺址（商晚到周初）共27座墓出土有銘銅器83件，其中有60件銘文中有族氏標誌「史」字，分別出於15座墓中，顯然這兒是以「史」氏家族為主的墓地。從《攗古錄》所收〈薛侯戚鼎〉（02377）銘末繫以族徽「史」字，知前掌大遺址應是商周薛國故地。其中M18出有「奉盉」一件，銘文16字，作器者「奉」為史氏家族一員，因擒夷方首領有功，作器紀念其「父乙」，為殷晚期風格[56]，應與帝辛時期征夷方戰役有關。發掘報告指出，薛國任姓，為東夷成員，前掌大遺址出土陶器與殷墟同時期器物存在一定的差別，這種特色是東夷人文化的反映。當然，這裡出土的青銅器形制與中原地區幾無異，這正是中原王朝政治勢力的影響與兩種文化交流融合的結果[57]。從史氏家族墓地的埋藏形式來看，已發掘有中字形墓2座、甲

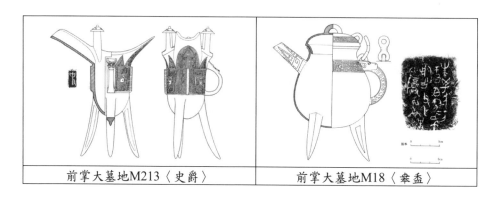

| 前掌大墓地M213〈史爵〉 | 前掌大墓地M18〈奉盉〉 |

53　朱鳳瀚，〈論卜辭與商金文中的「后」〉，《古文字研究》19（1992）：422-443。

54　馮時以為「諸」即「祝融八姓中的彭姓之諸」。見馮時，〈前掌大墓地出土銅器銘文匯釋〉，中國社會科學院考古研究所編，《滕州前掌大墓地》（北京：文物出版社，2005），頁582-597。

55　《春秋經》莊公二十九年「城諸及防」，楊伯峻注「據《山東通志》，諸故城在今山東省諸城縣西南三十里，石屋山東北，濰河南」，見《春秋左傳注》（北京：中華書局，1990），頁243。

56　《滕州前掌大墓地》，頁303圖218，頁509認為該器下限可能到西周早期。

57　同上，頁578。

字形墓10座，多數設有熟土二層台或頭箱，放置陪葬器物，棺下設有腰坑，殉狗，大型墓有殉人，與殷人埋葬習俗相同。前掌大史氏家族顯然與商王朝保持密切關係，出土青銅器不僅器形風格相近，銘文也與中原地區的文字系統相同。

山東地區出土大宗帶銘青銅器的地點還有壽光市出土「己」和「並己」青銅器十餘件、濟南市長清區及臨沂市費縣共出「嬴」族青銅器二十多件，兗州縣嶧山區李宮村墓葬出土的「剌」氏青銅器，桓台除了甲骨之外，還有帶銘青銅器。看來山東地區在商晚期已經有較多使用和商王朝相同文字系統的族群，其中有些是商王朝的分支，有些與商可能是不同族屬的人群，但與商人有密切關係。

（二）晚商北土

殷商北方值得特別提出來的是東北的遼寧喀左、石家莊附近正定縣及藁城縣與西北的靈石旌介兩地出土的文字資料。遼寧省客喇沁左翼蒙古族自治縣（喀左縣）地區及其附近凌源地區，1940、50年代就出土過不少殷周青銅器，其中有〈燕侯盂〉（10305）就是西周初武王滅商後封召公於北燕為燕侯的見證器物。喀左的北洞村，1973年發現兩個窖藏坑，出土銅器共12件[58]，從器形銘文看，時代從殷到周初，銘文包括多種族氏標誌，有「亞異侯矣」（02702）、「䍌」（01651）等，看來窖藏中青銅器來源非一時一地，收藏在窖藏中應是收集的結果。這些器物不能作為商末喀左地區已經使用文字的證據。

晚商在安陽北邊約250公里左右，石家莊附近，有正定縣新城鋪村墓葬出土商代晚期器物，一尊一觶二爵（05585、06184、08219、08220），尊、觶銘文都在圈足內壁，爵銘在鋬內，四件器物銘文一致「䰝」，全部是陽文，看來這是一套成組的酒器，而且這樣的銘文不曾出現在其他地區，由此看來，

---

58 遼寧省博物館、朝陽地區博物館，〈遼寧喀左縣北洞村發現殷代青銅器〉，《文物》1973.4：225-226，257；遼寧省博物館、朝陽地區博物館，〈遼寧喀左縣北洞村出土的殷周青銅器〉，《文物》1974.6：364-372。

「⚬」可以視為是與墓主密切相關的族氏標記。石家莊附近還有藁城縣西關鎮出有「守」字銘文器物。石家莊地區可以作為商晚期文字的北方邊界。

晉陝交界河套地區出土有商代青銅器地點甚多，從多種族氏銘文往往同出、或族氏銘文很分散不集中、或者器物不成配套等現象看起來，很難將遺物出土地和某個族氏較緊密的結合起來。李伯謙分析石樓－綏德類型青銅器，指表現該文化特質最重要的是具有鮮明地方特徵的青銅器，而鑄有銘文的青銅器多屬於典型商式風格，其族氏銘文共14種，其中見於其他商文化遺址的有11種，見於甲骨文的有6種，所代表的族氏，凡可考者，都是與商王朝有密切關係者，因此這些青銅器，都是戰爭擄獲物，不可能是友好贈與[59]。黃銘崇也認為清澗－石樓地區出土的商式青銅器，是外地輸入而非本地製造，不同時期商式銅器出於同一墓葬也顯示這些青銅器不是「訂製」而是長期「收集」的結果[60]。與上述地區隔著汾河的靈石旌介商墓，出土的青銅器卻有著不一樣的狀況。旌介M1、M2的葬式均為豎穴土壙墓，二層台上殉人、腰坑殉犬，這些與殷人無異；但男女分棺共槨，卻不是殷人習俗。出土有族徽銘文共8種，器物共47件，其中族氏銘文 ⚬ 字竟出現42次[61]，都銘鑄於與殷墟風格相同或相似的青銅器上。其他族徽各出現一次。八種族徽中可考者有5種，均與商王朝是友好關係，李伯謙認為這是商文化發展過程中吸收地方因素形成的一種地方類型，也可說是商文化的一支，靈石是這種文化向北分布的最遠的一個點，因為從靈石往西往北不遠就進入石樓－綏德另一種文化類型[62]。 ⚬ 族族徽在銅器中出現超過110次，但出

---

59 李伯謙，〈從靈石旌介商墓的發現看晉陝高原青銅文化的歸屬〉，見《中國青銅文化結構體系研究》，頁167-184。

60 黃銘崇，〈畜牧民與農耕民之間──早期鄂爾多斯文化群與商文明〉，《周邊與中心：殷墟時期安陽及安陽以外地區的考古發現與研究學術》（臺北：中央研究院歷史語言研究所，2015），頁21-93。

61 山西省考古研究所、靈石縣文化局，〈山西靈石旌介村商墓〉，《文物》1986.11：1-18。

62 李伯謙，〈從靈石旌介商墓的發現看晉陝高原青銅文化的歸屬〉，頁169。

土地分散，僅在靈石旌介兩座墓裡集中出現，說這是丙族的墓地，應該是
合理的[63]。

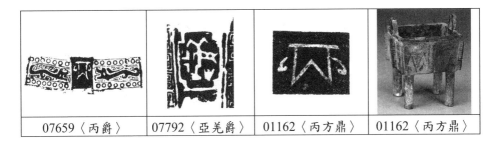

07659〈丙爵〉	07792〈亞羌爵〉	01162〈丙方鼎〉	01162〈丙方鼎〉

　　商晚期青銅器〈毓祖丁卣〉(05396)銘24字、〈尹光方鼎〉(02709)銘28
字、〈雋作兄癸卣〉(05397)銘24字，都是丙族製作的長銘青銅器，銘文內
容顯示丙族與商王關係密切。丙字族徽器物集中出現在靈石旌介，應該是
文字作為商青銅文化的一部分傳播的結果。

(三)晚商西土

　　商代關中以東地區，很早就進入商的勢力範圍中，也可以說商在滅夏
之後，這兒就是商的「西土」，從商代早期，在西安以東的渭河下游，已
經是典型的商文化區。到二里崗上層時期(約中商時期)，商文化再次影響到
渭河中游，從西安到周原之間出現了所謂「京當型商文化」，這是商文化
向西發展的地方類型，包含著先周文化，也有西部羌族的劉家文化及北方
草原文化，還有漢中地區的城固寶山文化，多種文化共存是其特色。渭河
流域中游，含周原地區在內，正是周族興起最主要的根據地。看關中商文
化在此地與當地及鄰近地區的文化融合及相互消長，很重要的課題之一是

63　林澐認為靈石旌介多種族徽同出現在墓中，應該是參與軍事活動後的戰利品分配，
　　見林澐，〈商文化青銅器與北方地區青銅器關係之再研究〉，《考古學文化論集一》
　　(北京：文物出版社，1987)，又收入《林澐學術文集》(北京：中國大百科全書出版
　　社，1998)，頁262-288。

要回答周人在武王滅商之前的文化現象。關中商代文化研究，已經有很多學者作了很好的工作[64]，這兒我們想先將略談武王滅商之前，關中地區主要的商文字資料，至於先周文化及其內容將在下一節談周文化時再說。

文獻中記載夏商時期對西土的經略，有很概要的描述。《後漢書‧西羌傳》：

> 昔夏后氏太康失國，四夷背叛。及后相即位，乃征畎夷，七年然後來賓。至于后泄，始加爵命，由是服從。后桀之亂，畎夷入居邠岐之間，成湯既興，伐而攘之。及殷室中衰，諸夷皆叛。至于武丁，征西戎、鬼方，三年乃克。故其詩曰：「自彼氐羌，莫敢不來王。」[65]

畎夷、西戎、鬼方都是西北地區的「氐羌」，成湯之時率兵抵達邠、岐之間與戎狄對抗。這些對商而言是「非我族類」的異族，與商王室的關係時好時壞。一直到文王時期，仍然在「攘夷」中奮戰。但是在關中豐鎬地區，商末可能有一個和商王室友善的方國。1965年長安縣大原村出土的商器〈乙卯尊〉（06000），其器形約為商末器，內容說「子」在太室朝見王，奉獻白圭、珇琅和百牢，王也回贈「黃瓚一、貝百朋」，看來這個族的「子」與商王室關係良好。李學勤推測〈乙卯尊〉中的「子」或許就是文獻上的「崇國」人[66]。文獻上說崇國就在長安豐邑一帶，《詩經‧大雅‧文王有聲》「既伐于崇，作邑于豐。」《史記‧周本紀》：「伐邘，明年伐崇侯虎，而作豐邑，自岐下而徙豐都。」《正義》引皇甫謐曰：「虞、夏、商、周皆有崇國，崇國蓋在豐鎬之間。」[67] 不論大原村是否為崇國故地，長安灃西

---

64 張天恩，《關中商代文化研究》（北京：文物出版社，2004）。

65 《後漢書》（中華書局點校本）卷87〈西羌傳〉，頁2870。

66 李學勤，〈灃西發現的乙卯尊及其意義〉，《文物》1986.7：62-65。

67 《史記》卷4〈周本紀〉（中華書局點校本），頁118。

一帶在商晚期，用很精確流暢的文字記錄事情並銘鑄於銅器上，是個事實。

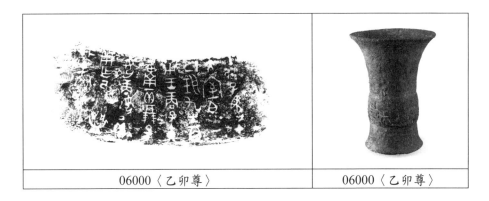

| 06000〈乙卯尊〉 | 06000〈乙卯尊〉 |

　　周原地區也有一些帶銘商式銅器，例如岐山禮村的窖藏銅器，同坑共五件[68]，銘文完全商式，每器一種族徽各不相同；又如岐山賀家村M1有三件有銘銅器，也是每器一種族徽，很難看出它們之間相互的關係，很有可能是某種原因輾轉而來。林澐指出賀家村M1「分屬至少三個商人的父權家族而時代不同的銅器，共存於一座周人故地的墓中，當然應該理解為戰勝者分配到的戰利品」[69]。這自然就不能代表當時當地，不在討論之列。從晚商有銘銅器熱區圖看到，咸陽以西到扶風、寶雞一帶，有銘晚商銅器屢屢出現，這些器物多出現於西周早期墓葬中，不能據此說明晚商的文字使用範圍已經到達寶雞地區。相反的，關中平原的先周文化及當地留家文化的墓葬中，都未見有文字資料，這一點值得特別注意。

68　《陝西出土商周青銅器》1.15-1.19。

69　林澐，〈商文化青銅器與北方地區青銅器關係之再研究〉，載《考古學文化論集一》，
　　又收入《林澐學術文集》，頁262-288。黃銘崇，〈從考古發現看西周墓葬「分器」
　　現象與西周時代禮器制度的類型與階段〉，《中央研究院歷史語言研究所集刊》
　　83.4(2012)：607-670；84.1(2013)：1-82。

（四）晚商南土

商代南土到達什麼地方，根據文獻，是到達「荊楚」地區。《詩・商頌・殷武》：

> 撻彼殷武，奮伐荊楚，罙入其阻，裒荊之旅，有截其所，湯孫之
> 緒。維女荊楚，居國南鄉，昔有成湯，自彼氐羌，莫敢不來享，
> 莫敢不來王，曰商是常。

這詩句說明在成湯之時，荊楚及氐羌已經都向商湯臣服，成為商代南國的一部分。雖然這是武丁時期對祖先歷史的回溯，不免帶點誇耀，但湖北盤龍城的系統發掘，確是從考古上證實商代中期的南土可以到長江中游湖北地區。順長江往下游走，直到清江吳城地區，商文化的傳播是很明顯的。但是在長江流域廣闊的地區裡，從武漢地區盤龍城往上游去的四川成都地區，往下游走到江西新淦地區，青銅器上出現文字資料極少，即使是出現有銘銅器，也都是零散的。

值得提出來討論的是湖南湘江流域一帶出土的青銅器。湘江的地區青銅器較集中出現於寧鄉地區，這兒以精美的人面方鼎、獸面紋銅罍及四羊方尊聞名。這些帶有地方特色的青銅器都出現在以黃材鎮為中心的盆地周邊台地上，最近幾年在黃材鎮炭河里遺址發掘有西周時期城址及墓葬，很受矚目。據統計，這附近出土的商周青銅器已近250件，是湖南境內出土商周青銅器最密集的地區[70]。這些年經過許多學者的努力，湖南出土青銅器的研究有許多進展，新近出版的《湘江流域商周青銅文化研究》，由向桃初所著，集前人研究大成並提出個人細緻分析成果，最受重視[71]。向桃初將湘

---

[70] 湖南省文物考古研究所等，〈湖南寧鄉炭河里西周城址與墓葬發掘簡報〉，《文物》2006.6：4-35。

[71] 向桃初，《湘江流域商周青銅文化研究》（北京：線裝書局，2008）。

江流域青銅器分為五類三型，其中A組器形紋飾都與中原地區商文化與周文化相同者屬之，稱為「中原型」；B組是與中原文化相近又有些相異特點的青銅器，包括C組的動物造型青銅器，合稱為「混和型」；D組樂器及E組本地鑄造的器物為「地方型」[72]。

湘江流域出土的混和型及地方型青銅器上，都沒有發現銘文。相反的，有銘青銅器共約20件，器形紋飾都是典型的中原風格，出土地以長沙附近的寧鄉黃材和湘潭附近的青山橋窖藏最為集中[73]。

關於湘江流域有銘商周青銅器是外來或本地鑄造，學界有不同的看法，認為是外來青銅文化遷入的結果，似乎比較能夠說明商式銅器、越式銅器、還有在商式銅器上加進地方裝飾風格的器物共存的現象。向桃初認為有銘的商式銅器是商末周初南遷的殷移民帶來的，很有說服力[74]。所以說，湘江流域的銘文資料不能當作商代文字已在該地普及的證據。商青銅文明到達長江流域，但長江流域出現的文字資料並不能反映商人的文字已經在這個地區普及使用。

如果說商代的南土地區要找到一個文字集中呈現的地方，河南南部信陽地區的羅山莽張息國墓地應當最為合適。息國墓地從1979-1985共做三次發掘，共發掘商代墓葬商周墓45座，其中商墓有25座[75]。在商墓中出土有銘銅器共40件，其中26件銘文中出現族氏標誌「息」，分屬於10座商墓中。

72　向桃初，《湘江流域商周青銅文化研究》，頁406。

73　陳昭容、林農堯，〈漢字何時過長江？〉，收入臺灣大學地理環境資源學系主編，《2010數位典藏地理資訊研討會論文選集》（臺北：國立臺灣大學地理環境資源學系，2010），頁33-57。

74　向桃初、劉頌華，〈寧鄉黃材西周墓發掘的重要收穫及其意義〉，《湖南省博物館館刊》1（2004）：427-433；向桃初，〈「越式鼎」初步研究〉，《古代文明》4（2005）：66-104。向桃初，〈香江流域商周青銅文明研究的重要突破〉，《南方文明》2006.2：68-80。

75　信陽地區文管會、羅山縣文化館，〈河南羅山縣蟒張商代墓地第一次發掘簡報〉，《考古》1981.2：111-118；〈羅山蟒張后李商周墓地第二次發掘簡報〉，《中原文物》1981.4；〈羅山天湖商周墓地〉，《考古學報》1986.2：153-197；〈羅山蟒張后李商周墓地第三次發掘簡報〉，《中原文物》1988.1：14-20。

因此，這個地方被認為是商代的方國「息」之所在。

新收620〈息父辛鼎〉	新收620〈息父辛鼎〉	新收629〈息父乙觚〉	01226〈息鼎〉

卜辭中有「婦息」（《合集》2354臼），胡厚宣認為是息國與商王室有婚姻關係。卜辭也出現有「息伯」（《合集》20086），可知息族人與商王室關係密切。息國墓地器物組合中爵跟觚等量配置，而墓室面積大者，禮器數量較多，而小型墓禮器不成組合，這也反映出商代息國固守著一定的禮制，但墓葬中以頭箱放置隨葬品，或以青膏泥塗抹墓壁，又與中原商墓有些不同。息國墓地反映的是商代河南南部淮河流域友好方國的的情況，也是中原文化與南方文化交匯融合的地區之一[76]。周人因襲商代息國地域後，以姬姓國人居住此地，文獻上說息國姬姓應是指周以後的息國。

殷商時期的安陽地區，出現大量的有銘文青銅器及重要的甲骨卜辭，毫無疑問這是政治文化中心所在，至於文字的使用範圍多大，以上我們列舉商晚期四土的較大宗的文字資料，說明商代四土，東到山東地區濰水一帶，西到關中平原的東部，南邊到達淮水流域，北方到遼西、晉陝邊界，都有與商文字系統相同的文字資料出現。使用這個文字系統的族屬，包括非商族的東夷和北狄[77]。在上述地區之外，仍可看到商青銅文明深入傳播，

---

76 李伯謙，〈后李商代墓葬族屬試析〉，《中原文物》1981.4，收入《中國青銅文化體系研究》，頁100-103。

77 漢字圈只是說明文字確實傳播到這些地方，並不表示圈內的非商族都已經使用文字。例如山東地區有許多商王朝的方國友好，但仍有夷方不服，所以帝乙帝辛時期

但商式青銅器上或缺乏銘文，或分布太過零散，或是器物輾轉流傳，不能視為當地出產。晚商的甲骨資料出現地域集中在安陽地區，商代文字資料主要表現是在青銅器銘文上，檢討過商代銅器銘文資料與出土地分布後，大致可以為當時的「漢字文化圈」畫出一個約略的範圍，同時也確定文字使用分布範圍不及商青銅文明影響範圍廣大。

四、先周及商周之際

從殷墟時期開始，中原文化挾著政治優勢迅速擴展，廣播到商四土。前舉數例說明商的四土方國及周邊異族與中原商族使用的同一文字系統，大略可以畫出一個範圍，已如前述。周人興起，朝代更替，對於商的文字系統，是如何承繼或轉換的？武王伐紂在二月甲子昧爽於牧野誓師，一舉滅商，七天後辛未，武王「賜有事利金」（就是賞賜「銅」給「有事」〔官名〕「利」〔人名〕），利因而做一件器物祭祀他的祖先𣪘公。銘文的文字風格與商末文字並無差別，而內容完全不是商式，對祖先的稱謂不再是親稱加干支如父甲、父乙的方式，而是稱「𣪘公」。〈利簋〉銘文和內容說明，周人對於記事的內容有自己的方式，但文字構形與商人是一個系統。

周人在很短的時間內就完全接收商文字並轉化成記錄周人事務的內容，這顯然周人在克商之前已有了相當的準備，甚或是原先根本就是使用同一個文字系統。清查周人克商之前的文字資料，有助於瞭解這個過程和事實。

雖然對於周人最早來源有不同的說法，但從姬棄封於邰之後，周族的活動都在陝西西部地區，尤其是集中在涇水中上游地區。文獻記載后稷好農耕稼穡，其子不窋「去稷不務」，到不窋的孫子公劉「雖在戎狄之間，復修后稷之業」，顯然周民族是處在游牧與農耕之間。直到幾代之後的古

（續）————————————————
才有征夷方的行動。

公亶父為遠離戎狄的攻擊，遷到岐山之下定居，「乃貶戎狄之俗，而營築城郭室屋，而邑別居之」。關於周人的歷史，許倬雲、杜正勝都有很詳細的研究，請參看[78]。

周人自古公亶父遷岐之後，定居周原，周代歷史開始進入新的局面，《後漢書》卷77〈西羌傳〉記載：

> 及武乙暴虐，犬戎寇邊，周古公踰梁山而避于岐下。及子季歷，遂伐西落鬼戎。太丁之時，季歷復伐燕京之戎，戎人大敗周師。後二年，周人克余無之戎，於是太丁命季歷為牧師。自是之後，更伐始呼、翳徒之戎，皆克之。及文王為西伯，西有昆夷之患，北有獫狁之難，遂攘戎狄而戍之，莫不賓服。及率西戎，征殷之叛國以事紂[79]。

從〈西羌傳〉注引《古本竹書紀年》，可以看出王季的活動年代約在商王武乙末到文丁時代，太王遷岐當在武乙前期[80]。近數十年的考古工作已經累積了很多成果，對關中地區商周文化及西北地區羌族文化的消長融合，已經有了很好的呈現。周原地區長期在這三種文化勢力的競爭中，逐漸從小周邦的國力蓄積，發展成天下共主。長期處於戎狄之中，周民族的戎狄性在考古墓葬出土的資料中有清楚的反映，青銅禮器多受商式影響，而兵器工具多有羌戎民族特色，融合於一個墓葬中，最能說明這個現象。

先周時期的周民族有文字嗎？這只能從青銅器上的銘文去追索。張天恩在〈先周文化研究〉中對文化遺址和墓葬中出土的青銅器，已經作了非

---

78 許倬雲，《西周史》（臺北：聯經出版公司，1998三版）；杜正勝，《古代社會與國家》（臺北：允晨出版社，1992）。

79 《後漢書》（中華書局點校本），頁2870-2871。

80 〈西羌傳〉注引《古本竹書紀年》「武乙三十五年，周王季伐西落鬼戎」；「太丁二年，周人伐燕京之戎，周師大敗」；「太丁四年，周人伐余無之戎，克之」。

常仔細的研究和分析[81]，他指出關中地區出土的商代青銅器，數量已在150件以上，但可認定（或可能）是先周文化遺址的青銅器有4群31件，加上與先周典型陶器折肩罐和聯襠鬲同出的先周墓葬16處出土青銅器五十餘件，合計約有青銅器約八十餘件，其中禮器約有六十多件。仔細檢查，僅只七件禮器帶有銘文。以下列出其中出有銘青銅器的地點及銘文內容[82]：

浮沱村	𢎚簋（03017）	辛𢆶簋（03068）	賣甲罍（09773）
丁家溝	𣄄父辛尊（05660）	𢎚爵（07590）	
王家嘴80M1	息父丁鼎（01598）		
白龍墓葬	夒康鼎（01906）		

　　浮沱村、丁家溝、王家嘴M1，銘文內容都是典型商式，不同的族氏標記共存，看來這些銅器各有不同的管道來源，並不是特為該墓葬製作，因而這不能作為商文字進入關西地區先周文明的證據。換句話說，青銅器是可以流動的貴重物品，這些銅器帶著商式銘文、商人的族氏標誌，可以透過交換、掠奪等方式分配流動到這個地方，在先周文化的遺址或墓葬中出現，並不是先周民族以商文字銘鑄於這些青銅器上。

　　〈夒康鼎〉是其中比較特殊的一件有銘銅器，與上述幾件商式銘文不同，〈夒康鼎〉的銘文沒有族徽，也沒有商人的親稱日干，器身四角有扉稜，口下四面飾有一首雙身龍文，龍體曲處填圓渦文，下飾三排乳丁，足飾獸面浮雕，足部不長。〈夒康鼎〉與先周晚期典型的聯襠陶鬲同出，應是商代晚期墓葬[83]，器物的年代宜在商周之際，正與文王時期相合，此器可能是武

81　張天恩，《關中商代文化研究》第三章，「先周文化遺址和墓葬出土青銅器登記表」，頁217。

82　高家堡M1年代或到西周初，暫不列入。

83　張天恩，《關中商代文化研究》，頁22-23；《陝西出土商周青銅器‧一》（北京：文物出版社，1979），圖版1.51說明。

王滅紂以前之器。「娿」字一般寫作「姒」或「姛」，姒康是器主的名稱。
銘文中的「姒」是其身分或尊稱[84]，「姒康」或有可能是文王之配「大姒」[85]。
如果這個推測不誤，那麼，〈姒康鼎〉有可能是周人滅商之前少見的青銅
器銘文資料。

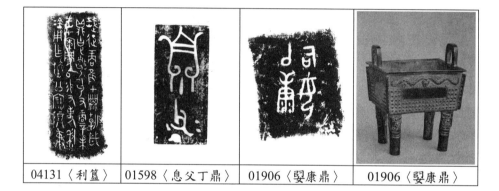

04131〈利簋〉	01598〈息父丁鼎〉	01906〈娿康鼎〉	01906〈娿康鼎〉

以上是我們對先周時期周人文字資料的清查，結果顯示商人器物屢在
周地出土，但器形、紋飾皆以商式為主，這不能代表周人文化。〈姒康鼎〉
雖然器形紋飾也不脫商式，銘文卻與商式不同，這可以說明周人對商文字
的系統並不陌生。文獻記載太王的第三個兒子季歷在商王文丁朝為「牧
師」，與商王室有密切往來。季歷之子姬昌約與商紂同時，他被商王朝任
命為「西伯」，享國五十年[86]，他曾攘西北之狄，並率西戎為商王室討伐叛
國，與商王室關係密切，無庸置疑。長期與商王室往來，若文王姬昌要為
其夫人作器，並鑄上銘文，似乎也不足為異。只是我們不禁要問，先周文

---

84 裘錫圭認為「姛」是女子的尊稱。見裘錫圭，〈說「姛」〉，《古文字與古代史》
第二輯(臺北：中研院史語所，2009)，頁117-121。

85 陳昭容，〈從青銅器銘文看兩周王室婚姻〉，《古文字與古代史》第一輯(臺北：中
央研究院歷史語言研究所，2007)，頁253-292。

86 《尚書・無逸》文王「享國五十年」；《史記・周本紀》「西伯蓋即位五十年」。
清華簡〈保訓〉「惟王五十年」記錄周文王在位五十年。

化中竟然缺乏文字資料，究竟是甚麼原因？沒有習慣在器物上鑄銘文？還是根本不熟悉鑄作銘文這一套作業系統？不得而知。有文王時期的〈姒康鼎〉，在武王伐紂後不久有〈利簋〉的銘文記錄克商過程，又有〈天亡簋〉（04261）77字長銘，敘述「天亡」佐助武王祭祀文王及上帝，有功受賞的過程，自然也就不足為奇了。

　　看來周人與商之間的改朝換代，文字的承襲並沒有發生問題，他們本來就都在同一文字圈中。可以作為佐證的還有1977年岐山鳳雛宮殿遺址窖穴出土的甲骨。從太王遷居岐下到文王晚年伐崇國作豐邑，岐山一直是周人的政治中心，這兒出現占卜用的甲骨，並不會令人意外。周原甲骨出土後引起很大的爭辯，主要問題在於這批甲骨中，有四片內容記錄與商人有關，例如「王其羍侑太甲」（H11：84）、「王其邵祀成唐鼎」（H11：1），內容是祭祀商人祖先；又有「癸巳彝文武帝乙宗」（H11：1）、「彝文武丁必」（H11：112）記錄了祭祀地點在商人祖先宗廟；其中又有「冊周方伯」（H11：84）。關於這批甲骨的族屬，比較持平的看法是：周原甲骨是商王冊封文王為西伯時，在商王宗廟舉行，周人的卜者參與其事並記錄，典禮結束後攜回岐山周地[87]。除此之外，周原甲骨還記錄了周王室的其他貴族，如「畢公」「太保」等內容，基本上，可以視為從文王時期一直延續到西周早期的周朝歷史記錄。從刻辭筆畫流暢來看，作此記錄的人不僅熟悉商人的書寫，而且可能受有史官的正式訓練。如此，周人在克商之前，儘管金文資料極少，但是從周原甲骨中屬於商末文武帝時期（周文王時期）的幾片資料看來，周人已經習慣並使用和商人相同的文字系統，是不必懷疑的。近年周公廟新發現的大批甲骨刻辭，內容記述多位周初公族人物名稱，對於周初王室貴族書寫的樣貌，有更豐富的呈現。

87　王宇信、楊升南，《甲骨學一百年》（北京：社會科學文獻出版社，1999），頁308-334。

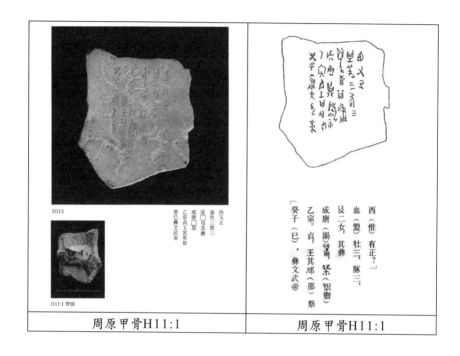

周原甲骨H11:1　　　周原甲骨H11:1

五、西周——文字一統

　　周人滅商後，為鞏固周朝政權，有幾項重要的作為，一是征伐未歸順的部族，二是大舉分封聖王之後及功臣謀士、姬姓同宗，三是遷徙殷遺民。此外最重要的是營建東都洛邑，「宅茲中國」，不外是為周王朝選擇一個更有利於控制四方領土的政治中心，這個內容在青銅器〈何尊〉的銘文裡已有反映。周王室的上述幾項政策，對於文字的廣為流布，將漢字文化圈擴大，都有實質的幫助。關於西周早期的歷史，已經有許多深入的研究[88]，這兒我們僅舉出一些例證，作為漢字圈領域擴大的實例。

88　參考許倬雲，《西周史》；杜正勝，《古代社會與國家》。

（一）西周早期有銘銅器熱區

西周早期有銘銅器分布，最明顯的是洛陽地區取代了安陽，成為最重要的銅器集中地區，洛邑作為西周政治都會東都，銅器的重心也跟著轉移。其次是咸陽豐鎬地區，這兒不僅是周王經常駐蹕之處，也是西周的重要根據地。陝西扶風周原地區西延至寶雞地區，這一區域本來就是周人的宗廟及大本營，大量有銘青銅器在此出土，是很容易理解的。

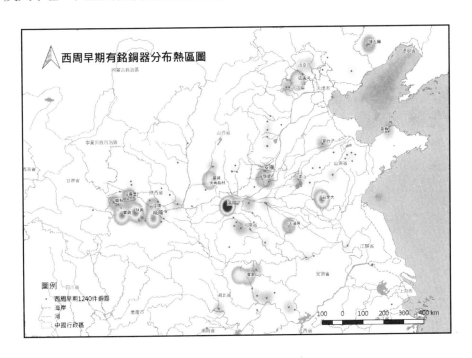

從有銘銅器分布圖可以明顯看出，周初分封的幾個大國，如燕國在北京附近的琉璃河、衛國在河南鶴壁一帶、晉國在山西天馬曲村，都有較多有銘青銅器出現。周王對南方防衛設置的侯國，如隨州的葉家山出土大量曾侯器物、在周王南征路線沿途各地設置的據點，如湖北黃陂、孝感地區、河南信陽地區，也都出有銅器。可以說，周初的有銘銅器分布已經到了長

江的北岸。魯西南的前掌大及河南鹿邑太清宮是殷遺貴族的居住地，也出有大批有銘銅器。

以山東為例，商代的東土地區已經存在與商國友好的方國存在，但山東主要還是以夷人為主，並非整個的山東半島都在商人的控制當中，所以才會有帝辛時期征夷方的戰役。西周初期，征伐山東地區的歷史記錄很多，青銅器銘文中也多所反映，例如〈覺方鼎〉銘「周公征伐東夷，豐伯、薄姑咸哉」（02739）是周公東征的見證；〈剛劫尊〉、〈剛劫卣〉銘文「王征奄」（05977、05383）正是文獻記載「王踐奄」的真實記錄。東進山東半島既是周王朝的重要政策，「封師尚父於營丘曰齊」，「封周公旦於曲阜曰魯」，就是具體的行動。太公所封的營丘在今臨淄地區，附近為東夷人所居，「太公至國，修政，因其俗，簡其禮」，逐漸蔚為大國，雖「因夷俗」，但仍不免遭到夷人叛亂，「萊夷」就是其中之一。「萊侯來伐爭營丘」說明姜太公在齊國仍然受到當地土著民族的反抗。召康公在這樣的背景下，命太公「東至海，西至河，南至穆陵，北至無棣，五侯九伯，實得征之」[89]。齊人成為山東半島的大國，「萊夷」是齊的敵對國，與周王朝的關係可能也時好時壞，卻也使用與齊同樣的文字，西周早期〈旅鼎〉（02728）銘文記載「公大保來伐反夷方」賞賜給「旅」貝十朋，銘文最後綴以族氏標誌「來」字，這件器物出於山東龍口市歸城，被認為是「萊」人之器。西周時期山東地區還有濟陽劉台子墓地出土有「逄」國青銅器多件，「逄」的始封君逄伯陵為炎帝之後，姜姓，濟陽也在齊的統領區域之內。但是山東地區的夷人族群是否都使用漢字，目前並沒有太多的證據。

周成王分封召公於北燕，故城在今北京附近的薊縣一帶，現今的北京房山琉璃河地區，出土大量帶有銘文的青銅器，其中包括有M1193號大墓〈太保盉〉（《新收》1367）〈太保罍〉（《新收》1368），見證周王命召公「侯于燕」的歷史事實。此外還有「燕侯」的器物及歸順於周的殷遺民的器物，這些

89　《史記》卷32〈齊太公世家〉，頁1408。

器物與中原周民族的風格一致，器主卻往往是殷人後裔，例如琉璃河53號墓，器主是「攸」，受燕侯賞賜作「父戊尊彝」（03906〈攸簋〉）、52號墓器主「復」受燕侯賞賜作「父乙尊」（05978〈復尊〉）、251號墓「伯矩」受燕侯賞賜作「父戊尊彝」（00689〈伯矩鬲〉），這個現象可能反映燕國墓地中許多殷遺民繼續大量使用文字。西周燕國的勢力可能更向東北延伸，〈燕侯盂〉（10305）出土於遼寧省的凌源縣海島營子村地區，附近的馬廠溝及相去僅有幾里路的喀左地區，出現窖藏大批帶銘文青銅器，其中也有「伯矩」器物，這些現象應該是解釋為燕國控制區域及於此地。商遺民之器大量出現燕國控制區內，可能是周人在分土授民時對商遺民處置的方式。周初燕國的分封，將文字運用擴散到周朝的東北疆地區，直到遼寧凌源地區，分封有助於文字的散播。

09810〈父丁孤竹亞微罍〉	09810〈父丁孤竹亞微罍〉	10305〈燕侯盂〉

喀左窖藏銅器中，多數是收集得來的商式銅器，也有一些周人器物，但銘文無法證明成組成群或是某個氏族專有。其中須特別注意的是一號窖藏出土的罍（09810），這一件罍的肩上飾有圓渦紋、獸首雙耳，器形、紋飾都是商代很常見的，銘文「父丁孤竹亞微」。唐蘭從文獻上考察，指出古孤竹城在遷安縣附近，是孤竹國的都邑，孤竹國是個畜牧族群，其活動範

圍當不止此，喀左正在遷安東北不遠處，商代應屬於孤竹國[90]。

一號窖藏出土的這件有銘銅罍，李學勤最早釋出銘文中的第三字為從孤從曰的「晉」字，第四字「𝐀」為「竹」字，兩字合起來正是文獻裡的「孤竹」[91]。孤竹在青銅器銘文中出現多次，有時單稱「竹」，常跟「亞𣃓」同出現在一件銘文上，北洞出的這件器銘與「亞微」同見，「亞𣃓」「亞微」都是孤竹國的族氏[92]。孤竹國君是墨胎氏（或稱「墨夷氏」或「目夷氏」），《史記‧殷本紀》說「目夷氏」是契的後代，為子姓古國，孤竹與商為同姓諸侯國[93]，但是在文獻上，孤竹常與今支、無終相提並論，都是活動於長城內外的游牧民族，出土上述青銅器的窖坑上下文化遺存，是屬於夏家店文化，喀左、盧龍附近出土青銅器也常伴隨有金腕飾，正是夏家店下層文化的特點[94]。夏家店下層文化是遼寧、河北的土著文化，這意味著孤竹國雖然是商王朝的同姓諸侯國，所據可能只局限在較小的區域，在廣大的北方草原地區，其實是山戎土著民族的活動範圍，畜牧是主要生活方式。李學勤指出，位於盧龍的孤竹城是孤竹國君或少數華夏化民眾定居之處[95]，孤竹青銅器使用的文字與商為同一系統，自然是可以理解的。但廣大的草原上其他戎狄部落，除了「無終」之外，看不到任何其他文字資料。

河北石家莊地區元氏縣西張村出土的〈臣諫簋〉（04237）反映的是西周早期北疆與戎人接觸的第一線。銘文中說「戎大出於軝，邢侯搏戎，延令臣諫以□□亞旅處於軝……」，銘文中的邢侯應為周成王時封於邢的周公之子，邢的初封地點在河北邢台。元氏縣西張村在邢台之北約75公里，西

90　唐蘭，〈從河南鄭州出土的商代前期青銅器談起〉，頁11，頁14注28。
91　晏琬，〈北京、遼寧出土青銅器與周初的燕〉，《考古》1975.5。
92　李學勤，〈試論孤竹〉，《社會科學戰線》1983.2，又收入《李學勤卷》（合肥：安徽教育出版社，1999），頁121-132。
93　李學勤，〈試論孤竹〉，頁121-132。
94　遼寧省博物館、朝陽地區博物館，〈遼寧喀左縣北洞村出土的殷周青銅器〉，頁364-372；李學勤，〈試論孤竹〉，頁121-132。
95　李學勤，〈試論孤竹〉，頁121-132。

張村當地有汦水流經，西張村西周墓葬在村西約半公里處，與〈臣諫簋〉同出的〈叔趯父卣〉(05428-05429)銘文中提到「用饗乃辟軧侯」，看來當地應有軧國。臣諫奉邢侯之命出兵在軧地與戎人搏鬥，可知軧國應是聽命於邢侯的友邦小國[96]。石家莊地區一向是戎狄與華夏族交錯往來頻仍的地區，西張村銅器出土正好見證了西周早期戎人進出此地，與華夏民族短兵相接的歷史。

西周早期西北地區甘肅靈臺白草坡西周早期墓葬也很值得注意。白草坡M1出有多件商代晚期青銅器，墓主應以該墓中所出〈潶伯尊〉(05848)〈潶伯卣〉(05226、05227)為準。M2出有二鼎二簋一尊二卣二盉共9件，皆為「㝬伯」作器，墓主應為「㝬伯」。「潶伯」「㝬伯」是否為同一家族，待考。從兩個墓地出土有管銎兵器、鈴首刀、鏤空蛇紋鞘短劍等北方式青銅器看來，該墓地主人行中原禮制及使用中原文字系統，但在日用工具武器上卻多戎狄色彩。發掘報告指稱「潶伯」為黑姓，為殷王族子姓微子之後[97]，恐怕未必。其實，「潶」字所從與「黑」不類，參〈大盂鼎〉「𡊍」(至)字及〈克鎛〉「涇」(涇)字寫法，知「潶」可能釋為「涇」，「潶伯」或釋為「涇伯」，白草坡在涇水流域。

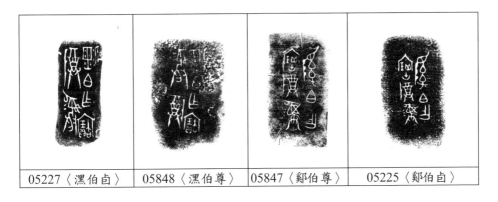

05227〈潶伯卣〉	05848〈潶伯尊〉	05847〈㝬伯尊〉	05225〈㝬伯卣〉

96 參李學勤，〈元氏青銅器與西周的邢國〉，《考古》1979.1：56-59，88。
97 甘肅省博物館文物隊，〈甘肅靈臺白草坡西周墓〉，《考古學報》1977.2：99-129。

　　陝西西部西周早期墓葬最值得一提的是寶雞強國墓地，這個墓地包括紙坊頭、竹園溝、茹家莊三個墓區，墓主是幾代強國國君，活動時間約從西周武成時期直到昭穆時期。發掘報告上指出強國墓地的葬俗帶有甘肅地區齊家文化、寺洼文化的習俗(如墓壙頭寬足窄、隨葬礫石、同室殉妾)；兵器以虎紋為飾接近巴蜀、有鋬兵器、三角援戈及柳葉型青銅短劍多見於西北陝甘一帶；出土人形髮型多椎髻與披髮、袍服左衿壓右衿等特色，體現西羌的文化特徵。但在青銅禮器的形制、組合、花紋都與中原地區青銅裡器沒有差別(部分青銅器有特殊造形)[98]，少數生活用具如小型的尖底罐、平底罐、淺盤器等未見於其他地區。銘文的內容說明這些青銅器並不是外地輸入，而是器主生前製作死後隨葬，很顯然墓主是接受了中原禮樂制度的規範。強國墓地的幾代國君與姬姓矢、邢、豐、夌等部族通婚[99]，通過與上層貴族的婚姻交流進行文化融合，青銅禮器上的銘文也充分的反映了這一點。不過總的說來，強國自作的青銅器銘文看起來較為粗糙，規範程度較差。

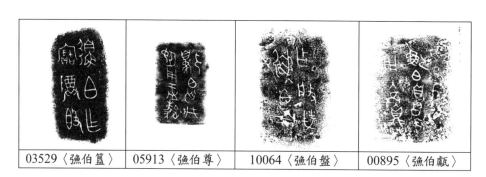

| 03529〈強伯簋〉 | 05913〈強伯尊〉 | 10064〈強伯盤〉 | 00895〈強伯甗〉 |

98　盧連成、胡智生，《寶雞強國墓地》(北京：文物出版社，1988)。

99　矢國的族姓歷來有很多討論，沒有定論。近年在晉侯墓地M114新出土的〈叔矢鼎〉(《〈新收〉915)銘文將文獻上晉的始封之君「唐叔虞」寫作「叔矢」，很顯然「矢」的讀音應與「虞」字相近。西周初期到晚期，在寶雞地區汧河流域出土的十多件「矢」國銅器，詳細討論請參看陳昭容，〈「矢姬」與「散姬」──從女性稱名規律談矢國族姓及其相關問題〉，《古文字與古代史》第三輯(臺北：中央研究院歷史語言研究所，2012)，頁251-286。

　　從有銘青銅器的出土地來看，西周早期漢字文化圈，東方應包括山東半島；東北到北京地區，少數到遼寧凌源一帶；北邊到河北省元氏縣西張村；西北到甘肅靈臺白草坡；西邊到陝西寶雞地區；南方到湖北江陵、安陸、黃皮縣地區。終西周之世，經略南方始終是主要政策，多次戰役多與伐荊楚、南淮夷有關，因而沿隨棗走廊、溠水流域多見有銘銅器。

（二）西周中、晚期

　　西周中期明確知道出土地點的器物較少，有銘銅器熱區圖顯示洛陽、咸陽、扶風、寶雞是銅器最密集的區域。到西周晚期，周原地區出土的青銅器仍是最大宗，明顯的改變是封國的器物成為大宗，如山西天馬曲村一帶的晉國、河南三門峽的虢國、河南平頂山的應國、陝西韓城梁帶村的芮國等。此外，山東半島以曲阜出土魯國銅器甚多，萊陽、黃縣都出有姜姓紀國青銅器等。但是直到西周晚期，山東地區除龍口的萊（釐）和濟陽的「夆」（逄）之外，似乎看不到其他東夷族群使用漢字的證據。

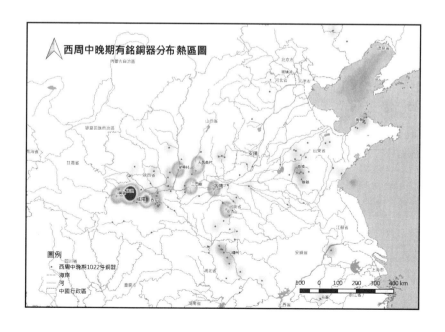

到西周晚期，南方有銘銅器分布仍以到長江流域北岸為主要。如果將焦點集中在長江以南的浙江、江西、湖南，我們很驚訝地發現，西周中期、西周晚期，長江以南，有銘青銅器竟然是一片空白。綜合前述對西周早期的討論，有銘銅器的製造地都不在長江以南，極少數西周早期的器物，都是來自中原製造。加上西周中期、晚期有銘銅器在江以南一片空白[100]，討論至此，可以到一個結論：長江以南，在西周時期，沒有文字資料，或許可以這麼說，到西周晚期，漢字文化圈沒有過江。

總之，從西周時期開始，可見的文字資料增多，目前可見的西周有銘銅器將近七千筆，出土地明確可考者約二千多件，散播的地域較商代晚期為廣，不像商代的文字資料那樣集中於幾個主要區塊；銘文記錄的內容也較商代晚期更為豐富。在周代廣袤的土地上，東到山東半島，西到汧渭流域的寶雞地區，南到長江的北岸，北到北京地區，都可以發現有銘銅器分布。這個大範圍可以視為是漢字傳播所及的地區。

(三)非周族群融入漢字文化圈

從西周時期開始，周人有系統有組織地以同姓的血親與非同姓的姻親為主，建立起封建大國，漢字隨著政治勢力的推播，隨著主流文化得以拓展。更值得重視的是，文字不再是中央政權領導者獨有的權利，非周的邊邑族群使用漢字，或遷入周人地區共居，使得漢字使用者的族群明顯擴大，這與商代僅見子姓商族文字資料的狀況，大為不同。周邊的非周族群，共同使用漢字，促使文化的交流與融合更為順利。

從文獻記載看，終西周之世，四方蠻夷戎狄始終是周王室的大患，伐鬼方玁狁、征南淮夷，經過許多慘烈的戰爭，參與戰爭的主要將領也常將

---

100 安徽屯溪在出現過〈子刀父乙尊〉(05725)屬西周早期器，又有〈公卣〉(《新收》1315)、〈作寶尊彝卣〉(《新收》1316)屬西周中期器，但這些器物的形體紋飾，都與中原地區青銅器相同，且屯溪墓葬中的器物並非成組成群，也看不出族屬。同出的無銘器物時代都較晚，可見上述幾件西周器是流傳的結果。

戰功鑄於青銅器上，作為銘功頌德的主題。透過征戰攻伐，不少周邊異族逐漸融入漢字文化圈中。夷狄華夏間的婚姻往來也促成漢字文化圈的擴大，前述的強國墓地就是明顯的非華夏族的接受中原文化的例子，使用漢字是最明顯的華夏化的表徵。如果說，周人在使用文字上，顯現出來的是「書同文」的現象，一點也不為過[101]。

以下舉兩個非華夏族群「華夏化」的例子，他們進入周的政治核心區域與華夏族同居共處，或透過婚姻關係，他們都使用漢字，從表面上看，他們都成功地脫去夷狄的外殼。

山西運城市絳縣西部橫水地區，在2004-2005年發掘清理兩座西周中期墓葬，其中M1出有「倗伯作畢姬寶旅鼎」、「倗伯作畢姬寶旅簋」等有銘青銅器；M2出有〈倗伯鼎〉銘「倗伯肇作尊鼎，其萬年永寶用享」、「唯五月初吉倗伯肇作寶鼎，其用享孝于朕文考，其萬年永寶」等有銘銅器。推測M1墓主應是「畢姬」，M2墓主為「倗伯」，畢姬為倗伯之妻[102]。倗國為媿姓國，傳世的〈倗仲鼎〉（02462）銘「倗仲作畢媿媵鼎」就是倗國嫁女到畢國的媵器。畢為姬姓國，M1倗伯作器給畢國來的姬姓女子，兩件器物正是媿姓倗國與姬姓畢國往來聯姻最好的證物。

M1倗伯作畢姬簋	M1倗伯作畢姬簋	02462〈倗仲作畢媿鼎〉	M2倗伯鼎

---

101 陳昭容，〈從青銅器銘文看兩周夷狄華夏的融合〉，《古文字與古代史》第二輯，頁330-362。

102 山西省考古研究所等，〈山西絳縣橫水西周墓發掘簡報〉，《文物》2006.8：4-18。

王國維很早就指出媿姓是鬼方族姓，「《春秋左傳》中凡狄女稱隗氏，而見於古金文中則皆作媿」[103]。陳公柔進一步指出「媿姓諸器銘文中之媿，即《左傳》中所謂『懷姓九宗』的懷姓」[104]。倗伯媿姓，應該是夷狄，從倗伯所作的器物銘文看來，他不僅熟悉地掌握漢字的寫法，銘文內容也完全和主流周人的銘文無異。M1墓中另有〈倗伯再簋〉為證，銘文為「唯廿又三年初吉戊戌，益公蔑倗伯再曆，右告令金車旅，再拜手稽首，對揚公休，用作□考寶尊，再其萬年永寶用享」。益公為西周中期王朝重臣，多次出現在青銅器銘文中。倗伯再受益公蔑曆賞賜，可能與周王室關係密切。從這兒看來，倗伯已經華夏化很徹底了，唯有墓葬中還留有一些「非周因素」的痕跡，據簡報指出，M2倗伯墓是豎穴土壙木槨墓、一槨二棺、墓主頭朝西、俯身直肢，有四個殉人，後三項都不是「周人」習慣的葬式。周貴族一般頭南北向、仰身直肢，沒有殉人。那麼來自姬姓貴族畢國的倗伯夫人葬式呢？她擁有精美的荒帷作棺飾；也有整齊的禮器及恰如身分的組玉佩，她堅持仰身直肢如姬姓葬俗，但是卻頭朝西，符合了夫家的習俗。近年陸續發表的倗國銅器，展現出倗國從西周中期開始，姬姓族群聯姻、使用漢字、與王室諸侯通使，積極與華夏族群往來。倗國墓地附近的大河口霸國墓地出土銅器也多鑄有銘文，說明霸國與倗國有相同的經驗[105]。

儘管非華夏族可以透過文字書寫融入漢字圈中，但葬式卻仍是保守舊有傳統。以長安張家坡灃河以西的張家坡西周墓地為例，灃西舊傳是周文王「既伐于崇，作邑于豐」的豐京所在。這個墓地中有華夏化的異族在此

---

103 王國維，《觀堂集林》卷13〈鬼方昆夷玁狁考〉，頁571-594。
104 陳公柔，〈說媿氏即懷姓九宗〉，《古文字研究》16(1989)：211-217。
105 謝堯亭，〈倗、霸及其聯姻的國族初探〉，收入陳光祖主編，《金玉交輝——商周考古、藝術與文化論文集》(臺北：中央研究院歷史語言研究所，2013)，頁285-305；陳昭容，〈兩周夷華族群融合中的婚姻關係——以姬姓芮國與媿姓倗氏婚嫁往來為例〉，收入上海博物館、陝西省考古研究院主編，《兩周封國論衡——陝西韓城出土芮國文物暨周代封國考古學研究國際學術研討會論文集》(上海：上海古籍出版社，2014)，頁88-106。

聚居群葬。考古學者在張家坡發掘了390座西周墓葬，其中有四座帶墓道的大墓，都出有「邢叔」自作的青銅禮器，推斷應該是幾個不同世代的邢叔，這個墓地主要是邢氏家族的族墓。邢氏為姬姓大族，「邢叔」是西周朝廷重臣，張家坡族墓也都反映了周人的葬式，豎穴土壙墓中多數有棺有槨，仰身直肢，陪葬器物因身分等級的不同也有一定的階位次序，符合西周的禮制傳統。比較特別的是在這墓地的西北方有一群排列整齊的洞室墓共21座，墓室由一個豎穴土坑墓道加上一個橫穴洞室組成，葬具多只有一棺，隨葬器物置於洞室兩端，再由厚木板或葦蓆封門，墓道實以五花夯土。這樣的墓葬形式在這一大片西周墓中，顯得十分特別。這種葬式在扶風劉家村的先周墓葬群中也發現過，劉家村洞室墓隨葬的器物主要是高領袋足鬲和折肩罐，這正是羌族陶器的典型樣式。已有學者仔細比對過張家坡洞室墓，發現與源自甘肅辛店文化的劉家村墓葬最為相似，認為其族屬應不是姬周族，而是羌族的一支，在灃西張家坡地區應是聚族而居、聚族而葬的生活形態[106]。

在張家坡的洞室墓中M183最為特別，葬式與其他洞室墓無異，但位置不在西北方與其他洞室墓一起，而是靠近幾座邢叔大墓，尤其與M170邢叔墓的墓道約僅8公尺。M183出土有青銅禮器2鼎1簋1甗1爵。爵柱上有銘文「父己」，看來是時代較早的器物，可視為家族收集品，其他四件禮器器身皆樸素無文，僅口下有一周或兩周弦紋，風格相近，可視為同時製作的器物。其中簋銘「孟父作旅簋」（《新收》695），另有一鼎一甗銘文相同，敘述「孟員」受到「孟父」賜貝而作器（〈孟員鼎〉《新收》697、〈孟員甗〉《新收》696）。另有〈伯唐父鼎〉（《新收》698），銘文敘述伯唐父參與周王的祀典並受賜「秬鬯一卣貝五朋」的榮寵。「孟父」是家族之長，M183墓主「孟員」是受賞的晚輩，伯唐父與孟員關係待考，但器物風格一致，兩人的關係至

---

106 中國社會科學院考古研究所灃西發掘隊，〈長安張家坡M183西周洞室墓發掘簡報〉，《考古》1989.6：524-529；梁星彭，〈張家坡西周洞室墓淵源與族屬探討〉，《考古》1996.5：68-76。

少應是同一家族。從〈伯唐父鼎〉看來，孟員必定與王室關係良好或在朝為官。M183洞室墓墓主若是正如學者所分析，是羌族的一支，那麼，孟員可能是這一群洞室墓族群中位階很高的特別人士。居住在周王室政治核心之中，與權貴家族往來，他也可能位高權重，除了墓葬形式還保留原先族群的習俗之外，僅有一柳葉劍還稍稍看得出西北民族的特色。從人物命名方式、禮器形制組合、銘文或是參與王室活動，看來他已經是一位深度華夏化的非姬周人士。漢字的使用正是他徹底華夏化的表徵。

周人本是在商代晚期崛起於渭水流域的民族，保持自己原有的西方羌戎民族特色[107]，融合東方商民族的文明，當周人滅商之後，建立自己的一套禮樂制度，從此「宅茲中國」為天下之共主，四土以時朝貢，蠻夷要服。青銅器銘文中對於周王多次用兵南征，有豐富的記錄，「弘魯昭王，廣笞楚荊，唯貫南行」（〈牆盤〉10175），南征不外乎是要打通管道，以利南方物資輸送；「毋敢不即次、即市，敢不用令，即刑撲伐，勿遺壽幼」（〈兮甲盤〉10174)是對於維護市場流通的宣示。周人在銘文中屢次提及「闞玁狁」「盠追搏戎」（〈四十二年逑鼎〉《新收》745、746），西北的戎和南方的夷，都被稱作「方蠻」（〈牆盤〉10175)，「用不廷方」（〈五祀鈇鐘〉00358)、「征四方，撲伐楚荊」（〈逑盤〉《新收》757)，是對「不廷方」的威嚇。此時的周人完全退去他戎狄的外衣，奉天承命，奄有四國。「蠻」被重新定義，使用漢字或許正是成為「非蠻」的要素。

六、周秦之際的西秦與南楚

西周晚期的秦與楚，是新崛起的西戎與南蠻勢力。秦說自己的先祖是「帝顓頊之苗裔孫曰女脩」，先祖曾「與禹平水土」「佐舜調訓鳥獸」「子

---

107 杜正勝，〈周秦民族文化「戎狄性」的考察——兼論關中出土的「北方式」青銅器〉，周秦文化研究編委會編，《周秦文化研究》（西安：陝西人民出版社，1998），頁507-536。

孫或在中國或在夷狄」。從秦的早期歷史來看，其實秦始終活動於陝西西部渭河流域及甘肅西漢水流域。西周中期孝王使非子「主馬於汧渭之間」，「分土為附庸，邑之秦」，「以和西戎」，直到秦仲死於攻打西戎的戰役，其子莊公兄弟五人破西戎，被封為「西垂大夫」，從不曾「或在中國」。西周末期幽王褒姒之亂，秦襄公送平王東遷洛邑有功，平王封襄公為諸侯，「賜岐以西之地，曰：戎無道，侵奪我岐、豐之地，秦能攻逐戎，即有其地」，《史記》這段話說得很清楚，原來平王當時封給秦的「豐岐之地」，都是犬戎的天下，如果能攻退西戎，這塊地才屬於秦。直到文公16年，秦國才終於擊退戎人，「遂收周遺民而有之」，擁有岐以西之地。早期的秦史幾乎全是秦與戎人征戰的歷史，透過不斷的攻伐、融合還有通婚，秦人逐漸茁壯，並逐步沿渭河流域往東發展，慢慢向農業發展，早期「秦」字的結構從「舂」從「禾」，寫作「𥠼」，營邑於汧渭之會成為定居從事農業生產的標記。秦文公是秦史上很有作為的領袖，「十三年，初有史以記事，民多化者」，「二十年，法初有三族之罪」，秦雖戎狄，有了歷史和法律，進入文明時代。

秦文公設置史官，「初有史以記事」，說明秦人此時已開始使用文字記錄歷史，太史公著《史記》，每以《秦記》為參考[108]，〈秦始皇本紀〉附有秦之先君立年、享國、居處、葬處，自襄公開始至秦二世止前後五、六百年[109]，所根據的也應該是《秦記》，這證實秦國有自己的史事記錄。有史事記錄，勢必有書寫的質材、工具，還有最重要的「文字」[110]。從考古出土的材料看，秦國之有文字可能早於文公。青銅器〈不其簋〉是秦受命為諸侯之前唯一的文字記錄[111]，根據李學勤的說法，「其」是莊公的名字，器作

---

108 《史記》卷15〈六國年表〉，頁685。
109 《史記》卷6〈秦始皇本紀〉，頁285-290。
110 從目前的資料看來，秦人書寫的文字系統與周人無異。本文援用學術界的慣例，通稱自商周以下一脈相承的書寫文字為「漢字」。
111 〈不其簋〉，《集成》04328、04329。

於周宣王四年(825 BCE)[112]，銘文記錄了莊公伐玁狁有功受賜，因而作器紀念並享祀「朕皇祖公伯、孟姬」，銘文證實莊公的祖父，即秦仲的父親為「公伯」，娶了姬姓女子為妻。〈不其簋〉的器形紋飾都很精美，完全是西周晚期風格的呈現，銘文字體也流利順暢，長期居處戎狄的秦人是否有這樣的技術與文化，實令人懷疑。

如果排除〈不其簋〉，目前可見的最早的秦人書寫材料應是大堡子山墓地的銅器銘文，作器者「秦公」可能是秦文公。甘肅禮縣大堡子山從1987年開始，甘肅禮縣即有古董收購商教唆盜掘，到1993年夏秋間遭嚴重盜掘，甘肅省考古研究所田野考古隊緊急搶救清理，在1994年3-11月間，共發掘清理其中兩座中字形大墓、一座瓦刀形車馬坑、九座中小型墓葬，出土有秦公青銅器百餘件及金飾片、金器一批，論者多認為是最早期的幾位秦公之墓。秦公製作銅器銘文多件，作器者「秦公」可能是秦文公[113]。

秦人的族屬與來源一直是學術界爭論不休的問題，甘肅東部甘谷縣毛家坪墓地是對早期秦文化研究最重要的墓葬區。西周時期毛家坪墓地部分墓葬以屈肢葬、頭朝西為特色，而且這種葬式一直延續到戰國，中小型秦墓都延續此特色，屬於秦公級的大型墓或有直肢葬，但多有殉人，這些墓葬的型式最能反映秦人的文化特質，顯然與周人大不相同。最新的研究將早期秦人的活動區指向隴山西麓牛頭河流域清水地區，不過這兒至今並未發現文字資料[114]。儘管秦人與周王室關係密切，但至目前為止，秦文公「初有史以記事」還是符合考古出現的文字材料。從大堡子山出土的銅器銘文上看，這時候秦人的書寫已經相當成熟。秦武公(697-678 BCE)與周王室女子

112 李學勤，〈秦國文物的新認識〉，《文物》1980.9：25-31，又收入《新出青銅器研究》(北京：文物出版社，1990)，頁272-284。李學勤，〈補論不其簋的器主和時代〉，收入徐衛民、雍際春主編，《早期秦文化研究》(西安：三秦出版社，2006)，頁7-12。

113 陳昭容，〈秦公器與秦子器——兼論甘肅禮縣大堡子山秦墓的墓主〉，收入上海博物館、香港中文大學文物館主編，《中國古代青銅器國際研討會論文集》(上海博物館、香港中文大學文物館出版，2010)，頁229-260。

114 甘肅省文物考古研究所、清水縣博物館編，《清水劉坪》(北京：文物出版社，2014)。

結婚，青銅器銘文上說到先公「虩事蠻方，盭百蠻，具即其服」（〈秦公鐘〉〈秦公鎛〉），敘述秦人小心謹慎的處理周圍蠻夷戎狄之事，秦武公製作的樂器銘文長篇大論，字跡嫻熟優美。秦穆公(659-621 BCE)是是致力於華夏化的秦族名君，他不僅以「中國」自居，且標榜秦國「以詩書禮樂法度為政」。秦景公石磬(573 BCE)銘文說「紹天命，曰，肇敷蠻夏，極事于秦，即服」，強調秦人是「蠻夏皆服」的勢態。西周從中原舞台看秦人，與戎狄無異，到春秋中期，秦人則誇大的自視為華夏共主，並且以「鎮靜不廷」為己任。從秦景公石磬銘文說「高陽有靈」看得出來當時秦人已確認自己是高陽的後裔，秦人的華夏化已經十分徹底了。使用漢字，對於秦人順利進入中原舞台，與各國通使往來流暢無礙[115]。

楚國也與秦人一樣，傳說其先祖出自顓頊高陽。《史記》記載了楚國的多代先祖後，突然在「穴熊」之後記一筆「其後中微，或在中國，或在蠻夷，弗能記其世」。西周晚期夷王時，王室衰微，熊渠興兵伐周邊小國，還說「我蠻夷也，不與中國之號諡」，立三子在江上楚蠻之地為王。戰國包山、望山、葛陵楚簡中都重複記載了「三楚先」，包括「老僮」（即卷章）、「祝融」、「毓熊」為最重要的先祖。楚國是典型的「英雄祖先」的例子，看來在戰國時期已經完成了這個祖先神話，而「我蠻夷也」可能還是符合實際的說法。

楚國文字資料最早見於西周中晚期之際的青銅器〈楚公㝬鐘〉，本器傳世有四件，1998年扶風縣周原召陳村召陳五號窖藏又出一件（《新收》659），學者認為器主可能是熊渠。另有西周晚期〈楚公逆鐘〉一件，宋徽宗時期出於湖北嘉魚縣，另1993-94年山西省天馬－曲村遺址北趙晉侯墓地M64又出〈楚公逆鐘〉八件（《新收》891-898）。楚公器物為何進入周原和北趙晉侯墓地，待考。但西周晚期周夷王時，楚國已有文字，且與中原漢字同一系

---

115 陳昭容，〈從文獻與出土文物看早期秦國融入華夏的歷程〉，《第四屆國際漢學會議論文集——出土材料與新視野》（臺北：中央研究院，2013），頁273-312。

統，於此可以確定。春秋之後，尤其是中期之後，楚系文字出現甚繁，多在河南、湖北地區。

七、春秋以降——漢字文化圈擴大到長江以南

周王室東遷，在漢字的傳播方面，起了較大的影響。王室及其封國鑄器不再是專利，周王室積弱，各國競相進入政治舞台，列國鑄器並在青銅器上加鑄族氏名號，形成風氣。洛陽往西到咸陽、扶風、寶雞這一線地區，是西周時期的銅器重要區域，春秋以後顯得落寞了。山東地區與漢水流域列國並起，從熱區圖上明顯可以看出這個變化。山東地區春秋早期除了齊、魯大國鑄造有名銅器之外，還有薛、鑄、邿國等國族也紛紛鑄器。值得一提的是山東地區的夷族，如邾國、杞國從春秋早期開始大量鑄器，春秋中期，更有莒縣的莒國、邳州的徐國等也大量製造禮器、樂器，並以漢字鑄

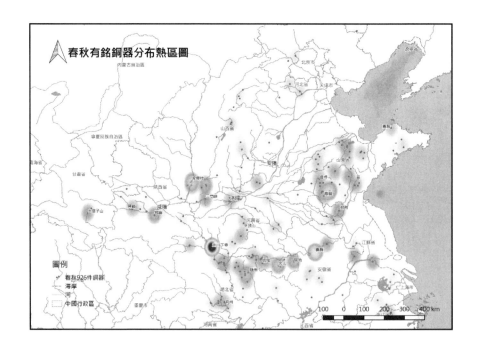

銘，從其文字結構流暢、押韻和諧，銘文內容和華夏族群作器無異，可以說，這些非華夏族群已經嫻熟的使用漢字，毫無問題。

同樣的狀況也出現在江漢流域，楚國及其密切關係的隨縣曾國、淅川媿氏大量鑄器之外[116]，安徽壽縣蔡國，河南信陽樊國、光山縣黃國、桐柏縣一帶蔣國，安徽蚌埠一帶鍾離國等，也都大量鑄造銅器，銘刻文字。

以下我們將焦點放在長江以南的的浙江、江西、湖南地區。經核查，長江以南僅有一處發現春秋早期有銘青銅器，即江西省樟樹市臨江鎮出土的〈者減鐘〉（00193-00202）。依《西清續鑑甲編》的記載，「乾隆二十有六年(1761 CE)，臨江民耕地，得古鐘十一，大吏具奏以進」。〈者減鐘〉最小的一件無銘，有銘文者共十件，現藏臺北故宮兩件、北京故宮及上海博物館各一件，其餘下落不明。銘文內容有作器者的名字「工猷王皮難之子者減自作瑤鐘」，青銅器研究學者認為「皮難」是吳國的「畢軫」，「者減」是他的兒子「去齊」[117]，年代應該是在春秋中期。《春秋經》成公七年(584 BCE)「吳伐郯」「吳入州來」，吳見於經始於此。《左傳》「巫臣請使於吳，晉侯許之，吳子壽夢說之，乃通吳于晉」。《史記・吳太伯世家》說「去齊卒，子壽夢立，壽夢立而吳始益大，稱王。」[118]根據這些資料，我們認為《殷周金文集成》將〈者減鐘〉定為春秋早期，時代訂得太早了。這是一件春秋中期的器物，也是吳國有銘銅器最早的一件。〈者減鐘〉的器形紋飾與中原相同，銘文的格式也與中原器物的格式一致，看來這個時候吳國已經與中原往來，吳國之「通于中國」，不須等到壽夢二年(584 BCE)申公巫臣自晉使吳。經傳中記載的吳國事件，與最早的吳國青銅器〈者減鐘〉時代約略相同。〈者減鐘〉的銘文內容，與其他國家製作的鐘銘相差

116 淅川地區在春秋銅器熱區圖上顯得較多銅器匯集，主要原因是該地出土的成套樂鐘較多。

117 馬承源，〈關於㠱生盨和者減鐘的幾點意見〉，《考古》1979：60-65；董楚平，《吳越徐舒金文集釋》（杭州：浙江古籍出版社，1992），頁26-39。

118 《史記・吳太伯世家》（中華書局標點本）卷31，頁1447。壽夢立為吳王是586 BCE。

不多，看來已經是「通於中國」。其後最有名的「季札」是「壽夢」之子，諸樊之弟，孺慕中原文化。魯襄公29年(544 BCE)，「吳公子札來聘」，「請觀于周樂」，發出「美哉淵乎」「美哉泱泱乎」的讚嘆，看到頌文王、武王之舞，「美哉，周之盛也，其若此乎！」在季札的身上，可以看出對中原文化的嚮往。

關於吳國的歷史，傳說其始祖是周太王之長子太伯「奔荊蠻，自號勾吳」。太伯奔吳的故事，王明珂已經有很深入的研究，指出：吳人以太伯為始祖，是「英雄祖先」的例子，當周邊族群在融入華夏的過程中，建構祖源也是融入華夏的一種主要手段。根據《史記‧吳太伯世家》記載的吳人世系如下：

> 太伯─(弟)仲雍─季簡─叔達─周章(武王克商，周章已君吳，封其弟虞仲於夏墟)─熊遂─柯相─彊鳩夷─餘橋疑吾─柯盧─周繇─屈羽─夷吾─禽處─轉─頗高─句卑(畢軫)─去齊─壽夢(585-561 BCE)─諸樊(560-548 BCE)─(弟)餘祭(547-544 BCE)─(弟)餘眛(543-527 BCE)─僚(526-515 BCE)─光(闔閭514-496 BCE)─夫差(495-473 BCE)

除了太伯、仲雍、季簡三位吳人先祖以周人方式命名外，其餘都是以漢字作為記音符號記錄其傳說中的先祖名號。春秋中期以後，吳國有銘銅器上所鑄的作器者名，寫法各異，僅記其音，名字中還往往加有無意義的字作前綴或中綴，例如諸樊在兵器上也自銘「姑發者反」等[119]。這些現象足以說明漢字在記錄吳王名字時，完全是當作記音符號使用。僅有壽夢之幼子「季札」例外。前述吳人所作有銘銅器最早是在春秋中期，西元前600年

---

119 董珊，《吳越題名研究》(北京：科學出版社，2014)。該書對於吳王名稱有詳細的分析，請參看。

前後，〈者減鐘〉銘文的內容與西周或春秋其他地區鐘鎛銘文相似，當是「通於中國」學習的結果。

如果上述的討論可以成立，那麼，春秋早期長江以南，仍舊沒有出土有銘青銅器。春秋中期開始，已經有了確實的證據，那就是西元前600年左右的〈者減鐘〉。春秋中期以後，長江以南的有銘青銅器，陸續增多，這個時候，自然是「漢字過了長江」了。

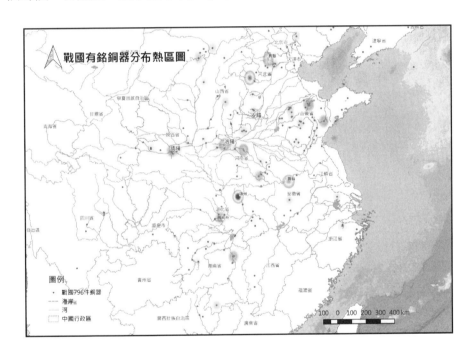

越國的歷史與吳有相似之處，「其先禹之苗裔，而夏后帝少康之庶子」，這也是為融入華夏的祖源建構之例。《史記・越世家》「至周敬王時，有越侯夫鐔，子曰允常，拓土始大，稱王」。《越絕書》「越王夫鐔以上至無餘，久遠，世不可記也」。夫鐔之子允長，允常之子勾踐，從句踐以下五世，各書記載大約相似，再往後就說法各異了。越人記錄王名，也是以漢字作為記音符號，例如勾踐之子「鼫與」（越世家），青銅兵器稱「者旨於

賜」，其他文獻或作「與夷」「諸稽郢」「柘稽」「適郢」等[120]。吳越與中原不同語系，先以漢字作記音符號，隨後在春秋中晚期也融入漢字文化圈中，以漢字作書寫記錄。

　　戰國時期，漢字的傳播也逐漸擴大，河北省平山縣的中山國銅器銘文，是華夏化的狄人使用漢字的最佳例證。熱區顯示除了平山的中山國器物外，還有壽縣蔡侯墓及隨州曾侯乙墓，都出有數量甚多的帶銘器物。隨著戰爭的急速進展，秦人在戰場上的勢力擴大，也隨之將漢字帶進原先尚未使用漢字的區域，例如巴蜀地區，原先使用地域性的巴蜀圖語作成印章，也算是書寫記錄。秦在戰國中期進入巴蜀地區，帶進秦的法令及官方文書，也在當地設立工官冶鑄造兵器，地域性的巴蜀圖語逐漸消失，至戰國晚期、秦漢初期，幾乎完全消失無蹤。幾乎可以這麼說，在戰國到秦這階段，漢字隨著政治勢力的擴張，兩者的版圖若合符節。

巴蜀圖語印章

八、結語

　　「文字」三要素是形、音、義，同時必須具備記錄語言的功能，還需

---

120 董珊，《吳越題名研究》。

要有約定俗成的群眾基礎。漢字有悠久的歷史，起自何時，始終沒有明確的時間，這牽涉到定義的問題，甚麼才是「文字」？陶器上的刻畫，自新石器時代開始，由來已久，但陶器是日用器具，不是特為記錄文字的載體，也少見成句成文，所以陶器刻畫是否能記錄語言，是否為漢字的前身，備受質疑。

大約在西元前1500年的河南鄭州地區，出現較多樣的書寫工具(硬刻畫和軟書寫)及書寫載體(陶器、銅器、獸骨)，也有些成句成文，可以表達較複雜訊息的書寫，漢字的樣貌到此時可說是信而有徵。銅器上銘文多呈陽文，也說明此時的鑄銘技術還在比較初始的階段。商晚期甲骨文出現的地區主要集中在安陽地區，山東濟南大辛莊有和鄭州地區有些較零星的發現。相對而言，有銘銅器仍是以安陽為超級重鎮，出現有銘銅器的四方國族分布較廣，以安陽為中心，向東、向西各約450公里，往南350公里，往北250公里，大致可以畫出一個不太規則的橢圓區域。

周人在殷末期即與殷多有往來，在滅商之後的朝代更替中，文字書寫方面似乎是無縫接軌，並無困難，其中許多殷遺入周為史官可能也起到相當的作用。洛陽取代安陽成為新的政治中心，與豐鎬、周原同是有銘青銅器大量集中的區域。周朝隨著分封及征伐，文字散播的範圍顯著加大，東到山東龍口，西到寶雞，南至長江北岸，北至北京一帶，都是有銘銅器傳播所及之處。若以洛陽為中心，向東約850公里，向西500公里，向南約500公里，向北約700公里，這樣一個廣袤的區域中，帶有銘文的銅器象徵榮耀與恩寵，也間接凝聚華夏主流意識，周邊的非華夏族群也透過共同的書寫與聯姻，融入周人建立的體制及文化中。

東遷之後的周王室積弱，列國爭立，不論是周之大封國如齊魯，或淮水流域的新興小國，東方的夷族，西秦南楚，大小國族紛紛刻銘鑄器，漢字的傳播在春秋早期(大約西元前600年)已大舉越過長江，吳越等原本與中原「言語異聲」的南方族群，此時除了學習以漢字銘刻事件之外，也以漢字作為記音符號，追記其先祖名號。隨著戰國時代的來臨，國際局勢多變，

合縱連橫往來頻仍，各國文字雖有小異，但仍然維持大同的格局，以漢字作為各國的通訊往來，並無障礙。秦在統一的過程中，隨著其政治勢力，罷除不與秦文合者，終結六國文字異形的現象。秦挾著其政治勢力，秦所建立的政治版圖與漢字文化圈的版圖重疊相合，是預料中的發展。

從西元前1500年左右，漢字在中原地區開始出現多樣貌的使用，到秦帝國的統一，漢字的使用範圍逐步擴大，周邊族群也透過漢字的書寫融入華夏主流文化中。漢字的散布，漢字文化圈的擴大，對於凝聚華夏意識，形成「四海之內皆兄弟」的局面起到很大的作用。

本文主要利用有銘銅器的出土分布為分析材料，其間存在很大的局限和弱點：青銅器是會流動的物體，它的出土地不一定等於製造地，出土環境的年代也不一定等於製造年代，使用者往往也不一定就是製造者，因此，利用這樣的材料，必須特別謹慎，不能膠柱鼓瑟，有些關鍵處必須細微關注，有時又必須只看其大趨勢而忽略細節。收放之間其實沒有絕對的標準。其次，我們必須承認，這些目前運用的資料是建立在已經發表的器物同時又有明確的出土地點者，而傳世的器物或公私收藏品，往往沒有明確的出土記錄，更遺憾的是沒有出土點的青銅器數量還相當不少。再者，由於保存條件的限制，目前我們能看到的春秋以前文字資料主要的是甲骨和金文，西周到春秋時期，金文幾乎是保存下來的唯一的文字資料(西周早期有少數甲骨刻辭)，可見的簡牘文字最早的約在戰國中期。那麼西周或春秋時期有沒有簡牘資料呢？我們沒看到，並不表示沒有。本文的研究立足點是以目前可見到的而且可靠的青銅器材料為主，雖有其不得已之處，但這是明顯的弱點。本研究雖然得出一個看似具體的結論，但是，這個結論隨時有可能會因著新出的資料而改變，這只是暫時的結論。

晚商王朝的政治地景

黃銘崇*

一、導論——政治地景[1]

「政治地景」（political landscape）[2] 這個名詞在現代的學術研究領域中大

---

* 中央研究院歷史語言研究所研究員。

1 關於晚商政體形態的研究討論，以及相關文獻回顧請參見黃銘崇，〈晚商政體形態的研究——空間模型的考察〉，《新史學》22.3(2011)：161-207。本文不再贅述。

2 Landscape是由荷蘭文landschap而來，字根land，字尾-schap相當於英文的-ship，也就是「地性」。是由一片土地上的可視的特徵所構成。包含實質元素，例如地形；存在其中的動植物；自然元素如閃電，氣候等；以及人為元素，如人之活動或人造環境等。比較常見的漢語翻譯是「景色」、「風景」或「景觀」。「地景」是漢寶德、夏鑄九等建築學者的翻譯，現在已經是臺灣地景建築學(landscape architecture)界比較流行的名詞。誠如康旻杰所言，「地景」這一翻譯，比起「景觀」，包含了空間的形塑及與土地、社會的關係，比較能反應此一辭彙在英文中的多元樣貌。這是康旻杰在網路上的「地景建築概論」的簡介，現在此一簡介已經改過。至於另一個相關的名詞「政治板塊」，是源自板塊移動的概念，板塊移動(plate tectonics movement)本來是地質學名詞，目前在臺灣被用在政治學上。所謂「政治板塊」是指具有同一特徵的一群選民或政客，投票或政治傾向的移動。「板塊」會給予讀者「政治力的移動」的印象，學者在談political landscape時，政治力的塊狀移動是內容之一，但政治地景涵蓋範圍要寬廣得多。

體有三種不同的用法，一是研究政治力對於地景形塑的作用，基本上是地景建築學或地景學的內容[3]。其次為研究地景藝術表現之政治面向，屬於藝術史的內容[4]。第三種則是研究政治現象本身但專注現象時空的移轉與變化，是屬於政治學或政治地理學的內容[5]。它之所以會被用在這些不同類型與學科的研究上，顯示「政治地景」是一個「流動的」名詞。以此種具有流動性的名詞為標題的壞處是會有定義上的困難，特別是對於新接觸到此一名詞的人，常常無法理解；它的好處則是讓我們在定義此一名詞時沒有太大的包袱，具有更大的彈性。本文基本上屬於第三類，簡而言之，是研究商代的政治，但是利用此一名詞的定義與較具彈性的思考，以跳脫傳統政治史與制度史的想像，企圖建構一個更全面的研究思考與分析操作的框架。

張光直在*Art, Myth and Ritual*的一章：“Clans, Towns and the Political Landscape”中就用了此一名詞，他的所謂「政治地景」指權力結構的時空分布，認為三代的政治地景基本上是相同的，是由許多「國」所構成，一個國是以單一的姓為主的貴族群體及其統治下的眾人，居住在帶有城牆的聚落中，控制著附近的眾人居住的村落。三代，即夏國、商國與周國，與為數眾多的其他古姓之國並存，所謂三代僅是某一姓的國家在某一時段具有支配性的地位[6]。吉德煒（David Keightley）在*Ancestral Landscape: Time, Space and Community in Late Shang China (ca.1200-1045 BC)*一書中則使用「祖先

3　例如：Barbara Bender editor, *Landscape: Politics and Perspectives*（Providence: Berg, 1995）. Rex Koontz, Kathryn Reese-Taylor and Annabeth Headrick editors, *Landscape and Power in Ancient Mesoamerica*（Boulder: Westview Press, 2001）. W.J.T. Mitchell editor, *Landscape and Power*（Chicago: University of Chicago Press, 2002）.

4　例如：Martin Warnke, *Political Landscape: the Art History of Nature*（Cambridge, MA: Harvard University Press, 1995）.

5　此類研究最多例如：Ghia Nodia, Álvaro Pinto Scholtbach, editors, *The Political Landscape of Georgia: Political Parties: Achievements, Challenges and Prospects*（Delft: Eburon, 2006）.

6　K.C. Chang, "Clans, Towns and the Political Landscape," *Art, Myth and Ritual: the Path to Political Authority in Ancient China*（Cambridge, MA: Harvard University Press, 1983）, pp. 9-43.

的地景」(ancestral landscape)這個辭彙作為標題,他在前言中,對於這個辭彙作了比較清楚的定義;強調祖先祭祀在商貴族社會、文化結構及社會、文化之空間分布中的關鍵地位[7]。

「政治地景」近幾年在西方考古學界開始流行起來[8],Adam T. Smith 的 *Political Landscape: Constellations of Authority in Early Complex Polities* 是其代表,他首先將過去研究早期複雜社會政治權威形成的各種理論加以分類與批判,再提出地緣政治(geopolitics)、政體(polities)、政權(regimes)、機構(institutions)四個層次的概念作為新的研究模式[9]。這四個層次,範圍由大到小,層層相屬,有其系統性,目的在群聚與跨文明的比較。他指出過去相關研究專注於跨文化的同質性,他的研究,作為一個屬於人類學傳統的跨文明比較,注意的則是其差異性。他代表的是新一代的學者對於過去考古、人類學界流行的「國家形成」(state formation)相關理論的總檢討,主張放棄空泛且帶有包袱的「類型」,例如酋邦、城邦、領域國家等名詞;將早期文明的研究聚焦於與政治權威的實質開展有關的種種問題上。因為他的目的在比較,所建構的四個層次針對單一古文明時,要一層一層地進行系統

---

7 David Keightley, "Preface," *The Ancestral Landscape: Time, Space, and Community in Late Shang China (ca. 1200-1045 BC)* (Berkeley: Institute of East Asian Studies, University of California, 2000), pp. VII-XI. 吉德煒的這本書,可部分補足本文在意識形態地景方面未討論的缺陷,但筆者在意識形態的討論上,比吉德煒在書中討論的內容更寬廣,例如,討論商王朝如何利用饕餮紋建立貴族與平民的身分差異等,是晚商意識形態與政治運作中重要的一環,但吉德煒書中主要是利用甲骨文字材料,並未討論這方面問題。

8 相關研究如:Adam T. Smith, *The Political Landscape: Constellations of Authority in Early Complex Polities* (Berkeley and Los Angeles: University of California Press, 2003). Michael B. Cosmopoulos, "The Political Landscape of Mycenaean States: A-pu₂ and the Hither Province of Pylos," *American Journal of Archaeology* 110.2(2006): 205-228. Alexander Andreevich Tokovinine, "The Power of Place: Political Landscape and Identity in Classic Maya Inscriptions, Imagery and Architecture," Ph.D. Thesis: Harvard University, 2008.

9 Adam T. Smith, *The Political Landscape: Constellations of Authority in Early Complex Polities*.

分析，會有實質上的困難；主要是古代文明的材料往往相當有限，無法在每一個層次上提供可用的研究材料。其次是這四個層次僅止於觀念，並未提供研究操作的工具，以他自己的研究為例，他在研究中仍必須借助來自建築學領域的操作模式[10]。

本研究並非跨文明的比較，而是針對單一文明的政治地景進行深度探討，因此，在方法上與Smith不同。筆者對於「地景」採取更寬廣的定義，在概念上所謂「地景」不是中立的與先驗的(a priori)空間，是空間之中與人的存在有關的元素。這些元素可以是宏觀的也可以是微觀的，例如：聚落形態、聚落、路徑、居住區、聚落的「體素」(tissue)、紀念建築、甚至民居的類形等都屬之。地景也不完全是實質的元素，還包涵人口的分布、人口結構、生計方式、生態系統的空間形式等，這些元素，本文統稱為「生態/經濟地景」(ecological/ economical landscape)[11]，也就是人透過政治權威的開展以形塑自然與人造環境。更進一步，筆者認為研究政治地景必須深究社會關係以及意識形態兩個層面；本文分別稱為「社會的地景」(social landscape)，例如：貴族群體從家族到國家的結構、貴族與平民的差異、以及貴族的階級劃分、國家機器的組構方式、我者與他者的區別，以及這些面向在空間上的表現等。以及「意識形態的地景」(ideological landscape)，屬於心理、宗教、思維與上層建築等，例如，神話、宇宙觀、信仰系統、宗教圖像等在政治上的反應。三者並非獨立，而是彼此糾結在一起，唯有深入理解生態/經濟的、社會的與意識形態這三個層面，才可能完整的理解晚商王朝的政治地景[12]。

---

10 Bill Hiller, J. Hanson, *The Social Logic of Space* (Cambridge, UK: Cambridge University Press, 1984).

11 過去人與環境的關係比較傾向經濟學的研究，也就是環境如何有益於人。近年則逐漸傾向環境與人的關係，也就是傾向生態學的研究。

12 此一三分結構(tripartite structure)，也就是人類社會共有的三個面向，一是經濟的/生態的：處理人與環境的關係、二是社會的或政治的：處理人與人的關係。三是意識形態的：處理人的所謂「內在地景」(inner landscape)。筆者受惠於S.J. Tambiah

　　最後，筆者必須特別說明為何將研究的時代訂在晚商，最主要是在晚
商這個階段不僅有考古材料、傳世文獻，還有大量的甲骨文與金文材料可
供研究，根據中美洲馬雅文明的研究經驗，馬雅文明政治地景研究上最新
的突破，最關鍵的不是考古發掘本身或空間考古模型發揮了作用，而是出
土的紀念物上銘文的解讀與考古發掘兩者綜合分析的結果[13]。也就是說，筆
者認為晚商乂明的研究既不是純粹考古學材料的整理、也非純粹文字材料
的分析、亦非盲目的信仰傳世文獻、或對於理論模式的套用可以解決的問
題。而必須恰當地綜合使用傳世文獻資料、甲骨文、金文資料、考古發掘、
區域調查的材料、圖像資料以及理論模型等，才能有比較平實的理解。此
點，筆者基本上還是承繼張光直的看法[14]。

二、生態／經濟地景

(一)實質環境及其限制

　　商王朝座落於華北平原，華北平原是由海河、黃河與淮河的河系沖積
而成。北界在燕山山脈，南界大別山、張八嶺(安徽)，西界自北到南：太行
山、嵩山、伏牛山，東界北半部到海，泰山山塊以南則到東平湖、獨山湖、
微山湖、洪澤湖、高郵湖一線，地勢基本上由西北向東南傾斜。整體而言

(續)───────────────

教授15年前在哈佛大學的一門課：Social Stratification的啟發。他當時是引用Georges
Dumézil的說法加以引申，見Georges Dumézil, translated by Philip Krapp, *Archaic
Roman Religion, with an Appendix on the Religion of the Etruscans* (Chicago: University
of Chicago Press, 1970).

13　例如：Simon Martin and Nikolai Grube, "Maya Superstates--How a Few Powerful Kingdoms
　　Vied for Control of the Maya Lowlands during the Classic Period(A.D. 300-900),"
　　Archaeology 11&12(1995): 41-46. Simon Martin and Nikolai Grube, *Chronicle of the
　　Maya Kings and Queens: Deciphering the Dynasties of the Ancient Maya* (New York:
　　Thames and Hudson, 2000).

14　張光直，《中國青銅時代》(臺北：聯經出版公司，1983)，〈前言〉，頁I-III。K.C.
　　Chang, "Five Doors to the Shang," *Shang Civilization* (New Haven: Yale University,
　　1980), pp. 1-65.

海拔在110公尺以下，面積約有30萬平方公里，但是中偏東部多洼鹼地，又
有黃河水患，因此最適合人類居住的是靠西側，海拔約50公尺到100公尺左
右的山腳平原區。黃河的河道，在先秦時期當時並非從濟南與泰山山脈以
北流過，注入渤海灣偏南側。譚其驤根據傳世文獻以及考古資料的復原，
認為在春秋以前，至少有「漢志河」、「山經河」以及「禹貢河」三條先
後不同的主要路線，而且指出河北平原的黃河河道既不是固定，也非單一
的，而是在一定範圍內呈扇形展開，在洪水期竄流於不同的河道間，甚至
淹沒整個下游地區。這就是所謂的黃河大沖積扇的「九河」說[15]，已經獲得
地理學研究的證實[16]。近年考古學家根據不同階段考古學文化間的聯繫，以
及文化遺址的分布，大體得出新石器時代早期──裴李岡、磁山、北辛文
化(ca.6500-4300 BC)以及新石器時代中期──仰韶、大汶口文化(ca.4300-
2600 BC)黃河都是從河北入渤海灣。大約在2600 BC前後，黃河下游發生了
一次大改道，改走淮北平原。但是在2000 BC前後則又北轉往河北出渤海[17]。
商代的黃河基本上就是在2000 BC改道後形成的，路線是往河北方向。在海
岸線的變化方面，全新世大暖期的海漲時代，由於海平面較高，海岸比現
在內移了相當的距離，隨著大暖期的結束，海平面下降，海岸線又逐漸往
外移動。考古學家近年根據地理遺跡與考古遺址的分布，以及標本所顯示
的時代，將各個不同時期的海岸線復原。由於河流帶來的黃土淤積，現在
的海岸線大約比商代的海岸線往外移動了約10公里左右[18]，在黃河出海口附
近，也因為黃土的大量淤積，現代海岸線則凸出甚多[19]。除了海岸不同以外，

15 譚其驤，〈西漢以前的黃河下游河道〉，《長水集‧下》（北京：人民出版社，1987），
　　頁56-86。

16 吳忱、王子惠、許清海，〈河北平原淺埋古河道〉，《地理學報》41.4(1986)：332-340。

17 王青，〈試論史前黃河下游的改道與古文化的發展〉，《中原文物》1993.4：63-72。

18 山東大學東方考古研究中心、壽光市博物館，〈山東壽光市北部沿海環境考古報告〉，
　　《華夏考古》2005.4：3-17。

19 王青，〈魯北地區的先秦遺址分布與中全新世海岸變遷〉，《環境考古學研究》3
　　(2006)：64-72。

在山東與河南之間的沼澤、湖泊面積也比現在要大，東平湖的西部低窪地
與現在已經乾涸的南旺湖、馬踏湖等，當時應當都還是有水的湖泊[20]。由河
南進入山東半島，必須經過這些湖泊間的通路，山東半島的主要聚落都是
建立在這些湖泊的東岸[21]。

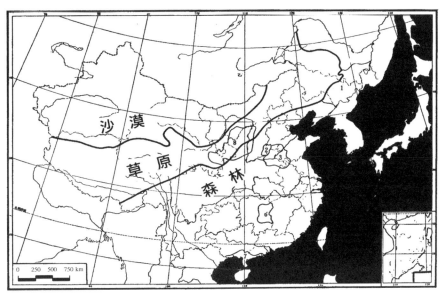

圖1　中國主要的植被分布

(根據《中國自然地理‧歷史自然地理》，1982，圖3：1)

　　在原始植被方面華北平原主要屬於森林帶(圖1)，森林、草原以及濕生
和草原植被覆蓋地表[22]。不過，沙漠、草原與森林三者的邊界會隨著地球的

<hr>

20　胡秉華，〈山東史前文化遺跡與海岸、湖泊變遷及相關問題〉，《中國考古學會第
　　九次年會論文集》(北京：文物出版社，1997)，頁35-49。

21　關於山東附近商代地景的重建，見黃銘崇，〈晚商文化的分布及其意義——以山東
　　地區為例的初步探討〉，《東亞考古學的再思》(臺北：中央研究院歷史語言研究所，
　　2013)，頁257-337。

22　鄒逸麟，〈黃淮海平原植被和土壤的歷史變遷〉，《黃淮海平原歷史地理》(合肥：

氣候波動而移動。東亞大陸地區大體上氣溫高、溼潤度高時森林帶會往北、
往西擴張；反之，氣溫低、乾燥度高時，則往東、往南縮小。此種變化，
影響古代人的生計方式甚劇。適宜農耕的地帶是森林帶，才有足夠的雨量
支持農作物的正常生長；草原適於畜牧，沙漠則完全無法營生。在森林帶
為了要耕作，古代居民必須將森林清除，這個森林變為耕地的過程從古到
今一直在進行。今日所見的華北平原，所有森林採伐殆盡，開闢為可供耕
作的農田。有些農田，更進一步改種經濟作物，例如棉花等。近年又逐漸
被工廠所取代，以安陽附近為例，在民國初年，整個都是種植穀類與經濟
作物的農田，但是今日安陽市郊西側有大半的土地，都已經被安陽鋼鐵廠
所佔據。

　　在華北平原從新石器時代起一直到西周時代，人類開拓鄰近河川以外
區域的能力還相當有限。以作過系統區域調查的洹河流域[23]、伊洛河流域[24]、
與垣曲盆地為例[25]，所有東周以前的聚落，都還在河流近旁，也就是說，聚
落的用水，主要使用地表逕流，再以井水輔助。農業用水則基本上還是依
賴雨、雪，或使用地表逕流的水（即河、川、溪、流等）。那麼，超出此一範
圍之外的是什麼呢？我認為超出河川與聚落太遠的地方，可能大多數都還
是被原始森林、草地和沼澤溼地所佔據，森林與農田的交界地帶常有野生
動物出沒，也就成為適合田獵的地方了。商代是否有人為的灌溉設施？以
商人改變地貌的能力來推斷，我們推測是有的，例如在安陽小屯宮殿區邊
緣，曾經發現大的壕溝，規模相當大，引入洹河水，作為宮殿區的壕溝。
但是安陽真正大規模的灌溉渠道，則是西門豹治鄴以後的事了。此點，不

（續）───────────
　　　安徽教育出版社，1993），頁53-55。
23　唐際根、荊志淳、徐廣德、瑞普・拉普，〈洹河流域區域考古研究初步報告〉，《考
　　　古》1998.10：13-22。
24　許宏、陳國梁、趙海濤，〈河南洛陽盆地2001~2003年考古調查簡報〉，《考古》2005.5：
　　　18-37。陳星燦、劉莉、李潤權、華瀚維、艾琳，〈中國文明腹地的社會複雜化進程——
　　　伊洛河地區的聚落形態研究〉，《考古學報》2003.2：161-218。
25　中國國家博物館，《垣曲盆地聚落考古研究》（北京：科學出版社，2007）。

僅在文獻上所見如此，在洹河流域的調查所見，也是如此。到了東周時代才出現了可能的灌溉渠道，打破了聚落沿著河流分布的模式。由於所有聚落基本上都是沿著河流，推測一直到東周時代以前，華北地區的主要通路，可能也都是沿著主要的河川通行。

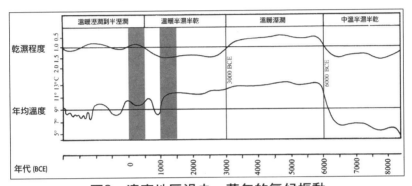

圖2　遼寧地區過去一萬年的氣候振動

（根據《中國科學・B輯》1977.6）

在氣候條件方面，華北地區在5500 BC左右進入全新世大暖期，不僅年均溫比今溫高攝氏2-4度，溼潤度也大幅上升，東亞地區現在為森林草原與草原帶幾乎都被森林帶所覆蓋[26]，形成人類農耕文化發展的大好機會，長城以北內蒙一帶，都成為農業發展的區域。到了3000 BC左右，溫度雖然沒有顯著變化，但是溼潤度驟降（圖2、圖3）[27]，使得長城以外的農業聚落，受到

26　Marjorie G. Wimkler and Pao K. Wang, "The Late Quaternary Vegitation and Climate of China," *Global Climates since the Last Glacial Maximum*（Minneapolis: University of Minnesota Press, 1993）, pp. 211-264. 關於中國的全新世大暖見施雅風等，〈中國全新世大暖期鼎盛階段的氣候與環境〉，《中國科學・B輯》1993.8：866-873。施雅風等，〈中國全新世大暖期氣候波動與重要事件〉，《中國科學・B輯》1992.12：1300-1308。

27　見中國科學院貴陽地球化學研究所第四紀孢粉組、C14組，〈遼寧省南部一萬年來自然環境之演變〉，《中國科學・B輯》1977.6：603-614。圖二a：2反應遼寧省南部過去萬年氣候－自然環境的變遷，其中的氣候波動圖包括兩項，一為氣溫變化，一為

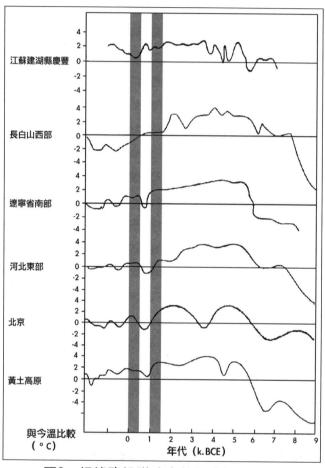

江蘇建湖縣慶豐

長白山西部

遼寧省南部

河北東部

北京

黃土高原

與今溫比較
（°C）

年代（k.BCE）

圖3　根據孢粉譜建立的溫度變化曲線

極大影響，一方面資源緊縮，鄰近地區彼此的競爭加劇，長久以往則逐漸

（續）

乾燥度變化，乾燥意味雨量較小。我們必須注意，此項資料雖是在遼寧省南部採樣
的，不過此種氣候變遷的大趨勢基本上是全球性的，但是也因為不同地理位置有不
同狀況而不同。圖二a：3包括江蘇、長白山西部、河北東部、北京、黃土高原等資
料，出自施雅風等，〈中國全新世大暖期的氣候波動與重要事件〉，頁1300-1308。
這篇文章的圖與原出處相比對並不十分準確，本文的附圖二a：2經筆者與原出處比
對校正過。

面臨必須選擇改以外來的畜牧的營生方式，或往東、往南遷移以持續農業
生計活動。這種變化對於華北平原的農耕者產生了壓力。此一人口移動或
生計方式的改變，加上其他因素，使得龍山文化在政治與社會組織上起了
變化，開始邁向所謂「文明」與複雜化社會的路程[28]。在商代晚期，就在商
人將都城遷到殷（也就是安陽）的前後（ca.1300 BC），不僅長期偏乾的氣候未
變，整個地球的氣溫開始往下降，一直到800 BC左右才又由谷底逐漸回升。
此一變化對於商文明最大的影響，除了農業生產狀況變差之外，還迫使以
牧羊、牛為最主要生計的畜牧者從距離華北平原相當遠的「長城線」以外
一直往南、往東遷移，直到陝西的陝北高原南界、山西的呂梁山西側，並
達吉縣附近或更南[29]。在河北地區，由於有海洋的調節，草原文化線到達天
津、北京附近。從《左傳》等傳世文獻以及遊牧者的特性兩方面綜合考察，
這些畜牧者對土地的佔有並無興趣，但是畜牧或遊牧並不是一個完全可以
獨立的營生方式，他們必須仰賴畜牧者本族群中有部分的人口從事農業生
產，或與附近的農業族群進行交易，或透過搶奪取得維持生理平衡所需的
農產品[30]，因此，與農業族群必然發生關係，甚至引起衝突。有不少學者，
認為卜辭中有「𠬝方」、「土方」、「羌方」等以及傳世文獻的「鬼方」，
就是這些畜牧者建立的政體。不過這幾個甲骨文中記載的方國，與考古發
掘的草原文化如何對應，目前還未有特別有說服力的看法。不論如何，他
們對於商王朝，形成了相當大的威脅[31]。更重要的是，250年以後，滅掉商

28　關於仰韶文化到龍山文化時期的變化，可以參考 Li Liu, *The Chinese Neolithic: Trajectories to Early States* (Cambridge: Cambridge University Press, 2004). 氣候事件對古文化的影響見吳文祥、葛全勝，〈全新世氣候事件及其對古文化發展的影響〉，《華夏考古》2005.3：60-67。

29　閻金鑄，〈山西吉縣出土商代青銅器〉，《考古》1985.9：848-849。

30　Douglas L. Johnson, *The Nature of Nomadism* (Chicago: The University of Chicago Department of Geography Research Paper No.118, 1969), pp. 11-13.

31　關於北方畜牧者的銅器文化，筆者稱為早期鄂爾多斯文化群，他們與商文明間的關係，見黃銘崇，〈畜牧者與農耕者之間——早期鄂爾多斯文化群與商文明〉，《「周邊」與「中心」：殷墟時期安陽及安陽以外地區的考古發現與研究》（臺北：中央研

王朝的周方，就是在此種畜牧與農業的邊緣地區的成長出來的一個強悍的
族群所建立的新興國家。

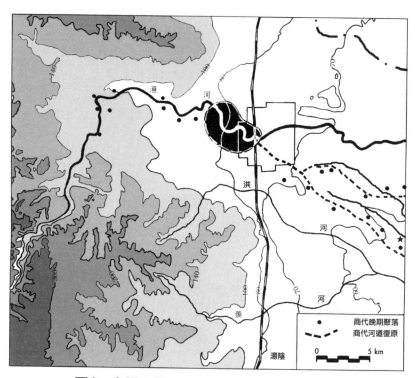

圖4　安陽平原、洹河古道與晚商考古遺址

　　商王朝晚期都城所在的安陽盆地，在河南的最北端，是一個口朝東三
面環山的盆地，東西長約20公里，南北寬約10公里，盆地內的地勢西高東
低，高度由海拔130公尺，漸降至海拔80公尺(圖4)[32]。安陽盆地是太行山與
古黃河漫流區所夾的一系列河川中游地帶，此一地帶東西寬度少則有20公

(續)────────────

　　究院歷史語言研究所，2015)，頁23-98。

32　中國社會科學院考古研究所，《中國考古學・夏商卷》(北京：中國社會科學出版社，
　　2003)，頁286。

里，多則超過100公里(圖5)[33]，洹河穿越其中，是晚商文化分布最密集的區域。過盆地北邊的丘陵即是河北磁縣，漳河由西向東流，連接黃河古道。過南邊的丘陵則是鶴壁、湯陰，有淇水同樣由西北往東南流。再往南為淇縣、濬縣，當時的濬縣東臨黃河古道。安陽盆地西邊是林縣，再往西即是

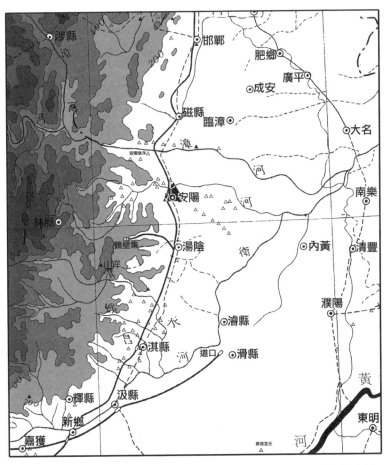

圖5　民國30年代河南安陽附近地形圖及現在已知考古遺址

33　吳忱等，〈河北平原的淺埋古河道〉，《地理學報》41.6(1986)：332-340。

太行山，古代由河南北部進入山西，主要路線必須越過漳河，前往河北武安，從洺河上游進入涉縣，再由涉縣跨越漳河進入山西黎城，再由黎城進入上黨盆地，再前往臨汾盆地與其他地區[34]。安陽的東邊則是內黃、濮陽、范縣，當時黃河可能由西南向東北穿過內黃，現在的內黃南部還有一段古河道，可能是黃河故道。根據考古調查報告，洹河河道在古代過安陽以後，並未如今河道往西行，而是往東南的方向，分叉成兩道，大致與現在衛河兩條支流平行，最終又會合於今高莊鄉開信村以東3.5公里處，再往東南方向注入當時的黃河古道(圖8)[35]。從新石器時代到東周的遺址群的位置，以及新舊河道的改變，顯示古代人對於自然環境的觀察相當敏銳，選擇安陽作為一個大型都會，應當是考量過河流的氾濫因素，安陽的海拔80公尺，地勢較高免於黃河水患。今天的京廣鐵路的路線，從石家莊附近一直到鄭州、駐馬店、信陽，沿途商遺址遍布，基本也是基於同樣避水的考量。當然也顯示在商代甚至更早，當時的人們已經瞭解此一路線在南北向交通上的重要性。假設我們以人每天的步行距離約為25公里來考量，那麼距安陽兩日可達的範圍大概是晚商最核心的區域，這個區域北至邯鄲，南達湯陰、濬縣、輝縣，西到林縣，東濱內黃。在此範圍之外往西就進入太行山，安陽往東不遠，已瀕臨黃河的扇形行水區，由於水患，已為人跡罕至之處。所以討論商王朝的政治地景如果沒有考慮到地理、地形、地勢與黃河下游氾濫區對於人類活動的局限，會有扭曲的認識。

(二)晚商文化的分布

「考古學文化」是由出土數量最多、最容易保存下來的陶器，包括其類型、材質、顏色、觸感與局部形態所界定，再以其他器物、葬俗、墓葬

---

34 黃銘崇、林農堯、黃一凡、劉彥彬、柯維盈，〈從邯鄲地區漢代以前遺址的跨時分布看環境／社會變遷與聚落發展〉，《金玉交輝——商周考古、藝術與文化論文集》（臺北：中央研究院歷史語言研究所，2013），頁601-689。

35 唐際根、荊志淳、徐廣德、瑞普・拉普，〈洹河流域區域考古研究初步報告〉。

形制、居住遺址等的特性為輔助,「商文化」也不例外。長期以來學術界一直將鄭州二里岡遺址以及安陽殷墟遺址統稱之為商文化,二里岡遺址的時代較早,約在1600-1400 BC之間,稱為早商文化。殷墟遺址的年代較晚,約在1300-1046 BC之間,稱為晚商文化[36],兩者之間有將近100年缺環。近來大多數學者都已經接受「中商文化」的概念,年代約在1400-1300 BC之間[37],並且將分為四期的殷墟文化中的I期早段也劃入中商文化之中,以往所有介於殷墟到二里岡之間的商式文化,也都被歸於中商文化的範疇,不過「中商文化」到目前為止屬於多頭馬車的狀況,並非以單一遺址來界定此一考古學文化[38]。由於安陽小屯一帶出土的甲骨刻辭中所記載的商王,可以與傳世文獻記載的商王對應,而安陽侯家莊西北岡一帶有規模龐大的墓葬,可能為商王大墓,加上歷史地理學的研究,均指向此處應當就是《史記‧項羽本紀》中提到的「殷墟」,也就是傳世文獻記載的商王朝晚期的首都「殷」,因此學術界已經公認安陽殷墟遺址就是商王朝晚年的首都。安陽殷墟遺址的總面積達3,600萬平方公尺,是當時世界有數的大聚落,考古地層堆積近300年,碳十四測年大致落在前述年代間,與文獻記載商王朝都殷的時代(273年),大體吻合。從歷史學的角度看,文獻記載的商代早期的都城亳其都市規模應當與安陽殷墟差不多,而且其文化堆積應當比文獻記載商王朝建立後都於亳的時間(175年)要長,因為必須計入建立王朝之前亳已經開始發展。在考古發現當中鄭州二里岡的遺址面積將近2,400萬平方公尺,其文化堆積近200年,相當符合亳的尺度與時代。另一個常被拿來討論是否為商王

---

36 關於年代問題,見夏商周斷代工程專家組,《夏商周斷代工程1996-2000年階段成果報告‧簡本》(北京:世界圖書出版公司,2000)。

37 董琦,〈關於中商文化研究的幾個問題〉,《中國文物報》1998.7.29,8.5,8.12。唐際根,〈中商文化研究〉,《考古學報》1999.4:393-420。唐際根,〈商王朝考古學編年的建立〉,《中原文物》2002.6:50-59。王震中,〈「中商文化」概念的意義及其相關問題〉,《考古與文物》2006.1:44-49。

38 中國社會科學院考古研究所,〈商代中期的商文化〉,《中國考古學‧夏商卷》,頁250-283。洹北商城、鄭州小雙橋為當時重要的聚落,但發掘有限。

朝首都亳的偃師商城，面積則僅有200萬平方公尺。單從聚落尺度上看，鄭州商城為都城亳的機率，比偃師商城為亳的機率要高得多（詳本文聚落尺度比較）[39]。介於早商之都亳與晚商之都殷之間就是〈殷本紀〉所謂「九世之亂」的時期，有將近百年的期間，商王朝的王室有繼承上的問題。根據《竹書紀年》商王朝在這段期間依順序曾經都囂(19)、相(9)、耿（邢）(1)、庇(49)、奄(21)五處，積年99[40]。傳世文獻記載這五處為商都城的時間都不很長，應當不會形成類似鄭州或安陽那樣長期而厚實的文化堆積，聚落尺度也不會像這兩處這麼大，所以考古上的中商文化本體難以界定，從文獻考察來看，是合乎邏輯的。從王國維以來，一直強調殷人不常厥邑或殷人屢遷，是個錯誤的命題；實際上商代的前期與後期，都城都是固定的，僅在中商時期遷徙不定，最重要的原因恐怕是商王朝內部的政治不穩定。

關於晚商文化遺址的分布，目前僅有內容比較簡單的分布圖，在《中國考古學·夏商卷》中分別列出早商、中商及晚商重要遺址，可以看出商文化的發展趨勢，在早商以黃河中游為中心，大體上是東西橫向分布。在此一時期，商文化的前沿分布非常廣，東到濟南，西越西安，北抵滹沱河，

---

39 關於鄭州商城如何對應文獻上的商都的問題，有一派認為鄭州商城即傳世文獻之亳，主張此說者如鄒衡、鄭杰祥、袁廣闊等。參鄒衡，〈鄭州商城即湯都亳說〉，《文物》1978.2，輯於《商文化論集》（北京：文物出版社，2003），頁106-108。鄭杰祥，〈商湯都亳考〉，《中國史研究》1980.4：40-44。袁廣闊，〈鄭州商城與偃師商城關係的考古學觀察〉，《鄭州大學學報》2004.1：18-21。安金槐主張鄭州為隞或囂，並未注意到傳世文獻中商王朝居囂的時間僅有二十年左右，是否足以形成考古學能夠辨認出來的地層。但是此一說法至今仍有相當的影響力，見安金槐，〈試論鄭州商代城址——隞都〉，《文物》1961.4&5，輯於《商文化論集》，頁94-104。安金槐，〈再論鄭州商代城址——隞都〉，《中原文物》1993.3：23-28，47。另一派主張偃師商城為亳，包括趙芝荃、徐殿魁、鄭光、方酉生、杜金鵬等。見趙芝荃、徐殿魁，〈河南偃師商城西亳說〉，《全國商史學術討論會論文集》（安陽：殷都學刊增刊，1985），頁401-410。方酉生，〈論偃師商城為湯都西亳〉，《商文化論集》，頁153-161。鄭光，〈試論偃師商城即盤庚之亳殷〉，《商文化論集》，頁162-190。杜金鵬，〈「鄭亳說」立論前提辨析〉，《考古》2005.4：69-77。

40 都城後之括號為建都的時間（年數）。

南達安徽、湖北與湖南[41]。在中商時期，商文化的分布無主軸，在地圖上看到一群一群的，分布範圍也相當廣，在某個程度上反應沒有中心或多中心的現象[42]。晚商文化則集中分布在從邢台到鄭州一帶，海拔50到100公尺的南北縱帶，以及山東半島泰山的北與西南側[43]。這組資料所涵蓋的晚商遺址的數量，比起已經發表的資料僅是九牛一毛，而且僅及於文化遺址，未有更深入的分析。

　　為了進一步了解晚商文化的分布，本文將根據分區的調查與研究資料，以及個別的遺址報告，以「△」代表晚商文化遺址，也就是出土或採集到商式陶器的遺址。「▲」代表遺址中出土晚商殷墟風格的青銅器，但是青銅器上並沒有銘文。「▲」則代表出土晚商有銘文的青銅器的地點。當一個遺址墓葬群中，有多座墓葬的「族徽」基本相同，我們以較大的▲符號代表並且標示出族徽。相對的，我們將同時的非商文化以「○」代表，有銅器時則同樣填以灰色為「◗」。為了彰顯北方系青銅文化的特殊性，本文以「●」加以區分。以往學者常將商文化遺址等同於商王朝的政治勢力，筆者認為陶器的分布，僅能代表商人統治下的眾人的足跡，其邊界無法等同於商王朝的邊界。青銅器則代表商王朝的貴族文化，特別是有銘文的青銅器更是如此。但是銅器或有銘文銅器的分布，也僅能說明這些銅器因為貴族人群的移動或經由戰爭俘虜或經由貿易所能達到的範圍，這個範圍是十分廣闊的。較大的▲符號與族徽所代表的，則是商貴族群分封勢力的分布範圍，我們會在本文三e節中詳細說明。此一晚商文化的分布圖由於各地的考古調查的情況不一，遺址的分布疏密有別，因此，此圖只能算一個工作圖，各個地區待填的資料還相當多（圖6）[44]，目前正在進行的文物普查工

41　見《中國考古學・夏商卷》，頁189。筆者近來仔細檢驗邊緣地區的材料，認為過去認為二里崗時期的「擴張」，可能必須全面檢討，不過，此一課題相當複雜，遠超越本文範圍，未來有機會再解釋。

42　《中國考古學・夏商卷》，頁254。

43　同上，頁306。

44　筆者最近以地理資訊系統（GIS）重新進行遺址分布研究，但因為晚商遺址的總數相當

作，可能會對本圖有較大的影響。即便如此，由於地理條件上的連貫性，人類在這些地域的開發也就可能有連貫性。在有些地區即使考古調查比較少，我們可以根據相鄰的地域進行推測，希望此一推測，有利於未來考古調查與發掘。

晚商文化分布最密集的地區是在太行山東麓，由太行山與當時的黃河河道所夾，由安陽以北，沿著漳河的磁縣、涉縣境內有一系列的晚商遺址，其中磁縣下七垣遺址出土兩座墓葬，有「啟」與「受」等族徽。往北洺陽河及其支流在鼓山山脈東側，也有不少晚商遺址。鼓山山脈以西則為洺河流域，遺址最為密集，其中的武安趙窯遺址還出土帶有族徽「矢」的墓葬[45]。同樣屬於洺陽河支流的沙河、七里河、白馬河，在沙河、邢台境內也有許多晚商遺址。再往北沿泜河，在內邱[46]、隆堯境內[47]，也有一系列晚商遺址。在趙縣、元氏、高邑、欒城附近，槐河、沛河南北，也有一系列的晚商遺址。在無極、藁城[48]、正定[49]、鹿泉(獲鹿)、平山、靈壽的滹沱河及磁河附近[50]，也有不少晚商遺址[51]。在定州、新樂、蠡縣、曲陽一帶，沿著河流，也有晚商遺址，上述區域為商文化遺址較為集中的區域。定州北庄子出土

(續)———————————

多，只能一區一區的進行，目前已經完成山東與河北，山東部分見黃銘崇、林農堯、黃一凡、劉彥彬、林昆翰，〈晚商文化的分布及其意義——以山東地區為例的初步探討〉。河北邯鄲一帶見黃銘崇、林農堯、黃一凡、劉彥彬、柯維盈，〈從邯鄲地區漢代以前遺址的跨時分布看環境／社會變遷與聚落發展〉。從山東地區看來，以往即使資料最多的研究，也僅列出約四分之一的遺址。

45 以上屬於邯鄲地級市，相關引文見黃銘崇、林農堯、黃一凡、劉彥斌、柯維盈，〈從邯鄲地區漢代以前遺址的跨時分布看環境／社會變遷與聚落發展〉。此不贅述。

46 河北省文物研究所，〈內邱小驛頭遺址發掘報告〉，《河北省考古文集》1(1998)：154-178。

47 河北省文物研究所、隆堯縣文物保管所，〈隆堯縣雙碑遺址發掘報告〉，《河北省考古文集》1(1998)：133-153。

48 河北省文物研究所，〈藁城北龍宮商代遺址的調查〉，《文物》1985.10：31-35。

49 劉友恆、樊子林，〈河北正定縣新城鋪出土商代青銅器〉，《文物》1984.12：33-34。

50 正定文物保管所，〈河北靈壽西木佛村出土一批商代文物〉，《文物資料叢刊》5(1981)：117-119。

51 滹沱河考古隊，〈河北滹沱河流域考古調查與發掘〉，《考古》1993.4：300-310。

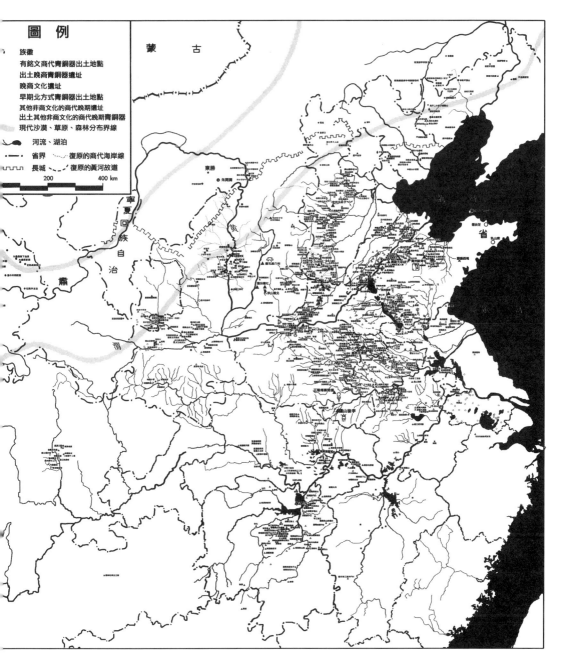

圖6　晚商文化分布地圖

帶有族徽「嬰」的墓葬群[52]。再北保定、容城、滿城[53]、涿縣、定興、完縣、安新、任丘、文安境內，河流的沿岸，也還有晚商遺址，不過比較零星[54]，這附近應當是商文化的邊界，再往北雖然也出土商式青銅器，不過往往同出北方系青銅器，應當已經進入草原文化與農耕文化的交錯地帶[55]。河北太行山東麓雖然進行過幾次遺址普查，還是有被遺漏的晚商遺址，定州北庄子就是一個調查未被發現，但在發掘漢代遺址時卻發現重要商遺址的例子（詳三（五））。從目前資料看來，在滹沱河以南，安陽以北，晚商遺址相當密集，為商文化的核心區域之一。不過，晚商早期與晚期或可能因為環境變化而有差異。

除了洹河流域調查以外，在太行山脈東南方黃河東北安陽以南一帶，以往都假設應當存在許多商代遺址，但是一直缺乏有系統的考古調查工作。近年在鶴壁與淇縣的淇河流域一帶進行比較密集的調查，發現相當多的晚商遺址，證實以往的想像不誣[56]。過去在輝縣[57]、新鄉[58]、武陟[59]、溫縣

52 河北省文物研究所、保定地區文物管理所，〈定州北庄子商墓發掘簡報〉，《文物春秋》1992增刊：230-240。謝飛、王會民，〈貨場下的貴族亡靈——定州商代墓葬〉，《中國十年百大考古新發現》（北京：文物出版社，2002），頁323-329。

53 河北省文物研究所，〈河北滿城要莊發掘簡報〉，《文物春秋》1992增刊：251-263。

54 唐雲明，〈試論河北商代文化及其相關的問題〉，《唐雲明考古論文集》（石家莊：河北教育出版社，1990），頁87-160。唐雲明，〈河北商文化綜述〉，《華夏考古》1988.3：61-70。石家莊地區文化局文物普查組，〈河北省石家莊地區的考古新發現〉，《文物資料叢刊》1(1977)：149-162。滹沱河考古隊，〈河北滹沱河流域考古調查與發掘〉，《考古》1993.4：300-310。河北省文物研究所、滄州地區文物管理所，〈河北省任丘市啞叭莊遺址發掘報告〉，《文物春秋》1992增刊：178-212。

55 劉緒，〈商文化在北方的進退〉，《「周邊」與「中心」：殷墟時期安陽及安陽以外地區的考古發現與研究》，頁105-116。北京市文物研究所，〈北京市拒馬河流域考古調查〉，《北京文物與考古‧三》（北京：燕山出版社，1992），頁32-50。拒馬河考古隊，〈河北淶水古遺址試掘報告〉，《考古學報》1988.4：421-454。郭大順，〈試論魏營子類型〉，《考古學文化論集》（北京：文物出版社，1987），頁79-98。

56 夏商周斷代工程朝歌遺址調查組，〈1998年鶴壁市、淇縣晚商遺址考古調查報告〉，《華夏考古》2006.1：5-11。

57 輝縣褚邱出土「婦某」組青銅器七件。見新鄉市博物館，〈介紹七件商代晚期青銅器〉，《文物》1978.5：94-95。中國歷史博物館（中國國家博物館）藏一件同銘文器，

等地都有零星的遺址或有銘青銅器的發現[60]，但是並沒有系統的區域調查，不過從淇河流域調查，推測從淇水以南到黃河以北地帶晚商遺址的密度應當不會低於淇河流域。在衛河以南、黃河以北所夾的一片區域，是現代的黃氾區，以往考古調查與發掘比較少，最近在長垣宜丘進行發掘，發現晚商遺址，而且其陶器類型與山東荷澤安丘堌堆相同，說明商代晚期的黃河在其北，長垣宜丘與荷澤安丘堌堆在當時的黃河以南，同屬一個商文化的區域類型[61]。

晚商文化分布較密集的區域，還包含鄭州一帶，過去僅在鄭州人民公園[62]、臨汝、中牟鄭庵鎮大庄村[63]、新鄭發現晚商有銘銅器[64]，以及鄭州、滎陽一帶有一些晚商遺址，近年在滎陽小胡村發現帶有「舌」族徽的墓葬群（詳三（五）），滎陽西司馬村發現墓葬群[65]，並在滎陽關帝廟發現晚商居住遺址[66]，說明這附近仍然是晚商文化的重要分布地點，晚商與西周早期銘文記載的𡩋（管）當在此附近，未來發現可期。

豫東一帶也是晚商文化的分布重點，區域調查發現在杞縣、民權、睢

（續）——

　　見石志廉，〈商婦婦嬰銅觚〉，《文物》1980.12：91。楊秀清、傅山泉，〈新鄉市博物館藏商代青銅器〉，《文博》1988.5：3-5，16，封底。記載四件輝縣褚邱出土器。唐愛華，〈新鄉館藏殷周銅器銘文選〉，《中原文物》1985.1：26-31。

58　河南省文化局文物工作隊，〈河南新鄉潞王墳商代遺址發掘報告〉，《考古學報》1961.1：51-61。

59　武陟縣博物館，〈武陟縣出土三件商代青銅器〉，《文物》1989.12：91-92。

60　楊寶順，〈溫縣出土的商代青銅器〉，《文物》1975.2：88-91。

61　鄭州大學歷史與考古系、新鄉市文化局、長垣縣文物管理所，〈河南長垣宜丘遺址發掘簡報〉，《中原文物》2005.2：4-17。

62　唐蘭，〈從河南鄭州出土的商代前期青銅器談起〉，《文物》1973.7：5-14。

63　趙新來，〈中牟縣黃店、大莊發現商代銅器〉，《文物》1980.12：89。

64　宋代盧江李伯時舊藏，參見《考古圖》5.3，及《薛氏》37.5。

65　于宏偉、喬豔麗，〈河南鄭州西司馬遺址發現晚商至西周早期墓地〉，《發現中國——2006年100個重要考古新發現》（北京：學苑出版社，2007），頁153-154。河南省文物研究所，〈河南滎陽豎河遺址發掘報告〉，《考古學集刊》10（1991）：1-47。

66　河南省文物考古所，〈河南滎陽市關帝廟遺址商代晚期遺址發掘簡報〉，《考古》2008.7：32-46。李素婷、李一丕，〈河南滎陽關帝廟遺址發掘晚商文化遺存〉，《發現中國——2007年100個重要考古新發現》（北京：學苑出版社，2008），頁52-56。

縣、商丘、拓城、虞城、夏邑、永城、鹿邑一帶，沿著幾條平行向東南流
的淮河支流，分布著不少晚商遺址，大多數是以堌堆的形式高出地表[67]，以
往在此附近很少發現商代晚期青銅器。近年在鹿邑太清宮出土晚商到西周
早年的長子口大墓[68]，此墓屬於西周早期的早段或晚段，仍難有定論[69]，但
是，筆者認為從墓葬隨葬品的內容仍屬商式葬法看來，鹿邑太清宮長子口
墓的年代，容或已經進入西周年代範圍（即1046 BC以後），在墓主入葬時，此
一地區或者尚未進入周王朝的控制範圍，或者仍由商貴族遺民所控制，所
以保留了明顯的商貴族葬俗，以及商統治下的階級制度的痕跡。鹿邑太清
宮長子口墓的發現，說明附近地區在晚商應當為商王朝的勢力範圍（詳下
章）。我們知道豫東這些彼此平行的淮河支流下游在安徽北部，豫東與皖北
在地理上其實是連續的，其遺址的分布模式也相同。淮北地區的考古工作
顯示，淮河的支流沱河、澮河、北淝河、渦河、西淝河、潁河及它們的支
流，在距離河川不遠的丘地，現代被稱為孤堆（堌堆）、丘或堆，上面往往有
晚商遺址[70]。這些河川下游接近淮河地帶又如何呢？淮河北岸不遠的潁上王

67　中國社會科學院考古研究所河南二隊、商丘地區文物管理委員會，〈1977年豫東考
　　古紀要〉，《考古》1981.5：385-397。荊志淳、George Rapp, Jr.、高天麟，〈河南
　　商丘全新世地貌演變及其對史前和早期歷史考古遺址的影響〉，《考古》1997.5：
　　68-84。鄭州大學歷史學院考古系，〈豫東商丘地區考古調查報告〉，《華夏考古》
　　2005.2：13-27。劉春迎，〈淺談開封地區的早期考古學文化〉，《中原文物》1993.4：
　　58-62，72。中國社會科學院考古研究所河南二隊、河南省周口地區文物管理委員會，
　　〈河南周口地區考古調查簡報〉，《考古學集刊》4(1984)：40-63，110。

68　河南省文物考古研究所、周口市文化局，《鹿邑太清宮長子口墓》（鄭州：中州古籍
　　出版社，2000）。

69　王恩田，〈鹿邑太清宮與微子封宋〉，《中原文物》2002.4：41-45。張長壽，〈商
　　丘宋城和鹿邑大墓〉，《揖芬集——張政烺先生九十華誕紀念文集》（北京：社會科
　　學文獻出版社，2002），頁77-79。松丸道雄，〈河南鹿邑縣長子口墓おめぐる諸問
　　題—古文獻と考古學の邂逅〉，《中國考古學》4(2004)：219-239。

70　中國社會科學院考古研究所安徽工作隊，〈安徽淮北地區新石器時代遺址調查〉，
　　《考古》1993.1：961-980+984。安徽省文物考古研究所，〈安徽濉溪縣先秦遺址調
　　查〉，《考古》1993.7：650-653+619。楊立新，〈安徽淮河流域夏商時期古代文化〉，
　　《文物研究》5(1989)：82-92。

拐村、潁上鄭家坡以及阜南潤河(月兒河)等地出現成套且具有爵、斝等級制度的禮器[71]，是否說明晚商王朝的勢力逼近淮河，未來此一地區的考古發現值得關注。

再往南進入江淮流域，又是不同的故事，安徽江淮流域的西部被大別山與霍山阻隔，接近長江的路線在巢湖的兩側，並不容易；但能夠抵達長江，是有優渥的報酬的，因為能夠渡過長江，就是銅陵、繁昌，即「繁陽之金」銅礦區。宋代圖錄《考古圖》曾著錄幾件商代晚期青銅器，出土於壽陽紫金山，即今天壽州紫金山[72]。中央研究院歷史語言研究所早年曾經在壽縣(今壽州)附近進行調查，發現不少遺址包含與安陽小屯近似的陶片，推測在越過淮河以後，壽州可能是一個重要據點[73]。除了壽州以外，在六安、霍邱有幾個區域發現晚商遺址，算是江淮地區晚商文化相對集中的地區[74]，費東、肥西、含山一帶，也還有商文化的蹤跡[75]，沿著長江北岸的樅陽一帶也有商文化遺址，可能與附近古代的銅礦有關[76]。長江以南的銅陵、南陵一帶，目前已經發現西周時期的銅礦遺跡，由於附近曾經出土早商銅器，且遺址的相關調查屬於初步階段，很可能有更早的銅礦遺跡，以及相關的商周遺址[77]。總之，安徽境內的江淮之間的晚商遺址之功能可能在維持通往長

71　阜陽地區博物館，〈安徽潁上王崗、趙集發現商代文物〉，《文物》1985.10：36-41。

72　包括一件卣及一件爵屬於商代晚期，見呂大臨(北宋)，《考古圖》(北京：中華書局影印四庫全書本，1987)，卷4，頁36-37，卷5，頁5-6。同書亦著錄宋代河清縣(即今之孟津)、新鄭、鄴(今之安陽)、龍游(可能是四川樂山)等地出商代晚期銅器。

73　王湘，〈安徽壽縣史前遺址調查報告〉，《中國考古學報》2(1947)：179-250。

74　北京大學考古系商周組、安徽省文物工作隊，〈安徽省霍邱、六安、壽縣考古調查試掘報告〉，《考古學研究》3(1997)：240-299。

75　安徽省文物考古研究所，〈安徽含山大城墩遺址發掘報告〉，《考古學集刊》6(1989)：83-99。

76　楊德標、楊立新，〈安徽江淮地區的商周文化〉，《中國考古學會第四次年會論文集》(北京：文物出版社，1983)，頁65-71。宮希成，〈夏商時期安徽江淮地區的考古學文化〉，《東南文化》1991.2：122-127。

77　楊立新，〈皖南古代銅礦初步考察與研究〉，《文物研究》No.3(1988)：181-190。楊立新，〈皖南古代銅礦的發現及其歷史價值〉，《東南文化》1991.2：131-137。楊立新，〈皖南古代銅礦的發現及其歷史意義〉，《中國古銅都銅陵‧礦冶專輯》(銅

江以南銅礦的通路，自早商以來商王朝對這一帶就已經十分關注了。

　　豫中與豫南的大片區域，雖然發現了不少商遺址，但是大多數都是比較早期進行的工作，基本上未區分早、中、晚商遺址，所以，在本文的圖中，僅能點出土晚商有銘文青銅器的點，以及少數已確定為晚商文化的地點，例如過去在汝南市區、汝南韓莊、舞陽吳城北高村[78]、舞陽城西卸店[79]、郾城孟廟[80]、上蔡楊屯田莊[81]、寶豐縣前瑩鄉前瑩村、南陽十里廟等地[82]。由於在信陽附近的羅山後李出土的墓葬群出土大量帶有商貴族族徽「息」的青銅器，加上近日在正陽傅寨閏樓遺址出土晚商墓葬與居住遺址，雖然大部分墓葬慘遭到盜掘，但是在兩座不同發掘區的墓葬中，都出土帶有商貴族「亞禽」銘文的銅器[83]，該地距離羅山後李往北僅30公里，約為一日步行距離，說明在這一片廣大的區域，也是商人活躍的場所，晚商王朝最起碼控制了從鄭州到信陽的幾條重要路線，未來沿京漢鐵路兩側沿古代河流的兩側，還可能發現類似的聚落以及較小村落。

　　晚商文化另一個主要的分布地點是山東半島[84]，山東半島的中間矗立著泰山山脈，最西邊是與豫西相連的沼澤地帶，這附近遺址都在所謂堌堆上，也就是人工或自然存在的小丘，其文化類型是商文化的荷澤安丘堌堆類

（續）————————————————

陵：銅陵市政協，1992），頁5-21。楊立新，〈銅嶺古代銅業史略〉，《文物研究》11（1998）：238-245。

78　朱幟，〈河南舞陽縣吳城北高遺址出土銅爵〉，《考古》1984.5：426。

79　朱幟，〈北舞渡商代銅鬲〉，《考古》1983.9：841。

80　同上。

81　劉東亞，〈河南上蔡出土的一批銅器〉，《文物參考資料》1957.11：67。

82　鄧城寶，〈河南寶豐收集到兩件別致的青銅戈〉，《考古與文物》1983.3：110。游清漢，〈河南南陽市十里廟發現商代遺址〉，《考古》1959.7：370。南陽市博物館，〈南陽十里廟遺址調查〉，《江漢考古》1994.2：27-29，14。南陽市博物館，〈南陽市博物館館藏的商代青銅器〉，《中原文物》1984.1：95-96。徐俊英，〈南陽博物館徵集的應國銅器蓋及晚商銅觚〉，《華夏考古》1994.2：111-112。

83　這是筆者於2009.4.20訪駐馬店市文物考古研究所得知的訊息。

84　關於山東地區晚商遺址的分布，筆者與研究團隊有詳細的討論，見黃銘崇、林農堯、黃一凡、劉彥彬、林昆翰，〈晚商文化的分布及其意義——以山東地區為例的初步探討〉，讀者可以參考。本地區相關遺址請參見該論文，此不贅述。

型，分布在荷澤、梁山、濟寧、金鄉、魚台、定陶、曹縣、單縣等地。過了此一地帶是由南到北一系列的湖泊，通往山東半島南北側的路線，必須從這些湖泊間的路徑，目前的系統區域調查並未及此區，因此，還無法判斷古代究竟從哪些路線進入山東半島。這些路線通往泰山之南的魯東南地區，晚商遺址最密集的是沿著微山湖邊的微山、兗州、鄒縣、滕州、棗莊一帶，晚商文化分布的邊界可能在沂河，沂水、新泰還有一些商遺址，沂河以東則為土著文化的世界。泰山以北的遺址必須從現在的黃氾區發現長垣宜丘遺址說起，其陶器的內容與山東西部的荷澤安丘塭堆相同，河南濮陽有鐵丘、程莊、馬莊亦同。推測在現在范縣、前台一帶，沿著今黃河不遠塭堆或丘地，可能還會有類似的遺址，與山東的陽穀、東阿、茌平一帶的晚商遺址類似，同屬於黃河以南商文化區域類型。晚商時代，商文化遺址密布在今黃河北的東阿、茌平、禹城、齊河、濟陽一帶，以及今黃河南的平陰、長清、濟南、章丘、鄒平、淄博、桓台、青州、壽光、昌樂、濰坊一帶，濰河以東才是土著文化的勢力範圍。濟南大辛莊可能是附近最重要的遺址。晚商時期，商人在濟南到青州一帶，居住地相當密集，近年在沿線的鄒平、桓台進行的區域調查，顯示出此一地區晚商文化遺址真正的密度，遠超乎以往的想像。在渤海灣附近，慶雲、樂陵、陽信、惠民、濱州、沾化、利津、廣饒、壽光一帶，則密布著與製鹽有關的晚商聚落，我們會在一e節中討論。此類聚落最北的位置當在今天河北滄州市範圍的滄縣倪楊屯以及孟村縣高姚莊一帶。商文化在山東的分布隨著時代愈晚愈往東方推進，以山東為主的土著文化——岳石文化及其後續之珍珠門文化節節敗退，說明山東半島在晚商時期為商文化重要的殖民區域，此一現象當然與商王朝經營此一區域的策略有關[85]，他們著眼的是當地的鹵鹽資源。

　　商文化沿著微山湖的南角，進入蘇北地區，在銅山、邳州附近形成聚

85　任相宏，〈從泰沂北側的商文化遺存看商人的東征〉，《中國文物報》1997.11.23：3。方輝，〈商王朝東方經略的考古學觀察〉，《多維視域——商王朝與中原早期文明研究》（北京：科學出版社，2009），頁70-84。

落群，一直往東，在東海、沭陽、海州、灌雲到達黃海邊的連雲港[86]。現代
的省界，會讓我們以為山東蒼山東高堯遺址與江蘇邳州鳳凰村遺址相距甚
遠，但是兩者實際上是比鄰著。換言之，從滕州、蒼山到邳州、銅山一帶
的聚落是連成一片的。商文化雖然已經經由連雲港到達黃海邊，但是卻無
法往北進入日照、五蓮、莒縣、膠州一帶，此一地區也是土著文化的最後
堡壘，一直到西周早期，才被由軍隊所領頭的周文化衝破。徐州、銅山、
邳州地區以南，在睢寧東潤營、泗洪趙莊、金湖南時墩、抬飯莊南、儀徵
神墩、虎山等，還有零星的商代聚落，其遺址的性質應與淮南地區相仿，
已經是超越商王朝實質控制區域以外的零星邊緣殖民聚落。在廣大的蘇北
沿海地區，在今天的新沂河以南，目前僅有鹽城龍崗遺址，由於此一地域
也是後代生產海鹽的重要地區，鹽是商人重視的物資，鹽城龍崗可能非孤
立現象，未來有待更多考古工作說明此一地區的狀況。從高郵湖以南，到
長江南北、太湖一帶，特別是長江以南，在晚商年代範圍內，則是土著的
湖熟文化，土著文化與商文化間的關係尚待更多出土資料釐清[87]。

在山西方面，根據筆者實地考察，晚商王朝通往山西應當是由安陽往
北，抵達武安，上溯洺河，穿過洺河上游的支流，進入涉縣，穿越漳河，
進入黎城盆地。黎城盆地的核心有黎城西關遺址，發現過晚商青銅爵、觚
與鼎[88]。再沿著漳河進入長治盆地，長治盆地的晚商遺址密度相當高[89]，還
有屯留上村[90]、長子北高廟、西旺等都發現過商代晚期青銅器[91]。武鄉上城

86 朱誠、鄭朝貴、顧維瑋、韓明芳，〈蘇北地區新石器時代至商周時期人類遺址時空
　　分布問題探討〉，《環境考古學研究》3(2006)：99-108。
87 張敏，〈殷商時期的長江下游〉，《「周邊」與「中心」：殷墟時期安陽及安陽以
　　外地區的考古發現與研究》(台北：中央研究院歷史語言研究所，2015)，頁133-172。
88 張崇林、楊林中，〈山西黎城西周墓地〉，《發現中國——2007年100個重要考古新
　　發現》(北京：學苑出版社，2008)，頁138-142。張崇寧，〈山西黎城黎國墓地〉，
　　《2007年中國重要考古發現》(北京：文物出版社，2008)，頁40-45。
89 重要者如長治小神遺址，山西省考古研究所晉南工作站，〈長治小常鄉小神遺址〉，
　　《考古學報》1996.1：63-110。
90 長治市博物館，〈山西屯留縣上村出土商代青銅器〉，《考古》1991.2：177。

是由長治盆地往北沿濁漳水上溯的重要遺址，濁漳水在武鄉上城附近分三道，往北為濁漳水，往東為涅河，往東北為馬牧河。沿著涅河上溯到源頭稱為孔子峪，由孔子峪翻越山嶺，可以接昌源河，順流而下，可以達到太原盆地的東側。武鄉上城遺址出土過一座墓葬，有殷墟II期的青銅器，包括1爵、2觚、1壺，以及兩件戈與尖錐帶鉤的馬策飾、環首刀以及C形馬銜等[92]。

從長治盆地穿越山脈進入沁河河谷，再穿越山脈可進入臨汾盆地，臨汾盆地的汾河以東有一些晚商遺址，浮山橋北（先）與臨汾龐杜（息冊）發現的帶有族徽的墓葬群[93]，洪洞楊岳也發現有銘文的青銅爵與戈[94]。臨汾盆地北側緊收為峽谷，只有靈石一帶有平地，也有汾河小支流提供水源，靈石旌介出土等級相當高的墓葬群[95]，此地往北通往太原盆地，居高臨下俯瞰太原盆地，有重要戰略意義。太原盆地有汾陽杏花村[96]、太谷白燕等遺址[97]，這些遺址屬於晚商時期的陶器俱有強烈的地方特色，可能不屬於商王朝統治範圍。再往北忻定盆地，忻州牛圈子等地發現過晚商偏早的青銅器[98]，忻州劉溝墓葬群出土大量非商系陶器。其中有一座墓葬出土四件金耳環，在墓主的耳下，一側兩件。使用耳環並非商習俗。此一地區當非商王朝所控制，卻可能與早期鄂爾多斯文化群有密切關係[99]。臨汾盆地以南的運城盆地則晚

（續）

91　郭勇，〈山西長子縣北郊發現商代銅器〉，《文物資料叢刊》3（1980）：198-201。

92　王進先、楊曉宏，〈山西武鄉縣上城村出土一批晚商銅器〉，《文物》1992.4：91-93。

93　田建文等，〈山西臨汾龐杜墓地〉，田建文先生面告，李永迪照相資料。

94　趙志明、梁育軍，〈山西省博物館近年徵集的部分青銅器〉，《文物季刊》1992.9：86-87。洪洞揚岳村徵集有鏊戈，銘文為：「車。」弦紋爵。

95　戴尊德，〈山西靈石旌介村商代墓和青銅器〉，《文物資料叢刊》3（1980）：46-49。山西省考古研究所、靈石縣文化局，〈山西靈石旌介村商墓〉《文物》1986.11：1-18。海金樂、韓炳華，《靈石旌介商墓》（北京：科學出版社，2006）。

96　晉中考古隊，〈山西汾陽、孝義兩縣考古調查和杏花村遺址的發掘〉，《文物》1989.4：22-30。

97　晉中考古隊，〈山西太谷白燕遺址第一地點發掘簡報〉，《文物》1989.3：22-34。

98　沈振中，〈山西忻縣連寺溝出土的青銅器〉，《文物》1972.4：67-68。

99　黃銘崇，〈畜牧者與農耕者之間——早期鄂爾多斯文化群與商文明〉，《「周邊」與「中心」：殷墟時期安陽及安陽以外地區的考古發現與研究》（台北：中央研究院歷史語言研究所，2015），頁23-98。

商遺址較少[100]，翼城鳳家坡曾出土銅器[101]。山西南部中條山以南，在二里頭時代與二里崗時期有相當多的二里頭文化與早商文化聚落，但是這附近的晚商文化遺址卻相當少，目前也看不出有與晚商文化時代相當的其他考古學文化。此一現象，顯然不是考古工作做得不夠，因為中國社會科學院考古研究所在晉南進行過調查[102]，以及中國國家博物館考古隊在垣曲盆地進行地毯式的聚落考古工作[103]，但卻都顯示此地為晚商文化的真空地帶。

汾河以西只出土商式銅器的墓葬包括隰縣龐村與永和榆林的墓葬[104]，相對的，在呂梁山以西的保德、柳林、石樓、永和、吉縣等地，以及跨過黃河的陝西綏德、清澗、延長、延安、子長等地，則是畜牧者的世界[105]。

與山西中條山以南，黃河以北狀況類似，也就是缺乏晚商時期遺址的是伊洛河流域，伊洛河流域是二里頭文化最發達的區域，也存在著二里頭文化最大的聚落──二里頭本身，同時存在著不同等級的聚落。到了早商時代，二里頭消失，偃師商城出現，但是相對地所有的聚落都轉變成村落，顯示商王朝對此一地區採取嚴屬的控制。但是到了晚商時期，此一地區同樣也是幾近真空。與此一區域相鄰，也屬於二里頭文化核心區域的潁河上游近年進行了詳細的區域調查，商代的遺址也相當稀少[106]。究竟是此一地區過去考古學文化區分與歷史時代區分的界線有盲點，或存在著一個目前考古學尚未認識的其他文化，或有其他不明因素導致文化斷層，是未來考古

---

100 張國維，〈山西聞喜古文化遺址調查簡報〉，《考古》1989.3：200-217。

101 李發旺，〈山西翼城發現青銅器〉，《考古》1963.4：225。

102 中國社會科學院考古研究所山西工作隊，〈晉南考古調查報告〉，《考古學集刊》6(1989)：1-51。

103 《垣曲盆地聚落考古研究》。

104 隰縣小西天文管所，〈山西隰縣龐村出土商代青銅器〉，《文物》1991.7：99-100。趙志明、梁育軍，〈山西省博物館近年徵集的部分青銅器〉。

105 相關資料見黃銘崇，〈畜牧者與農耕者之間──早期鄂爾多斯文化群與商文明〉。

106 河南省文物考古研究所、密蘇里州立大學人類學系、華盛頓大學人類學系，《潁河文明──潁河上游考古調查試掘與研究》(鄭州：大象出版社，200)。沿線調查的二十個遺址中只有袁橋與王村兩個遺址有商文化遺存，而且可能是早商遺址。

學家應該努力去發掘的[107]。

　　從信陽往南翻過大別山，就進入了湖北境內的長江流域，商人在早商時期，已經在此地建立了盤龍城，雖然在中商時期，盤龍城廢棄，但從附近出土的晚商青銅器推測，一旦情勢穩定，商人還是持續不斷在此地活動[108]。鄂西長江以北，還是有不少晚商文化遺址，這些遺址扼著長江以南的湖北大冶、陽新，江西瑞昌的銅礦。沿著長江往上游，以岳陽銅鼓山為首，沿著湘江也有一些商文化遺址，其中還包含了大批晚商的青銅器[109]。以往學者認為湘江流域在晚商時期存在一個較為發達的鑄造中心和文明中心，不過向桃初根據當地文化的時代與內涵，商式與非商式青銅器的形制與銘文等因素綜合地考察，認為這些商式青銅器是商亡以後商遺民才進入此一地

---

107 洛陽附近出土商代晚期青銅器的狀況，包括1958年洛陽伊川縣出土的〈子申父己鼎〉、偃師山化忠義村黃家出土的〈黑射爵〉、洛陽出土的〈父辛爵〉、〈史□爵〉、〈弦紋爵〉、〈柿蒂紋觚〉、〈雲雷紋觶〉、〈饕餮紋尊〉、洛陽鋼廠出土的〈柿蒂紋尊〉。參考洛陽師範學院、洛陽市文物局，《洛陽出土青銅器》（北京：紫禁城出版社，2006），頁20，87，88，89（兩件），101，104，117，116。

108 楊權喜，〈湖北商文化與商朝南土〉，《中國商文化國際學術討論會論文集》（北京：中國大百科全書出版社，1998），頁282-289。馮少龍，〈湖北省商代考古發現與研究概述〉，《奮發荊楚・探索文明：湖北省文物考古研究論文集》（武漢：湖北科學技術出版社，2000），頁122-126。陳賢一，〈江漢地區的商文化〉，《中國考古學會第二次年會論文集》（北京：文物出版社，1980），頁161-171。

109 何介鈞，〈試論湖南出土商代青銅器及商文化向南方傳播的幾個問題〉，《中國商文化國際學術討論會論文集》，頁290-301。施勁松，〈我國南方出土的帶銘青銅禮器及其認識〉，《考古與文物》1999.2：36-42。施勁松，〈湖南出土的商周青銅器〉，《長江流域青銅研究》（北京：文物出版社，2003），頁102-160。向桃初，〈湖南商代晚期青銅器文化的性質及其與殷墟商文化的關係〉，《考古耕耘錄：湖南中青年考古學者論文集》（長沙：岳麓書社，1999），頁111-132。向桃初，〈湖南商代銅器初探〉，《四川大學考古專業創建三十五週年紀念文集》（成都：四川大學出版社，1998），頁165-178。羅仁林，〈岳陽地區商時期文化序列及其文化因素分析〉，《考古耕耘錄：湖南中青年考古學者論文集》，頁133-161。郭勝斌，〈商時期洞庭湖東岸青銅文化的年代、分期與文化性質〉，《考古耕耘錄：湖南中青年考古學者論文集》，頁162-184。王文建，〈商時期澧水流域青銅文化的序列和文化因素分析〉，《考古類型學的理論與實踐》（北京：文物出版社，1989），頁110-144。

區[110]，這是一個相當大膽卻有說服力的看法。江西距離商文化的核心更遙遠，近年由於新贛大洋洲發現一座規模相當大的中商時代墓葬而使得當地的商文化的課題變得複雜而有趣，附近的吳城文化目前已知有吳城、牛城、築衛城三座年代跨入晚商的城址，還有其他規模較小的遺址，這些遺址一方面具有商文化的某些特徵，也有相當明顯的地方特色[111]，它們與早、中、晚商文化的關係究竟為何，也是尚待考究的大問題。

商文化進入陝西的路線應當是沿著黃河南岸，通過潼關進入渭河平原，此一過程起於二里頭文化，早商時期最盛。晚商文化在關中盆地內的分布主要在東半部，渭河以南的華縣、渭南、西安東部一帶，渭河以北的則分布於銅川、三原、耀縣、醴泉等地[112]。晚商文化在關中地區的分布僅及於關中平原的東部，而且時代愈晚愈退縮[113]。晚商時期關中地區除了商王朝的勢力之外，同時還存在幾種與晚商文化有顯著差異的考古學文化，包括所謂鄭家坡文化[114]、劉家文化以及碾子坡文化，它們和晚商時期的周方有關[115]。在陝北的清澗、綏德、延長等地則已經是使用北方式青銅器的草原畜牧者之天下[116]。在渭河流域晚商王朝的勢力究竟到達何處是一個不易回答的問題，最主要是此一區域晚商時期的「非商」墓葬也隨葬商式青銅禮器，且

110 向桃初，〈湘江流域商周青銅文明研究的重要突破〉，《南方文明》2006.2：68-80。向桃初，《湘江流域商周青銅文化研究》（北京：線裝書局，2008），頁418-423。

111 彭明瀚，《吳城文化研究》（北京：文物出版社，2005）。

112 李海榮，〈關中地區出土商時期青銅文化因素分析〉，《考古與文物》2000.2：35-47。

113 張天恩，《關中商代文化研究》（北京：文物出版社，2004）。徐天進，〈試論關中地區的商文化〉，《商文化論集》（原刊於1990），頁610-640。

114 張長壽、梁星彭，〈關中先周青銅器文化的類型與周文化的淵源〉，《考古學報》1989.1：1-24。

115 中國社會科學院考古研究所涇渭工作隊，〈陝西長武碾子坡先周文化遺址發掘記略〉，《考古學集刊》6(1989)：128-142。劉軍社，〈鄭家坡文化與劉家文化的分期及其性質〉，《考古學報》1994.1：25-62。田仁孝、張天恩、雷興山，〈碾子坡類型爭論〉，《文博》1993.6：4-8。

116 黃銘崇，〈畜牧者與農耕者之間——早期鄂爾多斯文化群與商文明〉。

許多西周早期墓葬隨葬牧野戰後分器所得的戰利品，包括大量商式青銅器與玉器[117]，要辯證這些不同的類型，在沒有絕對年代測定狀況時就有很大爭議。加上這些考古學文化在不同時段，互相交錯與進退的狀況十分複雜。所以，對於關中地區晚商時期文化分布雖然已有不少學者研究[118]，但出土材料不斷增加，未來此一區域的理解必須是動態的而非靜態的，尚有很大開展空間。

　　根據以上描述，以及地圖上不同「等級」商文化的分布，我們大致可以描繪出商王朝的勢力範圍，最核心的區域，從河北定州到黃河沿岸的溫縣一帶，從鄭州、滎陽到鹿邑一帶，從鄭州到信陽一帶。山西的汾河以東，翼城以北。山東半島泰山北麓，黃河兩岸直抵壽光。山東半島泰山南麓，沂水以西。以上這一大塊，基本上是商王朝直接控制或經由族氏分封系統所掌握的地區；不過，必須牢記：在這片區域內，大多數距離河岸較遠的地方，仍屬野獸出沒的森林、草地、溼地，宜於田獵；只有沿河一帶，才被人類開發，才有聚落，才是商王朝真正力量所在。超過以上所圈出的範圍，商王朝的控制，可能更屬線與點而非面的控制，甚至是政治力所不及之處。在這些地方商人或受商文化影響的人群與土著文化人群犬牙交錯。由以上三種層次——商文化(陶器)、商貴族文化(銅器)、商族徽(政治力)的分布，我們可以看出商文化在晚商是黃淮平原的強勢文化，晚商王朝是一個具有相當規模的領域國家，以下我們將進一步了解商王朝的特性，以及它統治的機制。

(三)聚落尺度的意義以及聚落間的尺度反差

1.殷墟的聚落尺度與人口估計

---

117 黃銘崇，〈從考古發現看西周早期墓葬的「分器」現象與西周時代禮器制度的類型與階段〉，《中央研究院歷史語言研究所集刊》83.4(2012)：607-670；84.1(2013)：1-82。

118 張天恩，〈周原遺址殷商時期文化遺存試析〉，《中原文物》1998.1：60-72。

　　本文估計商代聚落人口的目的不是在根據聚落面積提供一個絕對可靠的人口估計，而是盡量將聚落的人口數字與其他古文明以及同時期的各種類型聚落比較，才能看清人口數的意義。首先我們要討論商代安陽都會區的尺度，根據最新的估計，大約是3,600萬平方公尺，也就是3,600公頃(ha)或36平方公里。此一尺度要放在比較的天平上，才能了解它有多大。首先是與世界其他古文明的都城尺度的比較，美索布達米亞的Uruk在2500 BC左右的城內面積為550公頃，人口數估計約6-7萬。羅馬在西元一世紀左右時，它的面積大約是1386公頃，當時羅馬的人口，根據估計超過100萬[119]。我們不能因此就認定安陽的人口就是一世紀羅馬的兩倍以上，因為每一個都市的「都市體素」(urban tissue)──也就是數量最多的建築類型(例如四合院住宅)之基本形態與其聚集的方式，都不盡相同，人口密度也就不同。美索布達米亞早期建築大多以泥磚為牆，以木頭為梁的平頂建築，有些地方為二層樓，整體為合院形式，每單位面積能容納的人口較多。羅馬在AD100左右，城內基本上也是合院建築，主要以磚、石建造，多層建築已經大量存在，所以能夠容納更多的人口。商代貴族居住之所可能多是合院住宅，但是一般平民，居住的可能多是半地穴式的住宅，以立體的體積而言，此種住宅的空間體積比較小，能夠居住的人數較少。但是，即使對於佔據一個市大部分的都市體素有所了解，也無法保證對於都市人口能夠進行準確的估計，因為不同族群或不同社會階層對於擁擠的容受程度不同，也會影響人口估計。例如北京的四合院，在清代為王公貴族所居，但是民國以後有些院落成為大雜院，後者雖然建築結構基本相同，卻能容納比清代更多的人口。總之，人口估計因計算方式不同會有出入，互相比較的目的在交叉考量以避免過於離譜的估計。

　　林澐從傳世文獻及考古材料推估中國古代城市人口規模，他根據《戰

---

119 Morris, A. E. J., *History of Urban Form before the Industrial Revolutions* (London: George Godwin, 1979).

國策‧趙策》趙奢論古代國家：「古者四海之內，分為萬國。城雖大，無過三百丈者。人雖眾，無過三千家者。」估計古代的所謂萬國，正方形城池邊長約690公尺，面積約47.6萬平方公尺，每戶平均佔地約158.7平方公尺。在考古方面呈現的數據也相距不遠。他以陝西臨潼姜寨仰韶文化時期的聚落為對照，面積為18,000平方公尺，同時存在110座房屋，平均每座房屋佔聚落內場地約為150-160平方公尺。以每戶的人數大約是5人計算，則每公頃(即一萬平方公尺)313人。不過林澐選擇比較保守地以每戶佔地約200平方公尺，也就是每公頃居住約250人來作為古代聚落人口估算標準[120]。值得注意的是林澐討論的僅是聚落的居住空間，並不包括墓地，因此在計算上，必須想辦法除去墓葬佔地。宋鎮豪在一篇討論夏商人口的文章中基本上也遵循林澐的方法，補充內蒙古赤峰新店夏家店文化石城，面積有1萬平方公尺，內有石造建築基址60座。赤峰遲家營子石城，面積10萬平方公尺，原有600座石砌建築基址。兩者每戶所佔面積均與林澐所提的文獻與考古材料相當[121]。此一估計有相當的參考價值。

方輝等學者進行日照兩城鎮系統區域調查後，企圖統計其人口數，由於各地聚落的「體素」不同，學者願意接受的單位面積人口數不同，例如：美索布達米亞地區學者使用的數據為每公頃200人，中美洲研究的學者願意接受的數字為每公頃25-50人，最後他們選擇使用「當代聚落」的人口密度為每公頃72.2人，用來計算兩城鎮龍山文化遺址的人口[122]。同樣以每公頃72.2人來估計，殷墟的3,600萬平方公尺聚落面積的人口約為26.4萬人。如果以每公頃25人計算，則殷墟人口約為9萬人，以每公頃200人計算，殷墟人口

---

120 林澐，〈關於中國早期國家形式的幾個問題〉，《吉林大學學報》(社會科學版)1986.6，輯於《林澐學術文集》(北京：中國大百科全書出版社，1998)，頁85-100。

121 宋鎮豪，〈夏商人口初探〉，《歷史研究》1991.4：93-106。宋鎮豪，〈夏商人口總數的估測〉，《夏商社會生活史‧增訂本》(北京：中國社會科學院出版社，2005)，頁169-197。及同書〈夏商王邑人口分析〉，頁197-205。

122 方輝、加利‧費曼、文德安、琳達‧尼古拉斯，〈日照兩城鎮地區聚落考古：人口問題〉，《華夏考古》2004.2：37-40。筆者不了解該文「當代聚落」是何意。

則為72萬人。如果以林澐的估算法,即每公頃250人,並且假設居住區(包含住宅、作坊與宮殿等)與墓葬區各半,則殷墟晚期約有45萬人。在Norman Yoffee的*Myths of the Archaic States*古文明比較中,列舉劉莉對二里頭、鄭州商城、與安陽殷墟的人口估計,分別是二里頭1.8-3萬人,鄭州商城10萬人,安陽12萬人。不過,安陽的估計是以當時所知的19平方公里,而非36平方公里計算,以等比計算,當有22.8萬人。根據以上數字換算,二里頭為每公頃60-100人,鄭州商城為每公頃40人,安陽為每公頃63人,關於為何三個城市的標準不一,Yoffee並未說明[123]。

以上這些古代聚落人口估計標準是否合理,可以從世界古代文明聚落人口估計的比較看出,Norman Yoffee在其書中,將埃及、美索布達米亞、印度河流域、中國、中美洲、馬雅、秘魯／安地斯中部等地的古代文明城市規模與人口估計的比較列表,我們在此表加上中美洲的Tenochititlán[124],並將此一列表加上一項每一個人平均使用的面積(人均面積),以及平均每公頃的人口數(單位人口,見表1)。在此一表格中,我們發現這些都會區中的每人使用的面積估計,從人均面積400m²到20m²,人口估計相差很大。安陽的兩種估計:劉莉的估計,每人利用土地面積為158m²。依照林澐的估計,粗估以墓地與居住地各半,每人利用的土地面積80m²,兩者在各種估計中,都是落在中間,既非最高也非最低。從各個方面比較,以林澐的方式估計雖然安陽的人口高達45萬人,卻不能算是高估。且無論以哪一個方式估計,安陽都是世界古代文明中人口最多的大都會。

123 Norman Yoffee, *Myths of the Archaic States: Evolution of the Earliest Cities, States and Civilization*(Cambridge: Cambridge University, 2005), p. 42.

124 根據Mary G. Hodge, "When is a City-State? Archaeological Measure of Aztec City-States and Aztec City-State Systems," in *The Archaeology of City-States: Cross-Cultural Approaches,* edited by Deborah L. Nichols and Thomas H. Charlton(Washington DC: Smithsonian Institution Press, 1997). 人口統計見p. 210.

表1 世界古代文明的城市規模與人口估計

地區	城市	時代	城市規模	人口估計	人均面積／每公頃人口
埃及	Hierakonpolis	3300 BC	300萬 m²	10,000	300/33
	Memphis	3200-2400 BC	1,100萬 m²	30,000	367/27
	Thebes	1400 BC	300-400萬 m²	50,000	80/125
	Amarna	1350 BC	330萬 m²	30,000	110/91
美索布達米亞	Nagar/ Tell Brak	3600 BC	70萬 m²	10,000	70/143
	Uruk	3200 BC	250萬 m²	20,000	125/80
		2500 BC	550萬 m²	60,000-70,000	79-92/102-128
	Al Hiba	2500-2000 BC	400萬 m²	75,000	53/189
	Tello (Girsu)	2500-2000 BC	80萬 m²	15,000	53/189
	Kish	2500-2000 BC	550萬 m²	60,000	92/109
華北	二里頭	1900-1500 BC	300萬 m²	18,000-30,000	167-100/60-100(劉)
				37,500	80/125(林)
	鄭州	1600-1400 BC	2500萬 m²	100,000	250/40(劉)
				300,000	80/125(林)
	安陽	1300-1046 BC	3600萬 m²	227,000	158/63(劉)
				450,000	80/125(林)
印度河流域	Mohenjo-Daro	2500-1900 BC	250萬 m²	40,000	62.5/160
	Harappa	2500-1900 BC	150萬 m²	40,000-80,000	37.5/266.6-18.8/533.2
中美洲	Teotihuacan	ca. 600 CE	2,000萬 m²	100,000	200/50
	Tenochtitlán*	ca. 1500 CE	12-1,500萬 m²	200,000-250,000	60/167
馬雅	El Mirador核心區	50 BC	100萬 m²	30,000	33/303
	中央區		450萬 m²		150/67
	Copan核心區	700 CE	100萬 m²	20,000	50/200
	中央區		300-400萬 m²		200/50
	Tikal核心區		300-400萬 m²	50,000-60,000	
	中央區		1600萬 m²		
	都會區		12,000萬 m²		2000/5
秘魯／安地斯中部	Moche	500 CE	135萬 m²	5,000-10,000	270-135/37-74
	Twanaku	900 CE	600萬 m²	15,000-20,000	400-200/25-50
	Wari核心區	900 CE	600萬 m²	10,000-30,000	400-200/25-50

在中國古代文獻記載方面,《逸周書‧世俘解》中的一項記載,可說明林澐的估計方式有一定的合理性。此項記載記錄武王克商的大戰中統計被周方斬首的有177,779人,俘虜有310,230人,總共斬首與俘虜的人數高達488,009人,被滅掉的所謂「國」有99個。〈世俘解〉以及這項數據,被認為是當時的實際記錄[125]。因為這場戰爭,包括後續的清理,時間並不長,推測這些所謂「國」,應當都距離安陽不遠。有些學者將這些人數除以國,而得到每國約4,929人的每國的平均數字。但是,近來的區域考古調查顯示安陽殷墟在商代晚期比起當時其他聚落,面積都大很多,因此,《逸周書‧世俘解》所記載的人數,絕大多數可能都是殷墟的人口,而且不能排除安陽在武王克商之後,有大量商人逃離此地。安陽附近在晚商的人口,應該高於《逸周書‧世俘解》所提到的488,009人。總而言之,利用林澐的估計,從考古學資料或傳世文獻看,都不離譜。進一步的問題是,一個擁有超過45萬以上人口的大都會,對於當時的政治地景會產生何種衝擊?

2. 殷墟與華北其他聚落的尺度比較

從考古資料考察,華北從二里頭文化到晚商時期的聚落的「體素」大致相同,我們可以用林澐的推估為標準將聚落的尺度與人口列表進行比較。此一比較可與宋鎮豪所列的86座仰韶文化、龍山文化、大汶口文化、屈家嶺文化、夏家店下層文化古城的尺度相比對[126]。依據前述標準鄭州商城

---

125 李學勤,〈《世俘》篇研究〉,《古文獻論叢》(上海:上海遠東出版社,1996),頁69-80。屈萬里,〈讀周書世俘篇〉,原載《慶祝李濟先生七十歲論文集》(臺北:清華學報社,1965),輯於《書庸論學集》(臺北:臺灣開明書店,1969),頁412-432。

126 《夏商社會生活史》,頁174-192。宋鎮豪在這86座城址的人口估計上根據《春秋繁露‧爵國》言城池、郭邑、屋室、閭巷、街路市、官府、園囿、台沼之計算應「法三分而除其一」考慮苑池、道路、土田、作坊、墓地等佔地因素,取遺址總面積的三分之一。見前引書,頁193。宋鎮豪誤會《春秋繁露‧爵國》此段的意思,此段是指井田中應除城池、郭邑、屋室、閭巷、街路市、官府、園囿、台沼所佔的三分之一地,將此部分除去有三分之二為良田,與城中居室之估計無關。現在大多數考古遺址,通常指的是居住與墓葬遺址,僅有相當少的機會才可保留田畝的遺跡。在

的尺度比殷墟略小，戶數約60,000，人口約300,000人。二里頭遺址的戶數約7,500，人口約37,500人。偃師商城依同一標準重估，則約有5,000戶，人口約25,000人。夏縣東下馮的戶數325，人口約1,625人。盤龍城約1,500戶，7,500人，濟南大辛莊則約有750戶，3750人左右，山東平陰朱家橋，面積僅4,400平方公尺，約有11戶，人口約55人，依此類推。依據同樣的標準，我們從二里頭文化到商晚期的聚落中選取資料比較詳細的聚落列表，並且估計其人口如下（表2）：

表2　華北青銅時代早期聚落的人口估計

聚落	時代	面積	人口估計
偃師二里頭[1]	1900-1600 BC	300萬 m^2	37,500
宮城	-	10.8萬 m^2	-
偃師稍柴[2]	1900-1500 BC	100萬 m^2	12,500
鄭州二里岡	1600-1400 BC	2,500萬 m^2	300,000
內城	-	320萬 m^2	-
偃師商城	1600-1400 BC	200萬 m^2	25,000
小城	-	80萬 m^2	-
鄭州大師姑[3]	Ca. 1500 BC	50萬+ m^2	6,250+
黃陂盤龍城	1450-1300 BC	60萬 m^2	7,500
內城[4]	-	7.5萬 m^2	-
鄭州小雙橋	Ca. 1400 BC	144萬 m^2	18,000
洹北商城[5]	1400-1300 BC	500萬+ m^2	50,000
垣曲商城[6]	1500-1300 BC	13.3萬 m^2	1,660

（續）————————————

　　他所列的86座城址中應將與中原的土城系統不同的38座夏家店下層文化的石城暫時排除在外，僅考慮前48座。長江流域的古城城內的建築形態多為干闌式建築，計算方式應當也有不同；不過，本文並非專就聚落人口比較，暫時不考慮此種差異。其中人口的估計的比較時，當與本文所用標準相同。宋鎮豪在估計王邑人口時，對於各個聚落的人口的估計採用的標準不一，得到二里頭3.1萬人，偃師商城5.5萬人，鄭州商城8萬人，洹北商城約10萬人，殷墟早期10萬人，殷墟中期約12萬人，晚期達14.6萬。有些取三分之一，有些只計算內城，安陽則完全未與面積掛鉤，用另外一套估算法。見《夏商社會生活史》，頁198-199。

焦作府城[7]	1600-1300 BC	9.3萬 m²	1,160
拓城孟莊[8]	1700-1200 BC	3萬 m²	375
輝縣孟莊[9]	2000-1040 BC	30萬 m²	3,750
平陸糧宿商城[10]	1500 BC	6萬 m²	750
夏縣東下馮[11]	1900-1500 BC	4萬 m²殘存	-
岳陽銅鼓山[12]	1700-1500 BC	3萬 m²	375
藁城台西商城[13]	1500 BC	10萬 m²	1,250
安陽殷墟[14]	1300-1040 BC	3,600萬 m²	450,000
小屯宮殿區	-	70萬 m²	-
孝民屯鑄銅作坊[15]	-	5萬 m²	-
潞城古城[16]	1300-1000 BC	56萬 m²	7,000
西安老牛坡[17]	1500-1040 BC	50萬 m²	6,250
濟南大辛莊	1400-1040 BC	30萬 m²	3,750
桓台史家	1400-1040 BC	30萬 m²	3,750
鄒平丁公	1200-1040 BC	18萬 m²	2,250
南陽十里廟[18]	1300-1040 BC	10.5萬	1,310
滕州前掌大	1300-1000 BC	250萬 m²	30,000
新鄭望京樓[19]	1600 BC	168萬 m²	21,000
兗州李官村[20]	1300-1040 BC	4萬 m²	500
孟縣西后津[21]	Ca. 1200 BC	4萬 m²	500
濟寧潘廟[22]	1400-1250 BC	2.2萬 m²	275
磁縣下七垣[23]	1300-1040 BC	2萬 m²	250
武安趙窯[24]	1300-1040 BC	1.5萬 m²	188
濟寧南趙莊[25]	1600-1040 BC	1萬 m²	125
鹿邑欒台[26]	2000-1000 BC	0.7萬 m²	88
平陰朱家橋[27]	1300-1040 BC	0.44萬 m²	55
泗水尹家城	1400-1250 BC	0.4萬 m²	50
荷澤安邱塪堆[28]	1600-1040 BC	0.25萬 m²	31
清澗李家崖城	Ca. 300 BC	6.7萬 m²	838
柳林高紅	Ca. 300 BC	20萬 m²	2,500
清江吳城[29]	1500-1100 BC	61.3萬 m²	7,660
清江牛城[30]	1100-800 BC	50萬 m²	6,250
內城	-	20萬 m²	-
遺址面積	2500-800 BC	400萬 m²	-

清江築衛城[31]	1500-1100 BC	6萬 m^2	750
江陰佘城[32]	1600-1300 BC	18萬 m^2	2,250
寧鄉炭里河城[33]	Ca. 1000 BC	15萬 m^2	1,875
三星堆遺址[34]	1500- 1000 BC	1200萬 m^2	150,000
三星堆古城	-	360萬 m^2	-

資料來源：

[1] 許宏、陳國梁、趙海濤，〈河南洛陽盆地2001~2003年考古調查簡報〉，《考古》2005.5：18-37。

[2] 河南省文物研究所，〈河南鞏縣稍柴遺址發掘報告〉，《華夏考古》1993.2：1-45。

[3] 鄭州市文物考古研究所，《鄭州大師姑》（北京：科學出版社，2004）。

[4] 湖北省文物考古研究所，《盤龍城——1963年～1994年考古發掘報告》（北京：文物出版社，2001）。

[5] 中國社會科學院考古研究所安陽工作隊，〈河南安陽市洹北商城的勘查與試掘〉，《考古》2003.5：3-16。

[6] 中國歷史博物館考古部、山西省考古研究所、垣曲縣博物館，《垣曲商城1985-1986年度勘查報告》（北京：科學出版社，1996）。

[7] 袁廣闊、秦小麗，〈河南焦作府城遺址發掘報告〉，《考古學報》2000.4：501-536。

[8] 中國社會科學院考古研究所河南一隊、商丘地區文物管理委員會，〈河南拓城孟莊商代遺址〉，《考古學報》1982.2：49-70。

[9] 輝縣孟莊是龍山、二里頭與殷墟三個時期的三疊層，龍山到二里頭間有斷層。二里岡期似無城牆，到殷墟時期又建築城牆。見河南省文物考古研究所，《輝縣孟莊》（鄭州：中州古籍出版社，2003）。

[10] 衛斯，〈平陸縣前莊商代遺址出土文物〉，《文物季刊》1(1992)：18-19。

[11] 中國社會科學院考古研究所、中國歷史博物館、山西省考古研究所，《夏縣東下馮》（北京：文物出版社，1988）。

[12] 湖南省文物考古研究所、岳陽市文物工作隊，〈岳陽市郊銅鼓山商代遺址和東周墓葬發掘報告〉，《湖南考古輯刊》5(1989)：29-45，200。

[13] 河北省文物研究所，《藁城台西商代遺址》（北京：文物出版社，1985）。

[14] 孟憲武，〈安陽殷墟邊緣區考古概述〉，《安陽殷墟考古研究》（鄭州：中州古籍出版社，2003），頁3-12。岳洪彬、何毓靈，〈近幾十年來殷墟的發現和新探索〉，《中國文物報》2004.10.15，第七版。岳洪彬、何毓靈、岳占偉，〈殷墟都邑布局研究中的幾個問題〉，《紀念殷墟發掘八十週年學術研討會論文集》（臺北：中央研究院歷史語言研究所，2008），頁109-141。

[15] 殷墟孝民屯考古隊，〈河南安陽市孝民屯商代鑄銅遺址2003-2004年的發掘〉，《考古》2007.1：14-25。

[16] 《夏商社會生活史》，頁194。

[17] 《中國考古學·夏商卷》，頁318。

[18] 同上，頁311-312。

[19] 吳倩、張賀君，〈望京樓遺址田野考古工作的理念與方法〉，《大眾考古》2014.8：72-76。此一數據為二里頭文化時期的外城所包圍的範圍之面積。

[20] 《中國考古學·夏商卷》，頁316。

[21] 河南省文物研究所、新鄉地區文管會、孟縣文化館，〈河南孟縣西後津遺址發掘簡報〉，《中原文物》1984.4：1-8。

[22] 張光明，〈山東桓台史家遺址發掘的再認識〉，《夏商周文明研究—山東桓台中國殷商文明國際學術討論會論文集》（北京：中國文聯出版社，1999），頁1-14。

[23] 《中國考古學・夏商卷》，頁311-312。

[24] 《中國考古學・夏商卷》，頁312。

[25] 濟寧市博物館，〈山東濟寧市南趙莊商代遺址調查〉，《考古》1993.11：1047-1049, 1030。

[26] 河南省文物研究所，〈河南鹿邑欒台遺址發掘簡報〉，《華夏考古》1989.1：1-14。

[27] 中國科學院考古研究所山東發掘隊，〈山東平陰朱家橋殷代遺址〉，《考古》1961.2：86-93。

[28] 北京大學考古系商周組等，〈荷澤安邱堌堆遺址發掘簡報〉，《文物》1987.1：38-42。

[29] 江西省文物考古研究所、樟樹市博物館，《吳城——1973~2002年考古發掘報告》（北京：科學出版社，2002），頁37。

[30] 見《吳城——1973~2002年考古發掘報告》，頁422。朱福生，〈江西新贛牛城遺址調查〉，《南方文物》2005.4：4-7。

[31] 江西省博物館等，〈清江築衛城遺址第二次發掘〉，《考古》1982.2：130-138。

[32] 習文偉、鄔紅梅，〈江蘇江陰佘城、花山遺址第二次發掘取得重要收穫〉，《中國文物報》2004.4.7。

[33] 湖南省文物考古研究所、長沙市考古研究所、寧鄉縣文物管理所，〈湖南寧鄉炭河里西周城址與墓葬發掘簡報〉，《文物》2006.6：4-35。

[34] 《中國考古學・夏商卷》，頁491-508。

以上推估，雖然與實際一定會有出入，但是可以看到相對的人口尺度，以及每一個聚落所可能扮演的角色，有些是大都會，是各種先進物品的生產中心，具有高度行政機能，可能擁有大批軍隊，上表的安陽殷墟、鄭州商城以及廣漢三星堆就是這一類的大都會。有些是區域中心，其生產量能，產品的種類都低於大都會區，但行政功能較強，因此維持秩序所需的軍隊比例也較高。商代晚期的西安老牛坡、桓台史家、濟南大辛莊、滕州前掌大等，面積在250萬平方公尺到50萬平方公尺（注意有些遺址是殘存的）之間，就是這一類的聚落。另外如磁縣下七垣、鹿邑欒台、濟寧南趙莊、平陰朱家橋等等，面積在10萬平方公尺以下，則僅為農村聚落。從目前的資料看，二里頭文化期城市間的尺度差異比較小，例如二里頭（300）、望京樓（168）、稍柴（100）、大師姑（50）、輝縣孟莊（30）、焦作府城（9.3）、拓城孟莊（3），顯示最大的都會與最小的農村聚落間有許多階差，其比例以最大都會為100，為：100, 56, 33, 17, 10, 3.1, 1[127]。此一比值顯示二里頭時代都會的支配性並

---

127 二里頭文化有許多更小的聚落可參看二里頭工作隊以及陳星燦、劉莉兩組區域調查

不強，經濟與政治的權力的集中並不絕對。二里岡時期反差現象已經開始
出現，如：二里岡(2500)、偃師商城(200)、盤龍城(50)、輝縣孟莊(30)、焦
作府城(9.3)、平陸糧宿商城(6)、柘城孟莊(3)，大都會與農村聚落間的比例
為：100, 8, 2, 1.2, 0.372, 0.24, 0.12，其比值的差距變大，清楚地顯示鄭州商
城在經濟與政治上的絕對支配性。商代晚期聚落的反差更大，如：安陽
(3600)、滕州前掌人(250)、西安老牛坡(50)、桓台史家(30)、濟南大辛莊(30)、
南陽十里廟(10.5)、荷澤安邱堌堆(0.2475)，其比例為：100, 7, 1.39, 0.83, 0.83,
0.292, 0.00688。純粹從聚落尺度觀察，二里頭文化的聚落層級似乎有「四
層級」(four-tier)的現象，也就是不同層級的聚落可能在經濟上扮演不同的角
色。但殷墟時期反而無此現象，且都會、區域中心與農村聚落間的差距更
大。

　　了解城市的尺度差異的意義之一是可以從食糧消費的角度觀察，比方
說，要養活二里頭的37,500人口，比起與要養活殷墟的450,000人口，是不
同等級的問題。在伊洛河流域要養活37,500人口，可以依賴鄰近地區自然農
業經濟，也就是依賴盆地附近村落以及城市本身部分農業人口的供輸。但
是要在安陽盆地要養活45萬都市人口，依照當時的生產力，以及聚落的密
度推測，僅依賴附近村落的供輸恐怕是不夠的，必須有相當多的都市人口
本身也從事農業，都會區之外圍，有相當大片的區域，完全開發。而且他
們的耕作方式，比方在耕者的組織或農具方面必須有所突破，同時也要仰
賴更大範圍內的村落的供輸。也就是說它糧食的搜括地區也必須是前者的
12倍，運輸糧食以供輸都會區的工作，因為運輸距離以及運量的加大，也
會變成新的挑戰。

　　另一個角度是從聚落的人口推估聚落可能的軍事實力，據此推測此一
聚落在附近地區可能形成的支配力。假設每5戶可以養活一名職業軍人(也就

（續）────────────────────
　　的列表，見許宏、陳國梁、趙海濤，〈河南洛陽盆地2001~2003年考古調查簡報〉。
　　以及陳星燦、劉莉等，〈中國文明腹地的社會複雜化進程──伊洛河地區的聚落型
　　態研究〉。

是約每25人養一名職業軍人）[128]，那麼商代的安陽殷墟地區可以讓18,000名職業軍人不必從事農業生產，專心習武。但是依同樣計算標準，二里頭就只能養1,500名的職業軍人。我們認為擁有18,000名的職業軍人，又具有良好的青銅武器與裝備，在當時是足夠稱霸東亞大陸的。相對地擁有1,500名的職業軍人恐怕就難以達到同樣的效果。如果，二里頭文化未來沒有發現更大的聚落，那麼，二里頭文化的政體的性質與二里岡文化或殷墟文化政體的性質，就有本質上的差別。純粹從軍事實力而言，殷墟期的安陽與二里岡期的鄭州是一個有足夠的軍事力量能稱霸華北平原的大都會，但二里頭時代的二里頭則否。根據商代動員征伐的人數，最常出現的數字是3,000與5,000（這些人未必全為職業軍人），顯示一般戰爭，如果要獲得勝利，動員3,000到5,000的軍隊就足夠影響戰爭的勝負。但是以同樣的比例（5戶出一職業軍人）在垣曲商城或盤龍城這樣深入異文化世界的聚落就行不通，按照前述比例，垣曲商城能支持66名，而盤龍城則可支持300職業軍人，前者完全無法形成控制效果，而後者則必須有其他方式補強戰力，比如有部分跟隨前往殖民地的眾人，必要時也必須隨時可以拿起武器戰鬥。從簡單的邏輯推理，知道像垣曲商城與盤龍城中的人口必須有更高比例的職業軍人，才可能達到地域性的支配與控制效果。

　　比較東亞大陸的從二里頭時期以來的聚落尺度，我們知道鄭州二里岡的面積大約為2,500萬平方公尺，雖然比安陽稍小，但差距不大。從以上聚落大小的比值，我們可以推測，鄭州商城在早商時期聚落體系中的意義應

---

128 安陽殷墟西區墓葬群中每六個墓葬就有一個埋葬兵器，但並不意味職業軍人數佔人口的1/6，因為參加戰鬥者有些是職業軍人，有些則是臨時徵召的眾人，職業軍人可能自己擁有武器，眾人通常是戰時發給矛為武器，可能僅有較少數眾人擁有武器。西北岡1004號大墓中執戈者與執矛者的比例約為1:10，這些數字似乎難得到一個比較周全的人口與職業軍人的比例。我們之所以會取五家可支持一職業軍人的假設是因為在《周禮‧地官》中最低階的「比長」，等級是下士，平常是五家的管理者，在戰爭的狀態時則為「伍長」。此類的「士」，其實是一職業軍人，不必從事一般的農業勞動工作。見孫詒讓撰，王文錦、陳玉霞點校，《周禮正義》（北京：中華書局「十三經清人註疏」點校本，1987），頁887-890。

與安陽在晚商時期相似，如果安陽是商代晚期的首都，是文獻中所謂「殷」，那麼，鄭州極可能就是商代早期的首都，亦即傳世文獻中的「亳」[129]。雖然有學者認為與鄭州商城同時代的偃師商城才是亳[130]，但是偃師商城的面積僅有鄭州商城的十二分之一，從一個王朝經濟、政治、軍事力量的分配與控制的角度，讓首都以外大約100餘公里之遙的另一地點，存在一個12倍大的大都會，意味著在首都以外，存在著兵力與經濟力皆在12倍以上的另一勢力，在邏輯上是難以說得通的。筆者無意介入何者為亳的辯論，但是目前考古現象顯然支持鄭州商城而非偃師商城，理由很簡單，兩者的尺度相差太大。

在以上列表的最下面一段，是與晚商同時期非商文化區域發現的城，廣漢三星堆遺址顯然具有類似鄭州商城或安陽殷墟那種「都城」的規模，它的城本身有360萬平方公尺，依照以上標準，可能有45,000人，但是它的遺址總面積，卻有1,200萬平方公尺，可能有150,000居民。所以，三星堆文化本身具有獨特的青銅工藝，以及生產大量青銅器，並不足為奇。也就是說，筆者認為青銅器的生產，並不是單純的技術問題，其背後必須有社會、經濟力的支撐。

3. 安陽與其他晚商聚落的人口尺度的反差現象

近年在各地進行的「系統區域調查」提供我們了解商代聚落，以及了解商王朝政體的新的資料。首先是安陽附近的「洹河流域區域考古」計畫[131]，根據此一報告中所見不同時代的聚落分布（圖7、圖8），我們可以得知從仰韶文化起一直到西周時代，人們基本上是沿著古代河流營建聚落，古代洹河

---

129 此一說法的最主要論述者為鄒衡。見鄒衡，〈鄭州商城即湯都亳說〉，《文物》1978.2，輯於《商文化論集》（北京：文物出版社，2003），頁106-108。鄒衡，〈鄭州商城是現在可以確定的我國最早的首都——城湯亳城〉，《江漢論壇》2004.8：87-88。

130 高煒、楊錫璋、王巍、杜金鵬，〈偃師商城與夏商文化分界〉，《考古》1998.10：66-79。

131 唐際根、荊志淳、徐廣德、瑞普・拉普，〈洹河流域區域考古研究初步報告〉。

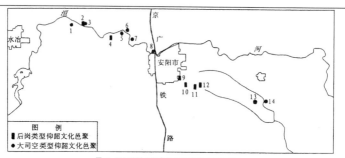

图二　洹河流域邑聚分布示意图(仰韶文化时期)
1. 东夏寒　2. 大正集西　3. 大正集东　4. 柴库　5. 范家庄　6. 秋口同乐寨　7. 高井台子　8. 后岗
9. 东官园　10. 小吴村　11. 小八里庄　12. 大市庄　13. 鲍家堂　14. 大寒南岗

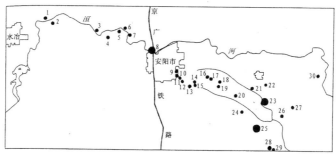

图三　洹河流域邑聚分布示意图(龙山文化时期)
1. 南麻水　2. 寨子　3. 南士旺　4. 柴库　5. 范家庄　6. 秋口同乐寨　7. 高井台子　8. 后岗　9. 常
家湾　10. 东官园　11. 小张庄　12. 小吴庄　13. 小八里庄　14. 大市庄　15. 大市庄东　16. 晁家村北
17. 晁家村东　18. 袁小屯　19. 南瓦亭　20. 南羊店　21. 郭村西南台　22. 杨贾村　23. 大寒南岗
24. 开信　25. 蒋台屯　26. 西瓦亭　27. 东流台　28. 伯台东　29. 伯台西　30. 沿村台

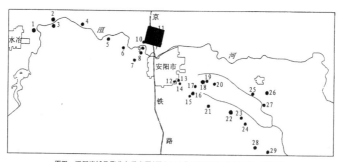

图四　洹河流域邑聚分布示意图(下七垣文化时期至殷墟大司空村一期以前)
1. 姬家屯　2. 南麻水　3. 寨子　4. 大正集　5. 柴库　6. 孝民屯　7. 梅园庄　8. 小屯西地　9. 小屯东北
地　10. 小司空村　11. 洹北花园庄　12. 西官园　13. 东官园　14. 裹村　15. 大定龙　16. 大定龙东
17. 大市庄　18. 大八里庄　19. 晁家村　20. 袁小屯　21. 韩河固　22. 东崇国　23. 开信　24. 将台
25. 郭村西南台　26. 晋小屯　27. 大寒南岗　28. 西正寺　29. 伯台

图7

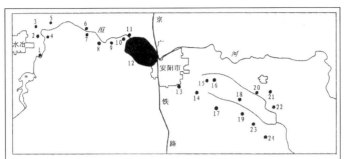

洹河流域邑聚分布示意图(殷墟时期)
1.阳郡 2.姬家屯 3.蒋村 4.北固现 5.西麻水 6.大正集 7.安车村 8.东梁村 9.柴库
10.范家庄 11.秋口 12.殷墟 13.后张村 14.小八里庄 15.大八里庄 16.晃河村 17.韩河固
18.南杨庄 19.东崇固 20.郭村西南台 21.晋小屯 22.大寒屯 23.将台 24.蒋台屯

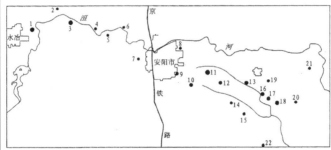

洹河流域邑聚分布示意图(西周时期)
1.姬家屯 2.贾家庄 3.东夏寒 4.南士旺 5.柴库 6.秋口 7.刘家庄 8.三官庙 9.东官园
10.小八里庄 11.晃家村 12.东瓦亭 13.郭村西南台 14.东崇固 15.开信 16.大寒南岗 17.
大寒屯 18.大裴村 19.杨贾村 20.东流台 21.沿村台 22.伯台

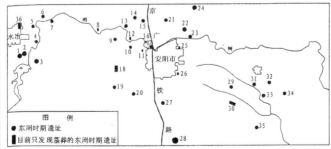

图 例
● 东周时期遗址
■ 目前只发现墓葬的东周时期遗址

洹河流域邑寨分布示意图(东周时期)
1.北彰武西 2.北彰武北 3.西高平 4.东古庄 5.姬家屯 6.南麻水 7.塞子 8.南士旺 9.北
辛庄西 10.白家庄 11.传染病院西 12.侯家庄 13.秋口 14.双塔 15.郭王度 16.大司空村
17.后岗 18.寺沟 19.黄张村 20.活水 21.屈家营 22.西漳涧 23.东彰涧 24.养鱼屯 25.
三官庙 26.小张村 27.牛房 28.西郭村南 29.南羊店 30.东崇固 31.郭村西南台 32.晋小屯
33.大寒南岗 34.蒋台屯 35.蒋台屯 36.阜成村

图8

可能穿過現在的安陽市區，往東南分南北兩道再會合而直接注入當時的黃河。仰韶時代開始發展出自然村落，到了龍山時期有幾個自然村落發展為較大的聚落。到此一階段為止，聚落的逐漸成長和層級化現象與世界其他地區並無明顯差別。到了下七垣文化與大司空村一期文化，主要是在大司空村一期，當地出現了規模遠超過以往的大聚落（洹北花園莊，面積約15萬平方公尺，這是報告當時的估計，但後來發現洹北花園莊是包含在洹北商城內，面積400萬平方公尺以上），而龍山時代的幾個較大的聚落，則反而又回歸為自然村落。筆者認為，這不是經濟上的自然成長，而是外來力量介入當地發展所致，亦即聚落模式改變與洹北商城的建立有關。到了殷墟時期，以小屯村為中心的殷墟一帶，形成了單一的超大聚落，逐漸成長，最終涵蓋面積在3,600萬平方公尺左右，其餘聚落則持續維持自然村落的規模，也就是說面積在10萬平方公尺以下。

如果我們將有銘文的青銅器視為文明的一種指標，將有銘文青銅器出現地點標在安陽盆地的地圖上，我們就發現在此一地區，以小屯村為中心的殷墟共出土了六百多件有銘文青銅器，而在調查範圍的其他小聚落卻不曾出土有銘文銅器[132]。也就是說，都市文明並沒有隨著都市經濟的發展，自然地滲透到附近的聚落，所有擁有銅器的貴族，都居住在殷墟，最終也葬在此地。殷墟的發展，也沒有讓附近某些聚落形成次級中心，或形成層級上的差別，亦即沒有形成三層或四層不同規模的聚落。殷墟在洹河流域是唯一的文明領域，其餘四周的村落，似乎刻意地被壓制，以保持成為以農業為主的自然村落。進入西周時代，當殷墟失去首都的身分，根據文獻，大量商人被遷移到洛陽、關中地區，此地又回歸到全部為自然村落，到了東周時代，自然村落數量大增，並且首次在天然河流相當距離外出現成排

---

132 這是作者利用陳昭容「有銘文青銅器的地理分布系統」所繪製地圖的結論。筆者認為除了安陽核心區以外，洹河流域固然考古工作做得不夠多，所以沒有帶銘文的青銅器出土。但也認為即使工作做得夠，這些地方出土的有銘青銅器，可能也只是零零落落地分布，完全無法與殷墟的高度集中相比。

的聚落，這應當是當時開始使用人工灌溉渠道所致。筆者認為以安陽的地理位置，在周代八百年的時間並未出現規模較大的聚落，形成不同等級的聚落層級。不僅是當地人口已經被遷離，後來相當長的一段時間也未有太多人口成長，原因之一恐怕是殷墟已經成為周人的「禁忌之地」（place of taboo），不願此地再有任何具有象徵文明的都會在此滋長吧。如果我們以安陽附近800平方公里的商代晚期聚落地製作等級－規模分布線（rank-size distribution），我們應當可看到很明顯的 L 形分布，也就是安陽為獨大的城市，其餘聚落都很小，而且尺寸都差不多。

殷墟在商代晚期獨大的現象並非偶然，在濟南大辛莊遺址所在的小清河流域，考古學家也進行了系統區域調查，其結果也與洹河流域類似的現象，在新石器時代階段僅有自然村落，到了商代的階段，出現了一個較大的聚落，即大辛莊，面積超過30萬平方公尺（根據聚落考古調查則為15萬平方公尺，中型偏大的聚落）。到了西周時代，此一地區整體上又回到自然村落的狀態，有兩個面積約9萬平方公尺的稍大聚落。到了東周時代，此一地區的經濟似乎有很大的發展，聚落呈群聚發展，根據調查者的分析，與冶煉金屬工業的發展有關[133]。根據發掘團隊所提供的材料與分析，代表此一聚落的基層的陶器，有兩種類型同時存在，一種是偏向商文化的，另一種則是偏向山東地區土著文化的[134]。不過代表貴族文化的青銅器與甲骨文等，則與殷墟的商文化並無差別，因此，大多數學者都認為大辛莊是商王朝在東方的一個據點，它附近區域從新石器時代到東周的變化可以作為商王朝在核心區域以外如何與當地社會互動的一個代表。大辛莊在商代的模式與洹河流域中段在大司空村一期階段的狀況相似，是外來力量進入此一區域，形成支配勢力，附近聚落也同樣變成規模較小的自然村落狀態。也就是說，商

---

133 方輝、錢益匯、陳雪香、藍秋霞，〈濟南市小清河流域區域系統考古調查〉，《東方考古》2（2005）：330-352。

134 徐基，〈濟南大辛莊商代文化遺存的再認識〉，《中國商文化國際學術討論會文集》（北京：中國大百科全書出版社，1998），頁265-281。

人的首都是一個超大都會，但是它的近旁，卻被有意識地被壓制成為文化水平較低的農村聚落。同樣，當商人遠赴他鄉，形成地區性的控制聚落時，也使用同樣的概念，讓經濟、軍事與文化的實力反差加劇，以利於控制。

另一處同樣做過系統區域調查的伊、洛河流域，也具有同樣的情況。在新石器時代，從仰韶文化時期到龍山文化時期我們看到聚落的成長，有些規模稍大的聚落逐漸從一般聚落脫穎而出，到了二里頭文化時期，二里頭變成一個超大都會，不過，它並未像洹河流域一帶，是單一超大都會與農村的對比。附近有些地方的規模稍大，形成至少是三個層次的聚落規模。但是進入商代早期，根據調查團隊的描述：「商遺址：共發現60處，分布稀疏，似以伊河以北地區為重心。面積在200萬平方米的偃師商城興建於二里頭遺址以東的古伊洛河北岸。這些商文化遺址絕大部分相當於二里岡文化時期，尤其是其晚期，表明這一時期是此區商文化最為繁盛的時期。但總體上看，分布稀疏、遺址偏小的聚落結構與城垣寬厚、規模宏大的偃師商城形成了較為強烈的反差。偃師商城的出現，似乎並沒有導致此區人口的急劇增多和社會的高度繁榮。」[135] 此一描述，與以上洹河流域、小清河流域的調查一致，是集中附近所有資源的大都會與農村聚落的對比。而且此一地區的商代文化，主要以二里岡期，特別是二里岡上層，也就是早商的晚段為主，殷墟期商文化的聚落相當少，從青銅器的分布也看得出來，在此一區域出土的商代青銅器也相當稀少，僅有洛陽、伊川、偃師山化忠義村出土過商晚期的青銅器[136]。其狀況類似於此一區域黃河對岸的晉南垣曲地區。

陳星燦、劉莉、李潤權、Henry T. Wright, Arlene Miller Rosen等所調查的伊、洛河的兩條支流——乾溝河與塢羅河流域也有類似的狀況，因為這兩條伊洛河的支流，基本上還在二里頭時代的二里頭以及商代早期的偃師商城的支配範圍，應當與上述區域一併考慮。此一區域在二里頭時代出現

---

135 見許宏、陳國梁、趙海濤，〈河南洛陽盆地2001~2003年考古調查簡報〉。

136 周劍曙、郭宏濤主編，《偃師文物精華》（北京：北京圖書館出版社，2007），頁21。

的較大聚落稍柴(60萬平方公尺)[137]，但是到了商代也與前述區域相同，缺乏大型聚落[138]。一直到兩周時期，才在乾溝河流域出現比較大的城邑(125萬平方公尺)，是當時的滑國所在。偃師商城的規模雖大，但是比起鄭州商城(約十二分之一)與安陽殷墟的規模還是略遜一籌，筆者認為應該是鎮壓當地原有二里頭文化政權遺民的軍事重鎮而非都城，目前考古工作集中於宮殿區以及城內，相信未來更多墓葬出土後關於偃師商城的性質可以進一步釐清。

　　其他地區的區域調查的資料可以補充我們對商代這種農村與超大都會間的高反差的理解，在山東地區龍山文化遺址的調查中發現有些地區性的大城址，例如章丘城子崖(20萬平方公尺)、陽穀景陽岡(35萬平方公尺)和荏平教場鋪(40萬平方公尺)，附近20公里以內分布著較小的城址，並存在更小的聚落遺址，聚落形態已形成三級的狀態[139]。在山東半島的日照縣一帶也做過大規模的區域調查，日照兩城鎮遺址的面積達500萬平方公尺，是一個超大型聚落，由於考古發掘做得不夠，我們對於此一聚落的內涵的認識還有待加強。但是值得注意的是，此一超大聚落的興起，並未引起附近聚落的萎縮。丹土城就在附近，其規模雖然不如兩城鎮遺址，但也有一定規模。此一區域的聚落形態已經形成三級或三級以上的狀態[140]。如果我們要講城邦，龍山時代從聚落的空間分布上看，是比較說得通的[141]。

---

137 河南省文物研究所，〈河南鞏縣稍柴遺址發掘報告〉，《華夏考古》1993.2：1-45。

138 陳星燦、劉莉、李潤權、華瀚維、艾琳，〈中國文明腹地的社會複雜化進程——伊洛河地區的聚落形態研究〉，《考古學報》2003.2：161-218。

139 張學海，〈試論山東地區的龍山文化城〉，《文物》1996.12：40-52。張學海，〈魯西兩組龍山文化城址的發現及其對幾個古史問題的思考〉，《華夏考古》1995.4: 47-58。吳耀利，〈中國史前聚落形態的演變〉，《21世紀中國考古學與世界考古學》(北京：中國社會科學出版社，2002)，頁107-117。

140 中美兩城地區聯合考古隊，〈山東日照市兩城地區的考古調查〉，《考古》1997.4: 1-15。Underhill, Ann, et. al, "Systematic, Regional Survey in SE Shandong Province, China," *Journal of Field Archaeology* 25(1998): 453-474. 加里・費曼，〈聚落形態與早期文明的比較研究〉，《21世紀中國考古學與世界考古學》(北京：中國社會科學出版社，2002)，頁204-217。

141 李民以為龍山文化晚期，也許就是《尚書・堯典》所謂「萬邦」的時代。見李民，

以上討論的材料，也許個別地因為調查方法的問題，在聚落的規模上有估計上的誤差，例如依照鑽探的結果，二里頭遺址的面積大約300萬平方公尺，但依照地表系統調查的結果為540萬平方公尺。但是，整體的看待，我們還是可以看到一個從龍山到二里頭到商代一致的趨勢以及商代的特性。筆者認為商代這種超大都會與農村聚落的反差，如果與龍山文化、二里頭文化，或西周時期相比較，得知此一現象，並不是自然形成，而是從政治考量，有意的壓制其他聚落。在相對自由的市場經濟之下，根據Walter Christaller以及其他經濟地理學者所建立的「中地理論」(central place theory)的模型，考古學家利用此一理論中的「經濟原則」，認為當中地理論的k值等於4的時候，一個地區已經進入所謂「國家」(state)的階段，也就是具有4個等級的聚落。從以上商代遺址所展現的現象，顯示此一原則對於商代早期或商代晚期，並不適用。商代的聚落規模是服膺「行政原則」(administrative principle)，而非「經濟原則」(economical principle)或「交通原則」(transportation principle)[142]，是以行政手段(軍事威脅)壓迫一般聚落減小尺度，以形成首都與一般聚落的對比。

(四)商王朝晚期的軍隊以及軍力的綜合評估

1. 主要兵器與裝備

根據以上人口的估計，我們推測晚商的安陽可能有18,000名職業軍人，不需要從事生產工作，能致力於習武，這可能是形塑當時華北政治地景的最大力量。如果，此一估計是正確的，那麼要了解晚商王朝的政治地景必須更進一步地了解商王朝的軍隊的組織、動員能力、軍人的心理狀態與軍

(續)————————————
〈中原古文明進程中的「萬邦」時期〉，《中原文物》2005.1：21-24。劉莉根據考古資料考察，也有類似的結論，見Liu, Li, 2004.

142 關於以上討論的幾種原則，請參考Peter E. Lloyd, Peter Dicken, *Location in Space: a Theoretical Approach to Economic Geography*, 2nd edition (Harper & Row, New York, 1977), pp. 20-66.

隊實際作為，以下根據考古發掘資料與甲骨文、金文記錄，就兵器、組織等簡要討論，並且以帝辛時代征伐東夷一場戰役為例，說明商王朝的軍隊的實力。以往研究商代軍事組織大體由甲骨文著手，但結論經常南轅北轍，主要是證據並不充分，帶有不少推測的成分。本文將採取甲骨文、金文中的記錄，與考古材料所見進行綜合性的討論，盡量不作過度的推測。

商代墓葬中有一些未被盜掘的墓葬出土兵器，這些墓葬，依其大小山土了件數不等、類型不一的兵器，提供了研究商代兵器的基礎[143]。如何藉這些資料來了解商代的武器系統與戰爭形態，是考古與歷史學者的難題。劉一曼等以墓葬中的「兵器組合」的概念進行研究，比方單出戈，單出矛，單出鏃，同出戈、矛，同出鉞、戈、矛、鏃等，為兵器組合的類型，進行分期的數量統計。此一分析當然有其意義，例如在85.79%墓中，都有戈，且殷墟甲骨刻辭中以戈為偏旁的字多達95個，可見戈是殷墟青銅兵器組合中最重要的類型。又如殷墟I、II期墓葬中出土的矛的數量較少，且甲骨刻辭中並無「矛」字，但是III、IV期後出土矛的墓葬比例漸增，顯示矛的作用日益重要。又如銅鏃在殷墟II期婦好墓中僅有57件，但在規模較小的殷墟III期的郭家莊M160中卻多達906件，顯示弓箭手在戰爭中的作用也逐漸重要。又如銅鉞與卷首大刀在墓葬中出土較少，並未單獨隨葬，說明兩者都不是一般戰士使用的兵器。且出土銅鉞的墓葬進一步分析，發現墓中隨葬的青銅器多寡與鉞的多寡大小又大致成正比，說明銅鉞與墓主的政治地位高低與軍事統帥權有關[144]。這些都是相當有意義的貢獻。但是她認為隨葬的兵器都是墓主生前所「擁有」的看法恐怕是有問題的。瓦連諾夫認為某些隨

---

143 陳志達，〈殷墟武器概述〉，《慶祝蘇秉琦考古五十五年論文集》（北京：文物出版社，1989），頁326-337。相關研究的回顧見郭妍利，〈商代青銅兵器研究的回顧與思考〉，《殷都學刊》2004.1：35-42。

144 劉一曼，〈論安陽殷墟墓葬青銅武器的組合〉，《考古》2002.3：63-75。劉一曼，〈略論商代後期軍隊的器裝備與兵種〉，《商承祚教授百年紀念論文集》（北京：文物出版社，2003），頁179-188。郭鵬與劉一曼的思路基本上相同，但使用材料略新，見郭鵬，〈殷墟青銅兵器研究〉，《考古學集刊》15(2004)：129-173。

葬兵器為墓主生前的部屬所擲入，而且可能與軍隊的組織有關，此一看法有重要參考價值[145]。筆者認為商代中大型墓葬中陪葬的兵器大體上有三類，一種是墓主的部屬在葬禮的過程中擲入的，主要有戈、矛與箭鏃；第二種是墓主的生前儀仗用器，包括卷首刀與大、小鉞等；第三種則是墓主個人的裝備（例證詳下）。此三類可根據這些不同的兵器在墓葬中的所在位置，以及各種裝備的排比而知。此一認識，有助於進一步理解商代兵器的使用系統。

關於商代軍隊使用的主要兵器有戈與矛，筆者認為這兩種兵器的使用者可能代表軍隊組織中兩種不同來源，一種是職業軍人，擁有武器，另一種則是服兵役的眾人，在訓練與戰爭時發給；此一推論可以從殷墟西北岡1004號大墓所埋藏的兵器看出。此墓的南墓道底端，有一區並未被盜墓者發現，完整地保存下來。此區共有三層兵器群，分層布列，下層是只有一套的兵車的車器以及上彩的皮甲，在中層則有70件以上的青銅頭盔以及近百件帶柲的青銅戈，與上一層部分帶有柲的矛相混，再上一層則有總數在700件以上的矛，約有半數帶柲橫躺，另外一半以10為束捆綁，矛頭朝下，未安柲[146]。這一區可能是商王的禁衛軍在埋葬商王的過程中，由他們的統帥率領部屬，將車馬、兵器擲入墓道中：最下層是屬於單一的統帥，乘坐兵車，身著皮甲。中層的軍士，頭戴有饕餮紋裝飾的頭盔，執戈。上層則為數量最多執矛的基層士兵。另外在西北岡1003號大墓的二層台上則有軍人擲入的盾牌[147]。由此推測，中層的軍人當是執干戈的武士，是軍隊的中堅分子，可能是職業軍人，其兵器為自有，因此擲入時均帶有柲。1004號大墓

---

145 A.B.瓦連諾夫，〈從考古發掘資料看商代軍隊的人數和結構〉，《考古學集刊》15(2004)：199-215。筆者也不贊成瓦連諾夫過度機械化地解釋這些墓葬中的隨葬兵器，因為在葬禮的過程，會有很多意外的因素，造成墓中隨葬兵器的數量增減，他的分析僅及於少數墓葬，當以所有的墓葬隨葬兵器來檢討時，就會出現太多與他的理論不合的例外。

146 梁思永未完稿，高去尋輯補，《中國考古報告集之三‧侯家莊第五本‧1004號大墓》（臺北：中央研究院歷史語言研究所，1970），頁28-36。

147 梁思永未完稿，高去尋輯補，《中國考古報告集之三‧侯家莊第四本‧1003號大墓》（臺北：中央研究院歷史語言研究所，1967），頁28-34。

南墓道底部隨葬兵器的上層表現的是商軍隊中最基層的兵士，持矛。其中約有一半以上的矛(360支，總數700餘支)，被擺入墓道時，還是未安柲，且10隻一束地被捆綁在一起，矛首朝下。由此，我們可以推測，商人的基層士兵，是以10為單位的，而且在平時這些最基層的兵士，並不是隨時隨地都把矛帶在身邊的，而是到了參與戰爭之時才由部隊發給使用的。所以，在此墓有部分矛安在柲上，由執矛的兵士擲入，另外有一部分則是收集在專業部隊中，戰時才發給眾人，所以是以十為束，成束的，也未安柲就被置入商王墓道中。柲的長度，根據考古發掘的記錄，大約為140公分[148]，是用來形成方陣驅趕使用短兵的敵人[149]。由此區不同類型的兵器數量，執戈者與執矛者的比例，大約是1比10(或1比7)，一個部隊之中，執矛的基層士兵要比執戈的職業軍人要多得多。

如果使用矛的士兵的兵器非自有，而是軍隊派發。我們可以進一步推測，在安陽的低階墓葬中，單獨出矛而不出戈的墓葬應當很少。我們取殷墟西區出土兵器的124座墓中計算，單獨出矛的墓僅有6座(低於5%)，比起出箭鏃(包括青銅、鉛與骨鏃)而不出戈或矛者(14座)要少，此一數據說明以上推測矛原則上非自有是有一定的道理。由於矛在殷墟墓葬中出現的時代比較晚，而且盤龍城出土過矛，但鄭州尚未出土過矛。在反映貴族文化的文字書寫系統中(包括甲骨文、金文)，「矛」字出現次數也相當少。楊錫璋因此認為中國古代的矛是先起源於南方，再傳入中原[150]。這個意見有待商榷，因為矛在西亞與歐亞草原的使用相當早，與商式柳葉矛的形態相差不多，且也有明確證據顯示在華西的齊家文化已經使用矛，而且是透過草原文化傳入的[151]。可見在商代兵器當中，矛並非出現較晚，也非不重要，而是在戰爭

---

148 此一長度是根據1004號大墓中所見的木柲而言，該墓中的矛為柳葉形矛。還有一種時代稍晚的例子，兩葉尾部微外展，略呈直角收尾，繫在葉尾的矛，根據殷墟花園莊東地M54號墓出土的一個例子，長度應有300公分以上。

149 楊錫璋，〈關於商代青銅戈矛的一些問題〉，《考古與文物》1986.3：64-71，81。

150 同上文。

151 梅建軍、高濱秀，〈塞伊瑪－圖比諾現象和中國西北地區的早期青銅文化——兼評

中使用矛的基層士兵，通常並不擁有武器，也無法用以陪葬，所以大多數
的矛可能都被重複地使用或回收。這恐怕才是鄭州以及殷墟早期墓葬中尚
未出現矛[152]、商代晚期墓葬也不常出現矛、但同屬二里岡期的盤龍城卻有矛
隨葬、以及記錄貴族文化的甲骨文、金文較少出現矛字的主要原因。

在具有軍事背景的墓主的葬禮過程中，部屬擲入戈、矛的現象在殷墟
相當普遍，例如，郭家莊M160（10爵，殷墟III期）在槨內就密密麻麻地放入了
103件有鋬戈，16件曲內戈，以及97件矛，這些應當都是墓主的部屬擲入的。
有不少矛的方向並未與槨的長向平行，應當都是未裝入柲上就放入墓中，
說明它們並不是由執柲者放入的，而是由保管這些矛的部隊放入的。另外
有9束箭鏃，共有906支箭鏃，分置在墓的二層台各處，推測也是部屬中專
司「射」者所擲入（圖9）。在同層還有一件大鉞，放置於槨內，位置在墓主
頭部的左側。兩件小鉞、以及兩件卷首大刀，則一起放置在槨內一角，位
於墓主的右上，這些應當是象徵軍事指揮官的軍事儀仗。墓中的第三類物
品包括斧、錛、鑿、鏟、環首削刀、弓形器等，是墓主或其御者之用器[153]。

花園莊東地M54（9爵，殷墟II期晚）的現象類似，在槨內棺外同樣放入42
件有鋬戈、20件鳥首曲內戈、9件直內戈、2件有胡戈，總共有戈71件。矛
則有兩種，一種較大，鋬管側有側翼，有21件，另一種無側翼者，形體較
小，共有55件，兩類總數為76件。由其在墓中的方向推測，此墓兵器最值
得注意的是有鋬戈以及大部分的矛都鑄有「亞長」族徽，說明使用這些兵
器的職業軍人以及基層士兵是屬於「亞長」族治下。在戈、矛上鑄族徽亦
見於靈石旌介村商墓，在傳世兵器中亦相當普遍，如相當大量的〈亞醜矛〉，

（續）

　　帕爾青格教授「塞伊瑪－圖比諾現象和西伯利亞動物紋飾的起源」一文〉，《新疆
　　文物》2003.1：47-57。Jianjun Mei, "Qijia and Seima-Turbino: the Qusetion of Early
　　Contacts between Northwest China and the Eurasian Steppe," *Bulletin of the Museum of
　　Far Eastern Antiquities* 75（2003）: 31-54.

152 鄭州地區出土的二里岡期的帶有青銅器貴族墓葬並不多，大多數青銅器是從窖藏出土。
153 中國社會科學院考古研究所編，《安陽殷墟郭家莊商代墓葬：1982年-1992年考古發
　　掘報告》（北京：中國大百科全書出版社，1998）。簡稱《郭家莊商代墓葬》。

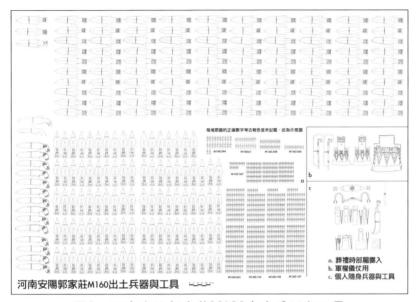

圖9　河南安陽郭家莊M160出土兵器與工具

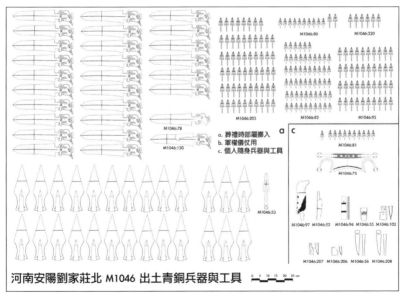

圖10　河南安陽劉家莊北M1046出土青銅兵器與工具

〈大于戈〉、〈大于矛〉等，說明商代的族氏應當是各擁有軍隊。屬於部
屬擲入者尚有箭鏃八堆，總數為881枚。M54有一件裝飾比較華麗的大鉞，
鑄有「亞長」銘文，一件安圓孔形式簡單的小鉞，以及五件有銘文：「亞
長」及鑲嵌綠松石的小鉞，可能代表墓主的部下分屬五個或六個單位。三
件卷首大刀，鑄有「亞長」銘文，以上鉞及卷首刀，除了一件鉞在一鼎內，
一件鉞插在石磬旁，其餘都放在墓主棺的右肩側，可能都屬於儀仗性質。
有6件鑲嵌綠松石的弓形器、獸首刀與環首刀共4件、馬策飾2件、鈴首車觼
1件，與鑿1件、錛5件、鏟1件，以及銅內玉戈1件、銅骹玉援矛2件，其位
置大體上在棺內，可能屬於墓主或其御者[154]。

　　大司空村M303(10爵，殷墟IV期)出土戈30件、矛38件，有部分戈可能為
明器，也就是專為死亡儀式製作，無實際功能。有一組80枚的箭鏃。以上
戈、矛、箭鏃，可能是送葬時部屬擲入。墓中無鉞或卷首刀，在棺外墓主
腳下有弓形器1件、馬策飾1件，以及箭鏃約10枚，這可能是墓主的御者之
物。劉家莊北M1046(7爵，殷墟IV期)出土戈28件、矛27件是部屬擲入。墓中
的箭鏃有大小兩種，大的有106件，小的有77件，除了與弓形器在一起的11
件以外，其餘分別是12, 56, 58, 6, 40件一組，推測可能也是墓主的部屬中的
「射」在葬禮時擲入。此墓並無儀仗用的卷首刀、鉞，但是有屬於墓主或
其御者的削刀、斧、錛、鑿、礪石、以及弓形器與箭鏃(僅有11枚)等(圖10)[155]。
大司空村M303與劉家莊北M1046墓主的身分相當高，為7對爵、觚，但是陪
葬的戈、矛的組數僅與下述殷墟西區M1713(3爵)相當，且無儀仗用的鉞與
卷首刀等，說明身分等級高低與軍權大小未必對應。小屯M18(5爵，殷墟II
期)中的隨葬兵器也有同樣的現象，此墓墓主身分等級相當高，但是無軍事
儀仗的卷首刀或鉞，僅有可能屬於部屬擲入的9件戈，其中有7件曲內戈，2

154 中國社會科學院考古研究所編著，《安陽殷墟花園莊東地商代墓葬》(北京：科學出
　　版社，2007)。

155 中國社會科學院考古研究所安陽工作隊，〈安陽殷墟劉家莊北1046號墓〉，《考古
　　學集刊》15(2004)：359-389。

件直內戈，以及10支箭鏃。由這幾個例子，可以看出「政治上的階級」與「軍事上的階級」是分開的，一個人可以有很高的社會階級，卻未必有相對的軍事權力。

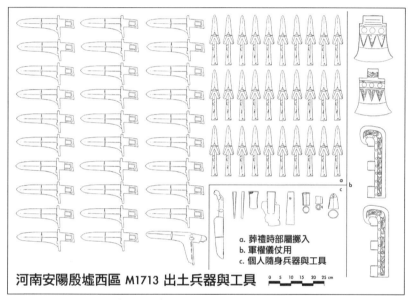

河南安陽殷墟西區 M1713 出土兵器與工具

a. 葬禮時部屬擲入
b. 軍權儀仗用
c. 個人隨身兵器與工具

0 5 10 15 20 25 cm

圖11　河南安陽殷墟西區M1713出土兵器與工具

殷墟西區M1713(3爵，殷墟IV期)的陪葬兵器，此墓由部屬擲入的戈30件，矛30件。屬於儀仗的有2件小鉞以及2件卷首大刀。屬於墓主個人的配備則有馬頭刀、斧、鑿、鏟、礪石各1(圖11)[156]。戚家莊M269(3爵，殷墟III期)中屬於部屬擲入的兵器有10件形制相同的戈，以及3件形制各不相同的戈。有10件形制相同的矛，以及2件柳葉矛。屬於儀仗的有2件小鉞以及2件卷首刀。屬於墓主個人的則有弓形器、策飾、斧、鏟、鑿、礪石等(圖12)[157]。

156 中國社會科學院考古研究所安陽工作隊，〈安陽殷墟西區1713號墓的發掘〉，《考古》1986.8：703-712。
157 安陽市文物工作隊，〈殷墟戚家莊東269號墓〉，《考古學報》1991.3：325-352。

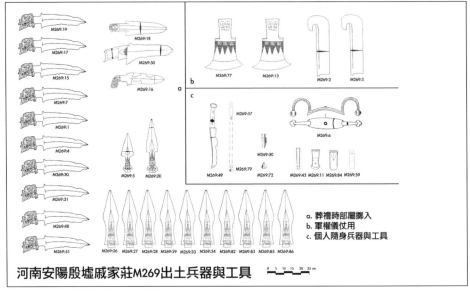

a. 葬禮時部屬擲入
b. 軍權儀仗用
c. 個人隨身兵器與工具

河南安陽殷墟戚家莊M269出土兵器與工具

圖12　河南安陽殷墟戚家莊M269出土兵器與工具

大司空村東南M663（2爵，殷墟II期）則有5件曲內戈、5件戈其內的外援弧形，下有一尖角、1件直內戈，共11件。相對的矛有側翼者5件、無側翼者2件，共7件。軍事儀仗用僅有一件小鉞。屬於墓主用的兵器與工具則有1件弓形器、7件箭鏃、1件馬策、1件礪石、1件環首刀（圖13）。郭家莊東南M26（2爵，殷墟II期）屬於部屬擲入者有10件戈，8件相同的曲內戈、1件直內戈、1件有鋬戈。11件矛，形制相同，是殷墟最常見的雙環矛，其中10件大小、形制完全相同，1件較大。墓主軍事儀仗有小鉞1件。個人兵器與工具有錛、斧、鑿各1件、刀1件、弓形器1件，鏃12支（圖14）[158]。更低階者如郭家莊M1（1爵，殷墟III期）也有屬於部屬擲入的戈4件、矛4件。無軍事儀仗，有個人的弓形器1件，馬策1件。

---

158 中國社會科學院考古研究所安陽工作隊，〈河南安陽市郭家莊東南26號墓〉，《考古》1998.10：36-47。

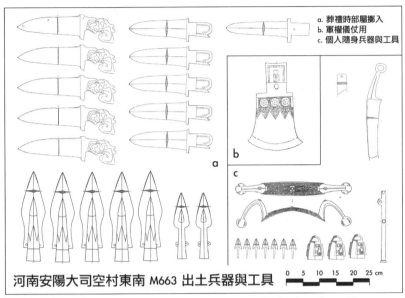

河南安陽大司空村東南 M663 出土兵器與工具

圖13　河南安陽大司空東南M663出土兵器與工具

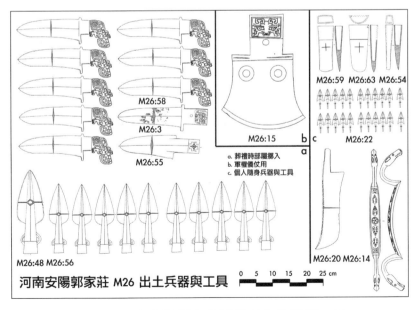

河南安陽郭家莊 M26 出土兵器與工具

圖14　河南安陽郭家莊M26出土兵器與工具

　　由以上等級較高，且未被盜擾的墓中之隨葬兵器，很清楚地可以看到墓中兵器可分為三類：(1)由部屬在葬禮中擲入的戈與矛，以及部分有射手擲入帶有箭支的箭箙。(2)屬於墓主的軍事儀仗的卷首刀與大、小鉞。(3)屬於墓主個人或其御者的兵器與工具包括弓形器、箭箙、策、刀、斧、錛、鑿、礪石等。同時，我們也可以看出，一般而言當墓主的身分愈高，他的部屬擲入的兵器愈多，說明部屬擲入墓中的兵器的多寡，以及儀仗的有無與數量，可以作為判斷墓主軍權大小的指標。有些隨葬禮器相當多的墓主身分等級雖高，卻無相對應的隨葬兵器類型與數量，可見政治上的階級與軍事上的階級是分開的。再從花園莊東地M54出土的矛都帶有與墓主相同的「亞長」族徽，以及其他考古與傳世的例證，顯示商代的軍隊基本上是族軍[159]，亦即軍隊中有相當大的比例是分別由強大的族氏所控制。各族氏的實力大小有別，其中以商王族最為強大，此一事實，可以從以上各墓中陪葬戈矛數量最高為郭家莊M160，其數近百，但是西北崗M1004商王大墓的一角就有戈近百，矛則超過700件。又以卷首刀為例，其中數量最多的是花園莊東地M54，有3件，其餘墓葬，多數為2件。但是，中研院史語所1930年代在西北崗M1443大墓邊發掘過一座祭祀坑，坑中殉葬10人，並且有10件卷首刀，這座祭祀坑代表的應當是M1443大墓墓主的軍事儀仗。可見「王族」也有族軍，其實力當遠在各族氏之上。

　　對於中原文明而言，戈是最主要的一種兵器，由金屬的戈與長約一公尺的秘構成，青銅或玉質的戈以革帶捆綁或套入管鋬於秘上。商代的銅器銘文的戈相關字顯示了不少關於戈的使用概念，根據族徽「　」字，我們知道商代有一類軍人是執戈的，通常戰鬥的時候是一手執戈以攻擊，另一

---

159 楊升南根據甲骨文材料分析，認為中國古代由族構成的武裝力量稱為「族軍」，這點筆者深表同意，但是他又以為族軍都是貴族，並不包括市井之流的小民百姓人家，這點筆者並不同意。族軍應當包括執戈的貴族成員，以及執矛的眾人。關於楊升南的說法見楊升南，〈殷墟甲骨文中的邑和族〉，《人文雜誌》1991.1，輯於《甲骨文商史叢考》(北京：線裝書局，2007)，頁152-166。

手執盾以防禦[160]。行軍的時候可能將戈扛在肩膀上，此為「何」(荷)字的字源。商人的概念中，以手執戈砍人就叫作「伐」，攻擊的兵器戈與防禦用的盾牌「冊」的組合就是「戎」，打完仗後，把俘虜的耳朵割下是為「聝」(圖15)。戈是一種致命武器，一旦被戈擊中，傷害應該是十分嚴重的，最主要是戈刃與柲幾乎垂直，因此所有的砍殺動作，一旦擊中，必然有力道相當大的橫拉收回的動作，將擊中的傷口進　步撕裂。我們可以想像，商代職業軍人在對打時，是相當殘忍的。盾在商代晚期寫作「冊」，關於盾的形制，侯家莊1003號大墓的二層台西南角未被破壞，此一角落存留士兵擲入盾的痕跡，盾的表面繪有簡單的圓圈或兩隻虎，傳世文獻記載周武王克商時軍隊中有精銳稱為「虎賁」者，可能就是指這種執戈執盾的職業軍人，盾上繪有虎形圖案[161]。由於戈在擲入墓中時，大多帶有柲，我們推測是由

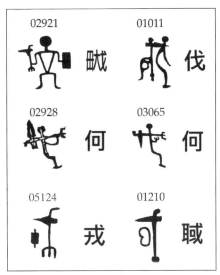

圖15　金文中與「戈」相關的字

160 沈融，〈論早期青銅戈的使用方法〉，《考古》1992.1：69-75，54。成東，〈先秦時期的盾〉，《考古》1989.1：71-80。
161 《中國考古報告集之三・侯家莊第四本・1003號大墓》，頁28-34。

戈的擁有者擲入以悼念墓主。所以執戈者，可能是職業軍人，但執矛者則是臨時徵召的，所以往往不是由使用者擲入墓中，而是由保管處直接放入墓中。

商代另外一種常見的兵器是弓箭，弓箭的遺存包括弓的中段金屬補強構件，就是一般所說的「弓形器」[162]，以及弓末的牙弭、骨弭或銅弭[163]。還有青銅與骨製的箭鏃，箭袋——即所謂「箙」的玉質配件。箭鏃是固定在箭桿上的利器，箭桿長度大約是87公分，尾部有羽，中國國家博物館2003年購藏的一件商代晚期的青銅黿，記錄商王田獵時所獵得的黿，黿上中了四箭，可以很清楚地看到當時箭尾的構造[164]。考古發掘上看商代箭鏃的陪葬大多數都是十支到二十幾支，整齊地放入「箙」中。如劉一曼所說，商代隨葬的箭鏃，有愈晚愈多的趨勢，到西周早期陪葬的箭鏃數又大量增加，甘肅靈台百草坡M2中出土，屬於墓主的一個箭箙中就有97件箭鏃。筆者認為，商人埋入的箭頭數量之所以少，可能顯示他們並未全力開發箭在戰場上的殺傷功能。弓箭一方面用來田獵，獵取動物。但在戰場上弓箭手可能被用來作較長程的嚇阻，以及有限量的殺傷，而非真正用來大量地殲滅敵人，據此推測商代戰爭的主要目的可能為俘虜而非殺傷敵人。但是商代晚期戰爭的形態正在演變當中，與商敵對的幾個主要勢力（周方、夷方等）的戰力也在增強當中，這些演變的推力，讓弓箭在戰場上的角色，從嚇阻到變成殺傷，墓中陪葬的箭箙所函的箭鏃數量也就從以十計，變成以百計。

---

162 關於弓形器的用途，有不同的看法，筆者同意石璋如、唐蘭、高去尋等學者的看法，他們對弓形器與文獻上名稱的對應有不同意見，但是認為弓形器是弓中央的金屬配件則是一致的。見石璋如，《小屯・殷墟墓葬之一・北組墓葬》，頁112-114，以及頁199-201。唐蘭，〈弓形器（銅弓柲）用途考〉，《考古》1973.3，輯於《唐蘭先生金文論集》（北京：紫禁城出版社，1995），頁470-480。高去尋，〈西北岡出土的殷代弓形銅器〉，《東吳大學中國藝術史集刊》2(1973)：1-9。

163 關於弭的討論見黃銘崇，〈弓末器及其相關問題〉，《故宮學術季刊》20.4(2003)：45-131。

164 朱鳳瀚，〈作冊般黿探析〉，《中國歷史文物》2005.1：6-10。

2. 軍隊的組織

前節推測那種執矛、臨時徵召的兵員，在戰爭或有動員時才發給兵器，是田獵時需要訓練的對象。在殷墟甲骨刻辭中有許多「登人」[165]或「登眾」的記錄[166]，其後文往往記錄著征伐與戰事，應當就是徵召眾人[167]。卜辭中的「眾」有時稱「眾人」(《合集》5等)，有些學者認為甲骨文中的「眾」為奴隸[168]，此一說法主要是為了呼應馬克思主義而刻意將某些現象套入馬克思、恩格斯的社會演化理論架構中，實無證據。張秉權認為「眾」、「人」與「眾人」可以混用，並不區分；在平時都是種田的農夫[169]。在農閒時舉行田獵等訓練，就是甲骨文中所謂的「振旅」(《合集》36426，詳下)[170]。甲骨文中還有「學眾」(《合集》32正)，就是「教眾」，準備征伐某方，可能是比振旅更積極的教導戰鬥個人技巧，以準備戰爭。甲骨文還有一常見的軍事行動稱為「雉眾」，「雉」的意思為「平」，「雉眾」的意思猶如《周禮‧大司馬》之「平列陳(陣)」「平野民」，是部別編理徒眾使成戰陣隊形，猶如進入備戰隊形，準備戰鬥[171]。這些眾人的「武功」可能不是太好，因此，

165 姚孝遂主編，《殷墟甲骨刻辭類纂》(北京：中華書局，1988)，頁361-362。
166 《殷墟甲骨刻辭類纂》，頁362。
167 嚴一萍，〈商代兵志〉，《中國文字》新7(1983)：1-82。關於「登人」的討論見31-34。
168 楊升南，〈殷墟卜辭中眾的身分考〉，《甲骨學與殷商史》第三輯(上海：上海古籍出版社，1991)，頁303-352。關於商代的眾之各種說法，見王宇信、楊升南主編，《甲骨學一百年》(北京：社會科學文獻出版社，1999)，頁478-481，〈眾說紛紜的「眾人」〉。
169 張政烺等學者都有此看法。見張政烺，〈中國古代的十進氏族組織〉，《歷史教學》第2卷，3、4、6期(1951)，輯於《張政烺先生文史論集》(北京：中華書局，2004)，頁277-313。蕭楠，〈試論卜辭中的師和旅〉，《古文字研究》6(1981)：123-132。張秉權，《甲骨文與甲骨學》(臺北：國立編譯館，1988)，頁421-422。
170 《合集》36426：「丁丑卜貞，其振旅，延代于盂，往來亡災。王占曰：吉。在……」
171 關於「雉眾」，有些學者認為雉者夷，夷者滅也，因此雉眾為傷眾滅師。見金祥恆，〈從甲骨卜辭研究殷商軍旅中之王族三行三師〉，《中國文字》52(1974)：1-26，說見頁1。《合集》35347：「右不雉眾？王占曰：引吉。其雉眾？吉。中不雉眾？王占曰：引吉。其雉眾？吉。左不雉眾？王占曰：引吉。其雉眾？吉。」雉眾與不雉眾皆吉，只是程度不同，知「雉眾」非眾有所夷傷。而當如嚴一萍、王貴民所言為「平列陳」之意。見嚴一萍，〈商代兵志〉，說見頁40。王貴民，〈商周軍事制

在戰爭中的作用，主要可能是用來形成以十為單位的隊伍，進一步結為陣式，稱為「行」，以防止敵人侵入，或驅趕包圍敵人，將敵人趕入定點，但是真正的砍殺作戰的任務，則是執戈帶盾的職業軍人之責任。眾、人參與戰鬥的記錄很多，他們往往以「某以眾」的形式出現，例如：「畢以眾」（《合集》31975）、「竝〔以〕眾」（《英國》2412）、「子妻以眾」（《英國》2412）、「臿以眾」（《合集》31972）等等，「畢以眾」有時稱「亞畢以眾」（《合集》31983），有時直稱「畢眾」（《合集》31974）。顯示眾加入軍旅，並未打散原有的族氏與社區組織[172]。此與前述花園莊東地M54中出土的矛，全都鑄有「亞長」族徽的現象，共同地說明商王朝軍隊的組成，主要是由各個族氏的族軍所構成。

商代軍隊組織方式與以上「眾」直接相關的是「旅」，甲骨刻辭與金文之「旅」從「𠂤」從「三人」，乃聚於旗下之眾人。林澐以為旅的意思是「有組織的軍隊」，是一種泛稱，而非軍制的特定層級[173]，其說甚是。旅當是眾經過訓練以後便成了有組織的軍隊。《屯南》2350：「……旅臿于舊？王其以眾合右旅……？吉，在舊。」王眾「合」右旅，有些學者認為表示兩者不同[174]，其實反而顯示兩股部隊的性質相同或接近，王眾與右旅可以「合」而出戰。《屯南》2328：「王其令右旅暨左旅臿見方，災？不雉眾？」是左旅與右旅的軍事行動，卻問要不要「雉眾」，可見旅的主要成員是「眾」[175]。所以旅是已經完成組織的部隊，而眾是其主要組成分子，左、右旅要進行戰鬥之前，要將部隊整頓好。甲骨文中有「振旅」（《合集》

度〉，《商周制度考信》（臺北：明文書局，1989），頁205-263。《甲骨學一百年》同意此說，見王宇信、楊升南主編，《甲骨學一百年》（北京：社會科學文獻出版社，1999），頁453-469，〈殷正百辟與殷邊侯甸〉。

172 蕭楠，〈試論卜辭中的師和旅〉。

173 林澐，〈商代兵制管窺〉，《吉林大學社會科學學報》1990.1，輯於《林澐學術文集》（北京：中國大百科全書出版社，1998），頁148-156，說見頁151。

174 劉釗，〈卜辭所見殷代的軍事活動〉，《古文字研究》16(1989)：67-139，說見頁75-76。

175 林澐，〈商代兵制管窺〉，說見頁151。

36426等），其義見《左傳・隱公五年》：「三年而治兵，入于振旅。」以及《周禮・大司馬》：「中春教振旅，司馬以旗致民，平列陳，如戰之陳。」乃是以田獵方式訓練軍旅，教陣仗。有「逆旅」，則為迎接部隊[176]。殷墟甲骨刻辭有「左旅」、「右旅」（《屯南》2328），顯示旅可能亦分左、中、右。但是，甲骨文中的「旅」，當為接受軍事訓練的眾人，未見有固定的人數，恐非後代軍隊編制所謂一旅五百人，或千人[177]。

　　商代軍事組織中另外一個與「眾」、「旅」有關的辭彙是「族」。丁山認為「族」從「𠂤」從「矢」，旗下有箭，本義應為軍旅組織[178]。此說為大多數學者所贊同，但都將族與後來「氏族」、「親族」、「家族」的族連結起來，認為卜辭中之「王族」為殷王朝中軍之親族[179]。筆者認為商代的族，的確是與軍旅有關，但是並非全然為親族，而是某一親屬團體的貴族暨所統御的治下眾人所組織成的部隊。此種親屬團體除了王族之外，還有常見於商代甲骨刻辭與金文中的族徽，例如畢族（《合集》14916）、犬延族（《合集》9479）等。從《合集》26879：「戌逆，弗雉王眾？戌𪅂，弗雉王眾？戌剢，弗雉王眾？戌骨，弗雉王眾？戌何，弗雉王眾？五族其雉王眾？戌逆，弗雉王眾？」整體地讀，是卜問王派遣王眾協助五族戌守，王眾是否要演習列陣？這五族在文中明確地指稱為逆（A076）、𪅂（A714）、剢（A100或A101）、骨（A499）、何（A053），都是金文中之族徽[180]。又《合集》4415正：「辛巳卜貞，令𢀛、𢀛、𪛊、甫、韋、𥄂族？五月。」本辭有六族包括𢀛、

---

176 金祥恆，〈從甲骨卜辭研究殷商軍旅中之王族三行三師〉。說見頁7。又見祝中熹，〈振旅新解〉，《人文雜誌》1992.5：79-82。蔡哲茂，〈商代的凱旋儀式——迎俘告廟儀式〉，《多維視域——商王朝與中原早期文明研究》（北京：科學出版社，2009），頁235-245。

177 蕭楠，〈試論卜辭中的師和旅〉。

178 丁山，《甲骨文所見氏族及其制度》（北京：中華書局，1988），頁33-34。

179 金祥恆，〈從甲骨卜辭研究殷商軍旅中之王族三行三師〉。

180 此點松丸道雄早已指出，見松丸道雄，〈殷周國家の構造〉，《岩波講座：世界歷史：四・古代：四——東アジア世界の形成》（東京：岩波書店，1970），頁49-100，在頁67。

畠、旟、甫、韋、𣲹，其中畠(A414)、旟(《新出》175等，此為郭家莊東南 M26、M5出土銅器之族徽，B445)[181]、甫(639)、韋(A042)都是已見過的族徽[182]。據此我們進一步得知所謂「五族」、「三族」，其「族」的意義與金文族徽的「族」意義相同。由戌要用「王眾」，可以見得族的武力有時並不足夠，必須仰賴商王本身所擁有的眾人協助戌守。王本身所擁有的眾，或稱王族或稱王眾，資源、人數最豐富，可以支援其他的各族。各族應當是商王朝部隊的主要組成部分之一，但嚴格而言不能算是一種「編制」[183]，可能也無固定人數，而是視需要由每個族出所屬職業軍人與眾參與戰爭。在參與戰爭的時候，基本上不拆散原有族的組織。若干個族，可成為一個較大的單位，因此會有主從的區別。在《合集》5504、5512：「乙未卜，賓貞，立事于南，右從我，中從輿，左從曾？十二月。」可能是將參與諸族的分成三部分，左從曾、中從輿、右從我，以進行戰事，其中帶領的我(A357、A358)、曾、輿都是族徽，也就是族氏名。

族與眾可能有差異，族是貴族與平民(即眾)，但眾則僅包含平民。旅與眾也有差異，旅是眾形成了軍事組織，眾則在一般未組織的狀況下，亦可使用，所以眾可以從事農業及其他工作，但編成旅時則僅從事軍事工作。

另一個與商代軍隊編制有關係的辭彙是「𠂤」，甲骨文與金文中的「𠂤」孫詒讓認為係軍隊駐紮的所在地，即後代之師。在殷墟甲骨刻辭中，「師」的意義多指軍隊的駐地，引申為部隊。甲骨文中有「王師」(《合集》36443)，《合集》33006：「丁酉貞，王作三師，左、中、右？」(武丁、祖庚期)有學者認為此一卜辭是文丁、帝乙時代開始建立三師，也有學者認為，原有三

---

181 安陽市文物考古研究所，〈河南安陽市殷墟郭家莊東南5號商代墓葬〉，《考古》2008.8：22-33。

182 何景成，〈商周青銅器族氏銘文研究〉(吉林：吉林大學古籍研究所博士論文，2005)。A、B後加三碼的編號是何景成博士論文「族氏銘文資料彙編」中的族徽編號。

183 李雪山認為族是商代的一種軍事編制，且認為三族與五族各有所司。三族司追擊敵人，五族戍守邊疆。見李雪山，〈商代軍制三論〉，《學術月刊》2001.5：28-31。

師，此為增設三師，是西周「六師」的濫觴[184]。也有學者認為「作三師」為興起三師，並非新建立三師[185]。也有學者認為可以視為徵集三師，而非以職業軍人取代徵集制度。這些說法，都無堅實證據。學者一般都認為「師」是商代軍制的最大單位，其下有「旅」或「行」等[186]。不過，商代軍隊的層級組織，以及一師、一旅的人數，都沒有相關連的資料可以聯繫師與旅，或建立一師、一旅的人數，所有的推測與復原都是沒有根據的。例如，有學者推測商代的一師的人數有10,000人[187]、2,500人、100人等[188]。一旅人數有3,000人、1,000人[189]、500人，也有一種講法是先秦所謂「師」或「軍」都只是框架性的組織，每個師的統帥以及軍務官是相對固定，但是員額則視實際需要與兵源可以調整[190]。有人認為師級單位下為旅，旅下級單位為行。也有人認為師比旅要高一級，且師、旅是常備軍[191]。有學者以為師與旅或族的差別，在於師為職業軍人，但旅或族則為民兵，而旅屬於國家武裝，族則為地方武裝[192]。這些同樣無堅實證據，臆測成分高。以上「王作三師」的「作」意義與「作邑」的「作」意義相同，是建造營房。因此，商代的師應是軍隊駐紮、休息的狀態，僅有極少數用「師」來代表部隊。如卜辭常見「師不震」[193]、「師亡禍，寧」，指夜間部隊不受干擾，無警訊。甲骨文中的師鮮少直接與征伐的記載，僅有「師往衛」（《合集》7888），為師前往

---

184 楊升南，〈略論商代的軍隊〉，《甲骨探史錄》（北京：三聯書店，1982），頁340-399。

185 沈長雲，〈殷契「王作三師」解〉，《上古史探研》（北京：中華書局，2002），頁49-63。

186 宋鎮豪，〈商代軍事制度研究〉，《陝西歷史博物館館刊》1995.2：13-25，39。

187 蕭楠，〈試論卜辭中的師和旅〉。

188 貝塚茂樹以為每師100人，見貝塚茂樹，《京都大學人文科學研究所藏甲骨文字》（京都：京都大學人文科學研究所，1960），頁232。劉釗以為師為王的衛隊，其人數一師為100人，三師300人。見劉釗，〈卜辭所見殷代的軍事活動〉，說見頁72。

189 蕭楠，〈試論卜辭中的師和旅〉。

190 林澐，〈商代兵制管窺〉。

191 陳恩林，〈商代軍事組織論略〉，《全國商史學術討論會論文集》，頁165-182。

192 劉釗，〈卜辭所見殷代的軍事活動〉。

193 屈萬里，〈師不震解〉，《書傭論學集》（臺北：臺灣開明書店，1980），頁250-254。

衛禦，以及「師獲羌」（《合集》39489等），是否擄獲羌人的卜問。甲骨文中的師最常出現在人名中，有「師某」與「某師」兩類。人名「師某」者，例如：「師般」（《合集》5468正）、師虎（《合集》21386）、師貯（《合集》28195），其中某字為私名。「某師」者，如「王師」（《合集》）、「弜師」（《合集》5810）、𦥑師（《合集》5811）、畢師（《合集》6051）、雀師（《合集》8006）、犬師（《合集》27915、《屯南》2618）、戔師（《合集》7766）、虎師（《合集》32983、《英藏》2326）、𣄰侯缶師（《合集》36525）、魚師（《花東》236）、鼓師（《屯南》3418）、鹿師（《合集》8219甲）、𧆟師（《合集》33045）等，其中的某字為族氏名，是指族氏本身所屬的軍隊。

甲骨文中的「行」，也常被認為是商代軍隊的組織的一個層級。甲骨文中有「上行」（《懷特》1406）[194]、「中行」（《懷特》1504）、「大行」（《懷特》1581）、「東行」（《懷特》1462）、「屮行」（《合集》19755）等，金祥恆將甲骨文的「中行」比之文獻的「中行」，他引《左傳·僖公二十八年》：「晉侯作三行御狄，荀林父將中行，屠擊將右行，先蔑將左行。」與卜辭《懷特》1504：「戊戌卜，扶。缶中行圍方，九日丙午𦭼？」相比擬，以為中行為軍旅之稱[195]。宋鎮豪與陳恩林以為是步兵的編制，一個「大行」人數為900或9000人，分「左行」、「中行」、「右行」各300或3000人[196]。王貴民以為行即軍行，一行即100人[197]。根據《懷特》1581：「戊……貞，惟……其御？弜御？辛酉卜，惟大行用？師惟律用？」蕭楠認為「師惟律用」即「師出以律」，解釋「律」為律令[198]。劉釗則認為此處的「律」為音律，以

---

194 Chin-hsiung Hsu（許進雄），*Oracle Bones from the White and Other Collections*（Toronto: The Royal Ontario Museum, 1979）. 簡稱《懷特》。

195 金祥恆，〈從甲骨卜辭研究殷商軍旅中之王族三行三師〉。

196 陳恩林，《先秦軍事制度研究》（長春：吉林文史出版社，1991）。

197 寒峰（王貴民），〈甲骨文所見的商代軍制數則〉，《甲骨探史錄》（北京：三聯書店1982），頁400-449。

198 蕭楠，〈試論卜辭中的師和旅〉。

為是兵陰陽家最早的證據，當是隨律動作[199]。嚴一萍以為「行」乃行軍之部緒，用於田獵作戰之時，非正常之軍制[200]。如果「大行」是一種陣列，那麼「律」就是另一種陣列方式。此一卜辭，係「（師）惟大行用」或「師惟律用」的選擇，說明「大行」與「律」是同一類的名詞，且「師」與「行」並非層級的概念。甲骨文中還有「某行」如：「單行」（《合集》21457）、「永行」（《合集》23671）、「㮕行」、「鄙行」（《合集》27978）、「義行」（《合集》27979）等，應當是分別由不同的「族」所構成的陣列。所以，行並非軍隊編制，而是行軍或接陣時布陣的方式，「師惟律用」的「律」也是布陣方式之一。《懷特》1462：「惟旅用東行，王受祐？惟售從上行左旅，王受祐？惟售右旅，王受祐？」由安陽郭家莊東南M26出土的銅器銘文知「旅」是族徽[201]。本辭問「旅」用東行的布陣方式，或是要售跟從「上行」布陣方式的旅族軍，為其左翼或右翼。

　　從以上「眾」、「旅」、「族」、「師」與「行」的討論，我們認為商代的甲骨文中，並沒有證據顯示「師」、「旅」、「行」為軍隊的層級組織。商代的軍隊，基本上是「族軍」，每一個族軍是由某一個族徽治下的職業軍人以及眾人所組成，其人數並未固定。在下一節我們還會深入地討論商代的「族」的概念。作戰相關的占卜中視前後文或稱某師、某旅或某行，行、律是布陣的方式。接戰時由商王或總指揮官調整，將不同的族軍整合。最強大的軍隊，當然是直屬商王的王族軍隊，通常用來支援其他部隊。

3. 商王朝軍力綜合評估

　　以上我們討論了商王朝軍隊的裝備、組織方式等問題，本節要討論的

---

199 劉釗，〈卜辭「師惟律用」新解〉，《胡厚宣先生紀念文集》（北京：科學出版社，1998），頁140-143。

200 嚴一萍，〈商代兵志〉。

201 安陽工作隊，〈河南安陽市郭家莊東南26號墓〉。

是商王朝可以動員多少人，多少時間，藉此了解商王朝的軍力。關於商王朝在戰爭中所能動員的人數，前面已經根據人口估計大體推算晚商的安陽可以讓18,000人不用從事生產，擔任職業軍人。甲骨文中有一些記載可以進一步了解商王朝的軍力，殷墟甲骨刻辭中常見「登人」，其後常接「征伐某地」，是征召兵員征伐他國的記錄。人數最常見為3,000人，征伐土方等強敵，經常動員人數就是3,000人，也有登5,000人者(《合集》06167, I, 07312-16, I)，次數較少，8,000人(《合集》31997, IV)與10,000人皆只出現過一次(《合集》21651, I)。武丁時代動員軍隊單一項最高記錄為13,000人，見於《英國》0150正, I：「辛巳卜，貞，登婦好三千，登旅萬，呼伐〔羌〕？」分別從婦好的治下與「旅」(族徽，A190)的治下徵召3,000與10,000人[202]。不過，這也不是一次戰爭中可能動用到最大的兵力。董作賓指出在武丁30年發動對舌方的戰爭當中，在7月底到9月初間的38天之內，連續登3,000到5,000人，共7次，動員的總人數達23,000人之多[203]。這可能是甲骨文記載商王朝動員人數最多的一次。由於這是商王朝發動的主動攻擊，而非防守都城的防禦戰。因此，這次動員人數，應該是商王朝所能夠動員的人數的一部分，而非全部；另外，商王朝所動員的這些軍隊，可能主要都是從安陽殷墟地區徵召的。

根據甲骨文的記載，商王朝對外戰爭規模最大，歷時最久的一次是武丁時征伐舌方，前後長達三年[204]。傳世文獻記錄則是商王武丁伐鬼方，三年克之。在甲骨文中最著名，記錄最完整的一場戰役是商王帝辛時代征夷方，這場戰役自董作賓的《殷曆譜》所排的帝辛征夷方日譜以來，已經將這場戰役的活動路線以及日程大體排出[205]，經歷島邦男[206]、陳夢家[207]、李學勤[208]、

---

202 「旅」為族徽，這是嚴一萍的讀法，見嚴一萍，〈商代兵志〉。但也可能是指王治下之旅，也就是王眾。

203 《殷曆譜》，卷10，頁37-38。張秉權，〈田遊與征伐〉，《甲骨文與甲骨學》，頁475-506，記載見頁493-495。

204 張秉權，〈田遊與征伐〉，頁488。

205 《殷曆譜》下編卷9，頁48-63。

嚴一萍[209]、張秉權[210]、陳秉新等學者的增補[211]，其中雖然還有缺環，但是大致的狀況可知。此一戰役由商王帝辛親征，帶路的是封地在山東半島的攸侯喜，時間從商王帝辛10年的9月從安陽附近出發，由安陽到山東半島直線往東會進入黃河下游三角洲的破碎地帶，無法直線進行，必須先往南跨越黃河再往東，所以，先到商王朝的聖都大邑商進行告廟的活動，再經歷相當長的一段路程來到戰區，戰事完後，商王再前往大邑商，到11年的7月回到安陽附近為止。此次征夷方的路線眾說紛紜，一類說法是前往淮水流域一帶[212]，甚至有認為是用兵江漢[213]，另一說法則將夷方置於山東半島北側一帶[214]，此說近年來得到大多數學者的贊同，其重要支撐在於山東的兗州宮李村發現帶有「劙」(A398)族徽的銅器，劙是西周早期大封建中封給魯國的殷民六族之「索」，當是在商代就已經封在山東半島，與甲骨文征夷方經過的「劙」地名互證[215]，說明征夷方的地點應該在山東半島。其次，李學勤指

（續）———

206 島邦男，〈帝辛十祀征人方日譜〉，《殷墟卜辭研究》中譯本（臺北：鼎文書局，1975），頁389-397。

207 陳夢家，〈乙辛時代所征的人方、盂方〉，《綜述》，頁301-309。

208 李學勤，〈帝辛十祀征人方的路程〉，《殷代地理簡論》（北京：科學出版社，1959），頁37-60。李學勤，〈重論夷方〉，《走出疑古時代》（瀋陽：遼寧大學出版社，1997），頁331-336。李學勤，〈論新出現的一片征人方卜辭〉，《殷都學刊》2005.1：1-3。李學勤，〈商代夷方的名號和地望〉，《中國史研究》2006.4：3-7。李學勤，〈帝辛征夷方卜辭的擴大〉，《中國史研究》2008.1：15-20。

209 嚴一萍，〈校「正人方日譜」〉，《中國文字》新11(1986)：173-177。

210 張秉權，〈征人方〉，《甲骨文與甲骨學》（臺北：國立編譯館，1990），頁497-506。

211 陳秉新、李立芳，〈乙辛卜辭征人方〉，《出土夷族史料輯考》（合肥：安徽大學出版社，2005），頁40-89。

212 陳夢家，〈乙辛時代所征的人方、盂方〉，頁301-309。

213 鄧少琴、溫少峰，〈論帝乙征人方是用兵江漢·上〉，《社會科學戰線》1982.3：67-70。鄧少琴、溫少峰，〈論帝乙征人方是用兵江漢·下〉，《社會科學戰線》1982.4：56-62。

214 李學勤，1997。王恩田，〈人方的位置與征人方路線新證〉，《胡厚宣先生紀念文集》（北京：科學出版社，1998），頁104-116。方輝，〈從考古發現談商代末年的征夷方〉，《東方考古》1(2004)：249-262。

215 郭克煜、孫華鐸、梁方建、楊朝明，〈索氏器的發現及其重要意義〉，《文物》1990.7：36-38。

出《合集》37852與《合集》36824記載征夷方一事的肇端,時間在帝辛九
祀二月乙亥,卜問夷方是否大舉侵犯。在該組卜辭中提到人物「醜」應即
山東青州蘇埠屯的「亞醜」之君[216]。又近年在山東滕州前掌大的一座墓葬中,
發現一件銅盉記載征伐東夷的事件,分封於滕州前掌大附近的商人「史」
氏,顯然也參與其役[217]。該銘文內容說明「夷方」是一個統稱,可能包含許
多政治實體,各有其首領,史族的成員賣擒獲「夷方灘白夗」僅是其中之
一。但是顯然夷方灘白夗被擒並未影響夷方的實力,至商王朝滅亡為止,
夷方仍為大患。

　　征夷方之役,其行軍的距離,不包括接戰的那段期間,至少在一千公
里以上。在動用的軍隊數量方面,根據《左傳》昭公十一年:「紂克東夷
而殞其身」的說法,與東夷的這幾場大戰役(金文資料證實至少在帝辛15年還
有伐夷方之役),對於商王朝的實力損傷相當大,間接導致商王朝在牧野一役
中的落敗,最後亡國。我們認為在征夷方的商王朝出動的兵力,萬名以上
士兵(包含眾以及10%～50%的專業部隊)應該是十分保守的估計。也就是說,
商王朝能夠動員一萬以上的兵力,全副精良的裝備,行軍距離在一千公里
以上,沿路進行運補工作,且出兵的時間長達三百餘天,其中包含跨越古
黃河至少兩次,其餘大小河川難以數計。這種實力,在當時的東亞大陸應
當是絕無僅有,且具有完全的支配性。商代晚期塑造中原地區政治地景的
最主要力量,絕非經濟的動力,而是商王朝的軍事實力。

(五)殷墟的消費量能以及遠距關鍵資源的系統性掠奪

　　本節的以青銅器的消耗為例,說明商代晚期都城安陽由於其都市規
模,以及商王朝貴族的特殊結構方式,與他們對於銅器的意識形態,形成
對於青銅消費的巨大量能,為了滿足此一消費量能,商王朝千方百計地取

---

216 李學勤,〈帝辛征夷方卜辭的擴大〉。
217 中國社會科學院考古研究所,《滕州前掌大墓地》(北京:文物出版社,2005),頁
302-303。

得製作這些器物的資源。近年考古的新發現，讓我們逐漸了解商王朝的確
是不遠千里、有系統地掠奪某些關鍵性的資源。以下針對資料較多的長江
南岸的銅礦與渤海灣南側的海鹽進行討論。

1. 殷墟的青銅消費量能

　　欲了解商王朝為何不遠千里地取得銅錫礦料，首先需要了解安陽殷墟
的消費量能。在商代各種材質的器物當中，青銅器屬於當時「高科技產品」，
是一個最好的指標，因為它不純粹是裝飾，還展有展示王朝威儀與實力的
作用。

　　根據不完全的統計，到目前為止安陽科學考古出土的青銅器，以種類
而言有70餘種，總件數達5,000件以上，以上數字尚未包含收藏於世界各博
物館的傳世品[218]。以單一墓葬而言，僅小屯M5（即婦好墓，殷墟II期，墓口面
積22.4m²，以下括號中的數字與平方米同為墓口面積）一座墓中出土的青銅禮器
共215件，總重達1,680公斤（以下統計皆不包括兵器）。這座墓以形制而言，沒
有墓道，僅能算是中型墓中的大者。其他如花園莊東地M54（殷墟II期偏晚）
出土青銅禮器43件，總重量達252.37公斤[219]。郭家莊M160（殷墟III期）出土青
銅禮器44件，總重量也有202公斤[220]。大司空村M303（殷墟IV期）出土禮器43
件，總重約100公斤[221]。劉家莊M1046（殷墟IV期）出土青銅禮器31件，總重量
約為61公斤[222]。小屯M18（殷墟II期）出土的青銅禮器24件，總重86.3公斤。戚
家莊M269（殷墟III期），青銅禮器共23件，總重為58.4公斤。由以上較大墓葬

218 韓汝玢、柯俊主編，《中國科學技術史・礦冶卷》（北京：科學出版社，2007），頁
　　217。
219 見《安陽殷墟花園莊東地商代墓葬》，重量總計為作者所作。
220 見《郭家莊商代墓葬》，重量總計為作者所作。
221 中國社會科學院考古研究所安陽工作隊，〈殷墟大司空村M303發掘報告〉，《考古
　　學報》2008.3：353-394。重量統計為作者估計，部分爵、觚重量未登錄，筆者根據
　　發表器估計，爵約0.8公斤，觚約1.07公斤。
222 見安陽工作隊，〈安陽殷墟西區1713號墓的發掘〉。

出土青銅器的重量，可以看出一個墓葬中爵、觚的對數愈多，大體上銅器的總重量愈重；但各期又有差異，同樣爵、觚數的墓葬大體上殷墟II、III期者較重，殷墟IV期者較輕。

以單器而言，目前出土最大的一件商代青銅器是出於武官村北地M260（即武官村大墓）的〈后母戊方鼎〉[223]，這件方鼎高133公分，寬116.8公分，重量達832.5公斤（缺一鼎耳）。婦好墓出土的青銅器也十分巨大，2件〈后母辛方鼎〉高80.1公分，寬64公分，重量也達128公斤。同墓出土的〈婦好三連甗〉總高68公分，寬103.7公分，深27公分，總重138.2公斤；〈婦好偶方彝〉高60公分，寬88.2公分，重71公斤。〈婦好方罍〉高68.8公分，寬25.1公分，重18.3公斤。從安陽西北岡商王大墓M1001盜掘出，現藏於日本東京根津美術館的三件青銅方盉，高約73公分，是盉中之巨擘[224]。同樣藏於根津美術館的〈亞矣罍〉（《集成》09157），高達74.6公分[225]。與之成對的另一件〈亞矣罍〉（《集成》09158），藏於美國舊金山亞洲藝術博物館，高為75.2公分，這兩件據說是也是武官村北地出土的，比婦好墓出土的同形罍略高[226]。根津美術館還有一件〈亞矣瓿〉（《集成》09948）總器高62.5公分[227]，尺寸也大於婦好墓中的一件大型瓿（M5：778，高47.6公分，重28.2公斤）。同館一件〈亞矣有肩尊〉（《集成》05570），高達53.9公分[228]，比起婦好墓出土的兩件〈后嬪有肩尊〉（《集成》05538、05539，高分別為47、46.7公分）還要高。同館還有一件〈又牧方罍〉（《集成》09772），高達66.5公分，據傳為安陽大司空村出土[229]，亦比〈婦好方罍〉（《集成》09781、09782，分別高52.5公分，重14.8公斤，及高

---

223 中國社會科學院考古研究所安陽隊，〈殷墟259、260號墓發掘報告〉，《考古學報》1987.1：99-117。

224 根津美術館，《根津美術館藏品選・工藝篇》（東京：根津美術館，2001），頁16-17。

225 同上，頁15。

226 René-Yvon Lefebvre d'Argencé, *Bronze Vessels of Ancient China in the Avery Brundage Collection* (San Francisco: Asian Art Museum of San Francisco, 1977), pp. 60-61.

227 根津美術館，《根津美術館藏品選・工藝篇》，頁14。

228 同上，頁21。

229 同上，頁19。

51.4公分，重14公斤）要來得高大，以上皆商代銅器中的巨擘，大多數是從侯家莊、武官村北地商王室或貴族的重要成員的墓葬中出土，其中比起婦好墓出土同樣器物大者亦不在少數。而且從以上具有王者氣度的大器中，有出土系絡者看來，愈大的墓葬，出土的青銅器往往尺寸愈大、愈重。顯然商代貴族看青銅器是以大、以重為貴、為美，這種不計成本的「重器」美學有別於其他古代文明製作青銅器時以「惜材」為要務。

目前安陽殷墟已發掘的墓葬中，規模相當或大於婦好墓者共有20座，包括11座商王大墓，可惜都已歷經盜掘，墓中所剩器物寥寥無幾。不過，我們可以從與婦好墓的比較，略窺這些墓中所消費的青銅器的總量。其中單墓道者一座，為殷墟西區M93（22.24m²），此墓墓口面積與婦好墓相當。后岡雙墓道四座，如1933年大墓（43.4m²），與71M48（43.85m²）。安陽鋼鐵場第二煉鋼廠西南發掘三座大墓2005AGM11、2005AGM12、2005AGM13，M11及M13有兩條墓道，M12有一條墓道，其中M11（37.5m²）與M13（76m²）兩座大於婦好墓[230]。安陽工作站雙墓道大墓一座（35.2m²）[231]。西北岡西區四條墓道者七座，如M1550（333.02m²），單墓道者一座，為侯家莊北地一號墓（41.58m²）[232]。西北岡東區四墓道者一座，雙墓道者三座，如武官村大墓（168m²），單墓道者一座，為M260（77.76m²）。以上墓葬規模遠大於婦好墓，隨葬的青銅禮器總數與重量也必然超出甚多，如武官村大墓光是一件〈后母戊方鼎〉重量即超過800公斤，其墓口面積不過是婦好墓的3.5倍左右。其他商王大墓墓口的面積約為婦好墓墓口面積的15倍左右，隨葬青銅禮器可能更重、更多。如果保守地以婦好墓的規模計算，以200件青銅禮器、總重約1.68公噸

---

230 國家文物局主編，〈安陽殷墟殷代大墓及車馬坑〉，《2005中國重要考古發現》（北京：文物出版社，2006），頁59-62。

231 岳洪彬、岳占偉，〈殷墟安陽工作站內墓葬與建築基址〉，《中國考古學年鑑・2005》（北京：文物出版社，2007），頁245。中國社會科學院考古研究所安陽工作隊，〈河南安陽市殷墟小屯西地商代大墓發掘簡報〉，《考古》2009.9：54-69，106-108，111。

232 中國社會科學院考古研究所安陽工作隊，〈安陽侯家莊北地一號墓發掘簡報〉，《考古學集刊》2（1982）：35-46。

的倍數計算，那麼這些墓葬出土的青銅禮器總重量將遠重於33.6公噸，青銅禮器數量也遠在4,000件以上，而且其中必包含具有王者氣派的重器。從以上簡單的推估，我們看到商代銅器的最頂層消費者的驚人消費實力。這還不包括安陽當地各級貴族墓葬中的青銅器，以及分封到各地的商貴族，從青州蘇埠屯、滕州前掌大、靈石旌介村、羅山天湖、浮山橋北、定州北庄子、滎陽小胡村等地的墓葬尺度以及出土銅器的數量看來（詳見三（五）），其總數也相當驚人。其中如蘇埠屯大墓出土的青銅器，有不少典藏於台北故宮博物院與北京故宮博物院，其中亦包含相當豪華的重器。總之，在商代晚期安陽所生產的銅器，不僅供安陽當地的貴族使用，還輸出到商王朝的各個封地，作為政治威權的象徵，以威嚇各地的原住民。

2. 巨大的銅器生產基地

安陽不僅是青銅器的消費中心，也是一個巨大的生產基地，其生產的範圍包括貴族用品的青銅器、大理石器、玉器、蚌器、骨角器、木器以及日用的陶器、石器、骨角器等等。同樣以青銅器為例，在安陽殷墟範圍內發現的鑄銅遺跡有四處，一在大司空村南地，灰坑H16中有80件陶範，大多數都是觚範[233]。第二處在小屯宮殿區內，面積約1萬平方公尺，時代上屬於殷墟II期以前，可能因為宮殿建造而逐漸廢棄轉移到他處。次在苗圃北地，作坊面積在1萬平方公尺以上，其區域可能跨到薛家莊鑄銅遺址，可惜因為發掘的局限，無法探明兩者的關係，整個遺址延續的期間由殷墟II期起，一直到殷墟IV期[234]。近年則在安陽孝民屯發現了大規模的鑄銅作坊遺址，此一遺址位於孝民屯村內，早期發掘的村西鑄銅作坊遺址相連。根據目前發

---

233 Yung-ti Li, "The Anyang Bronze Foundaries: Archaeological Remains, Casting Technology, and Production Organization," Ph.D. Dissertation, Anthropology, Harvard University, Cambridge（MA）, 2003, pp. 122-123.

234 中國社會科學院考古研究所，《殷墟的發現與研究》（北京：科學出版社，1994），頁83-93。

掘的結果，總面積在5萬平方公尺以上。包括範土備料坑之外，範泥陳腐坑、製作模與範的作坊、範塊陰乾坑、烘範窯、青銅器鑄造場所、銅器打磨修整場地以及棄置廢棄物的坑洞、工匠居住的社區以及與鑄銅相關的祭祀坑等等[235]。雖然5萬平方公尺的面積（與春秋晚期侯馬作坊的尺度差不多）已經大於大多數的商代聚落，其規模也足以製作目前所見到的晚商各類青銅器。但是安陽青銅器作坊的總面積應當遠大於此，原因是西周前期洛陽的鑄銅作坊基本上是從安陽遷移到洛陽的商遺民所建立，其鑄銅作坊的面積達20萬平方公尺[236]。我們認為晚商安陽青銅器作坊規模當不亞於西周早期的洛陽，除了洛陽承襲安陽作坊之外，還可以從青銅器數量上看出；我們以登錄於「殷周金文暨青銅器資料庫」進行一系列查詢，屬於商代晚期者有5572件，屬於西周早期者有3781件，屬於西周中期者有871件，屬於西周晚期的有1246件，無法確定為商代晚期或西周早期者有591件，無法確定為西周中期或晚期者有25件，無法確定為西周晚期或春秋早期者有24件[237]。這項統計未包括無銘文的青銅器，但是從各期銅器的數量可以看得出商代晚期到西周早期是中國青銅時代的高峰期。筆者在其他文章中指出西周初年有所謂「分器期」，當時被埋入墓葬的銅器，其實也是商代晚期在安陽製造，但是因為商王朝戰敗而被周人洗劫瓜分，最終進入了西周早期的周人墓葬[238]。所以，商代晚期才是不折不扣中國青銅時代的巔峰時期，而且當時絕大多數的青銅禮器都是出自安陽青銅鑄造作坊。

相對於安陽，其他地區目前已經發現的鑄銅遺跡事實上都僅出土用來

---

235 岳占偉、劉煜，〈殷墟鑄銅遺址綜述〉，《三代考古·二》（北京：科學出版社，2006），頁358-374。殷墟孝民屯考古隊，〈河南安陽市孝民屯商代鑄銅遺址2003-2004年的發掘〉，《考古》2007.1：14-25。

236 洛陽市文物工作隊，〈1975-1979年洛陽北窯西周鑄銅遺址的發掘〉，《考古》1983.5：430-441。

237 「殷周金文暨青銅器資料庫」的網址為：db1.sinica.edu.tw/%7Etextdb/test/rubbing/query.php。查詢時間：2008.2.13。本統計假設所有變數對於每一時期都是相同的。

238 黃銘崇，〈從考古發現看西周墓葬的「分器」現象與西周時代禮器制度的類型與階段〉，《中央研究院歷史語言研究所集刊》83.4（2012）：607-670；84.1（2013）：1-82。

鑄造兵器或工具的石範或陶範，而且體量都相當小。例如，河南南陽市十
里廟發現商代晚期冶銅的坩鍋殘片、銅渣與陶範[239]，也出土一些商代晚期的
銅器，包括鼎、爵、觚與戈、鑵、鏃等[240]，最初發掘者認為此一發現的重要
性可比殷墟，但仔細考察，這些陶範僅是用來製造箭頭與網墜，並非青銅禮
器。其後該遺址的考古調查與發掘顯示其聚落規模僅有10.5萬平方公尺[241]，
說明十里廟不太可能為大規模的銅器鑄造中心。又如山西夏縣東下馮的二
里頭時期古城出土箭鏃與斧、鏟的石範，兩面皆利用，但是同樣沒有製造
禮器的痕跡[242]。而且東下馮雖有城牆，但是城圈的尺度相當小，殘存約4萬
平方公尺，應當沒有足夠的空間可以容納有規模的作坊。

西安老牛坡遺址是考古學者認定的「區域中心聚落」，此一遺址面積
較大（約50萬平方公尺），持續的時間也較長，從商代早期（鄭州期）一直到商代
晚期（殷墟期），可惜遭到嚴重破壞。與鑄銅有關的遺物在第二期（相當於二里
岡上層）出現過，在一個灰坑中出土陶鏃範與戈範，同坑還出銅渣兩塊，以
及兩件銅鏃與一件銅錐。這僅是此一灰坑出土器物的一小部分，其中的陶
片多而密，應當是垃圾坑[243]。另外在第四期（相當於殷墟II、III期）出土的鑄銅
作坊區，遺跡一處為冶銅煉渣堆積處，一處陶範出土地點，兩地點相距80
公尺。煉渣堆積的量相當大，不幸未及發掘已經在修高速公路時被完全剷
除[244]。陶範出土點共出土22塊陶範，其中有人面、牛角獸面、戈、鉞、圓泡
的陶範，還有一件帶有弧面以及饕餮紋的殘容器範[245]，可見在此一作坊也鑄

239 游清漢，〈河南南陽市十里廟發現商代遺址〉。
240 南陽市博物館，〈南陽市博物館館藏的商代青銅器〉。徐俊英，〈南陽博物館徵集
　　的應國銅器蓋及晚商銅觚〉。
241 南陽市博物館，〈南陽十里廟遺址調查〉。
242 中國社會科學院考古研究所、中國歷史博物館、山西省考古研究所，《夏縣東下馮》
　　（北京：文物出版社，1988），頁162。
243 劉士莪編，《老牛坡》（西安：陝西人民出版社，2002），頁67-68，90-91，圖版55：
　　5&6。
244 同上，頁161-165。
245 同上，頁199-201，圖版110-112。

造容器，但是其鑄造的能力到何種程度則有待未來更多的發掘。關於老牛坡的鑄銅作坊有許多有趣的問題，首先是性質的問題，它很可能是商王朝分封的族氏封地，因為該遺址的墓葬都是有腰坑、二層台以及殉人以及動物等商人墓典型作風。兩座未被盜掘，並且出土青銅器的墓葬中，M33出土的青銅禮器是1爵、1觚，M44則是1爵、1觚、1斝，都是明顯遵循商王朝爵、觚等級制度（詳下）。此外，在屬於同一遺址區，與老牛坡遺址相距不到300公尺的袁家崖也發現商代晚期的墓葬，隨葬1爵、1觚，爵銘文為族徽「又牧」[246]。至於該地是否為「又牧」族氏的封地，目前資料過少，難以斷定。不過前述巨大的〈又牧方罍〉，據傳是出土於大司空村，顯示此地與安陽之間的聯繫。此外，此一遺址還出土與城洋地區相同的人面、牛角獸面、尖頂泡[247]，以及同類器的陶範，其中人面與牛角獸面是在安陽所未見的。西安地區沿著河流往南，再跨越秦嶺，可通往漢中盆地的城洋地區。總而言之，老牛坡一帶的遺址的進一步發掘，特別是鑄銅作坊附近的發掘，能夠解決不少青銅器生產相關的疑問，以及老牛坡與殷墟及漢中盆地的關係。從目前資料看來西安老牛坡主要是以生產兵器、工具以及銅泡、面具等軍需品為主，雖然也有能力製作青銅禮器，但是生產量可能不大。

清江吳城也是出土較多鑄造銅器遺物的地點，出土遺物包括製作青銅鏃、斧、鐇、鑿、矛、戈、耜、車馬飾以及不明器形器物（可能有容器）的石範[248]。由於使用石範有相當大的局限，因此，就目前所知，當地即使有鑄造容器的能力，其品質與外觀，應當都非鄭州或安陽所鑄造銅器之匹。附近

---

246 鞏啟明，〈西安袁家崖發現商代晚期墓葬〉，《文物資料叢刊》5（1981）：120-121。

247 趙從蒼，《城洋青銅器》（北京：科學出版社，2006）。

248 江西省博物館、北京大學歷史系考古專業、清江博物館，〈江西清江吳城商代遺址發掘簡報〉，《文物》1975.7：51-71。江西省博物館、清江縣博物館，〈江西清江吳城商代遺址第四次發掘的主要收穫〉，《文物資料叢刊》2（1978）：1-13。江西省文物考古研究所、樟樹市博物館，《吳城——1973~2002年考古發掘報告》，頁143-153。

江西新贛大洋洲的大墓中出土過一件陶範，是錛範[249]。事實上在江西所謂「吳城文化」的範圍內，有11個地點出過銅器範，但是都是工具與兵器的石範[250]。從鄰近吳城的新贛大洋洲大墓出土的銅器看來，雖然具有部分鄭州或安陽的特色，但它們應當是既不屬於鄭州也不屬於安陽的產品，而是另有目前未知的生產地，而且其時代應在中商時期。商代晚期起，長江流域還出現一種大型的鐃，這些大鐃的品質佳，且風格與安陽青銅器不同，顯示長江中游可能有獨立於安陽以外的大規模青銅器製造中心，或另有製作大型青銅器的機制，尚待考古的發現。更具體的例子是廣漢三星堆出土的青銅器，它的本土型青銅器，品質好、器型大而複雜，製作的方式也與安陽青銅器不同，且從其中一類本地銅器的風格看來，無論如何都不可能與鄭州或安陽有關。相對應的，廣漢三星堆存在一個面積達360萬平方公尺的古城址，且該遺址的總面積廣達1,200萬平方公尺，以林澐的人口估算估算，當地人口應當可達15萬人左右，以這樣的人口規模，是完全可能支持一個大規模的獨立作坊區，並且組織人力，尋求銅、錫礦源。

　　在安徽省長江北岸的樅陽又是另外一種狀況，樅陽湯家墩的商代遺址曾經出土過青銅工具，以及鑄造青銅容器的陶範[251]，顯示此一聚落具生產青銅容器的能力，而且樅陽本地與銅陵等地古代銅礦鄰近，無原料供給的問題[252]。以樅陽出土的一件商代晚期方彝為例，此一方彝顯然刻意模仿商代的方彝，但是卻可以很清楚地看出其品質、體量以及銅器的風格，都與安陽的方彝有很大的距離。除非未來還有重要的發現，否則樅陽當地的作坊，雖有製造青銅禮器的能力，其規模可能也不會太大，產品的品質也無法與

249 江西省文物考古研究所、江西省博物館、新贛縣博物館，《新贛商代大墓》（北京：文物出版社，1997），頁182，彩版二：4。

250 彭明瀚，《吳城文化研究》（北京：文物出版社，2005），頁120-141。

251 安徽省文物考古研究所，〈安徽樅陽湯家墩遺址發掘簡報〉，《中原文物》2004.4：4-14。

252 安徽省文物考古研究所，〈樅陽縣井邊東周採銅礦井調查〉，《東南文化》1992.5：89-90。

鄭州或安陽生產者相比。

以上筆者企圖將青銅器的鑄造量能與它的社會與經濟面連結起來，意思在說明有足夠的經濟實力，有夠大的聚落尺度，有強大的社會動員能量，有足夠的消費力，以及特定的意識形態與思維方式，才可能支持製品形體碩大、紋飾複雜、品類多樣、質量齊一的青銅器鑄造工業。回頭看清江吳城，它的城壕面積僅有61.3萬平方公尺，人口依據相同標準估計大約不到4,000人，這樣的聚落要擁有一個大規模的鑄銅工業的可能性就不大[253]。有了這樣的概念，再回頭看華北平原商代晚期的青銅器，在此一相當大的地域範圍內，青銅禮器的形制、紋飾甚至銘文的風格存在高度的一致性，墓葬的銅器類型反應相同的使用習慣與禮制，組合與數量展現強烈的制度性約束。而且，相當重要的是，在晚商時期這一大片區域出土的青銅器，其品質是相當齊一的，鮮有品質不良，製作粗糙的青銅器，這顯示製作這些青銅器的作坊是具有工業規模的，產品量大且穩定。換言之，他們不可能在農村聚落中生產，甚至難以在區域的所謂「區域中心聚落」，例如濟南大辛莊、滕州前掌大、靈石旌介村等地生產。這些地方可能具有修補青銅器，以及鑄造扁平器形的兵器、工具的能力。絕大多數的青銅禮器則是在安陽生產的。所以，安陽不僅生產它本身所需要的青銅禮器，也可能是晚商式青銅禮器最主要的供應者，它的直接供應的範圍恐怕有300-400公里半徑，而傳布的範圍(透過戰爭與直接貿易或轉手貿易)則更廣。

3.遠距銅、錫資源的取得

了解商王朝對於青銅器的消費與生產量能，顯然，它需要相當大量的銅、錫為原料，以供鑄造青銅器之用，而且此一規模是世界青銅時代中最龐大的。但是安陽所在地，距離生產青銅器所需的銅、錫等金屬礦有相當

---

253 換言之，新贛大洋洲墓葬出土的銅器，可能在附近更大的聚落製造，或者是由中原地區某處輸入。

的距離，那麼商王朝取得鑄銅的素材是否有困難？過去張光直認為夏商周三代各有其聖都，聖都是不變的，有如恆星，而俗都卻屢屢遷徙，其原因可能是要追逐銅、錫礦，以維持青銅器的穩定生產，展現王朝的威儀。他同意石璋如的說法，認為商代的銅、錫礦的來源，不一定要到長江流域去找尋，甚至不必過黃河，在中條山脈中即可找得到[254]。中條山脈的銅礦目前所知最早的礦冶遺跡屬於戰國晚期[255]，近傳有更早的礦冶遺跡，或有早到二里頭文化時期者。不過，必須注意的是晉南地區的商文化遺址相當少，晚商文化遺址更幾近真空，商王朝在此尋求銅礦的可能性不大。黃河流域及黃河以北的古銅礦遺址除了中條山區之外，尚有遼寧林西大井銅礦遺址，但是年代上屬夏家店上層文化，相當於春秋早期或稍早[256]，近年也發現有更早的礦冶遺跡，可能屬於夏家店下層文化，應當不是商王朝追逐的目標。從甲骨文中關於鑄銅材料的卜問相當少[257]，且商王朝晚期各期的青銅器的數量都相當多等現象看來，商王朝銅錫供應基本上是平穩而有效的。那麼，這些原料來自何處？近年在江、淮流域銅礦的考古工作逐漸顯示石璋如、張光直的推測或許不正確。

　　商王朝為了關鍵性的自然資源會派遣成組的貴族成員率領眾人長途跋涉，深入遠方建立據點，保護路線安全，以確保資源的取得。湖北黃陂(現屬於武漢市)盤龍城的二里岡期的商代城址是最被常用來討論此課題的遺址，它發現於1954年，1963年起進行過多次的考古發掘，早期的發掘與探勘發現一座面積僅有7.5萬平方公尺的小城，城中有大型的夯土建築基址，

254 見張光直，〈夏商周三代都制與三代文化異同〉，《中央研究院歷史語言研究所集刊》55.1(1984)：51-71。石璋如的說法見石璋如，〈殷代的鑄銅工藝〉，《中央研究院歷史語言研究所集刊》26(1955)：95-130。

255 李延祥，〈中條山古銅礦冶遺址初步考察研究〉，《文物季刊》2(1993)：64-67，78。

256 李延祥、韓汝玢，〈林西縣大井古銅礦冶遺址冶煉技術研究〉，《自然科學史研究》9.2(1990)：151-160。

257 燕耘，〈商代卜辭中的冶鑄史料〉，《考古》1973.5：299。

作坊區則在城外，其中有部分作坊區發現溝槽狀的黑灰燼遺跡，溝內出土
陶缸與厚胎的坩鍋與少量的熔渣或碎銅片等，有些陶缸上留有熔渣痕跡，
發掘者指出可能有青銅器的鑄造場所，不過到目前為止盤龍城遺址並未發
現容器或工具的鑄範，這些遺跡的性質仍待進一步釐清。當地並出土了許
多二里岡文化期的墓葬，隨葬有不少二里岡期的商式青銅器[258]。最近的考古
發掘又進一步發現作坊區實際上是包含在面積達50萬平方公尺以上的一座
外城之內[259]。盤龍城遺址發現之初，有學者認定盤龍城一帶就是商王朝的
「南土」，也就是認為這附近是商王朝直接統治的區域，甚至認為商代南
土的界限要更往南尋找[260]。但從附近地區出土的材料所顯示複雜的文化面
貌看來，此地屬於商王朝一般性領土是難以成立的，盤龍城對於早商王朝
而言應當是深入異域的殖民城市。近來學者多認為盤龍城與在湖北大冶銅
綠山（與盤龍城直線距離小於100公里）[261]、陽新港下（與盤龍城直線距離約140公
里）[262]、及江西瑞昌（與盤龍城直線距離約180公里）的銅嶺山發現的商代採礦與
冶煉遺址有關[263]，這些礦區在開採之後，可能在礦區附近冶煉成銅錠，經由

---

258 湖北省文物考古研究所，《盤龍城──1963年～1994年考古發掘報告》（北京：文物
　　出版社，2001），頁503。
259 楊育彬，〈試論商代古城址的幾個相關問題〉，《2004年殷商文明國際學術討論會
　　論文集》王宇信、宋鎮豪、孟憲武主編（北京：社會科學文獻出版社，2004），頁
　　386-393。
260 江鴻（李學勤），〈盤龍城與商朝的南土〉，《新出青銅器研究》（北京：文物出版社，
　　1990），頁12-17。
261 銅綠山VII礦體二號點C14測定數據3260±100 BP，樹輪校正後1530-1325 BC。黃石市
　　博物館，《銅綠山古冶礦遺址》（北京：文物出版社，1999），頁183。關於銅綠山商
　　代採礦遺址的討論，見韓汝玢、柯俊主編，《中國科學技術史·礦冶卷》，頁23-24。
262 港下古銅礦遺址發掘小組，〈湖北陽新古礦井遺址發掘報告〉，《考古》1988.1：
　　30-42。發掘者將時代訂在西周中期至春秋早期，但彭適凡、劉詩中認為根據支撐礦
　　坑結構的特徵，其時代應當與銅綠山相當，也就是可能早至商代晚期。見彭適凡、
　　劉詩中，〈關於瑞昌商周銅礦遺存與古揚越人〉，《江西文物》1990.3：25-31+41。
263 銅嶺礦山的開採年代始於商代中期，終於戰國早期。見劉詩中、盧本珊，〈江西銅
　　嶺銅礦遺址的發掘與研究〉，《考古學報》1998.4：465-496。盧本珊、劉詩中，〈銅
　　嶺商周採礦技術初步研究〉，《文物》1993.7：33-38。劉詩中、盧本珊，〈銅嶺古
　　銅礦性質探討〉，《華夏考古》1997.3：61-66；40。又見韓汝玢、柯俊主編，《中

長江以及其支流的水道運輸[264]，集中到水陸樞紐的盤龍城（或許還有其他未發現的地點），再轉運至鄭州，因此，盤龍城可能是商王朝掠奪南方資源的中轉站[265]。劉莉與陳星燦以及徐少華認為盤龍城遺址的使用僅限於二里岡期，在商王朝動亂期間（即傳世文獻所謂「九世之亂」的近百年），中原對於盤龍城的控制與支援無以為繼，此一城市就被廢棄了[266]。不過，晚商王朝對於此地的興趣顯然未因一時之動亂而減低，到了殷墟時期，內部情勢穩定之後，商人貴族仍然活躍在附近，黃陂枹桐村官家灣、羅漢村鐘家崗、袁李灣等地都分別出土過商代晚期的青銅爵、觚、斝等，顯示商人貴族仍然活躍於此一區域[267]，只是尚未找到類似盤龍城的晚商聚落。西周早期黃陂附近的魯台山墓葬群仍然發現與姬姓聯姻的商人的墓葬[268]，可見周王朝與商王朝一樣，對此一地區高度關注，而且採取與商遺民合作的路線。究其原因可能是周人不但接收了安陽的青銅器作坊，將他們遷移到洛陽，建立新邑，同時還接收商人的銅路（所謂「金道錫行」）[269]，也就是將銅錠、錫錠從南方北送的路線。此一路線係透過長江及其支流，將銅、錫錠集中到像盤龍城這

（續）───────────────────

國科學技術史‧礦冶卷》，頁25-26。

264 劉詩中，〈中國早期銅礦初步研究〉，《中國考古學會第八次年會論文集》（北京：文物出版社，1991），頁197-207。

265 《盤龍城──1963年～1994年考古發掘報告》，頁503。王勁、陳賢一，〈試論商代盤龍城早期城市的形態與特徵〉，《湖北省考古學會論文選集‧一》（武漢：武漢大學出版社，1987），頁70-77，輯於《商文化論集》（北京：文物出版社，2003），頁520-530。后德俊，〈商王朝勢力的南下與江南古銅礦〉，《南方文物》1996.1：81-85。

266 劉莉、陳星燦，〈城：夏商時期對自然資源的控制問題〉，《東南文化》3(2000)：45-60。Li Liu, and Xingcan Chen, "Cities and Towns: the Control of Natural Resources in Early States, China," *Bulletin of the Museum of Far Eastern Antiquities* 73（2001）：5-48. 徐少華，〈從盤龍城遺址看商文化在長江中游地區的發展〉，《江漢考古》2003.1：40-44。

267 熊卜發、鮑方鐸，〈黃陂出土的商代晚期青銅器〉，《江漢考古》1986.4：27-28。

268 黃陂縣文化館等，〈湖北黃陂魯台山兩周遺址與墓葬〉，《江漢考古》1982.2：37-61。

269 張永山，〈武丁南征與江南「銅路」〉，《南方文物》1994.1：42-48。萬全文，〈商周王朝南進掠銅論〉，《江漢考古》1992.3：50-57。后德俊，〈商王朝勢力的南下與江南古銅礦〉，頁81-85。彭明瀚，〈銅與青銅時代中原王朝的南侵〉，《江漢考古》1992.3：47-49，46。

樣的據點，往北透過潢水、浿水等河流上溯，再由陸路穿越大別山口，到達河南的信陽地區(盤龍城距信陽約160公里)[270]，再往北經過郾城(信陽到郾城約175公里)[271]、許昌(郾城到許昌約60公里)[272]、新鄭(許昌到新鄭不到50公里)等地[273]，而抵達商王朝的核心區(早商在鄭州，晚商在安陽，新鄭到鄭州約48公里，鄭州到安陽約180公里)[274]。顯然，要維持這樣一條路線，持續地供應大量的銅、錫錠，需要有很大的政治力量。近幾年的發現也顯示從商代以來對於銅礦的開採還可能遍及長江南岸各大礦區，除了大冶、陽新、瑞昌一帶以外，在安徽銅陵市附近古代銅礦遺址也始於商末周初之際[275]。從目前的證據看來，在長江中游的銅礦區，商王朝的策略應當是採取直接的控制，因此，湖北、湖南、江西等地區有不少商式銅器與陶器出土，這些器物與當地土著文化的器物有所區別，附近並且有類似盤龍城那樣的聚落與貴族的墓葬，展示強烈的殖民地性格。

　　了解青銅材料的來源，更清楚地說明商式青銅禮器具有數量大、類型多、變異多，品質齊一的特性，其鑄造不是單純的工藝或工業形態的問題，

270 信陽地區有羅山天湖墓葬群，詳下。商代晚期有信陽溮河港撈到的一群商貴族的銅器，見信陽地區文管會、信陽縣文管會，〈河南信陽溮河港出土西周早期銅器群〉，《考古》1989.1：10-19。

271 出土2觚、2爵、2斝、2罍、4鼎共12件。銅器的形式當屬於所謂「中商時期」。見孟新安，〈郾城縣出土一批商代青銅器〉，《考古》1987.8：765-766，圖版8。

272 許昌縣大路陳村發現一座商代墓，被破壞，東西是採集的，有3鼎、2爵、2斝。兵器有2戈、1鉞、1刀、17件鏃。為二里岡上層。河南省文物研究所，〈許昌縣大路陳村發現商代墓〉，《華夏考古》1988.1：23-26，85。

273 新鄭採集到的商代青銅器，有爵、罍、盤以及戈、矛、斧等，都屬於二里岡期。趙柄煥、白秉乾，〈河南新鄭縣新發現的商代銅器和玉器〉，《中原文物》1992.1：85-90。新鄭望京樓遺址可能為一座墓葬中出土1觚、1爵、1斝、1鼎、1鬲，也屬於二里岡期。見新鄭縣文化館，〈河南新鄭望京樓出土的銅器和玉器〉，《考古》1981.6：556。另有一件鉞，在開封收購，經查證亦為新鄭望京樓出土，見趙文墨，〈介紹一件商代青銅鉞〉，《中原文物》1988.4：95。

274 萬全文，〈商周王朝南進掠銅論〉，頁50-57。

275 安徽省文物考古研究所、銅陵市文物管理所，〈安徽銅陵市古代銅礦遺址調查〉，《考古》1993.6：507-517。

它的背後不但有強大的消費需求，有一定的經濟規模足夠養活大批的工匠，包括向外搜尋原料的團隊，還要有強有力的軍隊可以進行資源的掠奪戰，並確保原料的正常供應，也要有殖民地，以利直接的控制。依照此一標準，在商代，具有這樣實力的都會並不多，在商代早期的鄭州是其一，在商代晚期的安陽亦是，三星堆也可以算一個，長江中游是否有銅器鑄造中心？則仍有待未來的發掘。

4. 鹽的取得[276]

除了銅、錫、鉛礦的取得之外。鹽也是大宗民生必需品，而且在華北地區產量大者僅有在沿海地區以及內陸特定地區如河東以及四川才有，所以鹽產地往往有其戰略地位，也常與古代遺址的興盛有關。前面估算過殷墟的人口可能超過45萬人，以人均日消耗2-5公克計算，每年約需要328.5-821.25公噸的鹽，殷墟本身不產鹽，這麼大量的鹽絕必須從外地取得[277]。張光直早已指出晉南之所以在新石器時代晚期到二里頭時期，具有重要地位，是由於它同時有銅礦，以及華北最豐富的鹽礦──解鹽。楊升南認為武丁時代對於西北用兵與保護鹽的來源有關[278]，劉莉與陳星燦則企圖描述垣曲商城與古代鹽礦取得之間的關係[279]。此一說法，近來由於科學驗證，已經

276 關於渤海灣區鹽的取得，讀者可以參考黃銘崇、林農堯、黃一凡、劉彥彬、林昆翰，〈晚商文化的分布及其意義──以山東地區為例的初步探討〉。相關徵引資料參見該文頁316-326，本文不贅引，僅補充該文完成以後增加的研究文獻。比較總結性的討論可見燕生東、蘭玉富，〈魯北沿海地區先秦鹽業遺址2007年調查簡報〉，《文物》2012.7：4-15。關於製鹽技術的問題則參彭鵬，〈魯北萊州灣沿岸商周時期製鹽工藝初探〉，《南方文物》2012.1：53-58。燕生東，《商周時期渤海南岸地區的鹽業》（北京：文物出版社，2013）。
277 方輝，〈商周時期魯北地區海鹽業的考古學研究〉，《考古》2004.4：53-67。
278 楊升南，〈從「鹵小臣」說武丁對西北征伐的經濟目的〉，《甲骨文商史叢考》（北京：線裝書局，2007），頁433-450。這篇文章原刊載於《甲骨文發現一百週年學術討論會論文集》，輯於《叢考》時有若干修正。
279 劉莉、陳星燦，〈城：夏商時期對自然資源的控制問題〉，頁45-60。

逐漸的為學者所接受[280]。不過，解鹽在二里頭文化時期以及早商可能扮演比較重要的角色，在商代晚期，商王朝似乎無法進入晉南地區，此地的晚商文化呈真空狀態。晚商的鹽並非解鹽。

　　近年在渤海灣一帶晚商時期的「鹽業考古」發掘與研究，則大有斬獲。晚商時期在渤海灣區製鹽並非利用海水，在壽光雙王城遺址群發掘出的水井以及坑池與硬化的草木灰等顯示，此一地區製鹽的鹵水的主要來源是淺層的地下的鹵水，其濃度約為海水的2到6倍[281]。其次，從遺址的分布可以觀察出渤海灣區在殷墟時期突然出現大量的不同性質的遺址，這些遺址所出的陶器都是商式，而非土著文化風格[282]。其中除了一般生活用器以外，最值得注意的是一種被稱為「盔形器」的陶器，起初考古學家並不了解此種器物的功能，但是近來由於鹽業考古的發掘，已經確認盔形器是在鹽灶上使用，讓鹽形成結晶的容器[283]。盔形器大量地分布在魯北沿海地帶，還拖了一條長長的尾巴直到濟南附近，顯示製成的鹽由沿海沿著今天的黃河（古濟水）運送，而濟南是一個重要的「轉運中途站」。近年的全覆蓋式調查顯示，距離現今渤海灣約十公里左右，古代的海岸地帶，沿著幾條出渤海的淡水河流或其支脈，分布著幾個遺址群，每一個遺址群包含幾十個遺址點。遺址點的面積約在一萬平方公尺以下，遺址點彼此之間的距離僅有一百公尺

---

280 趙春燕，〈土壤元素化學分析在考古學中的運用〉，《中國社會科學院院報》2007.8.16第二版。

281 李水城、蘭玉富、王輝，〈魯北－膠東鹽業考古調查記〉，《華夏考古》2009.1：11-25。

282 燕生東，〈殷墟時期渤海南岸地區鹽業生產性質〉，《東方考古》9（2012）：627-649。

283 關於「盔形器」較新的看法，見張禮豔，〈關於盔形器的兩個問題〉，《文物春秋》2007.4：21-27。王青、朱繼平，〈山東北部商周盔形器的用途與產地再論〉，《考古》2006.4：61-68。王青、朱繼平，〈山東北部商周時期海鹽生產的幾個問題〉，《文物》2006.4：84-89+96。山東大學東方考古研究中心、壽光市博物館，〈山東壽光市大荒北央西周遺址的發掘〉，《考古》2005.12：41-47。李水城、蘭玉富、王輝、胡明明，〈萊州灣地區古代鹽業考古調查〉，《鹽業史研究》2003.1：82-91。朱繼平、王青、燕生東、秦穎、常敘政、佟佩華、王昌燧，〈魯北地區商周時期的海鹽業〉，《中國科學技術大學學報》2005.1：139-142。

到一千公尺之間[284]。遺址群基本上沿著淡水河道分布,應該與製鹽單位的淡水供應有關。不同的遺址群時代往往不同,有些有明顯的取代關係,比方沿著小清河的東北塢遺址群,時代為殷墟I至IV期,其下游的南河崖遺址群,則是接著在殷墟IV期晚段出現。遺址點的發掘顯示每一個遺址點就是一個或數個製鹽單位,每一個製鹽單位有鹵水坑井、鹽灶、刮鹵攤場、儲鹵坑、淋鹵坑等遺跡[285]。

晚商時期在沿渤海一帶與製鹽有關的遺址可以按其工作流程區分成以下幾個層次,由沿海起第一個層次遺址多為春季「製鹽作坊」,第二層遺址是鹽工夏、秋、冬三季以及全年鹽工眷屬的居地,可稱為「後勤聚落」,第三層遺址則是「貴族管理者聚落」,第四層則是「區域中心」。鹽工在夏、秋、冬居住在後勤聚落,砍取煮鹽所需薪材,準備製鹽陶器及各種必需品。在春季鹽工移到前線的製鹽作坊區工作,製完後將鹽後送,集中於管理者的貴族聚落,再後送到區域中心。再由區域中心,一步一步地在具有貴族武裝保護的「轉運中途站」間傳送,將鹽沿路送到大邑安陽。

區域中心可以青州蘇埠屯遺址為代表,封於此地的商貴族包含兩個族氏,一為「亞醜」,一為「融冊」,兩者都有規模不小的墓葬。最大的一座「亞醜」墓是目前出土規格最高的封國墓,有四個墓道以及亞字形的槨室,有二層台與腰坑,以及相當多的殉人,在二層台以上,墓壙北側牆上有兩個小壁龕,各放一把帶有「亞醜」銘文的大鉞,此種尺寸的大鉞,僅出現於規格很高的墓葬。蘇埠屯的貴族擁有較強的武力,可以控制整個區域,應當是鄰近地區鹽的集中地與轉運中心。

管理製鹽者的貴族聚落可以濱州蘭家與惠民大郭為代表,聚落面積較

---

284 山東大學鹽業考古隊,〈山東北部小清河下游2010年鹽業考古調查簡報〉,《華夏考古》2012.3:3-22+78。比方小清河下游一帶有自北向南有淄脈河、小清河、塌河、營子溝、瀰河等淡水河,有東馬樓(淄脈河)、南河崖、東北塢(小清河)、大荒北央(營子溝)、王莊(瀰河)五個遺址群,每群有12到70個遺址點。

285 王青,〈山東鹽業考古的回顧與展望〉,《華夏考古》2012.4:59-69,彩版7-8。

大，與前述作坊內容不同，並且具有帶族徽銘文的商式青銅器墓葬。蘭家遺址出土一座殷墟IV期的2爵墓，銅器有2爵、2觚、1卣，卣帶有銘文：「⊕」。大郭遺址則發現一座帶墓道的大墓，墓室長12公尺，寬約6公尺，殉葬6人、6馬、1犬，被盜掘以後殘存隨葬銅器包括2爵、1觚、1方彝、1鼎、1鐃，及兵器戈、矛與刀等，其中方彝與鐃有族徽「戎」。隨葬兵器有鉞、戈、矛、刀等[286]。其中的貴族可能負責管理鹵鹽生產、集中與運送。

後勤聚落如陽信李屋，此一遺址發掘了兩組集中出土盔形器與其他日用器物的生產與生活單位，單位的面積分別為3,500與2,000平方公尺，包含了房屋、院落、窖穴、取土坑、窯址、墓葬以及生產與生活的垃圾。值得注意的是李屋出土的陶器，僅有商式陶器完全沒有東方土著式的陶器，器物的時代屬於殷墟II到IV期[287]。由此看出，商王朝並沒有利用當地人幫忙製鹽，而是直接由「內地」移民，擔任製鹽工。

根據鹽業考古學者的推算，每一個製鹽單位舉火一次，大約可生產鹽0.6公噸，那麼每年光供給安陽殷墟45萬人口的鹽就需要舉火550到1,440次之多，由於安陽殷墟是當時的超大聚落，估計整個商王朝的總人口可能在100萬以上，換算成製鹽作坊的舉火數視鹽消耗的高低標準約在1,000-3,000次之間。

經由以上商王朝企圖取得青銅礦源與鹽的實例子，我們可以推測，對於此種具有「戰略」意義的資源，商王朝並不透過貿易的機制來取得，因為此種方式有一定風險。相反的，商王朝積極的派人尋找特定資源的產地，一旦找到之後，他們就會派遣軍隊控制附近區域，從領土內部引進工作的

---

286 燕生東，《商周時期渤海南岸地區的鹽業》，頁237。杜樹元，〈惠民的史前文化〉，《濱州教育學院學報》1997.2：24-25。

287 燕生東，〈山東陽信李屋商代遺存考古發掘及其意義〉，《古代文明研究通訊》20(2004)：9-15。燕生東，〈山東李屋商代製鹽遺存的意義〉，《中國文物報》2004.6.11，第七版。燕生東等，〈山東陽信李屋發現商代生產海鹽的村落遺址〉，《發現中國——2004年100個重要考古新發現》（北京：學苑出版社，2006），頁134-137，原載《中國文物報》2004.3.5，第一版。

人員，或控制土著幫忙工作，直接攫取所需資源，將資源集中於地區中心，並且在沿路設有「轉運中途站」，將資源一步一步地送達安陽。

三、社會地景

由以上討論，我們知道商王朝都城的巨大尺度，以及他們企圖壓抑與管制舊有的區域政體，壓抑聚落的尺度，以維持商王朝的支配性。進一步分析商王朝的軍事能力，以個別的戰役而言，他們一般都是所向無敵，但是要殖民佔領，由於貴族與兵力的人數不足，在邊緣地區往往無法遂行其願。再論到他們的消費力，以及對關鍵性資源的取得路線與方式，商王朝派遣人員直搗資源所在地，強取豪奪。從以上種種層面，顯示在商晚期的東亞地區稱商王朝為一個「帝國」（empire），從許多方面考量，都有一定的合理性。不過，以下對於社會地景的分析，我們將發現商王朝與西周王朝或秦帝國在本質上又有不同，最重要的差異是晚商王朝並沒有真正的官僚系統，其統治機器與其貴族社會結構密不可分。本文以下就商貴族的十世系群、族氏組織、親屬政治、身分等級制度、族氏分封以及我者與他者的區別諸端分別闡述。

（一）商人貴族的十世系群

根據《史記‧殷本紀》商王朝的王族是「子姓」的貴族，他們的特徵就是名號中使用日名（日干：甲、乙、丙……壬、癸），例如建立王朝的成湯，他的稱號是大乙，他以下則有大丁（未繼承）、大甲、外丙、……到最後幾代的帝乙、帝辛，以及商亡國後降而復叛的武庚，每一代的稱號都有日干，無一例外。又據《竹書紀年》的記載，大乙的私名為履，大甲名至，外丙名勝，……帝乙名羨，帝辛名受，每一代商王，都有私名。在金文中有一些證據也顯示商人除了日干外，尚有私名，且男女皆有，說明日干並非私名，而是一種可以重複的名號元素。甲骨文的出現基本上證實了傳世文獻

關於商王名號與世系的記載，除了根據世代連續的大祭祀來對照各代的商王之外，而在殷墟甲骨刻辭中還有一類卜辭，描述商代晚期一種系統性的祭祀活動，此五種祭祀包括「祭、翌、劦、肜、壹」，依照王與妣的某種順序，依序祭祀。因此，經由卜辭間的繫聯關係，可以建構出當時載於祀譜的商王及其順序，以及某一類商王的配偶。甲骨學專家稱此類卜辭為「周祭卜辭」，依據周祭卜辭的繫聯關係，可以整理出商王、妣的表譜[288]。在此一表譜中，不僅商王，載於表譜中商王配偶的也同樣都有日干，無一例外(圖16)。此外在甲骨文及金文中，商王朝的貴族群不論男女，也都同樣使用日干。松丸道雄認為十日為名是子姓貴族的共同特徵，他們以「羲和生十日」的神話將原本可能沒有親屬關係的十個父系世系群聯繫起來，自認為是「十日之裔」，為「羲和」的子孫(圖17)[289]。換言之，他們之間的「親屬」關係是擬構的，也許是由於受到其他族群的欺壓或其他因素造成他們的結合，此一結合的時間可能在上甲微的時代，也就是商王朝建立前六個世代。自此之後，商人的先公(王朝成立前的祖先)、先王(王朝建立後的祖先)的名號都使用日干。

　　由於商人貴族的特殊的銘文書寫方式，在晚商與西周早期的商人金文中，記錄了相當多受祭者的親屬稱謂(圖18)，並且在作器者、受祭者、賞賜者、族徽等聯繫中記錄了親屬間關係，例如：相對的親屬稱謂(父對子、祖對孫等)、婚姻關係(配偶)、世代順序等等。使我們得以利用這些資料，重建商人貴族群的親屬制度。商貴族的親屬制度，與西周以下並不相同，他們使用的每一個日干代表一個父系世系群，十個世系群共同形成所謂「子姓」，為了保持子姓的純潔，他們的婚姻基本上是在十世系群間行「內婚」，不過這並非人類學中所謂「兄妹內婚」(sib-endogamy)，因為十世系群中每一個世系群就相當於周人的姬姓，或齊國的姜姓，即後來的姓。而且其婚

---

288 根據周祭卜辭的繫聯關係重建商王世系，見常玉芝，《商代周祭制度》(北京：中國社會科學出版社，1987)。

289 松丸道雄，〈殷人の觀念世界〉，《中國文字と殷周文化》(東京：東方書店，1989)，頁121-146。

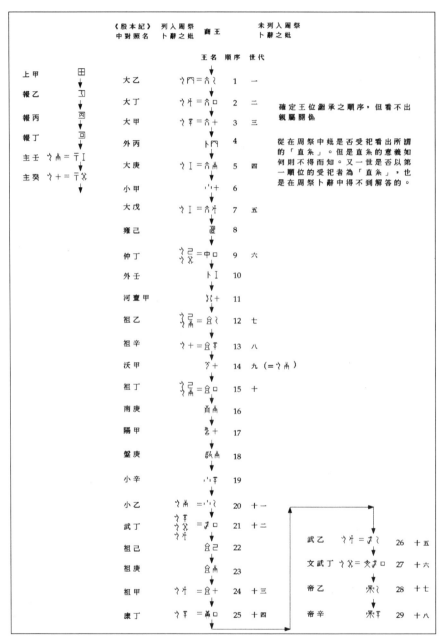

圖16　根據「周祭卜辭」所建立之商王妣表譜

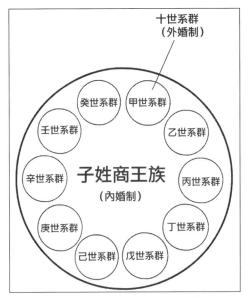

圖17　子姓商王族的結構

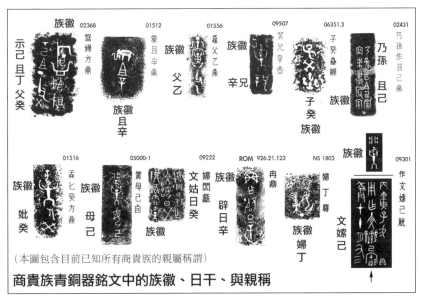

（本圖包含目前已知所有商貴族的親屬稱謂）

商貴族青銅器銘文中的族徽、日干、與親稱

圖18　商貴族青銅器銘文中的族徽、日干與親稱

姻的模式與人類學的「父方交表婚」婚姻制度類似,不過因為參與此一婚姻制度的世系群多達十個,所以關於彼此間婚姻的規則十分簡單,就是「同干(同一世系群)不婚」,其實也就是西周所謂「同姓不婚」[290]。

在權位的繼承方面,為了讓世系群間的權力平衡,商貴族所採取的規則相當簡單,就是由繼承者的親姊妹的婚姻來決定下一代的繼承者,也就是說一個人是把權位傳承給外甥。由於同干不婚,就保證某一個世系群,在下一個世代必須經由姊妹的婚姻把權力交出去,以保障各世系群間權力的平衡。此外在商王朝建立之初,為了避免萬一某一個世代具有殖生王儲的女性未生育男性或女性的下一代,他們也擬了一套規則,指定了某些人帶有「大、中、小」等區別字,作為繼統的順序,大優於中,中先於小,這些區別字同樣由女性傳遞。萬一所有的「大」都無法產生繼承者,就由具有下一等區別字「中」之中排序最優先的一位繼承,這就是商朝初年大乙、大丁、大甲、大庚、大戊、中丁名號的區別字來源[291]。在同一世代具有同等繼承資格的眾人當中,應當還有其他規則,例如年齡長幼以及是否成年等因素決定,不過,這些現象並無法從目前出土的甲骨文或金文資料中看出。由於女性具有傳遞繼承者的社會功能或責任,因此商人的女性的社會地位,普遍而言,比起西周時代要來得高,在某個程度上,也更積極地參與王朝的政治[292]。

---

290 筆者認為日干為商人的世系群,商人在子姓的架構下,實際上包含了十個世系群。關於商人使用日干的意義,見黃銘崇,〈商人日干為生稱與同干不婚的意義〉,《中央研究院歷史語言研究所集刊》78.4(2007):705-754。黃銘崇,〈商人祭祀用親屬稱謂體系及其意義〉,《古文字與古代史》第一輯(臺北:中央研究院歷史語言研究所,2007),頁139-178。

291 黃銘崇,〈甲骨文、金文以十日命名者的繼統「區別字」〉,《中央研究院歷史語言研究所集刊》76.4(2005):625-709。

292 關於商王繼統規則,除了「區別字」以外,還可以進一步地擬測,筆者正在撰寫一篇〈周祭譜與商王廟號——商王繼統規律的擬測〉。以上對於商人貴族群體的解釋主要是筆者個人的理解,以目前的材料而言,此一解釋所照顧到的面向是比較全面的,目前也沒有推翻此一理解的證據。不過是否完全正確,有待新材料的檢驗。

　　商王族與貴族的此種特殊社會結構，是商與周之間政治體制間差異的最根本原因。商貴族的十世系群結構人口眾多，而且群聚於一超大聚落——商都安陽中，所以他們的繁衍速度，也不只十倍於一般必須跨聚落尋求婚姻的單姓傳統聚落。所以十日族群不僅在婚姻上不假外求，事實上，幾乎整個王朝的各種重要職務，也是同樣全部由「子姓」貴族包辦。也就是說，商王朝的貴族，由於本身群體夠大，且可以滿足各種要求，因此形成一個內聚力強，且排外性高的族群。這與西周王朝，為了統治龐大的領域，必須晉用大量他姓貴族以服務王朝，是有相當大的差別。從表面上看，商王朝與西周王朝看起來結構類似，但是仔細地分析，鏈結整個王朝的「化學鍵」卻是完全不同的，商代是「親屬式」的，西周則是「兄弟朋友式」的[293]。

（二）商貴族的族氏政治[294]

　　商人銅器銘文除了使用日干之外，另一個重要的特徵是使用所謂「族徽」，這種徽號有許多不同名稱。「族徽」這個名詞是郭沫若首先使用的，目前還是普遍使用。以商人族徽中出現數量最多的「🐦」為例，將出現過的親屬以及日干列出（圖19），發現在「🐦」族徽中，幾乎所有商人的親屬稱謂，包括且、父、兄、子、妣、母、婦、姑、辟、嫂，在商人所有祭祀用親屬稱謂中僅缺「示」、「孫」。所以，用「族」來表達商人的「族徽」從今意看來是恰當的，因為這些使用同一族徽的人彼此以親屬相稱，是某種親族。從另一個角度看，前引甲骨文《合集》26879中記載「五族戍」連接戍「逆、矞、刻、骨、何」，知此一卜辭的五族包括逆、矞、刻、骨、何五者，此五者皆為金文族徽（詳圖10）。《合集》4415正一辭有戍、🐦、旅、

---

293 黃銘崇，〈商周貴族親屬稱謂的比較研究〉，《羅格斯商文明國際會議論文集》（北京：線裝書局，2015），頁275-300。

294 本文的初稿完成以後，筆者以本節的（二）、（三）、（五）部分為基礎，增加了大量篇幅完成了〈晚商王朝的族氏與族氏政治〉，以下這三部分的相關論證與附註，請讀者參考黃銘崇，〈晚商王朝的族氏與族氏政治〉，《第四屆國際漢學會議論文集‧東亞考古的新發現》（臺北：中央研究院，2013），頁1-94。

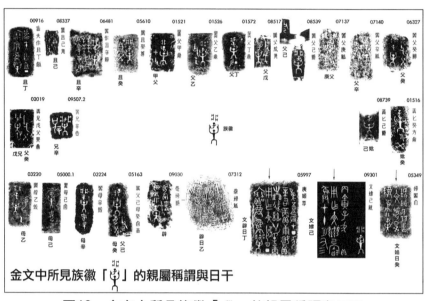

金文中所見族徽「𦣻」的親屬稱謂與日干

圖19　金文中所見族徽「𦣻」的親屬稱謂與日干

甫、韋、𣄼六族，吳、旂、甫、韋也都是金文中出現過的族徽。故由當時的文獻看來，今稱族徽的「族」與甲骨文中的「族」的意義相同。至於「徽」，有些學者以為它和歐洲中古時代的家徽或日本的家徽不相同，因為他們基本上還是文字，而非單純的圖像。但是，不可否認的是同一個字用作族徽文字時，往往有更圖像化的傾向，因此筆者認為「族徽」的用詞恰當，不須更改。

　　使用族徽的這群人，與商王室相同，每一個人的名號，也都用日干。我們認為這些非王族但帶有族徽的貴族，應當也是子姓，可能是從王族分裂出來的。因為，具有十個父系世系群的群體居住一地，其子孫繁衍的速度，比起一般需要跨越村落嫁娶的單姓聚落要來得快，王族(此處指的是王的「親族」不包括治下的眾人)的人數增長十分快速，當人數過大時，可能有分裂的必要以避免權力的分散。有些族氏可能還是由群體較大的族徽，再進一步分裂。她們的分裂方式可能如同細胞分裂，每一個族徽下其內部複製王

族的結構，也就是說同樣有甲、乙……到癸的世系群(圖20)，而非將特定日干分出。他們統屬於子姓，同樣帶有日干，屬於神聖的十日之裔。其婚姻可以跨族徽，當然也包含與王族間的婚姻關係，只要遵守「同干不婚」的原則即可。

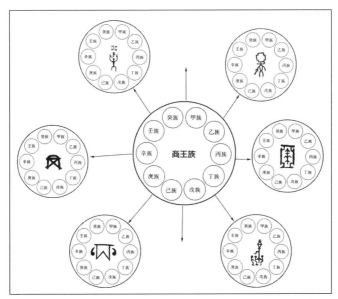

圖20　商王朝的王族與族氏以及族氏的內部結構

商貴族的族徽在傳世文獻也中被稱為「氏」。例如在《左傳》定公四年記載分封給魯國的是「殷民六族」包括：條氏、徐氏、蕭氏、索氏、長勺氏、尾勺氏。又分封給康叔的是「殷民七族」包括：陶氏、施氏、繁氏、錡氏、樊氏、饑氏、終葵氏。這是關於殷人族氏的記載最常被引用到的一條。其中的「索」氏，根據1973年出土自山東兗州磁山李宮村的銅器上有族徽「劙」，發掘團隊認為與流傳文獻記載魯國所統治的殷民六族中的「索」有關。近來又有同一族徽的器物出土於濟南大辛莊，器物出土地點大致在魯國範圍內，可以證實「大封建」中的記載。此一族名或地名在甲骨文的

征人方的相關記載中也出現過，現在學者大都接受甲骨文中的地名，亦即金文中的族徽「索刂」與傳世文獻記載的「索」氏三者相同。還有學者認為征東夷帶路的攸侯喜，也是大封建殷民七族中的「條氏」，地望未詳，但應在山東半島北側。攸侯為「攸氏」（條氏）目前雖未在金文中發現相同族徽，但在金文所見族徽的案例中某侯亦為某氏是可能的，故可備一說。

《逸周書・商誓》記載：「王若曰：『告爾伊舊何父，□□□□，几、耿、肅、執，乃殷之舊官人……。』」其中有「几、耿、肅、執」被認為是商人貴族族名。白川靜認為前引《左傳・定公四年》中所記載的「蕭氏」就是本段記載的「肅」，也是金文中所見的族徽「䢅」，「子䢅」亦為甲骨文中常見人名，同時「䢅」亦為地名。他認為「肅」即是《左傳》中常提到的地名蕭，其地應在宋國國都商丘附近，江蘇徐州西南一帶，安徽東北部蕭縣北十里有故蕭城遺址即其地。此外，〈商誓〉中的「執」，應即《詩・大雅・大明》中嫁給文王的大任之母家——「摯」，可能是金文中的族徽「」字，族氏「執」並非每一分子皆為任姓，任（壬）只是其中有一個世系群。

《史記・殷本紀》：「太史公曰：余以頌次契之事，自成湯以來，采於書詩。契為子姓，其後分封，以國為姓，有殷氏、來氏、宋氏、空桐氏、稚氏、北殷氏、目夷氏。」其中的氏名，在不同文獻引用各有變異，看似一筆爛帳。不過，仔細疏理，「來」氏在《墨子・明鬼》與《墨子・所染》等傳世文獻所記載中有「惡來」，于省吾在《荀子新證》中認為「惡來」即「亞來」。金文〈作冊般甗〉(00944)中有族徽「來冊」，〈般觥〉(09299)銘文中有族徽「來」，應就是《史記・殷本紀》中的殷貴族「來氏」。殷氏為《潛夫論・志五德》所載的「扐氏」的「扐」，從手從力（力即耒之省），當即金文中的商人族徽「」，象以手執耒。

記載商人氏名數量最多者當屬《潛夫論・志氏姓》：「帝乙元子微子開，紂王之庶兄也。武王封之於宋，今之睢陽是也。宋孔氏、祝其氏、韓獻氏、季老男氏、巨辰、經氏、事父氏、皇甫氏、華氏、魚氏、而董氏、

艾、歲氏、鳩夷氏、中野氏、越椒氏、完氏、懷氏、不第氏、冀氏、牛氏、司城氏、网氏、近氏、止氏、朝氏、敎氏、右歸氏、三伉氏、王夫氏、宜氏、徵氏、鄭氏、目夷氏、鱗氏、臧氏、虺氏、沙氏、黑氏、圍龜氏、既氏、據氏、磚氏、己氏、成氏、邊氏、戎氏、買氏、尾氏、桓氏、戴氏、向氏、司馬氏，皆子姓也。」這段文字不知所據，但是其中有「互辰氏」，應即金文中常見的「臣辰」家族之訛變。「臣辰」家族的銅器1929年出土於洛陽馬坡，經過整理，其族徽變化形式有「𣄼」、「𣄼冊」、「臣辰𣄼」、「臣辰𣄼冊」數種。其中的「圍龜」氏可能是金文中的族徽「韋龜」，「韋」與「韋」字形相近而易訛。在殷人族徽中有「亞餘」，可能即為前文之徐氏。據氏即金文中之族徽「遽」，魚氏即金文中之族徽「魚」，戎氏即金文族徽「戎」，買氏即金文族徽「買」等。從以上文獻記載與金文族徽的比對，我們知道商貴族的族徽，就是周人所稱的「氏」，他們是殷之「舊官人」，也就是商人貴族遺裔，而且他們都被認為是「子姓」族裔。

在商王朝滅亡之後，商人貴族被以六族、七族的方式安置到不同的地點，這些所謂「族」，根據前面的分析，就是帶有不同族徽的子姓群體。既然能以這種方式被重新安置，代表著在商代他們就是以這樣的單位存在。特別是在安陽，他們應該就是以一個個「族徽」為單位，散布在安陽這個大都會中。根據考古出土的材料，有些考古學家推測這些具有各種族徽的貴族，分布在殷墟安陽36平方公里的不同區域中，聚族而居，死後被埋入族邑附近的墓葬。以往殷墟居住的發掘中，除了小屯的宮殿區外，出現比較多的作坊，以及規格較低的住宅，這些規格較低的住宅主要是半地穴的住宅，有些是地面住宅。近年在北徐家橋附近發現了群聚的規格比較高的四合院，讓我們對於這種貴族的居住環境，有比較清楚的認識，此一建築群的總面積達2.7萬平方公尺，建築是建造在夯土台基上，僅存台基與柱洞。由現存的遺跡可以看出一個一個回字形的四合院，所有合院的方向均相同，其間也許有街道。在洹河以北的大司空村豫北棉紡織廠舊場區改建時也發現一組南北三進，東西兩配院的四合院式建築群。黑河路南段第

二區F34也是同樣的四合院建築，劉家莊北地也至少有兩座。這些所謂族邑目前已知者就有十幾處，配合以前在殷墟的不同地點發現的夯土基址，說明殷墟的布局方式是由集中在小屯一帶的王族城邑為核心，周圍有眾多的族氏的居邑。這些族氏的居邑與墓地，似乎有一定的領域性與獨立性。不過，到目前為止，尚無充分證據，將哪一個具有四合院的族邑建築，與特定的族徽聯繫在一起。

　　至於墓葬所顯示的聚族而居的狀況，目前比較確定的是郭家莊墓地與「亞址」族氏有關，郭家莊東南與「旂」族氏有關，殷墟西區第7區與「亞共」等族氏有關，殷墟西區第8區墓葬與「▨」族氏有關，王峪口與「▨」有關，劉家莊與「亞乑」有關，劉家莊北地與苗圃南地與「入」族氏有關。不過殷墟的墓葬歷代被大量地盜掘，到目前為止出土的有銘文青銅器資料企圖建立的所謂分族而居、而葬的空間形式雖然已經逐漸明朗化，但還只是建立在極少數的墓葬資料上，未來還有賴更多的考古發掘。

(三)基於親屬的政府

　　經由前節的分析，我們知道商王朝的組成的一個重要的元素是族氏，在離開安陽較遠的領域，是以分封特定的族氏到特定的地點以控制當地(詳本節(五)段)。本小節我們希望進一步了解在大邑商內，商王朝政府的組織方式。西周早期的〈大盂鼎〉(02837)提到商王朝組織的內外兩種結構，一是在外的「殷邊侯甸」，一是在內的「殷正百辟」。在《尚書‧酒誥》也提到商周的政體結構的摘要：「越在外服，侯、甸、男、衛、邦伯；越在內服，百僚、庶尹。惟亞惟服，宗工，越百姓、里居(君)。」商王朝結構包含外服與內服，外服為侯、甸、男、衛與邦伯(他者，詳本節(六)段)，內服則包括百僚、庶尹、亞、服、宗工，以及底下的百姓里君。關於商王朝的結構〈酒誥〉與〈大盂鼎〉描述的內容近似，故一般學者討論到商代的官制時，都會講到商代有所謂「內服」與「外服」制度，「內服」是由王直接掌控的官僚體系，以管理王畿，就是所謂殷正百辟。「外服」則是一套

分封制度將王畿以外的地區，分封給諸侯，由諸侯進行統治，就是殷邊侯
甸。大多數學者討論到商代的職官時，都假設〈大盂鼎〉與《尚書・酒誥》
的這兩段記錄，代表商代具有完整的內外服結構。大多數的研究多半只專
注於少數的官名，在討論個別官名時，往往自動將西周或更晚的層級概念
套到商代的官名上，背後的假設是商代的體制與西周或西周以後相同，具
有像《周禮》那般完善的政府組織。但是，也有些學者(如吉德煒)認為商代
的政府是初期的(incipient)或未發展完成的(rudimentary)官僚系統，認為商人
在安排祭祀等方面有後代官僚的精神，祖先按時祭祀，犧牲的內容俱有等
差，有如領薪水一般，但此一精神在政府的組織上卻看不出來。

關於商代的職官的研究，各家分類各不相同，其中最重要的是張亞初
〈商代職官研究〉，他將商代與西周進行了比較，結論是：(1)商代的職官
主要是商王的同姓貴族。(2)商代中央的職官就是地方國族的領導。(3)世
官、世祿。(4)職官職司的相對性：後代一般的職官是什麼樣的職官主管什
麼樣的事情，商代一個職官主管什麼事情卻不固定。(5)商代的諸邦部族也
設有屬官，但種類簡單。(6)商代甲骨文金文中所見職官少於70種，西周金
文所見職官卻達210種以上。商代官名中有百分之八十五在西周金文中也可
見到。可見周承殷禮。張亞初同時進行了官制的重建，基本上是根據甲骨
文中有卿事(《合集》37468、38231)以及大事寮(《合集》36423)等名詞，參考
西周早期的〈令方尊〉(06016)以及西周晚期的〈番生簋〉(04326)所作的重
構。此一重構，正如他所說的，由於資料相當少，加上卜辭、金文涵蓋範
圍殘缺不全，此一復原僅有參考價值，並非定論。但是他的結論是個很好
的基礎，我們可以據此進一步討論商代官制。

根據晚商金文進行分析，首先從賞賜者的角度觀察，我們認為商代的
職官可以分成「王官」與「族官」，王官的主人(賞賜者)是商王，而族官的
主人是「子」。另外，有一些族官，如「尹」、「𤖭」等，地位比較高，會
以「某尹」、「某𤖭」的形式出現，「某」為族徽。女性的賞賜者如「姤」
當是商王的配偶。某族之「子」的配偶則稱「某姤」，比方龔姤為族氏龔

的族長的法定配偶。屬於王官的賞賜者還有「卿事」，如果依照西周的狀況比較，他的地位應該相當高。甲骨文中有族氏「執」擔任卿事的記錄，應當是「執」的族長擔任卿事的職位。另有「某師」，「某」為族氏名，應當是族軍的長官。

從作器者（通常也就是受賞者）的角度觀察，當時的王官還有宰、寢、小臣、作冊，是屬於對內的，寢、小臣與作冊都可以由其他族氏的成員擔任。宰可能是王族內部的總管，從目前所見資料看來，應當是由王族成員擔任，所以都未署族徽。在軍事方面，還有戍以及右正，可能是武職。以上這些職官名，絕大多數流傳到西周時期，也有很多在《周禮》中出現，可見商代的這些職官名，為後代的官制的源頭。不過，值得注意的是以上這些職官，他們的執掌都不是固定的，同一官名，經常執行不同的任務，還有更多族氏成員並未署官名，也同樣汲汲營營，為商王辦理各種事務。從這個角度看，商王朝的政府組織是初期的或未發展完成的官僚系統，是很有道理的。

從另一角度看，商貴族分支繁衍，各有族徽，其中有些是所謂複合性族徽，也就是族徽不是單一符號。複合族徽的種類與性質各不相同，其中有一種筆者從林澐說法稱為「職事性符號」，加上這些符號以後的族氏的主要任務與其符號的字面意義有關，比方「冊」——文書的製作與管理，「田」——管理耕種或田獵，「宁」——管理貯藏業務，「犬」——管理獵犬畜養，「箙」——管理生產箭箙，「弓」——管理生產弓，「車」——管理車的生產，「冊」——管理生產盾牌，「馬」——管理畜養馬，「工」——管理各種器物生產。主要有三類，一為文書管理的「冊」。二是管理戰爭用品的生產與維護，包括箙、弓、冊、車、馬等。三為各種糧食生產、儲存與一般性的器物制作，包括田、犬、宁、工等。比方「羊冊」、「戈宁」、「鄉宁」、「車犬」、「犬魚」、「告田」、「田」、「馬」等。同樣的業務繁雜時，管理同種事務的或不止一族，所以有「多宁」、「多工」、「多馬」、「多犬」之稱。一個族氏有可能在不同階段被指定管理不同事務，比方「告」氏曾為「田告」與「告宁」，「韋」氏則曾為「工韋」、

「弓韋」、「韋箙」、「韋冊」等。說明此種複合並非永久的，而是視需
要而指定的。

　　從以上銘文的人與人之間的關係，以及複合族徽的分析，我們可以觀
察到商的國家組織與西周或後來的差異，它並非有清楚的結構，分成幾個
部門，以下層層相屬，其間還有橫向聯繫，官僚的陞遷有固定管道等。相
對的，商王朝的族氏在整個王朝的運作中扮演關鍵的角色，安陽以外的地
區，基本上由外封的族氏管理(詳本節(五)段)，安陽大邑商內，固定的業務，
由王指定特定族氏管理。除此之外，還有一些初期的「職官」，或許有大
概的業務範圍，但是在實際運作上，還都是由商王指定王族或其他族氏成
員擔任，而且經常沒有「職稱」的人，也被指定辦理不同業務。

　　為什麼說商王朝的政府基本上是一個基於親屬的政府(kin-based
government)？簡而言之，所有為商王奔走服務者，基本上都是商王的親屬。
商王族與重要的貴族族氏都是子姓，由於子姓實際上是由甲、乙、丙、……
壬、癸十世系群所構成，他們的成員之間，彼此以親屬相稱，實質上為「親
屬」或「擬親屬」。王權的開展，不是依賴官僚系統層層相屬，而是以王
為中心，下達中央的指令，透過與族氏中的個人或族氏來完成任務。真正
的職官在晚商時期逐漸形成，但仍相當有限。族氏有一定的自主性，也是
透過同樣的模式，以其族長——「子」為中心來操控族內事務。在整個政
權的運作上，族氏扮演著相當關鍵的角色，其族群相當龐大，而得以將大
部分的政治權力保留在子姓族群內。

(四)爵、舡與身分等級制度

　　過去學者討論商代的爵位或身分等級制度，往往從傳世文獻記載的所
謂「五等爵」等相關名詞著手，討論商代甲骨文中記載的「侯」、「伯」、
「子」、「男」(任)、「田」等名詞與後世爵位的連結[295]。這些名詞雖然與

---

295 董作賓，〈五等爵在殷商〉，《董作賓全集・甲編・第三冊》(臺北：藝文印書館，

被稱者的身分有關,但是在商代甲骨文、金文記錄中,它們之間並沒有形成特定的高底位置或等次或系統。不過,自從1928年殷墟發掘以來,殷墟墓葬中出土的青銅器的組合似乎反應著墓主身分的等級,這點經過許多學者的整理與研究,對於其中所包括的青銅禮器以及兵器的組合意義的輪廓逐漸形成。郭寶鈞首先提出了商代墓中出土的青銅禮器為「重酒的組合」,以別於周人的「重食的組合」,區別了商／周青銅器組合的差異[296]。1979年考古學家在安陽殷墟西區的發掘出數以千計大小墓葬,提供了更多可供分析的材料,其作者指出殷墟商代墓葬青銅禮器中以爵、觚為最常見,墓中隨青銅器數量的多寡,反映墓主生前的政治地位與身分的不同[297]。楊錫璋與楊寶成晚近的研究,作了更細緻的歸納,大體上自二里岡期起,爵、觚的套數即反映墓主的社會地位。隨葬二到三套爵、觚的墓葬,估計是殷代的中等貴族。他們的研究還包括墓室面積與爵、觚套數的相關性,其結論包括:(1)同樣爵、觚套數的墓葬,早期的墓室面積大,晚期的墓室面積較小。(2)同樣爵、觚套數的墓葬,早期的墓葬殉人多,晚期的墓葬殉人少。(3)同樣一套爵、觚的墓,單有爵、觚者墓室面積較小,加上其他器者的墓室面積較大。(4)同樣爵、觚套數的墓葬,殷商王國統治中心的墓室面積較小,邊緣地區的墓室面積較大[298]。

關於爵、觚套數反映墓主身分等級,已經是目前學術界的共識了[299],不過還有一些觀念待釐清。例如,在數量計算方面,爵、觚數往往不分類型,

(續)————————————————

　　1977),頁885-902。

296 郭寶鈞,《商周銅器群綜合研究》(北京:文物出版社,1981),頁123。

297 中國社會科學院考古研究所安陽工作隊,〈1969年~1977年殷墟西區墓葬發掘報告〉,《考古學報》1979.1:27-146。

298 楊錫璋、楊寶成,〈殷代青銅禮器的分期與組合〉,《殷墟青銅器》(北京:文物出版社,1985),頁79-100。楊錫璋、楊寶成關於墓室面積的意見有六條,其中三、四兩條的依據材料少,且影響範圍小,此處不列。

299 孟憲武,〈殷商青銅禮器組合的演化趨勢〉,《青果集》(知識出版社,1993),頁194-201。劉一曼,〈安陽殷墓青銅禮器組合的幾個問題〉,《考古學報》1995.4:395-412。

不考慮器形、紋飾與銘文的差異等因素，一併計算，以致對商代的「爵、
觚」身分等級制度的認識有所偏差[300]。比方婦好墓共出53件觚、40件爵，因
此被學者籠統的視為「40爵墓」。事實上，如果我們按照銘文、器體量大
小以及紋飾分類，我們可以發現婦好墓之所以超過10對爵、觚，是因為她
的墓不僅反映個人的身分，也反映她的複雜社會關係，換言之，她墓中有
許多爵、觚是來自他人的餽贈。仔細的分析，我們可以得到爵、觚等級制
度的最高為10級。其次，此類研究又企圖將所有因素，例如墓室的大小、
隨葬陶器等等一併考慮，作為等級的標準。其實墓葬中隨葬的銅器，反映
的不僅僅是等級制度（ranking system），它還包括個人的財富、在軍事方面的
權力（詳本文二（四）1），以及個人政治社會地位等面向。對於墓葬隨葬銅器的
觀察，除了各種器類的數量、品質之外，還應該注意銅器上的銘文所傳遞
的訊息，後者尤其是過去以考古為主的研究中比較缺乏的。

　　筆者認為以爵、觚的套數作為身分等級標準的制度，不但可以確立，
而且認為此種以爵、觚的套數顯示墓主身分等級高低的制度，與周代的「用
鼎制度」，即以隨葬鼎、簋的數量，例如，九鼎八簋、七鼎六簋等，代表
人的身分的等級制度相同，差別僅在商代是以飲酒器——爵與觚的數目作
為標準，而西周時代企圖掃除商人重酒的習慣，自先周時期即以基本的食
器鼎的數量為身分等級的象徵，恭王以後，更確立鼎與簋連動遞增的身分
等級制度（詳本書〈「殷周革命」新論〉章）。換言之，此一商代的身分等級制
度可以稱為「用爵制度」或「爵位制度」，是西周用鼎制度觀念的來源，
也就是後世身分等級稱為「爵位」的由來。此一制度，是從商代墓葬中的
隨葬青銅器整理出的規律，且該規律有其普遍性：我們將安陽出土青銅禮

---

300 劉一曼，〈安陽殷墓青銅禮器組合的幾個問題〉認為認為婦好墓的爵、觚套數以爵
　　數計算為40套，這是未考慮到其中形制、紋飾，特別是銘文的差別。又如孟憲武認
　　為個別墓的用鼎數已經超過爵、觚套數。不過，這些出於同一墓葬的鼎可能包括大
　　鼎、圓鼎、扁足鼎、方鼎、鬲鼎等等，銘文、紋飾又分別有差異，並無法與西周時
　　代的「用鼎制度」或「鼎、簋」制度的數量相提並論。

器墓葬中，未被盜擾者選出，按照考古學者常用的殷墟IV期的標準，分別列成四表（表3-表6），並且將出土材料較多的河南羅山後李與山東滕州前掌大兩地的資料，也列成兩表（表7、表8），其他各地出土材料則集中為一表（表9）。表中記載每座墓葬中出土的青銅器類型的件數、總件數、分期、墓室面積以及材料出處。根據這七個表進行統計，在出土晚商青銅禮器墓中，有92%包含觚或爵，而81%的墓葬，其爵與觚的數量相等，所以一般而言爵、觚成套。再將各個等級的墓進行統計，1爵1觚墓葬占安陽青銅禮器墓的65%，2爵2觚墓占14.9%，3爵3觚墓占4.6%，4爵4觚以上墓葬僅占2.9%。由此一統計，我們大體可以認定晚商墓葬中的爵與觚的套數，的確是一種金字塔形的等級制度。而且當爵、觚的套數增多時，其他方面的指標，例如青銅禮器的類別與總數、隨葬兵器的總數、以及墓室面積的大小等也大致隨著遞增。

表3　安陽商代未被盜擾墓葬青銅禮器登記表・殷墟I期

	觚	爵	觶	罍	尊	卣	斗	甕	甗	觥	方彝	鼎	簋	甌	鬲	盉	盤	盂	瓿	壺	其他	總件數	分期	墓室面積	材料出處
小屯M232	2	2		2	1						1							1	1			10	I	7.82	IHP, 1973S
小屯M333	2	2		2	2						2											10	I	4.80	IHP, 1980
小屯M388	2	2		2	1						1								1	1		10	I	8.64	IHP, 1980
小屯M331	3	3		3	3	1	1				2	1									1鍋形器	19	I	6.08	IHP, 1980
小屯M188	1	1		2							1	1							2			8	I	1.93	IHP, 1970, N
53大司空村M233	1	1																				2		2.53	KGXB, 9(1955)
53大司空村M239							1															2		1.47	KGXB, 9(1955)
53大司空村M300	1	1																				2		3.24	KGXB, 9(1955)
53大司空村M301	1	1																				2		5.10	KGXB, 9(1955)
59武官北地M1	2	2				1					2	1								1		9	II	7.88	KG, 1979.3
三家莊M1	1	1																				2	I	1.97	KG, 1983.2
三家莊M3	1	1			1							1										4	I	5.85	KG, 1983.2
花園莊東地M60	3	2			1	1					1	1								1		10	I	1.60	KG, 2006.1, HYZD
小屯西地M248	1	1													1	1						4	?	2.50	YXFJBG(1987)
劉家莊北地M70	1																					4		2.75	KG, 2012.12

引用書目拼音縮寫表（表3至表9皆同）：

AYXHQTQ：《安陽殷墟青銅器》　　　　　GJZ：《安陽殷墟郭家莊商代墓葬》
HDKG：《海岱考古》　　　　　　　　　　HXKG：《華夏考古》
KG：《考古》　　　　　　　　　　　　　KGXB：《考古學報》
KGXJK：《考古學集刊》　　　　　　　　LSJJCSM：《靈石旌介村商墓》
LYTQGCZKM：《鹿邑太清宮長子口墓》　TZQZDMD：《滕州前掌大墓地》
WW：《文物》　　　　　　　　　　　　　YXFJBG：《殷墟發掘報告》
YXQTQ：《殷墟青銅器》　　　　　　　　YXXCTQTQ：《殷墟新出土青銅器》
ZYWW：《中原文物》
　　　　　　　　　　　　　　　　　　　HYZD：《安陽殷墟花園莊東地商代墓葬》

表4　安陽商代未被盜擾墓葬青銅禮器登記表‧殷墟II期

墓名	觚	爵	觶	斝	尊	卣	斗	罍	觥	方彝	鼎	簋	甗	鬲	盉	盤	盂	瓿	壺	其他	總件數	分期	墓室面積	材料出處
小屯238	3	3	1		1				2										1		12	II	2.45	IHP, 1970N
53大司空村M157	1	1																			2	II	4.64	KGXB, 9(1955)
53大司空村M239					1						1										2		1.47	KGXB, 9(1955)
1957高樓莊M8	2	1		1	1	1													1	3鏡	10	II	6.90	KG, 1963.4
1957高樓莊M9	1	1																			2	II	3.00	KG, 1963.4
殷墟西區M413	1	1																			2	II	3.12	KGXB, 1979.1
殷墟西區M354	1	1																			2	II	2.28	KGXB, 1979.1
殷墟西區M391	1	1																			2	II	6.86	KGXB, 1979.1
殷墟西區M613	1	1													1				1		4	II	6.37	KGXB, 1979.1
殷墟西區M627	1	1																			2	II	2.42	KGXB, 1979.1
殷墟西區M692	1	1																			2	?	4.20	KGXB, 1979.1
殷墟西區M161	1	1																			2	II	4.60	KGXB, 1979.1
小屯M5	53	40	2	12	10	2	8	2	8	5	31	5	10		6	2	1	3	4	1瓿2缶1罐5鏡1箕1爐	215	II	22.4	YXFHM(1980)
小屯M18	5	5		2	2	1		1			3	1	2			1				1箕	24	II	10.58	KGXB, 1981.4
小屯M17	1	1									1										3	II	5.58	KGXB, 1981.4
武官E10	1	1																			2	II	?	YXQTQ(1985)
武官W1	1	1																			2	II	1.05	YXQTQ(1985)
武官W8	2	2									1										5	II	1.65	YXQTQ(1985)
武官E9	1	1				1							1								4	II	1.60	YXQTQ(1985)
殷墟西區M2575	1	1				1					1										4	II	3.96	YXQTQ(1985)
80大司空村M539	2	2	1	1							1	1	1								12	II	5.96	YXQTQ(1985)
鐵西劉家南M59	1	1																			2	II	3.12	ZYWW, 1986.3
鐵西劉家南M13	1	1																			2	II	3.92	ZYWW, 1986.3
薛家莊M3	1	1									1										3	II	4.48	KG, 1986.12
大司空村M114	1	1																			2	II	4.14	YXFJBG(1987)
83大司空M663	2	2					1	2	1							1				3鏡	12	II	6.60	KG, 1988.10
86大司空村M29	2	2									1										5	II	2.88	KG, 1989.7
戚家莊東M12	1	1																			2	II	2.85	AYYXQTQ
戚家莊東M13	1	1																			2	II	2.35	AYYXQTQ
戚家莊東M139	1	1																			2	II	3.24	AYYXQTQ
戚家莊東M175	1	1																			2	II	4.93	AYYXQTQ
劉家莊南M22	1	1																			2	II	3.12	AYYXQTQ
劉家莊南M29	1	1																			2	II	3.92	AYYXQTQ
梯家口M25？		1																			1	II	3.24	AYYXQTQ
徐家橋北M30		1																			1	II	2.40	AYYXQTQ
徐家橋北M32	1	1																			2	II	2.50	AYYXQTQ
苗圃南M58	1	2																			3	II	2.70	AYYXQTQ
苗圃南M67	1	1									2	1									5	II	7.59	AYYXQTQ
95劉家莊M8	1	1																			2	II	3.64	HXKG, 1997.2
郭家莊M247	1	1																			2	II	1.89	GJZ(1998)
郭家莊M289	1	1																			2	II	2.70	GJZ(1998)
郭家莊東南M26	2	2					1				2	1	1			1				1鍑3鏡	14	II	8.28	KG, 1998.10
花園莊M42	1	1									1	1	1				1				6	II	4.16	HYZD
花園莊M54	9	9		1	1			1	2	1	8	2	1				2			1牛尊3鏡2勺	43	II	16.5	KG, 2004.1, HYZD
郭家莊東南M5	1	1									3	1	1							1箕	9	II	5.51	KG, 2008.8
1994年劉家莊北地M793	2	2																		1箕1勺	11	II	8.4	YXXCTQTQ
范家莊東北地M4	2	2									1	1									7	II	8.4	KG, 2009.9
王峪口M103	2	2					1				2	1						1			9	II	5.44	KG, 2012.12
劉家莊北地M70	1	1									1	1						1			5	II	1.94	KG, 2012.12

引用書目拼音縮寫表：同表3

表5　安陽商代未被盜擾墓葬青銅禮器登記表‧殷墟III期

	觚	爵	觶	斝	尊	卣	斗	罍	觥	方彝	鼎	簋	甗	鬲	盉	盤	盂	瓿	壺	其他	總件數	分期	墓室面積	材料出處
53大司空村M233	1	1																			2	III	2.51	KGXB, 9(1955)
53大司空村M300	1	1																			2	III	3.30	KGXB, 9(1955)
53大司空村M304	1	1																			2	III	4.95	KGXB, 9(1955)
殷墟西區M64	1	1																			2	III	2.17	KGXB, 1979.1
殷墟西區M74	1	1																			2	III	3.99	KGXB, 1979.1
殷墟西區M170	1	1																			2	III	1.69	KGXB, 1979.1
殷墟西區M294	1	1																			2	III	4.96	KGXB, 1979.1
殷墟西區M355	1	1									1	1				1					5	III	3.94	KGXB, 1979.1
殷墟西區M356	1	1																			2	III	3.12	KGXB, 1979.1
殷墟西區M363	1	1																			2	III	4.18	YXQTQ(1985)
殷墟西區M626	1	1																			2	III	4.50	YXQTQ(1985)
殷墟西區M757	1	1																			2	III	3.25	KGXB, 1979.1
殷墟西區M764												1									1	III	1.68	KGXB, 1979.1
殷墟西區M777	1	1																			2	III	3.38	KGXB, 1979.1
殷墟西區M824	1	1																			2	III	3.51	YXQTQ(1985)
殷墟西區M2508	1	1									1	1									4	III	7.20	YXQTQ(1985)
殷墟西區M1116	1	1																			2	III	3.31	YXQTQ(1985)
殷墟西區M14		1																			1	III	1.47	KGXB, 1979.1
殷墟西區M976	1	1									1										3	III	4.34	KGXB, 1979.1
殷墟西區M198	1	1		1																	3	III	1.76	YXQTQ(1985)
殷墟西區M875	1	1		1		1	1				1										6	III	5.44	YXQTQ(1985)
殷墟西區M874	1	1	1								1										4	III	3.36	YXQTQ(1985)
殷墟西區M268	1	1									1	1									4	III	4.90	KGXB, 1979.1
殷墟西區M271	1	1									1	1									4	III	3.36	KGXB, 1979.1
殷墟西區M1127	1	1									1	1									4	III	5.38	KGXB, 1979.1
1958大司空村M51	2	2			1	2		1			2	1								3鏡	14	III	4.25	YXQTQ(1985)
1957薛家莊M8	2	2	1	1		1	1				2	1							1	3鏡	15	III	6.90	YXQTQ(1985)
四盤磨M4	1	1									1										3	III	2.42	YXQTQ(1985)
四盤磨M8	1	1																			2	III	2.44	YXQTQ(1985)
1982苗圃北地M80	1	1																			2	III	3.24	KG, 1986.2
1982苗圃北地M54	1	1									1	1									4	III	2.75	KG, 1986.2
鐵西劉家莊南M14	1	1																			2	III	1.71	ZYWW, 1986.3
白家墳西M21	1	1									1										3	III	4.50	YXFJBG(1987)
白家墳西M41	1	1																			2	III	1.91	YXFJBG(1987)
白家墳西M56	1	1																			2	III	3.38	YXFJBG(1987)
大司空村M101	1	2			1	1					1	1									7	III	3.54	YXFJBG(1987)
梅園莊M1	1	1																			2	III	3.06	YXFJBG(1987)
小屯西地M239	1	1					2														4	III	7.20	YXFJBG(1987)
小屯西地M232							2														2	III	2.09	YXFJBG(1987)
戚家莊東M269	3	2	1	1	2	1	1		1	1	4	1								1蓋3鏡	23	III	13.2	KGXB, 1991.3
梯家口M3	1	2									1										4	III	6.46	KGXB, 1992.1
戚家莊東M112	1	1																			2	III	1.50	AYYXQTQ
戚家莊東M268													1								1	III	3.92	AYYXQTQ

墓名	觚	爵	觶	斝	尊	卣	斗	罍	觥	方彝	鼎	簋	甗	鬲	盉	盤	盂	瓿	壺	其他	總件數	分期	墓室面積	材料出處
劉家莊南M19	1	1																			2	III	1.60	AYYXQTQ
劉家莊南M32	1	1																			2	III	2.53	AYYXQTQ
劉家莊北M2	1	1																			2	III	?	AYYXQTQ
郭家莊北M68	1	1																			2	III	4.48	AYYXQTQ
郭家莊北M78	1	1																			2	III	3.25	AYYXQTQ
徐家橋北M23	1	1				1	1														4	III	3.25	AYYXQTQ
苗圃南M47						1															1	III	5.44	AYYXQTQ
苗圃南M49		1																			1	III	4.06	AYYXQTQ
1991小屯M33	1	1																			2	III	2.25	KG, 1993.10
徐家橋M15	1	1																			2	III	20.7	HXKG, 1997.2
郭家莊M1	1	1				1	1														4	III	4.64	GJZ(1998)
郭家莊M25							1														3	III	3.51	GJZ(1998)
郭家莊M135	1	1																			3	III	3.12	GJZ(1998)
郭家莊M160	10	10	1	3	3	1	1	1			6	1	1	1	1					1爐3鏡	44	III	13.5	GJZ(1998)
郭家莊M248	1	1																			2	III	2.40	GJZ(1998)
1994年劉家莊北地M637	2	2		1							1										7	III	?	YXXCTQTQ
孝民屯東南地M1325	1	1						2													4	III	4.06	KG, 2009.9
孝民屯東南地M1326	1	1									1	1									4	III	4.35	KG, 2009.9
孝民屯東南地M1326	3	2			1						1	1									8	III	4.96	KG, 2009.9
王峪口M94					1						1									斗	5	III	10.14	KG, 2012.12

引用書目拼音縮寫表：同表3

表6　安陽商代未被盜擾墓葬青銅禮器登記表・殷墟IV期

墓名	觚	爵	觶	斝	尊	卣	斗	罍	觥	方彝	鼎	簋	甗	鬲	盉	盤	盂	瓿	壺	其他	總件數	分期	墓室面積	材料出處
53大司空村M239						1					1										2	IV	1.47	KGXB, 9(1955)
58大司空村M12	1	1																			2	IV	4.24	KGTH, 1958.10
58大司空村M51	2	2				1	2			1	2	1								3鏡	14	IV	4.25	KGTH, 1958.10
58大司空村M53	2	2	1																		5	IV	4.27	KG, 1964.8
殷墟西區M121	1	1																			2	IV	3.38	KGXB, 1979.1
殷墟西區M122	1	1																			2	IV	2.18	KGXB, 1979.1
殷墟西區M124	1	1																			2	IV	3.43	KGXB, 1979.1
殷墟西區M363	1	1																			2	IV	4.18	KGXB, 1979.1
殷墟西區M692	1	1																			2	?	4.20	KGXB, 1979.1
殷墟西區M697	1																				1	IV	3.64	KGXB, 1979.1
殷墟西區M733	1	1																			2	IV	3.86	KGXB, 1979.1
殷墟西區M737	1	1																			2*	IV	1.68	KGXB, 1979.1
殷墟西區M781	1	1																			2	IV	4.50	KGXB, 1979.1
殷墟西區M2579	2	2	1	1	1	1					1	1	1								11	IV	5.33	YXQTQ(1985)
殷墟西區M856	1	1																			2	IV	4.43	YXQTQ(1985)
殷墟西區M793	1	1	1																		3	IV	2.97	KGXB, 1979.1
殷墟西區M234	1	1																			2	IV	3.80	KGXB, 1979.1
殷墟西區M1118	1	1									1										3	IV	3.69	KGXB, 1979.1
殷墟西區M1015	1	1			1	1					1	1									6	IV	2.92	KGXB, 1979.1
殷墟西區M907	2	1	1	1		1					1	1									8	IV	2.53	KGXB, 1979.1

墓葬	1	2	3	4	5	6	7	8	9	10	11	12	13	14	15	16	特	數量	分期	重量	引用書目
殷墟西區M263	1	1			1	1				1	1							6	IV	2.80	KGXB, 1979.1
殷墟西區M269	1	1		1	1	1				1								6	IV	4.08	KGXB, 1979.1
殷墟西區M275										1	1							2	IV	3.69	YXQTQ(1985)
殷墟西區M279	1	1								1	1							4	IV	3.55	KGXB, 1979.1
殷墟西區M284										1								1	IV	3.00	KGXB, 1979.1
殷墟西區M1102														1				1	IV	3.51	YXQTQ(1985)
殷墟西區M1125	1	1								1								3	IV	4.20	KGXB, 1979.1
殷墟西區M1135	1			1	1													3	IV	2.76	KGXB, 1979.1
殷墟西區M1572	1	1																2	IV	2.62	YXQTQ(1985)
殷墟西區M1573										1	1							2	IV	1.76	YXQTQ(1985)
殷墟西區M1713	2	3		1	1	1				4	2	1		1	1			17	IV	4.80	KG, 1986.8
1982苗圃M39										1								1	IV	2.42	YXQTQ(1985)
1982苗圃M41	2	2								2	1							7	IV	3.94	YXQTQ(1985)
83郭家莊M1	1	1	1			1												4	IV	4.95	KG, 1986.8
大司空村M108		1																1	IV	3.32	YXFJBG(1987)
梅園莊M4	1	1																2	IV	2.72	YXFJBG(1987)
安鋼五生活區M6	3	3	1	1	1	1		1		4	1	1						17	IV	?	KGXB, 1991.3
86郭家莊M6	3	3	1	1	1	1		1		6	1	1						19	IV	4.48	KG, 1991.10
戚家莊東M63	2	2		1	1	1				2	1							10	IV	5.44	AYYXQTQ
戚家莊東M231	2	2			1	1				1	1							8	IV	5.27	AYYXQTQ
戚家莊東M235	2	2			1	1				1	1							8	IV	5.03	AYYXQTQ
劉家莊南M63	1	1																2	IV	4.82	AYYXQTQ
劉家莊南M66	2			1	1	1				1	1							7	IV	?	AYYXQTQ
劉家莊北M21				1									1					2	IV	1.89	AYYXQTQ
徐家橋北M2					1													1	IV	5.02	AYYXQTQ
徐家橋北M16	1	1																2	IV	2.21	AYYXQTQ
1991高樓莊南M1	1	1	1															3	IV	6.04	KG, 1994.5
八里莊M52		1																1	IV	2.53	HXKG, 1995.1
劉家莊M1	1	1	1			1												4	IV	4.95	HXKG, 1995.1
83劉家莊M9	3	3	2	1		1				3	1	1						16	IV	6.12	HXKG, 1995.1
郭家莊M50	1	1				1				2	1		1					7	IV	5.44	GJZ(1998)
郭家莊M53	2	2	1	1	1	1		1			1	1						11	IV	2.88	GJZ(1998)
郭家莊M97	1	1																2	IV	?	GJZ(1998)
郭家莊M202																		2	IV	4.06	GJZ(1998)
郭家莊M203																		2	IV	2.75	GJZ(1998)
郭家莊M220																		2	IV	3.24	GJZ(1998)
劉家莊北M1046	3	7	2	1	3	3		1		6	2		1	1			1勺	31	IV	9.46	KGXJK15(2004)
孝民屯M17	1	2			1					2	1							7	IV	3.92	KG 2007.1
大司空村M303	6	10	1	2	2	3	2	1		7	2	1		1	1		3鏡	42	IV	8.71	KGXB 2008.3
大司空村東地M7	2	2	1	1	1	1				2	1	1		1				13	IV	6.27	YXXCTQTQ
花園莊M42	1	1								1	1							4	IV	3.69	HYZD
安陽市榕樹灣M1	2	2	1	1	1	1			1	2	1	1				1		14	IV	5.78	KG 2009.5

引用書目拼音縮寫表：同表3

表7　羅山天湖未被盜擾墓葬青銅禮器登記表

	觚	爵	觶	斝	尊	卣	斗	罍	觥	方彝	鼎	簋	甗	鬲	盉	盤	盂	瓿	壺	其他	總件數	分期	墓室面積	材料出處
羅山天湖M1	5	5	1		1	1					3	1									17		5.08	KGXB1986.2
羅山天湖M11	2	2			1						1										6		5.76	KGXB1986.2
羅山天湖M8	2	2	1		1						1										7		4.16	KGXB1986.2
羅山天湖M12	2	2			1						1		1								7		6.4	KGXB1986.2
羅山天湖M28	2	3				1	2				3										11		4.86	KGXB1986.2
羅山天湖M27	1	1																			2		6.7	KGXB1986.2
羅山天湖M18	1	1									1	1									4		5.08	KGXB1986.2
羅山天湖M41	2	2	1	1	1						2										9		10.9	KGXB1986.2
羅山天湖M6	2	2	1		1	1					3	1									11		13.7	KGXB1986.2
羅山天湖M43	1										1										2		10.1	KGXB1986.2
羅山天湖M44	1	2	1									1									5		6.5	KGXB1986.2
羅山天湖M45		1																			1		5.1	KGXB1986.2
羅山天湖M15					1																1		2.4	KGXB1986.2
羅山天湖M23					1																1		3.78	KGXB1986.2

引用書目拼音縮寫表：同表3

表8　滕州前掌大墓葬青銅禮器登記表

	觚	爵	觶	斝	尊	卣	斗	罍	觥	方彝	鼎	簋	甗	鬲	盉	盤	盂	瓿	壺	其他	總件數	分期	墓室面積	材料出處
滕州前掌大M11	4	5/2	2	1	1	3	1	1			8	1	1				1	1			30	IV	7.62	TZQZDMD
滕州前掌大M38	4	4	1	1	1	2	1	1			3	1		2							21	IV	8.01	TZQZDMD
滕州前掌大M120	2	4	1		1	2	1				3	1	1	1	1						18	IV	7.73	TZQZDMD
滕州前掌大M21	3	3/1	2	1	1																14	IV	5.90	TZQZDMD
滕州前掌大M119	2	0/4	1	1	1						1										13	IV	7.67	TZQZDMD
滕州前掌大M18	2	2/1	1	1	1						1										13	IV	7.59	TZQZDMD
滕州前掌大M128			1													1					6	IV	6.39	被盜TZQZDMD
滕州前掌大M121	2	2	1		1																6	IV	4.99	TZQZDMD
滕州前掌大M49	1	2			1																4	IV	3.28	TZQZDMD
滕州前掌大M126	2		1																		3	IV	5.04	被盜TZQZDMD
滕州前掌大M13	1	1	1		1						1										5	IV	2.47	TZQZDMD
滕州前掌大M213	1	1		1												1					4	IV	6.38	被盜TZQZDMD
滕州前掌大M110	1	1	1																		3	IV	3.13	TZQZDMD
滕州前掌大M30	1	1			1																3	IV	4.90	TZQZDMD
滕州前掌大M31	1	1			1																3	IV	4.80	TZQZDMD
滕州前掌大BM9	1	1																			2			車馬坑
滕州前掌大M17	1	1																			2	IV	4.21	被M20打破
滕州前掌大M108	1	1																			2	IV		TZQZDMD
滕州前掌大M129	1	1																			2	IV		TZQZDMD
滕州前掌大M41	1	1																			2	IV		TZQZDMD
滕州前掌大M123	1	1																			2	IV		TZQZDMD
滕州前掌大M127	1	1																			2	IV		TZQZDMD
滕州前掌大M34		1	1																		2	IV		TZQZDMD
滕州前掌大M14		1	1																		2	IV	4.64	TZQZDMD
滕州前掌大M15		1																			1	IV	5.55	TZQZDMD

引用書目拼音縮寫表：同表3

表9　各地零星商代未被盜擾墓葬青銅禮器登記表

	觚	爵	觶	罍	尊	卣	斗	罍	觥	方彝	鼎	簋	甗	鬲	盉	盤	盂	甌	壺	其他	總件數	分期	墓室面積	材料出處
河北武安趙窯M7	1	1																1			3		5.03	KGXB1992.3
河北武安趙窯M10	1	1				1															3		7.34	KGXB1992.3
河北武安趙窯M11	1	1																			2		4.97	KGXB1992.3
河北武安趙窯M17	1	1																			2		7.26	KGXB1992.3
河北武安趙窯M18	1	1																			2		6.87	KGXB1992.3
河北武安趙窯M20	1	1																			2		6.14	KGXB1992.3
溫縣小南張	2	3		1							1	1	1								9		未詳	
益都蘇埠屯M8	2	4	1	1	1	1	1	1			5	1									18			HDKG
益都蘇埠屯M7	3	3									1	1									8			HDKG
蒼山東高堯	2	2	1		1						1	1									8		未詳，擾動	WW, 1965.7
山東費縣	2	2/2	1	1	1	3	1	1			4	1	1				1	1		1豆1鏟	24		未詳，北京收購	WW, 1982.9
壽光古城	3	5			1	2	2	2	1		5	1	1								22		未詳，擾動	WW, 1985.3
惠民麻店	1	1									1				1						4		未詳，擾動	KG, 1974.3
濱城蘭家	2	2				1															5		未詳，擾動	WW, 1960.3
新泰府前街		1				1	1				1						2				6		未詳，擾動	WW, 1992.3
靈石旌介村M1	4	10	1	1	1	2	1					1									21			LSJJCSM
靈石旌介村M2	4	10			1						1	1								1蓋	18			LSJJCSM
鹿邑太清宮長子口墓	8	10	5	3	3	7	4	2	3		23	3	3	2	1	1				6鐃	84			LYTQGCZKM

引用書目拼音縮寫表：同表3

　　根據此組表格，殷墟有113座墓葬，屬於最低標準一套爵、觚，為了讓讀者對於此一制度有視覺性的概念，我們將其中考古報告中的線圖依等比例輯成一圖（圖21），此圖僅列帶有一觚一爵者，單有一觚或一爵或一件其他器物者暫時排除，以利考察其規律性[301]。我們發現絕大多一爵墓都僅有1爵1觚兩件銅器，也有一些一爵一觚墓出土其他青銅禮器，其總數從3-8件不等。但爵、觚以外的銅器都是最基本的青銅器類型，包括觶、尊、卣、鼎、簋等，爵、觚與其他銅器的組合超過20種以上，很少相同者。可知這些一爵墓中除了爵、觚的組合以外，並無其他的規範或規律性。因此可以推測爵、觚之外的銅器可能是個人財富的表徵，並不具有身分階級的象徵意義。

---

301 本文基本上視爵、觚數不同的例子為例外，因為它們占總墓數的不到19%。

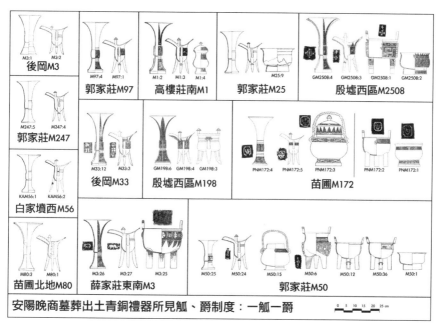

後岡M3
M3:1　M3:2

郭家莊M247
M247:5　M247:4

白家墳西M56
KAM56:1　KAM56:2

苗圃北地M80
M80:2　M80:1

郭家莊M97
M97:4　M97:1

高樓莊南M1
M1:2　M1:3　M1:4

郭家莊M25
M25:9

殷墟西區M2508
GM2508:4　GM2508:3　GM2508:1　GM2508:2

後岡M33
M3:12　M3:3

殷墟西區M198
GM198:6　GM198:4　GM198:3

苗圃M172
PNM172:4　PNM172:5　PNM172:5　PNM172:2　PNM172:1

薛家莊東南M3
M3:26　M3:27　M3:25

郭家莊M50
M50:25　M50:24　M50:15　M50:6　M50:12　M50:36　M50:1

安陽晚商墓葬出土青銅禮器所見觚、爵制度：一觚一爵

0　5　10　15　20　25 cm

圖21　安陽晚商墓葬出土青銅禮器所見觚、爵等級制：一觚一爵

　　二爵二觚的墓以上，我們以爵或觚的較大數來計算，因為我們認為這可能是墓主所期望的等級，而且在生前使用或葬禮的過程中，或有各種狀況發生，以致器物毀壞或耗損，由他人致贈、補足等，在埋葬過程中，也有可能損毀而無法復原，準確計算。二爵二觚墓（圖22）很少僅有2爵2觚，其他的器物少則1件，多則有10件，多數都有4件以上其他青銅禮器。絕大多數也都是觶、斝、尊、卣、鼎、簋等基本器類，雖然器類不多，但是組合各不相同。三爵三觚墓，在安陽有戚家莊東M269、83劉家莊M9、86郭家莊M6、安鋼五生活區M6、殷墟西區M1713共5座（圖23），安陽以外有羅山天湖M28、滕州前掌大M18以及溫縣小南張3座。隨葬青銅禮器總件數安陽以外者較少，為9件至13件，安陽地區者較多，為16件至23件。四觚四爵墓都出於安陽以外地區，包括蘇埠屯M8、費縣出土的一座墓、前掌大M38、M120、M21、M119等（圖24），青銅禮器總件數從13到24件，大多數少於前述戚家

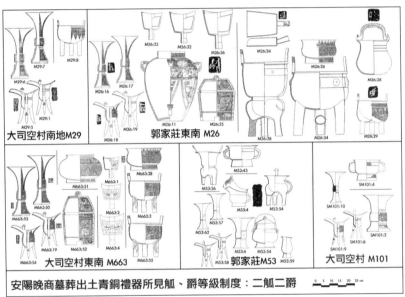

圖22　安陽晚商墓葬出土青銅禮器所見觚、爵等級制：二觚二爵

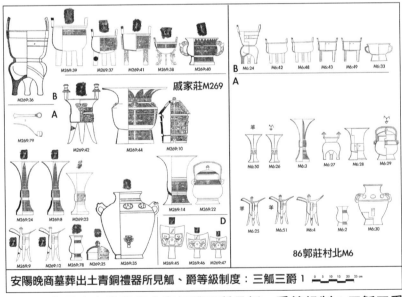

圖23　安陽晚商墓葬出土青銅禮器所見觚、爵等級制：三觚三爵

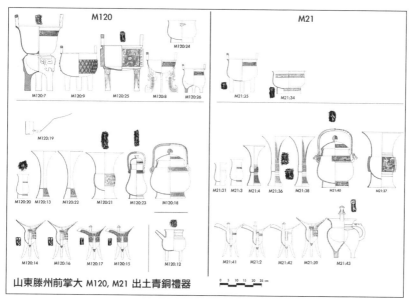

圖24　山東滕州前掌大M120,M21出土青銅禮器

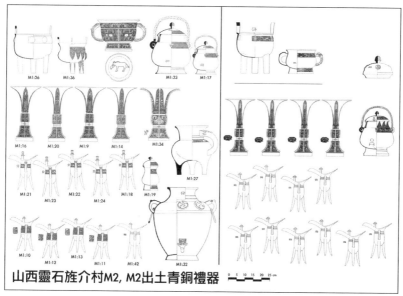

圖25　山西靈石旌介村M1,M2出土青銅禮器

莊M269。推測在安陽以外地區有身分等級膨脹的現象，但是相對地財富並未隨著等級的膨脹而增加。山西靈石旌介村M1、M2是身分等級膨脹最為明顯的例子(圖25)，這兩座墓中的觚都有4件，爵卻有10件，但是青銅禮器的總件數卻僅有21及18件。可見這兩座墓有4爵4觚地位者的財富，但是身分卻為10爵的最高等級。5爵5觚墓安陽地區出土者有小屯M18，安陽以外有羅山天湖M1、山東壽光古城呈己墓2座，3墓銅器的總數分別為24、17與22。

　　超過五觚五爵以上的墓葬到目前為止共有7座，包括安陽劉家莊北M1046(圖26)與前掌大M11(圖27)屬於七爵七觚等級，兩墓出土的觚數都不足，前者為3，後者為4，青銅器總數分別為31與30件。從兩者的比對，可以很清楚地看出兩者在銅器風格與器類分布上有高度的相似性，筆者認為這是地處安陽的商王朝政府對於居住在滕州前掌大貴族掌控的一個表徵：即使在遠達300公里以外的地方，象徵商王朝的權威的等級制度仍然有效地

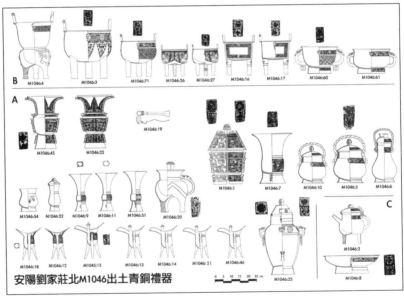

圖26　安陽劉家莊北M1046出土青銅禮器

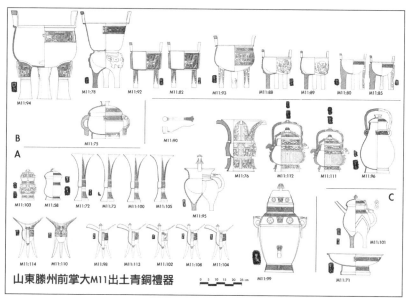

圖27　山東滕州前掌大M11出土青銅禮器

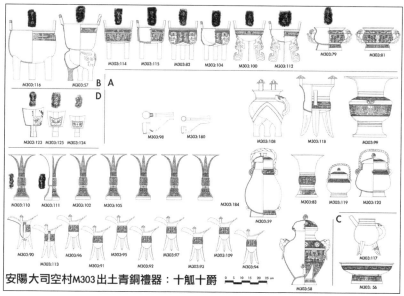

圖28　安陽大司空村M303出土青銅禮器

被執行。9爵9觚則有花園莊東地M54，青銅器的總數為43件。出土爵、觚數最高的墓葬是大司空村M303(圖28)，青銅禮器數為42件(包含3件鏡)，有10爵7觚[302]；以及郭家莊M160的10對爵(角)、觚(圖29)，青銅禮器總件數為44(包含3件鏡)。

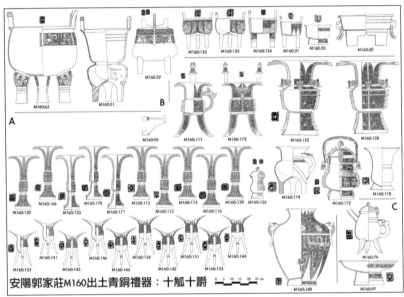

安陽郭家莊M160出土青銅禮器：十觚十爵

圖29　安陽郭家莊M160出土青銅禮器

　　除了大司空村M303與郭家莊M160之外，安陽小屯婦好墓中的「亞其」組銅器(圖30)，包括9件爵、10件觚與2件大斝。同墓的「子束泉」組銅器，包括9爵、10觚、1件大斝、2件有肩尊。這兩組銅器並非由墓主婦好自己製作，而是由「亞其」家族與「子束泉」製作，贈送給婦好。10爵之等級是反映「亞其」族長與「子束泉」的身分等級。同墓中的「后癸婞」組銅

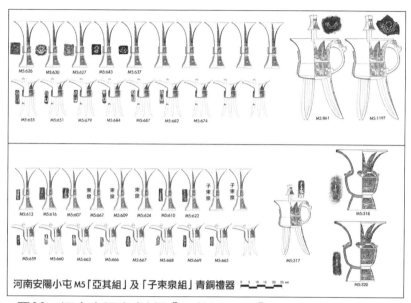

圖30　河南安陽小屯M5「亞其組」及「子束泉組」青銅禮器

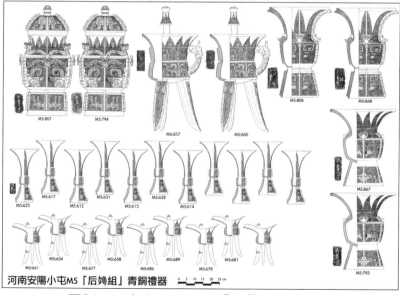

圖31　河南安陽小屯M5「后嫀組」青銅器

器(圖31),可能是由日名為「癸」的后嬪饋贈給婦好,此組贈禮包括11觚、9爵、2方尊、2方罍、2有肩尊、2大斝,其中的尊、罍、斝都十分碩大。由於本組是商代同銘文同紋飾的爵、觚中唯一超過10者,筆者以為「后癸嬪」的身分應當也是十爵十觚,11觚也許是為了彌補缺1件的爵。同墓的這幾組酒器,反映的不是墓主本身的身分,而是饋贈者的身分,換言之,后癸嬪、亞其、子束泉的身分都與郭家莊M160以及大司空村M303的墓主不相上下,都是十觚十爵最高等級的人物。所以,爵、觚的套數的使用,並不限於死後入葬,在生前的饋贈行為中,也可能受到此一制度的規範。同墓帶有「婦好」銘文的銅器最多,在眾多的酒器當中,仔細分析觚與爵的形制、紋飾與銘文(圖32),24件觚依其紋飾的差異,可以區分為8件、6件、4件、3件、3件五組,12件爵則有10件正常尺寸的爵,形制完全相同,另有2件大爵。經由以上分析,我們知道婦好墓不應該算作40套或53套爵、觚墓,而必須從婦好的社會關係去理解她的墓中的40爵53觚是出自不同的來源。她的身分,依據爵的數量,也是最高的十爵。

　　近年出土的河南鹿邑太清宮長子口墓(圖33)讓許多歷史學者感到興奮,有許多學者認為此墓的墓主「長子口」可能是周王朝二次克商後被封於宋國的「微子啟」的墓,大多數學者企圖從銅器、陶器的風格以及銘文與傳世文獻來論證此墓的年代。但是,近年安陽青銅器作坊出土的陶範,讓我們不得不在此方面更為小心,因為西周早期與商代晚期的青銅器間的界限,並不因為考古出土的東西多而更明確,反而愈模糊。筆者不擬在本文介入此墓是否為長子口墓或此墓的絕對年代問題的討論,此處僅分析此座墓出土銅器組合的特徵,並且推論此墓下葬時的政治環境。首先,長子口墓也是一座十爵墓,它是由4種不同的爵構成10爵,3種不同的觚構成8觚。顯然替墓主安排葬儀者企圖拼湊晚商制度中最高等級的身分,我們知道此種現象在周王朝控制的區域中是不存在的(詳本書〈「殷周革命」新論〉章)。其次是銅器中酒器的比例(53%)大幅減少,食器比例(37%)卻大幅提升;可與之為對比者為同一等級,但屬於殷墟III期的郭家莊M160,其酒器

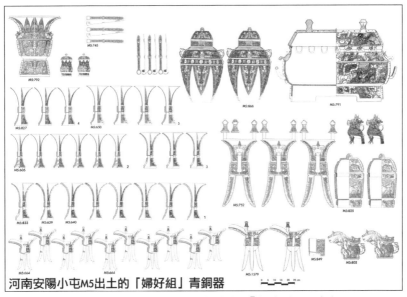

河南安陽小屯M5出土的「婦好組」青銅器

圖32　河南安陽小屯M5出土的「婦好組」青銅器

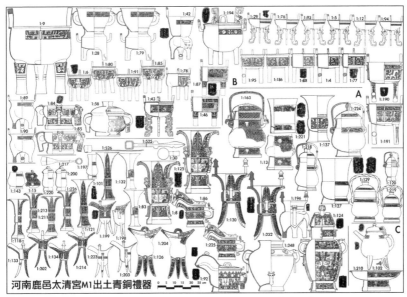

河南鹿邑太清宮M1出土青銅禮器

圖33　河南鹿邑太清宮M1出土青銅禮器

為71%，食器為19%，殷墟II期婦好墓的酒器則為66%，食器21.4%。筆者認為此墓銅器類型比例的現象，說明此墓下葬時，雖然已經進入西周紀年（即1046 BC以後），鹿邑一帶或者尚未進入西周王朝的掌握，或者已經進入西周的國家系統，但屬於商遺貴族控制，仍舊使用商王朝舊有的等級制度。

以上是從安陽出土的墓葬中的銅器，歸納出的隨葬青銅禮器與兵器的規律。我們認為這種規律性，或更直接地說這種「制度」，是商王朝對於它統御範圍下的貴族的一種控制力量的表現。筆者認為在安陽以外的地點，要觀察此地是否在商王朝的掌控之下，必須視當地出土的墓葬是否也顯示同樣的「制度」。李伯謙在討論山西靈石旌介村出土的幾座墓葬，以及河南羅山後李的墓葬群時，認為此兩地不但屬於商文化的範圍，而且也是商王朝控制的範圍[303]，這是正確的分析，筆者會在以下進一步申論。與靈石旌介村隔汾河與呂梁山對峙的石樓、永和、保德等地，以及隔黃河以西的陝西清澗、綏德一帶卻顯示不同的現象，此一文化圈中的貴族墓葬，雖然也有商式的青銅器，但是並沒有前述的爵、觚等級或隨葬兵器數量的規律性，墓中出土的族徽也不一致，還有北方系青銅器隨葬，這些墓葬是草原畜牧者中的貴族的墓葬，墓中的商式青銅器，是因為與商文化接觸，透過貿易或戰爭的方式而收集的[304]。

（五）族氏與商王朝的分封[305]

以上討論的「族徽」，大多數是在安陽地區發現，近幾年在安陽以外地區的考古資料也逐漸展現了族徽作為商王朝政治權力運作一環的重要意

---

303 李伯謙、鄭杰祥，〈後李商代墓葬族屬淺析〉，《中原文物》1981.4：33-35，46。李伯謙，〈從靈石旌介商墓的發現看陝、晉高原青銅文化的歸屬〉，《北京大學學報》1988.2；輯於《中國青銅文化結構體系研究》（北京：科學出版社，1998），頁167-184。

304 黃銘崇，〈畜牧者與農耕者之間──早期鄂爾多斯文化群與商文明〉。

305 本小節內容與〈晚商王朝的族氏與族氏政治〉一文中「族氏的空間分布」一節可以互相參照，特別是相關資料的出處請參照前文，此處不詳引。

義。分布於國都安陽以外的聚落，以單一族徽為主的墓葬群顯示，商人是以「族」為單位被「分封」到不同地點，在這些地點形成殖民地，將商人的葬法，包括大墓有一到二條墓道，墓葬有二層台、腰坑、棺槨、人與動物殉葬等。較大的墓葬隨葬的青銅禮器反映商王朝的等級制度。隨葬的兵器，反映商王朝軍人的殯葬習俗，以及軍事方面的階級制度。隨葬陶器以商式為主，但部分會有區域的風格。更重要的現象是，同一個墓葬群，通常會有一種族徽占大多數。此種現象，近年出現更多，其分布的模式逐漸浮現：包括山東青州蘇埠屯、滕州前掌大，河南羅山後李、滎陽小胡村，山西靈石旌介村、浮山橋北，河北定州北庄子、武安趙窯等地，分述如下（關於這些地點的分布，見圖6）。

表10　考古已知商人族氏的聚集地及其安陽的直線距離

現代省分	地點	族徽	與安陽直線距離
山東	滕州前掌大	史	300 km
	青州蘇埠屯	亞醜、融	400 km
河南	羅山後李	息	410 km
	正陽傅寨閆樓	亞卑	380 km
	滎陽小胡村	舌	190 km
山西	靈石旌介村	丙	240 km
	浮山橋北	先	240 km
	臨汾龐杜	息冊	250 km
河北	定州北庄子	嬰	290 km
	武安趙窯	矢	80 km

　　河南羅山後李一帶，在今息縣附近出土的商代墓葬群，目前已經發掘出完整未被盜掘的墓有21座，其中有11座墓葬中青銅器銘文帶有族徽「息」（A020）。在此一墓葬群中出土象徵菁英階層的青銅器的風格與安陽完全相同。單一墓葬中的青銅器組合，也是以爵、觚為階級標誌的重酒組合。未被盜掘且等級最高的墓為M1，為五觚五爵，共17件青銅容器，僅有爵、觚、

罍、斝、卣、鼎、甗7種，品質中等。其餘多為二觚二爵與一觚一爵等級的墓。整體而言，青銅器的類型，包括鼎、甗、爵、觚、斝、尊、卣、觶，類型不多而且變化也小，都是安陽最常見的品類，且造型相當標準化。李伯謙認為羅山後李一帶是商代「息」族氏的封地，西周以後的息國，以及後來的息縣，都是因為商代息這個族氏封於此地而得名的[306]。帶有「息」族徽的族群不僅活躍於羅山縣附近，也在安陽出沒，劉家莊南M63也曾出土過一件〈息父己觚〉（《新收》0240）。在陝西岐山京當王家嘴也出土過〈息父丁鼎〉（01958），時代定為西周早期，此墓墓底長2.95公尺、寬1.7公尺，有二層台，可能是商亡後遷徙的商貴族之遺存。可惜被盜，未能留下更多有用的訊息[307]。西周早期〈息伯卣〉（05385、05386）銘文記錄「息伯」受賞於「姜」，因而為「父乙」作器。由其受祭者用日干，顯示西周早期的息伯，仍為子姓的商人貴族後裔[308]。由以上種種資料得知，商貴族「息」氏，原本也可能活躍於安陽一帶，但是在殷墟II期偏晚，已經受封於羅山後李一帶，而有大量族人移居當地，最後葬於此處。筆者認為這些出土於息國的青銅禮器不是在當地製造的，因為當地商人聚落的規模可能不大，無製作青銅禮器的能力；而是當地的息氏貴族受封以後，仍與安陽有不間斷的聯繫，因而從安陽帶來青銅禮器，以維持他們的商王朝貴族的威儀。進入西周之後，由於息氏地處相當偏遠的南方，周王朝鞭長莫及，所以仍然是由順服的子姓息伯繼續受封於當地，〈息伯卣〉所見的可能就是這種情形。

2008年5月，在河南正陽縣傅寨閏樓遺址發現有大批墓葬被盜掘，當地考古學家呈報之後，9月進入正式發掘，但已十墓九空，數百座墓中僅存數

---

306 李伯謙、鄭杰祥，〈後李商代墓葬族屬淺析〉。劉開國，〈信陽地區商周古城考〉，《河南文物考古論集・二》（鄭州：中州古籍出版社，2000），頁142-148。

307 曹瑋，《周原出土青銅器・八》（成都：巴蜀書社，2005），頁1722-1729。

308 關於古代息國的分析在陳槃的《春秋大事表列國爵姓及存滅表譔異》（1988，頁388-390）中討論過，關於息國的姓，有兩種講法，一種是姬姓，一種是嬀姓。關於嬀姓之誤，係古人誤讀《左傳》，陳槃已經指出其錯誤。姬姓則為杜預的說法，並無確切的根據。

座墓葬完整，大多數墓葬有二層台、腰坑、殉狗，青銅禮器、陶器與玉器有明顯的晚商風格，未被盜掘的墓顯示商貴族的爵、觚等級制度，墓葬時代從殷墟II到IV期[309]。在其中不同區塊的墓群中，有兩座墓葬的禮器帶有「亞牟」與「示亞牟」等銘文，正陽傅寨伍莊村窖藏過去也曾出土銘文為「癸亞牟」的銅器[310]，推測此地當為商代晚期亞牟族氏的駐地。此地距離羅山後李往北約25公里，為一日之步行距離，說明商人在往南的重要路線上，分布著由不同族氏所據守的據點。此一遺址目前仍然繼續進行發掘，或許還會有新的發現，倘若此一地區能夠進行系統區域調查，對於聚落分布以及聚落本身的進一步考察，對於我們理解商王朝對於遠在大約400公里以外地域的控制狀況有很大的幫助。傳世與亞牟相關的銘文包括〈牟爵〉（07649）、〈牟示亞爵〉（07829）、〈亞牟示爵〉（08785）、〈亞牟示觚〉（《流散》226）[311]，其中〈牟爵〉藏於加拿大皇家安大略博物館，該館銅器主要是懷履光與明義士收集，極可能是安陽出土的，〈亞牟示觚〉則傳為1933年12月出土於安陽。可見亞牟族氏與其他族氏相同，在安陽成長坐大，再被派遣駐守於正陽閭樓，正陽閭樓可能是南方銅、錫錠輸往安陽的路線據點之一。

與以上息、亞牟族氏的狀況類似的是山東滕州前掌大墓中的史氏，此一墓葬群中有21座墓出土帶有銘文的青銅器，其中有16座有「史」（A046）族徽。學者大多認為此處正是商王朝貴族「史」族氏的封地[312]。附近的鄒城

---

309 劉文閣、余宏新、劉群、李安娜，〈河南正陽閭樓商代墓地〉，《2009中國重要考古發現》北京：文物出版社，2010），頁44-48。另外中國中央電視台報導有梁姓商人唆使盜墓賊盜取大批正陽閭樓墓葬遺址的青銅器與玉器，目前繳回的古物有112件，一級古物3件，二級古物11件，三級古物71件，古物內容詳情還未見報告。但考古學家估計文物被盜可能高達800-2000件，充斥鄭州、武漢地下文物市場。

310 王文男、孫亞軒，〈河南正陽縣出土商代銅器〉，《考古》1992.12：1142。其「亞牟」二字的寫法比較特殊，亞放在「牟」字的網子內，因此被誤為「酉」字。

311 劉雨、汪濤，《流散歐美殷周有銘青銅器集錄》（上海：上海辭書出版社，2007），226。

312 中國社會科學院考古研究所，《滕州前掌大墓地》，及馮時，〈殷代史氏考〉，《黃

西丁村以及泗水也曾經發現帶有「史」族徽的商代墓葬[313]，推測「史」族氏族群其活動範圍可能遍及附近區域。由於1979年殷墟西區2725號墓曾出土過一件〈史卣〉(04721、GM2527:23)，且傳世有一件〈史鼎〉(01078)，根據孫壯的題跋，也是安陽出土。其他帶有「史」族徽的銘文為數不少，但出土地點不詳。筆者認為，「史」族氏原本也居住安陽都會區，在商代晚期也許是參與對夷方的戰役而被封到東方前線。在前掌大的一座墓地中有一座墓葬出土了一件盉(M18:46)，其銘文記載作器者在帝辛時代參與征伐東夷的戰役。前掌大墓地的墓葬都隨葬有相當數量的兵器，而且有些墓葬還隨葬有銅冑，並且有車馬器隨葬或車馬坑傍於墓前，可見以軍力鎮壓當地的原住民當是史氏的主要任務。他們同樣也與安陽的商王朝保持密切的聯繫，青銅器也就源源不斷地從安陽來到此一地點。由於前掌大墓地的發掘規模比較大，因此我們也可以看出這些被分封到邊界地區的族氏的墓葬規模也不小，全區共有3座雙墓道的墓葬，9座單墓道的大墓，可惜全部被盜掘。中型墓有8座，以其中完好未被盜掘的M11為例，為7爵4觚，共32件青銅禮器的墓，身分相當於殷墟晚期的劉家莊M1046墓主。我們將銅禮器的線圖，依次擺放在等比例的圖上，可以看出前掌大M11(圖27)與劉家莊M1046(圖26)，兩座墓葬隨葬禮器的系統相似性。其他帶有銘文的青銅器之墓葬也基本上遵循商王朝以爵、觚定身分高低的規律(圖34-36)。依此原則推測雙墓道的墓葬，其規模應該相當於殷墟的郭家莊是具有爵、觚各10件的大墓。史族與息族的狀況類似，其政治勢力，也延長到西周時代。史族氏後裔中的一支，在商晚期或西周早期被封為薛侯，薛侯的封邑就在前掌大墓地的東側，一直持續到東周時代[314]。後代的薛侯為妊姓，妊即為十世系群中的「壬」。一如溫縣蘇侯為改姓，即為十世系群中的「己」。

(續)————————————————

盛璋八秩華誕紀念論文集》(中國教育文化出版社，2005)，頁19-31。

313 王軍，〈山東鄒城市西丁村發現一座商代墓葬〉，《考古》2004.2：94-96。

314 山東省濟寧市文物管理局，〈薛國故城勘查和墓葬發掘報告〉，《考古學報》1991.4：449-495。

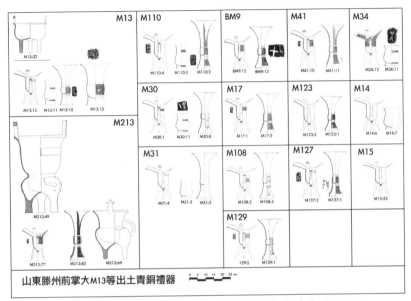

圖34　山東滕州前掌大M13等出土青銅器

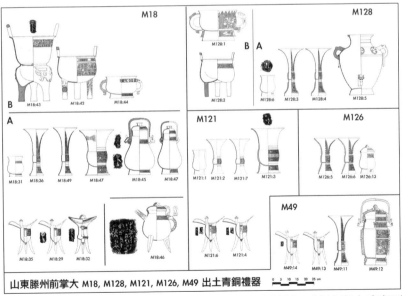

圖35　山東滕州前掌大M18、M128、M121、M126、M49出土青銅禮器

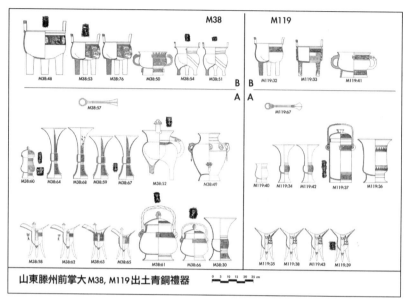

圖36　山東滕州前掌大M38、M119出土青銅禮器

　　位於山西汾河東岸的靈石旌介村商代墓葬群也是這類以族徽為單位的
商代外封族氏。該墓葬群目前發掘出3座商代晚期墓葬，每座的規模都是中
等，而且都出土帶有「🐘」(A006)族徽的銅器[315]。李伯謙指出該墓葬的埋
葬方式與器物的特徵，雖然與殷墟墓葬有些微差別，且其中有一座的墓葬
雖然也出土北方式的獸首青銅刀，在地理位置上與出土大量北方式青銅器
的山西石樓僅隔呂梁山相對。但全面地衡量其與殷墟相同的因素仍多於相
異的因素。最關鍵的是它們仍然依照商王朝以爵、觚套數為身分等級標誌
的規律埋葬死者。因此，李伯謙認為總體而言，靈石旌介村所展現的青銅
文化是商文化的一支，而且是相關類型分布的邊緣[316]。與商王朝的「🐘」

---

315 戴尊德，〈山西靈石旌介村商代墓和青銅器〉，《文物資料叢刊》3(1980)：46-49。
　　山西省考古研究所、靈石縣文化局，〈山西靈石旌介村商墓〉，《文物》1986.11：
　　1-18。海金樂、韓炳華，《靈石旌介商墓》(北京：科學出版社，2006)。
316 李伯謙，〈從靈石旌介商墓的發現看陝、晉高原青銅文化的歸屬〉，《北京大學學

族氏隔著汾水與呂梁山對峙的，則是帶有草原文化特色的鄂爾多斯文化群，此一文化群有部分墓葬僅出土北方系青銅器，另外有一部分墓葬，有北方系青銅器，也有商式青銅器，但是很重要的是這些商式器物，並不具有以爵、觚為等級標誌，也不具有重酒器的特徵，他們可能是屬於以畜牧為主要生計方式的草原族群中領導者的墓葬。同樣的，帶有「◫」族徽的青銅器的分布也相當廣泛，何景成將近年出土的「◫」族徽銅器進行整理，「◫」族氏的分布，除了在安陽殷墟西區M697出土過一件爵以外，還有一件舊藏於日本神戶私人收藏的卣（04717），也有同樣族徽。一件〈◫且辛爵〉（08353），為梁上椿舊藏，都傳為安陽出土[317]。說明在殷墟IV期，仍然有「◫」族徽的貴族，生活於安陽，並未完全居住在靈石旌介村附近。

靈石旌介村往南約90公里，山西浮山縣橋北墓地在1998-2002年間被盜掘，臨汾公安繳獲7件帶有「先」（A255）字銘文的青銅器，包括1件罍與6件觚，時代上均屬於商代晚期[318]。此一消息震驚考古界，遂打聽到出土地點，並組織發掘工作隊進行搶救性發掘。發掘結果發現當地有商代晚期、西周早期與西周中期的墓葬，有些商代晚期的墓葬是帶有一個墓道的大墓，可惜大多數青銅禮器、玉器等都被盜掘一空，僅存少量車馬器[319]。M1及M18出土的車馬器，與中央研究院歷史語言研究所於1930年代發掘的小屯車馬坑M20、M40的車的構造與車馬器的相似性高，顯示此一墓葬群中最早的墓地可能在殷墟II期偏早。雖然考古發掘發現有限，但是與前面諸例相比較，

（續）————————————

　　報》1988.2；輯於《中國青銅文化結構體系研究》（北京：科學出版社，1998），頁167-184。

317 何景成，〈商周青銅器族氏銘文研究〉，頁78-84，表見頁218-221。曹淑琴與殷瑋璋曾經整理過所謂「丙國」銅器，她的文章將某些日名的「丙」與族徽「◫」混為一談，以致稱此一族氏為「丙」。見曹淑琴、殷瑋璋，〈靈石商墓與丙國銅器〉，《考古》1990.7：621-631，637。

318 國家文物局，〈山西臨汾破獲文物案繳獲商晚期「先」族青銅器〉，《中國文物報》2001.6.3，第1版。吳鎮烽，〈一批子㠇銅器在澳門面世〉，《收藏界》2006.6：24-26。這批銅器中包含一件銘文為「先」的爵。

319 田建文，〈初識唐文化〉，《古代文明研究通訊》21（2004）：9-15。

例如被盜掘有成套的瓿，且瓿與罍銘文相同等等，我們可以推論，此處是商王朝貴族「先」族氏分封殖民的地點[320]，根據考古發掘顯示該墓葬群包含晚商與西周時代的墓葬，但進入西周以後葬俗未變，說明此一族氏與息、史相同，在商王朝滅亡以後，仍然居住在此地。有學者認為他們就是春秋時代，晉國卿大夫「先氏」的居地[321]，此說可能性極高。傳世帶有族徽「先」的青銅器有〈先鼎〉（01030）、〈先壺〉（09458）、〈先弓形器〉（11866），其中〈先鼎〉傳1932年出土於安陽。可見與前例相同，「先」族氏分支較早，原居安陽，後封駐於浮山橋北，浮山橋北與安陽的直線距離同樣約240公里，但是浮山橋北距離汾河西岸，尚有40公里，所以，與靈石旌介村比較，浮山橋北當是控制附近農業聚落，而非與草原族群相對峙。距離浮山橋北往西約40公里，瀕臨汾河的臨汾龐杜墓地據傳近年也出土商式禮器的墓葬，亦有商人的族徽，可惜考古報告尚未出版[322]。

山東青州蘇埠屯出土帶有「亞醜」（A010）族徽的墓葬群[323]，應該是目前所知此類帶有族徽的商代封國墓葬中規格最高者。該墓葬群中有一座雙墓道的大墓（M1，墓口：55.75m^2），槨室的形狀也是亞字形，這是商代晚期除了安陽以外唯一有亞形槨室的墓葬。除了雙墓道、亞字形以外，這座墓也是安陽以外殉人最多的墓。而且，在二層台面以上、墓壙北側的牆上，有兩凹槽，槽中各有一把四十公分左右，且帶有「亞醜」銘文的大鉞，此種大鉞，僅出土於規模相當大的墓葬，代表著相當大的軍事權力。可惜墓中器物被盜掘，僅存銅器殘片，有些還帶有「亞醜」銘文。傳世帶有「亞醜」

---

320 羅琨根據文字認定此地的族徽為「失」非「先」，但從她摹寫〈先鼎〉（01030）將明顯的「先」字誤摹成「失」字，判斷她的討論並不正確。羅琨，〈殷墟卜辭中的「先」與「失」〉，《古文字研究》26（2006）：52-57。

321 田建文，〈初識唐文化〉。

322 同上。

323 「亞醜」或認為是「亞齊」，說法見李零，〈蘇埠屯的亞齊銅器〉，《文物天地》1992.6：42-45。李海榮、黃川田修等同意此說。見李海榮，〈亞醜銘銅器研究〉，《遼海文物學刊》1995.1：35-48+53。黃川田修，〈齊國始封地考——山東蘇埠屯遺址的性質〉，《文物春秋》2005.8：69-78。

的銅器相當多，在台北故宮博物院，以及北京故宮博物院都藏相當多有帶有「亞醜」銘文的大型銅器，可能就是此一等級的墓葬中所出。除了這座大墓之外，此處高埠的墓群還有2座單墓道墓(M8，墓口：48.75m²、M11，墓口：24.78 m²)，以及5座稍小墓葬，在1930年代，史語所祁延霈前往調查時，還記錄了可能是從另外2座墓出土的青銅器。除了墓葬之外，還採集過成套的車馬器，可能出自車馬坑[324]。大多數墓葬出土的青銅器都帶有亞醜族徽，因此，多數學者同意當地可能是商代亞醜族氏之國[325]。不過，對於亞醜之國，究竟是商王朝的同姓國、異姓國或敵對國則有不同的看法。李伯謙曾指出有一件梁上椿舊藏的〈亞醜方鼎〉(01443)傳出自安陽，說明「亞醜」這個族氏也是來自安陽[326]。雖然此一墓葬群被盜相當嚴重，出土的亞醜銅器並不多，但是亞醜銅器傳世者相當多，「亞醜」作為一個族徽，與商王朝其他使用「亞某」族徽並無差別，也就是作器者以「親稱+日干」的形式來稱受祭者，說明亞醜亦為子姓貴族。

青州蘇埠屯除了是商代晚期子姓的亞醜封國，亦有其他族氏參與，且不同族氏似乎扮演不同角色。在未被盜掘的蘇埠屯M8出土了13件帶有「融」(A826)與「融冊」族徽的青銅器，引起很多推測。傳世器中有一件〈融父己爵〉(08567)銘文：「融。父己。」就是典型商貴族的「族徽+親稱+日干」之形式，可見「融」亦為子姓商貴族之族徽。在蘇埠屯M8出土的一件圓鼎與一件方鼎的「融」與「冊」結合，由於族徽中出現「冊」顯示此族氏中有人擔任「作冊」職位。帶有「融」族徽的青銅器，其器形與紋飾與一般安陽出土的晚商器也無差別。且該墓有2觚、4爵，青銅禮器共18件，包括2

324 夏名采、劉國華，〈山東青州市蘇埠屯墓群出土的青銅器〉，《考古》1996.5：21-28。

325 齊文濤，〈概述近年來山東出土的商周青銅器〉，《文物》1972.5：3-18。王獻唐，〈釋醜〉，《山東古國考》(濟南：齊魯書社，1983)，頁227-261。王迅，〈「亞醜」族〉，《東與淮夷》(北京：北京大學出版社，1990)，頁136-137。

326 李伯謙，〈從殷墟青銅器的族徽所代表的族氏地理看商王朝的統轄範圍和統轄措施〉，《多維視域——商王朝與中原早期文明研究》(北京：科學出版社，2009)，頁139-151。

觚、爵4、1斝、1尊、1觶、1罍、1卣、1斗、3方鼎、2圓鼎、1簋，也符合
商人四爵四觚身分等級標準。另一座未被盜掘的墓(M7)有3觚、3爵、1鼎、
1簋，基本上也符合商王朝銅器組合的規律。帶有「融」族徽的大墓存在蘇
埠屯墓葬群中，說明一個特定的封地，有時包含不止一個族氏，他們也許
扮演不同角色，例如「亞醜」可能是領導者負責軍事，而「融」可能負責
記錄；彼此可能互相監視，以防止分封在外的族氏過於強大。關於蘇埠屯
遺址，任相宏認為：「從墓葬的形制、葬俗、隨葬品等分析，我們觀察不
出有多大的東夷文化因素，因而它當屬於商文化的範疇。」商人陶器的分
布只及濰水以西，蘇埠屯附近仍屬於商王朝的勢力範圍，濰水以東才是東
夷文化的分布範圍[327]。因此，筆者認為蘇埠屯與以上息、史、⒄等族氏相
同，為受封至遠地的封國，蘇埠屯目前出土的商代青銅器都屬於殷墟Ⅳ期，
說明此地為商王朝勢力範圍的大致時間。

1991年在河北定州北庄子興建鐵路貨場，由於此地有其他時代重要遺
跡，而進行了大面積的發掘，意外地發現了42座商代墓，從其中的31座墓
出土了銅器247件，種類包括禮器：觚33件、爵41、觶1、卣3、斝2、觥1、
方彝3、鼎10、簋4、鬲2；兵器：鉞2、戈56、矛11、鏃27、弓形器5；工具：
斧6、錛7、鑿7；馬器：鈴38、馬策飾2。銅器的風格與殷墟晚期相同，銅
器中鼎、觥、爵、戈普遍鑄有銘文：「嬰」(A143)，為商貴族的族徽。此一
墓群的墓葬均有明確的爵、觚等級制度，殉人與動物的墓葬比例高，墓葬
有二層台、腰坑等。定州北庄子墓地在安陽往北290公里，應屬於晚商王朝
的分封國「嬰」。帶有同一族徽的銅器在安陽安鋼軋鋼廠M2出土的一件〈嬰
爵〉(07498)[328]，及據傳為安陽出土〈嬰戈〉(10674)，都說明「嬰」族氏也
同樣活躍於安陽，並被分封到定州北庄子。

以上討論以族徽為單位的封國，都位在遠離安陽的商王朝邊區(見*此類*

---

327 任相宏，〈從泰沂北側的商文化遺存看商人的東征〉。
328 河南出土商周青銅器編輯組，《河南出土商周青銅器・一》(北京：文物出版社，1981)，
 No. 318。

封國的距離表）。不過，河北武安趙窯北距安陽僅80公里的直線距離，1960
年曾經發掘過19座晚商墓葬，出土銅器的墓葬都是依照商王朝的爵、觚等
級制度，其中有一座墓(M10)的爵以及鼎上有無尾的「矢」字。1975年再度
發掘，發掘資料尚未出版，但是其中至少有三件爵，有同樣的「矢」字[329]。
過去傳世青銅器中有「矢＋親稱＋日干」的形式，表示「矢」是晚商的一
個族徽。2005年在接近鄭州的滎陽廣武鎮小胡村發掘了晚商墓葬58座，屬
於殷墟Ⅲ至Ⅳ期，個別有早到殷墟Ⅱ期者。據報導墓葬群中有不少墓葬都
有銘文為「舌」(A140)的銅器，發掘者因此推測為商貴族族氏舌族的集體墓
地[330]。1949年以前在安陽薛家莊曾經出土過〈舌父己簋〉（《集成》03197），
1984年在鶴壁鹿樓鄉辛村出土過一件〈舌父乙尊〉（《集成》05616），說明此
一族氏不僅在小胡村一地，但目前以小胡村較集中。

　　前舉諸例歸納自墓葬群資料，亦即在一墓地中有兩座以上的墓葬出土
同一族徽的銅器，同時此一族徽，在墓葬群中居絕大多數；以上並未包括
單座墓葬的例子，此種例子相當多，筆者在〈晚商王朝的族氏與族氏政治〉
中，將這類墓葬分省列表，並顯示族徽，墓葬的等級與爵數，以及與安陽
的直線距離，並且以標示等級的紅、橙、黃色的正三角形表示。這些墓葬
的存在，雖然不能表示墓主所屬的族氏群聚於此地居住，但至少顯示晚商
貴族曾經在此地出沒，並且最終葬於此地。筆者還將第三級，也就是出現
過商式青銅器的地點以灰色的三角形表示，這些地點與前兩級比較，就不
一定與商勢力的存在有聯繫，因為它有可能是因為交換、搶奪或其他原因
而來到出土地點，特別是在邊緣地區，比方晉陝高原北部，湖南湘江流域
等，都是與商毫無淵源的他者存在與活動的空間，或者是商王朝潰敗以後

---

329 考古報告尚未發表，銘文銅器見劉超英、裴淑蘭，〈河北商代帶銘青銅器綜述〉，
　　《三代文明研究・一：1998年河北邢台中國商文明國際學術研討會論文集》（北京：
　　科學出版社，1999），頁365-372。

330 賈連敏、曾曉敏、梁法偉、于宏偉，〈河南滎陽小胡村晚商貴族墓地〉，《2006中
　　國重要考古發現》（北京：文物出版社，2007），頁50-55。

商貴族帶著銅器逃竄所致。有了以上三級銅器墓與銅器出土地點的資料，搭配出土商式陶器的遺址，就可以形成商王朝勢力的空間分布，不過後者的數量相當大，目前僅完成山東全域、河北南部地區，但已可看出空間分布的一些現象。

由以上例證，我們可以看出商代晚期將商子姓貴族分封到各地的形勢，由於考古資料的累積已經逐漸浮現。商王都子姓的貴族在都城安陽殷墟聚族而居，累積實力，接受王的派遣，以族軍為基礎，東征西討。當王朝擴張，佔領了新領土，有些族氏，以及他們治下的眾人，就會被派遣到當地，形成具有軍事性格的殖民地，以統治當地原住民。目前，考古資料所見的是墓葬的資料，未來如能注意與墓葬同時的聚落所在何處？其尺度大小如何？布局如何？都將對我們了解商王朝對於這些地方的控制，有很大幫助。

（六）侯與伯——商王朝的我者與他者的差異

學者往往以商代有侯、伯、子等名稱與後代的公、侯、伯、子、男類似，論商代的五等爵制度，但是這些名稱間的等級關係在商代的甲骨文中，是找不到證據的。事實上，甲骨文中反而有明確的證據說明「侯」是屬於商王朝的武官，「伯」則為商王朝稱非商國家的首領。亦即，侯屬於我者，伯屬於他者，區別明顯。

根據《甲骨學一百年》的統計，甲骨文中稱侯某的有18位，稱某侯有31位[331]。有少數稱「某侯Ｘ」，例如：「攸侯喜」（《合集》36484）、「宜侯豹」（《合集》3286正）、「冥侯缶」（《合集》36525），由名號結構比對，知在侯字前方的是他的族氏名或地名，在侯字後一字則可能為私名[332]。與侯相關的甲骨文殘辭極夥，多意義不明。根據比較清楚的卜辭看，內容往往是

---

331 王宇信、揚升南主編，《甲骨學一百年》，頁462-470，〈殷邊侯甸——外服職官系統〉。

332 趙誠，《甲骨文簡明詞典——卜辭分類讀本》（北京：中華書局，1988），頁57-58。

王令某侯征、伐、歸等，王從某侯征伐，某侯古（載）王事等，推測「侯」字原意當如《說文》所云為箭靶，與射有關，進一步衍申為與戰爭、軍事等有關，故是一種武職。

在金文中有幾個同時具有「族徽」以及「某侯」的材料可以提供我們進一步了解商代的「族徽」與「侯」之間的關係。首先在兩件傳世的〈亞眞侯作父丁尊〉（05923、05924）：「作父丁寶旅彝。亞眞侯。」銘文中，「眞」同時具有「侯」以及「亞」的身分，顯示「亞」與「侯」屬於兩種不相排斥的不同範疇，可以同時並存。所以曹定雲從甲骨文分析，認為「亞某」與「某侯」相當，在邏輯上是有問題的[333]。從以上我們對於亞的看法，得知眞的族長為商王之「亞」，也就是與商王有「連襟」的關係，同時也封為「侯」。此外「亞眞」（A019）的眞原本就是一個族徽，說明某侯之某，可以為一族徽。

其次，在滕州前掌大墓葬遺址中，出土的大批帶有「史」族徽的墓葬，據此我們知道「史」這個子姓族氏在商代晚期被封到山東滕州附近。在距離前掌大墓地不遠，有一座春秋時代的薛國之城，早期的薛國國君見於傳世的〈薛侯鼎〉（02377）銘文：「薛侯戚作父乙鼎彝。史。」戚為私名，最後有族徽「史」，表示薛侯是「史」這個族氏的成員。另在陝西岐山北寨子山1975年出土的一件〈史亞薛父己鼎〉：「父己。亞薛。史。」「史」在亞的筐外，薛在亞的筐內，顯示薛已經成為史族氏之「亞」，也就是說「薛」從「史」分支，成為獨立的族氏，但還維持與「史」之婚姻關係，也就是他的族長為「史」族氏之連襟。由以上薛侯與眞侯的例子，我們知道當某侯這個身分存在時，「某」未必已經形成獨立的族氏。但某侯的「某」，可以從另外一個族氏分支成為另一獨立的族氏。在甲骨文中的某侯，例如彔侯（《東京》599）、犬侯（《合集》32966）、取侯（《合集》03331）、盤侯（《合集》

---

333 曹定雲，〈亞其考〉，《文物集刊》3（1980）：143-150。曹定雲，〈殷代的「盧方」〉，《殷墟婦好墓銘文研究》（臺北：文津出版社，1993）。

03326)、眔侯(《合集》36416)的「弜」(A111)、「犬」(A096)、「取」(A615)、「鬲」(A862)、「眔」皆為族徽。金文中複雜的「眔」與「㠯」的關係大致可以作如下的解釋：首先「眔」與「㠯」分別是由王族分支的族氏，他們又分別與王族有亞的關係。眔在商代晚期，又為「㠯」之亞，所以有「亞眔(侯)㠯」之族徽。由以上的分析，我們知道甲骨文中的某侯基本上為子姓，是屬於商王朝一種帶有軍事性質的封君。所以在甲骨文中很少有被征伐的對象[334]。而與王族有連襟關係的「亞某」，則與王族更為親近，基本上與商王室的關係良好。

相對的，在晚商文獻當中，某伯應該是不同性質的國君，是某方之伯，在甲骨文、金文中有「某方」相當多，例如：舌方(《合集》00028等)、土方(《合集》00460等)、𢀛方(《合集》00032正等)、巴方(《合集》00093反等)、祭方(《合集》06964)、龍方(《合集》06585正等)、基方(《合集》06570)、凷方(《合集》06566正)、屮方(《合集》06540)、虎方(《合集》06667)、湔方(《合集》06566正)、周方(《合集》06657)、𦫳方(《合集》06639)、𡭴方(《合集》06647)、絴方(《合集》27990等)、羌方(《合集》06623等)、戈方(《合集》06648)、井方(《合集》33044)、叡方(《合集》27990等)、危方(《合集》28092等)、召方(《合集》31973等)、夷方(《合集》33039等)、盂方(《合集》36509)、林方(《合集》36968)、羞方(《合集》36528反)、大方(《合集》27882等)、彎方(《合集》27990)、旁方(《合集》06666)、𢎥方(《合集》27997)、井方(02709等)、夷方(04138)等。這些「某方」在大多數卜辭與金文中都是被征、伐、戋(災)、雷、執的對象。因此，商代所謂「某方」為與商相對的政治體，多數時候敵對，偶爾服屬[335]。對於分封的族氏基本上不用某方的名稱。稱商代的政治

---

334 趙誠，《甲骨文簡明詞典——卜辭分類讀本》，頁57-58。

335 張政烺認為商代的方就是國，和商王朝的關係比起諸侯來更具有獨立性，卜辭所見相當多，關係複雜，有些服屬，有些敵對。張政烺，〈卜辭裒田及其相關諸問題〉，《考古學報》1973.1：107。貝塚茂樹則十分明確地指出商代晚期「方」是指敵對國，商王朝經常攻擊這些敵對國。見貝塚茂樹，〈方——外國關係に現われる殷王國の攻擊性〉，《貝塚茂樹著作集・第一卷・中國の古代國家》(東京：中央公論社，1976)，

為「方國聯盟」是將分封族氏與敵對方國混為一談所產生的觀念糾葛。

這些某方的領袖往往會以「國名＋（方）＋（伯）＋私名」或其省略的形式。例如「危方」的首領「美」，在卜辭中稱危伯美（《合集》28091），也稱危美（《合集》36481），盧方伯㵒也稱盧伯㵒，婦好墓中有盧方首領盧方剮入貢的玉戈[336]。夷方的首領記載於甲骨文與金文的包括夷方罟、夷方雝伯夗，還有夷方伯被殺後，將字刻在他的人頭骨上的例子（見《綜述》圖版13下右）。危美的最終命運也一樣，根據甲骨文的殘存記載，他被小臣牆所生擒，最後用於商先王祖丁的祭祀中，在同一次祭祀中，還用𠨗伯印於祖乙，□伯㲃於〔大〕乙，都是戰敗方國首領。在周原甲骨中有商王稱周的首領（大概是文王）為周方伯（《周原》H11:82）[337]。地理位置確知的周方（陝西偏西）、夷方（山東半島）為例，都離商王朝晚期的核心安陽地區有相當的距離。

有些方國相當頑強，例如舌方在武丁時代曾經征伐過，而且用兵時間長達三年。另外《易經》：「高宗伐鬼方，三年克之。」鬼方可能也是商代強大的方國。夷方在帝辛時代也曾經征伐過數次，其中帝辛十年的一次，用兵時間長達一年。至於周方，大多數學者都認為就是最終擊敗商王朝的周，其實力也很強大。這些強大的方國，大多數的經濟形態可能都是農業，有少部分從事畜牧者，例如羌方或鬼方大概是由牧羊者組成的另一類的政治體。總之，「方」是獨立的政治實體，其首領被商王朝稱為「伯」，與商王朝的關係基本上是對立，經常有與某方的戰爭，但是有時因為時勢的關係，某方也可能與商王朝形成聯盟，而有友好的關係，以對付共同的敵人。

雖然商王朝偶爾會與某方有聯盟的關係，但是並不代表商代的政體為林澐提出的「方國聯盟」，因為在他所謂「方國聯盟」中，所有的方國，包括商方的國土、人口，基本上都是差不多的，但是從系統區域調查的結果，知道殷墟的尺度，與其他聚落的尺度是無法同日而語的，與其他區域

（續）─────────────────

　　　頁86-108。

336 曹定雲，〈殷代的「盧方」〉，頁30-43。

337 曹瑋，《周原甲骨文》（北京：世界出版公司，2002），頁62。

性的大聚落(如邢台東先賢、濟南大辛莊等)比起來,也是大巫見小巫。換言之,即使我們尚未研究出一種方式來確定商王朝直接控制的地域,也就是歷史學者所謂「王畿」。但是光從殷墟的尺度,以及與其他聚落的反差,我們大體可以知道其間的主從關係。其次,根據本小節的分析,「某侯」或「侯某」根本是商王朝帶有軍事性質的封君,因此,不論商王「比」或「從」某侯征伐某方,都不能說商王與某侯之國為「聯盟」的關係,而是宗主對封君的主從關係。而且,更重要的是在華北平原地帶(不包括渭河平原、山東半島與魯蘇沿海地帶),從考古學的角度考察觀察,並沒有吉德煒所謂「Gruyère洞洞乳酪」的「洞洞」[338],也就是不屬於商王朝的他國。凡是聚落尺度稍大,有著擁有銅器的貴族,就可以見到商王朝制度的存在。與商王朝敵對的「方國」,與殷墟的直線距離至少都有250公里以上。我們不否認,當時的華北平原比起漢王朝以及後代的王朝而言,可以說是低度開發,尚有許多土地,是自然的森林、草原與溼地,人類所控制的,僅是沿著河流邊緣的聚落附近,整個連絡的路線大體上都與河流有密切的關係。從目前考古材料看來,250公里內範圍舉凡人跡所至之地,多是商王朝控制的範圍,雖然基本上還是沿著河的線與點,但商王朝所掌控以外,則是大自然所主宰。

有了以上的認識,我們應當重新界定所謂「方國」,從商王朝的角度,方國應當是不屬於王朝所直接控制的外邦。我們認為林澐所謂「方國聯盟」的方國,其實絕大多數都是商王朝的分封國,另外一部分稱某方者是為敵對國。考古學出土的像蘇埠屯的「亞醜」、「史」、「息」、「先」、「嬰」、「舌」、「⟨冘⟩」等,都不能稱為方國,而是商王朝的分封國,有些學者認為亞醜為薄姑氏或姜姓齊國的前身,都禁不起考古與文獻的綜合分析。

---

338 David N. Keightley, "The Shang State as Seen in the Oracle Bone Inscriptions," *Early China* 5(1980): 25-34.

四、結論：雛形帝國

　　經由以上的描述，讀者應當可以了解筆者企圖要傳達的訊息。首先是晚商的政治，無法單獨地由傳世文獻，或古文字，或美術史，或考古學建構起來，而是一門綜合的藝術，筆者也期望本文是個成功的綜合。其次，中國古代文明形成的過程，並不是單線的「演化」過程，氣候條件的改變，黃河下游的遷徙等自然因素，透過草原而來的外來文化的刺激，以及人群因應自然與社會的改變，所形成的特殊社會結構，嚴重地挑戰單線的演化軌跡的思考模式。

　　劉莉與陳星燦認為二里頭與中商是領域國家，結論或許不錯，但是他們使用的「中地理論」的模型，在整個華北加上華中的一部分這麼大的領域，與如此複雜地形下，是否適用，在他們的著作中並未仔細檢討[339]。本文雖然未論及二里頭文化與早商時期，但是從二里頭與鄭州商城的聚落尺度差別，以及部分系統區域調查的材料顯示的聚落等級系統，似乎說明早商的政體與晚商的政體相當接近，不僅是「領域國家」，而且具有「雛形帝國」的意象（詳下）。二里頭文化的聚落形態則顯示以經濟為主要考量的模型，仍然適用。而且，未來如果沒有找到同一時代比二里頭遺址規模更大的聚落遺址，那麼，二里頭文化的政體，可能不像早商或晚商的政體一樣，具有支配整個華北的力量，而可能僅是許多區域性政體中的一個。

　　林澐的「方國聯盟」[340]，杜正勝、Robin Yates的「城邦」[341]，都不適用

339　Li Liu and Xingcan Chen, *State Formation in Early China* (London: Gerald Duckworth & Co. Ltd., 2003).

340　林澐，〈甲骨文中的商代方國聯盟〉，《古文字研究》6(1981)：67-92。

341　杜正勝，〈卜辭中所見的城邦形態〉，《盡心集——張政烺先生八十慶壽論文集》(北京：中國社會科學出版社，1996)，頁12-34。Robin Yates, "The City-State in Ancient China," *The Archaeology of City-States: Cross-Cultural Approaches*, edited by Deborah Noicols and Thomas Charlton (Washington DC: Smithsonian Institution, 1997), pp. 71-90.

於晚商階段，這些政體的模型低估了安陽的尺度的意義，以及商王朝的政治、經濟實力與內部整合的能力。從聚落規模、形態以及甲骨文、金文內容的綜合考察，晚商王朝的首都安陽像個「超新星」(supernova)，聚落尺度遠超過其他區域性的中心聚落，遑論其他的農村聚落。以其尺度推算大致的人口，再根據甲骨文的分析以及考古材料綜合理解，商王朝絕對不是一個城邦，在它的方圓兩、三百公里範圍內，東到山東青州、滕州，西到山西靈石、浮山，北到河北定州，南到河南息縣，基本上在商王朝的控制範圍，並無同儕政體。在安陽這樣的超大聚落的支持下，商王朝的軍隊人數眾多，裝備精良，在華北平原具有絕對的支配性，此一戰爭機器是形塑當時的華北平原政治地景最大的力量。商王朝也不吝於使用它的軍事力量，為了支持殷墟都城的消費，商王朝派遣軍隊遠達長江沿岸，取得銅、錫礦料，遠達渤海灣取得生活所必須的鹽。但是它和歷史上擁有巨大軍事力量的帝國相同，軍事力量並無法征服一切。由於其軍力的中堅是由子姓的族氏所構成的，因此，當它企圖佔領的地域過於廣袤，戰爭的補給線過長，軍力自然分散。當兵力分散時，對於邊緣地區，特別是文化差異較大的區域，例如山西呂梁山以西的畜牧者、東方的夷方，以及渭河平原的周方等等，都是一戰再戰，無法真正地克服，當商人的主力部隊來了，打不贏的就臣服，可是主力部隊一離開，殖民佔領的軍力無法有效控制，就可能被驅趕或殲滅。從這些面向看來，商王朝不僅非城邦，實際上它可能是城邦系統的「殺手」，透過不斷征服地域性的城邦，殺害城邦原有的首領，壓制舊有貴族，以商貴族的統治取代，並且重新分配聚落人口，形成地域性的聚落反差以利控制。

商王朝對於城邦系統的壓抑，其實就是典型的「帝國」的特徵[342]。不過，

---

342 社會科學對於「帝國」的定義如下：「帝國通常是透過高壓政治以及隨時可能發生的暴力形式的再征服的陰影，而將多元的政治結構強制於單一的政權下，此一政權是採取中央集權的方式，被統治的結構單元在此一政權中沒有發言權。」見 "political system," *Encyclopædia Britannica*. 2008. *Encyclopædia Britannica Online*. 29 Mar. 2008,

晚商王朝雖然具有某些「帝國」的特徵，但它並無「官僚體系」，而是透過族氏政治機制進行王朝的整合。商王朝的王族本身，是一個擁有多世系群的超大族氏，治理最多的眾人並擁有各種關鍵資源。安陽大邑內以王族為其中心，王族人數過多時，即進行分支，每一個分支以一「族徽」代表之，與王族有同樣的架構，強大的分支族氏以安陽為培育地，擁有自己的眾人與軍隊，參與王朝對外戰爭，不斷地將俘虜到的人口，移入安陽，置於族氏的控制之下，長久以往，就成為族內的眾人，一路地茁壯。一旦機會來臨，商王就會將某些族氏分封到安陽以外的殖民地，此一族氏，帶著他們的軍隊與眾人，成為當地的統治者。商王朝透過婚姻，參與占卜、祖先與神祇的祭祀等方式，以及控制象徵貴族地位與階級的青銅禮器，維持王族對其他族氏的支配關係。此種分支的方式，使商王朝一方面有效地紓解內部權力鬥爭的壓力，另一方面也讓分割出去的族氏，有其釋放群體暴力的管道。商王朝之所以為「雛形帝國」而非一「帝國」最主要的因素是商王朝並非依賴官僚體系進行國土的管理，而是透過擁有眾人與軍隊的族氏的分封，統治更廣大的疆域。

（續）

網址：http://www.britannica.com/eb/article-36697.

「殷周革命」新論
——邁向「人文的」國家

黃銘崇[*]

一、前言

　　中文的「革命」一詞來自傳世文獻記載的「湯武革命」(《易經·革》)或「殷革夏命」(《尚書·多士》)，是周王朝為了宣揚「周改殷命」的合法性而作；述說夏桀與商紂王無道，以致上帝棄離，商湯與周文王獲得天命，最後由商湯與武王執行完成推翻前朝的歷史任務，同時指控紂王無道，失去天命，以致眾叛親離，文王得天命，所以周武王也同理該當「革殷命」。原本「殷周革命」是改朝換代的政治革命，近代王國維的〈殷周制度論〉卻很犀利地指出「殷周革命」的另一層意義，他說：「中國政治與文化之變革，莫劇於殷周之際。」[1]認為殷周的差異在於制度與典禮，以為周代的制度革新在於「立子立嫡」、「廟數之制」與「同姓不婚」三者，這幾方

[*] 中央研究院歷史語言研究所研究員。

[1] 王國維，〈殷周制度論〉，《觀堂集林》(北京：中華書局，1959)，頁451。

面他的論述比較詳細。在典禮方面，王國維實際上只談到了「典」，主要
討論的內容是《尚書·康誥》以下九誥(〈康誥〉、〈酒誥〉、〈梓材〉、〈召
誥〉、〈洛誥〉、〈多士〉、〈無逸〉、〈君奭〉、〈多方〉)中的「命」、「天」、
「民」、「德」等意識形態面。雖曰制度、曰典禮，但關於禮方面在這篇
文章中實際上並未論及。主要的問題應當如孔子所說的殷禮「宋不足徵也」
(《論語·八佾》)，到了春秋時代的宋國，古代殷商文化早已經被遺忘得一
乾二淨，因此在現代的考古學出現以前，歷代所能討論的殷禮，相當有限，
即使有王國維之天分也不例外。關於殷周變革，作為一個古代經典的信仰
者，王國維自然將此一變革歸功於周公之聖[2]。

　　王國維所認識到的殷周之制度的「變革」中，「立子立嫡」與「同姓
不婚」兩項彼此相關，實源自於族群社會組織上的差異，並非婚姻制度或
文化方面之演化，筆者在前此幾篇文章中已經專門討論過，其要旨以商貴
族並非無宗法或無清楚的繼承制度，也非施行人類學上所謂「內婚」
(sib-endogamy)制度，只是因為社會組織及婚姻制度與周人不同而造成了後
人的誤解[3]，實際上商人也是同「姓」不婚，只是他們的貴族階級只在同一
階級內進行婚姻，猶如印度的種姓制度，所以子姓其實與他姓不同，它其
實是一個階級，其中有多個世系群，只在階級內相互為婚[4]。關於意識形態
方面，王國維的研究雖然已經碰觸到西周人文主義思潮中的某些內涵。但
由於當時材料的局限，他並無法真正地闡明與辨別商究竟是什麼？西周又
是什麼？以及其間的變革又如何？現代的考古發現以及學者對於甲骨文、

2　王國維，〈殷周制度論〉，頁451-480。

3　此種誤解可見牟潤孫，〈宋人內婚〉，《注史齋叢稿》(臺北：臺灣商務印書館，1990)，
　　頁43-49。

4　黃銘崇，〈甲骨文、金文所見以十日命名者的繼統「區別字」〉，《中央研究院歷
　　史語言研究所集刊》76.4(2005)：625-709。黃銘崇，〈商人日干為生稱與同干不婚
　　的意義〉，《中央研究院歷史語言研究所集刊》78.4(2007)：705-754。黃銘崇，〈商
　　人祭祀用的親屬稱謂及其意義〉，《古文字與古代史》第一輯(臺北：中研院歷史
　　語言研究所，2007)，頁625-709。黃銘崇，〈商周貴族親屬稱謂制度的比較研究〉，
　　《羅格斯商文明國際會議論文集》(北京：線裝書局，2015)，頁275-300。

金文材料更深刻的認識，我們對於西周人文的整體表現，以及對於從商到西周宗教上的轉變的理解，都遠勝王國維的時代。所以，有系統地整理與釐清殷周間之複雜關係，此其時也。

王國維認為殷周革命是一種思想與制度上的偉大發明，他將此一發明歸之於周公。本文所謂「殷周革命」，與王國維所指的相同，不是政治上的改朝換代，而是殷周之間的社會、政治、藝術、文化等的變革。但是，透過新的材料，我們理解到，此一變革層面相當廣闊，亦非一夕而成，更不應只歸功於周公個人的獨特魅力與領袖氣質（charisma）。而是經歷了百年以上的時間，兩個族群間實質接觸與共同生活後，在文化與制度上的相互適應。所以稱「新論」，主要是筆者將殷周革命，歸因於周王朝的政治家們，包括周公、召公、成王等周王朝的權力核心，為了處理殷人與周人間族群關係作了相當的努力，經由眾人長期的生活實踐，所開出的花朵與結出的果實。我們也希望將商到西周的變革，放到世界歷史的框架上看。筆者認為西周的「人文主義」，並不僅限於意識形態的層次，也擴及制度與貴族和平民的行為層面。殷周之間最巨大的變化，應當是將商代政治與巫教結合的那種「獰厲文化」，轉變為政治與教育結合的「寬厚文化」，以教育代替宗教，在以美索不達米亞－地中海的「西方」為中心的所謂「世界歷史」中，為近、現代才有的事，故「殷周革命」在世界史上有重要的意義。

二、西周政治與文化的人文主義色彩

（一）商代的宗教與國家

研究西周政治文化的特色，必須從西周的政治家如何面對與改變宗教著手。為瞭解此一改變，必須先瞭解商代以及商代以前的宗教之整體發展。陳來認為中國上古發生兩次宗教改革，一次在仰韶－龍山文化之際，另一次則始於西的周公而完成於東周孔子的時代。在他的宗教演化譜系裡，

中國宗教在仰韶－龍山文化之際，發生的一次宗教改革，就是傳世文獻所謂重黎「絕地天通」（見《尚書・呂刑》、《山海經・大荒西經》、《國語・楚語下》），將「家為巫史」的社區式、分散的巫術權力，集中到少數專業化的巫師的手上[5]。在此一過程，「巫文化」被「祭司文化」所取代，此時的巫已經變成祭司[6]，他們不再是人類學上所說的巫師(shamans)，也不是龍山文化以前的巫覡，而是與政治權力結合的祭司(priests)。許多原有巫文化的內涵，有些被提升為禮儀(ritual)，另一些則成為「通俗文化」、「小傳統」或淪入「底層社會」中。雖然陳來將上述變化定在仰韶與龍山之際，但目前考古材料不足以讓我們明確地定出此一宗教改革在何時發生，也無法知道其進行的方式，未來此一理論的驗證，有賴更多的考古發現來證明，以及學者的論理來說服讀者。目前我們所知的是商代宗教形態似乎就是以此一宗教改革為基礎所發展出來的一個高峰，宗教權力與國家機器結合在一起，而商王本身就是巫祝祭司集團的領袖[7]。卜辭中可見到，從王族所分支的族氏，或居住在安陽殷墟或分封在外，族氏中的要角進入王朝擔任占卜的貞人，並參與祭祀[8]。商王則是「王卜」系統中權力最高者，擁有「占」的權力，也就是根據龜甲所傳遞的兆進行預言[9]。族氏領袖稱「子」，在本族氏內也有同樣「占」的權力。商王朝還在原本普及於眾人的多元宗教圖

---

5 陳來，《古代宗教與倫理——儒家思想的根源》（北京：生活・讀書・新知三聯書店，1996），頁20-27。

6 陳來原文為巫「祭祀化」了，筆者以為「巫」與「祭祀」屬不同範疇，非對等名詞，無法轉化，故改為「祭司化」。或「巫術」被「祭祀化」了。此處亦可以「巫術文化」相對於「祭祀文化」。

7 張光直，〈商代的巫與巫術〉，《中國青銅時代・二》（臺北：聯經出版公司，1990），頁41-65。

8 李雪山，〈貞人為封國首領來朝執掌占卜祭祀之官〉，《2004年安陽殷商文明國際學術研討會論文集》（北京：社會科學文獻出版社，2004），頁284-293。黃銘崇，〈晚商王朝的族氏與族氏政治〉，《第四屆國際漢學會議論文集・東亞考古的新發現》（臺北：中央研究院，2013），頁1-94。

9 徐義華，〈商代的占卜權〉，《商承祚教授百年紀念論文集》（北京：文物出版社，2003），頁253-266。

像中選取特定圖像——即後世所謂「饕餮紋」，朝著強化視覺性的方向發展，以饕餮紋大量地施於貴族用品上，來凸顯貴族群體的高人一等與神聖性[10]。總之，當政治領袖將巫的職權集中到專業化巫師的同時，也將巫的宗教權力與政治權力掛鉤，溝通天地變成王室獨占的權力，這才是「絕地天通」的宗教改革最重要的結果，也是對商王朝統治下眾人影響最深遠的。隨著商社會／政治結構的金字塔化，宗教也具有同樣的結構形式。

商代巫術在政治的場域中扮演重要的角色，張光直已經詳細討論[11]，此不贅述。有不少學者因此稱商王朝為「神權國家」(theocracy)[12]，筆者並不同意這樣的看法，我們以典型的神權國家西藏為例，它之所以稱為神權國家至少有兩個要點：首先，它維繫國家的最關鍵力量是宗教，不是軍隊（軍隊當然是重要的因素之一，但不是關鍵）。其次，領導者的選擇是由神祇經過特定的選取方式選出，整個過程操縱在與王權分離的祭司團體的手中，而決定的「意志」在「神」而不在祭司團。換言之，一個名符其實的神權國家，其宗教力量是凌駕在政治力量之上的[13]。但是，商王的選擇，並非依照神的方式選出，其領導者先依照族群所訂下的規則決定，再兼領巫術團體首長的位置，所以基本上商代是政治力凌駕在宗教力之上。對於商王朝而言，係子姓集團控制著強大的軍事力，並以祖先祭祀為核心維繫子姓集團內部，再操控普遍的宗教信仰，藉著軍事力以及宗教力來控制社會，以進行

---

10 黃銘崇，〈「饕餮紋」的再思考：一個方法的省思〉，《國立臺灣大學美術史研究集刊》32(2012)：1-102。

11 張光直，〈商代的巫與巫術〉。

12 王奇偉，〈論商代的神權政治——兼論商代的國家政體〉，《殷都學刊》1998.3：5-8。李光霽，〈商朝政制中的神權、族權與王權〉，《歷史教學》1986.2：2-2-6。陳士強，〈殷周時期的神權及其特點〉，《復旦學報(社)》1980.5：88-93。王順達，〈論商周神權政治的嬗變〉，《成都大學學報》(社科版)2002.1：7-9。晁福林，〈試論殷代的王權與神權〉，《社會科學戰線》1984.4：96-102。晁福林，〈論殷代的神權〉，《中國社會科學》1990.1：99-102。

13 Theocracy是研究早期文明學者常使用的辭彙，也是一個混亂的辭彙，參見David Webster, "On Theocracies," *American Anthropologist*, NS 78.4(1976): 812-828. 筆者對於theocracy採取比較狹窄的定義。

經濟生產,所以政治、經濟、宗教三者的順序為「政治→宗教→經濟」。此一結構成為中國三千多年的基調,即便有「殷周革命」也無法撼動。

從殷墟甲骨刻辭考察,商王朝的祭祀多而且頻繁,根據島邦男的統計,祭祀的種類有200種以上[14]。研究甲骨文的學者一般認定殷墟甲骨刻辭中記載的祭祀對象有三類:帝、自然神以及祖先[15]。帝是一種至上神,但是祂並非全能全知,祂的力量及於上層宇宙,可以「令風」、「令雨」、「令雹」、「令雷」等,也可以透過災難的方式,降禍於社區(非個人),影響作物的收成,左右戰爭的勝負,甚至影響王的禍福,所以需要祭祀[16]。以帝為權力中心的上層宇宙的組織結構,雖然有帝臣、帝工、帝史等角色,但是整體而言「帝廷」的組織與商王朝的國家組織一樣,尚未形成真正的官僚體制,且結構更為鬆散[17]。商人的祖先得以「賓」的角色,來到帝所居處的上層宇宙作為客人,較「年輕」的祖先也可以到較年長的祖先處為「賓」,可見帝的地位崇高。不過,祭祀帝的占卜極其罕見[18],而且與帝有關的占卜,只見於王卜辭,在目前所見最完整的族氏卜辭,也就是花東的「子卜辭」中,並未見到「帝」[19],可見與帝有關的占卜與祭祀是有層級性的,僅限於王室。

自然力,例如「風」、「雨」、「雷」等,與特殊或偉大的自然地理

14 島邦男著,溫天河等中譯,〈殷室的祭祀〉,《殷墟卜辭研究》(臺北:鼎文書局,1975),頁52-346。

15 陳夢家,《殷墟卜辭綜述》(北京:中華書局,1988),頁646。一種分法為「天神」、「地示」、「人鬼」三種。朱鳳瀚,〈商人諸神之權能與其類型〉,《盡心集——張政烺先生八十慶壽論文集》(北京:中國社會科學出版社,1996),頁57-79。鍾柏生,〈殷代卜辭所見殷人宇宙觀〉,《第三屆國際漢學會議論文集·古文字與商周文明》(臺北:中央研究院歷史語言研究所,2002),頁35-106。

16 常玉芝,〈上帝的權能〉,《商代史·卷八·商代宗教祭祀》(北京:中國社會科學出版社,2010),頁28-61。

17 常玉芝,〈帝廷的組織〉,《商代史·卷八·商代宗教祭祀》,頁61-68。

18 張秉權,〈帝祭祀巫術與宗教信仰〉,《甲骨文與甲骨學》(臺北:國立編譯館,1988),頁373-416。

19 中國社會科學院考古研究所編著,《殷墟花園莊東地甲骨》(昆明:雲南人民出版社,2003),頁1852-1896,〈字詞索引表〉。

元素,例如「河」、「岳」等,抽象的方向等(如四方神與四方風神),因為具有神靈,也形成一種類型,接受祭祀[20]。但是,對於殷商貴族而言,祖先才是會對於其子孫的個人福祉,生、死、病、痛,與事業成敗產生直接影響的關鍵類型。如此,活人的世界與死人的世界形成了一種連續體,用史華慈(Benjamin Schwartz)的話來說:「家庭成員以及其祖先構成了一個社會的單元,此一單元超越了生與死的界域。」[21]因此,商人對祖先的祭祀,不僅犧牲的次數多,而且隆重。據統計殷墟卜辭中有15,000多條是與祭祀祖先有關的,祭祀上甲有1,100條,成湯大乙有800多條,祖乙有900餘條,祭祀武丁有600多條[22]。針對個別先祖用牲數有至羊百牢(百隻羊),集體用牲甚至達羊三百牢。人牲數針對個別先祖有至百羌(此為以羌人作為犧牲),集體者至三百羌[23]。殷墟早期(武丁時代)的祖先祭祀可以稱之為「目的取向的犧牲」(objective-oriented sacrifices),晚期則大體上是「按表操課的犧牲」(scheduled sacrifices)[24]。所謂「目的取向的犧牲」是指為了某一特定的目的而貞問是否要提供犧牲給某個特定的祖妣[25]。晚商晚期的「按表操課的犧牲」則是學者所謂「周祭」,所謂周祭是商王室將所有繼承王位的商王以及具有某些特殊地位商王(學者一般稱為直系)的配偶列入這種祭祀系統[26]。這些祖妣的祭

---

20 常玉芝,〈自然神崇拜〉,《商代史‧卷八‧商代宗教祭祀》,頁69-172。

21 Benjamin Schwartz(史華慈), "Speculations on the Beginning of Chinese Thought," *Early China* 2(1976): 47-50.

22 晁福林,〈試論商代的王權和神權〉,《社會科學戰線》1984.4:96-102。見頁100。

23 張秉權,〈祭祀卜辭中的犧牲〉,《中央研究院歷史語言研究所集刊》38(1968):181-232。又見張秉權,〈帝祭祀巫術與宗教信仰〉,頁389-404。

24 劉源指出此一現象,不過名稱是筆者給的,見劉源,〈卜辭中所見商代後期祭祖儀式類型〉,《商周祭祖禮研究》(北京:商務印書館,2004),頁32。

25 比方因為牙痛,懷疑某位祖先作祟,因此卜問是否提供這位祖先犧牲品,此為「目標取向的犧牲」。

26 「直系」在親屬制度中有特定的用法,筆者以為在甲骨文的材料中,並無法說明這些配偶被列入周祭祀譜的商王與親屬制度中的所謂「直系」相符,所以反對使用此一名詞。但因學者使用此一辭彙已久,本文未討論有不同說法,暫時使用,俟未來論點成文再行修正。

祀，都是按照一定的時程、依照排序，同時交叉進行著五種祭祀—「祭、
翌、劦、肜、彡」，故董作賓等稱「五祀統」或「五種祭祀」[27]，陳夢家則
稱為「周祭」[28]，一個周回大約需要一年左右的時間，故殷人一年稱一祀，
周而復始。推測此一祭祀制度的施行與商王朝在武丁之後企圖將祭祀祖妣
的系統規律化，可能因為祖妣祭祀與商人內部政治權力的角力有密切的關
係。商人的貴族是結合了十個世系群，因此，人口本來就比單一世系群或
依賴兩姓聯姻者多，經過數百年的發展，人口眾多，大多數集中於安陽，
切分為許多「族」，而「王族」本身也十分龐大。《尚書・泰誓》：「受(紂
王)有億兆夷人，離心離德；予有亂(治)臣十人，同心同德。」商人貴族因
過度繁衍而分裂，可能是商王朝晚期內部長期穩定之後，族群繁衍滋生所
面臨的一大問題。商王室整飭祭祀系統，可能如高明等所論，是對內把王
的宗教地位提高，以與王室中其他人以及分割出去的族氏間的高下等次區
分開來[29]。將王與帝緊密結合以及周祭制度的建立等，都是提高王族與王地
位的種種措施之一。

雖然商人的祖先祭祀到了殷墟晚期已經系統化、制度化了，祖先輪流
接受祭祀，好像在領薪水一般[30]。但是，這並不意味著，這些祭祀本身已經
趨向形式化。質言之，商人的犧牲都是不縮水的、真實的、血腥的。商人
的祖先祭祀之所以如此隆重，必須從商人對於「自我族群」的認識著眼，
商人貴族是由十個世系群──「(日)甲」、「(日)乙」、「(日)丙」、……
「(日)壬」、「(日)癸」所構成。這十個世系群，原本應當沒有血緣關係，

---

27 董作賓，《殷曆譜》(南溪李莊：中央研究院歷史語言研究所，1945)。許進雄，《殷
卜辭中五種祭祀的研究》(臺北：國立臺灣大學文史叢刊，1968)。

28 陳夢家，《殷墟卜辭綜述》，頁386-397。常玉芝，《商代周祭制度》(北京：中國
社會科學出版社，1987)。

29 高明，〈商代卜辭中所見的王與帝〉，《紀念北京大學考古專業三十週年論文集》(北
京：文物出版社，1990)，頁243-255。

30 David Keightley, "The Religious Commitment: Shang Theology and the Genesis of
Chinese Political Culture," *History of Religion* 17.3&4 (1978): 211-225.

但是大約在商王朝建立的前六個世代，也就是上甲微的時代形成了「虛擬的血緣關係」以及世系群間的聯盟[31]。以此種聯盟的力量，經過六個世代的經營，終於成為中原的霸主。他們共同認定是由「羲和」所生[32]，在同一時間內，僅能有一個世系群的某人擔任全族的領袖，就如同天上每天僅能有一日一般。全族的領袖，是由不同的世系群間依固定的規則輪流擔任[33]。由於他們是太陽的後裔，其地位可謂「介於天地之間」，比起世界上的其他人群，有著高一等的地位。所以，舉凡人世間所見的生物，皆可為犧牲品，其他非子姓人群也不例外。由於祖先的靈力是依賴子孫所提供的穀物、酒、動物犧牲甚至人牲而增加，因此，提供犧牲即是賦予祖先力量，庇佑子孫，也就間接地賦予商貴族在人世間的權力[34]。因此，對於商人而言，祖先的祭祀有「現實」的意義，王在王朝秩序構造中所具有的作用，即使在冥冥之中其靈力也不會減失其效力[35]。商人把殺人祭祀犧牲時可能引起心靈上的不安，全都推到祖先、上帝與其他神靈身上，對於非我族類，生時奴役之，

31　見松丸道雄，〈殷人の觀念世界〉，《中國文字と殷周文字》（東京：東方書店，1989），頁121-146。以及黃銘崇，〈商人日干為生稱與同干不婚的意義〉，與〈商人祭祀用的親屬稱謂及其意義〉。

32　郭沫若引王國維說帝俊為帝嚳，帝嚳為殷人所自出，則十日傳說必為殷人所創生以之屬於其祖者。又認為殷人月三分，周人四分，故周人多有「七日來復」，亦為十日傳說當起於殷人之旁證。見郭沫若，〈釋支干〉，《甲骨文字研究》（北京：人民出版社，1962），頁151-336，說見頁162-164。又見姜亮夫，〈殷先公先王以日名之義及其發展〉，《古史學論文集》（上海：上海古籍出版社，1996），頁173-174。姜亮夫，〈十日傳說疏證〉，《古史學論文集》，頁75-81。姜亮夫，〈干支蠡測〉，《古史學論文集》，頁119-120。松丸道雄，〈殷人の觀念世界〉。Sarah Allan, "Sons of Suns," *The Shape of the Turtle: Myth, Art and Cosmos in Early China* (Albany: SUNY Press, 1991) pp. 19-56. 中譯見艾蘭，〈太陽之子：古代中國的神話和圖騰主義〉，《早期中國歷史思想與文化》（瀋陽：遼寧教育出版社，1999），頁1-52。

33　黃銘崇，〈甲骨文、金文所見以十日命名者的繼統「區別字」〉，頁625-709。

34　David Keightley, "The Religious Commitment: Shang Theology and the Genesis of Chinese Political Culture."

35　持井康孝，〈殷王室構造に關すの一試論〉，《東洋文化研究所紀要》84(1980)：54-60。中譯見〈試論殷王室的構造〉，《日本中青年學者論中國史‧上古秦漢卷》（上海：上海古籍出版社，1995），頁1-39。

必要時則用為犧牲，用來殉葬以及祭祀。所以，在考古上，商人墓葬的特徵之一就是以人為犧牲，甚至進入西周時代相當長一段時間，部分商人還持續此一傳統[36]。

由前面的敘述，我們可以看出商代宗教中的神祇體系似乎是長期的吸收、堆疊、累積的結果，而非有系統的、一時的整頓或創造。帝與自然神一來與祖先系統有著疏遠的關係，同時還存在一組稱為「高祖」的祖先（包括高祖夒、高祖王亥、高祖乙（成湯大乙）），顯示祖先神與祂們（帝與自然神）的差異[37]。而且，祖先系統的祭祀遠勝於帝與自然神的祭祀，似乎說明帝的祭祀並非商貴族群的原生系統，而是從他處借來的。傳世文獻如《竹書紀年》周王稱王（武王、幽王），商王稱「區別字＋日干」（如大乙、武丁），但商朝以前的夏王卻稱「帝」（如：帝啟、帝桀），也許帝是商人從夏王朝的宗教體系中挪借來的，其來源甚早[38]。商人挪借的宗教觀念，不僅此一端，商文明中最具有震撼力的元素，莫過於青銅器、玉器、大理石器、建築木構造上隨處可見，並且占有主要位置的「饕餮紋」。此種紋飾的普遍存在，以其材質、顏色、及紋樣圖像等，造成一種強烈的「視覺性」以及「神秘性」，有些學者稱為「森嚴」[39]，也有學者稱為「獰厲之美」[40]，有別於西周中期

---

36 黃展岳，《古代人牲人殉通論》（北京：文物出版社，2004）。郭仁，〈關於西周奴隸殉葬問題的探討〉，《中國歷史博物館館刊》4（1982）：29-33，34。

37 祖先系統有三位「高且」，一是高且夒，一是高且王亥，一是高且乙。第三位當是第一代的商王大乙。其餘二位，一位根據王國維的說法是傳世文獻的帝俊或帝嚳，另一位王亥則見於《山海經・大荒經》中。三人皆與帝無關。

38 班大為認為「帝」的甲骨文字形可能是一種觀測天極位置的一種裝置，此種裝置可能源自2150 BCE左右天極附近包括大熊、小熊等星座的主要恆星構成的「圖像」。換言之，「帝」的概念的形成，應該遠早於商代，而且指向西元第三千紀晚期。見David Pankenier, "A Brief History of Beiji北極(Northern Culmen), with and Excursus on the Origin of the Character di帝," *Journal of the American Oriental Society* 124.2(2004): 211-236. 中文版見班大為，〈北極簡史：附「帝」字的起源〉，《中國上古史實揭秘：天文考古學研究》（上海：上海古籍出版社，2008），頁328-359。

39 見陳夢家，《殷墟卜辭綜述》，頁561。

40 李澤厚，《美的歷程》（臺北：三民書局，1996），頁37-44。

以後紋飾的「溫和、中庸、寬厚」。饕餮紋並非如有些美術史學者所認定，係由抽象的元素或簡單的元素演化而來的[41]，而是由龍山時代以來的某些玉器上與宗教有關的圖像中抽取部分元素，並強化特定的表現而來。也就是說，商的饕餮紋與龍山時代的玉器圖像在宗教內涵與表現系統兩方面都有密切的關聯，商代的社會底層承襲龍山文化以來對此類圖像的信仰，商王朝的貴族則有意識地使用此種圖像的視覺性與神秘性，將他們簡化、強化視覺效果，加以壟斷，使用在商人貴族的貴重器物、建築上，藉以說服他們所統治的「眾人」，商人的貴族群體是擁有此種圖像所代表的力量的尊貴族群，而其他眾人則否，使用的則是眾人所普遍相信的視覺語彙[42]。

商代的禮器的特色除了它們表面裝飾以饕餮紋之外，從墓葬出土的銅器組合看來，酒器與食器的比例大於二比一。「重酒器的組合」是商人墓葬禮器的特色。這當然與商人喜好飲酒的習俗有關，在西周早期青銅器〈大盂鼎〉（02837）康王追述前朝遺事，說道：「……。我聞殷墜令，隹殷邊甸侯，雩殷正百辟，率肆于酒，故喪師。……」大意是殷之所以失去天命，是因為殷王朝的分封諸侯，都沉湎於酒，所以打敗仗。《尚書‧酒誥》也說殷人：「庶群自酒，腥聞在上；故天降喪于殷，罔愛于殷，惟逸。天非虐，惟民自速辜。」意思是殷人不因祭祀、敬長之事而自為飲酒，其酒食腥羶之氣上聞於天，所以天讓殷敗亡，不愛殷，因為他們逸樂的關係。老天爺並不暴虐，其實是商人自作自受。這是商王朝敗亡之後，周人的看法。商人飲酒過度，以致敗事亡國，此為事實。不過，商人好飲酒，根據張光直的看法，可能源於宗教以及巫術活動需要，非純然地「自酒」，亦即沒事就飲酒作樂[43]。

---

41 見Robert W. Bagley, "Meaning and Explanation," *The Problem of Meaning in Early Chinese Ritual Bronzes*, edited by Roderick Whitfield（London: Percival David Foundation of Chinese Art, SOAS, University of London, 1993）, pp. 34-55.

42 請讀者參閱黃銘崇，〈「饕餮紋」的再思考：一個方法的省思〉。有詳細的文獻回顧以及論證過程。

43 張光直，〈商代的巫與巫術〉，頁41-65。

　　陳來把以上描述的商代的文化從比較原始的巫文化（或薩滿文化）中區分
出來，稱為「祭祀文化」（即本文的祭司文化），其內容為一種保留著薩滿主
義色彩的「自然宗教」，以與西周開始出現的「禮制文化」，以及到東周
開花結果的「倫理宗教」作為對應[44]。他指出商代的自然宗教雖然是一種宗
教形態，卻沒有智慧道德相關的術語，沒有任何道德理想出現，看不到論
理價值，也看不到理性智慧[45]。商宗教中的祖先神祇，有能力，但卻非善良。
陳來認為中國的宗教第二次的改革是從殷到周的變革，他認為到了西周時
代鬼神祭祀系統更加完備，但是卻已經在政治實踐中不具有中心地位，政
治實踐領域已經轉向人事的努力與安排。西周禮樂文化的本質已經不是神
的他律，而是立足於人的組織結構之禮的自律。六禮都是圍繞著人的生命
過程而展開，加上天命思想與德性觀念，這使得禮樂文化已經具有了一種
人文主義的基礎。在陳來的系譜中必須要發展到所謂「軸心時代」宗教革
命的轉變才完成，先秦諸子，主要是孔子、老子所代表的倫理思想，才變
成菁英階級的大傳統。巫術傳統則更進一步被打入社會底層，被稱為「迷
信」[46]。

　　筆者同意陳來關於西周禮樂文化具有人文主義的特質這個觀點，不過
也認為陳來的分析未考慮一些重要的因素：首先，周公雖然被賦予許多「文
化創造」的功業，不過仔細探究西周早期的遺物與遺跡，可以看得出當時
相對進步的殷商文化影響還是很大，真正與後代所認識的「周禮」有關的
禮制，要到恭王以後才出現[47]。周公的真正貢獻是政治的還是文化的，必須
重新考量。其次是西周的人文主義的發展以及禮樂文化的形成，並不是一
種純然的進步，而是因為種種的重大歷史事件對於周殷貴族與平民產生的

44　本文目的不在討論宗教，暫且接受此一劃分。

45　陳來，《古代宗教與倫理——儒家思想的根源》，頁54。

46　陳來，《古代思想文化的世界——春秋時代的宗教、倫理與社會思想》（北京：生活‧
　　讀書‧新知三聯書店，2002），頁10。

47　黃銘崇，〈從考古發現看西周墓葬的「分器」現象與西周時代禮器制度的類型與階
　　段〉，《中央研究院歷史語言研究所集刊》83.4（2012）：607-670；84.1（2013）：1-82。

心理影響，以及西周的政治家面臨重大決定時所作的彈性措施，加上貴族與平民階層的長期社會實踐所積累而產生的，此為本文論述的重點。其次，西周到東周之間「文化的斷裂」，也就是周公與孔子之間，並非全然的繼承。西周的主體文化，因為犬戎之禍，而埋藏在關中地區的地下，從20世紀的中葉以來，才有較大量的出土。東周所繼承的，僅是保留於成周的以及傳播到諸侯國的、部分的、或有缺環的西周文化，這種文化的缺環所產生的解釋空間，讓春秋時代的哲學家有機會進行所謂「哲學性的突破」，其關係與其說是繼承，不如說是一種蛻變。

（二）周因于殷禮，所損益可知

孔子說：「周因于殷禮，所損益可知也。」（《論語‧為政》）事實上，從孔子時代與殷代的考古學證據看來，孔子對於殷禮所知有限，最起碼比現代學者所知為少，藉由出土器物與出土文獻的分析，我們對於殷禮的理解可能更甚於孔子時代。從現已出土的文獻資料看來，周初的確有明顯的「因于殷禮」的現象，此為其大體，兩者之間，「所損益」者由於材料日多，亦漸漸可知。本節的主旨不在有系統地討論周殷間文化的所因與所損益，而是在解釋「因」與「損益」背後的歷史因素[48]。

殷周之間的文化因襲最關鍵的是文字書寫系統的繼承，其基礎應當是商與周兩個族群，或更廣泛言之，當時華北平原地區的主要族群絕大多數可能都已經使用相同或相似的語言，彼此大體可以溝通，其間差異是同一語言間的「方言」，絕非不同「語系」[49]。因此商王朝的文字書寫系統，周

---

48 本文所謂「禮」，所指涉或涵蓋的不僅是禮儀（ritual），而是更廣泛之文化內容方面的承襲與改變。

49 鮑則嶽（Willian Boltz）根據前人研究整理早期（1200-1000 BCE）漢藏語系（包括漢語系以及藏緬語系）、印歐語系、南島語系在華北的可能相互影響。參見William Boltz, "Language and Writing," *The Cambridge History of Ancient China*, edited by Michael Loewe and Edward L. Shaughnessy (Cambridge: Cambridge University Press, 1999), pp. 74-123. 二里頭文化到二里崗文化之間是否與殷周之間相同，屬於同一語系，則尚待

王朝得以大體上照單全收,既未朝著拼音文字的方向發展[50],也未採用混合語標(logograph)和字母拼音共存的方式,以適應不同語系間的表達與溝通需求[51]。書寫系統的承襲,意味著許多辭彙與觀念。例如,動詞:「賜」、「賞」、「用作」、「蔑曆」、「遘」等[52];名詞:「尊彝」;介系詞:「于」、「在」等,專有名詞如:干支紀日、親屬稱謂、祭祀名稱、官名,以及文化現象,例如以「貝」為主的賞賜、大事紀年、置閏月等等,都是周因于殷。陳夢家原擬撰寫「周因于殷禮」,列出「所因」與「所損益」兩者,「所因」項下列「天干紀日」、「十三月」、「以事紀年」、「天干廟號」、「百官」、「宮室」、「天」、「賞貝」、「祭祀名稱」等項目,所損益者則包括「月相、紀年」、「有廟」、「上帝、天」、「犧牲不同‧周尚騂」等項目。他原本企圖從古文字資料有系統地比較殷周制度,可惜僅寫下條目,並未著手進行就過世了[53]。從他所列的例子看來,書寫系統的承襲,的確是個關鍵因素。

在祭祀禮儀方面,西周早期的文獻記載周王沿用殷代禮制[54],劉雨曾疏理西周金文中所見的祭禮,從金文中找出了禘、衣、酌、祼、禴、告、禦、叔、報、翟、饎、饙、燎、禬、牢、屮、嘗、烝、閟、禋共20種祭名(商代祭名更多),發現當中有17種可以在商代的甲骨刻辭或殷金文中找到。周因

(續)───────────────

研究。

50 例如美索不達米亞從蘇美文到腓尼基文間的演變就是由象形文字,到借用原有系統拼音化,到純粹拼音文字的演變。

51 例如:韓文與日文。Ross King, "Korean Writing," *The World's Writing System*, edited by Peter T. Daniels and William Bright (Oxford: Oxford University Press, 1996), pp. 218-227. Janet S. Smith(Shibamoto), "Japanese Writing," *The World's Writing System*, pp. 209-217.

52 張懋鎔討論過蔑曆、遘等字詞,見張懋鎔,〈試論商周之際字詞的演變──商周文化比較研究之一〉,《古文字與青銅器論集》第三輯(北京:科學出版社,2010),頁227-244。

53 陳夢家,《西周銅器斷代》(北京:中華書局,2004),頁459。

54 《尚書‧洛誥》:「周公曰:『王肇稱殷禮,祀于新邑,咸秩無文。』」屈萬里,《尚書集釋》(臺北:聯經出版公司,1983),頁181。

於殷的祭禮，集中在西周前期(恭王以前)，西周後期僅見少數西周早期祭名，並且出現了「嘗」、「禋」兩種不重要的祭名。到了東周時代，殷禮則僅存「烝」一種，而西周新出現的「嘗」、「禋」則持續[55]。雖然金文僅為西周文獻的一類，此種針對金文的分析周禮未必周全，但是此一祭禮的分析可以大體看出西周禮制的一個趨勢，在西周恭王以前基本上是殷禮的延續，最起碼名稱是相同的，實質內容上也許有些變化。但恭王以後，起了很大的變革，絕大多數的殷禮都消失了，而且，並沒有取而代之的一群新的祭名出現在金文當中。祭祀的禮儀可能起了重大的改變或被簡化，或在金文的脈絡當中祭禮已經不重要了，因此少被提及[56]。

在官制方面，張亞初曾經進行過比較有系統的分析，他指出商代甲骨刻辭與金文中所見職官少於70種，西周金文所見職官卻多達210種以上。商代官名當中有85%在西周金文中也可見到，可見在官名方面亦是周承殷制[57]。西周早期金文所見的職官有50種[58]，西周中期金文所出現的職官有79種[59]，西周晚期的職官則有84種[60]。可見其遞增之發展。在官制方面商代與西周最顯著的差異是在商代子姓的族氏掌握絕大多數的政治權力，幾乎從最尊貴到最低階的官職皆由族氏成員完全擔綱，權力完全集中於子姓貴族的手中。西周雖然大量分封姬姓貴族，但同時也分封相當數量的外姓貴族，至

55　劉雨，〈西周金文中的祭祖禮〉，《考古學報》1989.4：495-521。劉雨，〈金文中的周禮〉，《燕京學報》新3(1997)：55-111。筆者並不完全同意劉雨的分析，例如，二文皆標「祭祖禮」，但有些祭名，是否為祭祖禮，可以商榷。所引用的金文，雖然是西周金文，但其中有不少為商遺民，而且文中記錄的是商人本身家族的祭祀。所以，分析可以再更細緻。但是，文中所見的西周時代的趨勢，不會因為細緻的討論，而有太劇烈的變化，故仍採用其分析。

56　讀者可以參考筆者分析恭王禮制改革以後所產生的銅器類型上的巨大差異，見黃銘崇，〈從考古發現看西周墓葬的「分器」現象與西周時代禮器制度的類型與階段〉。

57　張亞初，〈商代職官研究〉，《古文字研究》13(1986)：82-116。張亞初，《西周金文官制研究》(北京：中華書局，1986)。

58　張亞初，《西周金文官制研究》，頁104。

59　同上，頁106。

60　同上，頁109。

於中低階具有服務性質的官員，則往往由子姓的商遺民充任，主要原因之一可能是這些商貴族是當時社會少數識字的群體，此亦書寫系統承襲影響及於文化與政治之主因。由此帶來的結果之一是在商代一個具有某種官名的個人，其職掌並未固定，也未見個人升遷的情事，職位間看不出層級系統[61]。但是在西周時代，特定官名的職掌卻逐漸固定，一個官員的升遷管道逐漸確立，且不同的職位之間形成了層級系統，這是朝著「官僚體系」的方向在變化，這些現象在李峰的近著中有很精闢的描寫[62]。筆者認為總體而言李峰所描述的現象是存在的，不過，此一變化的關鍵因素是周王朝任用了大批商遺貴族充任中低階官僚，此點是李峰的論述所未及，筆者擬另文申論，或尚有未盡之宜。

在親屬稱謂方面筆者研究甲骨文、金文中商貴族的親屬稱謂，包括「示」、「祖」、「父」、「兄」、「子」、「孫」、「妣」、「母」、「嬡」、「婦」、「姑」、「辟」，共12種[63]，其中僅有「示」與「嬡」是傳世先秦文獻所無。筆者曾經比較商貴族使用親屬稱謂「姑」與周貴族的差異，發現商貴族的稱謂「姑」僅有女性使用，而且指的是丈夫的媽媽，也就是今日俗稱的「婆婆」。但是周貴族的「姑」則有兩種意思，既可以為丈夫的媽媽，也可以是父親的姊妹，甚至變成男性也使用的親屬稱謂。筆者認為此種差異係因商貴族的社會結構與周貴族不同所致，周貴族有母方交表婚或姊妹交換婚的習慣，商人的婚姻則屬於父方交表婚[64]。周人雖然在書寫的親屬稱謂上接受了許多商人的親屬稱謂，但是他們原本也可能有自己的系統，例如：商貴族稱尊一輩所有男性為「父」，周貴族則稱父親為「考」，此一習慣甚至影響到周初一部分商人也改稱父為「考」或「文

61 黃銘崇，〈晚商王朝的族氏與族氏政治〉，頁1-97。

62 Feng Li, *Bureaucracy and the State in Early China: Governing the Western Zhou* (Cambridge: Cambridge University Press, 2008).

63 黃銘崇，〈商人日干為生稱與同干不婚的意義〉。

64 黃銘崇，〈殷周金文中的親屬稱謂「姑」及其相關問題〉，《中央研究院歷史語言研究所集刊》75.1（2004）：1-98。黃銘崇，〈商周貴族親屬稱謂制度的比較研究〉。

考」。總之，周貴族因為書寫系統的全盤吸收而承襲了商貴族的親屬稱謂，但因親屬制度不同而有一些意義與使用範圍上的調整。

周因殷禮的現象，還可以從西周早期與商代晚期的青銅禮器的比較看出。西周早期的青銅器，與商代晚期的青銅器具有很強的延續性，這是從近代學者有系統分析商周青銅器以來就看得很清楚的事實[65]。雖然筆者指出有部分原因是周方克商時擄獲大量青銅器，武王將這些青銅器賞賜給有功將士，因此進入西周初期墓葬中。這可以解釋為何有相當多過去被認定是西周早期的青銅器，甚至是西周初期墓葬出土的銅器，卻可以在安陽孝民屯晚商鑄銅作坊中找到相應的陶範[66]。即使如此，西周早期生產製作的青銅器，也還是明顯有晚商風格，主因是成王五年周王朝將原居於安陽的大部分殷人遷徙到洛陽（即「遷殷頑民」），近年發掘洛陽鑄銅遺址，發現西周早期洛陽鑄銅業繼承了安陽的鑄銅業[67]，成為西周早期的青銅器生產的中心之一，在風格方面，兩者也是延續的。最初洛陽生產的銅器與晚商安陽生產的銅器幾乎沒有差別，但風格與紋飾慢慢的在改變。還有一點值得注意的是，洛陽的鑄銅遺址，起始於西周初年，而結束於穆王、恭王以後，其動向應當與西周恭王時代的禮制改革，所引發銅器作坊的遷移有密切的關係。

雖曰周因於殷禮，但是周與殷畢竟自始就是不同族群，文化上有其差異。陳夢家以使用「天干廟號」為「所因」，這是不正確的，因為事實上周人名號基本上不用日干，西周早期大量使用日干為名者是商貴族遺裔[68]。商

65　比較有系統的分析可見Jessica Rawson, *Western Zhou Bronzes from the Arthur M. Sackler Collections* (Cambridge: Harvard University Press, 1990), pp. 25-73.

66　中國社會科學院考古研究所安陽工作隊，〈2000-2001年安陽向民屯東南地殷代鑄銅遺址發掘報告〉，《考古學報》2006.3：351-364。李永迪、岳占偉、劉煜，〈從孝民屯東南地出土陶範談對殷墟青銅器的幾點認識〉，《考古》2007.3：52-63。

67　洛陽博物館，〈洛陽北窯村西周遺址1974年度發掘報告〉，《文物》1981.7：52-64。洛陽市文物工作隊，〈1975-1979年洛陽北窯西周鑄銅遺址的發掘〉，《考古》1983.5：430-441。

68　張懋鎔，〈周人不用日名說〉，輯於《古文字與青銅器論集》（北京：科學出版社，2002），頁217-222。

代晚期商人的名號在「歿稱」(死後的稱謂)的情況都有日干,例如:「父甲」、「祖丁」、「母辛」以及「大乙」、「盤庚」、「帝辛」等等,但是進入西周以後,銅器銘文以及傳世文獻中開始出現另一類人名,即是「伯(孟)、仲、叔、季+某父」,例如伯唐父、仲遠父等,以及女性繫姓的現象,例如,虢姬、季姜之類。仔細分析商代以及西周早期帶有日干的人名後,可以得到以下結論:(1)名號中使用日干是族群的標誌,不是時代的標誌;亦即使用日干是商貴族子姓的標誌,商貴族在進入周朝以後仍然使用。(2)日干不是廟號:雖然日干大多數都用於歿稱的狀況下,但也有部分用於生稱。(3)日干不是個人的標誌,而是一個大群體——「子姓」之下「世系群」的標誌。(4)日干作為世系群的標誌,是商人子姓所特有,西周早期雖然有部分其他姓使用,「日干+公」的尊稱形式,但與商人以日干為姓的狀況不同。商人的親屬稱謂體系之所以與其他族群不同,主要是因為他們在族群結構上並非單一世系群,且婚姻制度近於父方交表婚[69]。

在曆法方面,西周雖然沿用商代的大事紀年的方式,但是商代晚期的王年稱為「祀」,西周則大體稱「年」。例如,晚商的〈小臣艅犀尊〉(05990)的紀年稱「唯王來征夷方,唯王十祀又五,肜日。」紀年用大事——征夷方,年份與肜日加上銘文前面的干支,構成日期的完整指標。又如〈二祀邲其卣〉(05412):「隹王二祀,既訊于上下帝。」二祀的大事為訊于上下帝。其前面同樣有干支「丙辰」,以及「在正月,遘于妣丙肜日,大乙奭。」正月的丙辰肜祭大乙配偶妣丙的那天,同樣構成精準的日期指標。從商代具有紀年的金文與甲骨文看來,商王年稱「祀」與晚商的「周祭」的一個完整的周期近於360天有關[70]。準確地按時祭祀,是一件重要的事,因此,周祭變成一種表達準確日期的重要標記。西周的紀年方式,早期亦曾使用祀,例如:〈何尊〉(06014):「……隹王五祀。」〈大盂鼎〉(02839)銘文:

---

69 所謂「父方交表婚」,簡而言之,是指系統性地與姑表為婚。「母方交表婚」則是系統性地與「舅表」為婚。參黃銘崇,〈商周貴族親屬稱謂制度的比較研究〉。

70 常玉芝,《商代周祭制度》。

「……隹王廿又五祀。」但西周早期偏晚之後即改祀為年。例如：〈作冊翩卣〉(05400)：「隹明保殷成周年，……」明保「殷」於成周，也就是在成周大會諸侯為當年之大事。〈中方鼎〉(02751)：「隹王令南宮伐虎方之年，……」則以南宮征伐虎方為大事。〈作冊睘卣〉(05407)：「隹十又九年，……」則僅稱年份，但無論何種狀況皆稱「年」。周王朝雖無周祭系統，但早期用商人擔任作冊，故多用「祀」；其後因為周的先祖后稷曾為農神，關心農業的收成，故後王年改稱與收成有關的「年」[71]。在月以下的記述方式，商人紀日以干支，以十日為「旬」，周人雖沿用干支紀日，卻不用旬。他們將一月四分，各為七天，故有初吉、既生霸、既死霸、既望等之「月相」詞[72]。此等月相詞究竟如何對應實際的月相，學者有各種說法[73]，但無論如何，這些月相詞都是商代所無者。改用月相辭彙精確顯示日期是殷周間重要的差異，說明有些文化內容，例如祖先祭祀的方式，是無法承襲的，因此，導致紀年以及精確表達日期上的差異。

在祖先祭祀方面，商貴族似乎每人皆有個人的祭祀場所稱之為「宗」，例如甲骨文的「母辛宗」(《合集》)等[74]，金文「作冊殷新宗」(〈作冊豐鼎〉(02711))、「父丁宗」(〈小夫卣〉(05320))、「文父癸宗」(〈保尊〉(06003))、「祖己宗」(〈乃孫鼎〉(02431))、「甲考宗」(〈参卣蓋〉(05343))等，楊鴻勛根據商代墓上有建築的現象推測商人的「宗」是墓上建築。商王朝的「周祭」雖然是針對所有先王以及所謂「直系」的先妣整體而設計，但是每一個祭祀，皆針對個人，說明商代無祭祀祖先整體之廟，即使是整體的周祭

---

71 董作賓，〈卜辭中所見之殷曆〉，《安陽發掘報告》3(1931)：481-522。胡厚宣，〈殷代年歲稱謂考〉，《甲骨學商史論叢·初集上》(臺北：大通書局影印，1973)，頁339-363。島邦男著，溫天河中譯，〈殷的曆法〉，《殷墟卜辭研究》(臺北：鼎文書局，1975)，頁499-524。

72 王國維，〈生霸死霸考〉，《觀堂集林》(北京：中華書局，1959)，頁19-26。

73 葉正渤，〈20世紀以來西周金文月相問題研究綜述〉，《徐州師範大學學報》30.5 (2004)：9-13。

74 楊鴻勛，〈婦好墓上「母辛宗」建築復原〉，《文物》1988.6：62-66，87。

系統，每次祭祀還是到個別先王先妣的宗。相對的，周人則在周初建立了
「大廟」、「周廟」，康王以後(恭王時)建立「康廟」(康宮)，分別是以「大
王」、「文王」(即周王)、「康王」為中心建築祭祀之主體的集體宗廟，此
點可以從〈大盂鼎〉(02839)銘文看出，此鼎銘文顯示整個典禮在周廟舉行，
最重要的祭典是禘祭「周王、武王、成王」；這是西周時代少數廟的地點
與祭祀的對象一起出現。此一銘文顯示周廟是以周王即文王為中心，武王
與成王一左一右，如後代的昭穆制度。如果此一觀察是正確的，那麼「大
廟」是以大王即太王為中心的廟，周廟是以文王為中心的廟，而康廟或康
宮當是以康王為中心的廟，康王以前的王入於中間的宮，左則為昭宮，右
為穆宮，依次排列，就是傳世文獻的昭穆制度出現的時代[75]。總之，商代的
祖先祭祀是在墓上的「宗」，是個別的祭祀場所；周代的祭祀，則是在集
體的「廟」裡，再分別到各別先王所屬的「宮」[76]。

---

[75] 關於康宮，在學術界有很大的爭議，唐蘭強力的論辯康宮為康王之廟，因此將〈作
冊令簋〉(04300、04301)以及相關銅器完全編到昭王時代，此一編年與郭沫若和陳
夢家的西周年代的看法有很大的出入。見唐蘭，〈西周銅器斷代中的「康宮」問題〉，
《考古學報》1962.1：15-48。此種說法，在學術界有相當大的影響。近年來，學術
界有較多不同的聲音，參見何幼琦，〈論「康宮」〉，《西北大學學報》1985.2：
10-16。杜勇、沈長雲，〈康宮問題與銅器斷代〉，《金文斷代方法探微》(北京：
人民出版社，2002)，頁39-124。筆者認為〈作冊令簋〉的時代較早，其中的康宮在
成周；其餘銅器銘文的康廟、康宮的時代較晚，且位在周(即周原地區)，兩者有區
別。

[76] 巫鴻承楊寬先秦無墓上建築之說，論證中國早期祖先祭祀的場所有「從廟到墓」的
發展，但是他的說法有一個很大的問題是他所謂「廟」，在考古發現上以偃師二里
頭遺址一號、二號宮殿，岐山鳳雛甲組建築為例，指稱這些建築是「廟」，唯一的
證據就是這些宮殿的形式與根據傳世文獻復原的廟類似。巫鴻，〈從「廟」至「墓」——
中國古代宗教美術發展中的一個關鍵問題〉，《禮儀中的美術——巫鴻中國古代美
術史文編》(北京：三聯書店，2005)，頁549-568。楊寬，《中國古代陵寢制度史研
究》(上海：上海古籍出版社，1985)。楊寬，〈先秦墓上建築和陵寢制度〉，《文
物》1982.1：31-37。楊寬，〈中國陵墓制度的變遷〉，《殷都學刊》1983.1：1-5。
楊寬的看法與楊鴻勛的看法相左；從考古材料上看，商代有殷墟婦好墓、山東滕州
前掌大M1、花園莊東地M54等，明確有墓上建築，故楊鴻勛的說法是有根據的。參
見楊鴻勛，〈關於秦代以前墓上建築的問題〉，《建築考古學論文集》(北京：文物
出版社，1987)，頁143-149。楊鴻勛，〈「關於秦代以前墓上建築的問題」要點重

　　由以上討論，可以看出由於語言屬於同一語系，使用文字方面的因襲、大量殷貴族擔任中低階官吏，以及商王朝工匠團體被整個接收，造成明顯的周因於殷禮的現象。近年由於新材料的出土與材料集成的便利性，使得我們對兩個文化有更深的理解，進而愈顯現兩者間損益。但是在關鍵的面向，特別是與祖先祭祀有關的禮制上，周王朝並未照單全收；而是在使用過程中，因為逐漸了解某些殷禮的本質而不斷地修正，最終在恭王時期時機成熟，遂進行了全面性的改革，也宣示了真正周文化以及「周禮」的成形。

（三）西周文化展現的人文主義色彩

　　「周因于殷禮」其實是表面現象，西周的政治與文化內涵可以說與商代的政治與宗教文化成為強烈的反命題，商文化常被貼上「獰厲」的標籤，在宗教圖像以及祭祀犧牲方面，有著恐怖的面貌。但是相對的，西周則常具有「寬厚」的特色，甚至被認為具有人道主義萌芽的契機。以下就西周文化所展現的人文主義色彩略述如次：

　　首先是巫術或宗教與政治的關係，傳世文獻記載以及周原與周公廟一帶出土的甲骨都指出西周早期的周文王、周公等人物可能都是參與占卜的巫者[77]，周公之子，第一代的魯侯伯禽，在金文中曾稱為大祝（〈大祝禽方鼎〉（01937、01938）、〈禽簋〉（04041）），「祝」的字源有學者認為與巫術、咒術有關[78]，傳世文獻中的祝也屬於巫官系統（見《周禮・春官・大祝》等），說明伯禽應當也是個通曉巫術者。在周原也發現了從周文王到周穆王時期的刻

（續）————

　　申——答楊寬先生〉，《建築考古學論文集》，頁150-152。楊鴻勛，〈戰國中山王陵及兆域圖研究〉，《建築考古學論文集》，頁120-148。

77　《尚書・大誥》有：「文王遺我大寶龜，……」屈萬里，《尚書集釋》，頁135。周公之事見《尚書・金縢》。見屈萬里，《尚書集釋》，頁127-133。周原出土的甲骨文見曹瑋編著，《周原甲骨文》（北京：世界圖書出版公司，2002）。

78　白川靜著，加地伸行、范月嬌中譯，《中國古代文化》（臺北：文津出版社，1983），頁139-140。

辭甲骨[79]，也有不少占卜的記錄。《尚書‧金縢》中描寫周公占卜以己身代替武王，以延長武王的壽命。以上種種事蹟顯示在周王朝的早期，巫術與政治間的關係還是相當密切。不過，周人的占卜與商人並不相同，夏含夷（Edward Shaughnessy）指出周原甲骨與安陽甲骨不同之處在於其完整刻辭的最後往往有「思亡咎」、「思又正」、「思克事」帶有「思」的短句。他比照《詩經》類似具有「思無邪」文例，與先儒的解釋，認為此處的「思」當有祈願的意思，也就是占卜者直接表達自己所希望的答案，希望占卜的對象能答應，而非貞問將來可能如何[80]。換言之，周人的占卜，不是希望鬼神給答案，而是已經自己作了決定，期望鬼神的確認。所以，它是更明顯地作為說服工具，事實上是執政者已經為眾人作了決定，但交由鬼神去說服大家[81]。所以，周原甲骨的內容，與安陽甲骨也不相同，它並非如商代每事卜，所有事情似乎都與國家的重大事件有關，並無生活上瑣碎的事情，如牙痛、耳鳴、生子等情事[82]。此外，在周原甲骨以及其他書寫系絡中也出現不少所謂「數字卦」，這種數字張政烺稱為「易卦」，並且將此種數字與易卦對應[83]。由於數字非僅單雙，因此數字卦排列組合的可能性多於易卦，學術界對於此一解釋仍有疑慮[84]。不論如何，兩者相同之處是這些數字所排列出來的每一種可能性，都有固定的文字或口傳的內容，以作為人行為的指標[85]，而這些指標是過去經驗累積出來的。所以，不論是周原甲骨的

79　陳全方，《周原與周文化》（上海：上海人民出版社，1988），頁148-149。

80　夏含夷，〈試論周原卜辭「思」字——兼論周代占卜之性質〉，《古文字研究》17（1989）：304-308。

81　在《尚書‧大誥》記載周公東征前的誥命，其中有一段記載：「我有大事，休，朕卜并吉。肆予告我友邦君，越尹氏、庶士、御事，曰：『予得吉卜；予惟以爾庶邦，于伐殷逋播臣。』」即是以占卜的結果來說服周王朝的貴族。見屈萬里，《尚書集釋》，頁136-137。

82　陳全方，《周原與周文化》，頁108-123。曹瑋主編，《周原甲骨文》。

83　張政烺，〈試釋周初青銅器銘文中的易卦〉，《考古學報》1980.4：403-415。

84　李宗焜，〈數字卦與陰陽爻〉，《中央研究院歷史語言研究所集刊》77.2（2006）：279-318。

85　早期筮占文獻的整理可見邢文，〈早期筮占文獻的結構分析〉，《文物》2002.8：

占卜或數字卦，周人基本上並不是依賴鬼神來作決定，而是依賴自己的意志以及經驗形成的模式來定事情的好壞，占卜等工具實際上是一種說服的工具，非決策的工具。有這種對於占卜等稽疑手段的基本態度，當王朝建立了之後，頻繁地接觸了商人貴族中的巫者之後，應當會發現，周巫見商巫是名副其實的「小巫見大巫」，周王朝當然不可能讓周王朝的政治回到商代的舊有的巫術與政治結合的舊模式，而被看似手段更為高明的巫者所支配。西周早期晚段以後，出土文獻就罕見與巫術有關的記載，應當就是周王朝面對此一現實所作的應變。

在思想方面周人相信天命，不過周人所謂「天命」，並非空口無憑，而是有天象作為其徵兆。西元前1059年，出現了一次五百餘年才有「五星聚于房」的罕見星象(見《竹書紀年》)，所謂「五星聚」是指太陽系裡的金、木、水、火、土五大行星匯聚在一個很小的象限內，可以同時用肉眼見得到。天文歷史學家得據以計算發生的時間[86]，班大為(David Pankenier)根據星象的電腦模擬程式，指出這種星象大約每五百年出現一次，晚商時期出現在的一次是在西元前1059年[87]。在此之前的兩次五星聚，前一次在夏商之際(西元前1576年，五星錯行，見《竹書紀年》)，再前一次在夏王朝初年(西元前1953年，見漢代緯書《孝經勾命訣》)，傳世文獻記載都與王朝的興替有某種牽連。所以，班大為認為此一意識形態不完全是周人單方面的認定，而可能是中原一帶自古流傳的一種說法。不僅前兩次的五星聚出現時，都與王朝建立或覆滅有關，甚至後來流傳所謂五百年而有聖王出(《孟子·公孫丑下》)的說法可能也是根據天象的演繹[88]。周人的天命說，可能建立在這種傳統說

(續)————
　　53-60。

86　「(帝乙)三十二年，五星聚于房，有赤鳥集于周社。」

87　David W. Pankenier, "Astronomical Dates in the Shang and Western Zhou," *Early China* 7(1983): 2-37. 以及David N. Pankenier, "The Cosmolo-Political Background of Heaven's Mandate," *Early China* 20(1995): 121-176. 目前有許多平板電腦的APP可以復原各時期的天象，例如SkySafari Pro就是一個方便的程式。

88　參Pankenier, "The Cosmolo-Political Background of Heaven's Mandate."

法上，自己又作了一番解釋。文王受命的實質意義是原本為商王朝的方伯之周國成為一個完全獨立的國家，與商朝成為名實相符的對立國。

「天」是周人信仰中的至上神，根據顧立雅(Herlee Glessner Creel)的分析，「天」在甲骨文中罕見，且與祭祀無關，相對的「帝」在甲骨文中則明顯是商人的至上神，也是重要的祭祀對象之一。入周以後，在金文中「天」與「帝」並現，但是天的次數遠比帝多。傳世文獻「天」與「帝」往往並現，則係後人述作。此外，傳世文獻中有商王武乙「射天」的故事，到了春秋晚期商人後裔的宋偃王，也有相同的故事[89]。因此，他認為「帝」為商人的至上神，「天」則是周人的至上神，原來祭祀各有其族，但到了西周以後，周人有意識地將兩者混用，指為一神，以弭平族群間的差異。猶如希臘之Hera與羅馬之Juno，原為兩神，但進入羅馬時代，則漸被認為是同一神。其目的是消弭希臘與羅馬間信仰的差異，以利羅馬統治希臘[90]。仔細檢視殷墟甲骨文，「天」出現的次數相當少，沒有隆重的祭祀，且無「天子」或「天命」等相關名詞。相反的，「帝」出現的次數相當多，而且，帝在甲骨文中常跟隨著動詞「令」。商代的「令」，是權力的一種表現，在殷墟甲骨刻辭中，在人世間令的主詞僅見「王」與「子」，王是「王卜辭」中權力最大者，而子則是他所屬特定的「子卜辭」中權力至高者。商代的「帝令」，並未及於人，帝令風、令雨、令雷，因為它是帝所屬的上層宇宙之主宰[91]，猶如商王是人世間的主宰，而子則是他所屬的群體內之主宰。商代晚期，為了進一步強化王權，將王與帝結合起來[92]，王在為儲君的時代

---

89 討論見顧頡剛，〈宋偃王的紹述先德〉，《古史辨》第二冊(上海：開明書店，1924)，頁71-106。許倬雲，《西周史‧增訂版》(臺北：聯經出版公司，1993)，頁102-103。

90 顧立雅，〈釋天〉，《燕京學報》18(1935)：59-71。傅斯年，〈周初人之「帝」與「天」〉，《性命古訓辯證‧中卷》輯於《傅斯年全集》第二冊(臺北：聯經出版公司，1980)，頁597-610。

91 朱鳳瀚認為商代的上帝主要具有「自然權能」、「戰事權能」，在「人事權能」上只能作用於王本身。見朱鳳瀚，〈商人諸神之權能與其類型〉。

92 高明，〈商代卜辭中所見的王與帝〉，頁243-255。

稱為「帝子」（即後代之嫡子之來源），生時稱王，死後成「帝+日干」，如帝乙、帝辛等[93]。西周的「天命」與「天子」，顯然是參考商代晚期的「帝令」與「帝子」而產生，但是帝令不直接及於人世，天命則及於人世：天授命給周文王，以致文王的後代成為「天子」。西周的天子，是周王本人；商代則稱王的下一代繼承人「帝子」以與其他「子」有所區別。班大為近說認為「帝」字的字形是北極星附近天體的星座的形式，其信仰的源頭相當早[94]。今本《竹書紀年》，夏代王皆稱為「帝某」，商王皆稱為「區別字+日干」，周王則稱為「某王」；商王用「帝」為區別字，從甲骨文與傳世文獻上看，是商代晚期之事，說明帝並非商人固有的至上神，極可能也是從前朝借來的，經過了兩三百年的融合之後，也變成了商人的固有觀念，甚至用此種觀念來強化王權。

在宗教與倫理道德的關係方面，前面已經談到商代的帝令觀與倫理道德無涉，帝或祖先是一群與在世的貴族有關、性格反覆無常卻具有強大能力的超自然存在者。相對的，西周天命卻與「德」的觀念結合起來：周文王膺受天命，也就是接受天的「德」，繼承他的子孫就繼承了他的「德」，因此，這些繼承的子孫也就代為「天子」。文王受天命之後，可以冊命職位予臣下。臣下可以一代一代傳其「德」予其子孫，而子孫繼承其位或改變職位時，需要再受時王的冊命。同樣的，臣下可以賞賜物品、土地、更低的職位給陪臣，陪臣亦可代代傳其「德」。「德」的概念根據金文的脈絡分析，其意義與《國語‧晉語四》所說：「異姓則異德，異德則異類。異類雖近，男女相及以生民也。同姓則同德，……男女不相及也，畏黷敬也。」中所言相同，是一種家族中跨越世代相傳的東西[95]。其原始的概念，

---

93 黃銘崇，〈甲骨文、金文所見以十日命名者的繼統「區別字」〉。
94 David N. Pankenier, "A Brief History of Beiji北極(North Culmen), with an Excursus on the Origin of the Character di帝," pp. 211-236.
95 小南一郎，〈天命と德〉，《東方學報》64（1992）：1-59。

近於李宗侗所說的「姓」或*mana*[96]。後來才衍生了「刑與德」，德是在同族之間用的，刑才是對外人用的，進一步產生更廣泛的倫理的「道與德」的概念[97]。由此觀察，西周時代的天命，雖然承襲自「帝令」，卻已經發展成政治與社會領域的東西，超越原來的宗教概念。而西周人所謂「敬德」[98]，應當是指尊重各個族姓之間傳承的*mana*或文化，其批判的對象，應當是指商人不尊重他所統治地域土著族姓的「德」，與後世的德泛指廣義的「道德」不同。

《尚書》周初誥命及《詩經・大雅》記載的「天命觀」與商代的「帝令觀」不同，在思想的特色上，首次超越了族群界線，承認所有族群在人世間存在的基本權利，而「天命」變成了一個族群對於其他族群統治的合法基礎。不過，由於周人的統治權明顯接收自商王朝，遂有「天命靡常」的思想，也就是本文所謂的「革命觀」，它援引商王朝的典冊，訴諸歷史，指出商人的政權係來自夏，如同周人的政權來自商[99]。夏、殷之所以墜命，係因其末王未述祖德，荒於政事，習於安樂，乃失天命。相對的，商初與周之受命乃因文王畏天恤民，勤政節儉所致。殷之墜命與周之受命顯示了「天命靡常」，殷王之失德，天遂命周致上天的懲罰，使殷朝覆滅[100]，原本是用來說服殷貴族周王朝統治的合法性。在另一方面，周王朝的主政者也諄諄告誡周人，受命係因「敬德」，周人欲常保天命，也必須「敬德」，

---

96 李宗侗，《中國古代社會新研》（上海：開明書店，1948），頁129，184。

97 斯維至，〈說德〉，《中國古代社會文化論稿》（臺北：允晨文化實業公司，1997），頁365-395。

98 《尚書・召誥》：「我不敢知曰，有夏服天命，惟有歷年；我不敢知曰，不其延，惟不敬德，乃早墜厥命。我不敢知曰，有殷服天命，惟有歷年；我不敢知曰，不其延，惟不敬德，乃早墜厥命。」屈萬里，《尚書集釋》，頁177。

99 《尚書・多士》：「惟爾知，惟殷先人有冊有典，殷革夏命。」屈萬里，《尚書集釋》，頁193。

100 《尚書・多士》：「王若曰：『爾殷遺多士！弗弔，旻天大降喪于殷；我有周佑命，將天明威，致王罰。勅殷命終于帝。肆爾多士，非我小國敢弋殷命；惟天不畀，允罔固亂，弼我：我其敢求位？惟帝不畀，惟我下民秉為，惟天明畏。』」「乃命爾先祖成湯革夏，俊（峻正厥）民，甸（匍有）四方。」屈萬里，《尚書集釋》，頁190。

因為天的意志在人間的表現是人民的意志，因此「天監」即「民監」。整個連結起來就成為一種以人民的意志為基礎的宗教意識形態，因此被認為有「人文主義」的傾向。

西周的人文主義傾向，不僅於意識形態的層面，也及於日常生活與操作層面。例如在飲酒方面，在飲酒過量的改革上，商人也許因為宗教、巫術或政治文化的因素而飲酒。從商人以爵、觚為身分的象徵，以及商代青銅禮器中酒器所占的比例看來，毫無疑問商貴族甚至商統治的眾人階層有酗酒的習慣。《尚書・酒誥》再三告誡周人子弟，絕對不得酗酒，並且告誡對於酗酒的殷人施之以教，教而後才能致刑罰；在下一節，我們會以墓葬中所見禮器來說明周王朝在這方面的成功。在使用宗教圖像方面，周人也沒有承接商王朝宗教圖像作為統治的工具，早期放任商人使用原有的饕餮紋與相關圖像。不過西周時期饕餮紋沒有國家為其後盾，它所展現的獰厲性格與權威也逐漸消蝕。到了恭王時代，才全面改革，一舉讓饕餮紋完全退出裝飾紋樣的舞台[101]。

在以人為犧牲方面，雖然孔子說：「周因於殷禮，所損益可知也。」（《論語・為政》）其實，孔子對於殷禮所知僅及於《禮記》中所記的一些夏、商、周制度上的皮毛差別[102]，真正的殷禮，已經在西周早期百年的「革命」過程，以及其後數百年的周文化的洗禮下完全被遺忘。否則他不會批評當世的一些做法：「『始作俑者，其無後乎。』為其象人而用之也。」（《孟子・梁惠王上》）因為重人類，而重重地批判以人形俑陪葬的習俗。孔子的先人商王朝的貴族，雖不作俑，卻在祭典中大量地用人為犧牲、殉葬、祭祀。近代的考古發掘發現在商代墓葬中以人殉葬是十分常見的現象，不僅在西北岡的王陵內有大批的犧牲，王陵區內更有大規模的殉葬坑，安陽各區的墓葬，也都有犧牲。在商王朝所分封的封國內，例如益都蘇埠屯等墓葬群，也同

---

101 關於饕餮紋的討論，見黃銘崇，〈饕餮紋的再思考：一個方法的省思〉，頁1-102。
102 此類記載見於《禮記・檀弓》、《禮記・明堂位》等。

樣有大批的人牲。在建築的奠基或其他祭祀儀式或場所，也為犧牲而殺人無數[103]。但在同一時代，在涇、渭河流域的所謂「先周」墓葬中，卻完全未見殉葬的現象[104]。雖然有些學者在討論人牲與人殉時，忽略此一現象的重要性[105]，但是此種差異，進入西周時代，也由於周人掌握政治權力，殉葬的現象很快地逐漸消失。不僅見於周人的墓葬如此，連商遺民的墓葬，都很少使用人來陪葬。因為建築奠基或其他因素而使用的殉葬，也消失了[106]。孔子在春秋時代的魯國成長，對於商代殉葬制度的無知，可見西周時代對於喪葬禮儀改革是成功的。

《禮記‧表記》曾經有一段描寫商周王朝宗教上之差異：「……殷人尊神，率民以事神，先鬼而後禮。……周人尊禮尚施，事鬼敬神而遠之。」商王朝將宗教作為政治的工具，強化宗教中的神秘、震懾、猙獰與恐怖的面貌。相對的，周王朝重視民監，強調人與人之間的和諧，削弱宗教領域的恐怖面貌，的確是「敬鬼神而遠之」。商到西周的變化，是天翻地覆的大改革，王國維認為商周思想變革是中國歷史上的一大變革，傅斯年認為周初的「天命無常論」係人道主義之黎明[107]，從以上討論周初政治思想與晚商政治思想上的差異看來，是有道理的觀察。不過，筆者要強調，所謂「人文主義」或「人道主義」僅是政治思想的內涵，真正的王朝對內、對外的

---

103 黃展岳，《古代人牲人殉通論》（北京：文物出版社，2004）。

104 所謂「先周」文化，是鄒衡首先提出的，其範疇簡而言之是前王朝時期的周文化，見鄒衡，〈論先周文化〉，《夏商周考古學論文集》（北京：文物出版社，1980），頁297-356。但是要精確地指出哪一個考古學文化才是先周文化，卻不是件易事。目前在關中地區除了範圍極小的晚商文化之外，尚有幾種主要的考古學文化——鄭家坡文化、碾子坡文化、劉家文化，學者對於何者才是先周文化，各說各話。關於各家不同可參見雷興山，〈周原遺址商時期遺存與先周文化關係辨析〉，《古代文明》7(2008)：189-211。以上三種文化基本上都沒有人殉的現象。

105 黃展岳，《古代人牲人殉通論》，頁146。

106 郭仁，〈關於西周奴隸殉葬問題的探討〉，《中國歷史博物館館刊》4(1982)：29-33，34。

107 傅斯年，〈周初之「天命無常」論〉，《性命古訓辯證‧中卷》輯於《傅斯年全集》第二冊，頁611-611。

實際政治操作則不然，以西周晚期的〈禹鼎〉(02833)銘文為例，在作器者禹所參與的一場對鄂侯的戰役中，王下令西六師、殷八師撲伐鄂侯之國，並且下令：「勿遺壽幼。」[108] 就是老的、少的一個都不能留下，全部殺光。顯示政治衝突所引發的一時的人與人之間的仇恨未必因為政治思想上的「人道主義」而有所緩和。

(四)以人為本的文化傳播模式

商代晚期商王朝的子姓族氏分封出去以後是一個半獨立的政體(可以山東青州蘇埠屯的「亞醜」族氏與山東滕州前掌大的「史」族氏為代表)，有自己本身運作的方式與邏輯，並不直接受到王朝的管轄，但是透過回到安陽參與占卜、祭祀等宗教、政治活動[109]，持續受到商王的封賞與授爵，透過與王室和居於安陽的族氏之間的密切婚姻關係，而達到聯繫王朝與分封國的目的。分封國可能入貢或協助運送重要物資(例如：鹽、銅、錫、龜甲、大理石、貝、牛、馬、羊、與人等)[110]，而相對地從安陽取得象徵身分的青銅器以及其他儀典用具(威信財)回到分封地，安陽風格的銅器、玉器、墓葬、車馬等等因此而散布於中原各地。這是當時商王朝的文化傳播方式——由各地輸入各種材料，經過首都安陽的「文化包裝」以後送回到各殖民地——也就是說，商代的文化傳播主要是以「物品的交換」為基礎來達成的。相對的，西周國家卻透過教育來完成文化傳播的目的，他們在宗周設置的貴族子弟學校，讓散居各地的貴族將他們的子弟送到位於宗周的學校學習，貴族子弟在此地一起學習，養成兄弟般的情誼，間接形塑了西周以下「四海之內

---

108 見「殷周金文暨青銅器資料庫」，db1n.sinica.edu.tw/textdb/test/bronze/rpt_rubbing.php，2009.8.5，器號02833。

109 李雪山，〈貞人為封國首領來朝執掌占卜祭祀之官〉。徐義華，〈商代的占卜權〉，《商承祚教授百年誕辰紀念論文集》(北京：文物出版社，2003)，頁253-266。

110 黃銘崇、林農堯、黃一凡、劉彥斌、林昆翰，〈晚商文化的分布及其意義——以山東地區為例的初步探討〉，《東亞考古學的再思》(臺北：中央研究院歷史語言研究所，2013)，頁257-337。

皆兄弟」的氛圍。而宗周成為王朝文化傳播的核心，貴族子弟學成後將宗周的文化帶回封國，封國本身的學校，又再將文化進一步傳遞到次級貴族的采邑，成為樹狀的傳播模式。總之，西周的文化傳播不是像商代透過物品移動，而是透過人的移動與教育來達成。

此一以人為文化傳播的媒介以及以教育代替宗教的文化傳播方式，必須從辟雍(一作辟雝)的營建說起。周文王受「天命」以後，除了展開軍事行動，拓展領土之外，最具有象徵性的一件大事，就是命令太子姬發建立鎬京，並在鎬京營造辟雍(《竹書紀年》)。根據傳世文獻的記載，辟雍是一個建造於大規模的人工湖泊中的島上建築，在其間可以舉行宴飲(《詩經‧小雅‧魚藻》)，也適合音樂演奏(《詩經‧大雅‧靈台》)。在較晚的《禮記‧王制》中，辟雍則是大學，與之相對的是小學；而諸侯的學校，因為僅有一半的池子，因此稱為頖宮(泮宮)[111]。天子出征，凱旋之後，必須在此處接受獻俘[112]。諸侯的頖宮也有同樣的功能，在《詩經‧魯頌‧泮水》中就有魯侯在泮獻馘、獻囚、獻功的記載。從關於明堂辟雍的記載以及後世辟雍的建築形態上看，它似乎是個具有宇宙縮影意義的建築，原本應當是個祭祀場所，後來似乎又開發了很多其他儀式性與象徵性的功能。

西周金文中出現過「蒿」這個地名，應當就是文獻中的鎬京，但是並未與辟雍一起出現。但另有一地名稱「莠京」，在金文中出現頻繁，且包含了辟雍。〈麥尊〉(06015)銘文描述邢侯初被封於邢，返宗周述職，正值王在莠京舉行祭祀。隔天，王乘坐一艘船，在辟雍進行「大豐」的儀式，並且進行射禮，射禽到大鳥。邢侯搭乘另一艘紅旗的船，陪同著王進行儀

---

111 《禮記‧王制》：「天子命之教，然後為學。小學在公宮，大學在郊。天子曰辟廱，諸侯曰頖宮。」

112 關於辟雍的討論見Ming-chorng Hwang, "*Piyong* in the Western Zhou Period," "Ming-tang: Cosmology, Political Order and Monuments in Early China" Ph.D. Dissertation for the Department of East Asian Languages and Civilizations, Harvard University, 1997, pp. 215-327. 楊寬，〈西周大學(辟雍)的特點及其起源〉，《西周史》(臺北：商務印書館，1999)，頁629-649。

式，表現十分得體。當天王就請邢侯到內寢，給予各種賞賜。此地的辟雍與文獻記載相符，有大池，可以行船，並且可以舉行大豐與射禮。另一件銅器〈伯唐父鼎〉（《新收》0698）銘文並未提到辟雍，但是儀式發生的場地是辟池，可能即為辟雍所在的人工湖泊。同樣記載王在蒡京舉行祭祀，並且搭乘辟舟射園囿中的各種動物。另外兩件器銘文記載於蒡京的大池捕魚（見〈通簋〉（04207）、〈井鼎〉（02720）銘文）。辟雍所在的蒡京在銘文中出現了近30次，與文獻記載的鎬京是否同地異名，或大小地名之區別，或根本為兩處，到目前為止並無定論，但可以確定蒡京距離宗周（傳世文獻中豐、鎬的總名）相當近[113]。

與蒡京相關的銘文中，最有趣的是〈靜簋〉（04273）的銘文：「隹六月初吉，王在蒡京。丁卯，王令靜司射學宮，小子暨服暨小臣暨夷僕學射。零八月初吉，庚寅，王以吳賣、呂剛、歟、鼎師、邦周射于大池，靜學亡繹。王賜靜鞞𤩱。靜拜稽首，對揚天子不顯休。用作文母外姞尊簋，子子孫孫其萬年用。」此一銅器是靜為母親外姞所作。另外兩件同為靜所鑄造的器物銘文〈靜方鼎〉（《新收》1795）與〈小臣靜卣〉（《新收》1960）顯示他祭祀「父丁」，可知靜為商人後裔，其父丁與〈靜簋〉所祭祀母親外姞為一對，說明靜是當時常見的商（子姓）與非商（此例為姞姓）的混血兒。在另外一篇銘文中，也受王賞賜弓（〈靜卣〉（05408）），說明靜應當是一位射箭高手。在〈靜簋〉銘文中，他在蒡京的「學宮」擔任「司射」，教小子、服、小臣、夷僕學射，這些人可能是各類年輕的貴族與其他階層的子弟。到了八月，王在辟池舉行三對三的「比三耦」的射禮，參與者都是身分相當高的貴族子弟成員，靜擔任典禮的教官，執事得體，因此，得到王的賞賜[114]。此一活動的所在地——「學宮」，應當即是傳世文獻所謂的「大學」。

---

113 「蒿」與「蒡」雖然不同，但兩個字有共同的特徵，首先是四個角落各有一「木」，中有基礎抬高的建築以展示此一地點為宇宙中心的象徵。其次，兩者的中心都是一個建築，應當就是「明堂」之類。

114 劉雨，〈西周金文中的射禮〉，《考古》1986.12：1112-1120。

　　西周金文中，除了出現學宮之外，還出現過「小學」這個機構，見於康王時期的〈大盂鼎〉(02837)以及西周晚期的〈師𡎝簋〉(04324、04325)[115]。其中的「小學」是由周王所設立的學校，盂與師𡎝這兩位貴族成員，在受王命繼承世襲的位置之前，都是在小學表現聰敏可嘉，後乃受王冊命。按照傳世文獻周代的貴族子弟在年幼時先入「小學」，等到一定年紀方可進入「大學」學習(《大戴禮記‧保傅》)[116]。可見西周自早期起，貴族子弟在年輕時，可能都被集中在王所設置的小學學習，學習的表現似乎成為後來被王冊命的因素之一。

　　西周康王之世政治情勢穩定的以後，貴族的教育變成王朝活動的焦點之一，整個宗周地區，瀰漫著貴族子弟孜孜學習的文化氣息，而且，其學習的主要動力是周王與國家機器的策動與賞賜。〈令鼎〉(02803)銘文讓我們充分感受此種氣氛，銘文的開場是周王在「諆」地舉行藉田之禮，隨之舉行宴饗，其後再舉行射禮，王先射，其後諸有司、師氏與小子合射。完成以後，王騎著馬由諆田到溓宮(祭公之宮室)，由溓仲陪同，兩位小子──顯然是相當年輕的貴族──「令」與「奮」為前驅，王對他倆下諭旨，如果他們夠騎到目的地，就賞賜三十家臣隸。到了溓宮以後，王實踐他的諾言，賞賜令。令拜謝王的賞賜，並且高興地說：「小子受教了。」頌揚王的美善[117]。另一篇銘文〈柞伯簋〉(《新收》76)記載王在周的大射，同樣分成兩組，由南宮率領多士，師𩵋父領導小臣比賽。王用赤金(銅)十反(銅的單位)為獎勵，勝利者取之。最後是由周公的後裔柞伯以十射皆無廢矢，也

---

115 〈大盂鼎〉：「汝昧辰有大服，余隹即朕小學。」〈師𡎝簋〉：「……王曰：『師𡎝，在先王小學汝，汝敏可使，……。乃令，令汝嗣乃祖舊官，……』」

116 《大戴禮記‧保傅》：「及太子少長，知妃色，則入於小學，小者所學之宮也。」又：「古者年八歲而出就外舍，學小藝焉，履小節焉；束髮而就大學，學大藝焉，履大節焉。」

117 〈令鼎〉：「王大藉于諆田，觴。王射。有司暨師氏、小子合射。王歸自諆田，王馭，溓仲僕，令暨奮先馬走。王曰：『令暨奮！乃克至，余其舍汝臣三十家。』王至于溓宮，啟。令拜稽首曰：『小子迺學。』令對揚王休。」

就是全部中「侯」（箭靶）而獲得獎賞[118]。參與者稱多士或小子與小臣，當是貴族青年。射大概是當時王室與貴族最喜好的項目，金文中與射禮有關的內容不少，射禮不僅有社會功能、習兵的功能、也有政治功能[119]。學習的核心不僅在射箭的技巧，主要恐怕還是射禮中應對上下，學習與社會層級有關的禮節。

　　由於射禮的資料比較多，小南一郎藉著「射禮」來討論中國古代禮制的變化，他認為周代的射禮，並非如楊寬等所言，係源自狩獵之射[120]；究其本源，當有其宗教的或神聖的根源。但是西周中期以後，由於社會基本構造的改變，使得射禮由具有宗教性意味的儀式，轉變為政治性、社會性濃厚的禮儀。西周中期以後承襲殷王朝的祭祀禮儀崩解，不僅射禮有儀禮化、社會化的轉變，其他如青銅禮器由酒器轉為食器的變革，冊命銘文的風行等現象，都顯示西周中期的禮儀改造是揚棄禮儀中的宗教成分，而保留了其中的儀式形式，從以神為中心的宗教祭祀，轉變成以人為中心的儀禮[121]。小南一郎對於西周禮儀的轉變之觀察是相當敏銳的，而且，變化的範圍應當不止於射禮，此類變化可以用兩種趨勢來總結，一是儀式化，讓祭祀的表演規制化，脫離巫術系統的出神式表現與宗教性的神秘氣氛，讓禮儀的形式以及形式所展現的階層意義遠重於宗教的內容。次為神聖化，將王朝的祭祀提升到高不可攀的神聖層次，與底層社會的日常生活與信仰脫離。換言之，商代祭祀文化的禮儀是「實質的儀式」，就是「玩真的」。但是，

---

118 王龍正、姜濤、袁俊杰，〈新發現的柞伯簋及其銘文考釋〉，《文物》1998.9：53-58。〈柞伯簋〉（《新收》76）：「隹八月，辰在庚申，王大射，在周。王命南宮率多士、師酓父率小臣。王，赤金十反。王曰：小子、小臣，敬又！有獲則取。柞伯十稱弓無廢矢。王則畀柞伯赤金十反，延賜柷見。柞伯用作周公寶尊彝。」鍾柏生、陳昭容、黃銘崇、袁國華編，《新收殷周青銅器銘文暨器影彙編》（臺北：藝文印書館，2006），No.76，頁67。簡稱《新收》。

119 劉雨，〈西周金文中的射禮〉。

120 楊寬，〈「射禮」新探〉，《西周史》（臺北：商務印書館，1999），頁683-708。

121 小南一郎，〈論射禮的儀禮化過程──以辟雍禮儀為中心〉，《西周文明論集》（北京：朝華出版社，2004），頁181-191。

西周時代的禮儀則是「形式的禮制」，是一種高度象徵化的表演。我們可以說周王朝才是中國宗教史上真正徹底的「絕地天通」者，他們把商代的巫術兩極化，一方面把在貴族社會中的許多巫術的儀式形式化，美其名為「禮」，讓巫術僅存形式而沒有實質內容。此舉在實質上把巫術從貴族社會中斬除，它只能存在社會底層持續運作。當宗教祭祀脫離貴族生活的重心之後，取而代之的是學習禮、樂、射、御、書、數的貴族教育，並且專注於人間的、社會性的事物。

　　以上概述了西周政治文化與晚商政治文化的主要差別，以及西周王朝所展顯的人文主義色彩，但要深究西周政治文化的人文特色的源流，非得從它興起的過程，以及為了調和周殷的種族關係所作的種種努力著眼，以下試申論之。

三、西周轉向人文主義的歷史背景

(一)從邊緣到中心[122]

　　從西元前9000年起，地球的氣候脫離了小冰河期，在相當短的時間內年平均氣溫驟升了攝氏8度左右，超過現在平均氣溫約攝氏4度，而且維持相當長久一段時間，這一段期間被學者稱之為全新世大暖期[123]，它使得植物生長環境變佳、植物分布帶變廣，連帶使得整個生態系統變得活躍，當然也意味著人類賴以為生的資源變得更豐富。這是造成新石器時代人類文化

---

122 關於晚商時期的周以及西周的地理空間，可以參考本書〈政治地景〉一章晚商遺址分布圖，另外李峰在*Landscape and Power in Early China*一書的第一章有關於西周地理空間的精彩描述，見Feng Li, "Foundation of the Western Zhou State: Constructing the Political Space," *Landscape and Power in Early China: the Crisis and Fall of the Western Zhou 1045-771 BC* (Cambridge: Cambridge University Press, 2006), pp. 27-90.

123 施雅風等，〈中國全新世大暖期鼎盛階段的氣候與環境〉，《中國科學・B輯》1993.8：866-873。施雅風等，〈中國全新世大暖期氣候波動與重要事件〉，《中國科學・B輯》1992.12：1300-1308。

進展，並且在世界不同角落相繼進入農耕文化以及文明階段的重要條件之一，此種氣候上的優越條件，在東亞地區到了西元前3000年（龍山文化時代）開始起了變化，氣候由先由溼潤轉為乾燥，接著平均氣溫再逐年下降。到了商代晚期（ca. 1300-1046 BCE）平均氣溫又快速下降，造成草原帶的東南移[124]。位在內蒙古伊克昭盟伊金霍洛旗的朱開溝遺址是一個很好的見證，在西元前2500年左右尚為農耕地域，但是到了西元前1500年，當地居民已經因為無法生存，而往南、東移動，繼續從事農耕，或改採其他的營生方式。王明珂將在此一遺址居住的居民從西元前2000年從事農業到逐漸轉為使用畜牧資源，到西元前1500年以後完全放棄此地為止的人群生態變遷描寫得很清楚[125]。周人祖先從不窋到古公亶父之間的早期歷史，可能與此一氣候上變化有密切的關係。根據錢穆的說法，周人原先居住在山西的汾河流域一帶，是以農業聞名的[126]，由於受到戎狄的侵擾，「或在戎狄，或在中國」用現代的學術語言來說，就是有時候採取畜牧的生活方式，有時候有採取農耕的方式，這是生活在草原－森林邊緣地帶的族群常見的現象。現代的考古材料顯示，在西元前1500年到西元前1000年左右的這段時間，在呂梁山以西黃河兩岸一帶，居住著一群使用所謂「北方式青銅器」的人群，從他們所

---

124 中國科學院貴陽地球化學研究所第四紀孢粉組、C[14]組，〈遼寧省南部一萬年來自然環境之演變〉，《中國科學》1977.6：603-614。該文發表的氣溫與溼度的波動圖見本書〈晚商王朝的政治地景〉一文的圖17。

125 王明珂，〈朱開溝遺址所見人類生態變遷〉，《華夏邊緣》（臺北：允晨文化公司，1997），頁133-137。

126 錢穆，〈周初地理考〉，《錢賓四先生全集・古史地理論叢》（臺北：聯經出版公司，1995），頁1-82。王玉哲、鄒衡、貝塚茂樹、伊藤道治等都贊成此一說法，見王玉哲，〈先周族最早來源於山西〉，《古史集林》（北京：中華書局，2002），頁172-196。許倬雲利用姜、羌的分析強化此一說法，見許倬雲，〈周人的興起及周文化的基礎〉，《中國上古史待訂稿》第三本（臺北：中央研究院歷史語言研究所，1985），頁1-26。夏含夷也贊成此一看法，見夏含夷，〈早期商周關係及其對武丁以後商王室勢力範圍的意義〉，《古文字研究》13（1986）：129-143。另外的說法是把邠放在陝西，見齊思和，〈西周地理考〉，《燕京學報》30（1946）：63-106。楊寬，〈周的起源和興起〉，《西周史》（臺北：臺灣商務印書館，1999），頁15-58。無論如何，兩種說法前王朝時代的周都鄰近北方畜牧者棲息之地。

使用的工具以及工具上的羊、鹿等風格化的寫實動物裝飾，以及大量使用球鈴、繫鏈等發出叮吟聲音的器物，顯示他們的主要生計方式是牧羊，兼事狩獵與少部分農耕[127]。從考古出土的材料看，此類遺址分布於黃河兩岸呂梁山以西，其南界大約在山西吉縣附近[128]，吉縣距離錢穆所說周人發跡的稷山以及汾城直線距離大約僅有50公里左右，也就是兩天的步行距離，在陝西的部分，此種文化主要在清澗與綏德兩縣，最南則出現在淳化縣附近。研究遊牧者都知道畜牧或遊牧群體是無法獨立生存的，必須在自己的群體內有部分人口從事耕種，或以交換或搶奪的方式獲得必要的農業產品。這就形成了農牧邊緣地帶牧者與農耕者必然的互動[129]。換言之，周人早期生存的區域，到了商代中晚期之後，因為氣候條件的改變，已經從適於農耕的地帶，轉變為農耕者與畜牧者互相比鄰的狀況，當然也就十分可能被畜牧者侵擾，甚至也有可能改變原有的生計方式，以適應新的環境條件。

根據《詩經・大雅・綿》的記載，自古公亶父（太王）率領族人翻山越嶺來到岐山南麓的周原一帶之後，周人才有機會回復到比較穩定的農業生活方式，營建居住環境，並且有了自我防衛的能力，也就開始了周國的壯大[130]。近幾年在岐山山脈南麓進行的考古調查與發掘工作，逐漸擴大並且改變了我們對於先周（王朝建立以前的周國）與周代早期的認識，不過，此一考古工作目前還在早期階段，對於周人建立周王朝前的早期遺跡的全盤理解，恐

---

127 黃銘崇，〈畜牧者與農耕者之間——早期鄂爾多斯文化群與商文明〉，《「周邊」與「中心」：殷墟時期安陽及安陽以外的考古發現與研究》（臺北：中央研究院歷史語言研究所，2015）。

128 林澐，〈商文化青銅器與北方地區青銅器關係之再研究〉，《林澐學術文集》（北京：中國大百科全書出版社，1998），頁262-288。比較有系統的資料收集可見三宅俊彥，《中國古代北方系青銅器文化の研究》（東京：國學院大學研究叢書・文學研究科6，1999）。

129 見Douglas L. Johnson, *The Nature of Nomadism*, The University of Chicago Department of Geography Research Paper No. 118（Chicago: The University of Chicago Department of Geography, 1969）, pp. 11-12.

130 關於此段的原始記載見《詩經・大雅・綿》，參見屈萬里，《詩經詮釋》（臺北：聯經出版公司，1998），頁459-463。

怕需要十幾、二十年，甚至更長的時間持續的調查、發掘與研究[131]。不論未來發掘狀況如何，目前已知周人憑藉以壯大實力的根據地在關中渭河北岸岐山南，迤邐數十公里之地應該是毫無疑問的。

當古公亶父進入周原建立基地時，商王朝經歷了400年左右的經營，原本就是十個世系群結合，人數眾多的子姓貴族經過長時間在安陽都會區穩定的累積與發展，已經躍升為中原地區人口數量最多，實力最雄厚的貴族群體（或階層）。同時他們佔據中原地區的核心地帶，也不斷地對外發展，同時摧毀佔據不同地域的其他貴族，形成了一個獨大的貴族群體，並與其他族群勢力在距離核心300到400公里以外的外圍邊緣地區拉鋸（見本書〈晚商王朝的政治地景〉一文）。相對的，周不僅地處西隅，而且姬姓比起子姓，只能算是個小群體。商人自稱他們的首都為「大邑商」，周人稱殷國為「大國殷」或「大邦殷」（見《尚書・召誥》），即使周王朝建立之後，初期周人仍自稱「小邦周」（見《尚書・大誥》），可見商周之間的實力相差懸殊。而周方在晚商政治體系上，雖不屬子姓封國，但卻與商王朝或即或離，算得上是商王朝政治體系的邊緣，地理位置上以及政治實力上，都是明顯的邊陲。

商王朝雖然實力雄厚，但也不是沒有隱憂，除了外部來自東夷、周方以及北面畜牧者的壓力之外；王朝內部龐大的貴族群體，一再分割，分屬不同「族氏」（各有其族徽），雖然可能已經一分再分，以分散這些群體的勢力，並且藉由王朝領土的擴張，將部分族氏派遣在外開疆闢土，以分散核心內部的壓力，但是當他們的勢力逐漸坐大，最後也不全然是商王能夠指揮得動，有些或許不受商王節制甚至與商王為敵。此外，我們從商代的聚落分布看來，商王朝對於他者強力壓制最重要的手段之一，是抑制聚落的尺度，使得原已經發展為城邦的聚落形態，轉回到農業村落，以利控制。這些舊有的城邦，原有的貴族，當是被壓抑的主要對象（這就是周人指責商人

131 徐天進，〈周公廟考古調查的緣起及其學術意義〉，《古代文明研究通訊》21（2004.6）：4-8。徐天進，〈周公廟遺址的考古收穫及所思〉，《文物》2006.8：55-60。

不「敬德」的實質內容）。雖然有些古代的城邦貴族，可能在商王朝的擴張過程中，完全被消滅了，但是，未被消滅者，逃竄於商王朝鞭長莫及的邊緣地區，其反彈的力道，也在累積當中。周方的崛起，與此種勢力的反彈有密切的關係[132]。在另一方面，商王朝的東方海岸地帶，一直存在著商人所無法完全駕馭的土著夷人，在西北方與東北方有從事畜牧的戎狄，都是與商敵對的時間多，和平的時間少。可謂多面受敵，危機四伏，疲於應付，耗損國力。

　　周人自從古公亶父的下一代王季，逐漸累積了一定力量，不僅逐步將西進的商人勢力逐出渭水流域[133]，還開始對他們舊有根據地山西一帶的戎人，採取了攻勢[134]。與戎人的戰事，對於周方有幾點意義，首先是穩定周方與畜牧者間的關係，可以無後顧之憂，專心對付真正的大敵——商王朝。另一方面則可自戎狄處獲得羊、馬、牛等畜牧產品，特別是戰爭所需要的馬匹。善於製造與駕馭馬車的草原戎狄之人也可以幫助周王朝生產戰車。同時也切斷了商人在西邊獲得羊、馬、牛的管道。他們的終極目標，其實是被太行山所屏障的商王朝首都所在的安陽一帶，此一行動也就是《詩經‧魯頌‧閟宮》所謂的「翦商」。商王朝當然對於周人的種種軍事行動備感壓力，王季征討西落鬼戎之後，商王武乙決定在渭河流域「田獵」以誇耀兵力，據說武乙在這次田獵活動是被大雷電打死的，他的死因相當可疑，

---

132 關於商王朝壓制在地貴族可參本書〈晚商王朝的政治地景〉一章。

133 根據今本《竹書紀年》的記載，在商王武乙時代周君季歷伐程，並且獲得了程。商王武乙在渭河流域田獵，被大雷震死。見《竹書紀年》（臺北：中華書局，四部備要本，1977），頁17b。今本《竹書紀年》過去有許多學者認為係明代的偽書，但是夏含夷已經證明此書應該是東晉出土後重新編校傳下的版本，見夏含夷，〈也談武王卒年——兼論《今本竹書紀年》的真偽〉，《今本竹書紀年論集》（臺北：唐山出版社，2002），頁83-100。關於武乙之死，錢穆、許倬雲等以為很可能是死於和周人間的戰爭。見許倬雲，《西周史》，頁82。

134 根據今本《竹書紀年》的記載，季歷曾經先後征伐義渠之戎、西落鬼戎。在文丁繼位之後又伐燕京之戎、余無之戎、始呼之戎、翳徒之戎。據說都在山西省西部一帶。見錢穆，〈周初地理考〉，《錢賓四先生全集‧古史地理論叢》，頁70-71。王玉哲討論極詳，見王玉哲，〈先周族最早來源於山西〉。

不少學者都以周王朝的昭王南征不復比擬，認為可能是與周方戰爭中戰死的。根據傳世文獻記載，周君季歷則在獻俘時被武乙的下一代商王文丁困在倉庫中而死，顯然有濃厚的報復意味[135]。商周之間的競爭，並未因季歷之死而終止，周方繼位的文王姬昌繼續王季的擴張政策，但是主要的對象，已經不止於畜牧維生的翟王（戎狄的酋長），而是同為農業族群的一些小國。文王的擴張，當然同樣也震動了商王朝，商王帝辛用殺害季歷的手法，將周文王引誘至商都，而將他拘禁在羑里。據說是周方的大臣，用美女、寶物為賄賂，讓商王將周文王給釋放了，這當然是名副其實的縱虎歸山了。商王朝也給予文王「西伯」的封號，文王表面上率諸侯入貢，實際上仍然用呂尚（姜子牙）為「師」——當時職位最高的軍事將領，積極擴張軍力。文王被釋放不久，在西元前1059年，出現了五百餘年才出現一次的「五星聚」罕見天象，文王將此一天象解釋為周有「天命」的徵兆。從此之後，有了天命，文王不再掩飾他的擴張行為，主動攻擊不合作的小國如：密須、耆、邘、崇等，控制整個渭水流域，以及伊洛河流域，建造新都豐、鎬，命大子（太子）姬發打造象徵王者之都的辟雍。文王的觸角甚至深入商人子姓貴族，直接招降納叛，史書記載的所謂商大夫辛甲、太師疵、少師彊（皆見於《史記‧周本紀》）、內史向摯（《竹書紀年》）等即是，白川靜甚至認為召公奭也是「東方系的貴族」，可能是影響雙方實力消長的關鍵性的人物[136]。這時候，據說周文王的實力已經是三分天下有其二，不過，這是後世史家浮誇之辭，商王朝的真正實力，還是周方所難以撼動的。

---

135 關於周的起源和興起可參看楊寬，〈周的起源和興起〉。楊寬的討論比較煩瑣，有些社會進化論的觀點，比如從母系進化到父系，以及從遊牧的戎狄進化到農業的中原國家等觀點，現在看已經是錯誤的觀點。有許多對於神話以及傳世文獻的分析，解釋的成分也遠多於記載。亦可參考許倬雲，〈周人的興起及周文化的基礎〉，頁1-26。許倬雲的描述比較精要，也沒有過度的解釋，惟關於先周以及西周早期的考古資料需要大幅更新。

136 白川靜著，溫天河、蔡哲茂中譯，〈梁山七器〉，《金文的世界》（臺北：聯經出版公司，1989），頁40-45。白川靜，〈召方考〉，《甲骨金文學論集》（京都：朋友書店，1974），頁171-203。

　　文王並沒有完成他克商的志業就去世了，他去世之後的次年，繼位的武王自稱「大子發」，用車載著文王的神主牌位，帶著軍隊企圖征伐商王朝，一路順利地經過已經在周方控制的洛陽一帶，來到了黃河南北渡口盟津，當然也表示渡過黃河的渡口兩岸，也已經在周方的控制之下了。據說當時八百諸侯「不期而至」（《史記·殷本紀》、《史記·齊太公世家》），這也有誇大之嫌，實質上應當是有約定該出現的盟國都出現了。雖然，情勢看起來不錯，但是武王考慮之後，決定不渡河，將大軍撤回關中，與盟國約期再會。在等待的兩年中，商王朝的情勢更加惡化，據說商王帝辛殺王子比干，囚禁箕子，逼跑微子，這三位都是商王同姓的重要政治領袖。周武王衡量情勢決定再度出兵，主要的兵力，除了周方以外，就是所謂「西土之人」的成員。這回以周方為主的軍隊渡過了盟津，在各種天象徵兆都不利的狀況下，武王等執意地前進，終於來到了商都附近的牧野，連夜冒雨布陣，等待第二天的大戰。

　　關於武王克商的牧野戰役的一些細節，《逸周書·克殷解》及同書〈世俘解〉等文獻，有非常詳細的記載[137]，本文不再贅述。這場戰爭的規模，以參與的人數而言，在當時東亞，甚至全世界都可能是空前的，根據《史記·周本紀》，周方本身動員的軍隊有「虎賁」——盔甲上繪以虎的主力戰士三千人，推測就是執戈的專業戰士，「甲士」——身著戰甲執矛的士兵四萬五千人，「兵車」三百輛（《逸周書·克殷解》說為350輛），有些學者估計加上周方的盟邦軍隊，總數約有五萬餘人（林澐）。商王朝的軍隊，根據《史記·周本紀》的記載有70萬人，此一數字過於龐大，或許是誇張之詞。不過有學者指出古文字中的七與十是容易混淆的，因此認為可能是17萬的軍隊。如果此一推測是正確的，那麼周方與商王朝的軍隊大約是一比三之譜。雙方加起來二十幾萬的部隊布陣對峙，是當時世界規模最大的戰爭。這場

---

137 屈萬里，〈讀周書世俘篇〉，原載《慶祝李濟先生七十歲論文集》（臺北：清華學報社，1965），輯於《書傭論學集》（臺北：臺灣開明書店，1969），頁412-432。

戰爭，兩方兵力懸殊，周方的成功，有學者歸功於戰略，也就是在周人進行決戰之前，已經將周圍的小邦國都收服了。白川靜更指出居處於洛陽附近的召方(召公奭之國)的走向[138]，影響了商周間的平衡關係，是周人最後取得勝利的關鍵。召方親周之後，周人得以從陝西入豫西，再從最容易渡過黃河的盟津渡河，再揮軍北上，毫無阻力[139]。但是，這些說法也難以解釋為何擁有三倍以上兵力且以逸待勞的商王朝部隊，會如此一敗塗地，一戰而北。夏含夷企圖解釋此一戰役周方大勝的理由，他認為在商代晚期，350輛戰車是相當龐大的數量，使用大規模的戎車同時衝撞，在當時的東亞地區是一種新的戰術，也是在這場戰爭中周軍大勝的主要因素之一。在數百輛兵車的衝擊之下，僅以戰車為指揮車的商軍，面臨350輛戰車，1,400匹馬的奔騰衝殺，加上師無戰心，很快地就全面崩潰[140]。筆者認為夏含夷的評估是可能的，因為中國古代兵車的結構雖然與西方馬車的結構基本相同，但是其木質的車衡、車輿與車軸的構造比較結實，是適合於戰爭中的衝撞，與埃及戰車輕巧，甚至可以手提，打仗時以弓箭射擊為主，不與敵方接觸，適合「打跑」戰術有所不同。其次，周方的軍隊不僅使用新的車戰戰術，他們的指揮系統完全集中在長於大兵團作戰的姜尚的手上。相對的，商王朝的部隊則可能是由帶有不同族徽的族氏領袖調動屬於自己的軍隊，此種指揮系統多頭馬車的商王朝部隊，對陣時三比一的人數優勢就失去意義了。兩軍一接鋒，商軍前方無法穩住陣腳，一路潰敗，退者與前進者彼此衝撞，死傷慘重，無心戀戰，商王退到鹿台(或曰南單之台)，引火自焚。到

---

138 白川靜認為召方的舊地在洛陽，周初初封地則在河南郾城，後面這個說法是傅斯年先生的意見，參傅斯年，〈大東小東說──兼論魯燕齊初封在成周東南後乃東遷〉，《傅斯年全集》第三冊(臺北：聯經出版公司，1980)，頁9-22。注意晚商時期的洛陽地區的考古學文化幾乎是空白，晚商時期文化遺址相當少。

139 白川靜著，溫天河、蔡哲茂中譯，〈梁山七器〉，頁40-45。白川靜，〈召方考〉，頁171-203。

140 夏含夷，〈中國馬車的起源及其歷史意義〉，《溫故知新錄──商周文化史管見》(臺北：稻禾出版社，1997)，頁49-88。

了傍晚，戰事基本結束，商軍未戰死者，大多數可能都選擇投降。關於此役的戰況，後世儒家如孟子相信周克商的戰爭是仁義之師對大不仁，所以對於《尚書·武成》謂戰爭之激烈以至於「血之流杵（楯）」——血流漂起大盾——的說法表示不可信[141]。但是，在戰車的衝撞之下，戰況激烈可以推想。這場商周的戰爭，後續還有一連串的清理性質的戰鬥，最後的統計共消滅的「國」有99個，所殲滅斬首的敵人有177,779人，俘虜有310,230人，最後因此一系列的征戰而臣服於周王朝的「國」多達652個（見於《逸周書·世俘解》）[142]。這些數字，可以與記載於〈小盂鼎〉（02839）的戰爭俘虜內容比較，包括：馘首4,800、俘虜13,811、馬（數缺）、車30、牛355、羊38。這是一場農業的周王朝與北方草原畜牧的鬼方的一場主要戰役，殺傷以及俘虜人數尚且如此，《逸周書·世俘解》所記載商與周個兩農業大國的決勝戰役中的死亡人數，以及俘虜人數與之比較並不離譜[143]。

　　筆者之所以不惜篇幅來描寫這段從邊緣到中心的過程，是因為唯有瞭解此一背景，才能真正瞭解周人許多思想與政策的淵源。首先，周人與商人的衝突，到了武王的時代，已經有相當長的一段歷史了，周人在心理上，已經有與商人正面對抗的心裡準備。周人發動此一決定性的戰役，是相當大的冒險，一旦戰敗，可能導致亡國滅種，不是沒有猶豫。但是，其決策者武王、周公旦、姜尚等人在其他天象、徵兆都不利的狀況下仍然持續挺

---

141 《孟子·盡心下》：「孟子曰：盡信書，則不如無書。吾於〈武成〉，取二三策而已矣。仁人無敵於天下，以至仁伐至不仁，而何其血之流杵也。」

142 此一數字的討論見屈萬里，〈讀周書世俘篇〉，《書傭論學集》，頁412-432。並可與本書〈晚商王朝的政治地景〉一文的人口估計相比較。

143 參見楊寬，〈論周武王克商〉，王孝廉、吳繼文編，《神與神話》（臺北：聯經出版公司，1988），頁405-462。本書〈晚商王朝的政治地景〉一文依據林澐根據傳世文獻與考古材料建構的推估古代聚落人口的方法推測占地面積達3,600萬平方公尺的殷墟遺址的人口超過45萬人，並且根據區域系統調查結果證明安陽在整個洹水流域，甚至整個中原地區是個超大或獨大的都會。比對〈世俘〉中記載的數字，兩者十分接近。〈世俘〉記載中所殺、俘的商人大多數可能是來自安陽，少部分來自附近的小聚落。

進，其信仰上的支撐是「天命」，也就是西元前1059年的五星聚現象的解釋。此一戰役的規模之大，以及殺害與俘虜的數字之鉅，相當可觀。這應當在目睹戰役者的心理留下不可磨滅之印象。原本相信「天命」者，經歷此一戰役，證實了他們的信仰；對於「天命」原本持著半信半疑的周人以及其盟友，此一戰役無疑堅定了他們對於天命的信仰[144]。而且，此一信仰在周人的大力宣揚之下，對於目睹戰役的商人，以及原本不屬於西土之人的其他族群當也由疑轉信。一直到四百多年後，西元前606年，軍事實力強大的楚國「觀兵」於衰弱的周王朝境內，傲慢地問九鼎之輕重，王孫滿回應楚王謂：「周德雖衰，天命未改。鼎之輕重，未可問也。」楚王聽了只能悻悻然地離開，可見其影響之深遠（《左傳》宣公三年）。

其次，在此一過程的政治地理態勢，從周方的角度，一直是以小搏大，這種長期的敵大我小態勢，使得周人必須聯合所有非商的族群，一起努力對抗商王朝。因此，周方的軍隊勇敢善戰，對於敵對者在戰爭的當下雖然十分殘忍（可從克商戰役中對方死亡人數看出），但是對於友邦諸國的姿態卻較友善與寬宏，對俘虜的態度也非以暴制暴。比起商代，企圖將古代的城邦國家殺害其貴族，強力壓抑成為農村聚落，並且俘虜敵人為奴僕，不幸者用之於祭祀，周人算得上是寬宏大量了。就是在此種敵大我小背景之下，周人發展出族群對等的觀念，他們對於早期就存在中原地帶的古姓，是採取相當寬容與平等的心態（此即所謂「敬德」，尊重他人之「德」），此一心態以及在封建過程中同時採用姬姓與他姓的貴族，造就了後來所謂「四海之內，皆兄弟也」的觀念。

最後一點是，杜正勝指出，從周人離開他們山西汾河流域的老家開始，他們就在與戎狄鬥爭的背景下求生存，周人有武裝殖民的傳統精神，使得他們驍勇善戰，在西周早期全東亞最強悍的武力，非周王朝的虎賁莫屬。但是就文化上而言，新興的周王朝，比起擁有近500年璀璨青銅文化的商，

---

144 許倬雲，《西周史・增訂版》，頁97。

可謂「軍事上的巨人」兼有「文化的侏儒」之特質，周方的政治人物，對於文化上的劣勢當然也了然於胸。如何面對文化上的劣勢，轉移文化強勢者之焦點，應當是他們大戰略思考的一部分。

(二)武裝殖民與「周殷命運共同體」的形成

武王克商是商周之間一場決定性的戰役，但是在克商之後，雖然可能如《逸周書·世俘》所言，隨後的一段時間內殲滅了99個「國」(polities，可能就是商王朝分封在外的「族氏」)，所服的「國」更多達600多個[145]。但是周王朝實際控制的區域，恐怕不過是今天的關中、豫北、豫中及豫西地區，其餘豫東、河北、山東、皖北、蘇北等半壁以上的泛中原地域，事實上都不在周王朝的勢力範圍。武王在克商之後，並未曾也無能對於新征服的土地進行系統的分封，只立紂王的下一代武庚以繼續商人子姓的祭祀，安撫人數仍然眾多的商人貴族，並立管叔於「東」，蔡叔、霍叔於殷，即所謂「三監」於商人舊地的核心地帶[146]，以監控武庚。管叔所封的「管」地位在鄭州附近[147]，近年在鄭州洼劉出土西周早期墓葬，有學者就指出與管的地望有關[148]。顯示武王克商之後周人觀念的「東」，不過在鄭州以西不遠之處[149]。

---

145 筆者認為周方所殲滅與臣服的國，主要是商王朝所封，帶有特定族徽的分封國，它們是一種polity，但是可能無法稱為state，也就是未必全然獨立於商王朝之外。

146 王玉哲，〈周初的三監及其地望問題〉，《古史集林》(北京：中華書局，2002)，頁245-255。

147 于省吾，〈利簋銘文考釋〉，《文物》1977.8：10-12。李民，〈釋鼐〉，《中原文物》1994.4：44-46。李民，〈「鼐」與殷末周初之管地〉，《殷都學刊》1995.4：55-57。

148 鄭州市文物考古研究所，〈鄭州市洼劉村西周早期墓葬(ZGW99M1)發掘簡報〉，《文物》2001.6：28-44。

149 《史記·管蔡世家》：「武王已克殷紂，平天下，封功臣昆弟。於是封叔鮮於管，封叔度於蔡；二人相紂子武庚祿父，治殷遺民。」知管叔所封為管，但《逸周書·作雒》：「武王克殷，乃立王子祿父俾守商祀。建管叔于東，建蔡叔、霍叔于殷，俾監殷臣。」《逸周書·大匡》：「惟十有三祀，王在管，管叔自作殷之監，東隅之侯咸受賜于王，王乃旅之以上東隅。」(見《逸周書》，臺北，中華書局四部備要本，1980)知管叔所封之管，當時為東，東隅就在管的附近。管叔可能為東方諸侯之

當時商王朝的舊勢力仍然存在，且真正支撐起商王朝的族氏結構並未完全
瓦解，他們仍然繼續在安陽－鄭州－上蔡一線以東的廣大地區，統治他們
原有的領地[150]。所以現行用西元前1046年來作為商周文化的界線，其實不恰
當，因為在克商以後，鄭州安陽一線以東尚未屬於周王朝。到了周公東征
以後，有局部地區進入周王朝的版圖，但是真正將華北一帶大半土地納入
周王朝的版圖，大概要到康王之世了。特別是華北的東半部沿海一帶，存
在著即使在商王朝最強盛時代都無法完全控制的土著夷人族群，同樣也是
早期周王朝鞭長莫及之地[151]。有些地區，例如，膠東半島以及日照附近，整
個西周時代，都還控制在土著政權的手中[152]。另外有些地區，在商王朝時已
經被商人族氏所控制，在西周時代則選擇順服周王朝，因此一直還是原有
商族氏所控制，此種例子，根據考古發掘或金文資料可證實者有薛國、息
國。根據傳世文獻材料者，還有覃國（譚國，在山東濟南城子崖）[153]、蕭國（在

（續）─────────────────

長，見王健，〈論周初管叔的方伯地位〉，《中州學刊》2003.1：92-96。本文所謂
「西周初期」指的是西周早期約25年左右的一段時間。

150 這也是為什麼以武王克商之年，現在大多數學者同意大概是在1046 BCE，作為西周
早期的開端不是對於所有區域都是合適的。例如，滕州前掌大的鄰近區域，恐怕到
西周成王十年，也就是周成王封魯侯的前後，才真正進入西周王朝的政治體系內。
在此之前，此地仍然是商人的「史」族氏的地盤。即使在此之後商人「史」族氏服
屬於魯侯，魯侯可能也沒有能力將「史」族氏的勢力從當地連根拔起。事實上，後
來統治此地的薛侯，可能仍為商人「史」族氏的後裔。參見王恩田，〈陝西岐山新
出薛器考釋〉，《古文字論集・考古與文物叢刊2》（西安：考古與文物編輯部，1983），
頁43-47。馮時，〈殷代史氏考〉，《黃盛璋八秩華誕紀念論文集》（中國教育文化
出版社，2005），頁19-31。

151 任相宏，〈從泰沂山脈北測的商文化遺存看商人東征〉，《中國文物報》1997.11.23：
3。

152 山東省煙台地區文物管理組，〈山東蓬萊縣西周墓發掘簡報〉，《文物資料叢刊・
三》（北京：文物出版社，1980），頁50-55。煙台市文物管理委員會，〈山東蓬萊縣
柳格莊墓葬群發掘簡報〉，《考古》1990.9：803-810。唐祿庭，〈山東黃縣東營周
家村西周殘墓清理簡報〉，《海岱考古・創刊號》（山東：山東大學出版社，1989），
頁314-319。

153 陳槃，《春秋大事表列國爵姓及存滅表譔異・三訂本》（臺北：中央研究院歷史語言
研究所，1969），頁505-507。商代族徽有「覃」。

蕭縣西北十里蕭城)等[154]。這些國家在西周早期可能都還維持著商代的傳統。所以,有些地方,在西元前1046年以後,仍顯示商文化的特徵,近年出土的鹿邑太清宮,雖然已進入西周的紀年範圍,但是仍然顯示出強烈的商王朝喪葬禮制,就是這個道理。不過,這些地方的商貴族,不久就會面臨一個問題,就是他們原本從安陽帶回分封地的青銅器來源已經被切斷,他們原本的青銅文化,勢必要改變。西周早期的青銅文化,就是在這樣複雜的政治環境之下,而有複雜的面貌,筆者在〈從考古發現看西周墓葬的「分器」現象與西周時代禮器制度的類型與階段〉一文有詳細的分析,此不贅述[155]。

武王在克商戰役後,就倉促地將周方主力部隊退回關中地區,古代史家美其名為「縱馬於華山之陽,放牛於桃林之虛,偃干戈,振兵釋旅,示天下不復用也。」(《史記・周本紀》、《史記・樂書》、《史記・留侯世家》)向天下展現不再用兵的決心。實際上,武王可能生病或在戰爭中受傷,病情時好時壞,所以在殷墟、管與雒邑等地進行了必要的安排以後(《逸周書・作雒解》、〈大匡解〉),將主力軍隊撤往關中,以防萬一。《尚書・金縢》記錄周公祈禱以自身取代武王,雖然略微好轉,但病情拖延了一陣子,仍然不治身亡[156]。武王的死對於商人的舊勢力而言,是極大的鼓舞,武庚也充分利用了周王朝內部的問題與矛盾,企圖反撲。他以離間之計,讓三監起而反對掌握大權的周公,因而放鬆對商舊勢力的監控與對抗,甚至可能與之合作。並且企圖結合東夷以及其他各東方族群的力量一起反抗周王朝。商的舊部與東夷的結合反抗對於新興的周王朝而言,是件相當震恐的事。東夷在商代末年已經形成了東方的一大勢力,從新出土的銅器銘文看來,

---

154 同上,頁508-511。
155 見《中央研究院歷史語言研究所集刊》83.4(2012):607-670;84.1(2013):1-82。
156 事載於《尚書・金縢》,屈萬里,《尚書集釋》,頁127-133。以及《史記・魯周公世家》,參《史記》(北京:中華書局,1959),頁1516-1518。關於周公的相關討論可見杜正勝,〈尚書中的周公——兼從周初史實看周公稱王之辯〉,《周代城邦》(臺北:聯經出版公司,1979),頁157-220。

夷方可能包含相當多個彼此獨立的酋邦，各有其首領[157]。商王帝辛曾經對東夷用兵數次，不但無法真正敉平夷方的勢力，反而減弱了商王朝的軍事實力，所以在《左傳》昭公十一年叔向說：「紂克東夷而殞其身。」認為紂伐東夷實為商王朝最終敗亡的重要因素。武王克商之後，並未進一步挺進東方，所以周人對於黃河下游與淮河流域基本上是毫無控制的。

從《逸周書》的〈度邑解〉、〈武儆解〉、〈五權解〉等篇的內容綜合考察，基於周王朝安危的整體考量，武王在病危時似乎有意思將王位傳給關係近、年紀較長、且思慮縝密的周公，以取代太子誦（成王）。周公是否接受武王的意思而稱王是一個有爭議的歷史公案[158]，從〈五權解〉看來，應當是「長小子」也就是成王誦繼位。無論如何，當時周公在武王的授意之下掌握了周王朝的執政權是毫無疑問的。為此，周王朝內部出現雜音，除了管叔、蔡叔不服，放出周公將不利於成王的謠言以外[159]，召公也有質疑的聲音[160]。且當時的成王雖然年輕，但並非童蒙，對於周公掌握政權，也有不悅[161]。周公顯然是一位深謀遠慮的謀略家，他首先與召公懇談（見《尚書‧君奭》），達成協議，交換地盤，當即《史記‧燕召公世家》所謂：「自陝以

---

157 參見本書〈晚商王朝的政治地景〉一章。

158 顧頡剛認為周公稱王七年，見所著〈周公執政稱王——周公東征史事考證之二〉，《文史》23（1984）：1-30。王玉哲的看法相同，見所著〈周公旦的當政及其東征考〉，《古史集林》（北京：中華書局，2002），頁341-356。夏含夷引〈禽簋〉（04041）與〈牆盤〉（10175）銘文，認為在東征的那段時間，周公並未稱王，而且西周史官，也無周公稱王的概念。見夏含夷，〈周公居東新說——兼論〈召誥〉、〈君奭〉著作背景和意旨〉，《古史異觀》（上海：上海古籍出版社，2005），頁306-319。此說見頁306-307。

159 見《尚書‧金縢》：「武王既喪，管叔及其群弟乃流言於國，曰：『公將不利於孺子。』……」參屈萬里，《尚書集釋》，頁130。及《史記‧魯周公世家》（北京：中華書局，1959），頁1518。

160 見《史記‧燕召公世家》：「成王既幼，周公攝政，當國踐阼，召公疑之，作〈君奭〉。」頁1549。〈書序〉：「召公為保，周公為師，相成王為左右；召公不說，周公作〈君奭〉。」以及夏含夷的討論，參夏含夷，〈周公居東新說——兼論〈召誥〉、〈君奭〉著作背景和意旨〉，頁309。

161 見《尚書‧金縢》。

西，召公主之；自陝以東，周公主之。」讓原本以東方為根據地的召公負
責安定後方，弭平來自周公親人的雜音，穩定大局，此即《尚書大傳》之
「一年救亂」。有了穩定的後方，周公則以位居關中東方的成師(洛陽，此
時尚未營建雒邑)為根據地，此當即《尚書‧金縢》之「周公居東」[162]，部署
東征相關的軍事活動。此次周公東征在世界史上，應該算得上是當時最複
雜的軍事行動之一，不僅戰線長，戰爭的對象分布範圍廣，打仗的時間也
長。他以一年的時間，掃蕩了以武庚為主的商人勢力，此即文獻所稱「二
年克殷」，並且懲罰了管叔與蔡叔[163]。再向東掃蕩挺進到達山東半島的泰山
南北麓及淮水流域，乃「三年踐奄」[164]，回頭建立衛國，即「四年建侯衛」，
將一部分殷人遺民留在衛國，交由與周公親近的康侯看管[165]。將安陽地區

---

162 《尚書‧金縢》：「周公居東二年，則罪人斯得。」又《竹書紀年》：「成王，名
　　誦。元年……武庚以殷叛。周文公出居于東。」在金文中〈小臣𤔲尊〉(06512)：「王
　　後𤔲克商，在成師。周公賜小臣𤔲貝十朋，……」這是擊敗武庚之後，軍隊在成師，
　　周公封賞。關於周公東古代解釋《尚書》的學者有兩種說法，一是今文家的說法，
　　認為就是周公東征，另一種說法是周公待罪於東。筆者從王玉哲的說法，即第一說。
　　見王玉哲，〈周公旦的當政及其東征考〉，頁341-356。另一種說法，見夏含夷，〈周
　　公居東新說──兼論〈召誥〉、〈君奭〉著作背景和意旨〉。清華簡亦有〈金縢〉
　　一章，劉國忠整理了古代自宋儒起的各種說法，並且指出清華簡的異文「周公宅東
　　三年，禍人斯得」基本上證實居東的目的是東征。見劉國忠，〈清華簡「金縢」與
　　周公居東的真相〉，《走近清華簡》(北京：高等教育出版社，2011)，頁93-108。
　　清華簡〈金縢〉基本上澄清了自古以來與〈金縢〉有關的各種疑問，其釋文與註釋
　　見同書頁135-138。
163 《史記‧管蔡世家》：「周公旦承王命伐誅武庚，殺管叔，而放蔡叔，遷之，與車
　　十乘，徒七十人從。」《逸周書‧作雒解》：「周公、召公內弭父兄，外撫諸侯，
　　元年夏六月葬武王於畢。二年又作師旅，臨衛政殷，殷大震潰。王子祿父北奔，管
　　叔經而卒。乃囚蔡叔于郭凌。」
164 關於周公東征〈𪉑方鼎〉(02739)明確記載周公征伐東夷，裁豐伯與薄姑。另一件是
　　〈柞伯鼎〉追記西周早期周公所謂南征，根據朱鳳瀚的說法，此之所謂南，其實是
　　魯南、蘇北一帶。朱鳳瀚，〈柞伯鼎與周公南征〉，《文物》2006.5：67-73，96。
　　亦即，金文記載了周公的兩項軍事行動，一針對泰山山脈北麓，一對泰山南麓。也
　　有學者不認為有所謂「周公南征」，金文中的「廣伐南國」的主詞是「昏(戎)」，
　　南國則是周的封國。見黃天樹，〈柞伯鼎銘文補釋〉，《中國文字》新32(2006)：
　　33-40。
165 《逸周書‧作雒解》：「俾康叔宇于殷，俾中旄父宇于東。」

大批殷人遷移到洛陽，讓他們參與營建成周，並就近監管，即「五年營成周」[166]。周公所規劃的這一連串的軍事與政治行動，將華北聯繫的東西向主軸與路線打通，並且建立了幾個據點，大體上是化危機為轉機，將局勢穩定下來。但是周王朝征服華北的行動實際上才開始，接下來的成王、康王的時代，雖然傳世文獻稱治世，但是從金文記載以及杜正勝等學者的分析，則是周人武裝殖民的領土拓展時代。

在周公攝政以及成王初掌政的時代，周王朝進行了重要的布局以及幾個主要的分封，包括周公東征之後遷部分殷貴族於渭水流域[167]，並且建置了西六師。成王五年起遷徙原居安陽的殷人於雒，建造新邑成周，並且建置成周八師。關鍵的分封則包括成王四年封康侯於衛、八年封魯侯於奄、齊侯於齊、十年封唐叔於晉(以上俱見《竹書紀年》)。在衛建立了強悍的殷八師，成為支援東方各國的主力部隊[168]。另外，在西周早年還分封了召公之子為匽侯於河北的燕，目的在防範戎狄，以及向東北方向逃竄的殷遺民，也減少周公與召公兩強間的緊張關係。這些主要封國都有相當數量的軍力，附近也都還有很廣大的領土需要去控制。此一布局，一方面紓解周王朝內

---

166 關於武王欲建成周見《逸周書‧度邑》：「自雒汭延于伊汭，居易無固，其有夏之居。我南望過於三塗，我北望過於岳鄙，顧瞻過於有河，宛瞻延于伊雒，無遠天室。」關於遷宅成周，見〈何尊〉(05445)銘文追述克商前後史事云：「昔在爾考公氏，克弼文王，肆文王受茲(大命)。隹武王既克大邑商，則廷告于天曰：『余其宅茲中國，自之乂民。』……」此一銘文記錄「隹王五祀」「隹王初遷宅于成周」，與傳世文獻記錄相符。

167 《逸周書‧作雒》：「周公立，相天子，……。元年夏六月，葬武王于畢。二年，又作師旅，臨衛政殷，殷大震潰。降辟三叔，王子祿父北奔。管叔經而卒，乃囚蔡叔于郭凌。凡所征熊盈族十有七國，俘維九邑。俘殷獻民，遷于九畢。」呂文郁以為畢在陝西咸陽市東北郊，前引文是指周公將殷貴族遷至鎬京附近，這是大多數學者都忽略的史實，近年在渭水流域出土不少殷遺民銅器可以為證。見呂文郁，《周代的采邑制度‧增訂本》(北京：社會科學文獻出版社，2006)，頁34-48。

168 有些學者認為成周八師即殷八師。筆者認為成周八師與殷八師是以駐在地名而命名的，殷八師駐於殷地的牧，這是金文有記載的。所以本文從王人聰的看法，認為兩者不同。見王人聰，〈西周金文中的殷八師與成周八師〉，《考古與文物》1993.3：76-77。

部幾個軍事強人權力鬥爭的壓力；建立區域性的快速打擊與鎮壓的部隊，彼此互相支援，形成網絡，作為領土實質擴張與進一步實質分封的基礎。

在東征之前，周人基本上對於東方半壁江山是毫無控制的，在東征一步一步佔領土地之後，軍力逐漸分散，單憑周人以及原來「西土之人」本身的人口，並無法進行有效的控制，特別是在遙遠的山東半島與淮河流域，更是困難重重。東征建立的網絡的骨幹，接下來的工作，其本質就是杜正勝所說的「武裝殖民」[169]，其組成由數量較少，但是剽悍、裝備精良、武力最強的少數周人或西土之人為核心，搭配前商王朝治下的眾人為基層士兵，一部分的軍官(戰士)則是商遺貴族，深入不可預測的東方，面對的是在地的原住民[170]。當這樣的組合在距離商人大本營不遠的狀況，周人與商人的關係，是彼此互相防範的。可是當此一組合深入東方的夷人之地，彼此之間，就形成了「共生的」關係，也就是一種「周殷命運共同體」，必須一起面對共同的敵人，也就是當地的原住民。當他們打敗了土著政權，建立城堡，就居住在城堡以內，稱為「國人」，被他們控制的當地原住民，則被稱為「野人」。國人之中有周人(廣義者，西土之人也)也有商遺民，而且在某些封國，例如魯國、衛國、祭國等，恐怕以商人居多。故文獻中魯國就有周人之社，稱周社，也有商人之社，即亳社(《左傳》定公六年)[171]。當然在城的最核心，通常還有一層城牆，牆內居住的是受周王朝所冊封的統治階級。

此一「周殷命運共同體」的武裝殖民，就這樣一步一步地先以大軍壓境，打敗原有的原住民政權，留下一部分軍隊建立據點，再往前方推進，由點連成線，最後結成網絡。在文獻中有所謂「封建」，在本質上可能是

169 杜正勝，〈周人的武裝殖民與邦國〉，《周代城邦》，頁21-45。

170 許倬雲稱周人、商人與土著的關係為「三結合」的關係，但是筆者認為在大多數的封國，土著事實上是被周人與商人的「周殷命運共同體」所壓迫的在地多數，也就是文獻所稱的「野人」。

171 傅斯年，〈周東封與殷遺民〉，《中央研究院歷史語言研究所集刊》4.3(1931)：285-290。

一種追認，也就是當一組人馬實質上已經佔領某一地區了，再加以分封。
此一策略，解決商人貴族在人數局部優勢上的重大壓力，將他們更進一步
分散各地，並且由其他西土之人所建立的封國加以監管，徹底地瓦解了商
人的勢力。當然在有些地區是以當地原有的順服的貴族為封君（例如山西翼
城大河口的霸國，可能就是本地順服的原住民貴族）。在各個封國中，由於西土
之人雖有武力卻沒有統治的知識與方法，因此，充任技術官僚者，大多數
是商遺貴族。由於他們在新的政治實體中，並未完全喪失原有的物質上的
利益，且周王朝的統治，也不如商王朝的嚴峻，因此，應當有不少商人中、
低階貴族也樂於扮演此種角色，本文在以下會更進一步討論相關現象。除
了在政治上扮演一定角色之外，「周殷命運共同體」之中還常有另一層關
係，即是周人貴族與商人貴族間的婚媾，例如，在山東曲阜魯國故城中，
學者依據埋葬的方式，殉人、殉狗的有無以及陶器的類型，區分出周人（乙
組）以及商人（甲組）的墓葬，在商人墓葬區中有一座墓（M202），發現有周人
的青銅媵器，顯示有周貴族將女兒嫁給商遺貴族[172]。此一現象，說明周王朝
貴族在婚姻選擇上，並未將亡國的商人排斥在外。這也可能是周王朝高層
的戰略之一，因為此種跨族群的婚姻，加速了商人貴族婚姻制度與舊有社
會秩序的瓦解，也就消弭了周殷之間的緊張與對立。

四、周殷族群關係與西周禮器制度的變遷

以上討論，我們大體瞭解西周早期政治情勢的主要變化，以及周王朝
決策者的宏觀戰略布局，此種戰略思考不僅用在作戰的策劃、佔領的組織
方法等，也反映於文化政策特別是禮器制度上，周王朝的決策者在禮器制
度上採取了有彈性的做法，充分反映當時的社會政治變遷，使得禮器制度

---

172 山東省文物考古研究所、山東省博物館、濟寧地區文物組、曲阜文管會，《曲阜魯
　　國故城》（濟南：齊魯書社，1982），頁108。〈伯者父盤〉：「魯伯者父作孟姬媵勝
　　盤。」

成為王朝政治情勢穩定的基磐。我們從西周時代未被盜掘的貴族墓葬(銅器墓)中歸納，理出三個階段：分別是「分器」現象、周殷雙軌制以及恭王禮制改革三個階段。它們反映周王朝的制度變遷，也反映周殷族群關係的微妙變化[173]。

(一)西周初期的「分器」現象[174]

武王克商牧野戰役之後，周王朝的軍隊與世界上所有的征服者一樣洗劫了戰敗一方，甚至挖掘了商王的陵墓與貴族墓葬[175]，將安陽貴重物品搶奪一空，主要的是玉器與銅器。《尚書》原有〈分器〉一篇記載武王將虜獲商王朝的銅器、玉器集中之後，再分給有功將士，可惜本篇內容已逸，僅存〈書序〉：「武王既勝殷，邦諸侯，班宗彝，作〈分器〉。」[176]筆者根據此一線索從出土西周早期完整墓葬的銅器銘文、銅器的酒器與食器的比例、同出陶器、墓葬形制等綜合分析，認為在安陽－鄭州－上蔡一線以西的墓葬，銘文內容得以清楚判斷者，都屬於「典型分器墓」，其特性可歸納如下：(1)墓中出土青銅器與晚商器在風格上無法區分[177]。(2)一墓中出土的器物的銘文都有日干或族徽，顯示全部器物原器主為商貴族。(3)一墓銘

---

173 本節主要的論證以及材料出處詳見黃銘崇，〈從考古發現看西周早期墓葬的「分器」現象——兼論西周時代禮器制度的幾個階段〉。

174 目前西周時代的分期意見紛歧，為與時下西周時代的分期區別，筆者將西周時代區分為前期(約140+年)與後期(約130+年)，以恭王禮制改革為分界。又別出「西周初期」指西周前期的早段，大約25年期間。

175 根據何毓靈發掘與考察安陽西北崗地區不同層位間的關係所得結論。商貴族墓上有孤立的地面建築，因此很容易被認出而盜掘。

176 屈萬里，《尚書集釋》，頁299。《史記‧殷本紀》作「分殷之彝器」可能源自同樣史料。

177 此點近來安陽出土的陶範與晚商末期的器物更可證明，例如殷墟陶範中發現許多傳統訂為西周早期的銅器，見李永迪、岳占偉、劉煜，〈從孝民屯東南地出土陶範談對殷墟青銅器的幾點新認識〉，《考古》2007.3：52-63。又如劉家莊北地水井中出土與傳世西周早期銅器形式相同的青銅器，見中國社會科學院考古研究所安陽工作隊，〈河南安陽市殷墟劉家莊北地2008年發掘簡報〉，《考古》2009.7：24-38。

文往往包含多個商貴族族徽、多個不同日干的受祭者，顯示銅器來自不同族氏與個人。(4)青銅器組合與商制墓葬形式表面上雷同，例如葬制雷同、器物組合雷同等，卻在某些組合或數量與墓主身分不相稱(如低階墓中出土盂、盤組合或大小卣配尊組合等)或沒有殉人等。(5)同時出土陶器，則僅有鬲、簋、豆、罐等食器，無爵、觚等酒器，這是周人墓葬的特徵。筆者認為這些墓葬中的器物全部為「分器」所得，墓中器物原屬商貴族，但卻進入周系貴族的墓中。以上這類墓葬的年代都集中在西周初期，也就是武王克商以後的25年內，也就是參與克商戰役將士逐漸凋零的時代。

相對的，約略同一時期，在安陽－鄭州－上蔡一線以東的銅器墓多數都是「商制墓」，也就是墓葬仍然遵守晚商的制度，因為此一地區尚未進入周王朝領域，仍然控制在晚商分封的族氏手中。但是時代愈晚，墓中的銅器愈可見到拼湊(銘文彼此衝突)的狀況。此類墓可以河南鹿邑太清宮M1，以及山東滕州前掌大墓葬為例。西周初期除了周王朝所未能控制區域的「商制墓」，周王朝控制區域內的「典型分器墓」與「局部分器墓」(詳下)之外，在河北北部、天津、北京一帶，在西周前期的早段還出現一種特殊墓葬，筆者稱為「草原友邦墓」，此種墓葬出現商式青銅器，但卻是周式的組合，只有鼎與簋，此外還有北方系器物，如耳環、手環、有銎鉞、獸首刀、鈴首刀、弓形器之類。此類墓葬出土於河北北部、北京、天津一帶，當是為草原與森林帶的交會地帶。此類墓葬三類因素──商器、周式禮器組合、與北方系青銅器並存，其中草原因素可能才是墓主的本體文化，因為此一地區當時正處於森林帶與草原帶的交界地帶，正是草原族群的活動地域。且到目前為止，商貴族的墓葬中雖然曾經出現北方系的刀、管銎鉞等，但卻從來不見耳環與臂釧。周人雖然在歷史發展過程與北方草原民族互動密切，但同樣不使用耳環、臂釧等身體的裝飾品。此種組合說明他們接受周王朝的羈縻，並可能參與克商的戰役，而受到周王朝的封賞，故稱「草原友邦墓」，是「分器」的一種特殊狀況。

在周公東征以後，周王朝的局勢穩定下來，穩定局勢的舉措之一是將

原來居住在安陽數量眾多殷遺民（包括殷遺貴族與眾人）遷移到洛陽（ca.1039 BCE），晚商舊有「金道錫行」，也就是運送鑄造青銅器原料到安陽的路線，改以洛陽與關中為終點站，幾年之後成周洛陽的青銅器作坊開工，逐漸恢復生產以後，就開始有較大量的銅器生產。所以估計入周約12年（也就是遷殷頑民5年後，ca. 1034 BCE）以後開始有洛陽或關中作坊生產的器物進入周王朝貴族（包括周貴族與商貴族）的墓葬中。然而周人分器所得的晚商銅器的數量驚人，並未在短短的12年間耗盡，洛陽作坊開始生產以後，還有一些墓葬，墓中的器物仍有不少分器所得，但也同時包含周人墓主的自作器、以及墓主奪自同時代的商人之器，筆者稱為「局部分器墓」。

「分器」現象局限於西周初期，周人在克商一役中搶奪的銅器相當多，在一、兩個世代以後，甚至更晚，都還有周初搶到的銅、玉器隨葬。「分器」並非禮器制度，而是戰爭之後，瓜分戰利品的自然結果。其實周王朝從克商之前已經採用以鼎數多寡為身分等級高低的制度，不論是典型分器墓或局部分器墓，欲認定墓主身分等級之高低，還是以墓中的鼎數為標準，此種標準，不論是何種類型的墓，鼎數的多寡，都是周王朝認定的唯一標準。分器現象，不僅是隨葬器物的不同，也代表周王朝早期的周人與商人的關係，周人以戰勝者的姿態，搶奪了商人的器物，甚至可能俘虜了商人，來替他們服務。此種完全支配的關係，對於企圖建立新王朝的長治久安，並非最有利，因為商貴族的人數眾多，又有管理、行政與祭祀、巫術等知識與專長，如果是全然的對立，隨時要擔心商貴族造反，實在防不勝防。周王朝的政治領袖，顯然意識到了這種問題的嚴重性，很快地就採取了不同的策略。

（二）西周前期的「周殷雙軌制」

從近年出土的考古資料看來，周王朝在克商以前就已經採用以鼎數多寡象徵身分等級高低的禮器制度，甚至在克商前就已經有大小相次列鼎的

制度[178]。此一制度可能根植於周王朝對於商貴族飲酒無度導致影響軍隊戰力的前車之鑒，故一旦政體壯大，權力鞏固，開始制定制度時即改弦更張，選擇商禮器系統的非酒器中最普遍的禮器——鼎以替代爵，作為身分等級的標誌，這一直是西周禮器制度的骨幹，也是周王朝正式承認的制度，此與商王朝以爵為身分等級標誌完全不同。不過周公東征展開之後，為了取得更多殷人的合作，周王朝在青銅禮器制度上採取了比較有彈性的做法。針對周系貴族，特別是低階貴族，當然是以鼎數作為身分等級高低的標準，在他們的墓葬中食器(炊煮器)的比例較高，酒器比例低，飲酒器更是罕見。但是面對商遺低階貴族則准許使用原本象徵身分的爵，並且有較多的酒器隨葬，食器比例相對較少，有些在財力上無法承擔銅酒器時，會以鉛酒器甚至陶酒器代替。部分有爵而無鼎的商遺貴族，甚至有可能並無周王朝的身分，但是卻在商遺貴族群體中有一定地位。對於高階貴族，不論商遺或周系貴族，因為當時尚未進行大規模的禮制改革，可能因為禮制的需求，而允許使用飲酒器，特別是爵，但是，西周前期的單一墓葬或出土的脈絡中，爵數都低於三。高階的商遺貴族與周系貴族比較，商遺貴族的墓葬中除了爵以外，通常還有其他各式酒器，其酒器占禮容器的比率通常超過50%。周系貴族則有較多的食器，食器的比率亦超過50%。筆者稱此種針對不同貴族群體而彈性調整的制度為「周殷雙軌制」[179]。

　　周王朝採取這樣的制度，可以從傳世文獻與出土文獻來理解，西周前期的統治者認為商之所以喪失天命的原因之一為酗酒，《尚書・酒誥》：「在今後嗣王酣身，……誕惟厥縱淫于非彝，用燕、喪威儀，民罔不盡傷心。惟荒腆于酒，……庶群自酒，腥聞在上；故天降喪于殷，罔愛于殷，

---

178 張懋鎔，〈西周重食文化的新認識——從甘泉閻家溝新出青銅器談起〉，《古文字與青銅器論集》第三輯(北京：科學出版社，2010)，頁146-154。

179 以上現象，縱觀西周前期的銅器墓，僅有山西翼城大河村M1與M1017為例外，這兩座大墓與河南鹿邑太清宮長子口墓相同，都有超量的鼎數與商制範圍內的爵數，或許為少數仍然使用商代舊制的國家。

惟逸。……」周人認為酒是用來祭祀用的，不應當「自酒」——沒事就喝酒。有鑑於此，周王朝強力要求周人，不得群飲，否則嚴懲，十分嚴格。針對商遺民如果有沉湎於酒者，不必殺之，可以教他們潔祀的方法。如果有不聽我教者，不能體諒我的憂心，不能善完其事，那就只好與好酒的周人相同，殺之。比對考古出土西周前期銅器墓所見的現象與傳世文獻的記載，我們可以看出，西周王朝的領導者為了統治剛獲得的領土，兢兢業業，小心經營，為了避免周系貴族，特別是實質戰力所倚賴的低階貴族飲酒懈怠，有十分嚴格的規定，此種規定，最終反映在他們的隨葬品上。對於商遺貴族則採取了比較寬容的做法，但是，也有一定的限度。這些紀律嚴明的周系貴族，略為鬆散的商遺貴族群體，搭配各自原有的眾人(平民)，加上統治的高階貴族，構成了西周東征的主力，踏上征途，一步一步地征服了整個黃淮流域。

(三)殷士膚敏，裸將于京

　　杜正勝作〈殷遺民的遭遇與地位〉，其主要的批判對象是胡適的〈說儒〉。胡適認為在周人征服、統治與鎮壓下，遺人成為社會的下層，飽嚐亡國之慘痛，因此養成柔懦謙遜的人生觀，此為這些人稱儒之起源。喪國的商人秉著深厚的文化素養為周人治喪、相禮，代代相承，等待「時有達者」的大預言。胡適認為這個大聖人就是殷亡五百年之後誕生的孔子。孔子把殷遺部落性的儒，擴大為哲學領域的儒，把順服柔弱的儒轉變為剛毅進取的儒[180]。傅斯年的〈周東封與殷遺民〉則認為周王朝對待殷遺民採取相當懷柔的政策，放任殷人使用舊有禮俗，但牢牢地抓住統治權[181]。杜正勝則認為胡適的解釋並沒有歷史根據，而傅斯年在參政權上的分析則失之保守，他依據傳世文獻以及金文的記載，企圖證明周採取懷柔安撫的政策，

---

180 胡適，〈說儒〉，《中央研究院歷史語言研究所集刊》4.3(1931)：233-284。
181 傅斯年，〈周東封與殷遺民〉。

殷人的政治權並未被褫奪，且周王朝不吝吸收殷人進入統治階級，而殷人也樂於和周人合作。他覺得主要的因素是殷代的族氏有土地，有人民，相當獨立自主，他們與殷王室不一定有認同意識。因此，他們並無亡國之痛，願意歸順周人，小邦周也樂於接納。他認為殷遺民的地位未曾低落，遭遇無所謂悲慘，根本原因當從殷代氏族的政治社會結構去探討[182]。

關於殷人入周之後的命運，中國學者近來也一反過去認定殷人入周後淪為奴隸的看法，大談殷人入周後的境遇[183]。杜正勝比起這些論殷人入周之後的命運者的高明之處，是他認為必須從殷人的族氏結構來看此一問題。筆者也曾經指出商王朝在牧野之戰敗績的主要因素，可能與商人族氏組織各擁軍隊，與軍事指揮權未集中有關[184]。從前兩節的討論，我們也可以看出，周王朝對於商人的政策，並非一成不變，而是因應需要不斷進行調整。在「分器期」，正值戰後，當時在周王朝統治下的大多數殷人，可能命運的確是比較悲慘，有些人可能在戰爭中不僅被搶奪銅器，還淪為奴隸，最後還要為搶奪者辦喪葬之事。當然，在同時，還有大半殷人保持原有族氏結構，據守半壁江山。但是，可能在東征開始，為了取得殷人的合作，政策也有了轉變，前節所見是此一轉變最後呈現於墓葬的狀況。

正如杜正勝所言，金文中的確有許多證據，說明殷人參與周王朝的政治事務。不過，杜正勝的〈殷遺民〉一文對於金文中的人物何者為殷人，

---

182 杜正勝，〈殷遺民的遭遇與地位〉，《古代社會與國家》（臺北：允晨文化，1992），頁509-542。

183 此類文章極多，基本論點沒有很大差異，如楊善群，〈西周對待殷民的政策縷析〉，《人文雜誌》1984.5：76-80。彭裕商，〈周初的殷代遺民〉，《紀念殷墟甲骨文發現一百週年國際學術研討會論文集》（北京：社會科學文獻出版社，2003），頁569-572。李民，〈《尚書》所見殷人入周後之境遇〉，《人文雜誌》1984.5：71-75。呂文郁，〈西周王畿殷商遺民考略〉，《西周史論文集》（西安：陝西人民教育出版社，1993），頁793-804。李宏、孫英民，〈從周初銅器看殷商遺民的流遷〉，《史學月刊》1999.6：17-23。印群，〈由墓葬制度看殷遺民文化特色嬗變之不平衡性〉，《中國歷史文物》2004.4：62-69。任偉，〈從考古發現看西周燕國殷遺民之社會狀況〉，《中原文物》2001.2：55-59。

184 黃銘崇，〈晚商王朝的族氏與族氏政治〉，頁8。

何者為周人，並無標準。筆者在前此多篇文章，企圖重建商人的親屬稱謂
體系，藉此認識商人的社會結構，指出殷人名號的日干，實際上是世系群
的符號。而且，此種符號之使用，有其意識形態的基礎，所以張懋鎔的〈周
人不用日名說〉一文所論述的標準可用[185]，但應更積極的說「殷人方用日
名」，也有極少數非殷人有「擬殷人」的現象。依據此一標準，筆者將西
周早期的銅器銘文依據「賞賜者」、「作器者」(通常即受賞者)、「受祭者」、
「族徽」、「關係者」等分欄列表(表1)。將受祭者使用日名的列表，在表
中我們可以看出一種現象，就是使用日名的商人，在金文中，往往為名號
為「伯(孟)、仲、叔、季+某+父」或具有「公」、「君」等職位者奔走服務，
最後獲得賞賜而製作銅器。亦即，在西周王朝的政治結構下，大多數商人
都是中、下階層的技術官僚，他們奔走服務於高層之間，以獲得賞賜。這
些商遺貴族還是相當熱中於銅器的製作(也許比周人熱中)，展示社會關係，
並且彰顯自己的祖先[186]。

表1　西周早期青銅器銘文所見的商遺民與其賞賜者

器　號	器　名	賞賜者	作器者	受祭者	族　徽	關係者	備　　註
00949	中觚	伯買父	中	父乙		王	
02458	中鼎	侯	中	祖癸			
02499	彥鼎	尹	彥	父丁			
02506	黑鼎	王	黑	且乙	田告亞		
02507	復鼎	侯	復	父乙	冀		同銘卣(05978)
02595	臣卿鼎	公	臣卿	父乙			同銘簋(03948)
02612	邦方鼎	車叔	邦	父庚	黿		三件(02613、02614)
02626	獻侯鼎	成王	獻侯	丁侯	黿		兩件(02627)

---

185 周人，或更明確地說，屬於周系統之貴族則僅有周初少數人使用日干。相對的，商
　　貴族的日干相當於後世之「姓」，即為世系群的符號。但周人使用日干，則為個人
　　之名號，兩者大不相同。
186 參何景成，〈商周青銅器族氏銘文研究〉(吉林：吉林大學古籍研究所博士論文，
　　2005)，頁162-169，「西周王朝對殷遺民的政策」。

02628	匜侯旨鼎	王	旨				
02659	嗣鼎	濂公	嗣	父?	𠂤	王	
02670	旂鼎	公	旂	文父日乙	冀		
02674	征人鼎	天君	征人	父丁	奄		
02702	娿方鼎	𢖍	又正娿	母己	亞𧊒侯矢		
02703	菫鼎	大保	菫	大子癸	⊕	匜侯	
02712	乃子克鼎	辛伯	乃子克	父辛	叔	辛伯並受	
02718	寓鼎	王姞	寓	父壬			
02725	歸夨進方鼎	王	歸夨進	父辛	亞束		同銘兩件(02726),相關銘文省略器歸夨進壺(09594、09595)
02729	逐己公方鼎	楷仲(尹)	○○	己公			
02730	厚趠方鼎	濂公	(厚)趠	文考父辛	束		
02749	憲鼎	(匜)侯	憲	召伯父辛		(大保)	
02758	作冊大方鼎	公	作冊大	且丁	鳥	皇天尹大保(公)	同銘共四件(02759、2760、02761)
02778	史獸鼎	尹	史獸	父庚			
02785	中方鼎	王	中	父乙		大史	
02791	伯姜鼎	王	伯姜	邵伯日庚		天子=王	
03712	鳳簋	邦	鳳	祖癸	取		
03743	保侃母簋	庚宮	保侃母				兩件(03744)
03790	椆簋	大保	椆	父丁			
03862	逆簋	公	逆	父乙	冉𤰒	又息	相關但簡化的銘文又見逆尊(05975)
03905	夨簋	子?	夨	父丁			
03906	攸簋	侯	攸	父戊			
04020	□簋	我天君	□	父丁	奄		
04042	易禾簋	趠叔	小臣(易禾)	父丁			兩件(04021)
04044	御正衛簋	懋父	御正衛	父戊			
04088	奢簋	公姒	奢	父乙			
04134	御史競簋	伯犀父	御史競	父乙			同一內容銘文件競卣(05425)
04146	緐簋	𨟻伯	緐	祖癸		公	
04201	小臣宅簋	伯懋父	小臣宅	乙公		同公	

04205	楷伯簋	楷伯	臣獻	文考光父乙		畢公	?
04206	小臣傳簋	伯[?]父	小臣傳	朕考日甲		師田父	
04273	靜簋	王	靜	文母外姑		吳賁、呂剛、豳乃師、邦周	從他器得知靜為商遺，參靜卣(05408)、小臣靜卣
04300	作冊令簋	王姜(姜)	令(作冊夨令)	丁公	鳥	王、伯丁父	兩件(04301)
04320	宜侯夨簋	王	宜侯夨	虞公父丁			
05361	腦卣	宜生	腦	父辛	奄		
05352	小臣豐卣	未列作器者	小臣豐	父乙			
05384	耳卣	寧史	耳	父乙	刀		
05385	息伯卣	姜	息伯	父乙			兩件(05386)
05391	靭卣	尹	靭	父丁			
05397	萬爯卣	王	萬爯	兄癸	(戈)		晚商器，由他器知族徽
05399	孟卣	兮公	孟	父丁	Ⅴ		
05400	作冊申卣	公	作冊申	父乙	䵣冊	明保	同銘尊(05991)
05404	庚姬卣	帝后	庚姬	文辟日丁	裒		同銘尊(05997)，可能為商器
05407	作冊䍐卣	夷伯	作冊䍐	文考癸	入	王姜(君)	族徽「入」在尊上尊(05989)
05410	啟卣		啟	祖丁	戊箙	王	同銘尊(05983)
05415	保卣	王	保	文父癸		殷東國五侯	同銘尊(06003)
05421	士上卣	王	士上	父癸	臣辰[?]冊	史寅	兩件(05422)，同銘尊(05999)、同銘盉(09454)
05431	高卣	尹	高	父丙	亞冀長夨	王	
05432	作冊魃卣	公大史	作冊魃	日己		王	
05917	盠司土尊		盠司土	且辛			此為少數商遺而有司土職位
05959	守宮鳥尊		守宮	父辛		王	王可能為賞賜者，相關銘文省略器有守宮觥(09297)
05979	㪋尊	王	㪋	公日辛	何車		
05984	能匋尊	夗公	能匋	文父日乙	裒		
05985	鳴士尊	王	鳴士	父戊	子黑		

05986	陸尊	公	陸	父乙			
05987	臣衛尊	公	臣衛	父辛			
06002	作冊折尊	王	作冊折	父乙	木羊冊	相侯	同銘方彝(09895)、觥(09303)
06016	令方尊	明公	作冊令	父丁	鳥	周公、王侯、南宮	同銘方彝(09901)
06514	中觶	王	中	父乙		侯、南宮	
09094	望爵	公	望	父甲			
09099	征角	斝	征	父辛	亞吳		晚商器
09103	御正良爵	尹大保	御正良	父辛			
09300	狀觥	狀		父戊	吳	弟史	
10581	玗器	公仲	玗	父辛			

西周前期的技術官僚以殷人擔任的比例相當高，最佳例證是「作冊」之職，屬於西周前期的金文中，「作冊某」作器的例子，除去重複者有九位，其中有七位都是明顯的殷遺貴族（表2），另外兩位則無法判別。其中還有四位家族的族徽包含「冊」，表示此一商人貴族家庭可能世襲作冊職位。又如「小臣某」所作銅器，除去重複者有十件，有五件有受祭者，都是明顯的殷遺貴族，另外五位無受祭者，也無法判斷。在周王朝的三個都城──周、宗周、成周都有大批的殷人擔任中低階官僚的工作，為周王朝的朝廷工作。在《詩經·大雅·文王》中有：「侯服于周，天命靡常，殷士膚敏，裸將于京。」的描述，西周早期在國家的祭典上，延續了許多商代的祭祀，這些祭祀禮儀，都需要具有專業知識者來表演，順服的殷人，當然是首選。甚至有不少殷人，也擔任教導周王朝諸侯子弟的任務（詳本文第一節（三））。這種以殷人擔任中、低階官僚的情況，與商代以族氏中人擔任各種工作的狀況不同，殷人之所以任西周王朝的官僚，不再是因為他們的族氏身分，而在於他們的能力。周王朝以殷人擔任官僚，導致職位與能力明顯掛鉤，這就是西周時代官僚制度逐漸形成的最關鍵的因素。

表2 晚商到西周中期的銅器銘文中「作冊」爲作器者

器號	器　　名	賞賜者	作器者	受祭者	族徽	關係者	時　代	備　　註
00944	作冊般甗	王	作冊般	父己	來冊	夷方	商代晚期	
02710	寢農鼎	王	作冊友史	父乙	羊冊	寢農	商代晚期	
02711	作冊豐鼎	王大子	作冊豐	父己			商代晚期	
02756	寓鼎	王	作冊寓			諄大人	西周早期	
02504	作冊鼎	康侯	作冊憲				西周早期	
02758	作冊大方鼎	公	作冊大	且丁	鳥	皇天尹大保(公)	西周早期	四件(02758、02759、02760、02761)
04300	作冊矢令簋	王姜(姜)	作冊矢令	丁公	鳥	王、伯丁父	西周早期	兩件(04300,04301)
05400	作冊申卣	公	作冊申	父乙	般冊	明保	西周早期	同銘尊(05991)
05407	作冊䍷卣	夷伯	作冊䍷	文考癸	入	王姜(君)	西周早期	同對尊(05989)族徽「入」在尊上
05414	作冊擎卣	𩵋其	作冊擎	且癸	亞獏		商代晚期	
05427	作冊嗌卣		作冊嗌	父辛			西周早期	此爲禱文，與賞賜無關
05432	作冊魖卣	公大史	作冊魖	日己		王	西周早期	
06002	作冊折尊	王	作冊折	父乙	木羊冊	相侯	西周早期	同銘觥(09303)、方彝(09895)
06015	麥尊	邢侯	作冊麥			王	西周早期	
06016	矢令尊	明公	作冊矢令	父丁	鳥	周公、王	西周早期	同銘方彝(09901)
09898	吳方彝蓋	王	作冊吳	青尹		宰𦝻、史戊	西周中期	此爲冊命銘文

(四)西周後期（恭王）的禮制改革

羅森（Jessica Rawson）、羅泰（Lothar von Falkenhausen）、曹瑋等學者指出，西周中晚期在青銅禮器的使用上出現了一些變化，所有的酒器特別是飲酒器，幾乎完全消失。相對的，食器的種類與數量以及相應的重要性大量增加。且在此一器物組合突變發生之後，又顯得穩定與規律。以上現象，強

烈暗示禮制變革，而且可能是從上而下的法令使然[187]。對於現象的觀察，學者觀點基本上無太大歧異，但在禮制改革的時間點上則有不同意見。羅泰認定西周禮制革命的時間較晚，當在西周晚期[188]。羅森以為是西周中晚期之交，曹瑋則認為上述變革的時代在恭、懿之際[189]。筆者利用數量最多的簋，選取其中時代確定，也就是出現有王名或年代、月份、干支皆有，可以準確定年者加以排列，從這些簋的形制與紋飾，特別是紋飾，可以看出在恭王以前，商代流行的饕餮紋，或饕餮紋的變異，都還存在。昭穆時期，還出現了大鳳紋，但是過了恭王時代，青銅器的主要紋飾，有如穿制服一般，主要是橫瓦紋，其次是直條紋或波曲紋。由此推測這些學者所說的禮制變革，應當是發生在恭王前期(表3)。

表3 時代確定的簋依據周王世及年代排序

時代(王世)	器　　　　名	圖　　　像	備　　註
武王	利簋(04131)		

187 Jessica Rawson, "A Bronze-Casting Revolution in the Western Zhou and Its Impacts on Provincial Industries," *The Beginning of the Use of Metals and Alloys*, edited by Robert Maddin (Cambridge: MIT Press, 1988), pp. 228-238.

188 羅泰，〈有關西周晚期禮制改革暨莊白青銅器年代的新假設——從世系銘文說起〉，《中國考古學與歷史學的整合研究》(臺北：中央研究院歷史語言研究所，1997)，頁651-676。

189 曹瑋認為西周初年的銅器，無論形制、紋飾、組合等方面，很大程度上是承襲商代晚期的。例如：「重酒組合」是商代銅器組合中最顯著的特點。西周初年器物組合中，「重食組合」固然占有一定的地位，而「重酒組合」依然是器物組合的重要組成部分，這一特點直到恭懿前後才發生了改變。曹瑋，〈從青銅的演化試論西周前後期的禮制變化〉，《周秦文化研究》(西安：陝西人民出版社，1998)，頁443-456。

武王	天亡簋（04261）		
成王	禽簋（04041）		
成王	康侯簋（04059）		
康王	宜侯夨簋（04230）		
穆王	遹簋（04207）		
穆王	長田簋（03581-82）		與盉同出
穆王27年	裘衛簋（04256）		
穆王30年	虎簋（新633/1874）		

穆王34年	鮮簋（10166）		
恭王元年	師詢簋（04342）		無圖
恭王3年	師遽簋蓋（04214）		
恭王12年	走簋（04244）		
恭王13年	無其簋（04225）		
懿王元年	師虎簋（04316）		
懿王7年	牧簋（04343）		
孝王元年	元年師旋簋（04279-82）		
孝王元年	師穎簋（04312）		無圖
孝王4年	散季簋（04126）		

孝王5年	五年師旋簋 （04216/04218）		
夷王元年	師虤簋（04311）		
夷王2年	王臣簋（04268）		
夷王3年	三年師兌簋（04318）		
夷王6年	宰獸簋（新663）		
厲王元年	元年師兌簋（04274-75）		
厲王3年	師俞簋蓋（04277）		無圖

厲王5年	諫簋（04285）		
厲王11年	師𩵋簋（04324-25）		
	㝬簋（04317）[190]		
厲王12年	大師盧簋（04251-52）		
厲王12年	大簋蓋（04298-99）		
厲王13年	師望簋（04272）		無圖

190 李朝遠質疑㝬簋為厲王之器，並且將此器的時代提前到西周中期，見李朝遠，〈「㝬簋為厲王之器」說獻疑〉，《青銅器學步集》（北京：文物出版社，2007），頁260-266。筆者同意他的看法。

宣王2年	鄭簋（04296-97）		
宣王3年	頌簋（04332）		
宣王17年	此簋（04303）		
宣王27年	伊簋（04287）		無圖

本表根據「殷周金文暨青銅器資料庫」，網址為：
http://db1n.sinica.edu.tw/textdb/test/bronze/qry_bronze.php

　　禮制改革之後的墓葬與前期的差別在於鼎、簋與食器完全支配了禮器的場域，特別是簋，其數量開始與鼎形成奇偶對應。商代舊有的酒器，如爵、觶、觚、斝不說，包括西周早期流行的尊、卣完全消失，飲酒器完全退場，新式的、成對的壺登場，原有酒器組合中的「動態性格」——也就是酒器有一大部分是真的用來飲酒——完全消失，取而代之的是完全「靜態」的祭壇擺設，當然顯示禮器背後的禮制系統也是由動轉靜。紋飾在青銅器中所扮演的傳達宗教意念的角色也完全消失，文字至此完全支配了青銅器中的「意義」的面向。

　　筆者認為學者從考古出土的禮器組合與特徵所認識到的禮制革命，其實是標誌著「殷周革命」的完成，而非改革的開始，在此之後展現的文化面，才是不折不扣的「周禮」（本文所謂「周禮」指的是西周王朝恭王以後的文化表現的整體，而非僅指禮制或周官）。在此之前的一百四十多年期間，就是

本文所謂「殷周革命」，是周王朝的政治家透過處理殷周的關係，逐漸地形塑出屬於周的文化氣質。

五、殷周革命新論

　　本文以一個宏觀的角度，重新審視殷周之際的變化，此一變化的核心內容，是從商代的巫術與政治結合的國家，轉變成西周昭穆以後的「人文的國家」。商代國家的特色是一種巫術與政治結合的體制，商王本身就是巫術團體的領導者，他扮演一個能夠了解圍繞在「帝」周圍的祖先旨意的關鍵角色。他是從一個神聖的族群中，依照特定的規則所決定的出來的，具有與天上的「帝」相同的權威性格，得以「令」眾人做事，並且取人性命。商代國家的領導者是先在政治上（家族體系）決定了以後，領有宗族長的位置，再同時兼領有巫術團體最高的位置，所以基本上商代是政治力凌駕在宗教力之上，再以政治宗教的力量統馭經濟生產。

　　周人在克商之前，文化的程度遠比商人低，族群的人數也遠少於商人。他們之所以會發展出如此尊貴的觀念，可能與他們在與商人競爭的過程中的族群接觸，與最後戰勝商人一役所目擊的震撼人心的歷史情境有很密切的關係。所以，筆者認為要清楚地描述此一革命的內容，還是必須回到商末周初的這段重要過程，包括「從邊緣到中心」、「克商的震撼」與「周殷命運共同體」，去評估這些過程對於周人心理的衝擊，以及早期的政治環境對於周人思考模式的形塑，才可能對周人思想觀念的源頭有更清楚的理解。

　　其次，當我們討論到所謂的昭穆以下的「革命」的完成，必然有些特殊的歷史現象，讓我們在這裡劃下界線，作為此一革命現象的本體，方得宣稱當時完成了所謂「革命」。我們回顧商代，知道在商人的圖像當中，有一種後代稱為「饕餮紋」（獸面紋）的紋飾，此一紋飾的意義一向是學術界辯論的焦點，筆者曾經對饕餮紋的意義提出一個新的解釋，但此一解釋能

否說服多數學者仍是未定之數，不過即使我們未必能夠對於饕餮紋的意義提出多數學者同意的解釋，卻可以確定此一紋飾在商人的信仰體系中是有意義的[191]。最主要的證據是饕餮紋並不是逐漸消失的，而是在恭王禮制改革之下，一夕之間完全退出了裝飾紋樣的舞台。一種根深蒂固的文化因素之突然消失，筆者認為必然是有政治因素在操控影響。饕餮紋從商代的鄭州期開始大量使用，雖然經歷了商周之際的改朝換代，西周前期大多數的青銅器，仍然使用饕餮紋。在此時周人的力量主要放在政權的鞏固上，並無餘力在文化上有所作為。但是到了昭穆以後，周人的文化經過百年以上的培養已經羽翼豐滿，對於商王朝舊有的象徵物，已經無法繼續容忍。因此，在恭王時代開始禁止商人繼續使用饕餮紋，全面改用瓦紋、直條紋、波曲紋等新的紋飾。在器類上，飲酒器的組合，也同時告別青銅器的舞台。此一改變，象徵周人文化上的革命之最後一步，也徹底瓦解了商人的文化體系與價值。

　　既然「德」與「天命」是周王得以統治天下的基礎，周王是以「德」服民，以民監為天監，而不是透過占卜與巫術，因此政治舞台上就沒有巫術可以發揮的地方，商代那種巫術與政治結合的政體形式，就有必要重新架構。筆者認為周王朝透過了三種不同的管道，把原來巫術在貴族社會中的地位，以及歷經數百年累積的宗教的能量瓦解掉。這三種管道包括：一、禮制系統的改變——從「實質的儀式」發展到「形式的禮制」，將儀式形式化，實質的內容(例如以人作為犧牲)則部分廢除，部分內容降入社會底層，成為「迷信」。二、官僚體制的形成——在封建的基礎下，王朝與諸侯的朝廷從任用親屬逐漸改為官僚制度，而商人舊族多成為官僚，也就是新王朝政府的中堅分子，在相當程度上也是新王朝的上層社會文化的基石。他們不再自動地世襲，而是必須依據專長，透過周王的任命，方得擔任特定職位。三、建立貴族子弟學習的新場所，以及文化傳播的樹狀模式，以渭

---

191 黃銘崇，〈饕餮紋的再思考：一個方法的省思〉，頁1-102。

河流域為中心，依據諸侯的地位層層地散布開來。

在官僚體制方面，由於商貴族在當時是真正熟悉一個大規模的王朝是如何運作者，所以，周王朝繼續利用這些人作為技術－行政官僚。我們可以看到西周早期很多銅器的製作者，就是此種商貴族之遺裔。此一政策基本上消除了商貴族對於新王朝的反抗，他們反而與周貴族形成了一種新的共同體，一起面對更廣大的被統治者，而其統治的效率更甚於商代。更關鍵的，是在周與宗周，周王朝的政治與文化中心建立貴族子弟學習的場所，如果春秋時代所說的貴族子弟的學習內容為禮、樂、射、御、書、數無誤，我們可以說，此一新的課程中是只有「禮樂」而沒有「宗教」的地位的。此刻的宗周是一個文化的新核心，貴族子弟來到此地，學習最新潮的東西，帶回到他們的封國，再從封國分散到更次一級貴族的采邑，這就是西周文化傳播的樹狀模式。此一新的教育內容，取代了原有的巫術，成為周王朝統治機制一個大有機體的一部分。

西周的文化到了春秋中葉以後，便成了古代理想文化的代表，然而有趣的是春秋中葉以後的人，像孔子，雖然滿口的「吾從周」卻對西周文化的認識相當有限，這也是周公會成為一個箭靶式的人物，被賦予很多文化方面的功業。實際上他可能只是一個深思熟慮的戰略家與政治家，但似未在意識形態方面有何種高深的想法。兩周文化上的斷裂，為此種新的理解與詮釋提供了很大的空間，犬戎之禍的重要性也不只是事件本身導致西周王朝的覆滅，更重要的是在事件發生的時空環境、氣候條件使得畜牧者與農耕者之間的衝突值得進一步研究，以及事件發生以後，所產生文化斷裂，由此思考春秋時代的思想家，如何藉著很少的殘存的內容，重新「解釋」西周時代，以及重新「認識」周公，使得周公成為一個文化創制的要角[192]。同時，春秋時代的新解釋，最終也成為中國文化的經典。

---

192 陳來認為：「中國文化發展在西周時代完成了卡西爾所說得成熟宗教必須完成的最大奇蹟，而完成這一奇蹟的代表人物就是周公旦。」見陳來，《古代宗教與倫理──儒家思想的根源》，頁168。

最後，也許是最重要的是，筆者為什麼要以新方式重新敘述已經有不少學者研究過的東西，一方面希望以不同的角度重新綜合這些材料。更重要的是希望把此一「革命」，放到世界史的框架上來看。此一「革命」的成果是以新的「教育」來取代巫術為主要內容的上古宗教，也就是說原本商代「政治→宗教→經濟」的順序，被西周時代的「政治→教育→經濟」所取代。根據Stanley J. Tambiah的說法，古往今來，所有社會均有政治、宗教、經濟的三分結構，而現代社會與古代社會(指工業革命以前的社會)的要差別就是以「教育」取代「宗教」，形成新的政治、教育、經濟的三分結構。商代到西周的這種變化，在以美索不達米亞—地中海的西方世界為範本的世界史中，是十分「現代」的模式，但是在東亞地區卻發生在三千年前，這當然是世界史上一件很重要的事。從此一角度重新認識西周的這一段歷史，意義重大。至於這種局部的「現代性」，在後來的歷史中，又如何演變，如何影響到傳統的與現代的中國社會，以及現代的臺灣社會，也是值得歷史學家進一步探討的問題，不過此一問題應當另外為文討論了。

殷周革命在人類文明史上占有很重要的地位，其變革的內容與目前學術界認定的人類文明演變的主要參考模式，亦即與「美索不達米亞—地中海—歐洲」一系的模式不相同。在美索不達米亞，從蘇美時代到巴比倫時代的演變，在政治與宗教上，主要是從神廟與經濟勢力在蘇美社會的主導地位，發展到神廟與宮殿的對立(temple vs. palace)，也就是政治與宗教的對立，此種對立的模式，在西方社會(包括伊斯蘭社會)一直存在，今天歐洲各國與美國有所謂教堂與國家的對立(church vs. state)，其實就是從這個模式演變下來的。但是，這種神廟與宮殿的對立模式，在中國文化的本體中並未發生，其關鍵就在西周時代早期的這個「革命」。

青銅容器「風格」的社會性使用
——以殷墟II期墓葬爲例

陳芳妹[*]

一、前言——所謂「社會性使用」

　　筆者在〈小屯五座墓的青銅容器——從二里岡到典型殷墟風格的轉變〉一文中指出小屯五座墓的風格，呈現二里岡到典型殷墟風格的過渡性質。時代上比婦好墓等殷墟II期墓葬所發展的典型殷墟風格要早。屬殷墟I期[1]，甚或是「過渡時期」[2]。因為這種過渡與轉化，使得典型殷墟風格在II期的出現不顯得突兀。且由於大量殷墟II期墓葬的出土，更提供了有別於二里岡風格的典型殷墟風格出現的社會因素。

* 國立臺灣大學藝術史研究所教授。

1 陳芳妹，〈小屯五座墓中的青銅容器——從二里岡到典型殷墟風格的轉變〉，收入宋文薰、許倬雲、李亦園、張光直主編，《考古與歷史文化——慶祝高去尋先生八十大壽論文集》（臺北：正中書局，1991），頁181-232。

2 近來學術界重新整理此一時期的考古材料，提出「中商時期」以填補早晚商間的缺環。或提出「過渡風格」，將商代大體上區分為早商時期，也就是鄭州二里岡期，中商時期(以鄭州小雙橋、安陽洹北商城、邢台東先賢等遺址為代表)，以及晚商時期，亦即安陽殷墟期。唐際根，〈中商文化研究〉，《考古學報》1999.4：393-420。

　　本文所謂「風格」是基於羅越(Max Loehr)的「商銅器之五種風格」(five styles of Shang bronzes)的概念。他所說的第I種風格是在銅器上有凸線紋，也就是將紋飾施作在陶範上。第II種風格則是在銅器上形成凹線紋，是將紋飾直接刻在製作過程的模型上，經過翻模再鑄造之後，就產生此種紋飾。第III種風格是將凹線紋細密地施用，形成不同的視覺效果。第IV種風格則是紋飾的主體與背景密度不同，以凸顯主題。第V種風格則是進一步將紋飾的主體浮出，形成三度空間的效果[3]。在此之外，筆者認為殷墟II期，五種風格之外，還有第VI、第VII種風格，會在下文界定。

　　本文的主要目的是要從青銅器「風格」的社會性使用看「典型殷墟風格」的出現。以為以羅越第I、II格為主的二里岡風格，以及以III、IV、V為主特別是以風格V為中心的「典型殷墟風格」，不只在時間上從二里岡到殷墟II期有其漸進的轉變過程，而到殷墟II期時，各風格業已齊備，更分化出VI和VII。

　　這種多風格共現殷墟II期的現象，不僅型由時間發展的視角去瞭解，更宜由青銅器使用群的社會階層的分化去理解。

　　考古資料顯示，殷墟II期[4]至今已發表之未被盜掘的青銅容器墓已經累積到36座，比起殷墟I期之銅容器墓，數量已超過3倍以上。單墓的銅容器數量，也由I期時最多19件，到II期的215件。未被盜掘墓葬的墓室面積更由I期時最大的不到10平方公尺發展到20平方公尺以上，更遑論此一階段已有墓室面積超過200平方公尺的商王大墓[5]。這種量的增加，事實上也意謂著質的變化，最顯著的，包括複層立體紋飾及新器類如方彝等的出現，這些風

---

3 Max Loehr, "The Bronze Styles of the Anyang Period (1300-1028 B.C.)," *Archives of the Chinese Art Society of America* 7(1953): 42-53. Max Loehr, "Introduction," *Ritual Vessels of Bronze Age China* (New York: Asia Society, 1968), pp. 11-17.

4 本文採用的斷代，基本上採用中國社會科學院考古研究所安陽考古隊所建立的年代學體系。殷墟區分為四期，其中第一期屬於中商時期，第二到四期屬於晚商時期。

5 殷墟II期已經出現了商王大墓，即使同一時期且同屬后級的墓葬，武官村大墓的面積也為婦好墓的15倍以上，因為多數已被盜掘之故，因此本文未論及。

格變化的具體現象，學界已有不少討論[6]。本文企圖從以往較被忽視的風格之「社會性使用」的角度進行討論，認為從「過渡風格」轉化到「典型殷墟風格」[7]，「風格」本身自力的轉變，也就是工匠製作技術上的轉變固然重要[8]，「社會性使用」也是不容忽視的重要動力[9]。

　　所謂「社會性使用」，如何界定？「社會性使用」是與「功能性使用」、「儀式性使用」等名詞相對。功能性使用是指利用這些器物來飲酒、蒸煮穀類或盥洗等實際的功能；儀式性的使用是利用器物作為祭祀祖先、神祇時的擺設，以及祭祀完畢後的宴飲等排場方式；所以功能性的使用是一種中性的功能區分，儀式性的使用則強調物與祭祀對象的關係。而所謂社會性使用是利用這些器物的形制、裝飾、銘文、在墓葬中的組合等面向，與同時代的其他墓葬進行比較，以作為使用者身分高低、兵權大小、社會關係(親屬關係、官僚的上下關係等等)的表徵。由於考古出土的銅容器，很少孤立存在，往往可以根據出土的脈絡(context)進一步瞭解其社會性使用。一件銅容器與墓主以及同質材及異質材的物品共現於一座墓中；它也與其他大小不同墓葬、不同的墓主、及不同的物品，同在殷墟II期這個時段出現，形成了一個可供分析社會性使用的材料。本文將銅容器的形制、紋飾特徵，

6　Robert Bagley, *Shang Ritual Bronzes in the Arthur M. Sackler Collections* (Cambridge: Harvard University, 1987)；鄭振香、陳志達，〈殷墟青銅器的分期與年代〉，收入《殷墟青銅器》(北京：文物出版社，1985)，頁27-78；楊錫璋、楊寶成，〈殷代青銅器禮器的分期與組合〉，《殷墟青銅器》，頁79-102；岳洪彬，《殷墟青銅禮器研究》(北京：中國社會科學出版社，2006)。

7　Robert Bagley, "Shang Archaeology," *The Cambridge History of Ancient China* (Cambridge University, 1999), pp. 175-180. 唐際根，〈中商文化研究〉。陳芳妹，〈小屯五座墓中的青銅容器——從二里岡到典型殷墟風格的轉變〉。

8　本文所謂風格與Loehr所謂五種風格並不相同，他的風格主要來自工匠製作銅器時，技術上的改變。本文所謂青銅禮器的風格除了銅器技術上的改變以外，還包括社會性的使用。

9　Jessica Rowson曾注意此方面，具有啟發性。中譯本：孫心菲等譯，〈中國的喪葬模式——思想與信仰的知識來源〉，《中國古代的藝術與文化》(北京：北京大學出版社，2002)，頁357。

放在墓葬考古情境中，選取能夠顯現社會性差異的指標，包括墓中銅容器總件數、銅兵器總件數，銅觚件數、銅爵件數、銅戈件數、墓室大小(平方公尺)等，以這六種社會性差異指標，作為墓葬中銅鑄品與墓主關係的物質框架，以呈現個別的銅鑄品形制紋飾特徵與上述幾種因素間在相同墓葬中所形成的有機關係，並與同時期的不同銅容器墓葬，及陶容器墓葬，進行六種指標的交叉比較，用以顯示墓葬中個別的銅鑄品在同時期的「社會性使用」。在這六個指標中，「銅容器總件數」可作為排序及分群的基礎，它反映墓主的經濟力與製作銅器所須的技術與人力，因此與銅容器的風格有最直接的關係。個別銅鑄品的形制、厚薄、精粗、大小，事實上與銅觚、爵的件數等關係密切[10]，與墓室大小形成對應的關係，更對應到銅兵總數及銅戈總數，它們可能提供了社會身分性質的訊息。

二、銅容器數量所顯示的墓主地位

表1　殷墟II期五群墓葬主要項目關係

	單墓銅容器件數	墓葬數	銅觚數	銅爵數	銅戈數	墓室面積	平均墓室面積
第一群	40件以上	2	9↑	9↑	70↑	16↑	19.34
第二群	24-9	8	5-2	5-2	9-13	10-1.848	6.06
第三群	8-3	13	1	1	9-13	6.372-1.9	3.41
第四群	2-1	13	1	1	2-4	6.868-1.7425	3.43
第五群	0	117	0	0	1-4	5.4936-0.3	2.23

　　本文依單墓中「銅容器總件數」，將殷墟II期的153座銅陶器墓中，沒有銅容器的陶器墓，或只含銅兵器墓的計117座，分到第五群，而將有銅容器的47座墓分成第一到四群，以從墓葬考古情境所顯示的社會性使用脈絡中，觀察銅容器紋飾、形制特徵。

10　惟依銅容器件數有明顯分野的第三、四群，在觚爵的件數的分野上，並不明顯，與墓室面積情形相似，但銅戈數則分野明顯，值得注意。

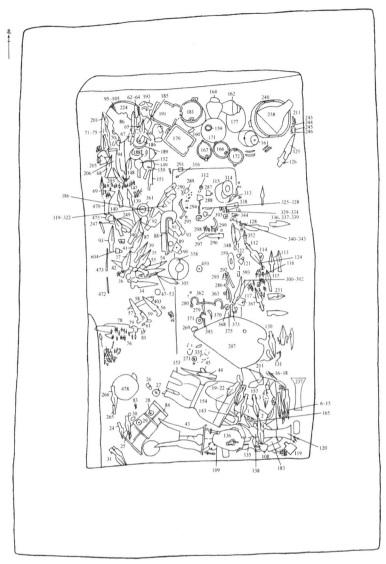

北

0 ⎯⎯⎯ 50厘米

1-4、6-25、31-33、35、37、39-41、44、45、62-65、67-75、95-105、111-113、115、117、129、130、137、139-141、201、254、264、266、272.矛 26-30、55、85、114、123、124、133、168、271、335、403.銅泡 34、42、46-54、56-59、66、77-82、90、93、125-127、139、241-253、256-258、260-263、296、297、302、305、344、373、376.戈 36、38、76、83、110、116、128、142.鏃 43.方罍 60、121、122、269、287-291、304、311、461、593、604.鈴 61.象牙器 84.方尊 86、89、91、92、131.鉞 87、88、94.卷頭刀 108、119.鏡 109、135、138、153、165、184.爵 120、192、205、206、237、470.觚 136.罍 143.鏈 146.觥蓋 148.玉葉銅骹矛 149、152.勺 150、312、316、329-334、336、337、339.玉管 151.刀 154.甗 157、169.盂 159、160.圓箍形玉器 161、162、164、182、185、186、188、189、193、196.陶罍 166、167、172、181.分襠圓鼎 170、191.方鼎 171、177.簋 224、240.圖鼎 183.方彝 187.斗 195.觥 202.圓形骨飾 203、280、286、303、348、393.弓形器 207.石磬 209、210.石刀 211.玉器 238.陶盔形器 265.鐏 279、300、301、373.獸首刀 292、294.策 293.銅鏃 295.鈴首錐狀器 298.骨鏃 475.牛尊 299、478.不明銅器 313.玉援銅內戈 314、315、320、358、359、367.玉戚 319、321.玉戈 322、328.玉圭 325、363玉觿 326.玉獸頭 327、369、371、450.龍形玉飾 328、372.玉紡輪 340.玉璇璣 341-343.玉獸面 352.玉璧 361.玉環 362.穿孔玉飾 368.龍形玦 370.玉夔龍 375.玉戈 386.玉刀 477.貝

圖1　第一群：殷墟花園莊M54
（《安陽殷墟花園莊東地商代墓葬》，圖77，在頁88、89之間夾頁）

　　第一群以單墓40件以上銅容器的墓葬群為主，它至少9件觚，9件爵，銅戈在70件以上、墓室大小至少16平方公尺以上，殉人至少在15人以上。目前未經盜掘的五大群中，以此群例證最少，僅2座[11]，分別為婦好墓及花園莊M54(圖1)。此墓群有相當的帶銘器。婦好墓9種銘文中，以97件「婦好」銘者為最多，「婦好」被認為是墓主，依甲骨文所載，更被進而確定為「武丁」的「后」。花園莊M54則有「亞長」銘者，占全墓容器的一半以上，被認為是墓主的族徽，又因71件銅戈，及3種的其他種類兵器，而推測墓主與軍職有關，很可能在當時是一位高級軍事將領。他們在五群中，以擁有最高的銅容器件數，銅觚件數、爵件數，銅兵器總件數，以及較大型墓室面積，較多殉人等，而成為銅容器使用群中，少數的金字塔式社會結構層的頂端。目前考古發掘尚未出現中商時期有類似規模的墓葬。

　　第二群則是單墓有24件到9件銅容器為主的墓葬群，計8座[12]。墓室大小介於約10至5平方公尺之間。如小屯M18的10.02，劉家莊北地M793的8.4，郭家莊的7.7，大司空村M663(圖2)的6.6，大司空村M539的5.96平方公尺等。相對應的為5至2件銅觚、銅爵，及13至9件的銅戈。但墓室大小也有小到如1.848平方公尺的西北岡M1022，2.45平方公尺的小屯M238，此二墓相對的

11　中國社會科學院考古研究所編著，《殷墟婦好墓》(北京：文物出版社，1980)；中國社會科學院考古研究所安陽工作隊，〈河南安陽市花園莊54號商代墓葬〉，《考古》2004.1：7-19；中國社會科學院考古研究所安陽工作隊，《安陽殷墟花園莊東地商代墓葬》(北京：科學出版社，2007)。

12　中國社會科學院考古研究所安陽工作隊，〈安陽小屯村北的兩座殷代墓〉，《考古學報》1981.4：491-518；中國社會科學院考古研究所安陽工作隊，〈河南安陽市郭家莊東南26號墓〉，《考古》1998.10：36-47；中國社會科學院考古研究所安陽工作隊，〈1980年河南安陽大司空村M539發掘簡報〉，《考古》1992.6：509-517；中國社會科學院考古研究所安陽工作隊，〈安陽大司空村東南的一座殷墓〉，《考古》1988.10：865-874；石璋如，《小屯：第一本·丙編·殷墟墓葬之一·北組墓葬(上)》(臺北：中央研究院歷史語言研究所，1970)；中國社會科學院考古研究所、安陽市考古研究所，《殷墟新出土青銅器》(昆明：雲南人民出版社，2008)；安陽市文物考古研究所，〈河南安陽市殷墟郭家莊東南五號商代墓葬〉，《考古》2008.8：22-33；石璋如，《侯家莊：第十本·小墓分述之一》(臺北：中央研究院歷史語言研究所，2001)。

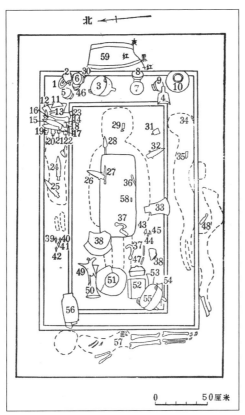

1、2、4.銅鏡 3、55.銅鼎 5、6、8、9、30、46陶盂 7.陶豆10.陶罍11.陶簋 12-18、22、23、26、32.銅戈 19-21、24、25、27、28.銅矛 29.石戈 31.銅鈴 33.銅鉞 34.綠松石飾 35.磨石 36.石笄 37.銅弓形器 38.銅簋 39-45銅鏃 47.銅管 48.銅刀 49、54.銅爵 50、53.銅觚 51.銅瓿 52銅方彝 56.陶壺 57.小卵石 58石柄形飾59.彩繪

圖2　第二群：大司空村M663

（《考古》1988.10：866）

銅兵器亦罕見，或沒有或只有一件。前者為王陵區小墓[13]，後者或是宗廟區[14]

13　審查人以為此墓應有一骨架，但陪葬品都是酒器，認為是「祭祀坑」，可備一說。

14　石璋如，《小屯・第一本・遺址的發現與發掘・乙編・建築遺存》（臺灣：中央研究院歷史語言研究所，1959）。

或是宗廟宮殿區[15]的小墓，顯示此二區小墓，卻在銅容器的量上擁有其他稍大型墓的規格，更說明此群墓主社會身分性質的多樣性。

銘文也透露有關此群墓主身分的訊息。其或與王室有所關係者，如M18，有「子漁」銘，依武丁卜辭，有關「子漁」參與祭祀者(《合集》2972等)，墓主可能為武丁時握有祭祀權的王室成員。又如劉家莊北地M793，11件銅容器中，6件有「亞弜」銘文，墓主可能屬「亞弜」族氏的貴族成員。「亞弜」族亦曾致贈銅容器與婦好[16]，顯示此一族氏與王室有所交往。此外，此墓有銅兵器圍繞人骨四周，墓主可能有武職。又如M663的墓主身體亦為兵器所圍繞，戈、矛、鉞、鏃分別放在棺內墓主肩、胸、臂、腰部；大司空村M539墓主腰右側有三件銅戈；郭家莊M26，墓主頭部兩側及上方亦圍繞銅兵器。7件刻銘中有5件銘鑄「鳶」，郭家莊東南M5亦出土三件同銘者，根據《英藏》593A卜辭「鳶」(為族徽)可能是隨武丁征戰的武官[17]。第二群的部分墓主，身分可能為武官，他們擁有9至13件的銅戈，比第一群少，但比第四群多，而銅容器量則比第三群多。

第三群為銅容器件數從8件到3件的墓群，計13座[18]。以1件銅爵，1件銅

---

15 中國社會科學院考古研究所編著，《中國考古學‧夏商卷》(北京：中國社會科學出版社，2003)，頁296-298。

16 中國社會科學院考古研究所，《殷墟婦好墓》，頁100。

17 劉一曼，〈論安陽殷墟墓葬青銅器的組合〉，《考古》2002.3：63-75；安陽市文物考古研究所，〈河南安陽市殷墟郭家莊東南五號商代墓葬〉。關於此一族氏的討論見黃銘崇，〈晚商王朝的族氏與族氏政治〉，《第四屆國際漢學會議論文集‧東亞考古的新發現》(臺北：中央研究院，2013)，頁1-94。

18 李濟、石璋如、高去尋，《小屯：第一本‧丙編‧殷墟墓葬之一‧北組墓葬(上)》；中國社會科學院考古研究院，《安陽殷墟花園莊東地商代墓葬》；石璋如，《侯家莊：第十本‧小墓分述之一》；中國社會科學院考古研究所、安陽市考古研究所，《殷墟新出土青銅器》；中國社會科學院考古研究所安陽工作隊，〈1986年安陽大司空村南地的兩座殷墓〉，《考古》1989.7：591-597；中國社會科學院考古研究所安陽工作隊，〈1969-1977年殷墟西區墓葬發掘報告〉，《考古學報》1979.1：27-157；郭寶鈞，〈一九五○年春殷墟發掘報告〉，《考古學報》1951.5：1-61；中國社會科學院考古研究所安陽工作隊，〈安陽小屯村北的兩座殷代墓〉，頁491-518；中國社會科學院考古研究所安陽工作隊，〈安陽薛家莊東南殷墓發掘簡報〉，《考古》

瓿為主。墓室面積主要在5平方公尺以下至1.9平方公尺不等，平均約為3.41平方公尺。只有殷墟西區M613（圖3）為6.372平方公尺，面積較突出。大體上，此群墓室面積稍大者，往往是墓主周邊放置銅兵器者，可能具有武官性質者。如M613墓主幾乎為10件銅戈所包圍[19]。又如墓室面積4.48平方公尺的薛家莊M3（圖4），墓主周邊置放13件銅戈，包括肩部3件、胸部1件、腰部4件、

1-3、7、8、10、11、14、22.銅戈 4.銅瓿 5.銅矛 6.銅鼎 9、26.銅鈴 12、21.玉璜 13.石戈 15.銅爵 16.陶豆 18.銅瓿 19.銅鑿 20.銅錐 23.玉魚 24.陶爵 25.陶瓿 27.石璋

圖3　第三群：殷墟西區M613
（《考古學報》1979.1：52）

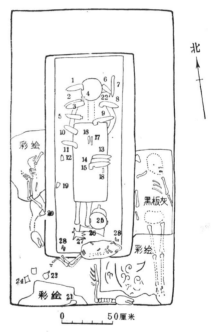

1-3、6-11、13-15、21.銅戈 4.玉墜 5.戈 12、19、20.銅鈴 16、17石鳥形飾 18.玉柄形器 22.石戈 23.陶爵 24.陶瓿 25.銅鼎 26.銅瓿 27.銅爵 28.蚌魚 29.小螺

圖4　第三群：薛家莊M3
（《考古》1986.12：1068）

（續）————————————————

1986.12：1067-1072；中國社會科學院考古研究所，《殷墟青銅器》。

19　中國社會科學院考古研究所安陽工作隊，〈1969-1977年殷墟西區墓葬發掘報告〉，頁52，圖三八。

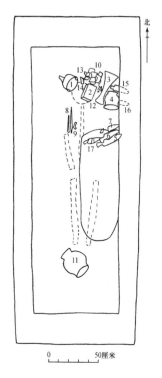

1.銅鼎 2.銅彝 3.銅觚 4.銅簋 5~9.銅戈 10. 陶觚 11.銅瓿 12.銅爵 13.陶爵 14.銅錛 15、16.銅戈 17.銅刀

一至六:人骨 1、2、旋龍盂 3、5、12.銅壺 4.銅盂 6、11、13.銅箸 7、10.圓柄鏟 8.透花鋤 9.方柄鏟 14.陶盆 15.中柱盆 16.骨椎 17.銅鏡

圖5　第三群:花園莊東地M42

(《安陽殷墟花園莊東地商代墓葬》,頁34)

圖6　第三群:西北崗M1005

(《侯家莊:第十本‧小墓分述之一》,頁9)

臂部1件等[20];墓室面積4.16平方公尺的花園莊東地M42(圖5)有13件銅戈,墓主周邊有5件置於兩肩,2件放在頭東側[21]。相對的也有稍大型墓,面積為4.96平方公尺的小屯M17,卻沒有一件銅戈者,墓主可能與武職不相干。西

20　中國社會科學院考古研究所安陽工作隊,〈安陽薛家莊東南殷墓發掘簡報〉,頁1068,圖3。

21　中國社會科學院考古研究所,《安陽殷墟花園莊東地商代墓葬》,頁34,圖26。

北岡M1005(圖6)墓室面積為2.04平方公尺，卻有6件銅容器，惟沒有1件銅
觚、銅爵及銅戈，顯係西北岡隨葬人隨葬物的附屬特性[22]。顯然此群墓主的
身分可能亦是多元的。

　　第四群(圖7)為銅容器件數2件到1件之間，計13座[23]。每座銅觚、銅爵各
1件，或只單類1件。銅戈也以1件為常，少數為4件至2件者，平均墓室面積
約為3.43平方公尺，與第三群相當而稍大。殷墟西區M354為典型例證，1件
銅觚、1件銅爵、1件銅戈，墓室面積為1.84平方公尺[24]。

　　第五群為沒有銅容器的墓葬，計117座(圖8)[25]，占有墓葬物質使用群的
大多數。墓室平均面積約2.23平方公尺，往往有4件到1件不等的陶容器。117
座中，55座有1件陶觚、1件陶爵，占全部比率近50%。這些墓主，雖只擁有
陶容器，但有些或有3件到1件不等的銅戈。殷墟西區M619，墓室面積雖有

22　審查人以為M1005與M1022同為「王墓的祭祀坑或陪葬墓」不宜列入討論。石璋如，
　　《侯家莊：第十本・小墓分述之一》，頁9。

23　中國社會科學院考古研究所安陽工作隊，〈1969-1977年殷墟西區墓葬發掘報告〉，
　　頁121，129，128，130，139；中國社會科學院考古研究所，《殷墟發掘報告：1958-1961》
　　(北京：文物出版社，1987)，頁337，349；安陽市博物館，〈安陽鐵西劉家莊南殷
　　代墓葬發掘簡報〉，《中原文物》1986.3：15-16，16-18；安陽市文物工作隊，〈1995-1996
　　年安陽劉家莊殷代遺址發掘報告〉，《華夏考古》1997.2：44；中國社會科學院考
　　古研究所，《安陽殷墟郭家莊商代墓葬1982-1992考古發掘報告》(北京：中國百科
　　全書，1998)，頁166，176；中國社會科學院考古研究所安陽工作隊，〈1980-1982
　　年安陽苗圃北地遺址發掘簡報〉，《考古》1986.2：114-115。

24　中國社會科學院考古研究所安陽工作隊，〈1969-1977年殷墟西區墓葬發掘報告〉，
　　頁128。

25　中國社會科學院考古研究所安陽工作隊，〈1980-1982年安陽苗圃北地遺址發掘簡
　　報〉；中國社會科學院考古研究所，《殷墟發掘報告：1958-1961》，頁333，338-343，
　　349；中國社會科學院考古研究所，《安陽殷墟郭家莊商代墓葬1982-1992考古發掘
　　報告》，頁163，173；中國社會科學院考古研究所安陽工作隊，〈1969-1977年殷墟
　　西區墓葬發掘報告〉，頁123-128，130，131，135，143；中國社會科學院考古學研
　　究所，《安陽殷墟花園莊東地商代墓葬》，頁254，258；中國社會科學院考古研究
　　所安陽工作隊，〈1991年安陽后岡殷墓的發掘〉，《考古》1993.10：902；中國社
　　會科學院考古學研究所，《安陽小屯》(北京：世界圖書，2004)，頁206；安陽市文
　　物工作隊，〈1983-1986年安陽劉家莊殷代墓葬發掘報告〉，頁26，44，50。

4.725平方公尺，卻沒有1件青銅容器，但有3件銅戈、3件陶容器[26]。

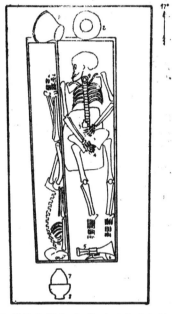

1.陶簋 2.陶罐 3. 銅飾 4.玉飾 5.銅觚
6.銅爵 7.陶罐 8.陶碗 9.玉環

圖7　第四群：劉家莊M13
（《中原文物》1986.3：16）

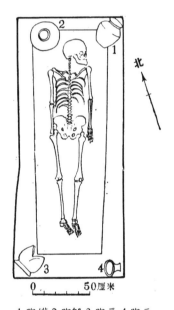

1.陶罐 2.陶殷 3.陶鬲 4.陶豆

圖8　第五群：殷墟西區M466
（《考古學報》1979.1：51）

　　殷墟II期銅容器如何由中商時期之過渡風格蛻變到典型殷墟風格，包括
過渡風格時期已現端倪的羅越（Max Loehr）的五種風格[27]，在殷墟II期時，如
何在五群的社會結構中，被社會性的使用，而使得有些風格消失，有些得
到大力發展，甚至成為某些群的指標。同時殷墟II期時，是否出現五種風格

26　中國社會科學院考古研究所安陽工作隊，〈1969-1977年殷墟西區墓葬發掘報告〉，
　　頁130。

27　陳芳妹，〈小屯五座墓中的青銅容器——從二里岡到典型殷墟風格的轉變〉，頁
　　181-232。

所無法說明者？以及銅容器器制器類、風格的社會性使用現象，它們在使用者之間，如何認同與區分及如何蛻化出典型殷墟風格等等問題，皆成為本文所要討論的重心。

三、紋飾的「風格」與社會階層化關係

殷墟II期典型殷墟風格的紋飾與過渡風格不同之處，不僅見於學界已注意的獸面紋的立體化；更見於學界所忽視的獸面紋的簡化，兩個方向並行於殷墟II期，且共存於不同的社會使用群當中：

1. 獸面紋複層立體化，如Loehr的style IV[28]及V[29]，在殷墟II期得到大力發展。此二種風格在前一階段，只顯端倪，在此階段，則鮮明地成為有別於二里岡風格的典型殷墟風格的主要內容。相對的，中商時期所保留的與二里岡風格有關的style I[30]、II[31]、III[32]，在典型殷墟風格時期，則或成為罕見，如style I；或成為少數，如style II、III。
2. 在獸面紋的複層化、立體化的同時，就是在此階段也同時出現了Loehr的五種風格所未包含的獸面紋的簡化趨勢。如襯底雷紋的消失，而

28　整體花紋與器表的關係仍是單層的，但形物與裝飾性花紋的分野則比第一種明顯：形物性花紋為寬條，裝飾性花紋為細線淺浮雕，所謂雷紋襯底的底紋與主紋的對立已趨明顯。參陳芳妹，〈小屯五座墓中的青銅容器——從二里岡到典型殷墟風格的轉變〉，頁225。

29　形物與裝飾性花紋的分野比Style III、IV明顯，且以不同層次加強其分野，形成複層花紋。形物花紋為高浮雕，雷紋為較低淺的細線淺浮雕，充滿了主體花紋以外的底子。同前註。

30　細陽線式淺浮雕，纖細的陽線浮出器表，為單層花紋。同前文，頁193。

31　陰刻寬條紋，深刻部分低於器表，而使主體花紋成為寬條浮雕，與器表高度齊一，亦為單層花紋。同前註。

32　線條趨於緻密，減少二里岡時疏朗而空白的部分。由於線條增加，形物線條之外，有雲雷紋作為裝飾性的線條。因花紋仍為單層的，形物與裝飾性線條分野並不明顯。同前文，頁225。以上參Max Loehr, "The Bronze Styles of the Anyang Period."

只剩下單層的浮雕獸面紋，本文以style VI(圖9)稱之。獸面紋甚至
簡化到只剩下浮雕的獸眼，本文稱為style VII(圖10)。相對的，與獸
面紋完全不相干的幾何式紋飾也出現在此期間，只簡單的以細線淺
浮雕的平行弦紋裝飾，本文稱為「弦紋」；更有完全無紋飾的「素
面」，這些是二里頭銅器常見，二里岡期銅器紋飾中也有，且在中
商時期也仍保留的。這些「style VI」、「style VII」、「弦紋」、「素
面」，正與朝著複雜化方向發展的獸面紋，如Loehr style IV、V等，
成為殷墟II期時紋飾的主要類型。它們如何在益形複雜的銅容器使用
階層間進行，以展現社會性使用呢？

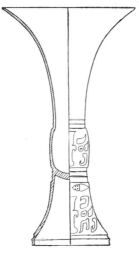

圖9　Style VI第三群：
大司空村M539：34
(《考古》1992.2：511)

圖10　Style VII第三群：
武官村M229：3
(《中國青銅器全集2》，No. 14)

　　將墓葬分群與七種紋飾風格交叉列表(表2)，顯示複層方式呈現立體化
的style V的獸面紋，在殷墟II期時，高度集中在第一群的2個大墓，以分別
隨葬「婦好」及「亞長族人」。婦好墓中隨葬219件銅容器，即包括71件style

V，占全墓銅容器的33%。有40件銅容器隨葬的亞長墓，則有31件style V銅器。至於第二群，style V仍出現，但已是少數。如擁有12件銅容器的大司空村M663，則只有3件style V銅器。擁有11件銅容器的郭家莊M26，只有2件style V銅器。也有些墓完全沒有的style V銅器，如銅容器總數為24件的小屯M18，就沒有style V銅器。至於單墓有3件到8件銅容器的第三群墓，全墓中沒有一件style V，則是常態了[33]。可見相當數量的複層立體獸面紋出現，成為第一群墓主區別於其他的重要風格內涵；少量出現，也成為第二群墓主區別於其他三、四、五群的標誌。

表2　紋飾風格之墓群分布

群 ＼ Style	Style I	Style II	Style III	Style IV	Style V	Style VI	Style VII
第一群	0	0	12	122	102	3	0
第二群	0	2	7	25	12	6	1
第三群	0	0	7	33	1	1	3
第四群	0	0	0	1	0	0	1
第五群	0	0	0	0	0	0	0

　　相對於style V的高度集中在第一群的2個墓葬，與部分第二群墓葬，及少數第三群墓葬；style IV則更往下普及，成為3件到8件銅容器墓主，即第三群，最複雜的紋飾風格，而與第四、五群墓主，形成足以區分的紋飾風格。相當程度地呈現了style V及style IV在殷墟II期時，在使用人群中的階梯現象。第一、二、三群大量使用styleV、IV紋飾，style III或仍出現，但style I、II則幾乎罕見了。

33　惟苗圃北地M229，6件銅容器中，1件鼎使用style V紋飾。中國社會科學院考古研究所、安陽市考古研究所，《殷墟新出土青銅器》，頁114。

Style V在第一、二群墓主的贊助、共享與區分間,得以發展其多樣性,並成為典型殷墟風格的最重要內涵。在第一群墓葬中,為其他群所罕見的是以style V作為大型器,如尊、罍的主要紋飾裝飾類型,但紋飾的具體形式,往往隨不同的器主而有細微差異,以形成多樣性。如婦好墓中,高56公分的司🐘母銘的方尊(圖11),其獸面紋是以動物面的個別器官,如眉毛、角、下顎等,作立體呈現的[34];高51.9公分的亞長方尊,則以夔龍填補了縮小的獸耳,並以一排蟬紋,說明亞長墓中style V獸面,往往在獸面外,以其他寫實動物填補以示區別[35]。又如婦好虎面紋瓟的圈足上的獸面,上面裝飾style IV雷紋層[36],使得立體的獸面紋更凸顯;相對的,亞長瓟則在立體獸面紋上裝飾立體的蟬紋[37],形成雙重動物現象。

最值得注意的是婦好墓的司🐘母帶蓋方壺(圖12)的style V獸面紋面方向與方形器形成特殊關係的現象[38]。獸面紋以器身四個角落垂直交會線作為鼻樑的中心,與同墓中的其他方形器以每面的中心線為鼻梁中心完全不同,但與過渡風格小屯M331卣則幾乎雷同[39],該卣顯示了相當的域外關係,婦

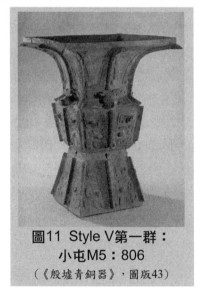

**圖11 Style V第一群:
小屯M5:806**
(《殷墟青銅器》,圖版43)

---

34 光復書局企業股份有限公司、文物出版社,《殷墟地下瑰寶:河南安陽婦好墓》(臺北:光復書局,1994),圖25。

35 中國社會科學院考古研究所、安陽市考古研究所,《殷墟新出土青銅器》,圖64。

36 光復書局企業股份有限公司、文物出版社,《殷墟地下瑰寶:河南安陽婦好墓》,圖27。

37 中國社會科學院考古研究所、安陽市考古研究所,《殷墟新出土青銅器》,圖59。

38 光復書局企業股份有限公司、文物出版社,《殷墟地下瑰寶:河南安陽婦好墓》,圖41。

39 陳芳妹,〈殷墟工藝研究的新視野──社會藝術史研究的探索〉,發表於中央研究院歷史語言研究所主辦,「紀念殷墟發掘八十週年學術研討會」(2008年10月13-14

好墓的司🔲母帶蓋方壺的style V獸面紋與器形關係的特殊處理手法,形成了典型殷墟風格中style V的多元內涵。亞長方鼎(圖13)[40],則獸面紋的鼻翼、角端、下顎等處,皆有了乳丁突起,與墓中獸面紋不同,卻與江西新贛,及四川廣漢三星堆墓的獸面紋有雷同之處,這種可能的域外關係,亦充實了典型殷墟風格中style V的多元內涵。

圖12　Style V第一群:
小屯M5:807
(《殷墟青銅器》,圖版44)

圖13　Style V第一群:
花東M54:91
(《殷墟新出青銅器》,頁135)

相對於Style II的高度集中於第一、二群,裝飾弦紋及素面的銅器則出現於37座銅器墓中,成為墓中銅器的主要紋飾類型,它們較集中的出現在

(續)—————————————————————————

　　日)。石璋如,《小屯:第一本・丙編・殷墟墓葬之五・南組墓葬》(臺北:中研院史語所,1980)。

40　中國社會科學院考古研究所、安陽市考古研究所,《殷墟新出土青銅器》,圖135。

第四群墓葬中。如郭家莊M289、M247[41]，苗圃北地M202[42]，殷墟西區M354等[43]。形成社會使用銅容器人群中，缺乏獸面紋的世界，只有如M354，有一件有獸眼，屬style VII的瓿，作為獸面紋的一種暗示。

這種style IV、V分別占有第一、二群，及素面、弦紋等成為第四群的主要紋飾類型。獸面及幾何式紋飾等分別占有社會使用群階梯的兩端，正意謂著，style IV、V等獸面紋幾乎難以下達於第四群，形成獸面紋在社會使用群中，靠向社會金字塔尖端的現象。但這並不意謂素面及弦紋等幾何式花紋類型，沒有為前三群的使用者，只是它們在同墓中的比例及所出現的器類有所不同。它們在第一、二群中，由於比例低而不明顯；例如婦好墓，雖有5件素面，5件弦紋銅器，但比起同墓中117件style IV，71件style V，顯得微不足道，也不具代表性。特別是這類紋飾往往出現在較罕見的器類，如素面的盉，及新興稀有器類，如箕形器，及弦紋鐃等。第二群墓亦有類似的現象。相反的，在第四群中，僅有素面或弦紋顯得突出。在第三群墓中，由於單墓的容器數量在3到8件之間，若一墓有3件素面、弦紋器類，則全墓的紋飾，傾向素簡，是較明顯的，花園莊東M42即是此種例子。總之，當style IV及V在殷墟II期時，在社會使用群的金字塔結構的上層時，素面及弦紋等為主的現象，也同時在社會中的下層使用群進行。

值得進一步關注的是，style VI、VII等簡化型的獸面紋，也同時在此兩端中作社會流動。相對於立體化的獸面紋在第一、二群墓葬中的密集發展，style VI沒有雷紋襯底的浮雕獸面紋，在殷墟II期時，已在至少為6件以上的銅容器墓主所贊助，出現在第一、二、三群墓葬中，而在單墓中，它與style IV或V並行，不時或現。這種沒有雷紋襯底的浮雕獸面紋，且往往出現在新

---

41 中國社會科學院考古研究所，《安陽殷墟郭家莊商代墓葬1982-1992考古發掘報告》，頁176及174。

42 同上，頁166。

43 中國社會科學院考古研究所安陽工作隊，〈1969-1977年殷墟西區墓葬發掘報告〉，頁30。

興的器類中,如樂器鐃,或梟卣,甚或及於較少裝飾的瓿,及普及的器類──
觚。如屬於第一群的花園莊M54(有43件銅容器)[44],即有銘鑄「亞長」的三件
大小不等的鐃,裝飾著沒有襯底雷紋的獸面紋。而在同墓中,與31件style V
及5件style IV並存。類似的style VI,銘鑄「古」的鐃,亦出現在第二群12
件銅容器的大司空村M663[45],而與該墓的3件style V及6件的style IV共現。

　　屬於第三群的苗圃北地M229(有6件銅容器)出土1件新興而罕見的梟卣
(圖14),風格上屬於style VI,具有淺浮雕的獸角、獸耳及鳥翼,卻沒有雷紋
襯底[46]。它與同墓中1件style V的鼎及
2件style IV的方罍及斝等共現。與此
成為對比的則是大司空村M539(有14
件銅容器)出土的一件梟卣[47],表面布
滿雷紋,屬於style V。第二群大司空
村M539的觚,也裝飾了Style VI,顯
示在第一、二群墓葬中競相以style
IV、V裝飾觚的風格潮流中,簡化的
演變方向也同時並存。

　　還有style VII──更簡化的獸面
紋,也在第二、三、四群墓葬中出現。
在三群西北岡的隨葬小墓的武官村
M229中,此只見有獸眼的裝飾紋

圖14　第三群：苗圃北地M229：16
(《殷墟新出青銅器》,頁121)

44 中國社會科學院考古研究所,《安陽殷墟花園莊東地商代墓葬》。
45 中國社會科學院考古研究所,〈河南安陽市郭家莊東南26號墓〉,頁36-47。只是銅
　 鏡在安陽,雖為殷墟II期的新器類,卻在同墓的銅器裝飾紋飾上,呈現出對新興的style
　 IV、V的不感興趣。這是對安陽盛行的style IV及V的簡化形式?抑或新興器類的自成
　 傳統?目前的資料仍不易釐清。
46 中國社會科學院考古研究所、安陽市考古研究所,《殷墟新出土青銅器》,頁120。
47 中國社會科學院考古研究所安陽工作隊,〈1980年河南安陽大司空村M539發掘簡
　 報〉;中國青銅器全集編輯委員會,《中國青銅器全集》3(北京:文物出版社,1993),
　 圖136。

飾，成為該墓3件容器中的唯一紋飾[48]，相當突顯。在另一第三群的小屯M17，也存有一件例證；在第四群的殷墟西區M354，則成為該墓的主要動物紋飾。

總之，殷墟II期時，style V、IV與簡化的獸面紋VI、VII並行，也與幾何式的弦紋、素面等並行，形成四群不同人群階梯的競用與區分現象，同時style I、II等也在無形中消失了，找不到使用的社會人群。

四、社會使用群在器類組合上的共享與區分

殷墟II期時，中商時期所未見的新興器類及器制出現了，例如方彝、觶、觚、罍、壺、斗、勺、簋、鐃、銅鏡、箕形器等[49]。它們與中商及二里岡時期既有的器類，如觚、爵、斝、尊、卣、盉、瓿、甗、盤、盂等，共同形成殷墟II期時單墓呈現的最大器類規模，它出現在第一群使用者的墓葬中。相對的，銅容器第四群則只有觚及爵，或者是單有觚或爵，呈現使用人群中對銅容器的最基本需求。這種從最大規模到最基本需求之間，正是四群使用人群間——從單墓219件到1件之間，在墓葬中對銅容器的各種器類所呈現的或共享或相互區分的結果(表1)。

四個使用群所形成的青銅器的金字塔式的社會結構群，更可以用來檢視傳統及新興的器類，如何為四大人群所贊助。在金字塔式的社會使用人群結構的上層，即第一與第二群，單墓銅容器件數在9件以上，墓中傳統與新興器類往往並存，墓中的隨葬品展現墓主的飲食情調與傳統的差異。新興器類，包括方彝、觚、罍、壺、勺、觶、簋、鍑、箕形器、銅鏡及銅鐃等，成為一、二群與三、四群人群用以區分彼此的最主要內涵之一。

---

48 中國社會科學院考古研究所，《安陽殷墟郭家莊商代墓葬1982-1992考古發掘報告》，頁20-36。

49 鐃、銅鏡、箕形器等，雖不屬於銅容器類，本文在此器類組合一節中論及，傳因其為殷墟II期的新興鑄品，與青銅容器共現於墓中，成為組合中的一部分。

　　第一群的婦好墓幾乎包含了殷墟II期所有的新興器類(鍑除外)，她成為擁有最多器類者。花園莊M54雖缺少了如壺、銅鏡、箕形器及鍑等，但仍擁有觥、盂等。觥與盂為花園莊M54與婦好墓共享器類，但為二、三、四群墓中罕見的器類。其中的觥具有複雜的動物造型，有蓋、有流，可以讓盛物流出。口沿寬敞的圈足器盂主要見用於第一群墓葬中，屬於當時墓葬所罕見的器類。此乃目前公私收藏中罕見觥與盂之原因。

　　雖然，觥與盂等新興器類，罕見於第一群以外的墓葬，但罍、方彝、箕形器、斗、鐃等新興器類，仍是第二群墓主得以與三、四、五群墓主有所區別，而與第一群如婦好、花園莊M54墓主所共享的飲食情調。落實在容器方面，如可能是用以盛放核果之類的「陶罍」[50]，在第一、二群中，是以銅質材所呈現的銅罍取代，如小屯M18、郭家莊M26、大司空村M539、小屯M238、劉家莊北地M793、郭家莊M5等墓主，皆呈現這種需求；以及「方彝」──方形仿四坡水的建築的帶蓋容器，往往以style V、IV紋飾滿裝；兩者皆成為第一、二群墓葬的新內容，如郭家莊M26，大司空村M663、小屯M238、劉家莊北地M793等墓主也共同顯示這類需求。

　　同時，具有飯碗功能的銅簋也出現了。小屯M18、郭家莊M26、大司空村M539、郭家莊東南M5等墓主皆享有銅簋。值得注意的是，新興器類箕形器的出現，有些有煙薰痕跡，或用以承灰爐，小屯M18、郭家莊M26、大司空村M539、劉家莊北地M793、以及郭家莊M5等墓主，皆有此器類。更值得注意的是，第一、二群的墓主，包括郭家莊M26及大司空村南M663墓主等，也有了銅樂器鐃，主要以大小不等的三件為一組。

　　相對的，創新的器類雖在第三群仍或出現，但第三、四群主要是與一、二群墓主共享傳統器類。這些傳統器類，包括觚、爵與鼎。四群36座墓葬中，34座皆有爵、觚，這種為四群所共享的爵與觚，顯示這兩類是該社會銅容器使用人群的最基本的需求。二者雖是二里岡時期以來傳統已有的器

50　中國社會科學院考古研究所，《安陽殷墟花園莊東地商代墓葬》，頁211。

類，但作為社會使用人群的最基本須求，則在殷墟II期時，才鮮明呈現出來。

殷墟II期的使用群，在墓葬中，若能擁有第三件銅容器，會是哪一種器類呢？在四大使用人群間，以食器鼎最常出現；鼎是二里岡時期以來，傳統的器類。至於其他傳統器類，如尊、卣、盉以及甗、盤等，則主要被保留在一、二群的墓中，如作為蒸籠的甗，不僅出現在第一群的婦好墓及花園莊M54，更出現在第二群的小屯M18、郭家莊M26、大司空村M539、郭家莊東南M5等；提梁卣不僅出現在婦好墓，且出現於小屯M18、大司空村M539、小屯M238等墓中。盤不僅出現在第一群的婦好墓，花園莊M54；更出現在小屯M18、大司空村M539、小屯M238等。至於尊則主要保留在第一群的婦好墓及花園莊M54(圖15)，第二群也只及於該群最多銅容器的小屯M18；至於盉，則更止於婦好墓而已。顯然一、二群墓主，不僅是創新器類的擁有者，更是大多數傳統器類的擁有者。

圖15　第三群：花東M54：84
(《殷墟新出青銅器》，頁156)

五、大容量方形器與圓形器的風格與階層的區分現象

殷墟II期以新的技術鑄成稀有且耗銅量高的大方形器，包括三聯甗，大型方鼎，方罍及方尊等，在大小及風格上，以與圓形器作更多層次的區別，以對應第一、二群的使用者間的細微區分。雖然殷墟I期已有連體甗，婦好墓中也有，但出現了更罕見的分體甗(圖16)與三聯甗(圖17)。分體使得甗的功能更具機動性，三聯甗則大大改善容量及功能，使得在長方形下座相連

通的裝水加熱中，可以一次使三個隔開的圓形的有箅的盛物蒸熟。婦好墓擁有三類甗，皆有煙炙痕，顯示是日常生活使用過的器物。顯然新式的甗是在婦好的贊助下，從舊有的基礎中孕育出新形制。雖然這種新形制是否見於王墓，由於盜掘而不得而知，但可以確定的是，尚未見於同期的其他第一、二群墓葬，如第一群的花園莊M54[51]、第二群的小屯M18[52]及大司空村M539等[53]。後三者皆是甗的贊助者，但皆一致地只使用如前期的器與足相連的連體甗。顯然新形制成為婦好等墓引為區隔其他更低身分者的重要物質表徵，是獨占者（圖18），也是特殊生活情調的壟斷者。

圖16　婦好分體甗
（《中國青銅器全集2》，No.76）

圖17　婦好三聯甗
（《中國青銅器全集2》，No.78）

51　中國社會科學院考古研究所安陽工作隊，〈河南安陽市花園莊54號商代墓葬〉，頁11。

52　中國社會科學院考古研究所安陽工作隊，〈安陽小屯村北的兩座殷代墓〉，頁496。

53　中國社會科學院考古研究所安陽工作隊，〈1980年河南安陽大司空村M539發掘簡報〉。

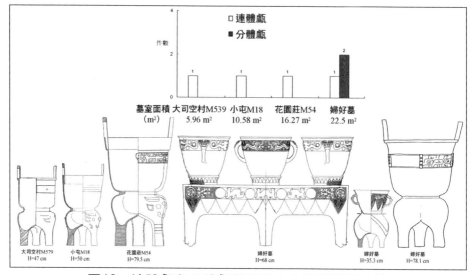

圖18　連體鬲與分體鬲數量與大小墓葬關係比較

（a.《考古》1992.6：511，圖2-1；b.《殷墟青銅器》，圖52.4；c.《安陽殷墟花園莊東地商代墓葬》，頁104，圖86；d.《殷墟青銅器》，圖9；e.《殷墟青銅器》，圖8.4；f. 主編繪）

　　新技法、新興方形器如鼎、斝、尊、方彝等，也成為高階的新寵。在第I期時，稍大型墓只出現圓鼎，此期則出現了「大型方鼎」。如婦好墓的〔司母辛鼎〕高80公分左右，及傳出自安陽的〔司母戊鼎〕高113公分等。除大型鼎為維持厚薄均一，仍無可避免的透底空足外，器壁與器足一體成形[54]，但與江西新干高54.5公分的大型鼎已大不同。後者的鼎足與四壁分別鑄造以後再鑄接[55]，保留更多的來自鄭州商城鑄造大型方鼎時的拼裝鑄法[56]。惟這種大型方鼎的高度技術及視覺形象，在第一群的花園莊M54已不見，更何

54　華覺明，〈婦好墓青銅器群鑄造技術的研究〉、〈司母戊鼎鑄造工藝的再研究〉，《中國冶鑄史論集》（北京：文物出版社，1986），頁90-100。

55　江西省考古研究所，《新干商代大墓》（北京：文物出版社，1997），頁260。

56　李京華、郭移洪，〈鄭州商代窖藏銅方鼎拼鑄技術試析〉，《鄭州商代銅器窖藏》（北京：科學出版社，1999），頁112-130。

況其他器群？顯然大型方鼎的鑄造技巧可能也是來自王及王室的贊助[57]，甚至可能壟斷於此一階層，以區別於其他第二、三、四群的使用者。事實上，婦好墓除了有大型方鼎外，仍有多件小型柱足圓鼎，是與第二群的大司空村M539、大司空村M663等，共享相近的品味。它們或飾以複層、有稜脊的獸面紋，婦好墓、大司空村M663中皆有。這類作風甚至延長到殷墟IV期，殷墟西區M907的圓鼎，足以為證。它們或頸部飾以常見的獸面紋，腹部則飾以垂葉蟬紋式，如大司空村M539所見。

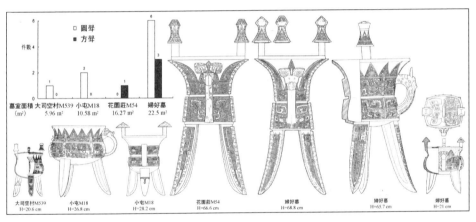

圖19　圓斝與方斝的數量與大小墓葬關係比較

（a.《考古》1992.6：511，圖2-1；b.《殷墟青銅器》，圖54.2；c.《殷墟青銅器》，圖55.1；d.《安陽殷墟花園莊東地商代墓葬》，頁115，圖91；e.《殷墟青銅器》，圖19；f.《殷墟青銅器》，圖27.1；g.《殷墟婦好墓》，頁68，圖44.1）

57　西北岡大墓M1400的牛鼎、鹿鼎則在紋飾手法上比「司母辛鼎」、「司母戊鼎」更進一步，不再局限於二里岡時期拼裝技法，因器壁分塊鑄接所形成的紋飾隨之分塊的方式，而是以四塊器壁為整體單位的設計。M1400的年代由於被盜難以確切定年，但從大型方鼎鑄造方法改變，而形成的紋飾的變革論，或許時代比「司母辛鼎」、「司母戊鼎」等較晚。

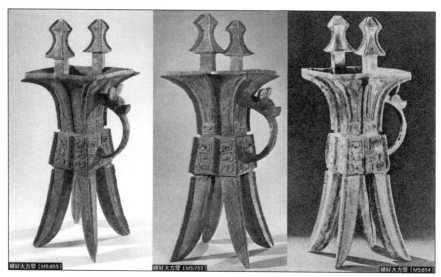

圖20　婦好墓成套大型方斝

（a.《中國青銅器全集3》，No.55；b.《殷墟婦好墓》，圖版33.1；c.《商代地
下瑰寶：殷墟婦好墓》，圖55.1）

再者，第I期時稍大型墓葬所贊助的圓腹T型足斝，雖然在第II期時仍受
著出土青銅容器10件以上墓葬墓主的贊助，但似乎已無法滿足第一群墓葬
墓主區別身分的需求。第一群墓葬墓主則贊助大型方斝，以作為高身分的
物質表徵（圖19）。大型方斝只見於第一群如婦好墓及花園莊M54，而罕見於
其他墓群。這種罕見的大型方形器制皆鑄有銘文，前者為「婦好」、後者
為「亞長」，立柱的柱帽及鋬的裝飾，以及稜脊的不只在器身，且及於柱
帽等特色皆近似。二墓墓主不只共享相同的技術及物質表徵，以別於其他
器群，二墓且依方型器件數及大小等，作細緻差異，以彰顯身分上的位階。
如婦好墓大型方斝三件，形制紋飾基本相同，呈現成套的品味（圖20），M54
則僅有一件（圖21）；前者高度分別為68.8、67.6及67公分；後者則為66.6
公分[58]。相對於方斝，器身分成腔部及腹部的一種較高的圓斝則成為第一、

58　值得注意的是婦好墓的隨葬品銘文的多樣，來源也複雜。3件方斝在形制、大小上形

二群墓主區分的表徵，而存在如婦好墓及
M18等墓中。同時，婦好墓者，更以其高度、
重量及銘文[59]，而與M18有明確的區隔。

　　大型方尊與使用者的身分關係亦類似，
第I期10件以上銅容器的稍大型墓葬的墓主
所普遍贊助大型的圓尊，到此期，大型圓尊
亦為如第二群的M18等出土24件青銅容器者
的贊助，但顯然已無法滿足第一群葬墓主如
M54及婦好墓的需求。花園莊M54已使用更
罕見的1件方型尊以示身分；婦好墓則在10
件尊中，除2件司𫭢母圓尊，2件子束泉圓尊
及一件未鑄銘的圓尊外，更有1件婦好方尊，
2件司𫭢母癸大方尊(圖22)。花園莊M54的方
尊高51.9公分，重27.3公斤；婦好墓的三件方
尊則分別高43公分、55.6公分及56公分，重量為25.15、32及32公斤。

圖21　花園莊M54方斝
(《殷墟新出青銅器》，頁162-163)

(續)────────────

　　成對比的是一件小型帶蓋方斝，高僅21公分，約為前者的1/3，紋飾雖滿裝，有雷紋
底，但主紋飾不作高浮雕，也沒有銘文，不知來源為何？這類小型方斝亦見於墓
室，2.45平方公尺的小屯M238(R2040)及墓室1.84平方公尺的西北岡小墓
M1022(R1114、R1113)，或者婦好墓的小型方斝是來自殉人呢？

59

墓別器形	銘文	高度(cm)	重量(kg)	出處
婦好墓圓尊	司𫭢母(857)	65.7	20	《殷墟婦好墓》，頁70
婦好墓圓尊	司𫭢母(860)	66.5	20.5	《殷墟婦好墓》，頁71
婦好墓圓尊	亞其	61.2	14.7	《殷墟婦好墓》，頁70
婦好墓圓尊		61.8	15.5	《殷墟婦好墓》，頁70
婦好墓圓尊	子束泉	(殘)25.2	3.8	《殷墟婦好墓》，頁70
婦好墓圓尊	無(782)	42.1	5.5	《殷墟婦好墓》，頁70
婦好墓圓尊	無(781)	48.4	6.8	《殷墟婦好墓》，頁70
小屯M18圓尊	無	28.2	2.5	《考古學報》1981年第1期

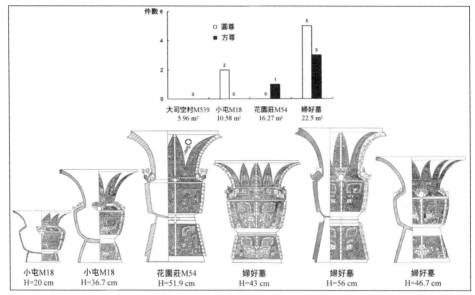

圖22　圓尊與方尊的數量與大小墓葬關係比較

（a.《殷墟青銅器》，圖54；b.《殷墟青銅器》，圖53；c.《安陽殷墟花園莊東地商代墓葬》，頁119，圖92；d.《殷墟青銅器》，圖24；e.《殷墟青銅器》，圖13；f.《殷墟青銅器》，圖25）

　　方彝也是在第一、二群為主的贊助下產生的新興器類。除第三群的花園莊東地M42外，主要出現在第一群的婦好墓，花園莊M54及第二群的郭家莊M26、大司空村M663、小屯M238及劉家莊北地M793。方彝顯然已成為第一、二群墓主們及其相關親友隨葬的新品味，出現在8個墓葬中，在36座銅容器墓中約占24％，在整個II期153座墓中，則僅占5％。相對的，方彝則罕見於殷墟西區的陶容器及銅容器使用墓群中（表3）。

　　值得進一步關注的是，婦好墓出土方彝有5件，雖與擁有方彝的特殊墓主群共享新品味，惟以更多的件數及較高的高度區隔，更以一件「偶方彝」內部隔成兩個單位，在功能上或許可以一物同時裝有兩類不同的酒或容液。外在形制猶似長方形建築，器蓋至器身處加鑄有類似瓦當者。複層立體紋飾特徵及大小，提示獨一無二的生活情調，與其他出土方彝的墓主們

表3　殷墟II期銅容器的墓葬出現率

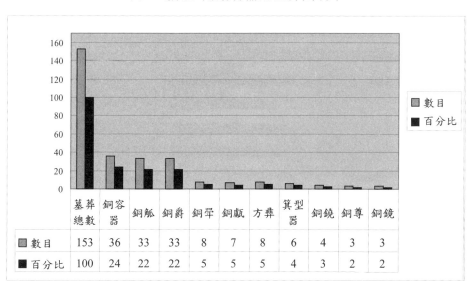

	墓葬總數	銅容器	銅觚	銅爵	銅斝	銅甗	方彝	箕型器	銅鏡	銅尊	銅鏡
數目	153	36	33	33	8	7	8	6	4	3	3
百分比	100	24	22	22	5	5	5	4	3	2	2

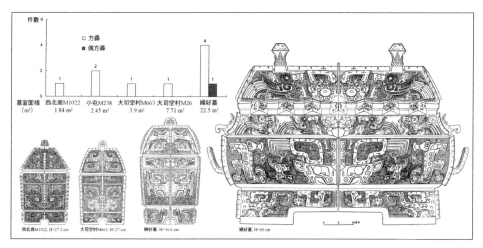

圖23　方彝與身分

（a.《侯家莊：第十本・小墓分述之一》，頁9；b.《考古》1988.10:870；c.《殷墟青銅器》，圖12.1；d.《殷墟婦好墓》，頁51）

對比（圖23），再度說明王室后妃與第一、二群的方彝墓主群間，一方面分享擁有方彝的共通品味，不只共同與物質文化階梯中如殷墟西區大多數的不見使用方彝的墓主群作了區隔，更以壟斷的偶方彝的獨特風格而與共享方彝群作區分。

婦好墓主也與第一、二群墓主共享另一種I期罕見的箕形器，包括婦好墓、小屯M18、郭家莊M26、大司空村M539、劉家莊北地M793及郭家莊東南M5等6座墓。相對的，不見於其他86座墓葬，如殷墟西區墓主群所使用。6件考古出土的箕形器，盛物的部分近長方形，左右後垂直的檔板，以確保盛物的容量及安全性，並在後檔板中間鑄接有中空的長扁形的柄。小屯M18者，且底部有煙炱痕[60]，暗示著盛物功能可能與食物加熱行為有關。但是否與墓中其他加熱器的功能相關，抑或有其單獨功能，考古資訊並無法進一步說明。它們器身多素面，與其他已有較長遠發展傳統器類往往作較複雜的紋飾裝飾不類。其大小則隨墓群稍有分別。第一群如婦好墓最長，達36.5公分；第二群的小屯M18則次之，30.5公分；第三群的郭家莊M26、大司空村M539則分別為27.3及24公分。其大小在36.5-24公分之間。劫餘的西北岡王陵未見相關的遺物殘留，從大小、紋飾看，或許來自王陵遺物？值得進一步注意的是，這種新興箕形器新出現在酒器、蒸煮及盛食器群中，所帶入的新的生活的情調，只局限出現在第一、二群特殊墓主群中。事實上，遠在南方的時代稍早或共時的江西新干大墓，亦出土近似者。惟檔板更低淺，承物長方板有較圓弧的器口。

安陽高階墓主引進的新生活情調，是否因某些機緣，得知異地因素，受其啟發，以引入外來的因素，以示新奇，以區別其他，並在安陽一地的II期階段，引起高階墓主間的風氣與效尤呢？有待更多具體證據探索。

---

60 中國社會科學院考古研究所安陽工作隊，〈安陽小屯村北的兩座殷代墓〉，頁503。

六、數量及風格成套的新價值觀

上述方形器等「罕見器類」以高度技術性、高耗銅量、造型、及紋飾的獨特性等，使得物質表徵作為身分符號的階層差距加大，使得階層間的不同，在於「有」與「無」，而缺乏共通性，是以「排他性」、「獨特性」彰顯其與眾不同。相對於「罕見器類」的「排他性」，在殷墟II期時，在物質與人的關係體系中，銅爵與銅觚已形成核心基本器類，成為殷墟高低身分者擁有的基本器類。153座殷墟II期墓葬中，36座有銅容器，雖只占24%（表3），但36座墓中33座有銅爵銅觚，高達91.7%。可見，銅爵與銅觚普及於有銅容器的大、小墓葬中，成為只要有能力擁有物的墓主的最基本需求之一。縱使沒能擁有銅質製品者，往往也出現陶質的觚與爵。153座II期墓葬中，有陶觚與陶爵的墓葬分別占48%及48%，近半數。可見殷墟II期時，被葬於安陽者，只要有能力隨葬器物，近半數者，首選是陶觚與陶爵。這種大多數陶器墓葬群顯示的重要基本需求，在銅容器使用群中，得到最大的認可，並以質材彰顯階層差異。以銅鑄成各種紋飾形制特徵，形成由陶觚、爵到銅觚、爵的物質性階梯，罕有其他器類可以比擬（表4）。

對比陶觚、陶爵，陶豆出現於高達48%的殷墟II期墓葬中，但豆這種器類主是用使用陶或漆木器（表5）[61]，只有少數以青銅製造。兩者比較，還有值得注意的是陶觚、陶爵罕見於安陽的生活遺址中[62]；相對的，陶豆則在生活遺址及墓葬皆出現。這種對比，再參照及其在銅器墓葬中成為主要核心器類者，是否意味著，由下及上的陶觚、陶爵及銅觚、銅爵的使用群，對安陽一地而言，是外地移入群的品味呢？它是隨著移民的移入安陽而在II期時漸漸在地化，而在銅器墓主群中蔚為量化的首選器類呢？值得日後追究。

---

61 石璋如，〈殷代的豆〉，《中央研究院歷史語言研究所集刊》39（1969）：51-82。

62 杜金鵬，〈陶爵——中國古代酒器研究之一〉，《考古》1990.6：519-530。

但可以肯定的是銅觚、銅爵兩種器類，已成為殷墟II期安陽青銅物質文化發展的核心之一。

表4　殷墟II期陶觚、陶爵與銅觚、銅爵墓葬出現比率

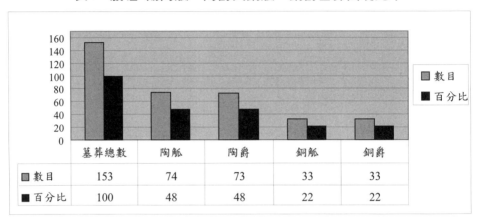

	墓葬總數	陶觚	陶爵	銅觚	銅爵
■ 數目	153	74	73	33	33
■ 百分比	100	48	48	22	22

表5　殷墟II期陶容器的墓葬出現

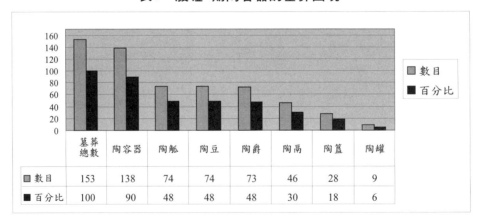

	墓葬總數	陶容器	陶觚	陶豆	陶爵	陶鬲	陶簋	陶罐
■ 數目	153	138	74	74	73	46	28	9
■ 百分比	100	90	48	48	48	30	18	6

就「數量」而言，爵與觚也成為殷墟II期區分社會使用群的相當鮮明的指標之一，婦好作為社會極大量銅容器219件的使用者，尤其呈現此一特

性。在219件與0件的使用群中，數量上呈現出空前的社會性差距。爵與觚是唯一為四個社會使用群所共享的最基本的器類。以觚而言，婦好墓即有53件，分別銘鑄四種不同銘文，可能由四種不同身分組成：22件婦好觚、11件司龴母觚、10件亞其觚、10件子束泉觚所組成。婦好墓中有40件爵，亦由上述的四種不同銘文組成，即12件婦好爵、9件司龴母爵、9件亞其爵、9件子束泉爵。她在殷墟II期墓葬中，對最遍及大小墓葬中最基本需求的器類，展現出其無以倫比的數量，由銘文區分判斷，婦好墓的40件爵，53件觚分別由相同的數量亦相當的四種銘文群組成：婦好、司龴母、亞其、子束泉。婦好墓40件爵為婦好銘12件、司龴母銘9件、亞其銘9件、子束泉銘9件；53件觚為婦好銘12件、司龴母銘11件、亞其銘10件、子束泉銘10件。似乎顯示了婦好與具備10件左右爵或觚的能力者間的人群網絡關係。

　　從「觚」的器制特質看，管狀器腹，口沿及圈足皆外張的「觚」，似為適於一人手握、高舉、傾倒的個人性用物，而不利盛放非流動性的載物。在當時的青銅器類中，與爵同屬較小型者，顯然其高度若太高，不僅不利手握高舉，亦不利傾倒。除花園莊M54的9件觚中，有4件觚高達35.4公分之外，其他5件觚，上至婦好墓以下，顯示高度一般維持在25至28公分間（表1）。由於器制大小，所需經濟力的差距，不若大器者多，因此，紋飾似乎成為比器高更重要的身分表徵。紋飾的滿裝與否、稜脊的有無、是否鏤空、紋飾技法高低等，皆賦以某種程度的身分意義。特別為第一、二群墓室墓主所彰顯。但第二群大司空村M539的觚已是沒有稜脊且沒有雷紋襯底的style VI；劉家莊北地M793亦沒有稜脊，且裝飾為style III風格。第三群小屯M17的觚，沒有滿裝，也沒有稜脊；而殷墟西區屬於第四群的M354，器高只有14.5公分，不僅沒有稜脊，紋飾則只剩下style VII的鼓起的獸眼[63]；與第一群觚的滿裝紋飾，且是立體複層的獸面紋，有稜脊，稜脊且及於脛部等（圖24），

63　中國社會科學院考古研究所安陽工作隊，〈1969-1977年殷墟西區墓葬發掘報告〉，頁128，圖版十三：2。

有大的分別。但最明顯的是，件數亦成為身分區分的重要表達方式，學界
早已強調[64]，如第一群的婦好墓的53件、花園莊M54的9件，第二群的小屯
M18的5件及郭家莊M26的2件不等(圖25)。到第三群、第四群的一件，到第
五群的陶觚等，形成使用群的件數的等差現象，成為典型殷墟II期在青銅容
器方面的件數概念。

圖24　小屯M18銅觚

(《中國青銅器全集2》，No.106)

---

64 鄭振香、陳志達，〈殷墟青銅器的分期與年代〉；楊錫璋、楊寶成，〈殷代青銅器
　禮器的分期與組合〉；劉一曼，〈安陽殷墓青銅禮器組合的幾個問題〉，《考古學
　報》1995.4：395-405。

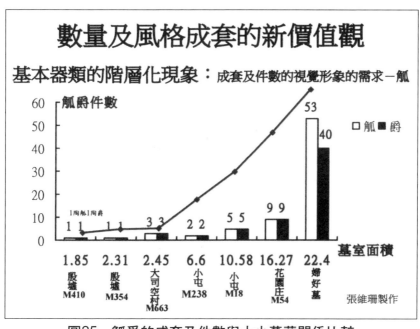

圖25　觚爵的成套及件數與大小墓葬關係比較

　　以基本器類件數的多寡，以表達身分現象的另一面，則是高階貴族的「成套」且多件的視覺形象需求。根據成品及陶範紋飾作細節檢視，成套器物雖然紋飾相同，卻沒有完全雷同者[65]，換言之，每件作品皆經手工鑄造，因此包括高度、厚薄、紋飾、銘文的相近，應有其技術及製造工序上因應的配套[66]。這種大小、紋飾、厚薄、銘文內容大體相近的成套需求，可能蔚為高階墓主人及其親人所贊助，以期能表達2件以上，甚至5件、10件不等的成套經濟能力。一人一個，盈手高舉，鑄有器主族名，不只代表觚的數目，更代表著墓中陪著墓主到地底世界的親人或客人的數目排場，似乎間

65　李濟、萬家保，《古器物研究專刊》（臺北：中央研究院歷史語言研究所，1964-1972）。

66　華覺明即觀察婦好墓的觚，主體花紋基本相同，地紋卻不一樣，而認為「主體花紋飾從第一代模翻出，第二代模刻出地紋」。華覺明，〈婦好墓青銅器群鑄造技術的研究〉，《中國冶鑄史論文集》，頁131。

接地反映著墓主的人際關係，及其在來世中所可能擁有的物質表徵。這種
現象，以婦好墓最明顯。53件觚是由四種銘文組成，11件「司𦋐母」觚、
10件「亞其」觚、10件「子束泉」觚以及22件的「婦好」觚。姑不論甲骨
文及古文字學家如何解釋「司𦋐母」與「婦好」是否一人[67]，四組不同的徽
號，可能來自於四種不同的社會身分來源，但皆有10件左右成套觚的實力，
皆可能與婦好關係甚深，表現出以婦好為中心顯赫的人際關係網（圖26、28）。

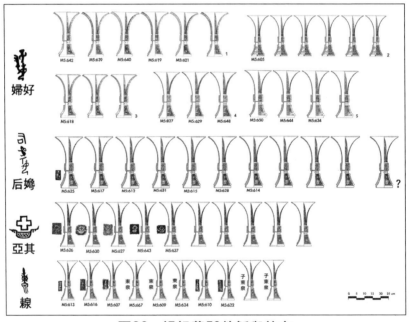

圖26　婦好墓53件觚與銘文

（根據《殷墟婦好墓》，由主編繪製）

像第一群花園莊M54，則有4件觚銘鑄「亞長」，第二群小屯M18亦有
4件同銘。這種觚、爵件數可能代表相伴人數或人際關係的意涵，在擁有件

67　曹定雲，《殷墟婦好墓銘文研究》（臺北：文津出版社，1993）。

數能力只能達一件銅觚的墓葬，也有不同的期望多件的表達方式，如第三群小屯M17，雖只一件銅觚，也伴出一件陶觚（圖27）；薛家莊M3、殷墟西區M613、第四群M354等墓亦然。第五群殷墟西區則有著只陪葬陶觚、陶爵的墓葬。顯示社會性使用的件數與質材的區分。爵與觚常在墓中共現，其情形也近似觚（圖28），不再贅述。

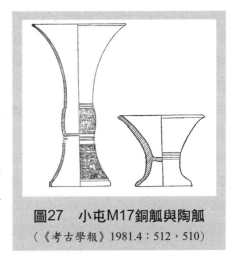

圖27　小屯M17銅觚與陶觚
（《考古學報》1981.4：512，510）

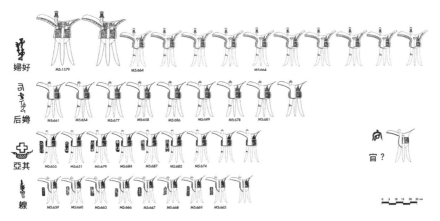

圖28　婦好墓40件爵與銘文
（根據《殷墟婦好墓》主編繪製）

七、銅兵器的社會性使用

青銅容器之外，銅兵器與墓主及墓葬大小的關係方面，在數量、器類質材及裝飾手法上與根據銅容器件數的社會使用者的五群，也形成對應關

係(表6)。值得注意的是,有銅兵器的墓葬在殷墟II期各類質材器物的比率
上,僅比最普遍的陶容器的90%低。在153座中,有60座,占39%,遠比銅
容器的24%高(表7)。

表6　殷墟II期各種兵器與墓室面積關係

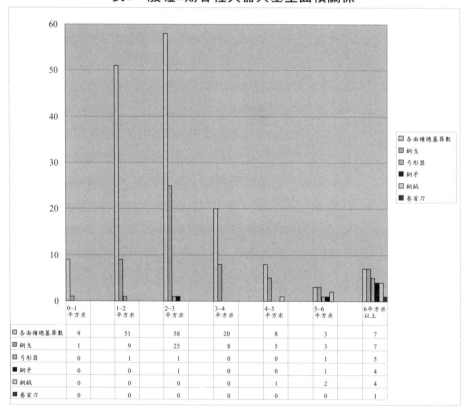

	0~1平方米	1~2平方米	2~3平方米	3~4平方米	4~5平方米	5~6平方米	6平方米以上
各面積總墓葬數	9	51	58	20	8	3	7
銅戈	1	9	25	8	5	3	7
弓形器	0	1	1	0	0	1	5
銅矛	0	0	1	0	0	1	4
銅鉞	0	0	0	0	1	2	4
卷首刀	0	0	0	0	0	0	1

　　換言之,殷墟II期的墓主,若擁有隨葬銅鑄品的經濟能力,銅兵器遠比
銅容器普及。顯然銅兵器比銅容器更成為銅器墓主的基本需求,其中尤以
銅戈為最。豈是當飲食基本須求已有陶容器時,武力護衛墓主的需求比以
銅鑄出的容器更是II期殷人的基本配備?且往往出現在墓主或隨葬人身
邊。這種護衛的功能,主要是用戈,占39%的60座銅兵器墓中,每座墓都有

戈(表7)。較大型墓葬以青銅兵器的數量變多、種類變多、大小、及裝飾紋飾或鑲嵌與否等,從二里岡時期的基本戈制中,孕育出典型殷墟風格的內涵,以作為突顯身分的主要手法,或許是來自一些與武職相關人群的大力贊助所發展出來的。

表7　殷墟II期銅兵器的墓葬出現率

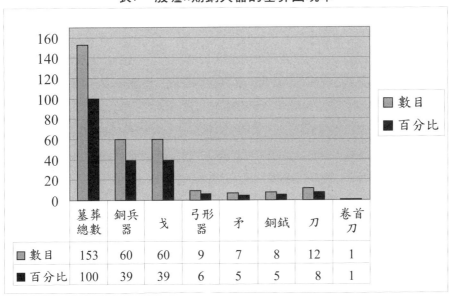

	墓葬總數	銅兵器	戈	弓形器	矛	銅鉞	刀	卷首刀
數目	153	60	60	9	7	8	12	1
百分比	100	39	39	6	5	5	8	1

　　從I期稍大型墓葬,單墓最多5或6件的戈,到此期,在第一、二、三群的墓葬中,增至10件戈以上者,已有相當數量:如第一群花園莊M54則高達71件,婦好墓則為95件(表8),第二群的郭家莊M26的10件、大司空村M663的11件、大司空村M539有13件;第三群的花園莊東地的M42的13件、薛家莊M3的13件、殷墟西區M613的10件等。

　　相對於前者,具有1件到至多4件的銅戈墓,主要出現在第四、五群墓中,多達12座。雖然此期間已有部分墓葬,可能因為對戈的需求量多,往往部分以輕薄的,難以實用的戈來替代。但此期間有一群需求大量戈陪葬

的人群已出現，是可以肯定的。配合墓中銘文來判斷，其中很可能有武官[68]，或者與軍功有關者，如婦好及亞長族人。由於同墓中戈的數量增加，戈制也多樣。I期的直內、曲內戈在II期仍流行。曲內戈鳥紋往往在曲內圓弧形外，表出寫實性鳥喙，或飾以精細的綠松石鑲嵌，或單薄，無法實用。此期間，並出現了I期罕見的銎內戈。這三種形制為II期多件戈的墓主所共享。

表8　殷墟II期五大墓群與銅戈數量關係

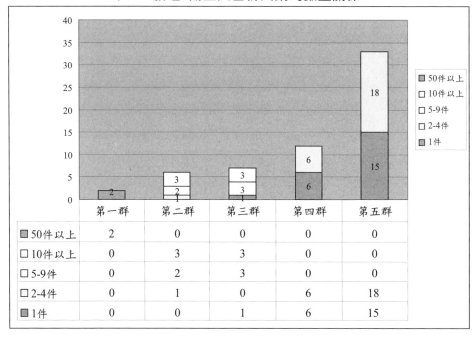

	第一群	第二群	第三群	第四群	第五群
▤50件以上	2	0	0	0	0
□10件以上	0	3	3	0	0
□5-9件	0	2	3	0	0
□2-4件	0	1	0	6	18
▤1件	0	0	1	6	15

特別值得注意的是，殷墟II期起，兵器種類變多了，多樣性的兵器，如擁有I期所罕見的鉞[69]、矛、弓形器、卷首刀及獸頭刀等，它們出現在墓葬的頻率較低，與普遍出現的戈形成對比（表6）。戈是所有銅兵器墓中都有的；

68　劉一曼，〈論安陽殷墟墓葬青銅武器的組合〉，《考古》2002.3：70-71。
69　殷墟I期三家莊有小素鉞的不醒目。

相對的，弓形器則約15%；矛與鉞分別為12%和13%；卷首刀則更罕見，僅占2%；這些比例甚少的兵器類別，除少數的弓形器及矛外，與銅容器件數所形成的五大群有對應關係，如多樣兵器種類的擁有者，主要集中在第一、二群少數見於第三群（表6），第一群的婦好墓、花園莊M54；第二群的郭家莊M26（表6），可見有多樣兵器者多屬高階，他們也以多樣兵器種類多樣作為區別身分的重要內涵。他們呈現出大小、裝飾精粗、裝飾母題普及或特殊的分層現象。如鉞，第一群4件婦好墓中有兩件長達39公分以上，重量達9公斤的「虎撲人頭紋」及「一首雙身龍紋」鉞，兩件皆帶「婦好」銘文，此為以壟斷性的母題以與其他一般鉞的墓主進行區隔。但婦好墓亦有2件銘鑄「亞其」的鉞，長僅24.4公分，重僅1.2公斤，鉞身飾夔紋，夔口向刃部[70]。同類母題的鉞制則與第二群的大司空M25鉞相近，該鉞長為22.5公分[71]。第一群花園莊M54有多達7件的鉞，其中一件長達40公分以上，銘鑄「亞長」者，鉞身兩邊，裝飾有在上的外突鳥喙及在下的夔紋尾部上鉤的鉤爪[72]；另又有5件長20.5公分的鉞，「內」上獸面紋鑲嵌有綠松石器身飾垂葉蟬紋及圓渦紋，長20.5公分，計4件。相近紋飾的鉞制且出現在第二群的大司空村M663墓主的腰部左側[73]，這類紋飾的鉞且繼續流傳到殷墟III、IV期[74]，可能成為較長時間在銅鉞墓主使用群的流行類型。此外，又有一件內上鑲嵌有獸面紋器身大圓穿者[75]，與第五群出土一件銅戈的郭家莊M63的素鉞[76]，形

70 中國社會科學院考古研究所，《殷墟婦好墓》，圖版六九：1。

71 中國社會科學院考古研究所安陽工作隊，〈1980年河南安陽大司空村M539發掘簡報〉，頁509-517。

72 中國社會科學院考古研究所安陽工作隊，〈河南安陽市花園莊54號商代墓葬〉，頁14，圖版五：4。

73 中國社會科學院考古研究所安陽工作隊，〈安陽大司空村東南的一座殷墓〉，頁868。

74 中國社會科學院考古研究所，《安陽殷墟郭家莊商代墓葬1982-1992考古發掘報告》，圖46；安陽市文物工作隊，〈殷墟戚家莊269號墓〉，《考古》1991.3：343；安陽市文物工作隊，〈河南安陽郭莊村北發現一座殷墓〉，《考古》1991.10：905。

75 中國社會科學院考古研究所安陽工作隊，〈河南安陽市花園莊54號商代墓葬〉，頁15，圖十一：1、3。

76 中國社會科學院考古研究所，《安陽殷墟郭家莊商代墓葬1982-1992考古發掘報告》，

成殷墟II期鉞的物質表徵階梯[77]。成為彰顯身分的重要因素。鉞出土的墓葬，與上述10件以上的戈出土墓葬如大司空村M25、664等，大體相一致。

矛制的情況近似之[78]，相對於戈制的已見於殷墟I期，矛制則在II期始較普遍地見於多戈墓群[79]。有些墓葬，矛的數量且與戈相匹敵，成為II期兵器中，單墓出現量較高的兵器類型。II期的矛特別集中在第一、二群的兵器使用群(表6)，且似乎在墓葬中，戈與矛並用，量也相當。包括第一群的花園莊M54，有76件矛，與71件戈共現。在第二群的郭家莊M26，有11件矛與10件戈；大司空村M663，7件矛與11件戈；殷墟西區M613，則2件矛與10件戈；大司空村M539，則1矛與13戈。至於第三群以下的墓室者，矛則罕見。但特別值得注意的是，出土91件戈的第一群婦好墓，以及9件戈的第二群小屯M18則不見1件銅矛。相對的，婦好墓則有3件玉矛。二墓墓主被認為是女性，豈是在安陽的高階婦女，或不以銅矛隨葬？

矛則分為兩種形制[80]，以花園莊M54為例，一為矛葉呈近三角形，葉體後端，有近圓筒形的骹，以利木柲插入，骹兩側各有一半圓形環，長23.7

(續)────────────────

頁50。

77　楊錫璋、楊寶成，〈商代的青銅鉞〉，《中國考古學研究》(北京：文物出版社，1986)。

78　楊錫璋，〈關於商代青銅戈、矛的一些問題〉，《考古與文物》1993.3。

79　矛雖見於郭家莊M4，為2.1平方米公尺的墓室，矛身為簡單的扁平柳葉形，有圓筒形箭者，實罕見於I期墓葬中。中國社會科學院考古研究所安陽工作隊，〈安陽殷墟三家莊東的發掘〉，《考古》1983.2：129。

80　殷墟II期矛：

墓號	銅容器總數	墓室面積	I	件數	部位	II	件數	部位	出處
花園莊M54	43	16.2792	23.7	55	？	27.9	21	？	《考古》2004.1: 16
郭家莊M26	15	7.7	24.2 20.1	1 10	？				《考古》1998.10:45
大司空村M663	12	6.6	25.5	2	墓主右肩右胸	25.5	5	殉人頭、腰	《考古》1988.10: 870
殷墟西區M613	4	6.37	18	1	？				《考古學報》1979.1: 92, 128
大司空村M539	14	5.96	22.2	1	？				《考古》1992.6: 509-517

公分，計55件；另一型則葉上呈亞腰型，葉底與骹相接處兩邊各有一穿，骹則是呈橢圓形，長27.9公分，計21件[81]。

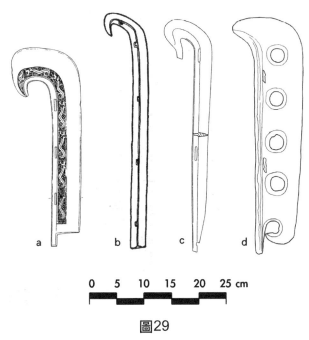

圖29

a. 花園莊M54卷頭大刀；b. 湖北黃陂盤龍城楊家灣M11出土大刀；c. 陝西西安老牛坡出土大刀；d. 陝西岐山魏家河出土四孔刀
（a.《安陽殷墟花園莊東地商代墓葬》，頁155；b.《盤龍城》，頁291，圖214:12；c.《老牛坡：西北大學考古專業發掘報告》，頁419；d.主編《陝西出土商周青銅器・一》，頁29，No.14，由主編繪製）

卷首刀（圖29a）則在殷墟II期僅見於第一群花園莊M54中[82]，三件通長44.4公分的卷頭大刀，在近刀背處雖飾有安陽銅器常用的夔紋，銘鑄可能是

---

81 中國社會科學院考古研究所安陽工作隊，〈河南安陽市花園莊54號商代墓葬〉，頁16，圖12：3、4。

82 西北岡小墓M1335亦出風格相近者，其時代還需進一步討論。

墓主「亞長」[83]。類似刀制，在二里岡時期的湖北黃陂盤龍城楊家灣M11(圖29b)[84]已出現，在約殷墟I期時，西安老牛坡(圖29c)也可能有了[85]。M54墓主豈是以罕見的異地風格的兵器，為殷墟帶入了新的兵器類型，以彰顯其身分的特殊性？

值得注意的是，卷首刀也出現在西北岡小墓M1335，該墓僅1.9平方公尺，卻有8具人骨，10件卷頭刀，素面，長度卻更長，達47.4公分。如此的巨量與長度，豈是以西北岡隨葬人的專屬兵器墓作為壯大西北岡王陵的排場，以對比著第一群的亞長墓主的3件，44.4公分？亞長墓主且有71件戈及76件矛隨葬，因此被認為可能是目前考古發現的II期的最高階將領，該卷首刀亦見於殷墟III期的郭家莊M160[86]。

銅器在安陽一地所呈現的域外關係，顯然種類多元。具有北方風格特質的銅鏡及獸頭刀、弓型器等，以及與南方關係較深的青銅鉞等等，學界業已多所討論[87]。事實上，這種以銅鏡及各類銅兵器顯示與域外的關係，以作為身分表徵，在殷墟II期時已是擁有較多青銅兵器的階層的時尚。如第一

---

83 此例證修正了「殷墟三期殷墟才有此類兵器」的看法。劉一曼，〈論安陽殷墟墓葬青銅武器的組合〉，頁66。

84 湖北省文物考古研究所，《盤龍城1963-1994年考古發掘報告》(北京：文物出版社，2001)，圖版九六：2。

85 為徵集品，楊寶成亦提起此例。劉士莪編著，《老牛坡：西北大學考古專業發掘報告》(西安：陝西人民出版社，2002)，圖3：2；楊寶成，《殷墟文化研究》(武漢：武漢大學出版社，2002)，頁201-202。

86 中國社會科學院考古研究所，《安陽殷墟郭家莊商代墓葬1982-1992考古發掘報告》，頁107。另有戚家莊M269。安陽市文物工作隊，〈殷墟戚家莊269號墓〉。

87 高去尋，〈殷代的一面銅鏡及其相關之問題〉，《中央研究院歷史語言研究所集刊》，29(1958)：690；林澐，〈商文化青銅器與北方地區青銅器關係之再研究〉，《考古學文化論集(一)》(北京：文物出版社，1987)；陳芳妹，〈商後期青銅斧鉞制的發展及其文化意義〉，臧振華編輯，《中國考古學與歷史學之整合研究》(臺北：中央研究院歷史語言研究所，1997)；〈故宮所藏殷至周初的異形兵器及其所反應的文化關係問題──商周兵器研究之二〉，《故宮青銅兵器圖錄》(臺北：國立故宮博物院，1995)；杜正勝，〈歐亞草原動物文飾與中國古代北方民族之考察〉，《中央研究院歷史語言研究所集刊》64.2((1993)：27-28。

群的花園莊M54，除了弓形器、銅鉞之外，更有其他墓葬所罕見的「卷首刀」，類似的刀制亦見於陝西山岐山魏家河等（圖29d）[88]；大司空村M663則有環首刀及弓形器；第二群的大司空村南M539則在弓形器、環首刀之外，更擁有管銎斧[89]，形制紋飾與山西石樓及更北的遼寧興城楊河所出者近似[90]，成為殷墟II期有多樣性銅兵器墓墓主中的特殊現象，而與常見於安陽的夾內鉞制共現於墓主頭部北側，它豈是說明著墓主與域外交流的可能經歷？第二群的大司空村M25則出現安陽所罕見的銅鏡[91]。

　　事實上，管銎斧也出現在西北岡東區一千多座小墓中，有八十座，被稱為「刀斧葬」者，其中埋葬著無頭的肢體，以銅刀、管銎銅斧、礪石三種器物為陪葬品[92]，其墓室最長者不過2.7m，最寬者不過1.45m，換言之，墓室最大者若不超過3.815平方公尺，墓室中則有6具到10具不等的人骨，1/3以上的墓中，每坑10刀、10斧、10礪石，推定每人配帶1刀、1斧、1礪石。銅刀以環首刀為主，間或有獸頭刀者，這類現象多見於上至婦好墓，擁有多件戈及各類兵器的第一、二群墓主，下及西北岡的小墓，或者是車馬器坑墓主。管銎斧的斧身紋飾，或作細線淺浮雕平行紋，或作寬帶凸稜紋，器身長度在13-15公分之間。它們在墓葬中以簡化的獸首裝飾出現，這種大型及稍大型墓葬的域外關係風格，與西北岡墓地小型墓的相近性，似乎透露出域外關係風格與軍功及可能是武職官員的關係，他們透過身分與戰爭而為殷墟帶來「勝利的符號」？而西北岡的隨葬者也正是透過戰爭而為殷

88　陝西省考古研究所等編，《陝西出土商周青銅器（一）》（北京：文物出版社，1979），圖14。

89　中國社會科學院考古研究所安陽工作隊，〈1980年河南安陽大司空村M539發掘簡報〉，頁509-517，圖7。

90　錦州市博物館，〈遼寧興城縣楊河發現青銅器〉，《考古》1978.6；〈山西石樓褚家裕、曹家垣發現商代青銅器〉，《文物》1981.8：49-53。

91　中國社會科學院考古研究所安陽工作隊，〈1986年安陽大司空村南地的兩座殷墓〉，圖4.6。

92　高去尋，〈刀斧葬中的銅刀〉，《中央研究院歷史語言研究所集刊》，第37本（1967），頁355。這些刀斧葬的確切年代，仍有待進一步研究。

墟引入了異國風格而啟發更高階的藝匠呢？這些小型墓的確切年代呢？皆有待日後進一步探討。

八、餘論

殷墟II期的青銅容器與兵器，是以各種形制、紋飾特徵，透過「異」與「同」之區分與認同，以標識其使用者。

在各種形制紋飾中，最明顯的是有雷紋襯底的獸面紋——即Loehr的Style V，在殷墟I期時僅萌芽，在II期時，卻成為墓葬使用群中階層區分的最重要內涵之一，而為第一、二群，特別是第一群墓主所贊助、大量使用、近乎壟斷。傳世文獻中《禮記‧禮器》雖可能為孔子以後的論述，其所歸納出來的有關「禮」的八項原則中，有兩項「禮，有以文為貴者」，「禮，有以多為貴者」，顯然在殷墟II期時，已出現鮮明的相關內涵。Style V正以其「文」及其「多」，以說明其使用者之「貴」。它是此時代的新的視覺形象，它需要更費工、更熟練的技術，更是此社會的不同的墓葬使用階層，用以區分與認同的產物。Style V之所以「貴」的具體條件，正落實在第一、二群，特別是第一群使用者的其他相關條件中，包括單墓銅容器量至少在40件以上，銅爵、觚至少在9件以上，銅戈至少在70件以上，墓室面積至少在16平方公尺以上，單墓殉人至少15人。換言之，這正是可能是武丁后妃婦好及亞長族人所屬之群，占居殷墟II期五大墓葬社會使用群的金字塔的頂端，用以相互認同，並用以與其他群區分，包括在量的方面，由「多」到第二群的「少」，到不見。在質的方面，由第二群的只有少數的Style V到第三群的幾乎不見Style V到第四群的幾乎不見動物紋飾的使用群的區分。這也是目前殷墟I期考古尚未發現、或許也尚未發展出來的如此擁有巨量銅鑄品包括爵、觚、戈及Style V的使用群。展現了新時代的高階使用群，已然成形的「文」與「多」的「質」與「量」相互為用，以形成墓室世界的青銅物質文化的新的視覺區分系統及社會分群系統。此以「文」及以「多」

的視覺形象所表達的，正反映著《禮記・禮器》所稱的「禮」的真正意涵，是以物質的多樣人為形式，因應使用人群間認同與區分的需求而生。又《禮記・曲禮》曰：「夫禮者所以別異同」，禮，在殷墟II期時，以銅鑄器作為主要的物質表徵之一，以極力發展其形制、紋飾及技術等，以因應愈趨複雜的墓葬使用人群，用以表達社會秩序，以成為衡量使用者的社會位置的重要指標之一。因此其所呈現的視覺上的質與量上的等差，包括銅容器量的40件到0件；爵、觚的9件到0件；銅戈的70件到0件等在用銅量的等差、墓室面積及殉人人數方面的財富或社會地位的等差、以及Style V等所涉及的技術特殊化及工時的耗費量的激增等差距，在此時也就愈鮮明。必須注意的是，「以多為貴」者，在殷墟II期時，正以該社會的基本器類，即觚、爵等個人化的飲酒器及戈等兵器呈現。它們在殷墟I期時則傾向在擁有較多銅容器的墓葬中顯現，到殷墟II期時，則成為社會墓葬五群銅陶容器使用人群所共有的基本需求，貴者顯然在此傳統器類中已然成為新時代必需品者，必求加強量的差距，以作為變化中複雜的社會階層的區分了。它既在墓室中說明墓主所需，又以具體的個人量化的方式說明墓主的社會人群關係網絡。

　　值得注意的是，殷墟II期這種貴者對耗銅量、耗工量（labor intensification）較大、極高技術的要求者，更表現在《禮記・禮器》所記載的另外兩大原則，即「禮有以大為貴者」、「禮有以高為貴者」。包括尊、斝、鼎等酒器及盛食器等傳統器類的加高或加大，以與一、二或三群所共享的器類得以區分，雖然第一群者不是每件同類器物必然高或大，但往往至少有一、兩件突出。更有甚者，發展出《禮記・禮器》所沒有呈現的「禮有以方為貴者」，這種以較高難度的技術的壟斷，以形成同器類擁有者間的區分與認同。方尊之限於第一群；方斝之限於第一群，及方彝、方罍之限於前三群是為例。但值得進一步關注的是，在貴者以高、大、方的價值追求下，就目前考古所發現的青銅鑄品中，尚未呈現《禮記・禮器》的「禮有以小為貴」、「禮有以下為貴者」。

　　惟相對於前述的以「文」與「多」為貴，殷墟II期時貴者也已發展出《禮記·禮器》的以「素」及以「稀」為「貴」的視覺區分系統。其不以紋飾的素面，往往出現在較上層使用的新興的器類，或可能是上層罕有的過去記憶。如只見於第一、二群的箕形器即始終保留素面，縱使婦好墓亦然，以區分沒有箕形器的三、四、五群。

　　至於「以稀為貴」的原則，則或出現在新興的主要壟斷在第一、二群的水器盤與盂，可能是貴者在酒器、食器之外，將墓室中所能擁有的生活情調復加入水器，使用器的功能更雜化的結果，屬第三群的西北崗附屬小墓有盂，或許也說明此傾向。這種貴者以新興的斗作為舀水工具的「文明行為」，及樂器鐃的使用，僅限於第一、二群，皆是以稀為貴的例證。

　　更有甚者，貴者更與域外可能共享的或有關係的器類或器制，以豐富「以稀為貴」的原則，形成殷墟II期貴者新外來的墓室生活情調，它們是與南方關係的動物式尊的止於第一群，與北方關係的獸頭刀、及卷首大刀的止於第一群及西北崗小墓。與西北方有關的銅鏡則不只出現在第一群的婦好，更出現在第三群的西北崗小墓及陪伴大司空M26的殉人，與北方有關的弓形器主要集中出現在第一、二群兵器較多、被推測可能是軍人的墓室中，或西北崗小墓等，它們或許也協助說明墓主一生中的軍旅記憶？

　　殷墟II期青銅工藝發展出複雜的技術、紋飾、形制與器類，正以青銅物質，以有文、有素、有多、有少、有高、有大、有方、有外來者等各種原則的組合，以成就各種視覺形式，在個別墓葬中，形成墓室的青銅物質文化世界，正與使用人群的增加及其複雜的社會位置或經驗相說明，呈現了青銅器工藝多樣發展與使用人群社會位置的區分與認同，青銅器在此社會中得到貴者大力發展，正因為它背後有著以其多樣性，以區別使用人群「同異」的「禮」的意涵，意即《禮記·曲禮》的「禮者，別同異」。

　　《禮記·禮器》對禮器形成原則的論述，重視其比較性，正因其用以區分使用群社會身分的異同，才使得器物成為「禮器」。《禮記·禮器》雖成書於孔子之後，殷墟II期時的青銅器，顯然已相當使用其部分原則，賦

以其時代的特有內涵。其以傳統的、新興的以及外來的視覺形式與技術，一方面因應著使用者在使用人群間的社會位置，一方面也呈現該時代及該城市的特有風格，而與西南的三星堆及南方的江西新干形成三種各具特色的用銅概念與視覺風格系統。奠定了殷墟日後青銅鑄器的基本方向。

中國古代從封國到帝國的考古學觀察
——以秦文化的研究爲中心

滕銘予[*]

　　秦在西周時期本為居於隴東一隅的附庸小邦，東周初年立國後，逐漸東向，經春秋戰國間的發展壯大，最終統一六國，建立了秦王朝。正是由於秦王朝的建立，使中國古代的社會結構和政體開始從西周時期的「封建制」轉變為對地方進行郡縣管理的中央集權制[1]，實現了中國古代從封國到帝國的轉變。曾有學者指出，秦始皇統一中國的事業在中國歷史上的意義，不論作出多麼高的評價都不過分[2]。因此探討並說明秦是如何從弱小走向強大，最終完成統一大業，實現中國古代從封國到帝國的轉變，不僅是眾多歷史學者所關注的課題，也成為考古學者孜孜以求的學術目標。

---

* 吉林大學邊疆考古研究中心教授。

1 這裡所說的封建制，與中國古史分期研究中通常所指的「封建社會」不同，是指西周時期所實行的、為建立周王朝有效的統治秩序而實行的封邦建國之制。下文中所使用的封建制，均同於此意。請參見何懷宏著，《世襲社會及其解體——中國歷史上的春秋時代》（北京：生活・讀書・新知三聯書店，1996），頁29。建議參考李峰著，彭小軍、吳敏娜譯，〈重新認識西周國家——對早先理論和模式的反思〉，《三代考古》3（2009）：124-149。

2 參見徐蘋芳，〈考古學上所見秦帝國的形成與統一〉，《臺大歷史學報》23（1999）：302。

一、從封國到帝國的歷史學考察

本文中的封國，是指西周時期實行封建制度所形成的諸侯國。儘管有學者認為中國古代的封建制並非始於西周[3]，但西周時期的封建制度造就了中國古代最具代表性、最典型的封國，已是大多數學者的共識。西周時期實行的封建制，其目的是「封建親戚以蕃屏周」[4]，藉此建立周王朝有效的統治。其採取的具體措施是，以姬姓和與之聯姻的姜姓為主體作為分封諸國的統治族群[5]，同時分以殷民舊族，到那些周王朝所征服的地區，尤其是那些殷商故地以及東方各舊姓居住的地區，建立起可以成為周王室藩屏的封國。許倬雲先生指出，在這種模式下建立起來的各封國，已容納了不同來源的族群，遂成為一種地緣性的政治單位[6]。但是這些封國，由於其一方面須與西周王室保持密切的關係，休戚相關，以為藩屏，另一方面，分封而去的統治族群，由於進入到新的環境，並處於當地土著居民之中，因此

3　如顧頡剛曾指出，據殷墟所出甲骨文，至少在武丁之世就已經有了許多封國，如將有功的武將封出去，稱「侯×」，將兒子封出去，稱「子×」，將夫人封出去，稱「婦×」，將承認商朝宗主權的鄰國，亦依其原有國名給一個封號，如「周侯」、「井伯」、「虎伯」等，並因此而認為在商代後期，已經有了很完備的封建制度（請參見《世襲社會及其解體》，頁5。）當然亦有學者認為在商時並不存在類似於西周時期的那種分封制度，林澐先生曾指出，甲骨文中所見的「×侯」、「×伯」等，是商代存在的方國聯盟中的諸方國，其與商王朝的關係，是聯盟中的盟國與聯盟盟主的關係，而這種聯盟的產生主要是出於軍事上的需要，而不同於後來西周時期以建立周王朝的統治秩序為目的的封邦建國。見林澐，〈甲骨文中的商代方國聯盟〉，《林澐學術文集》（中國大百科全書出版社，1998），頁69-84。關於商代的狀況可參考黃銘崇，〈晚商王朝的政治地景〉，本書頁167-307。

4　〔晉〕杜預，《春秋左傳集解·僖公二十四年》（上海：上海人民出版社，1977），頁345。

5　據顧棟高著，〈春秋列國爵姓及存滅表〉，載王先謙編，《清經解續編》第一冊（上海書店，1988），頁462-465，春秋時期共有封國204，其中知其姓者130，而姬姓為53，居各姓之首，姜姓為12，高居第二。轉引自《世襲社會及其解體》，頁10-11，頁26注26。

6　許倬雲，《西周史》（北京：生活·讀書·新知，三聯書店，1994），頁150。

也必須保持族群內部的密切聯繫，來穩定以少數統治者凌駕於多數被統治者之上的地位，從而也加強了周室諸姬及異姓親戚的族群意識和族群組織，以及維繫這種族群意識和統治秩序的宗法制度[7]，因此亦有學者將這種封建制度稱為「宗法封建」[8]。作為這種封國統治集團的成員，仍是以姬姓族群以及異姓親族中的世襲貴族為主[9]，而其最基本的社會組織，仍為聚族而居，且聚族而葬，即生活在一個聚落共同體中的人們仍以血緣關係來維繫[10]。

　　隨著平王東遷，王室衰微，遂失去了對諸侯的約束力，同時諸侯也失去了封建之初原本可以依恃的來自周王室的安全保障，導致一些諸侯國以兼併弱小來爭得自身的強大。出於對兼併所得地區以及邊境邊遠地區的有效控制，對這些地區進行統治和管理的人員往往由國君直接任命，這就是最早的多由楚、晉、秦等大國設置的「縣」、「郡」制。儘管在這些「縣」、「郡」的統治集團成員中，也有因傳子而實同世襲者，而後到了戰國時期，當秦國最早在全國一體實行郡縣制時，其郡縣的統治集團成員則都由國君

7　許倬雲，《西周史》，頁161。

8　管東貴，〈秦漢封建與郡縣由消長到統合過程中的血緣情結〉，《燕京學報》NS.
　　5（1998）：11。

9　統治集團成員當包括周天子，諸侯，以及王室和各諸侯國內的卿、大夫等處於不同
　　層次的各級統治者。王國維曾在〈殷周制度論〉中提出：「天子諸侯世，而天子諸
　　侯之卿、大夫、士皆不世。」的觀點（王國維，《觀堂集林》第二冊，中華書局，1984
　　年版，頁472），但此說多為學者所不同。何懷宏在《世襲社會及其解體》一書中指
　　出：「士階層的是否世襲以士在當時只能擔任卑官小吏而言並不重要，關鍵的在於
　　擔任重要官職的卿大夫是否世襲，且如果理解此世襲從對象而言不必是世職——即
　　世世代代擔任某一固定官職；從主體而言不必是某一家庭的世襲，而可以是從一個
　　大家族乃至從整個大夫階層中選拔，只是這一階層之外的人絕對無法覬覦，那麼，
　　如此較寬泛意義上的世卿世大夫看來就確實不僅有確鑿的證據可證明普遍存在於春
　　秋時代，也有相當的證據和理由使我們能推測它亦存在於春秋以前的社會，包括存
　　在於西周時代。」引文見頁104。

10　這裡使用的聚落共同體，是指因某種關係而使一些人居住在一起的、相對獨立的一
　　個地理空間。請參見杜正勝，《編戶齊民》（臺北：聯經出版事業公司，1990），第
　　五章，〈聚落的人群結構〉，頁187-288。

視其才能而直接任命。此後秦始皇統一六國,將這種郡縣制推向全國,導致了西周封建制的解體,建立了統一的中央集權郡縣制的帝國[11]。在這樣一個轉變過程中,各封國亦由於自身社會的發展,地域的擴大,以及由於軍事、工商業活動等各方面原因而導致社會成員的來源日趨複雜,使其社會基本組織的構成發生了很大的變化,生活在同一個聚落共同體的人群,已包含了來自不同族群的人,他們之間主要是以一種地緣關係來維繫。而實際上春秋戰國時期出現的「郡」、「縣」等新的行政區劃的統治集團成員從世襲到選賢的變化,亦是適應社會基層組織日漸地緣化的結果。也正是由於這樣一個原因,眾多學者在評價秦的統一事業時,在認為其是順應了春秋戰國時期社會發生轉變的這一大趨勢的同時,都將中國古代歷史所發生的這一變化高度概括為中國古代社會結構和政體從血緣封建關係向中央集權地緣關係的轉變,或稱為中國歷史從血緣政治向地緣政治的轉變[12]。

　　不過秦在這樣一個大的歷史過程中是處在一種較為特殊的地位。秦並非西周初年由於封建而建立的國家,當西周初年各封國的統治者帶著所分的異族,到分封地進行帶有殖民性質的建國時,秦不過是一個地處西隅的小族,其始封亦是由於特殊的歷史事件,因分封而得到的實際上既沒有人民,也沒有土地,只是一個諸侯的稱號而已。也許正是由於秦的始封與西周初年的「封建親戚,以蕃屏周」並沒有直接的關係,卻是與周王室的衰微密切相關,因此秦對於周王室的依附關係較其他諸侯國更為微弱,從而使秦對於宗法和血緣關係的重視程度遠低於其他諸侯國;也許正是由於始封之時秦並沒有得到由周王室賜與的異族人民,因此沒有必要以保持族群內部的血緣關係來加強族群意識和族群組織,也缺乏對維繫這種族群意識

---

11 請參見管東貴,〈秦漢封建與郡縣由消長到統合過程中的血緣情結〉,頁17,注5中之論述。

12 見徐蘋芳,〈考古學上所見秦帝國的形成與統一〉,頁316。俞偉超,〈考古學中的漢文化問題〉,《考古文明與歷史》(臺北:中央研究院歷史語言研究所,1997),頁45。

和統治秩序的宗法制度的迫切需要,從而其社會基本組織中的血緣關係的「解紐」就來得較其他諸國更早;同樣也許正是由於始封之時秦並沒有得到土地,其疆土多是在立國之後,一步步從戎狄手中奪得,因此才會有秦的置「縣」,並且不以世襲貴族,而是由中央派官吏來管理這些納入秦國版圖的新地區,從而出現了迥異於世襲貴族等級制度的二十等爵制。因此,秦作為一個封國,雖然其始封晚於其他諸侯國,亦沒有其他封國那種與生俱來的作為地緣性政治單位的特質,但是在春秋戰國時期這樣一個從「封建」到「郡縣」轉變過程的大的歷史環境中,秦不僅很快地融入了當時社會發展的大趨勢中,而且很快走在這一發展趨勢的前端,並最終由秦統一了六國,建立了中央集權制的秦王朝。

綜此,秦始皇統一六國,建立中國歷史上第一個中央集權制的帝國,實現了中國古代國家制度從封國到帝國的轉變,使中國從以宗法制度為基礎的血緣封建政治,向以非血緣關係為基礎的地緣政治轉變,其主要表現就是不以血緣關係來處理政治問題,除最高統治者外,不按血緣關係的遠近親疏來決定統治集團的其他成員,選擇統治集團成員的途徑由世襲轉向選賢。而產生這種轉變的前提應該是社會基本組織的變化,即由以血緣關係為基礎的血緣組織向以地緣關係為基礎的地緣組織轉變,具體表現是社會基本組織的成員由原來的秦的主體族群組成,轉變為包含有不同來源的人群。即由於社會基本組織的變化而導致了政治制度的變化。因此,從血緣政治到地緣政治的轉變,可以通過對社會基本組織和統治集團這兩個方面的考察去尋找其變化的軌跡。

已有考古學家指出,上述從血緣政治到地緣政治的轉變,也可以從考古資料上反映出來。俞偉超先生曾經說過:「實現考古學文化的人們共同體,在歷史上曾經歷過從血緣紐帶到地緣紐帶的變化,考古學文化的形成途徑及其文化的組成成分和內容,亦因而發生相應變化。」[13] 因此可以在分

---

13 俞偉超,〈考古學中的漢文化問題〉。

析文化內部譜系結構的基礎上，討論其社會基本組織的構成，是以血緣關係為基礎，抑或是以地緣關係為基礎。而通過對文化內部層次結構的分析，可以討論秦文化社會的不同階層間，是封閉還是開放的，其統治集團的成員構成，及其得到政治權力的途徑，是通過世襲，還是由於個人行為或能力得到的。下文即是以秦文化中由考古學資料所反映出的這兩方面的變化為切入點，對中國古代國家制度從封國向帝國的轉變進行考古學的觀察與說明。

二、考古學意義上的秦文化

本文中的秦文化，是指考古學意義上的秦文化，即秦的考古學文化。

界定考古學文化的基本原則，是「分布於一定區域、存在於一定時間、具有共同特徵的人類活動遺存。」[14]並大多以首次發現的地點或典型遺址的名字對一考古學文化進行命名。對於秦文化的命名並沒有遵從以上原則，沒有將其稱為「鬥雞台文化」[15]或「八旗屯文化」[16]，而是將其命名為「秦文化」，是因為這樣一種文化遺存被認為與文獻記載中的「秦」有關。儘管將文獻記載中的某一名稱與實際發現的考古學文化相對應，是一件非常複雜而又極難操作的事情，然而使用文獻記載中的某一個族群、國家或王朝的名稱為相應的考古學文化命名，不僅是對進入歷史時期的考古學文化命名的通則，亦表明了考古學文化是「反映了人類活動遺存的類別或不同群體的區分與聯繫，以及由它所表述的人們共同體的歷史演進過程」[17]。因此對於秦文化的界定，其實質是對於「秦」所包含的內涵進行界定。

---

14 張忠培，〈研究考古學文化需要探索的幾個問題〉，《中國考古學：走近歷史真實之道》（北京：科學出版社，1999），頁162。

15 在鬥雞台遺址，首次科學發掘了秦文化墓葬，當時雖未能認定其為秦文化墓葬，但已經認識到其與西周墓葬間的差別。

16 八旗屯位於秦都雍城遺址附近，在這裡發現了東周時期具代表性的秦文化墓地。

17 張忠培，〈研究考古學文化需要探索的幾個問題〉。

　　史載西周中期孝王時，秦之祖「非子居犬丘，好馬及畜，善養息之」[18]。非子所居「犬丘」的地望，一直是早期秦文化研究中被著重討論的問題，並由於近年來在甘肅東部開展的早期秦文化調查而越發受到關注。由於甘肅禮縣大堡子山秦公墓地及其附近周秦遺址的發現，研究者亦從此前認為犬丘在隴東而進一步推定應在大堡子山附近[19]。後「犬丘人言之周孝王，孝王召使主馬於汧渭之間，馬大蕃息。」「汧渭之間」的地望大多學者都認為在今陝西寶雞附近，並由於近年來在陝西鳳翔孫家南頭遺址的發現而使這一觀點愈顯其合理性[20]。後「孝王曰：『昔伯翳為舜主畜，畜多息，故有土，賜姓嬴。今其後世亦為朕息馬，朕其分土為附庸。』邑之秦[21]，使復續嬴氏祀，號曰秦嬴。」至此始有「秦」嬴連稱，「秦」也由過去的一個地名而開始具有了族群和文化的意義[22]。非子所封之「秦」的地望，或論在今

18　由於《史記・秦本紀》又有「莊公居其故西犬丘」的記述，所以亦有學者認為犬丘有東、西之分，非子所居犬丘應為東犬丘。參見王學理，〈東西兩犬丘與秦人入隴〉，《考古與文物》2006.4：60-65。不過大部分學者認為非子所居「犬丘」與後來莊公所居「西犬丘」應為一地。參見徐衛民，《秦都城研究》（西安：陝西人民教育出版社，1999），頁37。

19　參見張天恩，〈甘肅禮縣秦文化調查的一些認識〉，《考古與文物》2004.6：76-80。

20　參見田亞岐等，〈陝西鳳翔孫家南頭周秦墓地考古取得重大收穫〉，《中國文物報》2004.09.08，第1版。

21　《史記・秦本紀》（北京：中華書局，1959），頁177。以下引用《史記》版本皆同。

22　卜辭中已有「秦」字，或以為是地名，商時已有。但已有學者指出，卜辭中出現的「秦」字當為祭名，而此時「秦」字本意應為一種適合於釀酒的穀類。參見史黨社，〈秦人早期歷史的相關問題〉，《秦文化論叢》6（1998）：75-91。祝中熹，〈地域名「秦」說略〉，《秦文化論叢》7（1999）：136-152。西周金文中亦見「秦」字，如師西簋中的「秦夷」，詢簋中的「秦夷」、「戍秦人」等，有研究者指出兩器中「秦夷」之「秦」為地名，即非子所邑之「秦」地，只是師西簋的年代早於非子邑秦之時，因此其銘文中的秦夷與後來邑此的秦人無關；而詢簋中的戍秦人應指為周戍邊的秦人。參見史黨社，〈秦人早期歷史的相關問題〉。也有學者據西漢桓寬《鹽鐵論・結和》所記「大夫」之言「伯翳之始封秦地為七十里」，認為「秦」之稱謂正式出現是在伯翳之時，其故城在今河南范縣，非子所邑之「秦」只是複續伯翳之號。見黃留珠，〈秦文化二源說〉，《西北大學學報》1995.3：28-34。然《鹽鐵論》晚出於《史記》，所記之事又早於《史記》，不足以因之為信。

天的甘肅省東部[23]，或在陝西隴縣一帶[24]。後秦「襄公以兵送周平王，平王封襄公為諸侯，……襄公於是始國」而有秦國[25]。作為諸侯國的秦國，其疆域範圍隨時間而有所變化，大體上經歷了一個由西向東的發展過程，其中心的活動範圍應以關中和隴東地區為主。到秦王政二十六年「初並天下，……分天下以為三十六郡」建立了統一的秦帝國，「……地東至海暨朝鮮，西至臨洮、羌中，南至北向戶，北據河為塞，並陰山至遼東。」[26] 到秦王子嬰「系頸以組，白馬素車，奉天子璽符，降軹道旁，……秦竟滅矣」[27]。由此文獻記載中所見之「秦」，應包含了秦立國之前居於「犬丘」、後又活動在「汧渭之間」的非子之族，即作為人們共同體的嬴秦族，「始國」後作為諸侯國的秦國和統一天下後建立的秦王朝。

不過文獻中又記載嬴秦之祖中潏在商時就已「在西戎，保西垂。」[28]「西垂」所指至今尚有爭議，或以為是具體地名，地在今甘肅省東部[29]，或認為是泛指周或商之西部邊陲，具體地望或在隴東，或在渭水流域[30]。1982-1983年甘肅省甘谷毛家坪遺址發現的A組遺存，由於其墓葬中的人骨葬式與此後東周時期關中地區秦人墓的葬式相同，為蜷曲非常嚴重的屈肢葬，因此被多數發掘者以及研究者認為屬於秦文化[31]。毛家坪A組遺存的年代最早可到

23　參見林劍鳴，《秦史稿》，頁33。趙化成，〈尋找秦文化起源的新線索〉。祝中熹，〈秦人早期邑考〉。

24　請參見祝中熹，〈秦人早期邑考〉。

25　《史記・秦本紀》，頁179。

26　《史記・秦始皇本紀》，頁235-239。

27　同上，頁275。

28　《史記・秦本紀》，頁174。

29　參見王國維，《觀堂集林》(北京：中華書局，1959)，卷12，〈秦都邑考〉，頁529-533。段連勤，〈關於夷族的西遷和秦嬴的起源地、族屬問題〉，《人文雜誌——先秦史論文集》，1982年，頁166-175。王學理等著，《秦物質文化史》(西安：三秦出版社，1994)，第三章〈秦都邑〉，頁64。祝中熹，〈秦人早期邑考〉。

30　參見郭沫若，《兩周金文辭大系圖錄考釋(下)》(上海：上海書店出版社，1999)，頁291。林劍鳴，《秦史稿》，頁23。何漢文，〈嬴秦人起源於東方和西遷情況初探〉，《求索》1981.4：137-157。

31　甘肅省文化工作隊、北京大學考古系，〈甘肅甘谷毛家坪遺址發掘報告〉，《考古

商代晚期[32]，則從考古學上提供了嬴秦一族活動於隴東地區的歷史可能要早於西周中期非子「邑秦」的線索。

秦始皇統一六國，建立了中國歷史上第一個中央集權制的帝國，秦文化亦隨著秦帝國的建立推向了帝國版圖的幾乎全部地區。但是正如秦帝國的統一並沒有立即帶來列國文化的統一一樣，當十五年後，秦王朝覆滅，秦文化亦沒有嘎然而止，進入西漢時期以後，秦文化因素在各地尚有存留，並且在西漢前期的六、七十年裡，與其他列國文化一起，成為漢文化形成的主要因素之一。諸種考古學資料表明，一直到漢武帝時期，中國南北各地的考古學資料所呈現出的文化面貌才趨向一致，形成了完整形態的漢文化[33]。

文獻中還記述了秦自襄公始國後，於文公十六年，「以兵伐戎，戎敗走，於是文公遂收周餘民有之，……」[34]，到秦穆公三十七年時，「用由餘謀伐戎王，益國十二，開地千里，遂霸西戎。」[35]這些記述表明秦在由西向東發展的過程中，在擴展疆土的同時，也不斷的將其他族群納入自己的統治範圍。

因此，就考古學意義上的「秦文化」的內涵而言，其時間上限可以早到商代晚期，下限亦應進入西漢初年，即在這長達八百多年的歷史階段中，早於秦國存在的嬴秦族、作為秦國、秦王朝主體族群的嬴秦族[36]，在其生

(續)

學報》1987.3：359-396。趙化成，〈甘肅東部秦與羌戎文化的考古學探索〉，《考古類型學的理論與實踐》（北京：文物出版社，1989），頁145-176。趙化成，〈尋找秦文化起源的新線索〉。

32 關於甘谷毛家坪早期秦文化遺存的年代，原報告認為其最早者在西周早期，後筆者作〈秦文化起源及相關問題再探討〉（載《中國考古學跨世紀的回顧與前瞻》（1999年西陵國際學術研討會文集）（北京：科學出版社，2000，頁281-296），指出毛家坪遺址早期遺存的面貌與鄭家坡遺址晚期遺存相當，年代可以早到商代晚期。

33 參見徐蘋芳，〈考古學上所見秦帝國的形成與統一〉，頁316-320。俞偉超，〈考古學中的漢文化問題〉，頁46。

34 《史記‧秦本紀》，頁179。

35 同上，頁195。

36 關於主體族群的論述請參見俞偉超，〈考古學中的漢文化問題〉，頁44-45。

息、活動所至範圍裡，創造、使用、遺留至今並已被科學的考古工作所發現的古代遺存。那些在秦的發展過程中由於各種原因被納入秦國或秦王朝統治範圍的，與嬴秦族有著密切關係，並基本接受嬴秦族文化的其他人群，在同樣的時期，同樣的地域裡所使用的，與秦文化面貌相同或相近的古代遺存，亦應屬於「秦文化」範疇。

三、考古學所見秦文化的形成與發展

從考古學所觀察到的秦文化，年代上從商代晚期到一直到漢代初年[37]，經歷了由西向東，由弱到強，最後被融合在漢文化中的發展過程。根據秦文化在這一發展過程中不同時期內所呈現出的階段性變化，可以看到秦文化大體經歷了四個發展階段[38]。

第一階段，商代晚期到西周時期。

由於考古學資料的匱乏，對於襄公始國以前的秦文化、即西周時期秦文化的了解，在很長一段時間內基本處於空白狀態。1982-1983年由甘肅省文化工作隊和北京大學考古系在甘肅省甘谷毛家坪遺址進行了發掘，並將該遺址發現的遺存分為A、B兩組[39]。毛家坪遺址的A組遺存，既有居址，也

---

37 也有學者結合古文字、文獻與考古學等研究成果，認為古文字中的「𠂤」即為秦族或其一支。同時提出在周原地區發現的年代從二里岡上層到殷墟一、二期的扶風壹家堡類型文化，其以商文化因素為主，同時包含有一定的鄭家坡類型和劉家文化的因素，是「𠂤」族所遺留的考古學文化，亦即商時期就到達關中地區的秦人所使用的文化。劉軍社，〈壹家堡類型文化與早期秦文化〉，《秦文化論叢》3(1994)：495-508。由於在周原地區沒有見到可與壹家堡文化相繼發展的同類型文化，更找不到其與後來東周時期可以認定為秦文化遺存之間的聯繫，而研究較為充分的毛家坪A組遺存，則可以找到其與東周時期秦文化之間的相承關係，本著從已知求未知的原則，本文仍將毛家坪遺址A組遺存視為目前已發現的最早的秦文化遺存。

38 關於秦文化的分期與年代，請參見滕銘予，《秦文化：從封國到帝國的考古學觀察》(北京：學苑出版社，2002)。以下簡稱《秦文化》。

39 甘肅省文化工作隊、北京大學考古系，〈甘肅甘谷毛家坪遺址發掘報告〉，《考古

有墓葬。其屬於東周時期的墓葬不僅隨葬器物與關中地區同時期秦墓的隨葬器物相同，而且人骨葬式也是同時期關中地區秦墓中那種蜷曲非常嚴重的屈肢葬，因此可以認定東周時期的毛家坪A組遺存屬於秦文化遺存。毛家坪遺址西周時期A組遺存墓葬的人骨亦為蜷曲非常嚴重的屈肢葬，其隨葬器物雖與同時期的周文化有相近之外，但也表現出自身的一些特點，並且與該遺址東周時期秦文化墓葬中的陶器在形制上前後相承，因此發掘者提出了西周時期的毛家坪A組遺存亦屬於秦文化的認識[40]。儘管有研究者對於毛家坪A組遺存早期的文化性質存在著不同的看法，但毛家坪遺址已存在著西周時期的秦文化遺存卻是基本的共識[41]。後筆者通過將毛家坪遺址西周早期的秦文化遺存與商代晚期關中地區的遺存進行比較，認為其年代可早到商代晚期[42]。近年由甘肅省文物考古研究所、陝西省考古研究所、中國國家博物館考古部、北京大學考古文博學院、西北大學考古系等組成的早期秦文化聯合考古隊，從2004年起在甘肅省東部以禮縣為中心的西漢水流域進行了以尋找早期秦文化為中心的田野調查工作，在禮縣大堡子山周圍發現了「六八圖－費家莊」、「大堡子山－趙坪」、「雷神廟－石溝坪」三個周秦文化活動的重點區域[43]。雖然調查所獲資料的詳細報告尚未發表，但參與此次工作的研究者指出，在以上三個區域內都發現了西周早期、西周中期和西周晚期的秦文化遺存[44]。

（續）————

　　　學報》1987.3：359-396。

40　趙化成，〈甘肅東部秦與羌戎文化的考古學探索〉，《考古類型學的理論與實踐》（北京：文物出版社，1989），頁145-176。趙化成，〈尋找秦文化起源的新線索〉，頁1-7。

41　參見張天恩，〈早期秦文化特徵形成的初步考察〉，《炎帝與漢民族論集》（西安：三秦出版社，2003），頁331-337。張文認為早期秦文化的形成是在西周晚期後段，不過在該文中也指出毛家坪居址的二期和一、二期墓葬中陶器所表現出來的文化面貌，已與西周同類器物不同，而具有東周秦器的因素。

42　滕銘予，〈秦文化起源及相關問題再探討〉，頁281-296。

43　早期秦文化聯合考古隊，〈西漢水上游周代遺址考古調查簡報〉，《考古與文物》2004.6：13-20。

44　參見張天恩，〈甘肅禮縣秦文化調查的一些認識〉，《考古與文物》2004.6：76-80。

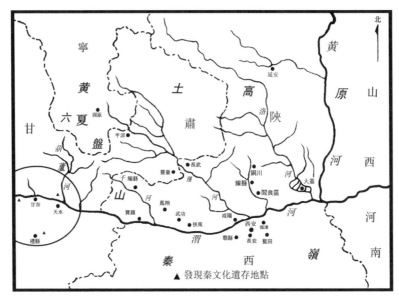

圖1 第一階段秦文化遺存分布範圍

　　根據到目前為止的考古工作,已發現的屬於這一階段的秦文化遺存主要分布在甘肅東部的天水地區(圖1),其中經過科學發掘並已見諸報導的只有甘谷毛家坪遺址[45]。這一階段秦文化的日常生活用器以聯襠鬲、繩紋深腹盆、折肩盂(甗)、繩紋

45　張天恩在〈早期秦文化特徵形成的初步考察〉一文中,把西周時期甘肅東部的文化遺存劃分為三個類型,其一為「西河灘類型」,屬於周文化;其二為毛家坪類型,是東周時期秦墓中西高泉模式的來源,但與嬴秦公族文化並不同源,即否認毛家坪類型為秦文化;其三為大堡子山類型,為秦國嬴姓公室貴族葬制。不過張文中提到的「西河灘類型」的材料尚未正式發表,只見於其他研究者的論文中,大堡子山目前發現的秦文化遺存年代最早為春秋早期,尚不能確知其西周時期的文化面貌。加之東周秦墓在墓葬方向、人骨葬式、是否有腰坑等方面都存在著較為複雜的狀況,且有相當多的材料尚未正式發表,因此筆者認為在目前尚不具備對西周時期的秦文化遺存和東周時期的秦墓進行全面梳理的條件,亦很難對東周時期秦文化的文化結構、譜系,及其與西周時期秦文化的關係進行更深入的討論。由於毛家坪遺址西周時期墓葬中的人骨葬式與此後東周時期關中地區秦人墓的葬式相同,為蜷曲非常嚴重的屈肢葬,陶器亦表現出與西周時期的同類器物的差別而與東周時期秦文化的陶器有一定的相關,因此本文仍以毛家坪遺址西周時期遺址作為西周時期秦文化的代

罐以及折盤豆為主，共出有石斧、石刀、紡輪等與從事農業生產活動有關的工具，墓葬均為口底相當的直壁長方形土坑豎穴墓，頭向西，屈肢葬，隨葬器物以一套日用陶器鬲、盆(盂)、豆、罐為主(圖2)。

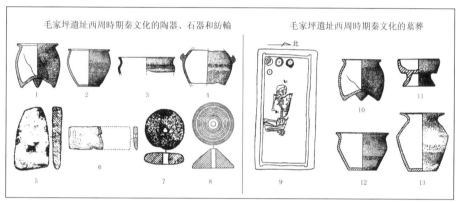

毛家坪遺址西周時期秦文化的陶器、石器和紡輪　　　毛家坪遺址西周時期秦文化的墓葬

圖2　第一階段秦文化遺存

1.鬲；2.盆；3.盂；4.肩耳罐；5.石斧；6.石刀；7、8.陶紡輪
9.墓葬TM5；10.鬲；11.豆；12.盂；13.罐

　　毛家坪A組遺存由於是目前已知年代最早的秦文化遺存，為探索秦文化的起源與形成提供了寶貴資料[46]。其最早遺存的文化面貌基本同於先周文化的鄭家坡類型(圖3)，很可能就起源於周原地區的鄭家坡類型文化。同時以毛家坪遺址早期遺存為代表的早期秦文化，其分布範圍向西沒有越過自新石器時代以來中原系統文化分布的西限[47]，其文化面貌亦與分布於其西部地

(續)────────────

　　表以進行西周時期秦文化面貌的討論。

46　關於秦文化起源的研究，史學界和考古學界都有不同的看法。請參見徐蘋芳，〈考古學上所見秦帝國的形成與統一〉。滕銘予，〈秦文化起源及相關問題再探討〉。

47　蘇秉琦先生曾指出，從渭水上游到秦安一線，是新石器時代的仰韶文化與洮河流域的馬家窯文化的分界線，也是中國西部地區與中原地區的分界線。而從隴東到隴西這一地區，其東部與中原地區相連，西部與廣闊的中亞大陸相連，因此也可以看成是中國西部地區與中原地區之間的模糊地帶，從這個意義上理解，這一線也可以看成是自新石器時代以來的以農業經濟為主的古代文化與兼有畜牧經濟的古代文化的分界線。

區的寺窪文化和辛店文化沒有相近之處(圖4)，因此使用毛家坪早期秦文化
的這一人群，也不可能來自西方。

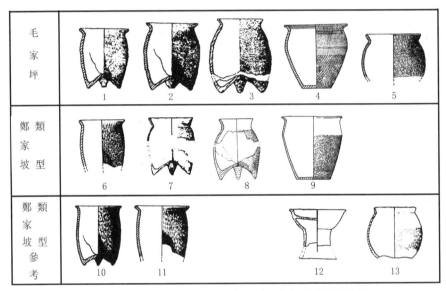

圖3　毛家坪早期秦文化遺存與鄭家坡類型比較

1、2、6、7、10、11.深腹鬲；3、8.小口鼓腹鬲；4、9.深腹盆；5、13.圓腹罐；12.假腹豆
（1-5毛家坪遺址；6、10、11鄭家坡遺址；7-9、12、13壹家堡遺址）

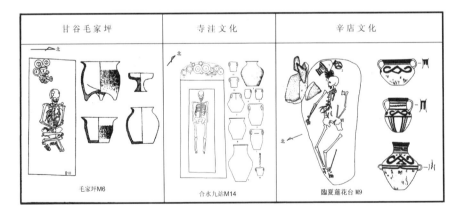

圖4　毛家坪早期秦文化遺存與西北地方古代文化比較

　　毛家坪遺址西周時期的秦文化遺存中，陶器如聯襠鬲、繩紋深腹盆、折肩盂（甗）、肩部帶鳥形鋬的繩紋罐等，與灃鎬地區西周時期遺址中所出的同類型器物極為相近，這些器物都是關中地區西周文化中最具代表性的典型器物。毛家坪遺址出土的石斧、石刀、紡輪等與從事農業生產活動有關的工具，其形制亦與關中地區西周文化遺址所出的同類器物相同，表明二者具有相同的以農業為主的經濟類型（圖5上）。在埋葬習俗方面，除了人骨葬式以外，也表現出與同時期西周文化一定的相似性，如墓葬形制都是長

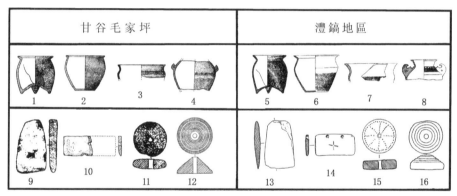

1、5，鬲　2、6，盆　3、7，盂（甗）　4、8，罐
9、13，石斧　10、14，石刀　11、12、15、16，紡輪

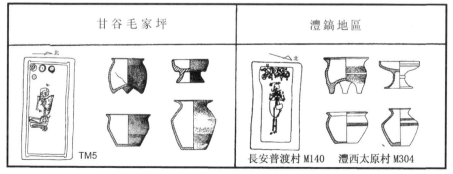

圖5　毛家坪西周時期秦文化遺存與西周文化之比較
上：日用陶器與生產工具　　　　下：墓葬形製與隨葬器物

方形土坑豎穴墓，有熟土或生土二層台，隨葬陶器都是以鬲、盆、豆、罐
為基本組合(圖5下)。因此有研究者提出，可將甘谷毛家坪遺址西周時期的
秦文化遺存視為西周文化的一個地方類型[48]。

　　綜上所述，在秦文化發展的第一階段，已可以從考古遺存中確認秦文
化的存在，在文化面貌上表現出與周文化極大的相似性，可視為是秦文化
的起源與形成階段。由考古學資料所反映的秦文化的這些資訊，與文獻中
的有關記載亦相符合。文獻中有關這一時期秦的記載並不多，世系亦時斷
時續，但仍可知道，處於這一階段的嬴秦一族居於隴東一隅，與西戎結為
姻親，同時與周王室有著密切的關係。而秦人與周王室以及西戎間的關係
亦可從文獻中找到些許的線索。《史記·秦本紀》載，當周孝王因非子為
其主馬有功，欲以其代替申侯之女所生嫡子成繼承大駱之嗣時，引起了申
侯的不滿，於是「申侯乃言孝王曰：『昔我先驪山之女，為戎胥軒妻，生
中潏，以親故歸周，保西垂，西垂以其故和睦。今我復與大駱妻，生適子
成。申駱重婚，西戎皆服，所以為王。王其圖之。』」於是孝王分土與非
子為附庸，「邑之秦，使復續嬴氏祀，號曰秦嬴。亦不廢申侯之女子為駱
適者，以和西戎。」到西周晚期時，「周厲王無道，諸侯或叛之。西戎反
王室，滅犬丘大駱之族。周宣王即位，乃以秦仲為大夫，誅西戎。西戎殺
秦仲。……周宣王乃召莊公(秦仲長子)昆弟五人，與兵七千人，使伐西戎，
破之。」[49]從上述文獻記載中可以知道，當秦人與姜姓的申侯一族通婚、即
秦戎通婚時[50]，則西戎和睦，周王亦因此得以為王；同時周孝王為了保持與

48　牛世山，〈秦文化淵源與秦人起源探索〉，《考古》1996.3：41-50。

49　《史記·秦本紀》，頁177-178。

50　申為姜姓之國，姜族又被稱為「姜戎」，《左傳》隱公元年：「初鄭武公娶于申，
　　曰武姜。」可知申為姜姓。《左傳》襄公十四年：晉范宣子曾對戎子駒支說：「來，
　　姜戎氏。昔秦人迫逐乃祖吾離於瓜州。」可知姜姓族又被稱為「姜戎」，於史均有
　　明載。而「姜戎」源於西北地方的「羌戎」，亦為許多研究者的共識，典型論述請
　　參見尹盛平、任周芳，〈先周文化的初步研究〉，《文物》1984.7：42-49；劉軍社，
　　〈鄭家坡文化與劉家文化的分期及其性質〉，《考古學報》1994.1：25-61。

西戎間的友好關係，亦保持申侯之女所生子為秦大駱族之嗣；而當周厲王無道，西戎反周王室時，遂滅掉當時居住在犬丘的秦人大駱之族；此後當周王室欲征伐西戎時，則任秦人以為首領。這些記載表明，在當時的西戎眼中，將秦人視與周王室等同，在周王室的眼中，則是把秦人當作可以為自己對抗西戎的力量，而在秦人眼中，自己與西戎的關係或敵或友，則是與周王室與西戎的關係息息相關。

第二階段，大體上從春秋初年到春秋中期，相當於平王東遷（770 BCE）**到春秋中期的秦穆公三十九年**（621 BCE）**約150年左右的時間。**

　　進入春秋時期以後，秦文化開始從天水地區沿兩條路線向東發展，一條越六盤山進入千河上游，一條沿渭水東進。目前已發現的屬於這一階段的秦文化遺存，其分布除天水地區外，向東擴大到長隴地區和寶雞地區，分布地點多集中於黃土高原的南緣和渭水北岸一線（圖6），另外在西安地區

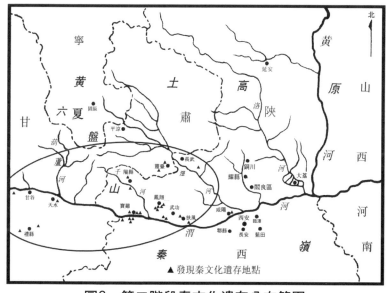

圖6　第二階段秦文化遺存分布範圍

亦有少量發現[51]。已發現的秦文化遺存包括在甘肅禮縣大堡子山發現的秦國最高統治者秦公的墓地和大量的中小型墓葬。中小型墓葬中又可區分為以隨葬青銅禮器為主、隨葬仿銅陶禮器為主和僅隨葬日用陶器的墓葬[52]。從這些墓葬規模和隨葬器物種類與數量的不同，可以反映出秦文化已具有了多層次的階層結構[53]。

　　禮縣大堡子山秦公墓地於1990年代初期被盜掘，墓中器物大部流落海外。經上海博物館從香港古玩坊肆購回了四鼎二簋，在破獲盜墓案件後由公安機關追繳並入藏甘肅省博物館的七鼎四簋，以及在紐約所見的一對銅壺，這些器物中可見銘文者均為「秦公」作器(圖7)[54]。後甘肅省考古研究所

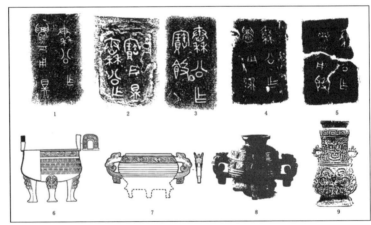

圖7　禮縣大堡子山秦公墓地所出器物及銘文

1.秦公鼎二銘文；2.秦公鼎三銘文；3.秦公簋一銘文；4.鼎M3采:1銘文；5.M3采:8銘文；
6.鼎M3采:1；7.簋M3采:8；8.秦公簋；9.紐約所見秦公壺

51　參見咸陽市文物考古研究所，《任家嘴秦墓》(北京：科學出版社，2005)。
52　關於對秦文化中小型墓葬進行分類的研究請參見滕銘予，《秦文化：從封國到帝國的考古學觀察》，第二章，頁21-28。
53　關於文化的層次結構的劃分與解讀，請參見滕銘予，《秦文化：從封國到帝國的考古學觀察》，頁21。
54　禮縣大堡子山秦公墓地所出器物之集大成者，見禮縣博物館、禮縣秦西垂文化研究會，《秦西垂陵區》(北京：文物出版社，2004)。

在禮縣大堡子山秦公墓地清理了中字形大墓2座、曲尺形車馬坑2座、小墓9座[55]。眾多學者根據通過各種途徑得到的有關該墓地的資訊[56]，對大堡子山秦公墓地的年代及墓主進行了討論，或認為年代在西周晚期，是秦仲和莊公之陵園[57]；或認為屬春秋早期襄公與文公之墓[58]；或認為是文公和憲公之墓[59]；或認為是襄公和出子之墓[60]；或認為該墓地僅埋葬一位秦公，或為襄公、或為憲公[61]；也有研究者認為該墓地已被盜掘的墓葬分屬襄公、文公，同時該墓地還應埋有靜公和憲公，即共有四代秦公，甚至還應有其夫人同葬於此地[62]。其實不論埋入該墓地的是哪一代或幾代秦公，都應是兩周之際到春秋早期秦文化統治集團中最高成員墓葬的典型代表[63]。中字形墓壙、帶

55　戴春陽，〈禮縣大堡子山秦公墓地及有關問題〉，《文物》2000.5：74-80。

56　對禮縣大堡子山秦公墓非正式發掘資料所作的刊布和研究有：李學勤、艾蘭，〈最新出現的秦公壺〉，《中國文物報》1994年10月30日第3版。李學勤，〈探索秦國的發祥地〉，《中國文物報》1995年2月19日第3版。韓偉，〈論甘肅禮縣出土的秦金箔飾片〉，《文物》1995.6：4-11。陳昭容，〈談新出秦公壺的時代〉，《考古與文物》1995.4：64-70。白光琦，〈秦公壺應為東周初期器〉，《考古與文物》1995.4：71。李朝遠，〈上海博物館新獲秦公器研究〉，《上海博物館集刊》7(1996)：23-33。陳平，〈淺談禮縣秦公墓地遺存與相關問題〉，《考古與文物》1998.5：78-87。王輝，〈也談禮縣大堡子山秦公墓地及其銅器〉，《考古與文物》1998.5：88-93。祝中熹，〈大堡子山秦西陵墓主及其它〉，《隴右文博》1999.1：39-44。戴春陽，〈禮縣大堡子山秦公墓地及有關問題〉，頁74-80。梁雲，〈西新邑考〉，《北京大學古代文明研究通訊》31(2006)：26-34。

57　請參見韓偉，〈論甘肅禮縣出土的秦金箔飾件〉，頁4-11。

58　請參見王輝，〈也談禮縣大堡子山秦公墓地及其銅器〉，頁88-93。陳昭容，〈論甘肅禮縣大堡子山秦公墓地及出土文物〉，《秦系文字研究》(臺北：中央研究院歷史語言研究所，2003)，頁149-169。

59　陳平，〈淺談禮縣秦公墓地遺存與相關問題〉，頁78-87。

60　楊惠福、侯紅偉，〈禮縣大堡子山秦公墓主之管見〉，《考古與文物》2007.6：63-67。

61　戴春陽，〈禮縣大堡子山秦公墓地及有關問題〉。梁雲，〈西新邑考〉。

62　張天恩，〈試說秦西山陵區的相關問題〉，《考古與文物》2003.3：39-46。

63　大多數學者根據已流散的據傳出自禮縣秦公大墓的有銘青銅器，指出所有的「秦公」器可以分為「從白之秦」的秦公器和「省白之秦」的秦公器兩組，並從器物形制、文字變化等角度，討論兩組秦公器間存在的年代關係，認為在禮縣大堡子山應存在著兩代秦公的陵園，只是其主人的歸屬尚有爭議。不過已有學者指出兩組秦公器銘文中其他字如「公」字的寫法並不能判斷孰早孰晚(李朝遠，〈上海博物館新藏秦器

腰坑的墓葬形制基本上承襲了商周以來高級貴族的墓葬制度，人骨葬式採
用了直肢葬式，隨葬的青銅禮器以成組的鼎、簋、壺相配，亦近於西周文
化之用鼎制度。不過上述秦公諸器，在形制上承襲了西周晚期周文化同類
器物特點的同時，已開始出現一些獨特的風格[64]。另秦公墓以多人殉葬，亦
為同時期其他地區和文化所不見，表現出較為原始的特點。2004年以來在
甘肅禮縣進行的以早期秦文化為主要目的的田野調查和發掘，除了在禮縣
大堡子山發現了大型宮殿類建築基址和一座大型的青銅樂器祭祀坑以外，
還在其周圍發現了早期秦文化活動的三個相對獨立、又互有聯繫的大遺址
群，以及一座早期秦文化城址[65]。雖然目前尚不能確定秦早期都城所在位
置，但這些重要的發現都為尋找秦早期都邑和秦公陵園，探索秦文化在進
入春秋時期以後的發展進程等提供了重要的資料[66]。

　　在甘肅東部的天水、禮縣，陝西西部的長武、隴縣、寶雞以及鳳翔地
區，都發現了秦文化的中小型墓葬。出現了口大底小的土坑豎穴墓，頭向
以西為主，如甘肅甘谷毛家坪墓地[67]、禮縣圓頂山墓地[68]、陝西隴縣店子墓

（續）————

　　研究〉原載《上海博物館館刊》9。引自禮縣博物館、禮縣秦西陲文化研究會，《秦
　　西陲文化論集》北京：文物出版社，2005，頁521-533），同時考慮到西周金文中已
　　有「秦」字省白的寫法，再加上除了由甘肅省西和縣公安局收繳的7件秦字為省白寫
　　法的秦公鼎據盜墓者指認為出自M3以外，尚無其他證據表明兩組秦公器分出於兩個
　　大墓，也沒有辦法判斷「各自的所出」（李朝遠，〈上海博物館新獲秦公器研究〉）。
　　因此筆者認為以目前的資料，仍很難判斷大堡子兩座秦公大墓墓主人的歸屬。

64　秦公鼎從口沿到腹部滿布紋飾，尤其是在腹部飾多重垂鱗紋的做法，為其他地區所
　　少見；秦公簋在蓋沿和口沿處所飾的多組浮雕狀獸頭，均為上下兩兩口口相對，亦
　　為其他地區所不見。詳見李朝遠，〈上海博物館新獲秦公器研究〉。

65　早期秦文化聯合考古隊，〈西漢水上游周代遺址考古調查簡報〉，《考古與文物》
　　2004.6：13-20。早期秦文化聯合考古隊，〈2004年甘肅禮縣鸞亭山遺址發掘〉，《中
　　國歷史文物》2005.5：4-14。早期秦文化考古聯合課題組，〈甘肅禮縣大堡子山早期
　　秦文化遺址〉，《考古》2007.7：38-46。

66　最近有學者提出禮縣大堡子山是《史記·秦始皇本紀》後附《秦紀》中所記載的秦
　　憲公所居之「西新邑」，出子所居之「西陵」，亦為秦憲公和出子的葬地「衙」。
　　見梁雲，〈西新邑考〉。

67　甘肅省文化工作隊、北京大學考古系，〈甘肅甘谷毛家坪遺址發掘報告〉，《考古
　　學報》1987.3：359-396。

地[69]、鳳翔八旗屯墓地[70]，亦有少量北向者，如陝西隴縣邊家莊墓地[71]、寶雞晁峪墓地[72]。葬式以屈肢葬為主，如毛家坪墓地、店子墓地、寶雞晁峪墓地等；也有少量直肢葬，如邊家莊墓地、鳳翔孫家南頭墓地[73]。出現了隨葬無蓋鼎、簋、方壺、盤、匜等青銅禮器的墓葬，青銅禮器已表現出明器化的趨勢。出現一套仿自青銅禮器的仿銅陶禮器。日常生活用器主要有小口圓肩鬲、深腹折肩盆(盂)、折盤豆、大口罐等(圖8)。在這一階段的秦文化遺存中，可以見到較多的外來文化因素，其中以周文化和北方文化因素為主，如來自周文化的青銅禮器、帶扉棱的鬲、三足罐、墓葬有腰坑等，來自北方文化的直刃匕首式短劍和銅鍑，以及來自巴蜀地區的陶釜等(圖9)。

從文化面貌看，春秋早期還可以看到周文化的若干影響，如青銅禮器在器類、形制、花紋等方面都表現出與西周晚期周文化同類器物的相似，同時也可觀察到與其他地區的若干差別，如仍然使用春秋中期三晉兩周地區已基本不見的無蓋鼎、帶圈足的簋和方壺。這一階段還出現了仿自同時期的秦式青銅禮器的成套的仿銅陶禮器，而同時期的其他地區如三晉兩周地區，要晚到戰國早期才普遍地使用成組的仿銅陶禮器隨葬。日用陶器中

(續)───────

68 甘肅省文物考古研究所、禮縣博物館，〈禮縣圓頂山98LDM2、2000LDM4春秋秦墓〉，《文物》2005.2：4-30。甘肅省文物考古研究所、禮縣博物館，〈禮縣圓頂山春秋秦墓〉，《文物》2002.2：4-27。

69 陝西省考古研究所，《隴縣店子秦墓》(西安：三秦出版社，1998)。

70 陝西省雍城考古工作隊吳鎮烽等，〈陝西鳳翔八旗屯秦國墓葬發掘簡報〉，《文物資料叢刊》3(1980)：67-85。陝西省雍城考古隊，〈陝西鳳翔八旗屯西溝道秦墓發掘簡報〉，《文博》1986.3：1-31。

71 已見諸報導的有：尹盛平、張天恩，〈陝西隴縣邊家莊一號春秋墓〉，《考古與文物》1986.6：15-22。陝西省考古研究所寶雞工作站寶雞市考古工作隊，〈陝西隴縣邊家莊五號春秋墓發掘簡報〉，《文物》1988.11：14-23。趙琦，〈陝西隴縣邊家莊出土春秋銅器〉，《文博》1989.3：79-81。均為南北向，其中邊家莊M5為直肢葬，其餘葬式不清。

72 陝西省考古研究所，〈陝西寶雞晁峪東周秦墓發掘簡報〉，《考古與文物》2001.4：3-8。

73 田亞岐、王顥、景宏偉、劉陽陽、劉思哲，〈陝西鳳翔孫家南頭周秦墓地考古取得重大收穫〉，《中國文物報》2004.09.08，第001版。

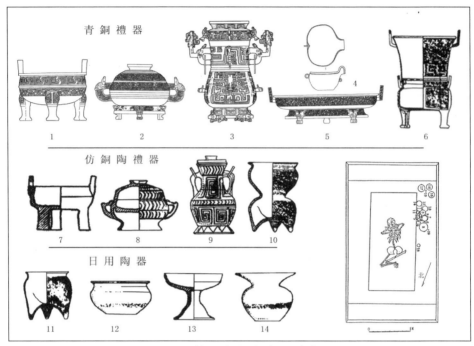

圖8　第二階段秦文化遺存

青銅禮器：1.無蓋鼎；2.簋；3.方壺；4.匜；5.盤；6.甗(1-5.圓頂山98LDM2；6.隴縣邊家莊M1)
仿銅陶禮器：7.無蓋鼎；8.假腹簋；9.方壺；10.甗(7、8.店子M218；9.店子M268；10.店子M215)
日用陶器：11.鬲；12.盂；13.豆；14.喇叭口大口罐(11-13.店子M287；14.店子M215)
墓葬：秦家溝M2

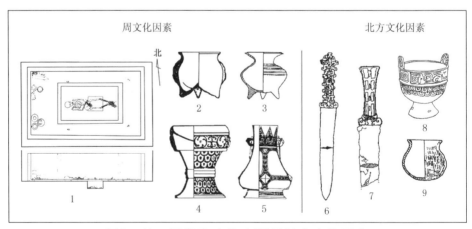

圖9　第二階段秦文化中所見外來文化因素

1.帶腰坑的墓葬(長武上孟村M27)；2.陶鬲(鳳翔八旗屯CM? 2)；3.三足罐(寶雞譚家村M23)；
4.銅豆(寶雞西高泉村M1)；5.銅壺(寶雞西高泉村M1)；6.直刃匕首式短劍(鳳翔八旗屯BM27)；
7.直刃匕首式短劍(靈台景家莊M1)；8.「秦公鎛」(甘肅省博物館所藏)；9.陶罐(寶雞譚家村
M23:2)

的大口罐，雖然從形態上仍可找到與西周時期同類器物間的承繼性，但在豐鎬地區的西周文化遺存中，大口罐作為一種實用器物僅出於遺址，而不見於墓葬。到了春秋中期，大口罐則成為秦文化區別於其他地區文化的、最具自身特點的器物。

綜上所述，隨著秦文化的向東擴展，秦文化的文化面貌雖仍然表現出與西周文化間具有一定的相似性，也出現了較多的外來文化因素，但已開始形成可區別於同時期其他國家和地區文化的自身特點，因此這一階段是秦文化的確立階段。由考古資料所反映出的這一階段的特點，亦與文獻記載相互映照。據文獻記載，這一階段秦為了奪得由周王分封給自己但實際上是被戎狄佔領的土地[74]，開始逐步向關中地區擴展，其間曾有文公卜居汧渭之會[75]，憲公徙居平陽[76]，德公居雍[77]，並多次伐諸戎，收周餘民[78]，與晉爭奪河西之地[79]，直至穆公時「開地千里，遂霸西戎」，才真正在關中地區站穩了腳跟，擁有了自己的土地與人民，其開拓疆土的事業也得到了周王

---

74 《史記・秦本紀》，襄公七年「周避犬戎難，東徙雒邑，襄公以兵送周平王。平王封襄公為諸侯，賜之岐以西之地。曰：『戎無道，侵奪我岐、豐之地，秦能攻逐戎，即有其地。』與誓，封爵之。襄公於是始國，與諸侯通使聘享之禮。」頁179。
75 《史記・秦本紀》：文公「三年，……以兵七百人東獵。四年，至汧渭之會。曰：『昔周邑我先秦嬴於此，後卒獲為諸侯。』乃卜居之，占曰吉，即營邑之。」頁179。
76 據《史記・秦本紀》：「寧公二年，公徙居平陽。」頁181。但在《史記・秦始皇本紀》和《漢書・古今人表》中，記載秦文公之後的繼位者均為憲公，與《史記・秦本紀》不合，孰對孰錯，長期以來得不到解決。1978年在陝西寶雞楊家溝太公廟發現的秦公鐘和秦公鎛，因銘文中記有秦公世系，方確知寧公實為憲公之誤。請參見寶雞市博物館盧連成、寶雞縣文化館楊滿倉，〈陝西寶雞縣太公廟村發現秦公鐘、秦公鎛〉，《文物》1978.11：1-5。
77 據《史記・秦本紀》：「德公元年，初居雍城大鄭宮。」，頁184。
78 《史記・秦本紀》記載的秦伐戎之戰有「文公以兵伐戎，戎敗走。於是文公遂收周餘民有之，地至岐，岐以東獻之周」。武公「元年伐彭戲戎，至於華山下。……十年，伐邽、冀戎，初縣之」。
79 據《史記・秦本紀》記載，宣公四年「與晉戰河陽，勝之。」穆公五年秋，「自將伐晉，戰于河曲。……十五年……與晉惠公夷吾合戰於韓地，……穆公虜晉君以歸，……是時秦地東至河。」頁184-189。

室的認同[80]。

第三階段，大體上從春秋晚期到戰國中期，相當於自秦穆公卒、康公即位始(620 BCE)到秦惠文王稱王止(325 BCE)近300年左右的時間。

從春秋晚期一直到戰國中期，秦文化已經進入到關中平原的大部地區，除大荔地區以外，繼長隴地區、寶雞地區，在西安地區和銅川地區都發現了大量的秦文化遺存(圖10)，尤其是在鳳翔秦都雍城遺址，不僅發現了大量的中小型墓葬，而且還發現了秦都雍城時的宮殿、宗廟，以及秦公陵園等。

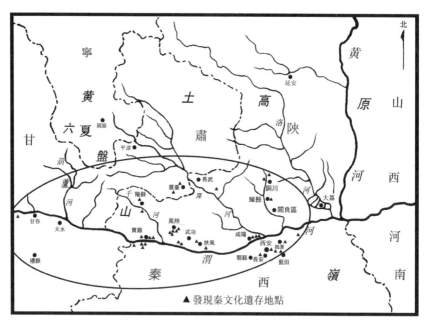

圖10　第三階段秦文化遺存分布範圍

80　據《史記・秦本紀》，穆公「三十七年，秦用由餘謀伐戎王，益國十二，開地千里，遂霸西戎。天子使召公過賀繆公以金鼓。」頁194。

　　自秦德公元年(677 BCE)「初居雍城大鄭宮」時始，一直到獻公二年(383 BCE)「城櫟陽」止，雍城作為秦國春秋中期到戰國早期時的都城長達294年[81]。秦遷都櫟陽後，這裡仍為秦國西方一個重要的城市[82]。雍城是通過考古工作能夠確認的秦都中年代最早者。雍城遺址位於今鳳翔縣城南，雍水北岸，城址平面為不規則方形，方向北偏西14度，南北長約3,200米，東西長約3,300米，總面積約10平方公里(圖11)[83]。已有的考古工作探明城中部偏西今姚家崗一帶是春秋時期的宮殿區[84]，在其東部為朝寢建築[85]，城中部馬家莊一帶是當時的宗廟區[86]。城北部可能是戰國時期的宮殿區[87]。此外，在城內北部勘探出一個近長方形的封閉式空間遺址，被認為是雍城的「市」[88]。在雍城的南郊還發現了多處可能為雍城的離宮別館和祭祀場所的建築遺址[89]，以及大型的秦公陵園和中小型墓地[90]。

81　《史記》，頁184，201。

82　《史記・秦本紀》記，秦遷都櫟陽後，尚有孝公、德公在雍建橐泉宮、蘄年宮等，《史記・秦始皇本紀》記秦王行王冠之禮亦在雍進行。

83　韓偉、焦南峰，〈秦都雍城考古發掘研究綜述〉，《考古與文物》1988.5&6：111-126。

84　參見鳳翔縣文化館、陝西省文管會，〈鳳翔先秦宮殿試掘及其銅質建築構件〉，《考古》1976.2：121-128。陝西省雍城考古隊，〈陝西省鳳翔春秋秦國凌陰遺址發掘簡報〉，《文物》1978.3：43-47。王學理等著，《秦物質文化史》，頁74-75。韓偉、焦南峰，〈秦都雍城考古發掘研究綜述〉。

85　參見韓偉，〈秦公朝寢鑽探圖釋〉，《考古與文物》1985.2：53-56。

86　參見陝西省雍城考古隊，〈鳳翔馬家莊一號建築群遺址發掘簡報〉，《文物》1985.2：1-29。韓偉，〈馬家莊秦宗廟建築制度研究〉，《文物》1985.2：30-38。韓偉、焦南峰，〈秦都雍城考古發掘研究綜述〉。陝西省雍城考古隊，〈秦都雍城鑽探試掘簡報〉，《考古與文物》1985.2：7-20。

87　參見陝西省雍城考古隊，〈一九八二年鳳翔雍城秦漢遺址調查簡報〉，《考古與文物》1984.2：23-31。韓偉、曹明檀，〈陝西鳳翔高王寺戰國銅器窖藏〉，《文物》1981.1：15-17。韓偉、焦南峰，〈秦都雍城考古發掘研究綜述〉。

88　王學理等，《秦物質文化史》，頁90-92。

89　同上，頁75-78。

90　陝西省雍城考古工作隊吳鎮峰、尚志儒，〈陝西鳳翔八旗屯秦國墓葬發掘簡報〉，《文物資料叢刊》3(1980)：67-85。陝西省雍城考古隊，〈1981年鳳翔八旗屯墓地發掘簡報〉，《考古與文物》1986.5：23-40。陝西省雍城考古隊，〈陝西鳳翔八旗屯西溝道秦墓發掘簡報〉。雍城考古工作隊，〈鳳翔高莊戰國秦墓發掘簡報〉，《文

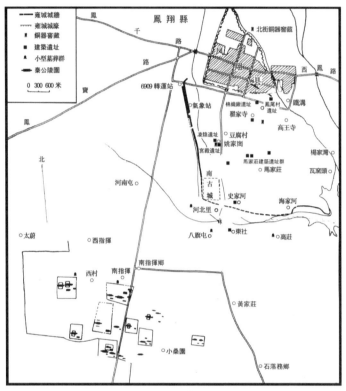

圖11　秦都雍城遺址考古發現

（採自焦南峰，〈秦都雍城考古發掘研究綜述〉，《考古與文物》1988.5&6：112）

　　秦都雍城時的秦公陵園，位於雍城南郊的三畤原上，占地面積約20平方公里，是迄今為止發現的最大一處先秦時期諸侯國王室陵區[91]。據《史記‧

（續）────────────

　　物》1980.9：10-14。雍城考古隊吳鎮峰、尚志儒，〈陝西鳳翔高莊秦墓地發掘簡報〉，《考古與文物》1981.1：12-38。李自智、尚志儒，〈陝西鳳翔西村戰國秦墓發掘簡報〉，《考古與文物》1986.1：8-35。田亞岐、王保平，〈鳳翔南指揮兩座小型秦墓的清理〉，《考古與文物》1987.6：20-24。陝西省考古研究所雍城工作站，〈鳳翔鄧家崖秦墓發掘簡報〉，《考古與文物》1991.2：14-19。

91　陝西省雍城考古隊韓偉，〈鳳翔秦公陵園鑽探與試掘簡報〉，《文物》1983.7：30-37。陝西省雍城考古隊，〈鳳翔秦公陵園第二次鑽探簡報〉，《文物》1987.5：55-65。

秦本紀》的記載，秦都雍城期間，共有十九位國君和一位未享國而死的太子，都葬在該陵區內[92]。整個陵區外圍以兆溝為域，是為外兆。其內共發現有14座陵園，周圍多以規整的中兆為區劃[93]。每座陵園內由數量不等的主墓及車馬坑組成。主墓均有墓道，或呈中字形，或呈甲字形，墓葬方向以墓道為準均為坐西朝東。在主墓地表均發現有墓上建築廢棄後留下的繩紋瓦片。車馬坑或為凸字形，或目字形，或呈刀字形(圖12)。從整體布局看，該陵園基本上還屬於自商周時期就流行的將多代國君集中埋葬於同一墓地的「集中公墓制」，但其中部分秦公陵園以兆溝與其他秦公陵園區分開的現象，已開啟了向「獨立陵園制」的過渡[94]。

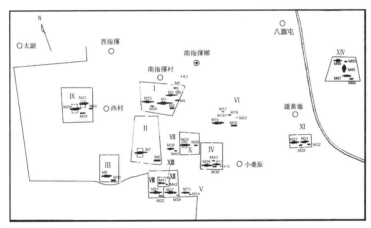

圖12　雍城南郊的秦公陵園

（據〈鳳翔秦公陵園第二次鑽探簡報〉，《文物》1987.5:55圖一修改而成。I-XIV為陵園編號，第XIV號陵園的位置及墓葬編號源自田有錢，〈秦「公墓」制度研究〉〔西北大學2005年碩士學位論文〕頁12圖二「雍城秦公陵園平面遺跡分布圖」）

92　王學理等，《秦物質文化史》，頁256。

93　參見陝西省雍城考古隊，〈鳳翔秦公陵園第二次鑽探簡報〉。王學理等，《秦物質文化史》，頁267。徐蘋芳，〈考古學上所見秦帝國的形成與統一〉，頁304。

94　趙化成，〈從商周「集中公墓制」到秦漢「獨立陵園制」的演化軌跡〉，《文物》2006.7：41-48。

這一階段的秦文化中小型墓葬，墓葬形制仍為長方形土坑豎穴墓，其中既有口底相當者，也有口大底小者，僅在西安地區戰國中期偏晚時出現了少量的洞室墓。頭向以西向為主，絕大部分人骨葬式為蜷屈非常嚴重的屈肢葬，但也發現了僅使用直肢葬的墓地，如鳳翔鄧家崖墓地[95]。青銅禮器仍以一套無蓋鼎、簋、方壺、盤、匜為主，但器壁薄，器形小，製作粗糙，花紋也愈見簡化，到戰國中期時，明器化已達到令人難以置信的程度，一組青銅禮器完全可握於一手之中。有些墓葬在隨葬一套秦式青銅禮器的同時，還隨葬有東方列國式的青銅禮器(圖13)[96]。仿銅陶禮器在春秋晚期和戰

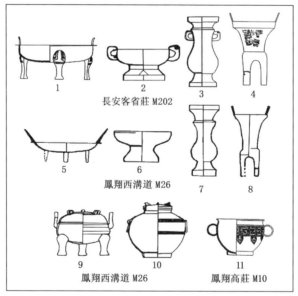

圖13　第三階段秦文化墓葬中隨葬的青銅禮器

1、5.無蓋鼎；2、6.簋；3、7.方壺；4、8.瓿；9.蓋鼎；10.缶；11.舟

95　陝西省考古研究所雍城工作站，〈鳳翔鄧家崖秦墓發掘簡報〉。

96　如鳳翔高莊M10，同時隨葬有東方列國式的銅舟和銅罐各1件，見吳鎮峰、尚志儒，〈陝西鳳翔高莊秦墓地發掘簡報〉。鳳翔西溝道M26共出有東方列國式的銅鼎和銅缶各1件，見陝西省雍城考古隊，〈陝西鳳翔八旗屯西溝道秦墓發掘簡報〉。

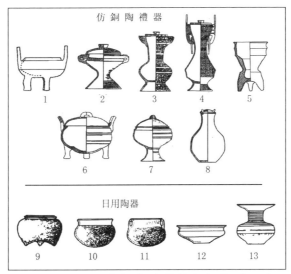

圖14　第三階段秦文化墓葬中隨葬的仿銅陶禮器和日用陶器

1.無蓋鼎(隴縣店子M185)；2.假腹簋(鳳翔高莊M18)；3.方壺(鳳翔八旗屯CM4)；4.方壺(鳳翔高莊M48)；5.甗(寶雞茹家莊M5)；6.蓋鼎、8.圓壺(鳳翔八旗屯BM31)；7.蓋豆(79高莊M1)；9.鬲、13.雙耳釜(隴縣店子M157)；10.釜、12.盂(隴縣店子M58)；11.大口罐(隴縣店子M167)

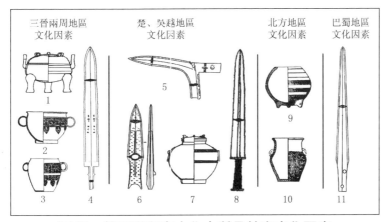

圖15　第三階段秦文化中所見外來文化因素

1.蓋鼎、7.缶(鳳翔西溝道M26)；2.舟、3.罐、5.戈(鳳翔高莊M10)；4.劍(鳳翔八旗屯CM9)；6.曲骸矛、11.柳葉形劍(鳳翔高莊M18)；8.劍(甘谷毛家坪M10)；9.三足甕(銅川棗廟M10)；10.雙耳罐(甘谷毛家坪M18)

國早期時，仍然以一套仿自同時期青銅禮器的無蓋鼎、簋、方壺為主，到戰國中期則呈現出衰落的趨勢，大多數已不見有規律的組合。戰國中期少數墓中出現了以帶蓋鼎和蓋豆為代表的東方列國式的仿銅陶禮器（圖14上）。日用陶器以鬲、釜、盆和大口罐為主，釜漸多，鬲漸少，個別墓葬中出現了雙耳釜（圖14下）。除了來自三晉兩周地區的文化因素外，還可以見到來自楚、吳越、巴蜀以及北方地區的文化因素（圖15）。

　　秦文化在沿著自己的軌跡穩定發展的同時，也表現出對東方列國文化、尤其是三晉兩周地區文化的認同與接納。秦公陵園中的主墓均為帶有兩條墓道的中字形墓，周圍有車馬坑，是繼續了商周時期以來高級貴族的葬制[97]。秦都雍城宮殿區設在大城郭之內[98]，宮殿與宗廟已分為不同的建築，與同時期的中原其他國家和地區亦多有相似之處[99]。雍城馬家莊宗廟建築遺

---

[97] 在山西天馬－曲村遺址北趙晉侯墓地已發掘了8組16座晉侯及夫人的墓葬，各墓墓主及年代尚有爭議，但大多數研究者認為其中有些墓葬的年代可到春秋初年，或認為M8的年代可能已進入春秋早期（朱鳳瀚，《古代中國青銅器》，天津：南開大學出版社，1995，頁800），或認為M62、M6、M64這一組晉侯與夫人的墓年代在兩周之際（北京大學考古系、山西考古研究所、天馬－曲村遺址考古隊，〈天馬－曲村遺址晉侯墓地及相關問題〉，《三晉考古》第一輯，山西人民出版社，1994，頁23）。請參見：北京大學考古系、山西省考古研究所，〈天馬－曲村遺址北趙晉侯墓地第二次發掘〉，《文物》1994.1：4-28。山西省考古研究所、北京大學考古系，〈天馬－曲村遺址北趙晉侯墓地第四次發掘〉，《文物》1994.8：4-21。這些年代可以到春秋早期的晉侯及夫人墓都是帶有兩條墓道或一條墓道的中字形或甲字形墓。

[98] 如東周王城的宮城一般認為在郭城之內（見許宏，《先秦城市考古學研究》，北京：燕山出版社，2000，頁80，126）。曲阜魯故城東周時期的宮殿區也位於大城郭之內（山東省文物考古研究所等，《曲阜魯國故城》，濟南：齊魯書社，1982，頁11-15，54-55）。鄭韓故城東西兩城的布局雖然形成於春秋時期，但亦有研究者指出西城是春秋時期的鄭都，亦是在外郭之內建有宮城（見許宏，《先秦城市考古學研究》，頁126）。

[99] 春秋時期宮殿和宗廟的關係由此前的「宮廟一體」而逐漸變化為宮殿與宗廟相分離。如晉都新田，在牛村古城和平望古城內的較高處發現了被認為是當時宮殿所在的高大台基，而位於品字形宮城以東的呈王路一帶發現的大型夯土基址和在其附近的盟書遺址，則被認為是晉都新田時的宗廟所在（山西省考古研究所侯馬工作站，《晉都新田》，太原：山西人民出版社，1996）。鄭韓故城在東城的中部和西南部發現了春秋時期的青銅禮樂器坑、殉馬坑等，亦被認為與祭祀有關（蔡全法、馬俊才，〈新鄭鄭韓故城金城路考古取得重大成果〉，《中國文物報》1994.01.02，第1版。蔡全

址的形制亦與文獻中所載諸侯宗廟相同[100]，在宗廟中進行祭祀的行為，亦見於同時期三晉兩周地區的宗廟建築遺址中[101]。墓葬中使用三晉兩周地區的青銅禮器、兵器、仿銅陶禮器和服飾用品隨葬，這些器物都是同時期三晉兩周地區墓葬中最具代表性的器物，部分器物很可能就是來自三晉兩周地區。

綜上所述，這一階段的秦文化中出現了較多的東方六國地區的文化因素，但是這些外來文化因素的進入，並沒有給秦文化自身的文化面貌帶來實質的變化，其文化結構和層次結構都相對穩定，並將其自身的文化特點發展到極致，應該是秦文化穩定發展的階段。據文獻記載，在經歷了穆公稱霸西戎的輝煌以後，秦國在東方主要是與晉之間展開了以爭奪河西之地為主要目的的拉鋸戰，致使河西之地時而屬秦，時而屬魏。同時對於畿內之地，則仍以伐戎為主。因此這一階段的秦無論是對晉的戰爭，還是對戎的征伐，都是以穩定和鞏固自己的疆域為目的。甚至到戰國中期秦孝公任用商鞅變法，遷都咸陽時[102]，雖然已經表現出東向之心，但從當時的咸陽城建於渭河北岸來看，尚無向東過河之意，其目的亦只是「復穆公之故地」，洗「諸侯卑秦」之恥[103]。隨著商鞅變法施行了一系列的改革政策，使秦國在

(續)———

法、馬俊才，〈鄭韓故城考古又獲重大成果 發掘春秋青銅禮樂器坑10座、殉馬坑20餘座，出土鄭國王室青銅器255件〉，《中國文物報》1997.02.23，第1版）。如果這種祭祀是與宗廟相關的話，那麼春秋時期的鄭都，其宮殿與宗廟亦已分離並且宗廟已移至當時的郭城之外。

100 韓偉，〈馬家莊秦宗廟建築制度研究〉，《文物》1985.2：30-38。

101 山西省考古研究所侯馬工作站，〈侯馬晉國祭祀遺址發掘報告〉，《晉都新田》，頁258-310。山西省考古研究所侯馬工作站，〈侯馬呈王路建築群遺址發掘簡報〉，《考古》1987.12：1071-1085。

102 《史記‧秦本紀》：秦孝公「三年，衛鞅說孝公變法修刑，內務耕稼，外勸戰死之賞罰，孝公善之。…… 十二年，作為咸陽，築冀闕，秦徙都之。」頁203。

103 《史記‧秦本紀》：「孝公元年，……秦僻在雍州，不與中國諸侯之會盟，夷翟遇之。孝公於是布惠，振孤寡，招戰士，明功賞。下令國中曰：昔我穆公自岐雍之間，修德行武，東平晉亂，以河為界，西霸戎翟，廣地千里，天子致伯，諸侯畢賀，為後世開業，甚光美。會往者屬、躁、簡公、出子之不寧，國家內憂，未遑外事，三晉攻奪我先君河西地，諸侯卑秦，醜莫大焉。獻公即位，鎮撫邊境，徙治櫟陽，且欲東伐，復穆公之故地，修穆公之政令。寡人思念先君之意，常痛於心。……」頁202。

政治、經濟和軍事上強大起來，以致到秦孝公十九年時，天子致霸，二十年時則諸侯畢賀，秦會諸侯以朝天子[104]。經過這一階段的發展，秦終於得到了東方諸侯國的認同，並成為戰國諸雄中的強者。

第四階段，大體從戰國晚期，經秦代到西漢初年，始自秦滅巴蜀（秦惠文王更元九年，316 BCE），**經秦始皇統一建立秦王朝，一直到西漢初年。**

到了戰國晚期，秦文化遺存的分布範圍不僅遍及整個隴東及關中地區（圖16），同時在三晉兩周地區、巴蜀地區、江漢地區、渤海灣地區等，也都發現了秦文化以及與秦文化相關的遺存。其中有些地點秦文化遺存的年代

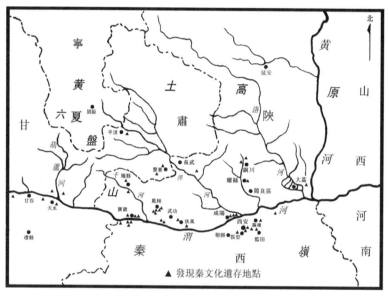

圖16　第四階段關中及隴東地區秦文化遺存分布

---

104 《史記・秦本紀》：孝公「十九年，天子致伯。二十年，諸侯畢賀。秦使公子少官率師會諸侯逢澤，朝天子。」頁203。

已經進入西漢初年。該階段的秦文化遺存主要有在上述地區發現的大量的中小型墓葬、秦公「芷陽」陵區和秦始皇陵園、秦都櫟陽和咸陽故城、宮殿建築遺址、秦長城等，還有在湖北雲夢睡虎地、龍崗等地墓葬和湘西里耶古井中出土的秦簡，以及在秦代官署遺址發現的秦代封泥等文字資料。

史載秦獻公二年(383 BCE)「城櫟陽」，至秦孝公十二年(350 BCE)遷都咸陽[105]，櫟陽作為秦都的時間僅三十餘年[106]。櫟陽故城遺址在今臨潼縣武屯鄉關莊和王寶屯一帶，石川河流經故城北部和中部。已做的考古工作涉及到城牆、城門、道路、城內的多處遺跡及城西北、東南和東北的墓地等，大多數遺存的年代為戰國晚期到西漢前期[107]，因此目前還不能了解秦都櫟陽時的城址形制、平面布局等。

秦孝公十二年由櫟陽遷都咸陽，一直到秦王朝滅亡(206 BCE)，在近一百五十年的時間裡，咸陽作為秦國和秦王朝的都城，始終是秦政治、軍事和文化的中心。咸陽故址位於咸陽市渭河區東部，渭河北岸到咸陽原之間的開闊地帶，由於渭河改道不斷北移，已對咸陽故城遺址造成了極大的破壞。在渭水北岸窯店鄉牛羊村北塬上發掘的第一號、第二號、第三號宮殿遺址，可能是當時「咸陽宮」的一部分，均為築有高大階梯夯土台基的、由多個不同用途的建築空間組合而成的高台建築，在部分建築空間的牆壁上還畫有壁畫[108]。咸陽故城遺址(圖17)的西部曾發現與手工業生產有關的水

---

105 《史記》，頁201-203。

106 秦末項羽三分關中之地，櫟陽曾為塞王司馬欣之都城，漢初劉邦曾以櫟陽為臨時政治中心，東漢初年，櫟陽城廢棄。《史記‧項羽本紀》：「故司馬欣為塞王，王咸陽以東至河，都櫟陽。」《漢書‧高帝紀》：漢王二年，冬十一月「漢王還歸，都櫟陽。」

107 中國社會科學院考古研究所櫟陽發掘隊，〈秦漢櫟陽城遺址的勘探和試掘〉，《考古學報》1985.3：353-382。

108 秦都咸陽考古工作站，〈秦都咸陽第一號宮殿建築遺址發掘簡報〉，《文物》1976.11：12-24。秦都咸陽考古工作站，〈秦都咸陽第二號建築遺址發掘簡報〉，《考古與文物》1986.4：9-19。咸陽市文管會、咸陽市博物館、咸陽地區文管會，〈秦都咸陽第三號宮殿建築基址發掘簡報〉，《考古與文物》1980.2：34-41。

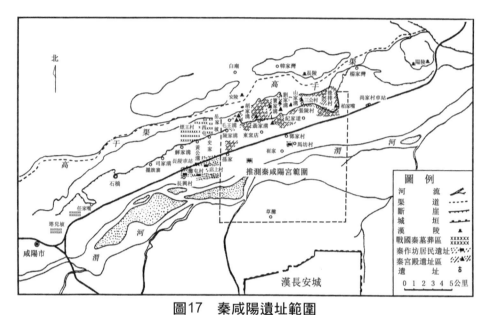

圖17　秦咸陽遺址範圍

（根據徐蘋芳，〈考古學上所見秦帝國的形成與統一〉，頁326圖八修改而成）

井、窯址等遺跡，以及大量陶文，可能是當時的手工業作坊區[109]。在咸陽城西的黃家溝、任家嘴、塔兒坡等地都發現了較大規模的墓地[110]。阿房宮遺址位於渭河南岸西安市以西的三橋鎮西南，與咸陽城隔河相望。遺址分布在龍首原向西南延伸的台地上，在6平方公里的範圍內，至今還保留在地表的夯土基址有20餘處，其中前殿遺址最為宏大，現在地表仍存有東西長1,119米、南北寬400米左右、高約7米的夯土台基[111]。除阿房宮外，在咸陽原上還

---

109 陳國英，〈咸陽長陵車站一帶考古調查〉，《考古與文物》1985.3：12-24。

110 陝西省考古研究所，《秦都咸陽考古報告》（北京：科學出版社，2004），下編，第六章，頁575-664。咸陽市文物考古研究所，《塔兒坡秦墓》（西安：三秦出版社，1998），及《任家嘴秦墓》（2005）。

111 西安市文物局文物隊、西安市文物保護考古所，〈秦阿房宮遺址考古調查報告〉，《文博》1998.1：3-16。中國社會科學院考古研究所、西安市文物保護考古所、阿房宮考古工作隊，〈西安市阿房宮遺址的考古新發現〉，《考古》2004.4：3-6。中國社會科學院考古研究所、西安市文物保護考古所，〈阿房宮前殿遺址的考古勘探與

發現了一些建築遺址，應為咸陽城郊的離宮別館[112]。

在河北省秦皇島市和遼寧省綏中縣發現了秦統一後修建的大型行宮遺址，該遺址北起綏中縣的止錨灣、瓦子地、石碑地和黑山頭，沿渤海灣向南到秦皇島市的老龍頭和金山嘴，綿延近40公里[113]。其中瀕臨海岸的石碑地、黑山頭、止錨灣遺址，都出土了形制相同的大型空心磚和較大的雲紋瓦當，而未見生產、生活用器物，因此這些遺址可能與祭祀有關。而位於石碑地遺址以北的瓦子地遺址，出土了大量生活用器物，可能是行宮的生活區。行宮遺址規模宏大，氣勢雄偉，出土直徑52釐米的夔紋瓦當和直徑42釐米的卷雲紋瓦當，都與咸陽宮殿遺址和秦始皇陵出土的瓦當相同，是目前已知在咸陽以外最東方的一處秦行宮，被學界認定應與秦始皇東巡碣石有關，或許就是「碣石宮」的遺址(圖18)[114]。

秦都櫟陽時的秦公陵園，因未做過考古工作，不能確知其位置[115]。秦都咸陽後秦惠文王的公陵和悼武王的永陵，據稱都在咸陽原上，已知地表都有高大的封土堆，但陵園情況不清[116]。秦都咸陽後期的秦國君陵區，即文獻

(續)
發掘〉，《考古學報》2005.2：207-238。

112 尹盛平，〈涇陽縣秦都咸陽望夷宮遺址〉，《中國考古學年鑒‧1985》(北京：文物出版社，1985)，頁230。張海雲，〈芷陽遺址調查簡報〉，《文博》1985.3：7-15。左忠誠等，〈渭南發現秦大型宮殿遺址〉，《陝西日報》1990.12.2，1版。

113 河北省文物研究所等，〈金山嘴秦代建築遺址發掘報告〉，《文物春秋》1992年增刊，頁267-300。遼寧省文物考古研究所，〈遼寧綏中縣「姜女墳」秦漢建築遺址發掘簡報〉，《文物》1986.8：25-40。遼寧省文物考古研究所，〈遼寧綏中縣「姜女石」秦漢建築群址石碑地遺址的勘探與試掘〉，《考古》1997.10：36-46。遼寧省文物考古研究所，〈遼寧綏中石碑地秦漢宮城遺址1993-1995年發掘簡報〉，《考古》1997.10：47-57。

114 辛占山、華玉冰，〈遼寧綏中姜女石遺址的發現與研究〉，頁491-500。徐蘋芳，〈考古學上所見秦帝國的形成與統一〉，頁308-309。

115 據王學理，《秦都咸陽》(西安：陝西人民出版社，1985)，頁57注13，秦獻公葬「囂圉」，孝公葬「弟圉」，推測在櫟陽城東。轉引自徐蘋芳，〈考古學上所見秦帝國的形成與統一〉，頁306。

116 袁仲一，〈秦始皇陵考古紀要〉，《考古與文物》1988.5&6：144。

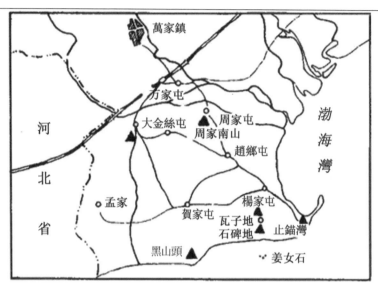

上：渤海灣秦漢遺址分布示意圖（▲秦漢遺址）
（採自〈遼寧綏中縣「姜女石」秦漢建築群址石碑地遺址的勘探與試掘〉，
《考古》1997.10：36圖一）

下：石碑地遺址出土的秦代瓦當
（採自徐蘋芳，〈考古學上所見秦帝國的形成與統一〉，頁329圖十二）

圖18　渤海灣發現的秦行宮遺址

中所記的秦「芷陽」陵區[117]，亦稱為秦東陵，則做過較多的田野考古工作。「芷陽」陵區位於臨潼縣韓峪鄉西南、驪山西麓的霸水右岸兩個相鄰的山前沖積扇面上，現知占地面積1.5平方公里。在其周邊沒有發現用於區劃的外兆溝。陵區內已發現四座陵園，均是利用自然形成的溝壑稍加修整以及人工開鑿的壕溝作為區劃每座陵園的兆溝。每座陵園內由數量不等的主墓及陪葬坑、陪葬墓區和地面建築組成。主墓地表有高大的封土堆，均有墓道。陪葬坑多為長方形，其中有一部分是車馬坑。陪葬墓區內有數量不等的墓葬。地面建築位於主墓或陪葬區附近，可能為寢殿遺址（圖19）[118]。研究者對於葬入「芷陽」陵區的秦王多有爭議，大體分為兩種意見：1. 葬入該陵區的有昭襄王和唐太后、孝文王與華陽太后、莊襄王與帝太后以及悼太子[119]；2. 葬入該陵區的有昭襄王和唐太后、莊襄王與帝太后、宣太后以及悼太子，孝文王與華陽太后葬於別處[120]。從文獻記載可知，秦惠文王之後，每代國君的陵園都有自己的名稱，已帶有強烈的「獨立陵園制」的色彩，但芷陽陵區在文獻中又被統稱為「東陵」，還帶有「集中公墓制」的一些特徵[121]。

　　史載秦始皇初即位（246 BCE），即開始修建他的陵園──「麗山」，直到秦始皇去世（210 BCE），前後長達37年的時間[122]。秦始皇陵園位於臨潼縣

---

117 陝西省考古研究所、臨潼縣文管會，〈秦東陵第一號陵園勘查記〉，《考古與文物》1987.4：19-28。陝西省考古研究所、臨潼縣文物管理委員會，〈秦東陵第二號陵園調查鑽探簡報〉，《考古與文物》1990.4：22-30。陝西省考古研究所秦陵工作站，〈秦東陵第四號陵園調查鑽探簡報〉，《考古與文物》1993.3：48-51。韓偉、程學華，〈秦陵概論〉，《考古學研究──紀念陝西省考古研究所成立三十週年》（西安：三秦出版社，1993），頁555-569。

118 有關秦東陵的原始資料、相關論文中所述各陵園內的主墓、陪葬坑、陪葬墓區的部分編號與原簡報中發表的陵區平面示意圖不符。此資料依王學理等，《秦物質文化史》。

119 參見王學理等，《秦物質文化史》（西安：三秦出版社，1994），頁279。

120 趙化成，〈秦東陵芻議〉，《考古與文物》2000.3：56-63。

121 見趙化成，〈從商周「集中公墓制『到秦漢』獨立陵園制」的演化軌跡〉，《文物》2006.7：41-48。

122 《史記‧秦始皇本紀》：「始皇初即位，穿治酈山，及並天下，天下徒送詣七十餘萬人，穿三泉，下銅而致槨，宮觀百官奇器珍怪徒藏滿之。令匠作機弩矢，有所穿者輒射之。以水銀為百川江河大海，機相灌輸，上具天文，下具地理。以人魚膏為

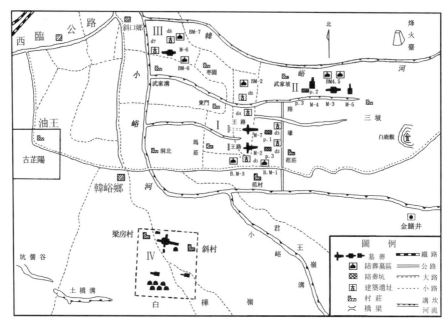

圖19　秦東陵勘探平面布局（I-IV為陵園編號）

（據韓偉、程學華，〈秦陵概論〉，《考古學研究》，三秦出版社，1993，頁560圖六修改而成）

東5公里的驪山北麓，北臨渭河南岸，包括了陵城、陵墓、地面建築和龐大的從葬區、陪葬區等，占地面積達五十多平方公里（圖20）。陵城位於陵園西部，為南北長、東西窄、平面呈「回」字形的雙重陵城，其中外城南北長2,165米，東西寬940米，四面各一門；內城南北長1,355米，東西寬580米，南、東、西各一門，北面二門。內城南部為秦始皇陵墓所在地，在地表夯築有高大的封土堆，現存高度76米左右。在封土的頂部沒有發現任何與建築有關的遺跡。封土下發現有地宮的宮牆和墓道等。在封土北側發現被認為是供秦始皇靈魂飲食起居的寢殿遺址，在封土的北側、西側和南側都發現有陪葬坑，其中封土西側北端的「巾」形陪葬坑出土了兩乘彩繪銅車馬。

（續）————————————————

　　燭，度不滅者久之。」《史記》，頁265。

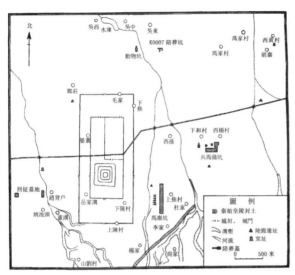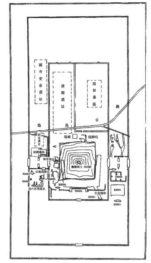

圖20　秦始皇陵園布局

左：陵園遺跡分布示意圖（據《秦始皇帝陵園考古報告》（1999）頁2圖一修改而成）
右：陵城內遺跡分布示意圖（據〈秦始皇陵園2000年度勘探簡報〉，《考古與文物》2002.2：
4圖一修改而成）

內城的北部被一曲尺形隔牆分為兩部分，隔牆東部為陪葬墓區，在隔牆西部、寢殿遺址北部發現了便殿建築遺址。在內城和外城之間的西部，由北向南依次發現了被認為是園寺吏舍和食官的建築遺址、陪葬墓區、珍禽異獸坑和馬廄坑等。在內城和外城之間的東部，發現了隨葬石質鎧甲、百戲俑、銅鼎等器物的陪葬坑。在陵城外東部主要是從葬區和陪葬區，分別有兵馬俑坑、馬廄坑和陪葬墓區等[123]，在陵城外東北部發現了動物陪葬坑和青銅水禽坑，後者出土了46隻造型極為生動的青銅天鵝、鴻雁和鶴[124]。研究

---

123 請參見陝西省考古研究所、秦始皇兵馬俑博物館編著，《秦始皇帝陵園考古報告（1999）》（科學出版社，2000），頁6-32。王學理著，《秦始皇陵研究》（上海人民出版社，1994）。袁仲一，〈秦始皇陵考古紀要〉，《考古與文物》1988.5&6：133-146。
124 陝西省考古研究所、秦始皇兵馬俑博物館，〈秦始皇陵園K0007陪葬坑發掘簡報〉，《文物》2005.6：16-38。

者對於秦始皇陵的布局、結構、陪葬坑的性質、兵馬俑的性質等問題,都還存有爭議。對於秦始皇陵園的布局結構,或認為是仿當時的都城咸陽而建[125],或認為是當時宮城建築的一般象徵[126];對於陵園的方向亦有「坐西朝東說」[127]和「坐南向北說」;還有學者根據文獻記載認為在墓上封土中建有宮觀之類的建築[128];對於分布在陵園中的各種各樣的陪葬坑,大多數學者認為應屬於秦始皇陵的外藏系統,只是對其中部分陪葬坑所象徵的意義尚有歧義[129];對於兵馬俑的性質,大多認為是象徵著秦帝國的軍隊或宿衛軍的「軍陣」[130],也有學者提出兵馬俑應該是象徵皇帝出行時的「儀仗鹵簿」,並指出這種在陵前以陶俑再現皇帝出行之威的做法,一直為後世所沿用[131]。秦始皇陵園有獨立的名稱和獨立的管理機構,是已確立了「獨立陵園制」的標誌,而漢代帝陵繼承並完善了這一陵園制度,並成為此後中國近兩千年帝王陵園制度的基礎[132]。

戰國晚期昭襄王在伐義渠戎,佔隴西、北地、上郡之後,為了加強對西北地方的防禦,在其西北邊境修建了長城[133]。現在在甘肅臨洮、渭源、環縣以及內蒙古鄂爾多斯高原上都有保存較好的地上遺跡[134]。秦始皇統一中

125 參見袁仲一,〈秦始皇陵考古紀要〉。楊寬,《中國古代都城制度史研究》(上海:上海古籍出版社,1993),頁104。

126 參見趙化成,〈秦始皇陵園布局結構的再認識〉,《遠望集》,頁501-508。

127 參見徐蘋芳,〈中國秦漢魏晉南北朝時代的陵園和塋域〉,《考古》1981.6:521-530。袁仲一,〈秦始皇陵考古紀要〉。

128 甌燕,〈始皇陵封土上建築之探討〉,《考古》1991.2:157。楊鴻勳,〈戰國中山王陵及兆域圖研究〉,《考古學報》1980.1:132。

129 段清波、張穎嵐,〈秦始皇帝陵的外藏系統〉,《考古》2003.11:67-74。焦南峰,〈左弋外池──秦始皇陵園K0007陪葬坑性質蠡測〉,《文物》2005.12:44-51。

130 參見王學理著,《秦始皇陵研究》。王學理著,《秦俑專題研究》(三秦出版社,1994)。袁仲一,〈秦始皇陵考古紀要〉。趙化成,〈秦始皇陵園布局結構的再認識〉。

131 參見徐蘋芳,〈考古學上所見秦帝國的形成與統一〉,頁311。

132 趙化成,〈從商周「集中公墓制」到秦漢「獨立陵園制」的演化軌跡〉。

133 《史記·匈奴列傳》記秦昭襄王時(271BC),「秦有隴西、北地、上郡,築長城以拒胡。」頁2885。

134 蓋山林、陸思賢,〈內蒙古境內戰國秦漢長城遺跡〉,《中國考古學會第一次年會

國後，為了加強北部邊境的防務，又在三十三年(214 BCE)再一次修建了長城[135]。經過考古工作已知秦始皇所修築的長城部分利用了戰國時期秦、趙、燕所修的長城，西部起自臨洮，沿黃河北上至河套地區，進入大青山，經呼和浩特市北，向東過內蒙中南部，以及河北北部，再入內蒙古赤峰地區，後進入遼寧西部，東過遼河向南，經新賓、寬甸進入朝鮮半島(圖21)[136]。

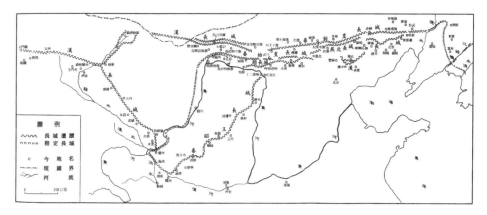

圖21　秦漢長城遺跡分布
（採自徐蘋芳，〈考古學上所見秦帝的形成與統一〉，頁331-332圖十四）

（續）————————

　　論文集》(北京：文物出版社，1980)。史念海，〈黃河中游戰國及秦時諸長城遺跡的探索〉，《中國長城遺跡調查報告集》(北京：文物出版社，1981)，頁60-64。寧夏回族自治區博物館、固原縣文物工作站，〈寧夏境內戰國、秦、漢長城遺跡〉，《中國長城遺跡調查報告集》，頁45-50。史念海，〈鄂爾多斯高原東部戰國時期秦長城遺跡探索記〉，《中國長城遺跡調查報告集》，頁68-75。姬乃軍，〈延安發現戰國時期秦長城〉，《中國文物報》1988.3.25，第2版。甘肅省定西地區文化局長城考察組，〈定西地區戰國秦長城遺跡考察記〉，《文物》1987.7：50-59。葉小燕，〈中國早期長城的探索及存疑〉，《文物》1987.7：41-49。

135 「使蒙恬將三十萬眾北逐戎狄，收河南，築長城，用險制塞，起臨洮，至遼東，延袤萬餘里。」《史記・蒙恬列傳》，頁2565-2566。

136 關於秦始皇所築長城的分段及走向，主要參考徐蘋芳，〈考古學上所見秦帝國的形成與統一〉，頁312-313。以及葉小燕，〈中國早期長城的探索及存疑〉。

　　1970年代到1980年代，陸續在湖北雲夢睡虎地[137]、四川青川郝家坪[138]、湖北龍崗[139]、甘肅天水放馬灘[140]等地發現了秦簡，其中最為重要、內容最為豐富的是雲夢秦簡中的法律文書，包括《秦律十八種》、《效律》、《秦律雜抄》、《法律答問》、《封診式》等，涉及到刑法、民法、訴訟法、軍法、行政法、經濟立法等各個方面，是我國目前發現的年代最早、條目最全、內容最豐富的成文法典。從《秦律》與現存《漢律》零星條文的對比，還可以看出秦律與漢律的異同和中國古代法制的演變軌跡。睡虎地秦簡中還有《編年記》，逐年記載了上起秦昭王元年(306BC)到秦始皇三十年(217BC)秦統一六國中的戰爭大事及墓主的生平，可以訂正、補充和印證《史記·秦本紀》、《史記·六國年表》及有關史記「世家」、「列傳」中關於秦的統一戰爭的若干年代、地區和具體經過。睡虎地秦簡中的《南郡守騰文書》，反映了秦始皇時期的政治、軍事形勢，以及用人制度、地方行政系統、官吏職權範圍以及傳達文書的制度等等。2002年在湖南湘西龍山縣里耶古城1號井內又出土了秦代簡牘三萬餘枚，其內容包括政令、各級政府之間的往來公文、司法文書、吏員簿、物資(含罰沒財產)登記和轉運、里程書，涉及秦的內史、南郡、巴郡、洞庭郡、蒼梧郡等[141]。里耶秦簡為研究秦時的歷史地理、行政管理、文書制度、郵驛制度等，都提供了非常珍貴的材料[142]。1990年代，以北京路氏夢齋公布其所藏的上千枚秦代封泥為契

---

137 睡虎地秦墓竹簡整理小組，《睡虎地秦墓竹簡》(北京：文物出版社，1990)。

138 四川省博物館、青川縣博物館，〈青川縣出土更修田律木牘——四川青川縣戰國墓發掘簡報〉，《文物》1982.1：1-21。

139 湖北省文物考古研究所，〈雲夢龍崗6號秦墓及出土簡牘〉，《考古學集刊》8(1994)：87-121。

140 甘肅省文物考古研究所、天水市北道區文化館，〈甘肅天水放馬灘戰國秦漢墓群的發掘〉，《文物》1989.2：1-11。

141 湖南省文物考古研究所、湘西土家族苗族自治州文物處、龍山縣文物管理所，〈湖南龍山里耶戰國—秦代古城一號井發掘簡報〉，《文物》2003.1：4-35。湖南省文物考古研究所，〈湖南龍山縣里耶戰國秦漢城址及秦代簡牘〉，《考古》2003.7：15-19。

142 李學勤，〈初讀里耶秦簡〉，《文物》2003.1：73-81。凌文超，〈近年來龍山里耶秦簡研究綜述〉，《湖南科技學院學報》2006.2：16-18。

機,考古工作者在西安北郊相家巷發掘出土秦代封泥數百枚[143]。這批秦封泥的內容極為豐富,涉及到當時政治、經濟、文化等各個方面,特別是有關秦時職官制度、用印制度、文字發展、地理狀況等多方面的內容都填補了文獻記載的空白[144]。

與前一階段相比,由中小型墓葬所反映的文化面貌發生了較為重大的變化。墓葬形制以口大底小的長方形土坑豎穴為主,同時在西安地區和大荔地區出現了較多的洞室墓,而在關中地區西部的寶雞和長隴地區洞室墓的數量則較少[145]。人骨頭向雖然仍以西向為多,但已出現了部分北向、東向和南向的墓葬。葬式中屈肢葬仍然占主要地位,但也有較多的墓葬使用了直肢葬[146]。隨葬器物中,已完全不見原有的、非常明器化的秦式青銅禮器,代之以來自東方列國的青銅禮器,有鼎、壺、鈁等,同時還隨葬有日用銅器如蒜頭壺、鍪和上甑下釜的分體甗等。大多數墓葬隨葬的青銅禮器已不見此前那種固定的、規律性的組合。仿銅陶禮器在形制上完全同於三晉兩周地區同時期的同類器物,以帶蓋鼎、蓋豆或盒、壺為主。部分仿銅陶禮器上有記錄生產地的戳印陶文,如「咸陽××」、「咸×里×」等,可知這些在形制上完全同於三晉兩周地區的仿銅陶禮器,是在秦國本地生產的[147]。日用陶器仍以一套炊器、盛器和水器為主,但在器物種類上表現出多樣化的趨勢,炊器中釜的數量占據了主要地位,幾乎代替了原有的秦式鬲,不

143 周曉陸、路東之、龐睿,〈秦封泥的重大發現——夢齋藏秦封泥的初步研究〉,《考古與文物》1997.1:35-49。中國社會科學院考古研究所長安城考古隊,〈西安相家巷遺址秦封泥的發掘〉,《考古學報》2001.4:509-567。

144 劉慶柱、李毓芳,〈西安相家巷遺址秦封泥考略〉,《考古學報》2001.4:427-452。劉瑞,〈1997-2002年間西安相家巷出土秦封泥研究綜述〉,《中國史研究動態》2002.9:177-188。王輝,〈秦封泥的發現及其研究〉,《文物世界》2002.2:26-28。周曉陸、劉瑞、李凱、湯超,〈在京新見秦封泥中的中央職官內容——紀念相家巷秦封泥發現十周年〉,《考古與文物》2005.5:3-15。周曉陸、陳曉捷、湯超、李凱,〈于京新見秦封泥中的地理內容〉,《西北大學學報(哲學社會科學版)》2005.4:116-125。

145 參見滕銘予,〈論關中秦墓中洞室墓的年代〉,《華夏考古》1993.2:90-97。

146 參見滕銘予,〈論秦墓中的直肢葬及相關問題〉,《文物季刊》1997.1:72-80。

147 參見咸陽市文物考古研究所,《塔兒坡秦墓》。

過部分釜的上部形態，如小口、凸肩等特點，還可看出與傳統的秦式鬲間所存在的嬗變關係[148]；出現了雙耳或雙鋬的鏟腳袋足鬲；盆(盂)為折腹直口；基本不見大喇叭口罐，代之以形態多樣的小口繩紋罐、小口廣肩缶和大口甕，以及形態較為特殊的繭形壺、細頸壺和蒜頭壺等。部分日用陶器上亦有記錄生產地的戳印陶文，內容同於仿銅陶禮器，可知這些日用陶器均為秦國本地生產(圖22)[149]。

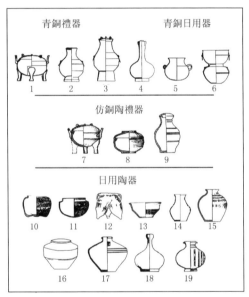

圖22　第四階段秦文化墓葬中隨葬的器物

1.蓋鼎、3.鈁(咸陽黃家溝M43)；2.圓壺、5.盨(鳳翔79高莊M1)；4.蒜頭壺、6.分體甗(鳳翔高莊M46)；7.蓋鼎、8.盒、10.鬲、13.盆(咸陽塔幾坡M34223)；9.圓壺(咸陽塔幾坡M28057)；11.釜(蘭田潟湖M14)；12.鏟腳帶足鬲(寶雞門雞台A3)；14.弦紋罐(鳳翔高莊M47)；15.繩紋罐(隴縣店子M81)；16.甕(耀縣城東M8)；17.缶(鳳翔高莊M6)；18.蒜頭壺(大荔朝邑M202)；19.繭形壺(鳳翔高莊M39)

---

148 關於秦墓中所出陶釜的形制與不同形制陶釜發展變化的序列，參見滕銘予，〈論秦釜〉，《考古》1995.8：731-736。

149 參見咸陽市文物考古研究所，《塔兒坡秦墓》。

　　除了關中地區以外，在東方列國地區，如三晉兩周地區的山西侯馬[150]、
河南三門峽[151]和鄭州崗杜等地[152]，巴蜀地區的成都附近和四川東北部[153]，原
為楚地的江漢平原的雲夢、江陵、宜昌、襄樊、麻城等地[154]，也都發現了戰

150 山西省考古研究所侯馬工作站編，《晉都新田》（山西人民出版社，1996），下編〈侯
　　馬喬村墓地述要〉，頁330-364。山西省文物管理委員會，〈侯馬戰國奴隸殉葬墓的
　　發掘〉，《文物》1972.1：63-67。俞偉超，〈方形周溝墓與秦文化之關係〉，《中
　　國歷史博物館館刊》1993.2：3-13。

151 三門峽市文物工作隊，〈三門峽市司法局、剛玉砂廠秦人墓發掘簡報〉，《華夏考
　　古》1993.4：12-34。三門峽市文物工作隊，〈三門峽市三里橋秦人墓發掘簡報〉，
　　《華夏考古》1993.4：35-53。黃士斌，〈上村嶺秦墓和漢墓〉，《中原文物特刊》
　　（1981），頁127-132。中國社會科學院考古研究所，《陝縣東周秦漢墓》（科學出版
　　社，1994）。劉曙光，〈三門峽市上村嶺秦人墓的初步研究〉，《華夏考古》1993.4：
　　78-80。葉小燕，〈秦墓初探〉，《考古》1982.1：65-73。梁雲，〈中原地區秦人墓
　　研究〉（西北大學碩士學位論文）。

152 河南文物工作隊第一隊，〈鄭州崗杜附近古墓葬發掘簡報〉，《文物參考資料》
　　1955.10：3-23。張辛，〈鄭州地區的周秦墓研究〉，《考古學研究（二）》北京大學
　　考古系編（北京大學出版社，1994），頁187。

153 四川省博物館、青川縣文化館，〈青川縣出土秦更修田律木牘〉，《文物》1982.1：
　　1-21。四川省文物考古研究所、什邡市文物保護管理所，〈什邡市城關戰國秦漢墓〉，
　　《四川考古報告集》（文物出版社，1998），頁112-185。四川省文管會、大邑縣文化
　　館，〈四川大邑縣五龍鄉土坑墓清理簡報〉，《考古》1987.7：604-610。榮經古墓
　　發掘小組，〈四川榮經古城坪秦漢墓葬〉，《文物資料叢刊》4（文物出版社，1981），
　　頁70-74。四川省文管會、雅安地區文化館、榮經縣文化館，〈四川榮經曾家溝戰國
　　墓群一、二次發掘〉，《考古》1984.12：1072-1084。于豪亮，〈釋青川秦墓木牘〉，
　　《文物》1982.1：22-23。李昭和，〈青川出土木牘文字簡考〉，《文物》1982.1：
　　24-27。關於四川地區秦墓的分期及各期特點等請參看宋治民，〈略論四川秦人墓〉，
　　《考古與文物》1984.2：83-90。

154 雲夢睡虎地秦墓編寫組，《雲夢睡虎地秦墓》（文物出版社，1978）。湖北省博物館，
　　〈1978年雲夢秦漢墓發掘報告〉，《考古學報》1986.4：479-524。雲夢縣文物工作
　　組，〈湖北雲夢睡虎地秦漢墓發掘簡報〉，《考古》1981.1：27-46。湖北省文物考
　　古研究所，〈雲夢龍崗秦漢墓第一次發掘簡報〉，《江漢考古》1990.3：16-27。湖
　　北省文物考古研究所，〈湖北雲夢龍崗秦漢墓地第二次發掘簡報〉，《江漢考古》
　　1993.1：40-48。湖北省文物考古研究所，〈雲夢龍崗6號秦墓及出土簡牘〉，《考古
　　學集刊》8：87-121。雲夢縣博物館，〈湖北雲夢木匠墳秦墓發掘簡報〉，《江漢考
　　古》1987.4：37-41。江陵地區博物館，〈江陵王家台15號秦墓〉，《文物》1995.1：
　　37-43。湖北省荊州地區博物館，〈江陵揚家山135號秦墓發掘簡報〉，《文物》1993.8：
　　1-11。湖北省博物館，〈宜昌前坪戰國兩漢墓〉，《考古學報》1976.2：115-148。

國晚期到秦代的秦文化墓葬，或者是受到秦文化影響的墓葬（圖23）。

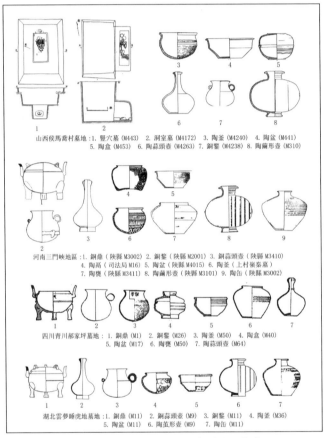

山西侯馬喬村墓地：1.豎穴墓（M443） 2.洞室墓（M4172） 3.陶釜（M4240） 4.陶盆（M441）
5.陶盒（M453） 6.陶蒜頭壺（M4263） 7.銅鍪（M4238） 8.陶繭形壺（M310）

河南三門峽地區：1.銅鼎（陝縣 M3002） 2.銅鍪（陝縣 M2001） 3.銅蒜頭壺（陝縣 M3410）
4.陶鬲（司法局 M16） 5.陶盆（陝縣 M4015） 6.陶釜（上村嶺秦墓）
7.陶甕（陝縣 M3411） 8.陶繭形壺（陝縣 M3101） 9.陶缶（陝縣 M3002）

四川青川郝家坪墓地：1.銅鼎（M1） 2.銅鍪（M26） 3.陶釜（M50） 4.陶盒（M40）
5.陶盆（M17） 6.陶甕（M50） 7.陶蒜頭壺（M64）

湖北雲夢睡虎地墓地：1.銅鼎（M11） 2.銅蒜頭壺（M9） 3.銅鍪（M11） 4.陶釜（M36）
5.陶盆（M11） 6.陶盂形壺（M9） 7.陶缶（M11）

圖23　其他地區所見秦文化遺存

（續）

湖北省文物考古研究所、襄樊市博物館，〈湖北襄樊鄭家山戰國秦漢墓〉，《考古
學報》1999.3：367-392。楊權喜，〈襄陽山灣十八號秦墓〉，《考古與文物》1983.3：
20-21。楚皇城考古發掘隊，〈湖北宜城楚皇城戰國秦漢墓〉，《考古》1980.2：114-122。
武漢大學歷史系考古專業、宜城縣博物館，〈宜城雷家坡秦墓發掘簡報〉，《江漢
考古》1986.4：1-7。湖北省文物考古研究所、穀城縣博物館，〈穀城過山戰國西漢
墓葬〉，《江漢考古》1990.3：8-15。武漢大學歷史系考古教研室，〈湖北麻城栗山
崗戰國秦漢墓清理簡報〉，《考古》1990.11：997-1001。

　　由於秦文化在這一階段大規模向外擴張並最終建立了秦帝國，一方面將自身文化帶入其勢力所及地區和帝國版圖範圍之內，另一方面則大規模吸收所到之處的當地文化，從而使自身的文化面貌和性質都發生明顯的變化，因此是秦文化的轉型階段。稱其為轉型階段，還因為當秦王朝滅亡後，在各地存留的秦文化因素，在西漢前期的六、七十年裡，與其他各地的列國文化一起，成為漢文化形成的主要因素之一。據文獻記載，秦自商鞅變法以後，國勢漸強，繼齊、魏稱王之後於惠文君十三年改稱王[155]，到秦武王時，則「欲容車通三川，窺周室」，已形成其統一天下之志[156]。惠文王更元九年司馬錯滅蜀，遂將秦嶺以外的廣大西南地區作為自己的大後方，並開始了征伐六國的戰爭，到秦王政二十六年終於統一六國，建立了中央集權制的秦王朝。秦王朝建立後，政治上推行郡縣制，經濟上統一貨幣和度量衡，文化上統一文字，軍事上則加強了對北方與西北邊境的防禦。秦王朝覆滅後，西漢王朝雖然有過短暫的對歷史的「復辟」，但最終還是「漢承秦制」，並由漢武帝最終完成了秦的統一大業。

四、秦文化社會基本組織成員構成的變化

　　在對秦文化發展全過程進行的考古學研究中，可以看到，由考古資料所反映的社會基本組織曾經歷了以下幾種狀態。

　　在秦文化發展的第一階段，秦文化遺存僅發現於隴東地區，由於資料過少，還難以據此對其進行社會最基本組織構成的分析，只是知道在甘谷毛家坪西周時期的居址中沒有發現與秦文化共處的其他外來文化，而西周時期的墓葬，在墓葬形制、人骨葬式和隨葬器物等方面也都表現出極大的一致性。表明西周時期生活在甘谷毛家坪遺址的人群就其構成來說是相當

---

155 《史記‧六國年表》：秦惠文君十三年「四月戊午，君為王。」頁730。

156 《史記‧秦本紀》：秦武王「二年，武王謂甘茂曰：『寡人欲容車通三川，窺周室，死不恨矣。』」頁209。

單純的。

在秦文化發展的第二階段，即春秋早中期，尚缺乏能夠說明其社會基本組織成員構成的資料，不過在這一階段的秦文化遺存中，可以見到較多的外來文化因素，其中以周文化和北方文化因素為主。據此可知當時在秦的統治區域內，很可能已經包含有周餘民以及秦文化到達這些地區時當地的佔領者[157]。

到了秦文化發展的第三階段，在甘谷毛家坪遺址春秋偏晚時期到戰國時期的居址中，不論是在同一地層中，抑或是在同一灰坑中，都發現有秦文化遺存與屬於西北地方古代文化的毛家坪B組遺存這兩種完全不同的文化遺物共存[158]。這種現象表明毛家坪B組遺存在春秋偏晚以後是與秦文化一起共存於毛家坪居址中。居址中除了發現有文化層、房址和灰坑外，還發現有土坑豎穴墓和掩埋嬰孩的鬲棺葬。土坑豎穴墓全部屬於秦文化墓葬。鬲棺葬中屬於秦文化的土坑鬲棺葬，其埋葬方式為先挖一不規則形的平底土坑，然後埋入盛放嬰孩骨架的鬲或甗。屬於B組遺存的鬲棺葬，因發掘時未見坑埋痕跡，推測當時是以鬲或罐的殘片覆蓋嬰孩骨架，在其上培土掩埋而不挖坑，即採用了與秦文化鬲棺葬完全不同的掩埋方式(圖24)。由此亦可以推測，毛家坪B組遺存應該有自己單獨的墓地。這種現象表明分別使用秦文化和毛家坪B組遺存的人群，當時已經共同生活在同一個聚落共同體範圍內，只是由於某種原因使得人群本身並沒有產生文化上的交流和融合，並且還保留著聚族而葬。至於他們是否已經同屬於一個社會基本組織，僅靠目前的資料還難以說明，不過可以明確的是，使用這兩種文化的人群，已經在一定的聚落共同體內共處，他們之間如果說存在著什麼關係的話，

157 參見滕銘予，〈論東周時期秦文化的發展與擴張〉，《中國考古學的跨世紀反思》(香港：商務印書館，1999)，頁399-426。

158 關於毛家坪B組遺存的文化性質，參見甘肅省文化工作隊、北京大學考古系，〈甘肅甘谷毛家坪遺址發掘報告〉，《考古學報》1987.3：359-396。趙化成，〈甘肅東部秦與羌戎文化的考古學探索〉，《考古類型學的理論與實踐》(北京：文物出版社，1989)，頁145-176。

那就只能是一種地緣關係。

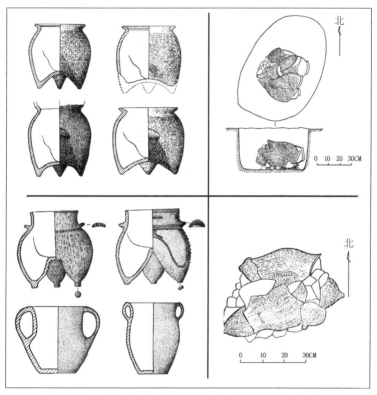

圖24　毛家坪秦文化遺存與毛家坪B組遺存
上左：毛家坪遺址秦文化甕棺葬的陶器
上右：毛家坪遺址秦文化的甕棺葬LM7
下左：毛家坪B組遺存的陶器
下右：毛家坪B組遺存的甕棺葬LM12

　　鄧家崖墓地北距鳳翔縣城3公里，位於雍河北岸、秦都雍城的南部近郊。1988年，因當地農民燒磚取土，暴露出7座墓葬，由陝西省考古研究所雍城工作站進行了搶救性發掘。所發掘的7座墓全部為直肢葬，年代大體上從春秋晚期到戰國中期。有2座墓隨葬有製造粗糙的青銅禮器，有鼎、豆、

盤、匜、甗，餘者5座墓出土有仿銅陶禮器鼎、簋、壺、盤、匜等，日用陶
器有鬲、大喇叭口罐等[159]。上述隨葬器物與同時期秦文化墓葬中所出完全相
同（圖25）。因發表材料所限，不能知道這7座墓的排列順序，平面布局，在
整個墓地中的位置，以及同一個墓地中是否還有屈肢葬的墓葬，但作為搶
救性的發掘，所清理的這7座墓應該具有極大的偶然性。但就在這極具偶然
性的發現中，卻出現所清理的墓葬全部為直肢葬這一現象。由於在同時期
其他墓地的秦墓中，人骨葬式全部為蜷屈非常嚴重的屈肢葬，因此在這種
偶然性中必然蘊含著一定的必然性，即鄧家崖墓地，很可能是一處與其他
同時期秦墓不同的、全部採用直肢葬或以直肢葬為主的墓地。而埋入鄧家
崖墓地的人群，他們在隨葬器物上所使用的都是與秦人無別的典型秦式器
物，但在死後埋藏時，卻使用了與秦人有別的葬式，這應是一個既與那些
使用屈肢葬的秦人有著某些相同點、或有密切關係，但又在某些方面與之
有別的人群。鄧家崖墓地位於雍河北岸，距當時秦都雍城僅3公里，所以埋
入鄧家崖墓地的這一人群，生前亦應居住在雍城之中或雍城附近。從這一
人群死後在雍城南郊有自己的墓地，以及墓地中包含有隨葬青銅禮器和仿

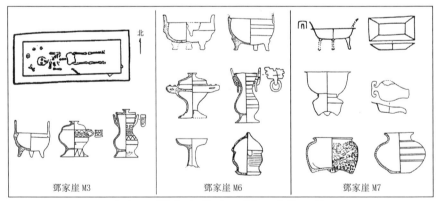

圖25　鄧家崖墓地形制及隨葬器物

---

159 陝西省考古研究所雍城工作站，〈鳳翔鄧家崖秦墓發掘簡報〉。

銅陶禮器的墓來看，這一人群與其他使用屈肢葬的人群間並沒有地位或等級上的差別。這些採用不同葬式的人群，似乎應該有著不同的來源，他們生前可能與那些使用屈肢葬的秦人共同居住在一個聚落共同體中，除了還保留著屬於自己的墓地和人骨葬式外，已經在其他各方面完全接受了秦文化，即在使用秦文化的人們共同體中，已經包含了一個使用直肢葬的人群。

處於秦文化發展第四階段的咸陽塔兒坡墓地位於秦都咸陽遺址西10公里左右處，是戰國晚期到秦代相對較短時期內集中使用的墓地[160]。塔兒坡墓地的381座墓葬中，墓葬形制有豎穴墓和洞室墓，墓葬方向有東西向和南北向，人骨葬式有屈肢葬和直肢葬等。隨葬器物除一座墓隨葬有青銅禮器外，其餘有197座墓隨葬有各類陶器，包括仿銅陶禮器、日用陶器和小型明器等（圖26），因大部陶器上有表明生產作坊的陶文，可知這些陶器均為商品。儘管這些墓葬根據隨葬器物的種類和組合不同可以劃分為不同的層次，其墓主人之間可能有社會階層或身分地位的差別，但由於隨葬器物已商品化，尤其是各類墓在墓葬形制、人骨葬式上表現出來的多樣化，表明埋入塔兒坡墓地的死者之間的差別，可能更多的是來自墓主人所具有不同的文化背景和來源[161]。因此該墓地既不同於鄧家崖墓地那樣由於死者生前屬於相同的人群，或者是因具有共同的文化傳統聚族而葬，亦很難說是因為這些死者生前屬於相同的社會階層而埋入同一個墓地，也不同於漢代以後出現的因死者經濟實力相當而埋在一起的買賣墓地。這些在墓葬類別、形制、人骨葬式以及隨葬器物的組合上表現出多樣性的、來源不同的死者之所以埋入同一個墓地，其背後所隱含的應該是這些死者生前居住在同一個具有凝聚力的地理空間範圍裡，屬於同一個地緣組織的的歷史事實，將他們聯繫在一起的紐帶當是一種地緣的關係。同樣的現象也出現在同時期的其他墓地中，如隴縣店子[162]、鳳翔高莊[163]、咸陽任家嘴等[164]。這些具有不同來源的人

---

160 咸陽市文物考古研究所，《塔兒坡秦墓》。

161 滕銘予，〈咸陽塔兒坡秦墓地再探討〉，《北方文物》2004.4：7-14。

162 陝西省考古研究所，《隴縣店子秦墓》（西安：三秦出版社，1998）。

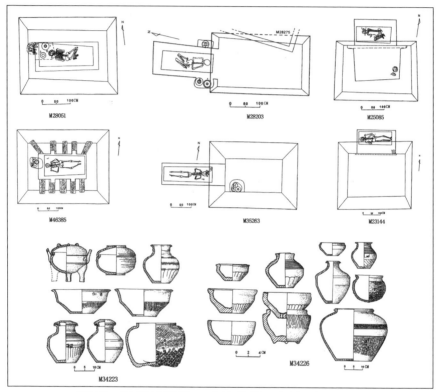

圖26　塔兒坡所見不同的墓葬形制和隨葬器物

群可以埋入同一個墓地，不僅充分表現出秦文化所具有的開放性和包容性，同時也表明這些具有不同來源的人群生前已經與秦人居住在同一個聚落共同體中，已經融入到秦文化社會的最基本組織中。

綜上所述，秦文化的社會基本組織，到春秋晚期以後，開始有不同文化傳統和來源的人群居住在同一個聚落共同體中，不能肯定他們是否仍然

（續）──────────

163 雍城考古隊吳鎮峰、尚志儒，〈陝西鳳翔高莊秦墓地發掘簡報〉。

164 咸陽市文物考古研究所，《任家嘴秦墓》。

是聚族而居，但卻保持著聚族而葬，只是秦文化與其他人群間，或者在文化上各自保持自身傳統，或者是其他人群接受秦文化；到戰國晚期，則已經出現了不同文化傳統和來源的人群，共同居住在同一個聚落共同體中，死後埋入同一個墓地的現象，表明秦文化的社會最基本組織中，來自不同文化傳統和來源的人群已經融合在一起，由他們已經不是聚族而葬可以推測，他們亦非聚族而居了，這樣的聚落共同體顯然已經是一個由地緣關係來維繫的地緣組織了。

五、秦文化統治集團成員構成的變化

秦文化的社會成員大體可分為兩大群，即統治者和被統治者，統治者中包括有秦公和一般的統治集團成員。秦公作為秦國的最高統治者，從始國的襄公，經春秋戰國時期一直到建立秦王朝的秦始皇，都是通過世襲傳承的[165]，因此對秦文化統治集團成員構成的討論，主要是針對一般的統治集團成員。通過對秦文化中小型墓葬進行的分析，可以確認那些使用青銅禮器隨葬的墓主人應該是秦文化統治集團中除了秦公以外的主要成員[166]。當秦文化從隴東地區開始沿著千河上游和渭水向東發展時，是這些人構成了秦文化對其所到地區進行控制與領導的統治集團。

在秦文化發展的第一階段，沒有發現能夠說明秦文化社會結構的資料，因此對於西周時期秦文化中處於較高層次的人群及其構成等問題，難以進行討論和說明。

到了秦文化發展的第二階段，即進入春秋時期以後，通過對隨葬有青銅禮器的墓葬進行分析，可以知道春秋早中期時秦文化中進入統治集團的

---

165 參見林劍鳴，《秦史稿》，頁447-448，附錄一〈秦世系表〉。
166 根據墓葬中隨葬器物類別的不同可以對秦文化的墓葬進行分類，不同類別的墓葬代表了秦文化社會中處於不同階層的成員。具體論述請參見滕銘予，《秦文化：從封國到帝國的考古學觀察》，第二章，頁21-28。

成員，至少是由三部分人構成。一部分如禮縣圓頂山98LDM1、98LDM2、
2000LDM4[167]，隴縣邊家莊M1、M5[168]，陽平秦家溝M1、M2[169]，寶雞福臨
堡M1[170]，寶雞姜城堡秦墓[171]，寶雞南陽村M1等墓葬的墓主人(參見表1)[172]，
他們按規範使用青銅禮器，隨葬了鼎、簋、壺、盤、匜(盤、匜或缺)，或以
盉代替匜，有的還共出甗，包括了煮(盛)肉器、盛黍稷器、酒器和水器等一
整套青銅禮器；各種禮器的數目都呈規律性搭配，一般鼎為奇數，簋、壺
為偶數，盤、匜、盉、甗各1件。這些墓葬的墓主人因其所隨葬的青銅禮器
規整且有規律，表現出對自西周以來以宗法制度為核心，以維護貴族身分
和地位為目的的用鼎制度的重視，似說明這一人群之所以能夠獲得使用青
銅禮器的權力，與他們生前所具有的貴族地位有關。而這種地位的獲得應
與以血緣關係為基礎的宗法制度有關，可能為世襲而得，因此這一群人應
該是秦文化中原有的基於血緣關係而進入統治集團的世襲貴族。一部分人
如寶雞西高泉村M1[173]、靈臺景家莊M1[174]、鳳翔八旗屯BM27[175]，以及隴縣

167 甘肅省文物考古研究所、禮縣博物館，〈禮縣圓頂山春秋秦墓〉，《文物》2002.2：
 4-30。甘肅省文物考古研究所、禮縣博物館，〈甘肅禮縣圓頂山98LDM2、2000LDM4
 春秋秦墓〉，《文物》2005.2：4-27。

168 尹盛平、張天恩，〈陝西隴縣邊家莊一號春秋秦墓〉，《考古與文物》1986.6：15-22。
 陝西省考古研究所寶雞工作站、寶雞市考古工作隊，〈陝西隴縣邊家莊五號春秋墓
 發掘簡報〉，《文物》1988.11：14-23。

169 陝西省文物管理委員會，〈陝西寶雞陽平鎮秦家溝秦墓發掘記〉，《考古》1965.7：
 339-346。

170 中國科學院考古研究所寶雞發掘隊，〈陝西寶雞福臨堡東周墓發掘記〉，《考古》
 1963.10：536-543。

171 王光永，〈寶雞市渭濱區姜城堡東周墓葬〉，《考古》1979.6：564。

172 寶雞市考古工作隊、寶雞縣博物館，〈陝西寶雞縣南陽村春秋秦墓的清理〉，《考
 古》2001.7：21-29。

173 寶雞市博物館、寶雞縣圖博館，〈寶雞縣西高泉村春秋秦墓發掘記〉，《文物》1980.9：
 1-9。

174 劉得楨、朱建唐，〈甘肅靈台景家莊春秋墓〉，《考古》1981.4：298-301。

175 陝西省雍城考古工作隊吳鎮峰、尚志儒，〈陝西鳳翔八旗屯秦國墓葬發掘簡報〉，
 《文物資料叢刊》3(文物出版社，1980)，頁67-85。

春秋墓[176]、禮縣圓頂山98LDM3等墓葬的墓主人(參見表1)[177]，他們隨葬青銅禮器的種類和數目表現出很大的隨意性，沒有規範的組合，隨葬有北方系直刃匕首式短劍的同時[178]，都還共出有其他的青銅兵器，並可見到較多的外來文化因素。這一部分人雖然也用青銅禮器隨葬，但並不重視用鼎制度，因此其之所以能夠獲得使用青銅禮器的權力，原因當有別於第一部分人。這一組墓葬中均隨葬有北方系直刃匕首式短劍，同時又共出有其他的青銅兵器，因此可以認為這一群人是因某種與北方文化有關的軍事活動而獲得了使用青銅禮器的權力。他們應該是秦文化在其發展擴張過程中，憑藉與外部文化，尤其是北方文化間所發生的軍事行為而獲得了進入統治集團的軍事權貴。還有一部分人如鳳翔八旗屯CM2、AM9[179]，寶雞南陽村M2、M3[180]，以及長武上孟村M27等墓葬的墓主人(參見表1)[181]，他們隨葬的青銅禮器或加上仿銅陶禮器後有較規範的組合，同時表現出較多的來自周文化的因素，未發現有青銅兵器隨葬。墓主人葬式均為直肢葬。這些人因為比較重視用鼎制度，他們之所以有使用青銅禮器的權力，可能與其生前原有的身分或地位有關。應該是秦文化擴張所到地區的當地住民中的原統治集團成員。由於在這些墓葬中發現了較多的與周文化相關的文化因素，因此這一部分人很可能與周遺民有關[182]。由此可以得知，秦文化在進入春秋時期以後，其統治集團成員至少是由三部分人構成，即秦文化中原有的基於血緣關係的世襲貴族，因軍事行為獲得貴族身分的軍事貴族和拓疆所至地區

---

176 引自張天恩，〈邊家莊春秋墓地與汧邑地望〉，《文博》1990.5：227-231。

177 甘肅省文物考古研究所、禮縣博物館，〈禮縣圓頂山春秋秦墓〉。

178 秦墓中所出這種直刃匕首式短劍的性質在學界尚沒有形成共識，但都不排除這種短劍的出現是與北方地區的古代文化有著直接的關係，因此可將其視為北方地區古代文化因素，或與北方地區古代文化的影響有關。

179 陝西省雍城考古工作隊吳鎮烽、尚志儒，〈陝西鳳翔八旗屯秦國墓葬發掘簡報〉。

180 寶雞市考古工作隊、寶雞縣博物館，〈陝西寶雞縣南陽村春秋秦墓的清理〉。

181 陝西省考古研究所負安志，〈陝西長武上孟村秦國墓葬發掘簡報〉，《考古與文物》1984.3：8-17。

182 參見滕銘予，〈論東周時期秦文化的發展與擴張〉。

原住民中的統治集團成員。而這樣一種統治集團，與西周時期那種以血緣
關係為基礎、以宗法制度為核心、由世襲貴族構成的統治集團相比已經發
生了重要的變化。

表1 第二階段青銅禮器墓隨葬器物一覽

墓　　葬	方向	棺槨	葬式	性別及年齡	青銅禮器	仿銅陶禮器	其　　他	備　　　註
禮縣圓頂山98LDM1	275	一棺一槨	不清	不清	無蓋鼎5蓋鼎1簋2方壺2圓壺1盤1匜1舟1盉1方盒2		玉石圭玉石魚銅鈴玉石器棺飾等	被盜，南北有生土二層台，3殉人於墓室南北壁壁龕內，墓底中部有腰坑，內有殉狗
禮縣圓頂山98LDM2	275	一棺一槨	不清	不清	無蓋鼎4蓋鼎1簋6方壺2圓壺1盤1匜1盉1簋1		直刃匕首式銅柄鐵劍4銅戈4削2鈴8玉圭石器等	被盜，四壁有生土二層台，7殉人于墓室北東南壁壁龕內，墓底有腰坑，填土內有殉狗
禮縣圓頂山2000LDM4	275	不清	不清	不清	鼎5簋4方壺2瓢1簋1圓盒1		玉圭玉魚及玉石器等	被盜破壞嚴重
隴縣邊家莊M1	不清	不清	不清	不清	鼎6簋4壺2盤1瓢1盉1		銅矛2銅戈4銅鏃71車馬器	被破壞，可能有車馬坑
隴縣邊家莊M5	335	一棺一槨	直	不清	鼎5簋4壺2盤1瓢1盉1		車馬器銅鈴玉槨飾等	二層墓室，上層置車馬
陽平秦家溝M1	南偏東	一棺一槨	屈	不清	鼎3簋4壺2盤1匜1		銅鈴玉魚玉圭車馬器槨飾等	二層台有棚木有殉狗
陽平秦家溝M2	南偏東	一棺一槨	屈	不清	鼎3簋4壺2盤1匜1		陶圭石貝飾品等	二層台有棚木有殉狗
寶雞福臨堡M1	西	一棺一槨	不清	不清	鼎3簋2壺2盤1匜1瓢1盆1勺1		石圭玉魚玉飾銅鈴車馬器等	
寶雞薑城堡春秋墓	不清	不清	不清	不清	鼎3簋2壺2盤1盉1		戈矛車馬器槨飾	基建發現，墓葬及人骨情況不清
寶雞南陽村M1	15	不清	不清	不清	鼎3簋2方壺2盤1匜1			被破壞
隴縣邊家莊春秋墓	不清	不清	不清	不清	鼎5簋4		直刃匕首式銅柄鐵劍，車馬器等	見張天恩〈邊家莊春秋墓地與汧邑地望〉《文博》1990(5)227頁
寶雞西高泉M1	不清	不清	屈	不清	豆1壺1甬鐘1		直刃匕首式短劍戈銅魚銅削銅斧車馬器	被破壞
靈台景家莊M1	220	一棺一槨	屈	不清	鼎3瓢1		直刃匕首式銅柄鐵劍1戈1銅鈴石圭石戈石飾	棺下有一圓形腰坑，內有一貓骨架，另有牛頭骨羊頭骨狗骨架及雞骨等，附近有馬坑
鳳翔八旗屯BM27	292	一棺重槨	直	不清	鼎3瓢1盆1		陶磬石圭璧玉璧直刃匕首式銅劍戈矛鏃弓盾鈴斤海貝車馬器等	有車馬坑

禮縣圓頂山98LDM3	275	一棺一椁	不清	不清	鼎1盉1	鼎3	直刃匕首式短劍銅戈獐牙等	
鳳翔八旗屯CM2	288	一棺重椁	直	不清	鼎3簋1盤1匜1甗1		分襠袋足鬲4石圭玉玦玉璜銅鈴等	銅鈴置於椁四角，殉葬2人
鳳翔八旗屯AM9	298	一棺一椁	直	不清	鼎1甗1盆1	鼎2盤1匜2	分襠袋足鬲2石璋玉玦骨笄銅鈴蚌殼等	被盜，殉葬1人
寶雞南陽村M2	305	一棺一椁	直	不清	鼎2	鼎3簋4壺2豆2盤1盉1	銅戈1石圭鈴貝等	有腰坑
寶雞南陽村M3	295	一棺一椁	直	不清	鼎5	鼎5簋4壺2豆1盤1盉1甗1	銅戈1石圭鈴等	有腰坑
長武上孟村M27	282	一棺一椁	直	男，年齡不清	鼎1甗1	鼎2	銅鈴石圭貝飾貝殼骨珠	有腰坑和殉狗

到了秦文化發展的第三階段，即春秋晚期到戰國早中期，秦文化統治集團成員的構成仍然包括了幾部分人。一部分人如鳳翔高莊M10、鳳翔高莊M49[183]、鳳翔西溝道M26[184]、鳳翔八旗屯CM9[185]和長安客省莊M202等墓葬的墓主人(參見表2)[186]，他們隨葬有秦式青銅禮器，雖然這些禮器愈顯明器化，但多包含有煮(盛)肉器、盛黍稷器和酒器，或再加上水器，只是各種青銅禮器的數目已不見前一階段中那麼有規律的搭配。或不出仿銅陶禮器，或共出除陶鼎以外的其他仿銅陶禮器[187]。墓葬中的外來文化因素以三晉兩周地區的青銅禮器和青銅兵器為多[188]。由此可推測這些墓的墓主人，可能是秦文化中本來就可使用青銅禮器的人群，在與主要是三晉兩周地區文化發生

183 雍城考古工作隊，〈鳳翔高莊戰國秦墓發掘簡報〉，《文物》1980.9：10-14。

184 陝西省雍城考古隊，〈陝西鳳翔八旗屯西溝道秦墓發掘簡報〉。

185 吳鎮烽、尚志儒，〈陝西鳳翔八旗屯秦國墓葬發掘簡報〉。

186 中國科學院考古研究所，《灃西發掘報告》(北京：文物出版社，1962)，頁131-140。

187 鳳翔西溝道M26和長安客省莊M202沒有共出仿銅陶禮器，鳳翔八旗屯CM9被盜，共出的仿銅陶禮器僅有一件陶壺，已不知是否為器物組合之原貌，鳳翔高莊M10、M49都還共出有簋、壺、豆、盤、匜等仿銅陶禮器，但都缺少其中最重要的鼎。

188 鳳翔高莊M10隨葬的銅舟和銅罐，鳳翔西溝道M26隨葬的銅蓋鼎，鳳翔八旗屯CM9隨葬的銅鬲形鼎和銅劍，均為同時期三晉兩周地區常見之器物。也有來自吳越地區的青銅兵器，如鳳翔高莊M10隨葬了一件吳越式的銅戈，鳳翔西溝道M26隨葬了一件可能是來自吳越地區的銅劍。

交往的過程中，表現出程度不同的對外來文化因素的接受和認同，由於多共出有青銅兵器，所以發生的交往中應包括了軍事行為。另一部分人如鳳翔高莊M48、M18[189]，武功趙家來M1[190]，鳳翔鄧家崖M7、M4[191]，鳳翔八旗屯BM31[192]，鳳翔八旗屯81M14[193]，咸陽任家嘴M56等墓葬的墓主人(參見表2)[194]，他們在隨葬青銅禮器上較為隨意，且多有來自其他地區的青銅禮器。其中年代在戰國早期的鳳翔高莊M48、M18，武功趙家來M1等，都隨葬了一套基本呈完整組合的仿銅陶禮器，包括了鼎、簋、壺，或者加上盤、匜、甗。所見到的外來文化因素中，主要表現在仿銅陶禮器和青銅兵器方面，如鳳翔八旗屯BM31隨葬的三晉兩周式的帶蓋鼎，鳳翔高莊M18隨葬的吳越式帶鼻戈和曲銎矛，同時還共出巴蜀式銅劍，該墓值得注意的是，除了上述青銅兵器外，還共出有秦式戈。據此可以推測，這一人群可能其原本已擁有的只是使用仿銅陶禮器的權力，但由於這些人在秦文化與其他文化的交往中，尤其是以軍事活動為媒介的交往中，擔任了較為重要的角色，並因此而獲得了使用青銅禮器的權力，或者是獲得了部分其他文化的青銅禮器，並將其作為隨葬器物放入墓中。這表明在春秋早中期時因軍事活動而獲得了使用青銅禮器的權力的軍事貴族，在這一時期仍然存在，但與之發生軍事交往的則是以三晉兩周地區的列國文化為主。而戰國中期秦式青銅禮器的衰落，三晉兩周式青銅禮器的出現，不僅表明使用這些青銅禮器的人對三晉兩周地區文化的認同，似乎也說明了原來使用秦式青銅禮器的人群對於使用秦式青銅禮器能夠體現地位或權力的觀念的轉變。同時由於這些來自其他文化的青銅禮器不可能是通過血緣關係世襲而得，因此這些現

---

189 雍城考古工作隊，〈鳳翔高莊戰國秦墓發掘簡報〉，《文物》1980.9：10-14。

190 中國社會科學院考古研究所武功發掘隊，〈陝西武功縣趙家來東周時期的秦墓〉，《考古》1996.12：44-48。

191 陝西省考古研究所雍城工作站，〈鳳翔鄧家崖秦墓發掘簡報〉。

192 吳鎮峰、尚志儒，〈陝西鳳翔八旗屯秦國墓葬發掘簡報〉。

193 陝西省雍城考古隊，〈1981年鳳翔八旗屯墓地發掘簡報〉。

194 咸陽市文物考古研究所，《任家嘴秦墓》。

表2　第三階段青銅禮器墓隨葬器物一覽

墓　　葬	方向	棺槨	葬式	性別及年齡	青銅禮器	仿銅陶禮器	其　　　　　他	備　　　註
鳳翔高莊M10	274	一棺一槨	屈，屈	不清	鼎3盆1壺2甗1舟1罐1	簋2壺1匜1	銅戈銅削銅鈴銅帶鈎玉襟鈎玉玦玉璜玉串飾金襟鈎陶車輪等	雙棺，為合葬墓，殉葬2人
鳳翔高莊M49	280	一棺一槨	屈，屈	不清	鼎2壺2盤1匜1甗1盆1	簋2壺2豆2匜1盤1匜1	銅帶鈎銅襟鈎銅削銅鈴石飾等	
鳳翔西溝道M26	292	一棺一槨	屈	男 年齡不清	鼎3豆2壺2盤3匜1甗1盆1缶1		銅戈銅劍銅鏃銅削銅泡鐵帶鈎鐵環石圭玉璧玉飾	銅鼎中有一件為中原式禮器，銅缶為楚文化器
鳳翔八旗屯CM9	285	一槨	不清	不清	鼎3豆2壺2盤2甗1鬲形鼎1	壺2	銅劍銅削銅泡鐵環石圭玉璧	被盜銅劍有錯金銘文「吉為乍元用」，鬲形鼎為實用器
長安客省莊K202	280	一棺一槨	屈	不清	鼎2簋2壺2盤2匜1甗1鑒2		銅劍帶飾石圭	
鳳翔高莊M48	282	一棺一槨	屈	不清	鼎1盤1匜1甗1鬲形鼎1	鼎1簋2壺2豆2盤1匜1甗1	銅帶鈎銅襟鈎銅削銅鈴石飾	
鳳翔高莊M18	272	一棺一槨	屈	不清	匜1三足釜1鬲形鼎1	鼎2簋2壺2豆2盤1匜1甗1	銅戈柳葉形劍劍曲鏊矛(附鐵)銅帶鈎銅襟鈎銅削銅鈴石圭石飾等	殉葬3人
武功趙家來M1	100	一棺重槨	屈	不清	鼎3圜底盆1	鼎1簋2壺2豆1甗1	銅帶鈎石圭	
鳳翔鄧家崖M7	西	一棺	直	不清	鼎1盤1匜1甗1		削	
鳳翔鄧家崖M4	西	一棺	直	不清	鼎1盤1豆1		銅帶鈎	
鳳翔八旗屯BM31	295	一槨	屈	不清	盤1匜1甗1	帶蓋鼎2壺3豆1	石圭石帶鈎銅環	
鳳翔八旗屯81M14	290	一棺一槨	屈	不清	鼎1盤1匜1甗1盆1		銅帶形飾銅削銅鈴銅鐲鐵帶形飾	
咸陽任家咀M56	285	一棺一槨	不清	不清	鼎3甗1		陶圭石圭環首刀銅帶飾玉石器等	銅鼎中有一件為中原式禮器
咸陽任家咀M230	285	一棺一槨	屈	男40歲左右	鼎1盤1瓶1		銅帶飾	
咸陽任家咀M232	290	一棺一槨	屈	不清	甗3盤1		銅削鐵帶鈎等	

象或許還能表明原有的通過世襲而獲得使用秦式青銅禮器並以其表明身分和地位的人群自身在走向衰落。

　　到了戰國晚期以至於秦統一後，秦文化中可以使用青銅禮器的人群，在隨葬青銅禮器上已完全不見規範的組合，並且完全放棄了使用傳統的秦

式青銅禮器，轉而主要使用了三晉兩周地區的青銅禮器。如鳳翔高莊79M1
隨葬的銅鼎，是中山國生產的銅器[195]，而大荔朝邑M203[196]、上袁家M6隨葬
的扁球形鼎[197]，平涼廟莊M6隨葬的鼎形鬲[198]，大荔朝邑M203和平涼廟莊
M6隨葬的鋪首圓壺，以及上焦村M18隨葬的上甑下釜的分體甗等[199]，其形
制與三晉兩周地區的同類器物極為相近，很可能也是來自三晉兩周地區，
或是受到這些地區同類器物的影響而出現的（參見表3）。這表明以秦式青銅
禮器代表墓主人身分和地位的觀念已經消失。而這些墓葬在隨葬外來文化
青銅禮器的同時，還普遍地使用了來自巴蜀文化的青銅日用容器，其中以
作為炊器使用的鍪和釜為主，而很少見到巴蜀文化中用以表明墓主身分和

表3　第四階段青銅禮器墓隨葬器物一覽

墓　葬	方向	棺槨	葬式	性別及年齡	青銅禮器	仿銅陶禮器	其　　　　他	備　　註
鳳翔高莊79M1	西	一棺	屈	不清	鼎1壺1鍪1勺2套杯6蒜頭壺1		銅帶鉤銅襟鉤銅鏡	洞室墓，銅鼎為中山國器，罐有陶文「亭」字，墓室兩側有小龕
大荔朝邑M203	西	一棺	屈	不清	鼎1壺1釜1		銅帶鉤鐵鼎鐵匕首鞘	鼎與涇陽秦墓所出「平安君鼎」同
秦安上袁家M6	355	不清	直	女老年	鼎2	鼎3	漆卮銅釦4帶鉤4銅鏡1鐵錮1鐵匕1	鼎為三晉兩周式禮器，附葬車馬及大量牛羊馬狗骨
平涼廟莊M6	東西向	不清	直	不清	鼎形鬲1壺2盤1匜1		銅戈銅鏃銅矛及大量銅鐵車馬器，牛羊頭骨等	被盜，墓室前部附葬車馬坑，置一漆車四馬
平涼廟莊M7	東西向	不清	直	不清	鼎1壺1盤1		銅鼎形燈銅鏡銅帶鉤銅璽印鐵削金環各種玉石飾及大量車馬器，羊頭骨及肢骨	墓室前部附葬車馬，置一漆車四馬
上焦村M18	東西	一棺一槨	不清	不清	分體甗1鍪1勺1		銅劍銅鏃鐵鋪	未發現人骨

195 雍城考古工作隊，〈鳳翔高莊戰國秦墓發掘簡報〉，《文物》1980.9：10-14。
196 陝西省文管會 大荔縣文化館，〈朝邑戰國墓葬發掘簡報〉，《文物資料叢刊》2(1978)：75-91。
197 甘肅省文物考古研究所，〈甘肅秦安上袁家秦漢墓葬發掘〉，《考古學報》1997.1：57-77。
198 甘肅省博館 魏懷珩，〈甘肅平涼廟莊的兩座戰國墓〉，《考古與文物》1982.5：21-33。
199 秦俑考古隊，〈臨潼上焦村秦墓清理簡報〉，《考古與文物》1980.2：42-50。

地位的青銅兵器。作為炊器的青銅鍪和釜與陶製炊器相比，最大的優點就是便於攜帶和不易損壞，這恰是軍旅生活對炊器的基本要求。因此能夠獲得這些來自其他文化的青銅禮器、青銅日用器的人，其自身一定直接參與或間接參與了統一六國的的軍事行為，也使得秦文化中進入統治集團的人員，更多地具有了軍事行為的色彩。

綜上所述，秦文化中處於統治集團這一階層的人群，從春秋時期開始，就已經打破了原有的血緣關係的束縛，出現了一些與血緣關係無涉，憑藉個人的行為或能力而進入的特殊人群，這一特殊人群亦成為秦文化對於其新開拓地區進行控制和統治的力量之一。因為資料所限，不能肯定這樣一個人群的出現一定是始於春秋時期，但是可以肯定的是，春秋時期在秦文化中已經出現了這樣一些不是通過世襲，而是憑藉個人能力而進入統治集團的人群，也正是由於這樣一個人群的出現，開啟了從以宗法制度為基礎的血緣統治向以地緣關係為基礎的地緣統治轉變的進程。這個進程歷經春秋晚期，戰國早期，戰國中期，一直都沒有間斷過。到了戰國晚期以至秦統一後，統治集團已經具有了極大的開放性，進入統治集團的大部分成員已經不是通過血緣關係，而是通過個人能力而獲得這樣的權力，從而使血緣統治向地緣統治的轉變進程趨近完成。

六、結語

綜上所述，秦文化在其近九百年的發展過程中，維繫其社會最基本組織的關係經歷了一個從血緣到地緣的變化，到戰國晚期時，已經出現了由咸陽塔兒坡墓地所揭示的包含有不同來源人群的地緣組織；而社會成員進入統治集團的途徑也由以血緣關係為主，轉向了崇尚個人能力，尤其是軍事能力，而導致統治集團的成員構成以軍功貴族為主。如果說這些為建立由中央派官吏對地方進行郡縣管理的中央集權制奠定了社會與政治的基礎，那麼由於社會基本組織的日漸地緣化而使秦文化在戰國晚期以後所表

現出的開放性和包容性，則為其建立統一的、超越文化圈的秦帝國奠定了文化上的基礎[200]。

由於秦並非西周初年因周王室分封而建立的國家，因此較其他諸侯國似乎更少了一些對西周「封建制」賴以存在的血緣政治的依存，從而導致世襲貴族政治較早的衰落；由於東周初年秦之受封所得到的僅是一張空頭支票，所以才使得與戎狄的戰爭在其立國之初起到了決定性的作用，並由此而產生因個人能力進入統治集團的軍功貴族，並由這些人對新佔領地區進行管理和統治；由於秦在其發展壯大的過程中，不斷地與其周邊的其他人群，以及其所佔領地區的原住民發生各種各樣的交往，社會的最基本組織較早地向以地緣關係維繫的地緣組織轉變，因此使得秦文化較其他國家和地區的文化更具有包容性和開放性。而以血緣關係為基礎的世襲貴族政治的衰落，統治集團成員由世襲到選賢，地緣組織的出現以及文化上的包容和開放性，無一不是建立以郡縣制為基礎的中央集權制帝國所需要的基本條件。而秦文化正是由於在戰國晚期時已經具備了這些基礎條件，才使得秦在東周時期，尤其是在戰國時期七雄鼎立、逐鹿中原的大局勢中最終統一六國，建立了秦帝國，從而開啟了中國古代國家制度從封國到帝國的轉變過程。

---

200 許倬雲先生在1997年夏為吉林大學所作的學術講演中曾指出，帝國是以軍事征服為手段，以擴張為目的，帝國是超越文化圈的。參見許倬雲，〈古代國家形成的比較〉，《北方文物》1998.3：1-7。本書黃銘崇〈晚商王朝的政治地景〉文末附註有社會科學對於「帝國」的定義。

The Formation of Ancient Civilizations

Contents

中央研究院叢書

中國史新論　古代文明的形成分冊

2016年4月初版　　　　　　　　　　　　　　　　定價：新臺幣700元
有著作權・翻印必究
Printed in Taiwan.

主　　　編	黃	銘	崇
總 編 輯	胡	金	倫
總 經 理	羅	國	俊
發 行 人	林	載	爵

出 版 者	中　央　研　究　院
	聯經出版事業股份有限公司
地　　　址	台北市基隆路一段180號4樓
編輯部地址	台北市基隆路一段180號4樓
叢書主編電話	(02)87876242轉202
台北聯經書房	台北市新生南路三段94號
電　　　話	(02)23620308
台中分公司	台中市北區崇德路一段198號
暨門市電話	(04)22312023
台中電子信箱	e-mail：linking2@ms42.hinet.net
郵政劃撥帳戶第	0100559-3號
郵 撥 電 話	(02)23620308
印 刷 者	世和印製企業有限公司
總 經 銷	聯合發行股份有限公司
發 行 所	新北市新店區寶橋路235巷6弄6號2樓
電　　　話	(02)29178022

叢書主編	方	清	河
校　　對	馮	蕊	芳
封面設計	翁	國	鈞

行政院新聞局出版事業登記證局版臺業字第0130號

本書如有缺頁，破損，倒裝請寄回台北聯經書房更換。　　ISBN　978-986-04-8172-3 (精裝)
聯經網址：www.linkingbooks.com.tw
電子信箱：linking@udngroup.com

國家圖書館出版品預行編目資料

中國史新論 古代文明的形成分冊/黃銘崇主編.
初版 . 臺北市 . 中研院、聯經 . 2016年4月（民105年）.
512面 . 17×23公分（中央研究院叢書）
ISBN 978-986-04-8172-3（精裝）

1.文明史 2.中國史 3.文集

630.7 105003639